CATALOGUE

DES

ACTES DE FRANÇOIS Ier

ACADÉMIE DES SCIENCES MORALES ET POLITIQUES

COLLECTION DES ORDONNANCES DES ROIS DE FRANCE

CATALOGUE

DES

ACTES DE FRANÇOIS IER

TOME DEUXIÈME

1er JANVIER 1531 — 31 DÉCEMBRE 1534

PARIS

IMPRIMERIE NATIONALE

NOVEMBRE 1888

CATALOGUE

DES

ACTES DE FRANÇOIS Ier.

1515-1547.

1531. — Pâques, 9 avril. | 1531.

3835. Provisions de l'office nouvellement créé de contrôleur du domaine de Rouen en faveur de Pierre Du Coudray, notaire et secrétaire du roi. Saint-Germain-en-Laye, 3 janvier 1530. — 3 janvier.

Réception à la Chambre des Comptes de Paris, le 30 février suivant, anc. mém. 2 F, fol. 255. *Arch. nat.*, K. 1377, papiers de Fontanieu. (*Mention.*)

3836. Mandement au trésorier de l'épargne de payer 61 livres 10 sous à Richard de La Chambre, chevaucheur d'écurie, pour un voyage qu'il va faire en Angleterre auprès du sr de La Guiche, ambassadeur de France, auquel il est chargé de porter des lettres. Saint-Germain-en-Laye, 8 janvier 1530. — 8 janvier.

Biblioth. nat., ms. Clairambault 1215, fol. 69. (*Mention.*)

3837. Mandement au trésorier de l'épargne de payer 2,000 livres à Lazare de Baïf, conseiller au Parlement et ambassadeur du roi à Venise, pour les dépenses qu'il a à faire dans l'exercice de sa charge. Saint-Germain-en-Laye, 15 janvier 1530. — 15 janvier.

Biblioth. nat., ms. Clairambault 1215, fol. 69. (*Mention.*)

3838. Lettres de don à Hélène Gouffier de la garde noble échue au roi des biens et héritages, sis en Normandie, de François de Vendôme, vidame de Chartres, son fils mineur. 17 janvier 1530. — 1531. 17 janvier.

Enreg. à la Chambre des Comptes de Paris, le 1er *juillet 1531. Arch. nat., invent.* PP. 136, p. 370. (*Mention.*)

3839. Lettres nommant les conseillers au Parlement, Jacques de La Barde et Nicole Brachet, commissaires pour procéder à la réformation de l'église collégiale de Saint-Spire de Corbeil. Paris, 26 janvier 1530. — 26 janvier.

Imp. Cl. Malingre, *Les antiquitez de la ville de Paris*, in-fol., Paris, 1640; livre IV, *diocèse de Paris*, p. 142.

3840. Provisions de l'office de sénéchal de Rouergue en faveur de François de Voisins, seigneur d'Ambres, office tenu auparavant par le s[r] d'Esquilly. Saint-Germain-en-Laye, 26 janvier 1530. — 26 janvier.

Enreg. au Parl. de Toulouse. Arch. de la Haute-Garonne, Edits, reg. 3, fol. 235. 2 pages.

3841. Confirmation des lettres de sauvegarde accordées, le 20 février 1525 n. s. (n° 2122), par la régente aux habitants de Saint-Just-sur-Lyon. Paris, 28 janvier 1530. — 28 janvier.

Arch. de la ville de Lyon, Invent. Chappe, t. III, p. 199. (*Mention.*)

3842. Provisions d'un office de conseiller maître lai en la Chambre des Comptes de Paris, pour Jacques Boucher, élu en l'élection de Paris, au lieu de Jean Robertet. 28 janvier 1530. — 28 janvier.

Enreg. à la Chambre des Comptes de Paris, le 4 mars 1531 n. s., anc. mém. 2 F, fol. 80. *Arch. nat., invent.* PP. 136, p. 370. (*Mention.*)

3843. Lettres ordonnant qu'un habitant du faubourg Saint-Subran (Saint-Cyprien) de Toulouse sera toujours au nombre des capitouls élus chaque — 31 janvier.

année. Saint-Germain-en-Laye, 31 janvier 1530. 1531.

Enreg. au Parl. de Toulouse, le 1er avril 1533. Arch. municip. de Toulouse, ms. 8508, fol. 155.

3844. Création de quatre foires et d'un marché hebdomadaire à Fontenay-en-Brie. Paris, janvier 1530. Janvier.

Enreg. au Châtelet de Paris, le 4 février 1531 n. s. Arch. nat., Bannières, Y. 8, fol. 272. 2 pages.

3845. Lettres portant abolition de la prévôté de l'Eure et Harfleur, en ce qui touche la ville nouvellement créée au Havre-de-Grâce, privilégiée par le roi. Saint-Germain-en-Laye, janvier 1530. Janvier.

Imp. Borély, *Histoire de la ville du Havre*, t. I, p. 489.

3846. Lettres autorisant les Lyonnais à tirer 3,000 ânées de blé des pays de Dauphiné, Viennois, Forez, Vivarais et Velay. Saint-Germain-en-Laye, 2 février 1530. 2 février.

Original. Archives de la ville de Lyon, série GG.

3847. Édit de suppression, rendu à la requête des Lyonnais, de trois foires franches établies à Grenoble par le gouverneur du Dauphiné. Saint-Germain-en-Laye, 3 février 1530. 3 février.

Original. Archives de la ville de Lyon, série HH.

3848. Lettres portant injonction au Parlement de Toulouse de recevoir le sieur de Voisins en l'office de sénéchal de Rouergue. Saint-Germain-en-Laye, 4 février 1530. 4 février.

Autres lettres au sujet de la réception du sieur de Voisins. Toulouse, 15 mai 1532.

Enreg. au Parl. de Toulouse. Arch. de la Haute-Garonne, Édits, reg. 3, fol. 237 et 238. 4 pages.

3849. Mandement au trésorier de l'épargne de payer 400 livres à Gilbert Bayart, secrétaire du roi, pour un voyage qu'il a fait en Flandre, du 25 octobre 1530 au 2 février suivant, comme 12 février.

ambassadeur du roi auprès de l'archiduchesse d'Autriche. Paris, 12 février 1530. 1531.

Biblioth. nat., ms. Clairambault 1215, fol. 69. (*Mention.*)

3850. Lettres ordonnant la mainmise et réunion au domaine de l'hôtel d'Étampes, sis à Paris, rue Saint-Antoine, possédé en dernier lieu par Philibert de Chalon, prince d'Orange. Paris, 13 février 1530. 13 février.

Enreg. au Châtelet de Paris, Bannières. Arch. nat., Y. 8, fol. 274 v°. 2 pages.

3851. Mandement à la Chambre des Comptes de tenir Anne de Montmorency, grand maître et maréchal de France, quitte d'une somme de 2,300 écus soleil que la duchesse d'Angoulême l'avait chargé, en août 1525, de porter au roi prisonnier à Madrid. François Ier atteste que le maréchal lui a donné 2,000 écus et remis les 300 autres, sur son ordre, à Louis de Gorra, conseiller et ambassadeur du duc de Savoie. Paris, 13 février 1530. 13 février.

Copie. Arch. nat., Comptes de l'épargne, KK. 96, fol. 664 v°.

3852. Mandement au trésorier de l'épargne de payer à Jean-Joachim de Passano, seigneur de Vaux, conseiller et maître d'hôtel de la mère du roi, 400 livres pour sa pension d'une année. Paris, 15 février 1530. 15 février.

Biblioth. nat., ms. Clairambault 1215, fol. 69. (*Mention.*)

3853. Lettres portant permission à Christophe Hennequin et Adrien Du Drac, conseillers au Parlement de Paris, de travailler à la rédaction des coutumes de Lorris, Montargis et autres lieux, durant le cours du Parlement. Paris, 24 février 1530. 24 février.

Enreg. à la suite du texte desdites coutumes. Arch. nat., Parl. de Paris, X1a 9283.

Imp. La Thaumassière, *Coutumes de Berry*, p. 646. Bourdot de Richebourg, *Nouveau coutumier général*, in-fol., Paris, 1724, t. III, p. 857.

3854. Lettres autorisant la ville de Chalon à percevoir, pendant huit ans, 6 sous 8 deniers par minot de sel marin et 3 sous 4 deniers par banne de sel vendu à Chalon. Paris, 24 février 1530. — 1531. 24 février.

Arch. communales de Chalon, CC. 18.

3855. Déclaration portant que les vivres nécessaires à l'entretien des pauvres de l'hôpital du pont du Rhône, à Lyon, seront exempts de tout péage. Paris, 25 février 1530. — 25 février.

Original. Archives de la ville de Lyon, série GG.

3856. Commission adressée au prévôt des maréchaux pour faire exécuter les ordonnances sur le fait de la chasse, sans déroger aux droits des maîtres des eaux et forêts. Paris, 27 février 1530. — 27 février.

Arch. de l'Isère, Chambre des Comptes de Grenoble, B. 2910, cah. 104. 2 pages.

3857. Lettres de mandement au s[r] de Pompadour de s'employer pour faciliter les achats de blé de la ville de Lyon. Paris, 28 février 1530. — 28 février.

Original. Archives de la ville de Lyon, série GG.

3858. Lettres enjoignant au bailli de Vivarais de faciliter les achats de blé de la ville de Lyon. Paris, 28 février 1530. — 28 février.

Original. Archives de la ville de Lyon, série GG.

3859. Mandement au trésorier de l'épargne de payer à Jean-Joachim de Passano 2,469 livres 2 sous pour le remboursement de ce qu'il avait dépensé dans son dernier voyage comme ambassadeur auprès du roi d'Angleterre. Paris, 28 février 1530. — 28 février.

Biblioth. nat., ms. Clairambault 1215, fol. 69. (*Mention.*)

3860. Lettres portant continuation pour la présente année, en faveur des enfants du feu s[r] de Lautrec, du don du revenu des greniers à sel de Villemer, Arcis-sur-Aube, Saint-Florentin et Beaufort. Paris, 28 février 1530. — 28 février.

Arch. nat., Acquits sur l'épargne, J. 960, n° 52. (*Mention.*)

3861. Don et remise à Guyon Béranger, capitaine et châtelain de Talant en Bourgogne, d'une amende de 1,125 livres à laquelle il avait été condamné par le Parlement de Paris, solidairement avec ses consorts. Paris, 28 février 1530. 1531. 28 février.

Arch. nat., Acquits sur l'épargne, J. 960, n° 52. (*Mention.*)

3862. Don à Hélène Gouffier, veuve du vidame de Chartres, de la garde noble de François de Vendôme, leur fils mineur. Paris, 28 février 1530. 28 février.

Arch. nat., Acquits sur l'épargne, J. 960, n° 52. (*Mention.*)

3863. Lettres de relief en faveur de Pierre d'Apremont, homme d'armes de la compagnie du grand écuyer de France, pour les quartiers d'octobre 1529 à mars 1530 n. s., qu'il n'a pas comparu aux montres. Paris, 28 février 1530. 28 février.

Arch. nat., Acquits sur l'épargne, J. 960, n° 52. (*Mention.*)

3864. Lettres de continuation pour monsieur le grand maître[1] du don du revenu de la chambre à sel de Fère-en-Tardenois, pour trois années. Paris, 28 février 1530. 28 février.

Arch. nat., Acquits sur l'épargne, J. 960, n° 52. (*Mention.*)

3865. Lettres de surannation et de relief d'adresse à la Chambre des Comptes pour l'enregistrement des lettres d'octroi données ci-devant en faveur des habitants de Reims. Paris, 28 février 1530. 28 février.

Arch. nat., Acquits sur l'épargne, J. 960, n° 52. (*Mention.*)

3866. Don à Jacques de Moran, pauvre gentilhomme aveugle, ci-devant archer de la garde du roi, de 120 livres tournois pour deux années de 28 février.

[1] On désigne ainsi le plus ordinairement le grand maître de France ou de la maison du roi, qui était alors Anne de Montmorency. Parfois cependant cette expression est employée pour le grand maître de l'ordre de Saint-Jean-de-Jérusalem. (Voyez notamment les nos 3880, 3881.)

la pension viagère que le roi lui a accordée. Paris, 28 février 1530. 1531.

Arch. nat., Acquits sur l'épargne, J. 960, n° 52. (*Mention*.)

3867. Assignation à Jean Urbain, homme d'armes, à François Painette, Nicolas Vollant et Guillaume de Martres, archers de la compagnie de feu monsieur de Vaudemont, de leurs gages et solde des quartiers de juillet-décembre 1527, dont ils n'avaient pas été payés, «pour la rotte intervenue en l'armée qui estoit devant Naples». Paris, 28 février 1530. 28 février.

Arch. nat., Acquits sur l'épargne, J. 960, n° 52. (*Mention*.)

3868. Don à la fabrique de l'église paroissiale de Saint-Paul, à Paris, des ornements de chapelle provenant des funérailles de la feue reine, demeurés entre les mains de Guillaume Terteau. Paris, 28 février 1530. 28 février.

Arch. nat., Acquits sur l'épargne, J. 960, n° 52. (*Mention*.)

3869. Déclaration portant que Jean Des Grecs (*alias* Desgretz) et sa femme jouiront, avec réserve au dernier survivant, aux charges contenues dans leurs lettres de don, d'une place située à Paris près la boucherie de Beauvais. Paris, 28 février 1530. 28 février.

Arch. nat., Acquits sur l'épargne, J. 960, n° 52. (*Mention*.)

(Voir ci-dessous le n° 4055.)

3870. Lettres de relief en faveur de Jean de Châtelart et autres hommes d'armes et archers de la compagnie du s^r de La Rochepot, pour leurs gages des quartiers d'octobre 1529 à mars 1530 n. s., qu'ils n'ont pas comparu aux montres. Paris, 28 février 1530. 28 février.

Arch. nat., Acquits sur l'épargne, J. 960, n° 52. (*Mention*.)

3871. Lettres ordonnant l'établissement de trois foires et d'un marché à Briare. Paris, février 1530. Février.

Arch. départ. de l'Yonne, G. 1256.

3872. Lettres portant injonction à la Chambre des Comptes de recevoir des mains d'Anne de Montmorency, grand maître de France, les titres et autres pièces concernant la délivrance du dauphin de Viennois et du duc d'Orléans, qui avaient été retenus en otage en Espagne, de dresser inventaire desdits titres et de les placer en la Chambre des chartes. Paris, 1er mars 1530. — 1531. 1er mars.

Avec l'attache de la Chambre des Comptes dudit jour.

Enreg. à la Chambre des Comptes de Paris. Arch. nat., P. 2305, p. 535. 4 pages 1/2.
Doubles, P. 2552, fol. 311; ADIX. 122, nº 80.

3873. Lettres ordonnant au bailli de Velay de faciliter les achats de blé de la ville de Lyon. Paris, 1er mars 1530. — 1er mars.

Original. Archives de la ville de Lyon, série GG.

3874. Provisions pour Jacques Gencien de l'office de contrôleur du domaine de la ville, prévôté et vicomté de Paris, sur la résignation de Léon Du Torchon. Paris, 3 mars 1530. — 3 mars.

Réception à la Chambre des Comptes de Paris, le 24 mars suivant, anc. mém. 2 F, fol. 305. *Arch. nat.*, K. 1377, papiers Fontanieu. (*Mention.*)

3875. Création d'une chambre à sel à Bonneuil, dépendant du grenier à sel de Clermont-en-Beauvaisis. Paris, 5 mars 1530. — 5 mars.

Enreg. au Grand Conseil, le 20 mars 1531. Arch. nat., V^5 1048. 1 page.

3876. Mandement à Guillaume de Villemontée, trésorier de la vénerie et de la fauconnerie, de payer, par suite du don qui lui en est fait, à Robert de Grossove, l'un des gentilshommes de la vénerie, 90 livres qui auraient été touchées par Fleury d'Essars, veneur lui aussi, s'il n'avait pas été destitué de sa charge par le grand sénéchal de Normandie. Paris, 8 mars 1530. — 8 mars.

Original. Bibl. nat., ms. fr. 25721, nº 352.

3877. Mandement au trésorier des guerres de payer de ses gages, pour les quartiers d'octobre-dé- — 8 mars.

cembre 1529 et de janvier-mars suivant, Jean de Verlhac, homme d'armes de la compagnie du seigneur de Montpezat, bien qu'il n'ait pas assisté aux montres. Paris, 8 mars 1530. 1531.

Orignal. Arch. nat., ms. fr. 25721, n° 353.

3878. Mandement à Jean Carré, commis au payement des officiers de l'hôtel, de donner à messire Francisco de Vimerca, médecin ordinaire du roi, la somme de 250 livres tournois pour six mois de ses gages (juillet-décembre 1530). Paris, 12 mars 1530. 12 mars.

Arch. nat., *Acquits sur l'épargne*, J. 960, n° 58. (*Mention.*)

3879. Don au s[r] de Barbezieux des sommes de 600 livres tournois, d'une part, et de 150 d'autre part, que les gens des comptes avaient réservées au roi, en entérinant des lettres de don octroyées aud. s[r] de Barbezieux des droits de rachats, quints, requints et autres devoirs seigneuriaux échus au roi par la mort de Jacques d'Amboise, baron de Renel. Paris, 12 mars 1530. 12 mars.

Arch. nat., *Acquits sur l'épargne*, J. 960, n° 58. (*Mention.*)

3880. Permission à monsieur le grand maître [de Rhodes[1]] de prendre en payant deux radeaux de bois en la sénéchaussée de Carcassonne et de les faire transporter en franchise au port de Marseille, pour l'aider à faire construire deux nouvelles galères. Paris, 12 mars 1530. 12 mars.

Arch. nat., *Acquits sur l'épargne*, J. 960, n° 58. (*Mention.*)

3881. Permission à monsieur le grand maître de Rhodes d'acheter deux radeaux de bois en Dauphiné et en Provence pour faire semblablement construire deux autres galères pour le service de la religion. Paris, 12 mars 1530. 12 mars.

Arch. nat., *Acquits sur l'épargne*, J. 960, n° 58. (*Mention.*)

(1) Philippe de Villiers de l'Isle-Adam, grand maître de l'ordre de Saint-Jean-de-Jérusalem (1521 à 1534).

IMPRIMERIE NATIONALE.

3882. Don et remise à l'écuyer Belin de Mesnard des droits de rachats et autres devoirs seigneuriaux échus au roi à cause de l'acquisition faite par ledit Belin de la terre et seigneurie des Grèves. Paris, 12 mars 1530. | 1531. 12 mars.

Arch. nat., Acquits sur l'épargne, J. 960, n° 58. (*Mention.*)

3883. Don à Guyon de Béranger, chevalier, s[r] de Bellechambre, capitaine du château de Talant en Bourgogne, de la somme de 1,125 livres tournois provenant de l'amende prononcée au Parlement de Paris contre François de Saint-Mesmin, Louise de Saint-Gelais et Claude Chevaleau. Paris, 12 mars 1530 (1). | 12 mars.

Arch. nat., Acquits sur l'épargne, J. 960, n° 58. (*Mention.*)

3884. Don à Louis de Fretel, s[r] de Bazoches, de la garde noble de la personne et des biens de Louis de Fretel le jeune, son cousin germain, lesdits biens situés au pays de Caux, accordé à la requête de l'amiral de France. Paris, 12 mars 1530. | 12 mars.

Arch. nat., Acquits sur l'épargne, J. 960, n° 58. (*Mention.*)

3885. Don à Pierre Des Monts, sommelier de paneterie de bouche de Madame, d'une somme de 76 livres à prendre sur l'amende prononcée au Parlement de Paris contre Étienne Dubreuil. Paris, 12 mars 1530. | 12 mars.

Arch. nat., Acquits sur l'épargne, J. 960, n° 58. (*Mention.*)

3886. Don à François Lamy de 200 écus à prendre sur les deniers des offices. Paris, 12 mars 1530. | 12 mars.

Arch. nat., Acquits sur l'épargne, J. 960, n° 58. (*Mention.*)

3887. Don au s[r] de Brosse de la somme de 1,217 livres 14 sous 2 deniers tournois sur les restes des | 12 mars.

(1) Il est ajouté en note que ces lettres sont la rectification de celles du 28 février précédent (n° 3861) et ne doivent pas faire double emploi avec les premières.

comptes du receveur ordinaire de Touraine des années 1525-1528, pour le dédommager de la radiation faite par la Chambre des Comptes des parties d'un don à lui accordé précédemment par le roi, radiation portant sur le revenu des nouvelles baillées de la forêt de Loches, et de la coupe de 23 arpents de pré sur la rivière d'Indre, dont le produit pour quatre ans s'est élevé à ladite somme. Paris, 12 mars 1530. 1531.

Arch. nat., Acquits sur l'épargne, J. 960, n° 58. (*Mention.*)

3888. Mandement à la Chambre des Comptes lui ordonnant de laisser jouir le s[r] de Brosse du don qui lui a été fait pour dix ans du revenu des nouvelles baillées de la forêt de Loches et de la coupe de 23 arpents de pré sur la rivière d'Indre, pour les six ans qui lui restent à courir. Paris, 12 mars 1530. 12 mars.

Arch. nat., Acquits sur l'épargne, J. 960, n° 58. (*Mention.*)

3889. Don au chancelier d'Alençon de ses gages de conseiller au Grand Conseil, bien qu'il n'y ait que rarement siégé. Paris, 12 mars 1530. 12 mars.

Arch. nat., Acquits sur l'épargne, J. 960, n° 58. (*Mention.*)

3890. Lettres portant exemption en faveur des habitants de Joigny des tailles et du droit de vingtième sur le vin durant dix ans, avec octroi d'une aide de 40 sous par muid de sel vendu au grenier de ladite ville, pendant le même temps, pour relever la ville des ruines causées par un incendie. Paris, 13 mars 1530. 13 mars.

Original. Archives communales de Joigny.
(Voir ci-dessus, lettres du 15 octobre 1530, n° 3781.)

3891. Mandement au trésorier de l'épargne de payer à Jean-Joachim de Passano, seigneur de Vaux, 5,000 livres en plus de ce qui lui a déjà été donné, pour un voyage qu'il a fait en An- 15 mars.

gleterre comme ambassadeur du roi, du 5 janvier 1530 n. s. à la fin de janvier 1531 n. s. Paris, 15 mars 1530. — 1531.

Bibl. nat., ms. Clairambault 1215, fol. 69 v°.

3892. Lettre portant continuation de l'octroi du dixième à la ville de Poitiers pour huit ans. Paris, 18 mars 1530. — 18 mars.

Original. Archives municipales de Poitiers, G. 44.

3893. Ordonnance déterminant le tarif des épices à percevoir par les officiers de la Chambre des Comptes de Dijon lors de la reddition des comptes généraux et particuliers. Paris, 20 mars 1530. — 20 mars.

Enreg. à la Chambre des Comptes de Dijon. Arch. de la Côte-d'Or, reg. B. 18, fol. 308 v°.

3894. Lettres de ratification de la remise à l'empereur du comté d'Asti. Paris, 20 mars 1530. — 20 mars.

Enreg. à la Chambre des Comptes de Paris, *anc. mém.* 2 E, fol. 348. *Arch. nat.*, *invent.* PP. 136, p. 355. (*Mention.*)

3895. Lettres ordonnant de curer et mettre en état la rivière d'Ouche, afin qu'elle soit navigable pour fournir la ville de Dijon de vins, blés et autres denrées. Paris, 22 mars 1530. — 22 mars.

Enreg. au Parl. de Dijon. Arch. de la Côte-d'Or, *Parl.*, reg. II, fol. 166.

3896. Exemption du logement des gens de guerre de la bande du marquis de Saluces, en faveur des habitants de Demont et Roquesparvière (*Demonte* et *Rocca-Sparvera*, province de Coni). Paris, 22 mars 1530. — 22 mars.

Enreg. au Parl. de Provence. Arch. de ladite cour, à Aix, reg. in-fol. papier de 1026 feuillets, p. 158.

3897. Continuation, en faveur des habitants de Mantes, de l'octroi de 16 deniers parisis sur chaque minot de sel vendu au grenier de leur ville, pour en employer le produit aux réparations des fortifications. Paris, 22 mars 1530. — 22 mars.

Arch. nat., *Acquits sur l'épargne*, J. 960, n° 55. (*Mention.*)

3898. Don à Viscontin de quatre poinçons de vin du cru des Montils pour la provision de sa maison. Paris, 22 mars 1530. | 1531. 22 mars.

Arch. nat., Acquits sur l'épargne, J. 960, n° 55. (*Mention.*)

3899. Remise accordée aux enfants de feu l'amiral Bonivet des droits et devoirs seigneuriaux montant à 2,200 livres, par eux dus à cause de l'acquisition faite par leur père de la maison et hôtel noble des Deffens. Paris, 22 mars 1530. | 22 mars.

Arch. nat., Acquits sur l'épargne, J. 960, n° 55. (*Mention.*)

3900. Don au maréchal de La Mark du revenu du grenier à sel de Château-Thierry pour la présente année. Paris, 22 mars 1530. | 22 mars.

Arch. nat., Acquits sur l'épargne, J. 960, n° 55. (*Mention.*)

3901. Remise et quittance au sieur de Menou d'une amende de 400 livres à laquelle il a été condamné solidairement avec Jean Tailleveau envers le roi. Paris, 22 mars 1530. | 22 mars.

Arch. nat., Acquits sur l'épargne, J. 960, n° 55. (*Mention.*)
(Cf. avec le n° 3921 ci-dessous.)

3902. Don et remise à James de Lauzon, avocat du roi en la sénéchaussée de Poitou, de 923 écus soleil, pour les quints, requints et autres droits seigneuriaux dus au roi à cause de l'acquisition par lui faite d'une maison à Poitiers. Paris, 22 mars 1530. | 22 mars.

Arch. nat., Acquits sur l'épargne, J. 960, n° 55. (*Mention.*)

3903. Don au capitaine de Saint-Dizier de tous les biens meubles et immeubles de feu Imbert de Stainville, s[r] du Montoy, déclarés confisqués au profit du roi par sentence du bailli de Vitry. Paris, 22 mars 1530. | 22 mars.

Arch. nat., Acquits sur l'épargne, J. 960, n° 55. (*Mention.*)

3904. Lettres de dispense d'âge en faveur de M. de Guémené, avec la remise des droits qu'il payait chaque année à cause de la garde noble que le roi avait de sa personne et de ses biens de Normandie. Paris, 22 mars 1530. — 1531. 22 mars.

Arch. nat., *Acquits sur l'épargne*, J. 960, n° 55. (*Mention.*)

3905. Mandement pour la délivrance du don de 1,200 livres fait à Éléonore de Ferrières. Paris, 22 mars 1530. — 22 mars.

Arch. nat., *Acquits sur l'épargne*, J. 960, n° 55. (*Mention.*)

3906. Don à Alonce de Redia (Hérédia) de la somme de 15 écus soleil à prendre sur les deniers provenant des lettres de naturalité, légitimation et anoblissement. Paris, 22 mars 1530. — 22 mars.

Arch. nat., *Acquits sur l'épargne*, J. 960, n° 55. (*Mention.*)

3907. Affranchissement et exemption de toutes tailles et impôts accordés aux habitants des paroisses de Samois, Bourron, Montigny-sur-Loing, Ury, Thomery, Avon, Fontainebleau, Recloses, Bois-le-Roy, Macherin et Achères, situés à l'intérieur ou sur la lisière de la forêt de Bière, en considération des dommages que leur causent les bêtes noires et rousses de ladite forêt. Paris, 22 mars 1530. — 22 mars.

Arch. nat., *Acquits sur l'épargne*, J. 960, n° 55. (*Mention.*)

3908. Remise et quittance à Noël de Ballus de l'amende de 100 livres prononcée contre lui au Parlement. Paris, 22 mars 1530. — 22 mars.

Arch. nat., *Acquits sur l'épargne*, J. 960, n° 55. (*Mention.*)

3909. Provision au sieur de Pommereu, écuyer d'écurie du roi, pour faire entériner par les gens des comptes ses lettres de don de 700 livres tournois à prendre chaque année sur le re- — 22 mars.

venu du grenier à sel du Pont-de-Larche. Paris, 22 mars 1530. 1531.

Arch. nat., Acquits sur l'épargne, J. 960, n° 55. (*Mention.*)

3910. Don à Antoine de Caux, écuyer, Gervais Bohier, dit Macquart, et Jacques Bienvenu, maîtres queux du roi, de la somme de 100 écus soleil sur les deniers provenant de la résignation de l'office d'avocat du roi au bailliage de Saint-Pierre-le-Moustier faite par Jacques Nyolle au profit de Pierre Nyolle, son fils. Paris, 22 mars 1530. 22 mars.

Arch. nat., Acquits sur l'épargne, J. 960, n° 55. (*Mention.*)

3911. Don à Jean Gadifer, sieur de Bressolles, de 400 livres tournois sur les droits et devoirs seigneuriaux échus au roi dans la sénéchaussée de Ponthieu. Paris, 22 mars 1530. 22 mars.

Arch. nat., Acquits sur l'épargne, J. 960, n° 55. (*Mention.*)

3912. Don à Bernard de La Viéville, écuyer d'écurie de la reine, de 100 écus d'or soleil sur les deniers provenant de la vente de l'office de garde du sceau de la prévôté d'Augy au bailliage de Senlis, vacant par le décès de Nicolas Hottin. Paris, 22 mars 1530. 22 mars.

Arch. nat., Acquits sur l'épargne, J. 960, n° 55. (*Mention.*)

3913. Don au sieur des Daulphigmées (*sic*) de la somme de 200 livres tournois sur les deniers provenant des droits seigneuriaux échus ou à échoir au roi dans la châtellenie de Péronne. Paris, 22 mars 1530. 22 mars.

Arch. nat., Acquits sur l'épargne, J. 960, n° 55. (*Mention.*)

3914. Don à James Tronçon, veneur du roi, de 60 écus soleil à prendre sur les amendes prononcées au Grand Conseil contre frère Sébastien Labbé et Guy Delorme. Paris, 22 mars 1530. 22 mars.

Arch. nat., Acquits sur l'épargne, J. 960, n° 55. (*Mention.*)

3915. Remise à Louis Thibault, dit de Breceau, maître et capitaine des eaux et forêts d'Amboise et de Montrichard, d'une amende de 800 livres parisis à laquelle il a été condamné envers le roi par le lieutenant particulier du grand maître enquêteur et général réformateur des eaux et forêts. Paris, 22 mars 1530. — 1531. 22 mars.

Arch. nat., Acquits sur l'épargne, J. 960, n° 55. (*Mention.*)

3916. Don à Gabriel de Castéjac et à Hector de Fauville, porteurs de manteau du roi, de 200 écus sur les deniers provenant de la résignation faite par Jacques Le Roy au profit de son fils, François Le Roy, de l'office d'élu à Lisieux. Paris, 22 mars 1530. — 22 mars.

Arch. nat., Acquits sur l'épargne, J. 960, n° 55. (*Mention.*)

3917. Don au sieur d'Auchy de 3,000 livres tournois sur les deniers qui proviendront des résignations et ventes d'offices. Paris, 22 mars 1530. — 22 mars.

Arch. nat., Acquits sur l'épargne, J. 960, n° 55. (*Mention.*)

3918. Provision au sieur de Maugiron pour être payé de ses gages de bailli de Gévaudan à compter du jour qu'il a été pourvu de cet office jusqu'au jour de son institution et prestation de serment. Paris, 22 mars 1530. — 22 mars.

Arch. nat., Acquits sur l'épargne, J. 960, n° 55. (*Mention.*)

3919. Privilège et affranchissement de toutes tailles, aides, fouages et autres impôts pour l'année, accordés à ceux des archers et arbalétriers de la ville de Guémené qui auront abattu le papegaut au tir annuel. Paris, 22 mars 1530. — 22 mars.

Arch. nat., Acquits sur l'épargne, J. 960, n° 55. (*Mention.*)

3920. Lettres portant décharge de la faculté de rachat de la baronnie de Mercœur et des seigneuries de Fromental, Blesle et Gerzat, cédées, avec — 25 mars.

cette restriction, au duc Antoine de Lorraine et à Renée de Bourbon, sa femme, par lettres du 10 juin 1529 (n° 3399). Paris, 25 mars 1530. 1531.

Mandement pour l'enregistrement des susdites lettres, Caen, 13 avril 1532.

Enreg. au Parl. de Paris, de mandato regis, *le 7 septembre 1534. Arch. nat.*, X[1a] 8612, fol. 332 et 334. 3 pages 1/2 et 1 page.

Enreg. à la Chambre des Comptes de Paris. Arch. nat., P. 2306, p. 273. 5 pages.

Idem, P. 2537, fol. 218.

Copie du temps. Arch. nat., suppl. du Trésor des Chartes, J. 955, n° 24.

3921. Remise faite par le roi comme administrateur du comté de Blois, au seigneur de Menou, d'une amende de 300 livres parisis à laquelle il avait été condamné par sentence du bailli de Blois confirmée par arrêt du Parlement. Paris, 25 mars 1530. 25 mars.

Original. Bibl. nat., ms. fr. 25721, n° 354.
(Cf. avec le n° 3901 ci-dessus.)

3922. Don à Guillaume Du Bellay de 3,000 livres en récompense des services qu'il a rendus dans diverses ambassades. Paris, 25 mars 1530. 25 mars.

Bibl. nat., ms. Clairambault 1215, fol. 69 v°.
(*Mention.*)

3923. Lettres adressées aux conseillers du trésor pour la confection du papier terrier du roi à Paris. Paris, 26 mars 1530. 26 mars.

Biblioth. nat., Mss. Moreau, t. 1419, fol. 126.
(*Mention.*)

3924. Assignation à M. de Saint-Pol et à M. le grand maître de 250 écus sur le trésorier des menus plaisirs, pour prêts au roi et gains par eux faits au jeu de paume pendant le mois de février précédent. Paris, 26 mars 1530. 26 mars.

Arch. nat., Acquits sur l'épargne, J. 960, n° 45.
(*Mention.*)

3925. Mandement au trésorier des menus plaisirs de payer 250 écus à Pierre Mangot, orfèvre du 26 mars.

IMPRIMERIE NATIONALE.

roi, pour plusieurs bordures, garnitures de manchons et patenôtres d'or. Paris, 26 mars 1530. 1531.

Arch. nat., Acquits sur l'épargne, J. 960, n° 45. (*Mention.*)

3926. Mandement au trésorier des menus plaisirs de payer à Alexandre Grec 255 écus pour dix-sept sacres à 15 écus pièce. Paris, 26 mars 1530. 26 mars.

Arch. nat., Acquits sur l'épargne, J. 960, n° 45. (*Mention.*)

3927. Don de 50 écus à l'horloger du roi pour commencer à faire une « montre d'horloge » pour ledit seigneur. Paris, 26 mars 1530. 26 mars.

Arch. nat., Acquits sur l'épargne, J. 960, n° 45. (*Mention.*)

3928. Mandement au trésorier des menus plaisirs de payer au sieur de Villiers les « pots » que le roi a perdus au jeu de paume le 1er mars précédent, contre le cardinal de Lorraine et autres, montant à la somme de 302 écus. Paris, 26 mars 1530. 26 mars.

Arch. nat., Acquits sur l'épargne, J. 960, n° 45. (*Mention.*)

3929. Mandement au trésorier des menus plaisirs de payer 100 écus à Robert Dumesnil, arbalétrier, pour six arbalètes et leurs bandages. Paris, 26 mars 1530. 26 mars.

Arch. nat., Acquits sur l'épargne, J. 960, n° 45. (*Mention.*)

3930. Mandement au trésorier des menus plaisirs de payer à Guillain Moynnier, tapissier, 30 écus pour louage de tapisseries qui ont servi trois mois à Saint-Germain-en-Laye et au logis du cardinal de Lorraine. Paris, 26 mars 1530. 26 mars.

Arch. nat., Acquits sur l'épargne, J. 960, n° 45. (*Mention.*)

3931. Mandement au trésorier des menus plaisirs de délivrer à Jean de Chantômes 143 écus pour un collier engagé en ses mains par le sieur 26 mars.

Viscontin, auquel le roi en a fait don. Paris, 26 mars 1530. 1531.

Arch. nat., Acquits sur l'épargne, J. 960, n° 45. (*Mention.*)

3932. Mandement au trésorier des menus plaisirs de payer à Mme de la Rochebaraton 500 écus pour complément des 1,000 écus dont le roi lui a fait don. Paris, 26 mars 1530. 26 mars.

Arch. nat., Acquits sur l'épargne, J. 960, n° 45. (*Mention.*)

3933. Mandement au trésorier des menus plaisirs de payer à Mathée de Vérone (Matteo dal Nassaro), graveur du roi, 100 écus pour un vase dont ledit seigneur a fait don à Madame, et 50 écus pour dresser des moulins pour faire d'autres vases. Paris, 26 mars 1530. 26 mars.

Arch. nat., Acquits sur l'épargne, J. 960, n° 45. (*Mention.*)

3934. Mandement au trésorier des menus plaisirs de payer 483 écus pour le complément de la somme due pour les perles de la robe du roi. Paris, 26 mars 1530. 26 mars.

Arch. nat., Acquits sur l'épargne, J. 960, n° 45. (*Mention.*)

3935. Mandement au trésorier des menus plaisirs de payer à Guillemin Barrillier, marchand de Tours, 230 écus pour satin broché et drap de soie qu'il a fournis au roi. Paris, 26 mars 1530. 26 mars.

Arch. nat., Acquits sur l'épargne, J. 960, n° 45. (*Mention.*)

3936. Mandement au trésorier des menus plaisirs de payer 30 écus à Blaise Edelin pour patenôtres fournies au roi. Paris, 26 mars 1530. 26 mars.

Arch. nat., Acquits sur l'épargne, J. 960, n° 45. (*Mention.*)

3937. Don de 100 écus à l'écuyer du duc de Guise pour un coursier qu'il a présenté au roi de la part de son maître, et mandat de payement 26 mars.

sur le trésorier des menus plaisirs. Paris, 26 mars 1530. 1531.

Arch. nat., Acquits sur l'épargne, J. 960, n° 45. (*Mention.*)

3938. Création d'une maîtrise du métier d'affineur d'or et d'argent, en faveur de Jean Baillet, à l'occasion de la naissance d'un fils de la reine de Navarre, sœur du roi. Paris, 27 mars 1530. 27 mars.

Enreg. à la Cour des Monnaies. Arch. nat., Z[1b] 62, fol. 227 v°. 1 page.

3939. Mandement à Guillaume de Villemontée, trésorier de la vénerie et de la fauconnerie, de payer à François de Montaultre, placé sous les ordres du duc de Guise, grand veneur de France, le don qui lui a été fait de 74 livres tournois qui restent libres sur la somme attribuée à la vénerie pour les deux derniers quartiers, par suite du décès de Pierre Berthault. Paris, 27 mars 1530. 27 mars.

Original. Bibl. nat., ms. fr. 25721, n° 355.

3940. Mandement au sénéchal de Lyon de procéder avec six notables à l'exécution d'une sentence donnée en conséquence du traité d'alliance conclu entre le roi et les Ligues de Suisse. Paris, 27 mars 1530. 27 mars.

Reg. du Conseil du Parl. de Paris, du 20 avril 1531. Arch. nat., X[1a] 1534, fol. 193. (*Mention.*)

3941. Don de 400 livres au capitaine Nicolas de Rusti, dit le petit Bossu, naguère capitaine de lansquenets sous le comte de Saint-Pol, pour sa pension de l'année précédente. Paris, 27 mars 1530. 27 mars.

Arch. nat., Acquits sur l'épargne, J. 960, n° 56. (*Mention.*)

3942. Remise et quittance à Jean de Vitel, archer des toiles, d'une amende de 75 livres tournois prononcée contre lui par le grand maître des eaux et forêts. Paris, 27 mars 1530. 27 mars.

Arch. nat., Acquits sur l'épargne, J. 960, n° 56. (*Mention.*)

3943. Remboursement à Camille Pardo de Orsini de la somme de 1,283 livres 2 sous tournois pour la valeur de 611 écus par lui prêtés au roi et remis entre les mains du trésorier de l'extraordinaire. Paris, 27 mars 1530. — 1531. 27 mars.

Arch. nat., Acquits sur l'épargne, J. 960, n° 56. (*Mention.*)

3944. Mandement pour le payement d'une somme de 950 écus d'or soleil ordonnés par le roi à Pierre Danès et Jacques Tousac, lecteurs en grec, François Vatable et Agatius Guidacerius, lecteurs en langue hébraïque, et Oronce Fine, lecteur ès sciences mathématiques, à chacun des quatre premiers 200 écus et au dernier 150 écus. Paris, 27 mars 1530. — 27 mars.

Arch. nat., Acquits sur l'épargne, J. 960, n° 56. (*Mention.*)

3945. Provision à «Arnaud Xans Dobips», receveur des Lannes, pour retenir des deniers de sa recette, depuis le jour de son institution et chaque année, la somme de 100 livres tournois par manière de pension. Paris, 27 mars 1530. — 27 mars.

Arch. nat., Acquits sur l'épargne, J. 960, n° 56. (*Mention.*)

3946. Provision en faveur du chapitre de Beauvais, pour être payé de deux deniers obole tournois sur chaque minot ou quintal de sel vendu dans les greniers et chambres à sel des généralités de Normandie et de Languedoc, pendant les deux ans et demi qui restent à courir du temps contenu dans leurs lettres de don, ladite somme devant être employée à l'achèvement et aux réparations de leur église. Paris, 27 mars 1530. — 27 mars.

Arch. nat., Acquits sur l'épargne, J. 960, n° 56. (*Mention.*)

3947. Mandement au trésorier de l'épargne de payer à Imbert de Saveuse, bailli d'Amiens, la somme de 854 livres qui lui a été taxée par le Conseil — 27 mars.

pour certains voyages par lui faits au service du roi. Paris, 27 mars 1530. | 1531.

Arch. nat., Acquits sur l'épargne, J. 960, n° 56. (*Mention.*)

3948. Don et remise au sieur de Créquy de l'autre moitié des droits et devoirs seigneuriaux par lui dus au roi à cause de la vente de sa terre et seigneurie de Sélincourt, montant à 280 livres tournois. Paris, 27 mars 1530. | 27 mars.

Arch. nat., Acquits sur l'épargne, J. 960, n° 56. (*Mention.*)

3949. Lettres portant que les officiers des châtellenies domaniales, aliénées pour les frais de la guerre, seront rétablis aussitôt que le domaine aura été racheté. Paris, 28 mars 1530. | 28 mars.

Enreg. à la Chambre des Comptes de Grenoble. Arch. de l'Isère, B. 2910, cah. 142.

3950. Lettres de don à Marie d'Albret, comtesse de Nevers et de Dreux, et à François de Clèves, comte d'Eu, son fils, des droits de gabelle des greniers et chambres à sel du Tréport, de Mers-en-Vimeu et de Saint-Valery-sur-Mer, pour un an commençant le 1er janvier 1531 n. s. Paris, 31 mars 1530. | 31 mars.

Enreg. à la Chambre des Comptes de Paris, le 15 avril 1531. Arch. nat., invent. PP. 136, p. 372. (*Mention.*)

3951. Institution de deux foires annuelles et d'un marché hebdomadaire à Igny-le-Jard, en faveur de Robert de La Marck, seigneur de Fleuranges, maréchal de France. Paris, mars 1530. | Mars.

Enreg. à la Chancellerie de France. Arch. nat., Trésor des Chartes, JJ. 246, n° 79, fol. 26. 1 page.

3952. Confirmation des statuts du prieuré de Saint-Martin-des-Champs de Paris. Paris, mars 1530. | Mars.

Imp. Dom M. Marrier, *Monasterii regalis S. Martini de Campis Parisiensis historia*, in-4°, 1637, Paris, p. 88.

Dom M. Marrier, *Martiniana*, in-12, Paris, 1606, p. 78.

3953. Lettres portant remise des droits de billots, billotages et autres impositions, pour l'année, à ceux des habitants de Rennes en Bretagne qui gagneront le prix de tir à l'arquebuse. Paris, mars 1530. — 1531. Mars.

Enreg. à la Chancellerie de France. Arch. nat., Trésor des Chartes, JJ. 246, n° 24, fol. 7. 1 page 1/2.

3954. Déclaration touchant l'exécution des bulles pour les provisions des chapelains de la cathédrale de Rouen, portant que la connaissance de la musique sera désormais exigée des candidats. Paris, mars 1530. — Mars.

Enregistré à la Chancellerie de France. Arch. nat., Trésor des Chartes, JJ. 246, n° 137, fol. 41. 1 page 1/2.

3955. Création de deux foires annuelles et d'un marché hebdomadaire à Tarascon. Paris, mars 1530. — Mars.

Enreg. à la Chancellerie de France. Arch. nat., Trésor des Chartes, JJ. 246, n° 41, fol. 12. 1 page.

3956. Lettres d'amortissement, moyennant composition financière, de toutes les possessions de la commanderie de Saint-Antoine à Troyes. Paris, mars 1530. — Mars.

Copie collat. du XVIIIe siècle. Arch. nat., K. 171, n° 5.

3957. Ordonnance portant que tous les officiers qui ont eu, pendant les guerres, le maniement des deniers royaux et se sont rendus coupables de péculat et de malversations, devront, sous peine de mort, en faire la déclaration dans le mois qui suivra la promulgation de la présente. Paris, 4 avril 1530. — 4 avril.

Original scellé. Arch. nat., suppl. du Trésor des Chartes, J. 955.

Enreg. à la Chambre des Comptes de Paris, le 20 avril suivant. Arch. nat., P. 2305, p. 1217. 5 pages 1/2.

Idem, P. 2537, fol. 125.

Copie collationnée faite par ordre de la Cour des Aides, le 20 avril 1779. Arch. nat., Z^1a 526.

IMP. *In-4°, pièce. Paris, Imprimerie royale, 1726.*

Arch. nat., ADI. 17; ADIX. 122, n° 86; et *Bibl. nat.*, in-4°, F. Paquets, 4 pages. 1531.

Isambert, *Anc. lois françaises*, in-8°, t. XII, p. 342 (sous la date du 3 avril).

3958. Lettres d'évocation devant une commission spéciale d'un procès pendant au Parlement de Paris entre Pierre de La Vernade, maître des requêtes de l'hôtel, d'une part, les habitants de Cerisiers et le grand prieur de France, d'autre part. Paris, 5 avril 1530. 5 avril.

Présentées au Conseil du Parlement de Paris, le 15 avril 1531. Arch. nat., X^{1a} 1534, fol. 188. (*Mention.*)

3959. Mandement à Guillaume Prudhomme de donner au maître de la Chambre aux deniers la somme de 200 livres tournois qui doit être payée à Dominique de Courtonne pour les échafauds qu'il a faits à Saint-Denis, le jour du couronnement de la reine, et pour les ouvrages qu'il a faits à Paris dans la salle où eut lieu le festin, lorsque la reine fit son entrée dans la ville. Paris, 11 avril 1531. 11 avril.

Copie. Bibl. nat., coll. Fontanieu, t. 229 (à la date).

3960. Lettres portant assignation de 15,000 écus d'or soleil sur les pays de Quercy, d'Agenais, de Villefranche et sur les quatre châtellenies de Rouergue, pour la rente de 300,000 écus d'or soleil constituée et donnée en dot à la reine Éléonore. Paris, 12 avril 1531. 12 avril.

Enreg. à la Chambre des Comptes de Paris. Arch. nat., P. 2305, p. 1145. 6 pages.

Double, id., P. 2305, p. 1197. 4 pages.

Idem, P. 2537, fol. 116 v°; ADIX. 123, n° 9.

3961. Mandement au sénéchal de Lyon de requérir le duc de Savoie pour contraindre les gens d'église de Bourg-en-Bresse à se mettre sous l'obédience de l'archevêque de Lyon, et aux commandants des gens de guerre de prêter mainforte audit archevêque pour l'exécution des bulles apostoliques soumettant Bourg à sa juridiction. Paris, 13 avril 1531. 13 avril.

Copie du XVIe siècle. Bibl. nat., ms. fr. 5124, fol. 55 v°.

3962. Mandement pour le payement au capitaine Moran Carbon de 600 livres, montant de sa pension de l'année 1530. Paris, 14 avril 1531. — 1531. 14 avril.

Arch. nat., Acquits sur l'épargne, J. 960, n° 49. (*Mention.*)

3963. Lettres de confirmation des franchises d'impôts de la ville d'Arles. Paris, 15 avril 1531. — 15 avril.

Enreg. à la Chambre des Comptes d'Aix. Arch. des Bouches-du-Rhône, B. 29 (*Sagitt.*), fol. 154. 4 pages.

3964. Mandement aux échevins et habitants de Melun et de Corbeil, leur enjoignant d'obéir au vicomte de Turenne, gouverneur de l'Ile-de-France, comme ils ont obéi à ses prédécesseurs qui ont occupé ce gouvernement. Paris, 16 avril 1531. — 16 avril.

Original. Bibl. nat., ms. fr. 25721, n° 356.

3965. Provisions de l'office de greffier du bailliage de Saint-Pierre-le-Moustier en faveur de Jean de Chantômes. Paris, 16 avril 1531. — 16 avril.

Enreg. à la Chambre des Comptes de Paris, le 24 mai 1531, anc. mém. 2 F, fol. 327. *Arch. nat., invent.* PP. 136, p. 373. (*Mention.*)

3966. Mandement à Nicolas de Troyes, argentier du roi, de payer à Jean Le Boulanger, fabricant de balles du roi, la somme de 40 livres tournois dont il lui est fait don pour avoir un habillement. Paris, 16 avril 1531. — 16 avril.

Arch. nat., Acquits sur l'épargne, J. 960, n° 48. (*Mention.*)

3967. Don à M. de Candale, gentilhomme ordinaire de la chambre du roi, de la somme de 1,200 livres tournois pour ses gages de l'année précédente, «dont il n'a eu aucun estat». Paris, 16 avril 1531. — 16 avril.

Arch. nat., Acquits sur l'épargne, J. 960, n° 48. (*Mention.*)

3968. Don à Bernard Du Conte du revenu de la terre de Bardonèche en Dauphiné (élection de Briançon), pour un an à partir du 15 avril 1531, — 16 avril.

IMPRIMERIE NATIONALE.

avec sa demeure au château du lieu. Paris, 16 avril 1531.

Arch. nat., Acquits sur l'épargne, J. 960, n° 48. (*Mention.*)

3969. Don à Oudart Drouet et à Jean Boullet, sommeliers, de la somme de 50 écus à prendre sur les deniers qui proviendront de la résignation de l'office de grènetier du grenier à sel de Chaumont, que veut faire Jean Ballavoine à Anselme Ballavoine, son fils. Paris, 16 avril 1531. 16 avril.

Arch. nat., Acquits sur l'épargne, J. 960, n° 48. (*Mention.*)

3970. Mandement au trésorier de l'épargne de payer à François de Montmorency, seigneur de la Rochepot, 2,000 livres tournois pour sa pension de l'année 1530. Paris, 17 avril 1531. 17 avril.

Original. Bibl. nat., ms. fr. 25721, n° 357.

3971. Lettres de don à François de Marcillac, premier président du Parlement de Rouen, et à Guillaume Prudhomme, général des finances en Normandie, de 100 livres par an à chacun, leur vie durant, à prendre sur le changeur du trésor, pour leur tenir lieu du chauffage de deux arpents de bois. 17 avril 1531. 17 avril.

Enreg. à la Chambre des Comptes de Paris, le 13 mai 1531, anc. mém. 2 F, fol. 332. *Arch. nat., invent.* PP. 136, p. 373. (*Mention.*)

3972. Provisions en faveur de Pierre Du Faur, sieur de Pibrac, d'un office de maître des requêtes de l'hôtel au lieu de Gabriel de Gramont, évêque de Tarbes, créé cardinal. Paris, 19 avril 1531. 19 avril.

Présentées au Conseil du Parl. de Paris, le 16 juin 1531. Arch. nat., X[1a] 1534, fol. 268 v°. (*Mention.*)
Imp. Blanchard, *Les généalogies des maistres des requestes*, in-fol., 1670, p. 266. (*Mention.*)

3973. Mandement au trésorier de l'épargne de payer à Nicolas Raince 585 livres pour partie de sa 19 avril.

pension qui se monte à 1,200 livres par an. Paris, 19 avril 1531. 1531.

Biblioth. nat., ms. Clairambault 1215, fol. 69. (*Mention.*)

3974. Mandement au trésorier de l'épargne de payer à Gabriel de Gramont, cardinal, évêque de Tarbes, 5,200 livres 1 sou qui lui étaient encore dus sur la somme de 23,552 livres 1 sou à laquelle s'étaient élevées ses dépenses pour les voyages qu'il avait faits à Rome, Bologne et autres lieux d'Italie, du 26 juin 1529 au 29 novembre 1530, comme ambassadeur du roi auprès du pape. Anet, 22 avril 1531. 22 avril.

Biblioth. nat., ms. Clairambault 1215, fol. 69. (*Mention.*)

3975. Mandement au trésorier de l'épargne de payer 6,375 livres à Gabriel de Gramont, cardinal, évêque de Tarbes, pour un voyage qu'il va faire à Rome comme ambassadeur du roi auprès du pape. Anet, 22 avril 1531. 22 avril.

Biblioth. nat., ms. Clairambault 1215, fol. 69. (*Mention.*)

3976. Lettres de don à Jean de Créquy, sieur de Canaples, de la somme de 10,000 livres sur celle de 17,000 livres, montant d'une amende prononcée par les commissaires du roi, le 15 avril 1531, contre Duvalet et consorts, fermiers. 28 avril 1531. 28 avril.

Vérifiées pour moitié seulement et enreg. à la Chambre des Comptes de Paris, le 16 mai 1531. Arch. nat., invent. PP. 136, p. 373. (*Mention.*)

(Cf. le n° 3992 ci-dessous.)

3977. Remise faite à Louis de Mazis, prévot d'Oulx[1], en récompense de ses services, d'une somme de 565 livres tournois qu'il devait au roi, à cause de ladite prévoté et des églises et bénéfices qui en dépendent, pour leur quote-part de l'octroi de 1,200,000 livres fait par le 28 avril.

[1] Cette prévôté faisait alors partie du Dauphiné. Elle fut cédée à la Sardaigne par le traité d'Utrecht.

4.

clergé, en 1523, à François Ier. Anet, 28 avril 1531. 1531.

Arch. nat., Acquits sur l'épargne, J. 960, n° 42. (*Mention.*)

3978. Don au sieur Tardes de 100 écus à prendre sur les deniers provenant de la vente de l'office de grènetier du grenier à sel de Saulieu, vacant par mort. Anet, 28 avril 1531. 28 avril.

Arch. nat., Acquits sur l'épargne, J. 960, n° 42. (*Mention.*)

3979. Don à Thomas de Ninville, Pierre Bertheau, Guillaume de Plaisance et Jean Gonnet, fourriers ordinaires du roi, d'une somme de 200 écus d'or soleil à partager entre eux, sur les deniers provenant de la résignation à survivance «que a fait ou fera» Nicolas de La Fons de son office d'élu en l'élection de Saint-Quentin au profit de son fils. Anet, 28 avril 1531. 28 avril.

Arch. nat, Acquits sur l'épargne, J. 960, n° 42. (*Mention.*)

3980. Don à Jehannot, bouteiller, et à Pierre Dumoulin, conducteur des sommiers des bouteilles de la bouche du roi, de 540 livres tournois à répartir entre eux, pour indemnité des dépenses par eux faites dans l'exercice de leur charge durant dix-huit mois. Anet, 28 avril 1531. 28 avril.

Arch. nat., Acquits sur l'épargne, J. 960, n° 42. (*Mention.*)

3981. Don à Jean Boivin, potager de la bouche du roi, et à Salomon Cottereau, sommelier d'échansonnerie, de la somme de 50 écus sur les deniers de l'amende prononcée par le Grand Conseil contre Jacques Richer. Anet, 28 avril 1531. 28 avril.

Arch. nat., Acquits sur l'épargne, J. 960, n° 42. (*Mention.*)

3982. Remboursement à Pierre Spina d'une somme de 3,820 livres tournois qu'il a avancée, sur l'ordre verbal du roi, pour la fabrication et la 28 avril.

fonte du cheval de bronze dont Jean Francisque [Rustici], maître sculpteur florentin, avait été chargé par François Ier. Anet, 28 avril 1531. 1531.

Arch. nat., Acquits sur l'épargne, J. 960, n° 42. (*Mention.*)

3983. Mandement aux gens des comptes d'allouer sur le compte prochain du receveur général de Dauphiné la somme de 450 livres tournois, dont le roi a fait don à Claude Allemant, sieur de Champs, sur les lods et ventes échus et à échoir en Dauphiné. Anet, 28 avril 1531. 28 avril.

Arch. nat., Acquits sur l'épargne, J. 960, n° 42. (*Mention.*)

3984. Don à Claude Allemant, sieur de Champs, d'une somme de 250 livres tournois à prendre sur les deniers des parties casuelles. Anet, 28 avril 1531. 28 avril.

Arch. nat., Acquits sur l'épargne, J. 960, n° 42. (*Mention.*)

3985. Don à Salomon Cottereau, sommelier d'échansonnerie de bouche du roi, de 50 écus d'or soleil à prendre sur les deniers provenant de la résignation de l'office de visiteur du gibier et de la volaille à Rouen, que Isaac de Recusson entend faire au profit de Jean Lyon. Anet, 28 avril 1531. 28 avril.

Arch. nat., Acquits sur l'épargne, J. 960, n° 42. (*Mention.*)

3986. Don à Jean Malaudet et à François Frion, dit le Breton, sommeliers d'échansonnerie du roi, de 30 écus d'or soleil sur les deniers provenant de la transmission de l'office de sergent à verge au Châtelet de Paris, vacant par le décès de Jean Vignot. Anet, 28 avril 1531. 28 avril.

Arch. nat., Acquits sur l'épargne, J. 960, n° 42. (*Mention.*)

3987. Don à Jacques Collin, abbé de Saint-Ambroise, au diocèse de Bourges, de 500 écus soleil, pour l'aider à payer ses bulles et provisions de 28 avril.

ladite abbaye, à prendre sur les deniers provenant de la vente et composition des offices et autres parties casuelles. Anet, 28 avril 1531. 1531.

Arch. nat., *Acquits sur l'épargne*, J. 960, n° 42. (*Mention.*)

3988. Don à Arcon, gentilhomme de la vénerie, d'une somme de 300 écus à prendre sur les ventes d'offices et autres parties casuelles. Anet, 28 avril 1531. 28 avril.

Arch. nat., *Acquits sur l'épargne*, J. 960, n° 42. (*Mention.*)

3989. Mandement au trésorier de l'épargne de payer à Antoine Raincon, chambellan du roi, 4,093 livres pour le voyage qu'il a fait en Hongrie du 31 mars 1529 au 28 février 1530 n. s., comme ambassadeur du roi. Paris, . . . [1] avril 1531. Avril.

Biblioth. nat., ms. Clairambault 1215, fol. 69. (*Mention.*)

3990. Assignation au sieur de Brosses, gentilhomme ordinaire de la chambre du roi et capitaine du château de Loches, de 1,200 livres tournois pour ses gages dudit état de capitaine de l'année 1530, ladite somme à prendre sur les deniers de l'épargne ou sur les finances extraordinaires et parties casuelles. Saint-Cloud, 5 mai 1531. 5 mai.

Arch. nat., *Acquits sur l'épargne*, J. 960, n° 38. (*Mention.*)

3991. Don au comte de Nivollare, pour ses gages de gentilhomme ordinaire de la chambre du roi en la présente année, de 1,200 livres tournois sur les deniers de l'épargne ou les parties casuelles, parce qu'il avait été omis par erreur sur les états. Saint-Cloud, 5 mai 1531. 5 mai.

Arch. nat., *Acquits sur l'épargne*, J. 960, n° 38. (*Mention.*)

[1] Le quantième manque.

3992. Don au sieur de Canaples de la somme de 10,000 livres tournois, que Pierre Du Ballot et consorts, fermiers de la grande ferme de la vicomté de l'eau de Rouen, ont été condamnés à restituer au roi sur les 17,000 livres dont le procureur du roi les accusait d'avoir subrepticement obtenu rabais sur le prix de ladite ferme. Saint-Cloud, 5 mai 1531. — 1531. 5 mai.

Arch. nat., Acquits sur l'épargne, J. 960, n° 38. (*Mention.*)

(Cf. le n° 3976 ci-dessus.)

3993. Remise et quittance à Jean Deleaulne, Claude et Nicolas Du Monceau, archers des toiles et gardes des forêts d'Amboise et de Montrichard, de l'amende de 225 livres à laquelle ils ont été condamnés par le grand maître des eaux et forêts. Saint-Cloud, 5 mai 1531. — 5 mai.

Arch. nat., Acquits sur l'épargne, J. 960, n° 38. (*Mention.*)

3994. Don au duc de Nemours de 600 livres tournois que prélevait chaque année feu le sieur de Châteaufort sur le revenu du grenier à sel de Nemours, appartenant pour le reste audit duc. Saint-Cloud, 5 mai 1531. — 5 mai.

Arch. nat., Acquits sur l'épargne, J. 960, n° 38. (*Mention.*)

3995. Mandement au Parlement de Paris de procéder dans trois semaines à la vérification, publication et entérinement des lettres de création de plusieurs offices d'huissiers au Grand Conseil. Paris, 8 mai 1531. — 8 mai.

Présenté au Conseil du Parl. de Paris, le 27 mai 1531. Arch. nat., X[1a] 1534, fol. 246. (*Mention.*)

3996. Mandement au prévôt et au bailli d'Orléans de contraindre les seigneurs et propriétaires d'une maison sise en cette ville, près de l'école de droit, à la céder moyennant un prix raisonnable à l'Université pour l'agrandissement de ladite école. Paris, 8 mai 1531. — 8 mai.

Original. Arch. du Loiret, série D, Université.

3997. Ordonnance attribuant au Grand Conseil la con- — 10 mai.

naissance des excès, crimes et délits commis à raison des bénéfices ecclésiastiques et de leurs rentes et revenus. Paris, 10 mai 1531. 1531.

Enreg. au Grand Conseil, le 12 juin 1531. Arch. nat., Grand Conseil, V[5] 1048. 2 pages.

IMP. Fontanon, *Édits et ordonnances*, in-fol., 1611, t. I, p. 128.

Girard et Joly, *Le troisiesme livre des offices de France*, in-fol., 1647, t. I, p. 645.

Isambert, *Anc. lois françaises*, in-8°, t. XII, p. 351.

3998. Mandement aux trésoriers de France d'entériner les lettres de nomination de Pierre Limousin, prêtre, comme chapelain de la chapelle de Saint-Louis de Beaucaire, bien qu'il ne les leur ait pas présentées dans le délai voulu. Paris, 10 mai 1531. 10 mai.

Copie d'un vidimus. Biblioth. nat., ms. fr. 25721, n° 369.

3999. Lettres données contre Jean Amalric, grènetier de Mireval, débiteur du trésor royal. Paris, 10 mai 1531. 10 mai.

Arch. départ. de l'Hérault, B. 342, fol. 20. 3 pages 1/2.

4000. Lettres permettant aux prévot des marchands et échevins de Paris de faire lever par le receveur de la ville, commis aux fortifications, les aides de 6 deniers par livre sur le poisson de mer et autres aides, jusqu'à concurrence de la somme de 100,000 livres tournois, pour employer aux fortifications de Paris. Pont de Saint-Cloud, 11 mai 1531. 11 mai.

Présentées au Conseil du Parl. de Paris, le 16 juin 1531. Arch. nat., X[1a] 1534, fol. 268 v°. (*Mention.*) (Cf. avec le n° 4009 ci-dessous.)

4001. Lettres portant rétablissement au compte du payeur des gages des officiers du Parlement de Rouen de l'année 1526, d'une somme de 250 livres tournois, y rayée par les gens des comptes, sous le nom de Jean Surreau, greffier civil du Parlement de Rouen, somme 11 mai.

qui doit lui être payée chaque année pour frais de bureau. 11 mai 1531. 1531.

Enreg. à la Chambre des Comptes de Paris, le 19 juillet 1531, anc. mém. 2 F, fol. 300. *Arch. nat., invent.* PP. 136, p. 374. (*Mention.*)

4002. Provisions et réception d'Eustache Paillois (*alias* Puilois) en l'office de clerc auditeur à la Chambre des Comptes de Paris, au lieu de François Gayant. 14 mai 1531. 14 mai.

Enreg. à la Chambre des Comptes de Paris, le 5 juin 1531, anc. mém. 2 F, fol. 263. *Arch. nat., invent.* PP. 136, p. 374. (*Mention.*)

4003. Don au sieur de Beauvais de la somme de 200 écus soleil sur les deniers des parties casuelles. Pont de Saint-Cloud, 17 mai 1531. 17 mai.

Arch. nat., Acquits sur l'épargne, J. 960, n° 34. (*Mention.*)

4004. Mandement pour prélever sur les offices et parties casuelles les 300 écus « que l'on a avisé d'envoyer » comme présent au sieur Odo O'Donnel d'Irlande. Pont de Saint-Cloud, 17 mai 1531. 17 mai.

Arch. nat., Acquits sur l'épargne, J. 960, n° 34. (*Mention.*)

4005. Don à Ogier Dufaultrey, fourrier ordinaire du roi, de la somme de 200 écus soleil sur les deniers provenant de la composition intervenue à cause de la résignation à survivance faite par Jean Nepveu de l'office d'élu à Caudebec. Pont de Saint-Cloud, 17 mai 1531. 17 mai.

Arch. nat., Acquits sur l'épargne, J. 960, n° 34. (*Mention.*)

4006. Don à Jules, valet de chambre du roi, de 200 écus soleil sur les deniers provenant des droits seigneuriaux dus au roi à cause de l'appointement conclu entre le sieur de la Rivière et ses cohéritiers. Pont de Saint-Cloud, 17 mai 1531. 17 mai.

Arch. nat., Acquits sur l'épargne, J. 960, n° 34. (*Mention.*)

IMPRIMERIE NATIONALE.

4007. Don à Jean Racine, sommelier d'échansonnerie, de 100 écus soleil sur les deniers provenant de la vente de l'office de procureur du roi sur le fait de l'artillerie au Louvre, vacant par le décès de Philippe Josset. Pont de Saint-Cloud, 17 mai 1531. — 1531. 17 mai.

Arch. nat., Acquits sur l'épargne, J. 960, n° 34. (*Mention.*)

4008. Provision au sieur de Saint-Vallier pour lui faire délivrer le revenu de la terre et seigneurie de Pertuis et du château de Meyrargues, dont il jouira et usera jusqu'à ce qu'il soit payé de la somme de 40,500 florins qui lui a été adjugée sur ledit revenu. Pont de Saint-Cloud, 17 mai 1531. — 17 mai.

Arch. nat., Acquits sur l'épargne, J. 960, n° 34. (*Mention.*)

4009. Octroi aux prévot des marchands et échevins de Paris d'un droit de 6 deniers par livre sur le poisson de mer salé, amené et vendu au marché de ladite ville et des faubourgs, de 20 sous tournois par charge de harengs, maquereaux, morues, etc. traversant la ville et de 10 sous par poise de sel, pour employer le produit de ces impôts aux fortifications et autres travaux urgents. Pont de Saint-Cloud, 17 mai 1531. — 17 mai.

Arch. nat., Acquits sur l'épargne, J. 960, n° 34. (*Mention.*)

(Cf. avec le n° 4000 ci-dessus).

4010. Lettres de naturalité avec remise des droits de chancellerie pour Bastien de La Chambre, fils de M. de La Chambre. Pont de Saint-Cloud, 17 mai 1531. — 17 mai.

Arch. nat., Acquits sur l'épargne, J. 960, n° 34. (*Mention.*)

4011. Don à Jean Le Poulère et à Denis Loys de 50 écus sur les deniers provenant de la vente de l'office de sergent au bailliage d'Auxerre, — 17 mai.

vacant par le décès de Jean Couste. Pont de Saint-Cloud, 17 mai 1531. 1531.

Arch. nat., Acquits par l'épargne, J. 960, n° 34. (*Mention.*)

4012. Don et remise aux habitants de Bourges de 7,500 livres tournois, moitié de la somme qu'ils avaient octroyée au roi pour sa rançon et celle de ses fils, accordés à la requête du cardinal archevêque de Bourges et en considération des infortunes survenues à ladite ville par suite des maladies contagieuses et de la disette. Pont de Saint-Cloud, 17 mai 1531. 17 mai.

Arch. nat., Acquits sur l'épargne, J. 960, n° 34. (*Mention.*)

4013. Don à Jean-Joachim de Passano, seigneur de Vaux, de la somme de 1,500 livres tournois sur les deniers des assignations baillées ci-devant à Luca Dansaldo, durant le temps qu'il a été commis au payement des dettes et pensions d'Angleterre. Pont de Saint-Cloud, 17 mai 1531. 17 mai.

Arch. nat., Acquits sur l'épargne, J. 960, n° 34. (*Mention.*)

4014. Lettres subrogeant Robert Roullin, conseiller au Parlement de Rouen, à la garde noble des enfants mineurs de feu Nicolas de Manneville, au lieu de feu Geoffroy de Manneville. Pont de Saint-Cloud, 17 mai 1531. 17 mai.

Arch. nat., Acquits sur l'épargne, J. 960, n° 34. (*Mention.*)

4015. Don à Jean Juste, sculpteur du roi, de 400 écus sur les 800 qui lui restaient dus d'une somme de 1,200 écus qui lui a été accordée pour la statue du feu roi. Pont de Saint-Cloud, 17 mai 1531. 17 mai.

Arch. nat., Acquits sur l'épargne, J. 960, n° 34. (*Mention.*)

4016. Lettres ordonnant d'affermer les grosses fermes du domaine de la prévôté de Paris pour trois années, à charge de faire avancer aux preneurs 18 mai.

une année de revenu pour contribuer au payement de la rançon de François Ier. Paris, 18 mai 1531. 1531.

Enreg. au Châtelet de Paris, le 25 mai 1531. Arch. nat., Bannières, Y. 8, fol. 275 v°. 2 pages.

4017. Mandement au gouverneur de Lyon et aux élus du Lyonnais de donner à ferme pour trois ans, lorsque le bail en cours aura pris fin, les aides et gabelles du gouvernement et de l'élection, à charge pour celui qui la prendra de faire l'avance d'une somme égale au revenu d'une année. Paris, 18 mai 1531. 18 mai.

Copie. Bibl. nat., ms. fr. 2702, fol. 162 v°.

4018. Mandement du roi pour le payement de 1,000 livres tournois à Charles Tiercelin, seigneur de la Roche-du-Maine, pour une année de sa pension. Paris, 19 mai 1531. 19 mai.

Original. Arch. nat., K. 84, n° 18.

4019. Provisions d'un office de maître des requêtes de l'hôtel au lieu de Pierre Anthoine, décédé, en faveur d'Amaury Bouchard, lieutenant du sénéchal de Saintonge à Saint-Jean-d'Angely, avec permission d'exercer encore pendant quatre ans sa charge de lieutenant. Paris, 19 mai 1531. 19 mai.

Reçu au Conseil du Parl. de Paris, le 26 mai suivant. Arch. nat., X^1a^ 1534, fol. 269 v°. (*Mention.*)
IMP. Blanchard, *Les généalogies des maistres des requestes*, in-fol., 1670, p. 265. (*Mention.*)

4020. Don à Gaston de Foix, sieur de Meilles, gentilhomme de la chambre du roi, de la somme de 1,000 livres tournois sur les parties casuelles, en attendant qu'il ait été inscrit sur l'état de ladite chambre. Pont de Saint-Cloud, 20 mai 1531. 20 mai.

Arch. nat., Acquits sur l'épargne, J. 960, n° 35. (*Mention.*)

4021. Don à Antoine Carles, conseiller au Parlement de Dauphiné, de 1,000 livres tournois sur les deniers provenant des droits seigneuriaux, 20 mai.

lods et ventes, amendes et confiscations, échus en Dauphiné. Pont de Saint-Cloud, 20 mai 1531. 1531.

Arch. nat., Acquits sur l'épargne, J. 960, n° 35. (*Mention.*)

4022. Don au sieur de Saint-Aulaire de 300 écus, somme taxée par les gens des comptes pour l'amortissement des terres échangées entre le sieur Dubreuil et le chapitre de Saint-Germain au diocèse de Limoges. Pont de Saint-Cloud, 20 mai 1531. 20 mai.

Arch. nat., Acquits sur l'épargne, J. 960, n° 35. (*Mention.*)

4023. Don à Baugeois Du Vignier, homme d'armes, de la somme de 300 écus soleil sur les droits seigneuriaux échus ou à échoir dans la sénéchaussée de Ponthieu. Pont de Saint-Cloud, 20 mai 1531. 20 mai.

Arch. nat., Acquits sur l'épargne, J. 960, n° 35. (*Mention.*)

4024. Don à la duchesse de Nevers et au comte d'Eu, son fils, de 150 livres tournois provenant de deux amendes, l'une de 75 livres prononcée contre ladite dame au Parlement de Paris, l'autre de même somme prononcée au Grand Conseil contre un marchand anglais en relation d'affaires avec la duchesse. Pont de Saint-Cloud, 20 mai 1531. 20 mai.

Arch. nat., Acquits sur l'épargne, J. 960, n° 35. (*Mention.*)

4025. Don à Jacques Billard, huissier de salle du roi, de 40 écus soleil sur les deniers provenant de la vente d'un office de notaire royal à Amiens, vacant par le décès de Nicolas Haranguier. Pont de Saint-Cloud, 20 mai 1531. 20 mai.

Arch. nat., Acquits sur l'épargne, J. 960, n° 35. (*Mention.*)

4026. Don au duc de Nemours, pour une période de dix ans, du revenu du grenier à sel récemment établi à Bray-sur-Seine, et des amendes et con- 20 mai.

fiscations qui y seront prononcées pendant le même temps. Pont de Saint-Cloud, 20 mai 1531. 1531.

Arch. nat., Acquits sur l'épargne, J. 960, n° 35. (*Mention.*)

4027. Assignation sur les deniers de l'épargne du quartier de juillet-septembre prochain, d'une somme de 1,752 livres 13 sous 2 deniers tournois ordonnée au comte de Saint-Pol, à titre de remboursement des avances faites par lui au trésorier de l'extraordinaire des guerres, Jean Laguette, pendant qu'il était lieutenant général pour le roi en Italie. Pont de Saint-Cloud, 20 mai 1531. 20 mai.

Arch. nat., Acquits sur l'épargne, J. 960, n° 35. (*Mention.*)

4028. Ordonnance de payement au maréchal de La Marck d'une somme de 2,400 livres pour ses gages et état de la chambre du roi des années 1529 et 1530, à prendre sur les deniers de l'épargne ou les parties casuelles. Pont de Saint-Cloud, 20 mai 1531. 20 mai.

Arch. nat., Acquits sur l'épargne, J. 960, n° 35. (*Mention.*)

4029. Don à Francisque de Vimerça, médecin de la reine Éléonore, de 500 livres en récompense des services qu'il a rendus au roi et à ladite dame avant d'être inscrit sur les états de leur maison. Pont de Saint-Cloud, 20 mai 1531. 20 mai.

Arch. nat., Acquits sur l'épargne, J. 960, n° 35. (*Mention.*)

4030. Ordonnance de payement à M. d'Aubigny de la somme de 4,000 livres pour sa pension de l'année 1530, à prendre sur les deniers de l'épargne ou les parties casuelles. Pont de Saint-Cloud, 20 mai 1531. 20 mai.

Arch. nat., Acquits sur l'épargne, J. 960, n° 35. (*Mention.*)

4031. Ordonnance de payement à M. de Belleville de la somme de 1,200 livres tournois sur les 20 mai.

deniers de l'épargne ou les parties casuelles, pour sa pension de l'année 1530. Pont de Saint-Cloud, 20 mai 1531. 1531.

Arch. nat., Acquits sur l'épargne, J. 960, n° 35. (*Mention.*)

4032. Mandement aux trésoriers des guerres d'inscrire sur les rôles de montre, pour les quartiers de juillet-septembre et octobre-décembre 1530, quatre prévôts des maréchaux dont les noms leur sont donnés, et soixante-douze archers placés sous leurs ordres, et de les faire payer de leurs gages. Paris, 22 mai 1531. 22 mai.

Original. Bibl. nat., ms. fr. 25721, n° 358.

4033. Mandement aux trésoriers des guerres, Jean Grolier et Georges Hervoet, leur ordonnant de payer de leurs gages, pour les quartiers de juillet-septembre et octobre-décembre 1530, 2,132 lances des compagnies d'ordonnance et les capitaines qui les commandent. Paris, 22 mai 1531. 22 mai.

Original. Bibl. nat., ms. fr. 25721, n° 359.

4034. Mandement au trésorier de l'épargne de payer à Charles Du Solier de Morette la somme de 2,000 écus pour son état d'ambassadeur auprès de l'empereur. Paris, 22 mai 1531. 22 mai.

Arch. nat., Acquits sur l'épargne, J. 960, n° 33. (*Mention.*)

4035. Mandement pour le payement à Lazare de Baïf de 1,000 écus pour son état d'ambassadeur du roi à Venise. Paris, 22 mai 1531. 22 mai.

Arch. nat., Acquits sur l'épargne, J. 960, n° 33. (*Mention.*)

4036. Mandement de payer 600 écus au sieur de Saint-Bonnet, ambassadeur à Ferrare, sur ce qui peut lui être dû. Paris, 22 mai 1531. 22 mai.

Arch. nat., Acquits sur l'épargne, J. 960, n° 33. (*Mention.*)

4037. Mandement pour le payement de 1,804 livres à Claude Dodieu, sieur de Vély, pour complément de ce qui lui est dû pour les gages et 22 mai.

frais de son ambassade à Florence, et autres dépenses par lui faites pour le service du roi. Paris, 22 mai 1531. — 1531.

Arch. nat., Acquits sur l'épargne, J. 960, n° 33. (*Mention.*)

4038. Mandement au trésorier de l'épargne de payer à Claude Dodieu, sieur de Vély, que le roi envoie présentement en qualité d'ambassadeur auprès de l'empereur, au lieu du sieur de Morette, la somme de 2,200 livres pour cinq mois de sondit état. Paris, 22 mai 1531. — 22 mai.

Arch. nat., Acquits sur l'épargne, J. 960, n° 33. (*Mention.*)

4039. Mandement au trésorier de l'épargne de payer 50 écus au capitaine Claude de Manville, envoyé présentement en toute diligence de Paris en Provence pour les affaires du roi. Paris, 22 mai 1531. — 22 mai.

Arch. nat., Acquits sur l'épargne, J. 960, n° 33. (*Mention.*)

4040. Don de 20 écus à trois compagnons de guerre, Jean de Bistre, Louis Chassaigne et Étienne Chabourla, qui ont servi le roi à Bayonne et ailleurs en Guyenne. Paris, 22 mai 1531. — 22 mai.

Arch. nat., Acquits sur l'épargne, J. 960, n° 33. (*Mention.*)

4041. Mandement au trésorier de l'épargne de payer 60 livres à Henri de Vercourt, envoyé en Angleterre pour y porter à Jean-Joachim de Passano des lettres du roi. Saint-Cloud, 23 mai 1531. — 23 mai.

Biblioth. nat., ms. Clairambault 1215, fol. 69. (*Mention.*)

4042. Don à Gervais Waïn, docteur en théologie, que le roi envoie présentement en Allemagne vers les ducs de Saxe et de Bavière et le landgrave de Hesse, de 450 livres tournois à titre d'avance pour trois mois que pourra durer son voyage, et de 150 livres pour se monter de chevaux — 27 mai.

et d'habillements. Pont de Saint-Cloud, 27 mai 1531. | 1531.

Arch. nat., Acquits sur l'épargne, J. 960, n° 18. (*Mention.*)

4043. Don à Antoine Mérault de la somme de 300 livres tournois pour un voyage qu'il fait présentement vers le marquis de Brandebourg. Pont de Saint-Cloud, 27 mai 1531. | 27 mai.

Arch. nat., Acquits sur l'épargne, J. 960, n° 18. (*Mention.*)

4044. Don au sieur de Beauvais, que le roi envoie présentement vers le roi d'Écosse, où il pourra résider quelque temps, d'une somme de 1,200 livres à titre d'avance sur son voyage, et pour son entretien durant quatre mois, et de 300 livres tournois pour l'aider à se monter et s'habiller, et pour le prix de son passage. Pont de Saint-Cloud, 27 mai 1531. | 27 mai.

Arch. nat., Acquits sur l'épargne, J. 960, n° 18. (*Mention.*)

4045. Don à Jacques de Louan, écuyer, des quints, requints et autres droits seigneuriaux qu'il peut devoir à cause des terres de Nogent, Dormans et Montaiguillon. Pont de Saint-Cloud, 27 mai 1531. | 27 mai.

Arch. nat., Acquits sur l'épargne, J. 960, n° 18. (*Mention.*)

4046. Don à Guillaume Delacroix, fourrier ordinaire du roi, de la somme de 75 livres tournois, montant d'une amende prononcée par arrêt du Parlement contre Guy et Jean Durant, ses parents. Pont de Saint-Cloud, 27 mai 1531. | 27 mai.

Arch. nat., Acquits sur l'épargne, J. 960, n° 18. (*Mention.*)

4047. Don au sieur de Cormette de la somme de 2,000 livres tournois à prendre sur les restes dus par diverses personnes en la vicomté de Gisors, à cause des fieffes à elles faites de terres et héritages situés dans ladite vicomté. Pont de Saint-Cloud, 27 mai 1531. | 27 mai.

Arch. nat., Acquits sur l'épargne, J. 960, n° 18. (*Mention.*)

IMPRIMERIE NATIONALE.

4048. Don à M. d'Aubigny de la confiscation de messire Guillaume de Menipeny, prieur de Saint-Jean de Nemours, sieur de Concressault. Pont de Saint-Cloud, 27 mai 1531. — 1531. 27 mai.

Arch. nat., Acquits sur l'épargne, J. 960, n° 18. (*Mention.*)

4049. Confirmation et vidimus des privilèges accordés par Philippe le Hardi (Paris, août 1280) aux habitants de Villefranche-de-Lauraguais. Paris, mai 1531. — Mai.

Enreg. à la Chancellerie de France. Arch. nat., Trésor des Chartes, JJ. 246, n° 336, fol. 102 v°. 7 pages, dont 6 pour les lettres de Philippe le Hardi, qui ne se trouvent point dans le *Recueil des Ordonnances*.

4050. Confirmation des privilèges et exemptions d'Antoine Grolier, Guillaume Barjot et Fleury Geoffroy, en qualité de gardes du passage et du tirage du sel dans le Lyonnais et le Beaujolais. Paris, mai 1531. — Mai.

Enreg. à la Chancellerie de France. Arch. nat., Trésor des Chartes, JJ. 246, n° 11, fol. 3. 1 page.

4051. Mandement au trésorier de l'épargne de payer à Claude Dodieu, envoyé en Flandre comme ambassadeur du roi près de l'empereur, 2,295 livres tournois pour 153 jours d'exercice de sa charge comptés du 1er juin 1531, date de son départ, jusqu'au 31 octobre suivant. Saint-Germain-en-Laye, 1er juin 1531. — 1er juin.

Original. Bibl. nat., ms. fr. 25721, n° 360.
Idem., ms. Clairambault 1215, fol. 69 v°. (*Mention.*)

4052. Mandement au trésorier de l'épargne de payer 1,804 livres 8 sous à Claude Dodieu, maître des requêtes de l'hôtel du roi, à titre de remboursement d'une pareille somme qu'il a dépensée pendant son ambassade à Florence, d'où il était parti sur les instances du pape et de l'empereur, mais où il avait néanmoins — 1er juin.

laissé pendant le siège une partie de ses gens. Saint-Germain-en-Laye, 1er juin 1531. 1531.

Biblioth. nat., ms. Clairambault 1215, fol. 69. (*Mention.*)

4053. Don et remise accordés, à la requête du cardinal de Tournon, à Gaston Olivier et ses cohéritiers, enfants de feu Jean Olivier, d'une amende de 150 livres tournois prononcée contre eux par arrêt du Parlement de Paris. Saint-Germain-en-Laye, 2 juin 1531. 2 juin.

Arch. nat., *Acquits sur l'épargne*, J. 960, n° 26. (*Mention.*)

4054. Don à Jean de Doués, pauvre gentilhomme, de 200 écus soleil sur les deniers provenant des offices, pour l'aider à payer sa rançon fixée à 600 écus. Il avait été pris sur mer par les Turcs, étant employé au service du roi. Saint-Germain-en-Laye, 2 juin 1531. 2 juin.

Arch. nat., *Acquits sur l'épargne*, J. 960, n° 26. (*Mention.*)

4055. Déclaration du roi portant qu'il entend que Jean Desgretz (*alias* Des Grecs) et sa femme jouissent des étaux neufs qu'ils ont fait établir à la boucherie de Beauvais à Paris, après adjudication à eux faite par la Chambre des Comptes, moyennant une redevance annuelle de 200 livres que le roi réduit à 60 livres. Saint-Germain-en-Laye, 2 juin 1531. 2 juin.

Arch. nat., *Acquits sur l'épargne*, J. 960, n° 26. (*Mention.*)

(Voyez ci-dessus le n° 3869.)

4056. Lettres portant que sur les restes des décimes et du don gratuit de la noblesse il sera prélevé 4,000 livres tournois pour l'achèvement de la chapelle du bois de Vincennes. Saint-Germain-en-Laye, 2 juin 1531. 2 juin.

Arch. nat., *Acquits sur l'épargne*, J. 960, n° 26. (*Mention.*)

4057. Permission au sieur de Vatilleu de faire conduire de sa maison jusqu'à Marseille un radeau de 2 juin.

bois, franc des péages et droits dus au roi. Saint-Germain-en-Laye, 2 juin 1531. 1531.

Arch. nat., Acquits sur l'épargne, J. 960, n° 26. (*Mention.*)

4058. Don au sieur Chevallier, écuyer d'écurie du roi, de la somme de 1,000 livres tournois sur les deniers provenant des offices, en dédommagement de 500 livres par an que le roi lui avait ci-devant octroyées sur la recette de Moret et dont il n'a rien reçu depuis deux ans. Saint-Germain-en-Laye, 2 juin 1531. 2 juin.

Arch. nat., Acquits sur l'épargne, J. 960, n° 26. (*Mention.*)

4059. Assignation au sieur Des Cars de 1,200 livres pour sa pension de l'année 1530 sur les deniers de l'épargne ou parties provenant de la vente des offices. Saint-Germain-en-Laye, 2 juin 1531. 2 juin.

Arch. nat., Acquits sur l'épargne, J. 960, n° 26. (*Mention.*)

4060. Don au sieur Braillon, médecin, de 50 livres tournois en augmentation des 75 livres qu'il touche chaque année sur les amendes du Parlement de Paris pour la visite des prisonniers de la conciergerie du palais dont il est chargé. Saint-Germain-en-Laye, 2 juin 1531. 2 juin.

Arch. nat., Acquits sur l'épargne, J. 960, n° 26. (*Mention.*)

4061. Pouvoir à Nicolas Viole, maître ordinaire des comptes, de taxer jusqu'à la somme de 2,000 livres tournois et au-dessous, en ce qui touche le fait de la commission à lui donnée pour les travaux du parc de Chambord. Saint-Germain-en-Laye, 2 juin 1531. 2 juin.

Arch. nat., Acquits sur l'épargne, J. 960, n° 26. (*Mention.*)

4062. Lettres de validation d'un compte de 352 livres 18 sous 7 deniers pite tournois que Jean Bourdineau, clerc des offices de l'hôtel du roi, a payés par ordonnance du feu sieur de 2 juin.

La Foullenne, maître d'hôtel ordinaire, pour la dépense de l'archevêque de Capoue, envoyé par le pape vers le roi à Blois. Saint-Germain-en-Laye, 2 juin 1531. — 1531.

Arch. nat., Acquits sur l'épargne, J. 960, n° 26. (*Mention.*)

4063. Don au sieur de Carvoisin de 800 livres tournois outre les 400 livres qu'il prend à cause de son office d'écuyer d'écurie, pour lui parfaire la somme de 1,200 livres que le roi lui a ordonnée tant de gages que de pension. Saint-Germain-en-Laye, 2 juin 1531. — 2 juin.

Arch. nat., Acquits sur l'épargne, J. 960, n° 26. (*Mention.*)

4064. Don à Jean de La Mothe, huissier de chambre de la reine, de 300 livres tournois sur les deniers provenant de la vente de l'office de maître de la monnaie de la Rochelle, vacant par le décès de Mathieu Auldrière. Saint-Germain-en-Laye, 2 juin 1531. — 2 juin.

Arch. nat., Acquits sur l'épargne, J. 960, n° 26. (*Mention.*)

4065. Don à Jacques Sanson, écuyer de cuisine de bouche, de 50 écus sur les rachats et autres droits seigneuriaux échus au roi sur la terre et seigneurie de Versigny, au bailliage de Senlis. Saint-Germain-en-Laye, 2 juin 1531. — 2 juin.

Arch. nat., Acquits sur l'épargne, J. 960, n° 26. (*Mention.*)

4066. Don à François de Saint-Aulaire, fils d'un maître d'hôtel du roi, de la somme de 100 écus soleil à prendre sur le décime octroyé par la noblesse du bas Limousin. Saint-Germain-en-Laye, 2 juin 1531. — 2 juin.

Arch. nat., Acquits sur l'épargne, J. 960, n° 26. (*Mention.*)

4067. Don à Claude Thomin, valet de limiers du cardinal de Lorraine, de 30 écus soleil sur les deniers provenant de la vente de l'office de sergent à verge au Châtelet de Paris, vacant — 2 juin.

par le décès de Fiacre Dupont. Saint-Germain-en-Laye, 2 juin 1531. 1531.

Arch. nat., Acquits sur l'épargne, J. 960, n° 26. (*Mention.*)

4068. Don à Jean Dumoulin, sieur de Maisonneuve, valet de chambre ordinaire du roi, de 2,380 livres tournois, montant de la moitié du débet dont était resté redevable à la clôture de ses comptes un des grènetiers de Paris, débet que le roi avait octroyé intégralement audit de Maisonneuve, mais qui ne lui avait été entériné que pour moitié par la Chambre des Comptes. Saint-Germain-en-Laye, 2 juin 1531. 2 juin.

Arch. nat., Acquits sur l'épargne, J. 960, n° 26. (*Mention.*)

4069. Don au sieur de Haraucourt de 600 livres tournois pour ses gages de gentilhomme de la chambre du roi de l'année précédente, à prendre sur les deniers des offices. Saint-Germain-en-Laye, 2 juin 1531. 2 juin.

Arch. nat., Acquits sur l'épargne, J. 960, n° 26. (*Mention.*)

4070. Mandement pour faire payer Charles de Pierrevive, trésorier de France, de ses pension et chevauchées de l'année 1530, comme l'ont été les autres trésoriers. Saint-Germain-en-Laye, 2 juin 1531. 2 juin.

Arch. nat., Acquits sur l'épargne, J. 960, n° 26. (*Mention.*)

4071. Assignation sur les deniers provenant des offices de la somme de 240 livres tournois due à Jean de Jugon, huissier de salle du roi, pour ses gages de l'année 1530. Saint-Germain-en-Laye, 2 juin 1531. 2 juin.

Arch. nat., Acquits sur l'épargne, J. 960, n° 26. (*Mention.*)

4072. Provisions de l'office de juge mage en la sénéchaussée de Carcassonne et Béziers, en faveur de Pierre Boyer, docteur en droit, en rem- 4 juin.

placement de son père, Arnaud Boyer. Saint-Germain-en-Laye, 4 juin 1531. 1531.

Enreg. au Parl. de Toulouse. Arch. de la Haute-Garonne, Édits, reg. 3, fol. 230, 1 page 1/2.

4073. Mandement au trésorier de l'épargne de payer à Jean-François Rustici, sculpteur, 700 livres tournois pour sept mois de sa pension de 1,200 livres tournois par an, comptés à partir du présent mois de juin. Paris, 5 juin 1531. 5 juin.

Original, Bibl. nat., ms. fr. 25721, n° 361.

4074. Lettres de relief d'adresse à la Chambre des Comptes et de surannation d'autres lettres du 16 août 1529 (n° 3449) portant don à Renzo de Cère des revenus de la châtellenie de Pontoise. Paris, 5 juin 1531. 5 juin.

Enreg. à la Chambre des Comptes de Paris, le 14 juin 1531. Copie. Arch. nat., P. 2537, fol. 114 v°.

4075. Mandement au trésorier de l'épargne de payer au duc de Somma 3,000 livres tournois pour sa pension de la présente année. Saint-Germain-en-Laye, 5 juin 1531. 5 juin.

Arch. nat., Acquits sur l'épargne, J. 960, n° 23. (*Mention.*)

4076. Don au gruyer de Saint-Germain-en-Laye de 500 livres sur les deniers provenant de la vente des offices, pour l'aider à marier une sienne fille. Saint-Germain-en-Laye, 5 juin 1531. 5 juin.

Arch. nat., Acquits sur l'épargne, J. 960, n° 23. (*Mention.*)

4077. Don à Jean Desgranges, Jean de Castelnau, Jean Duberne et Simon Hennequin, portiers ordinaires de la maison du roi, de 100 écus soleil à partager entre eux par portion égale, sur les deniers provenant de la confiscation adjugée au roi par l'arrêt de mort prononcé au Parlement de Paris contre Antoine Chevalier, Martin et Yvon Langlois. Saint-Germain-en-Laye, 5 juin 1531. 5 juin.

Arch. nat., Acquits sur l'épargne, J. 960, n° 23. (*Mention.*)

4078. Don à Michelet, huissier de chambre du roi, de 100 écus soleil sur les deniers provenant de la vente de l'office de garde de la monnaie de Toulouse, vacant par le décès d'Arnaud Bouticq. Saint-Germain-en-Laye, 5 juin 1531. 1531. 5 juin.

Arch. nat., *Acquits sur l'épargne*, J. 960, n° 23. (*Mention.*)

4079. Abolition du droit de 2 sous 6 deniers par quarte de sel levé en Lyonnais pour les fortifications de Lyon, et remplacement de ce droit par un octroi de 10 deniers par quarte. Saint-Germain-en-Laye, 7 juin 1531. 7 juin.

Original. Archives de la ville de Lyon, série CC. *Copie*, *id.* AA. 151, fol. 6.

4080. Mandement pour faire payer au président Nicolaï cinq années de sa pension annuelle de 500 livres, soit 2,500 livres tournois, sur les deniers provenant des restes de comptes, profits de fiefs, finances d'anoblissements, amortissements, légitimations, naturalités, etc. Saint-Germain-en-Laye, 7 juin 1531. 7 juin.

Arch. nat., *Acquits sur l'épargne*, J. 960, n° 22. (*Mention.*)

4081. Don à Étienne Godemier, gouverneur des pages de la chambre, de 25 écus à prendre sur les deniers provenant de la vente de l'office de garde du petit sceau de Senlis. Saint-Germain-en-Laye, 7 juin 1531. 7 juin.

Arch. nat., *Acquits sur l'épargne*, J. 960, n° 22. (*Mention.*)

4082. Don à Étienne Deschamps et à Humbert Munet, sommeliers de paneterie, de 50 écus d'or soleil sur les deniers provenant de la résignation de l'office de sergent royal à Rouen, faite par Robert Tasset en faveur de son fils. Saint-Germain-en-Laye, 7 juin 1531. 7 juin.

Arch. nat., *Acquits sur l'épargne*, J. 960, n° 22. (*Mention.*)

4083. Don au sieur de Langey, gentilhomme de la chambre du roi, de 3,000 livres tournois sur 7 juin.

les sommes qui ont été jugées indûment employées par Michel Boucher, ex-receveur ordinaire d'Orléans, sur sa recette de l'année 1524. Saint-Germain-en-Laye, 7 juin 1531. 1531.

Arch. nat., Acquits sur l'épargne, J. 960, n° 22. (*Mention.*)

4084. Déclaration portant que Belin de Mesnard, écuyer de l'écurie du roi, jouira de la terre et seigneurie des Grèves, à lui adjugée par arrêt du Parlement, sans payer aucun droit seigneurial à cause de mutation. Saint-Germain-en-Laye, 7 juin 1531. 7 juin.

Arch. nat., Acquits sur l'épargne, J. 960, n° 22. (*Mention.*)

4085. Provision pour faire rétablir sur les comptes du receveur général de Dauphiné, des années 1526 et 1527, la somme annuelle de 2,000 livres tournois, dont le roi a fait don à Constance de Carret (Caretto), veuve de Galéas de Saint-Séverin, grand écuyer, sur le revenu de la terre et seigneurie, les ports et péages de Montélimart. Saint-Germain-en-Laye, 7 juin 1531. 7 juin.

Arch. nat., Acquits sur l'épargne, J. 960, n° 22. (*Mention.*)

4086. Don à la duchesse de Nevers de 200 livres tournois, montant de la composition de la garde noble du comte d'Eu, son fils, pour l'année finissant le 31 octobre prochain. Saint-Germain-en-Laye, 7 juin 1531. 7 juin.

Arch. nat., Acquits sur l'épargne, J. 960, n° 22. (*Mention.*)

4087. Don au bâtard Du Fay, commissaire de l'artillerie, en récompense de ses services, de 100 écus soleil sur les deniers provenant de la vente des offices. Saint-Germain-en-Laye, 7 juin 1531. 7 juin.

Arch. nat., Acquits sur l'épargne, J. 960, n° 22. (*Mention.*)

IMPRIMERIE NATIONALE.

de l'écurie du roi, de la somme de 300 écus sur les deniers provenant de la vente de l'office d'auneur de toile à Rouen, vacant par le décès de Thierry Chiffes. Chantilly, 15 juin 1531. 1531.

Arch. nat., Acquits sur l'épargne, J. 960, n° 19. (*Mention.*)

4094. Don au sieur de Cossé, fils aîné de M. de Brissac, de la somme de 300 écus sur les deniers provenant de la vente d'un office de notaire au Châtelet d'Orléans. Chantilly, 15 juin 1531. 15 juin.

Arch. nat., Acquits sur l'épargne, J. 960, n° 19. (*Mention.*)

4095. Assignation sur les deniers de l'épargne ou des offices de la somme de 4,800 livres pour payer le sieur du Vigean de deux années de sa pension, à raison de 1,200 livres par an, et de deux années de ses gages de capitaine de Lusignan, qui sont aussi de 1,200 livres. Chantilly, 15 juin 1531. 15 juin.

Arch. nat., Acquits sur l'épargne, J. 960, n° 19. (*Mention.*)

4096. Don à l'écuyer Carvoisin de la somme de 300 écus à prendre sur les deniers des offices, pour l'aider à s'entretenir au service du roi. Chantilly, 15 juin 1531. 15 juin.

Arch. nat., Acquits sur l'épargne, J. 960, n° 19. (*Mention.*)

4097. Assignation de 240 livres pour les gages de la présente année du sieur de La Rochevert, huissier de chambre du roi, sur les deniers revenant bons des états des officiers domestiques de la maison du roi. Chantilly, 15 juin 1531. 15 juin.

Arch. nat., Acquits sur l'épargne, J. 960, n° 19. (*Mention.*)

4098. Pouvoirs donnés à Jacques Allegrain pour remplacer Christophe Hennequin décédé, en qualité de commissaire pour la rédaction et la publication de la coutume du bailliage de 18 juin.

Montargis et autres lieux. Saint-Germain-en-Laye, 18 juin 1531. 1531.

Enreg. à la suite du texte de lad. coutume, Arch. nat., Parl. de Paris, X^{1a} 9283.

IMP. Bourdot de Richebourg, *Nouveau coutumier général*, in-fol., Paris, 1724, t. III, p. 857.

(Voir ci-dessus, 18 août 1530, n° 3760.)

4099. Lettres pour le remboursement au duc d'Albany d'une somme de 1,383 écus soleil qu'il a fournie ou fait fournir en diverses circonstances, tant pour voyages de courriers par lui dépêchés qu'autres affaires concernant le service du roi, depuis son départ de la cour et pendant la durée de son ambassade à Rome. Paris, 24 juin 1531. 24 juin.

Arch. nat., Acquits sur l'épargne, J. 960, n° 15. (*Mention.*)

4100. Lettres de relèvement en faveur de Gaspard de Serre, archer de la compagnie de monsieur le grand maître [Anne de Montmorency], pour être payé de sa solde des quartiers d'octobre-décembre 1530, janvier-mars 1531, bien qu'il n'ait pas paru à la montre. Paris, 24 juin 1531. 24 juin.

Arch. nat., Acquits sur l'épargne, J. 960, n° 15. (*Mention.*)

4101. Lettres accordant, suivant l'avis du Grand Conseil, à Thibaud Bouju, prisonnier à Creil, une réduction de 253 livres sur les 400 livres dont lui et son père étaient demeurés redevables au roi à cause d'une vente de bois à eux délivrée en la forêt de Halatte, à condition que le bois tant abattu que debout qui est encore dans ladite vente sera vendu au profit du roi. Paris, 24 juin 1531. 24 juin.

Arch. nat., Acquits sur l'épargne, J. 960, n° 15. (*Mention.*)

4102. Don à Antoine de Châteauchalon, sieur de la Chattière, lieutenant du sieur de Saint-Bonnet à Bayonne, de la somme de 500 écus soleil à prendre sur les droits seigneuriaux échus au roi par suite des décès de Jean Goujon, 24 juin.

seigneur d'Arthois, et de Louis de Plouert, seigneur dudit lieu. Paris, 24 juin 1531. 1531.

Arch. nat., Acquits sur l'épargne, J. 960, n° 15. (*Mention.*)

4103. Don à Salomon Cottereau, sommelier d'échansonnerie du roi, de la somme de 25 écus soleil sur les deniers de l'amende prononcée au Parlement contre Jean de Lyon. Paris, 24 juin 1531. 24 juin.

Arch. nat., Acquits sur l'épargne, J. 960, n° 15. (*Mention.*)

4104. Provision à Louis Des Désers, commis par le roi à la garde du sceau de Bretagne durant le procès du vice-chancelier Briçonnet, pour être payé des gages appartenant à ladite garde, montant à 600 livres tournois par an. Paris, 24 juin 1531. 24 juin.

Arch. nat., Acquits sur l'épargne, J. 960, n° 15. (*Mention.*)

4105. Don à Baptime de Larcha de 2,000 livres tournois sur les deniers provenant des amendes, lods et vente, restes de comptes, etc., de la recette générale de Provence, tant pour la récompenser de ses services qu'en dédommagement d'un jardin situé à Aix, que François Ier avait donné à son feu mari et qu'elle a remis à la disposition du roi. Paris, 24 juin 1531. 24 juin.

Arch. nat., Acquits sur l'épargne, J. 960, n° 15. (*Mention.*)

4106. Don à Louis Alamanni du revenu de la châtellenie, terre et seigneurie de Tullins en Dauphiné, pour dix ans à dater du jour des présentes lettres. Paris, 24 juin 1531. 24 juin.

Arch. nat., Acquits sur l'épargne, J. 960, n° 15. (*Mention.*)

4107. Don à Louis Alamanni et à Baptime de Larcha, d'un jardin situé à Aix avec les maisons, moulins, édifices, prés et vignes compris entre 24 juin.

ses murs, pour en jouir leur vie durant et au survivant. Paris, 24 juin 1531. 1531.

Arch. nat., Acquits sur l'épargne, J. 960, n° 15. (*Mention.*)

4108. Don à Baptiste Le Chandellier de la garde noble des enfants mineurs de feu Nicolas de La Fontaine le jeune, en Normandie. Paris, 24 juin 1531. 24 juin.

Arch. nat., Acquits sur l'épargne, J. 960, n° 15. (*Mention.*)

4109. Remise et quittance à Louis de Neufvy de la somme de 160 écus, montant des profits de fief qu'il doit au roi à cause de la vente de Fontaine-Denis. Paris, 24 juin 1531. 24 juin.

Arch. nat., Acquits sur l'épargne, J. 960, n° 15. (*Mention.*)

4110. Don à Pierre de Haraucourt, sieur du Perroy, de la somme de 600 livres tournois à prendre chaque année, durant six ans, sur le revenu du grenier à sel de Chaumont-en-Bassigny, en compensation de la terre et seigneurie de Vaucouleurs que le roi lui avait donnée et qu'il a depuis reprise pour la bailler à l'évêque de Béziers, en dédommagement d'une partie de ses terres de Flandre qu'il a dû abandonner à l'empereur. Paris, 24 juin 1531. 24 juin.

Arch. nat., Acquits sur l'épargne, J. 960, n° 15. (*Mention.*)

4111. Don à Louis Braillon, docteur en médecine, chargé de la visite des prisonniers malades à la conciergerie du Palais, d'une somme de 100 livres parisis chaque année sur les deniers provenant des exploits et amendes du Parlement de Paris, y compris 50 livres qu'il y prenait auparavant, pour l'indemniser de ses peines. Cette somme lui sera payée pour l'année échue le 1er mai dernier. Paris, 24 juin 1531 [1]. 24 juin.

Arch. nat., Acquits sur l'épargne, J. 960, n° 15. (*Mention.*)

[1] Une note marginale déclare que ces lettres ne font pas double emploi avec un don semblable inscrit sur le rôle précédent (n° 4060), et qu'elles n'en sont que la réexpédition plus explicite.

4112. Assignation sur les deniers de l'épargne de 1,200 livres tournois pour la pension du sieur de Belleville de l'année échue le 31 décembre précédent. Paris, 24 juin 1531. — 1531. 24 juin.

Arch. nat., Acquits sur l'épargne, J. 960, n° 15. (*Mention.*)

4113. Pension annuelle de 6,000 livres tournois accordée au comte de Gayasse de Saint-Séverin, que le roi prend à son service avec la charge de capitaine général des chevau-légers, à partir du 1er juillet 1531, lui promettant que nul ne sera placé comme surintendant au-dessus de lui pour la conduite qu'il aura des gens de pied à la solde du roi. Paris, 24 juin 1531. — 24 juin.

Arch. nat., Acquits sur l'épargne, J. 960, n° 15. (*Mention.*)

4114. Don et remise accordés à l'Hôtel-Dieu de Paris d'une somme de 75 livres, montant d'une amende prononcée contre cet établissement au profit du roi. Paris, 24 juin 1531. — 24 juin.

Arch. nat., Acquits sur l'épargne, J. 960, n° 15. (*Mention.*)

4115. Déclaration portant règlement pour les gages des généraux de la justice des aides de Montpellier. 26 juin 1531. — 26 juin.

Enreg. à la Chambre des Comptes de Paris, anc. mémorial coté 2 F, fol. 298. *Arch. nat., invent.* PP. 136, p. 375. (*Mention.*)

4116. Assignation à M. du Vigean d'une somme de 4,800 livres pour deux années de sa pension et de ses gages de capitaine de Lusignan, sur les finances de l'épargne. Paris, 26 juin 1531. — 26 juin.

Arch. nat., Acquits sur l'épargne, J. 960, n° 14. (*Mention.*)

4117. Mandement pour le payement au comte de Nivollare, gentilhomme de la chambre du roi, d'une somme de 1,200 livres pour ses gages de la présente année, sur les deniers revenant — 26 juin.

bons des états des officiers de la maison du roi. Paris, 26 juin 1531. 1531.

Arch. nat., Acquits sur l'épargne, J. 960, n° 14. (*Mention.*)

4118. Don au chevalier qui montre à tirer de l'épée aux enfants du roi d'une somme de 100 écus, à payer comptant par le trésorier Laguette sur les deniers provenant des offices. Paris, 26 juin 1531. 26 juin.

Arch. nat., Acquits sur l'épargne, J. 960, n° 14. (*Mention.*)

4119. Mandement pour le payement d'une somme de 1,000 livres tournois à quatorze Italiens qui s'en retournent dans leur pays, don accordé à la requête de Monsieur l'Amiral. Paris, 26 juin 1531. 26 juin.

Arch. nat., Acquits sur l'épargne, J. 960, n° 14. (*Mention.*)

4120. Mandement au trésorier Jean Laguette de bailler à Marc-Antoine de Ricardis, napolitain, la somme de 50 livres parisis. Paris, 26 juin 1531. 26 juin.

Arch. nat., Acquits sur l'épargne, J. 960, n° 14. (*Mention.*)

4121. Don à la demoiselle de Réaumur de la somme de 200 écus sur les deniers provenant d'un office d'huissier des requêtes du palais. Paris, 26 juin 1531. 26 juin.

Arch. nat., Acquits sur l'épargne, J. 960, n° 14. (*Mention.*)

4122. Don à Benoît Théocrène du revenu des terres de Granne et de Châteaudouble en Dauphiné, pour dix ans. Paris, 26 juin 1531. 26 juin.

Arch. nat., Acquits sur l'épargne, J. 960, n° 14. (*Mention.*)

4123. Mandement pour le payement au marquis de Saluces de sa pension de l'année passée et des deniers qu'il a avancés pour sa compagnie. Paris, 26 juin 1531. 26 juin.

Arch. nat., Acquits sur l'épargne, J. 960, n° 14. (*Mention.*)

4124. Confirmation des privilèges, franchises et exemptions octroyés par les rois aux habitants de Lavaur. Paris, juin 1531. | 1531. Juin.

Enreg. à la Chancellerie de France. Arch. nat., Trésor des Chartes, JJ. 246, n° 21, fol. 6 v°. 1 page.

4125. Établissement de deux foires annuelles et d'un marché hebdomadaire à Lodde en Bourbonnais. Paris, juin 1531. | Juin.

Enreg. à la Chancellerie de France. Arch. nat., Trésor des Chartes, JJ. 246, n° 1, fol. 1. 1 page.

4126. Établissement de trois foires annuelles et d'un marché hebdomadaire à Montréal en Vivarais. Paris, juin 1531. | Juin.

Enreg. à la Chancellerie de France. Arch. nat., Trésor des Chartes, JJ. 246, n° 8, fol. 2. 1 page.

4127. Édit portant augmentation de quinze livres sur chaque muid de sel pour le payement des gages des officiers des compagnies souveraines et du trésor. Fontainebleau, juin 1531. | Juin.

Enreg. au Parl. de Paris, le 18 juin 1531[1].
Enreg. à la Chambre des Comptes de Paris, le 10 juin 1531. Arch. nat., invent. PP. 136, p. 375; ADIX. 123, n° 10. (*Mentions.*)
Imp. Blanchard, *Compilation chronologique, etc.*, in-fol., t. I, col. 485. (*Mention.*)

4128. Don et remise à Louis de Billy de 400 livres tournois, montant des droits de relief qu'il devait au roi à cause du douaire de Marie de Brichanteau, sa femme. Fontainebleau, 4 juillet 1531. | 4 juillet.

Arch. nat., Acquits sur l'épargne, J. 960, n° 9. (*Mention.*)

4129. Don à Aymar Lebrun, sieur de Villaines, de 200 écus soleil sur les droits seigneuriaux dus au roi par suite du décès de Guyon de La Mothe, sieur de Vauclair, à cause des terres | 4 juillet.

[1] Il n'y a point d'enregistrement prononcé au Parlement ce jour-là, qui était un dimanche. Cette erreur rend suspecte la date de l'édit lui-même.

IMPRIMERIE NATIONALE.

et seigneuries qu'il tenait dans les sénéchaussées de Lamballe, de Moncontour et autres pays de Bretagne. Fontainebleau, 4 juillet 1531. 1531.

Arch. nat., Acquits sur l'épargne, J. 960, n° 9. (*Mention.*)

4130. Don à Charles de Reims de 60 écus soleil sur les amendes prononcées au Parlement de Paris contre Bastienne de La Chapelle. Fontainebleau, 4 juillet 1531. 4 juillet.

Arch. nat., Acquits sur l'épargne, J. 960, n° 9. (*Mention.*)

4131. Mandement aux gens des comptes de taxer à Jean Maciot, trésorier des salpêtres, telle somme qu'ils jugeront convenable pour l'exercice de sa charge. Fontainebleau, 4 juillet 1531. 4 juillet.

Arch. nat., Acquits sur l'épargne, J. 960, n° 9. (*Mention.*)

4132. Don à Tardes, gentilhomme de la vénerie, de 600 livres tournois sur les deniers provenant de la vente des offices, pour lui permettre de s'entretenir plus honorablement au service du roi. Fontainebleau, 4 juillet 1531. 4 juillet.

Arch. nat., Acquits sur l'épargne, J. 960, n° 9. (*Mention.*)

4133. Don et quittance à Adrien de Melun, baron de Normanville, de la somme de 1,000 livres tournois, montant des droits seigneuriaux qu'il devait au roi en la vicomté d'Évreux. Fontainebleau, 4 juillet 1531. 4 juillet.

Arch. nat., Acquits sur l'épargne, J. 960, n° 9. (*Mention.*)

4134. Ordonnance portant interdiction du cours des écus à l'aigle de Piémont, des ducats à la Mirandole, ducats de Saint-François, testons dits Marabais, des pièces du duché de Clèves, appelées diables, et des niquets de Lorraine. Fontainebleau, 6 juillet 1531. 6 juillet.

Enreg. à la Cour des Monnaies, le 5 août 1531. Arch. nat., Z^{1b} 62, fol. 223, 1 page.
Copie. Arch. municip. de Toulouse, ms. 8508, fol. 117.

4135. Mandement au trésorier de l'épargne de payer à Jean Caraffa, prince de Melphe, 7,362 livres tournois à titre de complet payement, tant pour l'année 1530 que pour l'année 1531, de la pension de 10,000 livres par an qui lui est faite par le roi. Fontainebleau, 6 juillet 1531. — 1531. 6 juillet.

Original. Bibl. nat., ms. fr. 25721, n° 362.

4136. Lettres portant rabais et réduction en faveur d'Abel Courtois et ses consorts, naguère fermiers des ports et havres de Vannes, Cornouailles, Léon, Tréguier et Saint-Brieuc en Bretagne : 1° de la somme de 13,880 livres auparavant tenue en surséance sur le prix de leur ferme, à cause de la guerre qui eut lieu pendant le temps qu'ils l'ont eue ; 2° de 4,380 livres, tant pour les pertes qu'ils ont éprouvées les deux dernières années que pour les gages des contrôleurs desdits havres qu'ils ont dû payer. Fontainebleau, 6 juillet 1531. — 6 juillet.

Arch. nat., *Acquits sur l'épargne*, J. 960, n° 8. (*Mention.*)

4137. Exemption de tous droits de billots, billotages et autres qu'il pourrait devoir pour trente pipes de vin d'Anjou vendu en gros ou en détail à Rennes ou dans les faubourgs, accordée à celui des arquebusiers de cette ville qui abattra le papegaut au concours du deuxième dimanche de mai. Fontainebleau, 6 juillet 1531. — 6 juillet.

Arch. nat., *Acquits sur l'épargne*, J. 960, n° 8. (*Mention.*)

4138. Assignation sur les deniers des offices et parties casuelles d'une somme de 1,200 livres tournois fixée à la suite d'un accord conclu avec Antoine Demay, dit Billet, voiturier du tirage du sel, qui en réclamait d'abord 5,400, tant pour les chevaux qu'il prêta l'an 1524 pour transporter des ponts de bois en Italie, lors de l'expédition du roi, chevaux qui furent perdus, que pour le dédommager des frais et — 6 juillet.

peines qu'il a eus en poursuivant son remboursement. Fontainebleau, 6 juillet 1531. | 1531.

Arch. nat., Acquits sur l'épargne, J. 960, n° 8. (*Mention.*)

4139. Don à monsieur le légat, Antoine Du Prat, de l'aubaine de feu [François de la Rovere], évêque de Mende, qui était étranger. Fontainebleau, 6 juillet 1531. | 6 juillet.

Arch. nat., Acquits sur l'épargne, J. 960, n° 8. (*Mention.*)

4140. Assignation à Antoine de Kerquifinen, payeur des œuvres à Paris, sur les finances extraordinaires et parties casuelles, d'une somme de 4,000 livres tournois pour l'achèvement de la Sainte-Chapelle du bois de Vincennes. Fontainebleau, 6 juillet 1531. | 6 juillet.

Arch. nat., Acquits sur l'épargne, J. 960, n° 8. (*Mention.*)

4141. Mandement au trésorier Jean Laguette de payer 1,383 écus soleil au duc d'Albany à titre de remboursement de pareille somme qu'il avait fournie pendant son ambassade à Rome. Fontainebleau, 10 juillet 1531. | 10 juillet.

Original. Bibl. nat., ms. fr. 25721, n° 374.

4142. Prohibition de tout commerce et trafic avec les Génois et défenses d'introduire leurs marchandises dans le royaume, sous peine de confiscation et d'amende arbitraire. Fontainebleau, 12 juillet 1531. | 12 juillet.

Enreg. au Châtelet de Paris, Livre rouge. Arch. nat., Y. 6[4], fol. 175 v°. 1 page.

4143. Édit défendant pendant deux ans l'exportation des blés. Fontainebleau, 12 juillet 1531. | 12 juillet.

Original. Arch. de l'Isère, Chambre des Comptes de Grenoble, B. 3187.

4144. Don à Francisque de Noces, gentilhomme ordinaire de la chambre du roi, de 2,000 livres tournois par an sur le revenu du greffe de Saint-Marcellin en Dauphiné, que lui payera | 12 juillet.

le receveur général dudit pays pendant neuf années. Fontainebleau, 12 juillet 1531. 1531.

Arch. nat., Acquits sur l'épargne, J. 960, n° 5. (*Mention.*)

4145. Provision à Perrot de Ruthie pour être payé des gages et droits de son office de garde du parc et château de Saint-James et des forêt et quatre étangs de Rêts (~~Villers-Cotterets~~), échus depuis le 24 février 1529 n. s. qu'il fut pourvu dudit office jusqu'au jour de son institution qui eut lieu le 24 juin précédent. Fontainebleau, 12 juillet 1531. 12 juillet.

Arch. nat., Acquits sur l'épargne, J. 960, n° 5. (*Mention.*)

4146. Don à Perrot de Ruthie de 496 livres tournois sur les deniers provenant de la vente faite par ordre du roi de 992 bêtes à laine prises en dommage dans la forêt de Saint-Germain-en-Laye. Fontainebleau, 12 juillet 1531. 12 juillet.

Arch. nat., Acquits sur l'épargne, J. 960, n° 5. (*Mention.*)

4147. Don et quittance à Jean Drouyn, sieur de Maucouvent, lieutenant du garde de la forêt de Crécy-en-Brie, de la somme de 250 livres tournois, montant d'une amende prononcée contre lui par le grand maître et réformateur général des eaux et forêts. Fontainebleau, 12 juillet 1531. 12 juillet.

Arch. nat., Acquits sur l'épargne, J. 960, n° 5. (*Mention.*)

4148. Lettres de naturalité, avec remise des droits à payer, accordées au sieur de Grangis, à sa femme et à ses enfants. Fontainebleau, 12 juillet 1531. 12 juillet.

Arch. nat., Acquits sur l'épargne, J. 960, n° 5. (*Mention.*)

4149. Provision à Nicolas Lecomte, changeur du trésor, pour prendre et retenir chaque année des deniers de sa recette la pension ordinaire de 700 livres appartenant audit office, ainsi que 12 juillet.

faisait son prédécesseur, Jacques Charmolue. Fontainebleau, 12 juillet 1531. 1531.

Arch. nat., Acquits sur l'épargne, J. 960, n° 5. (*Mention.*)

4150. Don à Quinque Benechere, sergent, et à Jean Gacheu, huissier de salle du roi, de 40 écus sur les deniers provenant de l'office de sergent royal en la prévôté de Vienne-en-Val, ressort du bailliage et de la prévôté d'Orléans, vacant par la mort de Bertrand Martin. Fontainebleau, 12 juillet 1531. 12 juillet.

Arch. nat., Acquits sur l'épargne. J. 960, n° 5. (*Mention.*)

4151. Don et quittance à Jean de Ragonnin et à Étienne Haguet, gardes de la forêt de Crécy-en-Brie, de la somme de 125 livres tournois, montant de deux amendes prononcées contre eux par le lieutenant du grand maître des eaux et forêts. Fontainebleau, 12 juillet 1531. 12 juillet.

Arch. nat., Acquits sur l'épargne, J. 960, n° 5. (*Mention.*)

4152. Mandement aux généraux de la justice des aides à Paris de faire retenir chaque année sur la recette des exploits et amendes de ladite cour la somme de 300 livres tournois, destinée à la poursuite des causes et procès touchant le domaine et les droits du roi, et pareillement les affaires particulières de ladite Cour des Aides, ainsi que le font les autres cours souveraines du royaume. Fontainebleau, 12 juillet 1531. 12 juillet.

Arch. nat., Acquits sur l'épargne, J. 960, n° 5. (*Mention.*)

4153. Don à Jean Drouyn, sieur de Maucouvent, de la coupe de l'herbe qui croît chaque année dans les étangs de Besmes et la Fourcière de Becoiseau (paroisse de Mortcerf, en Brie), pour en jouir sa vie durant. Fontainebleau, 12 juillet 1531. 12 juillet.

Arch. nat., Acquits sur l'épargne, J. 960, n° 5. (*Mention.*)

4154. Permission au capitaine Fournillon de faire tirer du pays de Dauphiné un radeau de bois complet, franc et quitte de tous péages et passages, pour aider à réédifier la tour d'If et faire les autres réparations qui y seront nécessaires. Fontainebleau, 12 juillet 1531. — 1531. 12 juillet.

Arch. nat., Acquits sur l'épargne, J. 960, n° 5. (*Mention.*)

4155. Lettres enjoignant au grand sénéchal et au Parlement de Provence, aux sénéchaux de Beaucaire et de Nîmes de s'opposer à ce que Guillaume Ribes, clerc du diocèse de Nîmes, soit traduit en matière bénéficiale devant la cour de Rome, contrairement aux privilèges et statuts de Provence, et de casser et annuler toute procédure contraire. Fontainebleau, 13 juillet 1531. — 13 juillet.

Enreg. au Parl. de Provence. Arch. de cette cour à Aix, reg. in-fol. de 1,026 feuillets, p. 14.

IMP. *Preuves des libertés de l'église gallicane*, in-fol., Paris, 1651, réimpression de 1731, 1re partie, p. 207.

4156. Mandement au trésorier de l'épargne de payer 88 livres tournois à Gabriel Dedevant, chevaucheur, qui va en Flandre porter des lettres du roi au sieur Dodieu, seigneur de Vély, son ambassadeur auprès de l'empereur. Fontainebleau, 14 juillet 1531. — 14 juillet.

Original. Bibl. nat., ms. fr. 25721, n° 363.

4157. Mandement au trésorier de l'épargne de payer à Charles Chabot, seigneur de Jarnac, 2,000 livres tournois pour les deux années 1529 et 1530 de la pension de 1,000 livres par an qui lui est faite par le roi. Fontainebleau, 15 juillet 1531. — 15 juillet.

Original. Bibl. nat., ms. fr. 25721, n° 364.

4158. Mandement au trésorier de l'épargne de payer 2,400 livres tournois à François de Dinteville, évêque d'Auxerre, qui part le jour même pour Rome, où il va comme ambassadeur du roi, — 16 juillet.

pour cent vingt jours d'exercice de sa charge. Fontainebleau, 16 juillet 1531. 1531.

Original. Bibl. nat., ms. fr. 25721, n° 365.

4159. Permission à Jean Sauris, huissier du Grand Conseil, de faire pâturer ses bestiaux dans la forêt de Russy. Fontainebleau, 17 juillet 1531. 17 juillet.

Enreg. à la Chambre des Comptes de Blois. Arch. nat., KK. 897, fol. 282 v°.

4160. Lettres portant création d'une capitainerie et d'un office de capitaine dans la ville de Narbonne. Fontainebleau, 18 juillet 1531. 18 juillet.

Enreg. à la Chambre des Comptes de Paris. Arch. nat., P. 2305, p. 1247, et P. 2537, fol. 130. 2 pages 1/4.

Copie. Arch. communales de Narbonne, AA. 105, 5° thal., fol. 104 v°.

Imp. G. Mouynès, *Inventaire des archives de la ville de Narbonne*, annexes de la série AA, in-4°, 1871, p. 408.

4161. Mandement au trésorier de l'épargne de payer 821 livres 12 sous à Pierre de Bimont, capitaine de Tombelaine en Normandie, pour deux années et cent trois jours d'exercice de sa charge, comptés à partir du 29 septembre 1528, date de la mort de son prédécesseur, Pierre de Granzay, bien que ledit Pierre de Bimont n'ait prêté serment que le 23 mai suivant. Fontainebleau, 20 juillet 1531. 20 juillet.

Original. Bibl. nat., ms. fr. 25721, n° 366.

4162. Lettres portant règlement pour les comptes à juger par les Chambres des Comptes de Paris et de Montpellier. Fontainebleau, 21 juillet 1531. 21 juillet.

Enreg. à la Chambre des Comptes de Paris, le 26 juillet 1531. Arch. nat., P. 2305, p. 1223. 4 pages 1/4.

Idem, P. 2537, fol. 127; ADIX. 123, n° 13.

4163. Lettres qui défendent au sénéchal de Toulouse 21 juillet.

d'entraver la juridiction des capitouls en matière de police. Paris, 21 juillet 1531. 1531.

Expédition originale en parchemin, signée Rivière. Arch. municip. de Toulouse, carton 71.

4164. Mandement à Jean Laguette, commis au payement de l'extraordinaire des guerres, de payer au comte de Pontresina 345 écus soleil comme acompte de ce qui lui est dû pour différents voyages faits par lui de Paris à Rome. Fontainebleau, 22 juillet 1531. 22 juillet

Original. Bibl. nat., ms. fr. 25721, n° 367.

4165. Mandement à Jean Laguette, receveur des finances extraordinaires et parties casuelles, et au trésorier de l'épargne, de payer, le premier 2,000 livres comptant et le second 3,500 livres au comte de Nivollare pour ce qui lui est dû à cause de la mission qu'il a remplie en Italie au temps que le comte de Saint-Pol y était lieutenant général du roi. Fontainebleau, 22 juillet 1531. 22 juillet.

Arch. nat., Acquits sur l'épargne, J. 960, n° 128. (*Mention.*)

4166. Assignation au sieur de Noyelle de la somme de 400 livres tournois pour sa pension de l'année 1530 sur les deniers provenant des offices et parties casuelles. Fontainebleau, 22 juillet 1531. 22 juillet.

Arch. nat., Acquits sur l'épargne, J. 960, n° 128. (*Mention.*)

4167. Assignation semblable audit sieur de Noyelle de 400 livres pour sa pension de l'année 1529. Fontainebleau, 22 juillet 1531. 22 juillet.

Arch. nat., Acquits sur l'épargne, J. 960, n° 128. (*Mention.*)

4168. Don à Martin Du Theil, gentilhomme de la vénerie sous M. de Guise, de la somme de 100 écus soleil à prendre sur les deniers provenant des offices. Fontainebleau, 22 juillet 1530. 22 juillet.

Arch. nat., Acquits sur l'épargne, J. 960, n° 128. (*Mention.*)

IMPRIMERIE NATIONALE.

4169. Don à Antoine Rocquart, sommelier d'échansonnerie du roi, de 200 écus sur les deniers provenant de la résignation à survivance faite par Jean Bouileyve de son office d'élu à Evreux en faveur de son fils Nicolas. Fontainebleau, 22 juillet 1531. — 1531. 22 juillet.

Arch. nat., Acquits sur l'épargne, J. 960, n° 128. (*Mention.*)

4170. Provision à Pierre de Bimont pour être payé de 360 livres tournois de pension annuelle outre ses gages ordinaires de capitaine de Tombelaine, à commencer du jour du décès de son prédécesseur, le sieur de Granzay. Fontainebleau, 22 juillet 1531. — 22 juillet.

Arch. nat., Acquits sur l'épargne, J. 960, n° 128. (*Mention.*)

4171. Lettres en faveur de François Bougrault, le réintégrant en son office de garde de la forêt d'Amboise et lui faisant remise d'une amende de 40 livres parisis prononcée contre lui par le grand maître des eaux et forêts. Fontainebleau, 22 juillet 1531. — 22 juillet.

Arch. nat., Acquits sur l'épargne, J. 960, n° 128. (*Mention.*)

4172. Don à trois officiers domestiques de la reine de 100 écus soleil sur les deniers provenant de l'office de prévôt de Dixmont au bailliage de Sens, vacant par le décès de Claudin Parmet. Fontainebleau, 22 juillet 1531. — 22 juillet.

Arch. nat., Acquits sur l'épargne, J. 960, n° 128. (*Mention.*)

4173. Don à Charles de La Bretonnière, gentilhomme de la vénerie du roi, de la somme de 1,000 livres tournois sur les deniers provenant des amendes, forfaitures et confiscations des eaux et forêts. Fontainebleau, 24 juillet 1531. — 24 juillet.

Arch. nat., Acquits sur l'épargne, J. 960, n° 129. (*Mention.*)

4174. Provision à Jean de Neufville et à François de La Viefville pour faire rétablir sur les comptes — 24 juillet.

du receveur général de Picardie la somme de 984 livres 13 sous 4 deniers obole pite tournois, montant de la moitié du don à eux fait par la régente sur les droits seigneuriaux dus à cause de la seigneurie de Villiers-au-Bocage, moitié qui leur fut rayée par les gens des comptes, conformément à l'ordonnance. Fontainebleau, 24 juillet 1531. 1531.

Arch. nat., Acquits sur l'épargne, J. 960, n° 129. (*Mention.*)

4175. Assignation à Émery de Bazillac, maréchal des logis du roi, pour tout ce qui lui est dû de sa pension du passé, de la somme de 1,200 livres tournois sur les deniers provenant des offices et parties casuelles. Fontainebleau, 24 juillet 1531. 24 juillet.

Arch. nat., Acquits sur l'épargne, J. 960, n° 129. (*Mention.*)

4176. Exemption et affranchissement de toutes tailles et aides imposées et à imposer pendant huit ans, accordés aux habitants du bourg de Moreuil, en considération des pertes qu'un incendie leur a fait subir. Fontainebleau, 24 juillet 1531. 24 juillet.

Arch. nat., Acquits sur l'épargne, J. 960, n° 129. (*Mention.*)

4177. Continuation accordée pour trois ans aux habitants de Baix-sur-Baix en Vivarais, de l'affranchissement et exemption des octrois, aides, impôts, tailles et crues. Fontainebleau, 24 juillet 1531. 24 juillet.

Arch. nat., Acquits sur l'épargne, J. 960, n° 129. (*Mention.*)

4178. Don à Jean de Bueil, sieur de Fontaines, échanson du roi, de la somme de 1,200 livres tournois sur une amende prononcée au Parlement contre Pierre de La Grepillière et consorts. Fontainebleau, 24 juillet 1531. 24 juillet.

Arch. nat., Acquits sur l'épargne, J. 960, n° 129. (*Mention.*)

4179. Don au sieur de Vatillieu, lieutenant de la compagnie de monsieur l'amiral, de 1,000 livres tournois à prendre sur le reste des comptes des maîtres des monnaies de Romans en Dauphiné. Fontainebleau, 24 juillet 1531. — 1531. 24 juillet.

Arch. nat., Acquits sur l'épargne, J. 960, n° 129. (*Mention.*)

4180. Mandement au trésorier de l'épargne de payer à François de Dinteville, évêque d'Auxerre, 2,400 livres pour un voyage qu'il va faire à Rome comme ambassadeur du roi auprès du pape. Fontainebleau, 26 juillet 1531. — 26 juillet.

Bibl. nat., ms. Clairambault 1215, fol. 69 v°. (*Mention.*)

4181. Lettres de provisions de l'office de capitaine de la ville de Narbonne en faveur d'Émery de Bazillac, maréchal des logis du roi, aux gages de 800 livres tournois par an. Fontainebleau, 28 juillet 1531[1]. — 28 juillet.

Enreg. à la Chambre des Comptes de Paris. Arch. nat., P. 2537, fol. 130 v°. 2 pages.
Arch. nat., Acquits sur l'épargne, J. 960, n° 129. (*Mention.*)

4182. Lettres de don de l'office de receveur et payeur des gages des officiers de la Chambre des Comptes de Montpellier pour Antoine Demay, dit Bilhet. Fontainebleau, 29 juillet 1531. — 29 juillet.

Archives départ. de l'Hérault, B. 341, fol. 22. 3 pages.

4183. Lettres ordonnant de déclarer toutes les sommes dues aux Génois en France, et de les donner à ceux qui les auront révélées, en cas de dissimulation. Fontainebleau, 30 juillet 1531. — 30 juillet.

Copie du XVIe siècle. Bibl. nat., ms. fr. 5124, fol. 31.

4184. Déclaration portant règlement des droits et fonctions des vingt offices de conseillers au — Juillet.

[1] Le rôle d'expéditions sur lequel figure ces lettres, dans le carton J. 960, porte la date du 24 juillet.

Parlement de Paris créés par ordonnance du 31 janvier 1522 n. s. (n° 1467). Fontainebleau, juillet 1531. 1531.

Enreg. au Parl. de Paris. Arch. nat., X^{1a} 8612, fol. 276. 2 pages.

4185. Confirmation des statuts, privilèges et franchises des bouchers de Boulogne-sur-Mer. Fontainebleau, juillet 1531. Juillet.

Enreg. à la Chancellerie de France. Arch. nat., Trésor des Chartes, JJ. 246, n° 12, fol. 3. 1 page.

4186. Lettres d'amortissement en faveur de l'abbaye de Déols, ou Bourg-Dieu, en Berry. Fontainebleau, juillet 1531. Juillet.

Copie collat. du XVIIIe siècle. Arch. nat., K. 171, n° 6.

4187. Création de deux foires annuelles à Ardres, à la requête de Baudran de Calonne, habitant de cette ville. Fontainebleau, juillet 1531. Juillet.

Enreg. à la Chancellerie de France. Arch. nat., Trésor des Chartes, JJ. 246, n° 4, fol. 1 v°. 1 page.

4188. Établissement, en faveur de l'abbaye de Clairvaux, de deux foires par an et d'un marché tous les jeudis à Champigny-lès-Riel-les-Eaux. Fontainebleau, juillet 1531. Juillet.

Enreg. à la Chancellerie de France. Arch. nat., Trésor des Chartes, JJ. 246, n° 23, fol. 7. 1 page.

4189. Institution de quatre foires annuelles et d'un marché hebdomadaire à la Mastre (haut Vivarais), en faveur de Charles vicomte de Joyeuse. Fontainebleau, juillet 1531. Juillet.

Enreg. à la Chancellerie de France. Arch. nat., Trésor des Chartes, JJ. 246, n° 17, fol. 5. 1 page.

4190. Établissement de deux foires par an et d'un marché chaque semaine à Nédonchel (Artois), en faveur de François de La Viefville, seigneur du lieu. Fontainebleau, juillet 1531. Juillet.

Enreg. à la Chancellerie de France. Arch. nat., Trésor des Chartes, JJ. 246, n° 2, fol. 1. 1 page.

4191. Création de quatre foires par an et d'un marché Juillet.

chaque semaine à Vaas, au Maine, en faveur de Philippe Hamelet, abbé de Saint-Georges de Vaas. Fontainebleau, juillet 1531. — 1531.

Enreg. à la Chancellerie de France. Arch. nat., Trésor des Chartes, JJ. 242, n° 3, fol. 1. 1 page.

4192. Lettres autorisant les habitants d'Eu à établir un impôt sur le vin et sur la bière, pour en employer le produit aux réparations des digues, ponts, chaussées et fortifications de la ville. Fontainebleau, juillet 1531. — Juillet.

Enreg. à la Chancellerie de France. Arch. nat., Trésor des Chartes, JJ. 246, n° 119, fol. 35 v°. 1 page.

4193. Lettres autorisant les consuls et habitants de Lavaur à faire construire des prisons et confirmant leur juridiction criminelle. Fontainebleau, juillet 1531. — Juillet.

Enreg. à la Chancellerie de France. Arch. nat., Trésor des Chartes, JJ. 246, n° 49, fol. 14 v°. 1 page.

4194. Lettres de permission à Jacques de Kerdellan de faire dresser une justice patibulaire à trois piliers dans sa seigneurie de Kerdellan, en Bretagne. Fontainebleau, juillet 1531. — Juillet.

Enreg. à la Chancellerie de France. Arch. nat., Trésor des Chartes, JJ. 246, n° 9, fol. 2 v°, 1 page.

4195. Lettres portant don des îles d'Hyères à Bertrand d'Ornezan, baron de Saint-Blancard, érection en marquisat et dispense d'impositions, à condition qu'il les fera fortifier pour résister aux incursions des pirates. Fontainebleau, juillet 1531. — Juillet.

Enreg. à la Chancellerie de France. Arch. nat., Trésor des Chartes, JJ. 246, n° 22, fol. 6 v°. 3 pages.

4196. Permission à Georges de la Villeneuve de réédifier sa justice patibulaire de la Villeneuve, sénéchaussée d'Hennebon (Bretagne), et d'y ajouter un pilier. Fontainebleau, juillet 1531. — Juillet.

Enreg. à la Chancellerie de France. Arch. nat., Trésor des Chartes, JJ. 246, n° 25, fol. 7 v°. 1 page.

4197. Lettres conférant un droit d'usage et de chasse dans la forêt de la Traconne à Jean de Balleynes. Fontainebleau, juillet 1531. — 1531. Juillet.

Enreg. à la Chancellerie de France. Arch. nat., Trésor des Chartes, JJ. 246, n° 51, fol. 15. 1 page.

4198. Lettres de naturalité accordées à Geoffroy Tavel, seigneur des Granges, originaire du comté d'Asti, naguère ambassadeur du roi près la Ligue grise. Fontainebleau, juillet 1531. — Juillet.

Enreg. à la Chancellerie de France. Arch. nat., Trésor des Chartes, JJ. 246, n° 16, fol. 5. 1 page.

4199. Allocation de 200 livres tournois payables par le receveur des exploits et amendes de la Cour des Aides, pour la poursuite des procès y intentés pour les droits et deniers royaux. Fontainebleau, 1er août 1531. — 1er août.

Enreg. à la Chambre des Comptes de Paris, le 9 août 1531, anc. mém. 2 F, fol. 348. *Arch. nat.*, invent. PP. 136, p. 377. (*Mention.*)

Copie collationnée faite par ordre de la Cour des Aides, le 19 février 1778. Arch. nat., Z1a 526.

4200. Lettres de survivance, en faveur de Pomponio Trivulce, de l'office de gouverneur de Lyon et lieutenant général en Lyonnais, Forez et Beaujolais, alors exercé par son oncle, Théodore Trivulce, chevalier de l'ordre, maréchal de France. Fontainebleau, 1er août 1531. — 1er août.

Copie du XVIe *siècle. Bibl. nat.*, ms. fr. 5124, fol. 26.

4201. Don à la veuve du grand sénéchal de Normandie[1] de la garde noble des enfants mineurs dudit défunt et d'elle, sans rendre compte durant son veuvage. Fontainebleau, 1er août 1531. — 1er août.

Arch. nat., Acquits sur l'épargne, J. 960, n° 123. (*Mention.*)

4202. Don à Jehannot, bouteiller, et à Pierre Dumoulin de 90 livres tournois sur les deniers provenant — 1er août.

[1] Diane de Poitiers, femme de Louis de Brézé, comte de Maulévrier, grand veneur de France, grand sénéchal et gouverneur de Normandie, mort à Anet, le 23 juillet 1531.

des offices et parties casuelles, pour avoir entretenu pendant le quartier d'avril-juin dernier les deux sommiers qui portent les bouteilles de vin pour la maison du roi. Fontainebleau, 1er août 1531. 1531.

Arch. nat., Acquits sur l'épargne, J. 960, n° 123. (*Mention.*)

4203. Don à Jehannot, bouteiller, et à Jean Duteil de la somme de 43 livres sur les deniers des offices et parties casuelles, pour l'entretien de la haquenée de chasse du roi du 25 avril au dernier juin de cette année. Fontainebleau, 1er août 1531. 1er août.

Arch. nat., Acquits sur l'épargne, J. 960, n° 123. (*Mention.*)

4204. Modération accordée, suivant l'avis du Grand Conseil, aux habitants de Saint-Ouen près Beauvais-sur-Matha, des tailles qu'ils auraient à payer pendant six ans, en versant une somme fixe de 20 livres tournois par an. Fontainebleau, 1er août 1531. 1er août.

Arch. nat., Acquits sur l'épargne, J. 960, n° 123. (*Mention.*)

4205. Assignation sur les deniers de l'épargne d'une somme de 2,400 écus soleil destinée au remboursement d'Hippolyte Palvoisine (Pallavicini), veuve de Jules de Saint-Séverin, chevalier de l'ordre, ladite somme ayant été employée par son mari au rachat des terres de Berre, Foix et Rognac, dans la vicomté de Martigues. Fontainebleau, 1er août 1531. 1er août.

Arch. nat., Acquits sur l'épargne, J. 960, n° 123. (*Mention.*)

4206. Don à François Retif, René Duteil, Pierre Picquet et Salomon Cottereau, sommeliers du roi, de 200 écus soleil sur les deniers provenant de la vente d'un office de secrétaire au conseil et chancellerie de Bretagne. Fontainebleau, 1er août 1531. 1er août.

Arch. nat., Acquits sur l'épargne, J. 960, n° 123. (*Mention.*)

4207. Mandement à la Chambre des Comptes, en faveur du duc de Guise, ordonnant de décharger les comptes des greniers à sel de Joinville, Guise, la Ferté-Bernard et Mayenne (Mayne-la-Juhée) des radiations faites par ladite chambre. Fontainebleau, 1er août 1531. — 1531. 1er août.

Arch. nat., Acquits sur l'épargne, J. 960, n° 123. (*Mention.*)

4208. Commission à Jehannot, bouteiller du roi, pour s'approvisionner des meilleurs vins du Languedoc, de la Guyenne et de la Gascogne. Fontainebleau, 2 août 1531. — 2 août.

Enreg. au Livre des jurades. Arch. municipales d'Agen, BB. 26, fol. 477. 3 pages.

4209. Lettres de jussion au Parlement de Provence pour l'enregistrement de l'ordonnance du 19 février 1528 n. s. (n° 2878), réglant les droits et attributions du Parlement et de la Chambre des Comptes de Provence, avec évocation de la matière au Grand Conseil, après le délai de trois mois. Fontainebleau, 3 août 1531. — 3 août.

Enreg. au Grand Conseil. Arch. nat, V[5] 1049. 1 page.
Enreg. à la Chambre des Comptes de Provence, le 26 mars 1532. Arch. des Bouches-du-Rhône, B. 32 (*Scorpionis*), fol. 95. 2 pages.

4210. Provision au sieur de Jarnac, gouverneur et capitaine de la Rochelle, pour être payé des gages et droits de sa charge depuis la mort du sieur de Champdeniers, son prédécesseur, jusqu'au jour de son institution audit office. Fontainebleau, 3 août 1531. — 3 août.

Arch. nat., Acquits sur l'épargne, J. 960, n° 122. (*Mention.*)

4211. Assignation sur les deniers de l'épargne ou parties casuelles à Jeanne Blandin, veuve de Gillet Danet, de la somme de 542 livres 17 sous tournois qu'elle a dépensée en linge fourni, en — 3 août.

1527 et 1528, pour le service de la maison du roi. Fontainebleau, 3 août 1531. 1531.

Arch. nat., Acquits sur l'épargne, J. 960, n° 122. (*Mention.*)

4212. Don et remise au jeune comte de Laval de tous les droits et devoirs seigneuriaux dus au roi, par suite du décès du feu comte son père, pour la mutation des comté, baronnies et autres terres et seigneuries mouvant du roi qu'il possédait en Bretagne. Fontainebleau, 3 août 1531. 3 août.

Arch. nat., Acquits sur l'épargne, J. 960, n° 122. (*Mention.*)

4213. Don à la dame de Miolans de la somme de 314 livres 16 sous 8 deniers sur les droits dus au roi par un nommé François Vachon, à cause de l'acquisition par lui faite de la terre et seigneurie de Veurey en Dauphiné. Fontainebleau, 3 août 1531. 3 août.

Arch. nat., Acquits sur l'épargne, J. 960, n° 122. (*Mention.*)

4214. Don à Antoine de Cramail, fils du feu sieur de Nègrepelisse, de son chauffage de bois mort, sa vie durant, en la Garrigue claire, pour ses maisons de Nègrepelisse et de Montricoux, avec le pâturage de ses bêtes en ladite Garrigue, ainsi que son père l'avait. Fontainebleau, 3 août 1531. 3 août.

Arch. nat., Acquits sur l'épargne, J. 960, n° 122. (*Mention.*)

4215. Assignation sur les parties casuelles, en faveur de François de Ricquault, dit Frécillon, gouverneur et capitaine de Dax, d'une somme de 1,650 livres pour son état et pension à cause de la garde de ladite ville, depuis le 16 août 1529 jusqu'au 31 décembre 1530, à raison de 1,200 livres par an. Fontainebleau, 3 août 1531. 3 août.

Arch. nat., Acquits sur l'épargne, J. 960, n° 122. (*Mention.*)

4216. Don à Guillaume de Confolens et à Edme de Bailly, archers de la garde du roi, de 80 écus (40 à chacun d'eux) à prendre sur les deniers provenant des droits et devoirs seigneuriaux dus au roi à cause de la vente faite par Antoine de Poissy, sieur de Gouy, de la terre et seigneurie de Maudétour, autrement appelée le fief de Mauduit, en la vicomté de Rouen. Fontainebleau, 3 août 1531. 1531. 3 août.

Arch. nat., Acquits sur l'épargne, J. 960, n° 122. (*Mention.*)

4217. Déclaration portant que le roi veut et entend que Jean Morin, portier du dauphin, jouisse sa vie durant d'une petite maison rue de la Chollerie, à Orléans, et d'un étal en la Mercerie dudit lieu, suivant le don qu'il lui en a fait antérieurement. Fontainebleau, 3 août 1531. 3 août.

Arch. nat., Acquits sur l'épargne, J. 960, n° 122. (*Mention.*)

4218. Lettres ordonnant que Olivier de Lannes, condammé à être pendu par le prévôt de Paris pour *crime qualifié* commis dans le palais du roi, soit mis dans un sac et jeté dans la Seine, «à telle heure que peu de gens en puissent avoir connoissance», en présence de l'avocat du roi et de plusieurs conseillers au Châtelet. Fontainebleau, 5 août 1531. 5 août.

Imp. *Revue rétrospective ou bibliothèque historique, etc.*, in-8°, 1834, t. IV, p. 134.

Extrait du Livre vert des registres du Châtelet, t. II de la collection dite du Procureur du roi, fol. 1.

4219. Mandement au trésorier de l'épargne de payer à Louis de Chandio, grand prévôt des maréchaux de France, 800 livres tournois pour six mois de sa pension, du 1er janvier au 30 juin 1531. Fontainebleau, 5 août 1531. 5 août.

Original. Bibl. nat., ms. fr. 25721, n° 368.

4220. Défenses à tous banquiers en cour de Rome et à tous gens d'église de faire venir les expéditions de bénéfices consistoriaux du royaume sans 8 août.

l'intermédiaire du cardinal Trivulce. Fontainebleau, 8 août 1531. 1531.

Enreg. au Châtelet de Paris, Bannières. Arch. nat., Y. 8, fol. 276 v°.

4221. Lettres portant établissement au Parlement de Paris d'une chambre, composée de douze conseillers et d'un président des enquêtes, chargée spécialement pendant les vacations prochaines de juger les causes concernant le domaine de la couronne et les eaux et forêts. Fontainebleau, 9 août 1531. 9 août.

Enreg. au Parl. de Paris, le 14 août 1531. Arch. nat., X[1a] 8612, fol. 280 v°. 1 page 1/3.

4222. Assignation sur les deniers des offices et parties casuelles d'une somme de 1,000 écus soleil employée à l'achat d'un grand diamant taillé en dos d'âne que le roi envoie présentement au duc d'Albany pour en faire présent à la duchesse d'Urbin, nièce du pape. Fontainebleau, 10 août 1531. 10 août.

Arch. nat., Acquits sur l'épargne, J. 960, n° 118. (*Mention.*)

4223. Assignation sur les parties casuelles et sur les deniers de l'épargne d'une somme de 2,000 livres accordée à Petro Francisque de Viterbe, moitié pour ce qui peut lui être redû du temps passé et moitié pour sa pension de la présente année. Fontainebleau, 10 août 1531. 10 août.

Arch. nat., Acquits sur l'épargne, J. 960, n° 118. (*Mention.*)

4224. Don à Adam Deshayes, barbier du roi, de 100 écus soleil sur les deniers provenant de la vente de l'office de notaire royal de Boiscommun, au bailliage d'Orléans, vacant par le décès de Guillaume Poissonnet. Fontainebleau, 10 août 1531. 10 août.

Arch. nat., Acquits sur l'épargne, J. 960, n° 118. (*Mention.*)

4225. Ordonnance réservant au roi et au chancelier de France la nomination aux offices de lieute- 26 août.

nants généraux ou particuliers des baillis, sénéchaux, prévôts, viguiers et juges du royaume. Fontainebleau, 26 août 1531. 1531.

Enreg. au Grand Conseil, le 26 septembre 1531. Arch. nat., V⁵ 1048. 1 page.
Enreg. à la Chambre des Comptes de Grenoble. Arch. de l'Isère, B. 2910, cah. 2. 8 pages.

4226. Bulles de Clément VII permettant au cardinal de Gramont, évêque de Tarbes, de pourvoir aux bénéfices vacants dans son évêché et ses abbayes. Rome, le 3 des nones de juillet 1530. 28 août.

Lettres du roi permettant audit cardinal la jouissance de ce privilège. Fontainebleau, 28 août 1531.

Enreg. au Parl. de Bordeaux, sauf réserve, le 16 mai 1532. Arch. de la Gironde, B. 30 *bis*, fol. 150 v°. 8 pages.
Enreg. au Parl. de Toulouse, le 18 mars 1532 n. s. Arch. du Parl. de Toulouse, Édits, reg. 3, fol. 231.

4227. Lettres touchant l'exécution de la permission donnée aux prévôt des marchands et échevins de Paris, le 11 mai précédent (n° 4000), de lever 100,000 livres tournois sur les aides du poisson de mer et du sel pour les fortifications de la ville. Fontainebleau, 28 août 1531. 28 août.

Présentées au Conseil du Parl. de Paris, le 6 septembre 1531. Arch. nat., X¹ᵃ 1534, fol. 385. (*Mention.*)

4228. Déclaration autorisant le commerce des blés dans toute la France, de province à province. Fontainebleau, 28 août 1531. 28 août.

Original. Arch. de la ville de Lyon, série GG.

4229. Mandement aux élus de Lyonnais de faire annoncer les fermes à donner pour une année dans l'élection, et de les adjuger aux plus offrants et derniers surenchérisseurs. Fontainebleau, 29 août 1531. 29 août.

Copie. Bibl. nat., ms. fr. 2702, fol. 164.

4230. Lettres de sauvegarde pour Étienne Vimary, de Lyon, qui a révélé certains abus et fraudes 29 août.

commis par les habitants de Lyon en transportant hors du royaume des blés, tombés depuis aux mains des ennemis. Fontainebleau, 29 août 1531. 1531.

Copie du XVI*e siècle. Bibl. nat.*, ms. fr. 5124, fol. 28.

4231. Ordonnance statuant que le conseil et la chancellerie du duché de Bretagne siégeront alternativement six mois à Rennes et six mois à Nantes. Fontainebleau, août 1531. Août.

Enreg. à la Chancellerie de France. Arch. nat., Trésor des Chartes, JJ. 246, n° 30, fol. 8 v°. 1 page.

4232. Confirmation des statuts, ordonnances et privilèges des tisserands de Bourges. Fontainebleau, août 1531. Août.

Enreg. à la Chancellerie de France. Arch. nat., Trésor des Chartes, JJ. 246, n° 54, fol. 16 v°. 5 pages.

4233. Confirmation et vidimus des lettres de privilèges octroyées aux habitants de Breteuil par les rois Jean sans Terre (24 juillet 1199), Louis VIII (1223), Charles VI (novembre 1395), Louis XI (janvier 1461) et Louis XII (octobre 1508). Fontainebleau, août 1531. Août.

Enreg. à la Chancellerie de France. Arch. nat., Trésor des Chartes, JJ. 246, n° 38, fol. 10. 4 pages.

4234. Confirmation et vidimus des privilèges accordés par la reine Yolande (décembre 1419) aux habitants de l'île de Martigues, en Provence. Fontainebleau, août 1531. Août.

Enreg. à la Chancellerie de France. Arch. nat., Trésor des Chartes, JJ. 246, n° 42, fol. 12. 3 pages.

4235. Confirmation et vidimus d'un édit de Louis XI (Dammartin, décembre 1474) portant défense d'empêcher ou retarder l'arrivée des provisions nécessaires à la subsistance de Paris Août.

et de les soumettre à de nouvelles contributions. Fontainebleau, août 1531. 1531.

Enreg. à la Chancellerie de France. Arch. nat., Trésor des Chartes, JJ. 246, n° 40, fol. 11. 3 pages.

Enreg. au Parl. de Paris, le 7 septembre 1531. Arch. nat., X[1a] 8612, fol. 277 v°, 5 pages 1/2.

Enreg. au Châtelet de Paris, le 13 septembre 1531. Arch. nat., Bannières, Y. 8, fol. 277 v°, 6 pages.

4236. Confirmation des statuts et privilèges des marchands merciers et épiciers de la ville de Rennes. Fontainebleau, août 1531. Août.

Enreg. à la Chancellerie de France. Arch. nat., Trésor des Chartes, JJ. 246, n° 29, fol. 8, 1 page.

4237. Établissement de trois foires annuelles et d'un marché hebdomadaire à Saint-Martin-d'Ordon en faveur de Richard de Saint-Phalle, seigneur du lieu. Fontainebleau, août 1531. Août.

Enreg. à la Chancellerie de France. Arch. nat., Trésor des Chartes, JJ. 246, n° 48, fol. 14. 1 page.

4238. Lettres d'union des deux justices seigneuriales de Montclar et de Clermont (Périgord), en faveur de Louis d'Estissac, gentilhomme de la chambre. Fontainebleau, août 1531. Août.

Enreg. à la Chancellerie de France. Arch. nat., Trésor des Chartes, JJ. 246, n° 67, fol. 22. 1 page.

4239. Permission à Africain de Mailly de faire dresser des fourches patibulaires à deux piliers dans ses seigneuries de Longchamp et de Clinchamp en Champagne. Fontainebleau, août 1531. Août.

Enreg. à la Chancellerie de France. Arch. nat., Trésor des Chartes, JJ. 246, n° 55, fol. 13 v°. 1 page.

4240. Permission à François de Ricault, gouverneur de Dax, d'édifier un moulin à blé sur l'Adour, à Dax, devant le château. Fontainebleau, août 1541. Août.

Enreg. à la Chancellerie de France. Arch. nat., Trésor des Chartes, JJ. 246, n° 39, fol. 11. 1 page.

4241. Permission à Antoine de la Villeneuve de faire dresser des fourches patibulaires à trois piliers dans sa justice et seigneurie de Ternant en Bourgogne. Fontainebleau, août 1531. — 1531. Août.

Enreg. à la Chancellerie de France. Arch. nat., Trésor des Chartes, JJ. 246, n° 46, fol. 14. 1 page.

4242. Lettres de mandement à Jean de Laval, gouverneur de Bretagne, de requérir les États dudit duché d'octroyer au roi «la meilleure et plus grosse somme qu'ilz pourront, à prendre sur les feux dudit pays», pour subvenir aux charges de l'État et payer la rançon du roi. Fontainebleau, 1er septembre 1531. — 1er septembre.

Copie collationnée de l'époque. Arch. nat., Trésor des Chartes, J. 670, n° 11.

Copie du XVIIIe siècle. Bibl. nat., ms. fr. 6545, fol. 269 v°.

4243. Deux déclarations relatives à l'exécution des lettres autorisant les Lyonnais à faire des achats de blé. Fontainebleau, 1er septembre 1531. — 1er septembre.

Originaux. Archives de la ville de Lyon, série GG.

4244. Ordonnance portant que les villes de Montargis, Lorris, Gien et Châtillon-sur-Loing seront et demeureront du ressort et de la coutume d'Orléans. Paris, 4 septembre 1531. — 4 septembre.

Imp. Bourdot de Richebourg, *Nouveau coutumier général*, in-fol., Paris, 1724, t. III, p. 865.

La Thaumassière, *Coutumes de Berry*, p. 663.

4245. Lettres d'octroi aux habitants de Narbonne de 2,000 livres tournois et de 5 deniers par quintal de sel. Paris, 4 septembre 1531. — 4 septembre.

Archives départ. de l'Hérault, B. 342, fol. 39. 4 pages 1/2.

4246. Lettres ordonnant de surseoir à l'exécution d'un édit du 10 mai précédent (n° 3997) attribuant au Grand Conseil la connaissance des violences commises pour la possession des bénéfices ecclésiastiques. Paris, 5 septembre 1531. — 5 septembre.

Enreg. au Parl. de Paris, sans indication de date. Arch. nat., X1a 8612, fol. 280. 1/2 page.

4247. Mandement à la Chambre des Comptes de faire payer à Jean Munois, greffier des eaux et forêts, la somme de 399 livres 15 sous à lui taxée par le grand maître des eaux et forêts pour salaires et frais de voyage, à prendre sur les amendes de ladite juridiction. Paris, 5 septembre 1531. — 1531. 5 septembre.

Enreg. à la Chambre des Comptes de Paris, le 15 janvier 1532 n. s. Arch. nat., invent. PP. 136, p. 378. (*Mention.*)

4248. Lettres donnant pouvoir à la chambre créée, le 9 août précédent (n° 4221), au Parlement de Paris de juger certains procès intéressant le domaine, dont l'importance était au-dessus de la compétence à elle attribuée par les lettres d'établissement. Paris, 6 septembre 1531. — 6 septembre.

Enreg. au Parl. de Paris, sans date. Arch. nat., X[1a] 8612, fol. 281. 1 page 1/3.

4249. Provisions, en faveur d'Antoine de Lyon, d'un office de conseiller clerc au Parlement de Paris, vacant par le décès de Guillaume Bourgeois. Paris, 6 septembre 1531. — 6 septembre.

Reçu au conseil du Parl. de Paris, le 15 novembre suivant. Arch. nat., X[1a] 1535, fol. 1 v°. (*Mention.*)

4250. Lettres portant cassation d'un arrêt du Parlement de Bordeaux interdisant le transport hors du royaume de l'argent de la ferme de l'évêché d'Agen. Écouen, 8 septembre 1531. — 8 septembre.

Enreg. au Parl. de Bordeaux, le 2 mars 1532 n. s. Arch. de la Gironde, B. 30 *bis*, fol. 146. 3 pages.

4251. Mandement au trésorier de l'épargne de payer à Jean de Langeac, évêque d'Avranches, 1,200 livres pour un voyage qu'il va faire en Suisse, sur l'ordre du roi. Chantilly, 12 septembre 1531. — 12 septembre.

Bibl. nat., ms. Clairambault 1215, fol. 69 v°. (*Mention.*)

4252. Édit de création de l'office de trésorier général ancien de la marine du Levant, galères et vaisseaux. Compiègne, 18 septembre 1531. — 18 septembre.

IMP. *In-4°, pièce. Arch. nat.*, ADI. 16. 1 page.

4253. Ordonnance rendue à la requête des États de Provence, rétablissant en leur état primitif, c'est-à-dire annuels, les offices de viguiers, juges et clavaires que le roi avait donnés à titre perpétuel, moyennant une finance employée à sa rançon. Paris, 22 septembre 1531. — 1531. 22 septembre.

Enreg. au Parl. de Provence. Arch. de lad. cour, à Aix, reg. in-fol. papier de 1,026 feuillets, p. 33.

4254. Lettres d'établissement d'une chambre à sel à Brie-Comte-Robert, dépendant du grenier de Melun. 28 septembre 1531. — 28 septembre.

Enreg. à la Cour des Aides de Paris, le 20 mars 1532 n. s. Arch. nat., recueil Cromo, U. 665, fol. 258. (*Mention.*)

Enreg. à la Chambre des Comptes de Paris, anc. mém. coté FF, fol. 288. *Arch. nat., invent.* PP. 136, p. 378; et ADIX. 123, n° 14. (*Mentions.*)

4255. Lettres portant réponse aux doléances des gens des trois états du Languedoc. Chantilly, 28 septembre 1531. — 28 septembre.

Original. Arch. départ. de l'Hérault, C. États de Languedoc, Cahiers des doléances, 1531. 16 pages.

4256. Édit révoquant tous nouveaux impôts, subsides et péages, ou augmentations des anciens, créés depuis cent ans sur les marchands des pays de Languedoc, Lyonnais et Mâconnais, sans octroi royal, et déférant au Grand Conseil le jugement de tous procès relatifs aux gabelles et péages. Chantilly, 28 septembre 1531. — 28 septembre.

Enreg. au Grand Conseil, le 21 novembre 1532. Arch. nat., V^5 1049. 3 pages.

Copie d'un vidimus du sénéchal de Beaucaire, du 19 novembre 1531. Arch. départ. de l'Hérault, C. *États de Languedoc*, coll. dom Pacotte, t. IX.

Vidimus du sénéchal de Toulouse. Arch. municip. de Toulouse, carton 71.

Copie, idem, ms. 220, fol. 846.

4257. Lettres enjoignant aux privilégiés qui prétendent être exempts de payer la taille d'avoir à produire leurs titres dans un délai de six semaines. Chantilly, 28 septembre 1531. — 28 septembre.

Vidimus de Charles de Crussol, du 19 novembre 1531. Arch. municip. de Montpellier, CC. Tailles.

4258. Lettres ordonnant une enquête sur les réparations qu'il convient de faire au port d'Aigues-Mortes. Chantilly, 28 septembre 1531. — 1531. 28 septembre.

Copie. Arch. départ. de l'Hérault, C. États de Languedoc, coll. dom Pacotte, t. VII.

4259. Lettres ordonnant que les habitants du comté de Caraman ne contribueront plus aux charges du pays de Guyenne, mais seront imposés dans celui de Languedoc. Chantilly, 28 septembre 1531. — 28 septembre.

Copie d'un vidimus du sénéchal de Beaucaire et Nîmes, du 19 novembre 1531. Arch. départ. de l'Hérault, C. États de Languedoc, coll. dom Pacotte, t. VI.

4260. Lettres accordant aux habitants de Reims une prorogation pour six ans du petit aide de 2 sous parisis sur chaque queue de vin vendu dans la ville et à 4 lieues aux environs, et de 3 sous parisis sur chaque minot de sel. Chantilly, 28 septembre 1531. — 28 septembre.

Arch. municip. de Reims, Octrois, liasse 6, n° 24.

4261. Confirmation des statuts des tondeurs de drap de la ville de Paris, et règlement spécial pour la durée de l'apprentissage du métier. Nantouillet, septembre 1531. — Septembre.

Enreg. à la Chancellerie de France. Arch. nat., Trésor des Chartes, JJ. 246, n° 59, fol. 19, 1 page.
Enreg. au Châtelet de Paris, le 10 septembre 1531. Arch. nat., Bannières, Y. 8, fol. 281 v°, 10 pages.
Idem, Livre rouge, Y. 6[4], fol. 171[(1)].
Copie. Coll. Lamoignon, à la Préfecture de police, t. VI, p. 237.

4262. Autorisation donnée à Jean de La Barre, prévôt de Paris, pour la construction d'une galerie au-dessus de la rue des Deux-Écus, à l'effet de faire communiquer ses immeubles entre — Septembre.

(1) Dans les registres du Châtelet, les lettres de François Ier contiennent le vidimus des ordonnances antérieures réglant ou confirmant les statuts des tondeurs de drap, tandis que le registre de la Chancellerie ne donne que le texte de l'acte de 1531.

la rue des Deux-Écus et celle des Étuves. Chantilly, septembre 1531. 1531.

Enreg. au Châtelet de Paris, le 11 octobre 1531. Arch. nat., *Bannières*, Y. 8, fol. 286 v°. 2 pages. *Imp.* Delamare, *Traité de la police*, in-fol., Paris, t. IV, 1738, p. 685.

4263. Établissement de trois foires chaque année et d'un marché toutes les semaines à Cahuzac, en faveur de Louis d'Estissac, seigneur du lieu. Chantilly, septembre 1531. Septembre.

Enreg. à la Chancellerie de France. Archives nationales, Trésor des Chartes, JJ. 246, n° 62, fol. 20. 1 page.

4264. Lettres de dispense d'impositions en faveur de ceux des habitants de Lamballe en Bretagne qui remporteront le prix de tir à l'arquebuse. Coucy, septembre 1531. Septembre.

Enreg. à la Chancellerie de France. Archives nationales, Trésor des Chartes, JJ. 246, n° 97, fol. 31 v°. 1 page.

4265. Provisions pour Louis Allegrain de l'office de conseiller auditeur en la Chambre des Comptes de Paris, au lieu de Jean de Fontaine. 6 octobre 1531. 6 octobre.

Enreg. à la Chambre des Comptes de Paris, le 10 octobre suivant, anc. mém. 2 F, fol. 279. *Arch. nat., invent.* PP. 136, p. 379. (*Mention.*)

4266. Mandement au trésorier de l'épargne de payer à Jean Du Bellay, évêque de Bayonne, 825 livres pour un voyage qu'il va faire en Angleterre comme ambassadeur du roi. Croissy-en-Brie, 8 octobre 1531. 8 octobre.

Bibl. nat., ms. Clairambault 1215, fol. 69 v°. (*Mention.*)

4267. Mandement aux élus de Lyonnais leur faisant savoir que leur élection est taxée à la somme de 32,375 livres 1 sou 5 deniers pour sa part de l'imposition de 3,061,000 livres mise sur le royaume. Villemomble, 12 octobre 1531. 12 octobre.

Copie. Bibl. nat., ms. fr. 2702, fol. 165.

4268. Confirmation des officiers de la duchesse d'Angoulême dans les fonctions qu'ils occupaient, au moment de la mort de cette princesse, dans les pays de son apanage. Compiègne, 28 octobre 1531. — 1531. 28 octobre.

Enreg. au Parl. de Paris, le 30 novembre 1531. *Arch. nat.*, X[1a] 8612, fol. 284. 1 page 1/4.

4269. Lettres réglementant la vente des blés et portant défense de vendre ou d'acheter des blés ailleurs qu'aux marchés publics, pour faciliter l'approvisionnement du peuple. Compiègne, 28 octobre 1531. — 28 octobre.

Enreg. au Châtelet de Paris, le 6 novembre 1531. *Arch. nat., Bannières*, Y. 8, fol. 287 v°, et Y. 9, fol. 47 v°. 3 pages.

Enreg. à la Chambre des Comptes de Grenoble. *Arch. de l'Isère*, B. 2910, cah. 116. 3 pages.

Copie. Coll. Lamoignon, à la Préfecture de police, t. VI, fol. 241.

Imp. Pièce, Bibl. nat., Invent. Réserve, F. 618, 850, 1642 et 1822.

Fontanon, *Édits et ordonnances*, in-fol., 1611, t. I, p. 956.

Delamare, *Traité de la police*, in-fol., 1710, t. II, p. 1093.

Isambert, *Anciennes lois françaises*, in-8°, t. XII, p. 355.

4270. Commission au s[r] de Villeroy, secrétaire des finances, à Pierre-Paul et à Pierre Des Autels, valets de chambre du roi, à l'effet de rendre compte de l'état dans lequel se trouvaient les travaux du château de Boulogne, dit de Madrid, contradictoirement avec les entrepreneurs des travaux et les héritiers de feu maître Pierre Gadyer, maître des œuvres dudit bâtiment. Compiègne, 28 octobre 1531. — 28 octobre.

Original. Arch. nat., K. 84, n° 20 (Musée, AE. II, 585).

Imp. Archives de l'art français, t. III (*Documents*), 1853-1855, n° 36.

4271. Provisions, en faveur d'Antoine Bullioud, de l'office de conseiller du roi et général des — 29 octobre.

finances en Bretagne. Compiègne, 29 octobre 1531. — 1531.

Enreg. à la Chambre des Comptes de Bretagne. Arch. de la Loire-Inférieure, Mandements royaux, II, fol. 27.

4272. Lettres de commission de secrétaire des finances en faveur de Philibert Babou. Compiègne, 30 octobre 1531. — 30 octobre.

Enreg. à la Chambre des Comptes de Paris. Arch. nat., P. 2537, fol. 137 v°. 2 pages.

4273. Suspension, jusqu'à nouvel ordre, de la juridiction temporelle de l'archevêque de Lyon. La Fère, 31 octobre 1531. — 31 octobre.

Copie. Arch. du Rhône, Chapitre métropolitain, arm. Abram, vol. 3 bis, n° 16.

4274. Institution de deux foires chaque année à Neauphle-le-Vieux, en faveur de Gilbert Filleul, abbé du lieu. Villemomble, octobre 1531. — Octobre.

Enreg. à la Chancellerie de France. Arch. nat., Trésor des Chartes, JJ. 246, n° 66, fol. 21 v°. 1 page.

4275. Établissement de deux foires annuelles et d'un marché chaque semaine à Sigy (Normandie), en faveur de Gilbert Filleul, prieur du lieu. Villemomble, octobre 1531. — Octobre.

Enreg. à la Chancellerie de France. Arch. nat., Trésor des Chartes, JJ. 246, n° 99, fol. 32. 1 page.

4276. Ordonnance touchant la réunion au domaine de la couronne de la justice de Montesquieu-Lauragais, aliénée du temps de Philippe le Bel. Compiègne, octobre 1531. — Octobre.

Enreg. à la Chancellerie de France. Arch. nat., Trésor des Chartes, JJ. 246, n° 69, fol. 22 v°. 2 pages.

4277. Lettres de commission adressées à Jean Briçonnet, président des comptes, Mathieu de Longuejoue, maître des requêtes de l'hôtel, Louis Picot, président des généraux de la justice des aides, aux trésoriers de France et à — 2 novembre.

Jean Viole, conseiller aux requêtes du Palais, pour procéder à la révocation de toutes les aliénations du domaine faites dans les généralités de Bourgogne, Provence, Dauphiné, Bretagne, Picardie, etc. Compiègne, 2 novembre 1531. — 1531.

Enreg. à la Chambre des Comptes de Paris, le 24 janvier 1532 n. s. Arch. nat., P. 2305, p. 1293. 8 pages.

Idem, P. 2537, fol. 147 v°; ADIX. 123, n° 15.

Enreg. à la Chambre des Comptes d'Aix, le 8 novembre 1533. Arch. des Bouches-du-Rhône, B. 31 (*Salamandra*), fol. 5. 3 pages.

Bibl. nat., ms. fr. 4905, fol. 30. (*Mention.*)

4278. Lettres prescrivant de faire rendre leurs comptes à tous les officiers comptables. Compiègne, 4 novembre 1531. — 4 novembre.

Vidimus sur parchemin, à la Chambre des Comptes de Grenoble. Archives de l'Isère, B. 3187.

4279. Pouvoir donné au sieur de Warty, grand maître des eaux et forêts, pour taxer les frais et dépenses qui ont été et seront ci-après faits pour la réformation des eaux et forêts, jusqu'à la somme de 6,000 livres tournois, sur les deniers provenant des amendes, forfaitures et confiscations desdites eaux et forêts. Compiègne, 5 novembre 1531. — 5 novembre.

Arch. nat., Acquits sur l'épargne, J. 960, n° 93. (*Mention.*)

4280. Don au s[r] de Beauvais de la somme de 300 écus soleil sur les deniers provenant de la vente de l'office de receveur du bailliage de la Montagne, vacant par le décès de Pierre Bailleur. Compiègne, 5 novembre 1531. — 5 novembre.

Arch. nat., Acquits sur l'épargne, J. 960, n° 93. (*Mention.*)

4281. Don à Jacques Samson, écuyer, et à Denis Louis, maître queux de la cuisine du roi, d'une somme de 100 écus à prendre sur les deniers provenant de la vente et composition de l'office de sergent à cheval de la garenne et grue- — 5 novembre.

rie des eaux et forêts à Troyes, vacant par la mort de Pierre Largentier. Compiègne, 5 novembre 1531. 1531.

Arch. nat., Acquits sur l'épargne, J. 960, n° 93. (*Mention.*)

4282. Don à François Froyn et à François Dupuy, sommeliers d'échansonnerie, de 30 écus à prendre sur les deniers provenant de la vente de l'office de notaire à Châtellerault, vacant par la mort de Jean Migon. Compiègne, 5 novembre 1531. 5 novembre.

Arch. nat., Acquits sur l'épargne, J. 960, n° 93. (*Mention.*)

4283. Confirmation des lettres d'affranchissement de tous cens, rentes, tailles et autres devoirs, accordées par la duchesse d'Angoulême à Jean Le Verrier, dit de Nîmes, premier chirurgien et valet de chambre du roi, pour les localités de la Chassaigne, des Radis et de leurs appartenances, lui appartenant, et érection desdits lieux en fief noble. Compiègne, 5 novembre 1531. 5 novembre.

Arch. nat., Acquits sur l'épargne, J. 960, n° 93. (*Mention.*)

4284. Don et remise au s[r] de Barbezieux d'une amende de 75 livres tournois prononcée contre lui par le Parlement de Paris. Compiègne, 5 novembre 1531. 5 novembre.

Arch. nat., Acquits sur l'épargne, J. 960, n° 93. (*Mention.*)

4285. Don à Roland Burgensis et à Jean Dutheil, sommeliers de paneterie et échansonnerie du roi, de 70 écus d'or à partager également entre eux, sur les deniers provenant de la vente de l'office de sergent royal en la sénéchaussée de Poitou, au ressort de Montmorillon, vacant par la mort de Léon Lamy. Compiègne, 5 novembre 1531. 5 novembre.

Arch. nat., Acquits sur l'épargne, J. 960, n° 93. (*Mention.*)

4286. Mandement au receveur des aides de Paris de payer à Claude Legault, fermier en 1519 de l'imposition de 12 deniers par livre sur le vin vendu en gros dans la ville et les faubourgs de Paris, la somme de 1,000 livres pour le dédommager des pertes qu'il a subies à cette époque par suite de la peste et du débordement de la Seine. Compiègne, 5 novembre 1531. — 1531. 5 novembre.

Arch. nat., Acquits sur l'épargne, J. 960, n° 93. (*Mention.*)

4287. Don à Benoît Théocrène de 500 écus sur les deniers des offices et parties casuelles. Compiègne, 5 novembre 1531. — 5 novembre.

Arch. nat., Acquits sur l'épargne, J. 960, n° 93. (*Mention.*)

4288. Don à mademoiselle d'Allas, en récompense des services qu'elle a rendus à la duchesse d'Angoulême, d'une somme de 2,000 livres à prendre sur les parties casuelles. Compiègne, 5 novembre 1531. — 5 novembre.

Arch. nat., Acquits sur l'épargne, J. 960, n° 93. (*Mention.*)

4289. Lettres ramenant à l'annualité les offices qui d'annuels avaient été faits perpétuels, et ordonnant qu'ils soient remboursés. Compiègne, 6 novembre 1531. — 6 novembre.

Enreg. à la Chambre des Comptes d'Aix, le 26 mars 1532. Arch. des Bouches-du-Rhône, B. 29 (*Sagitt.*), fol. 246 v°.

4290. Provisions, en faveur de Jean Luillier, de l'office de troisième président clerc en la Chambre des Comptes de Paris, au lieu de Charles Du Solier de Morette. 6 novembre 1531. — 6 novembre.

Enreg. à la Chambre des Comptes de Paris, le 30 décembre 1531, anc. mém. 2 F, fol. 346. *Arch. nat., invent.* PP. 136, p. 380. (*Mention.*)

4291. Don fait à Anne de Montmorency, grand maître et maréchal de France, gouverneur de Languedoc, de 1,000 livres tournois de rente annuelle sur la vicomté d'Aunay et la seigneu- — 11 novembre.

rie de Montdevis. Prémontré, 11 novembre 1531. 1531.

Copie. Bibl. municip. de Poitiers, coll. dom Fonteneau, t. XL, p. 273.

4292. Don à Robert de La Marck, seigneur de Fleuranges, maréchal de France, de toutes les amendes et confiscations prononcées pour délits et malversations commis dans les forêts des châtellenies de Châtillon-sur-Marne et de Château-Thierry. La Fère-sur-Oise, 14 novembre 1531. 14 novembre.

Lettres de surannation du 2 mars 1532 et du 6 avril 1534, et lettres de jussion à la Chambre des Comptes, du 12 juillet 1536.

Enreg. au siège de la Table de marbre (Eaux et forêts), le 15 septembre 1536. Arch. nat., Eaux et forêts, Z. 4581, fol. 46 v°. 3 pages.

4293. Provisions de l'office de notaire et secrétaire du roi en faveur de Martin Berruyer. 16 novembre 1531. 16 novembre.

Lettres de relief d'adresse et de surannation pour l'enregistrement des précédentes. 10 juillet 1536.

Enreg. à la Chambre des Comptes de Paris, le 4 août 1536. Arch. nat., invent. PP. 136, p. 380. (*Mention.*)

4294. Lettres portant permission à Jacques Rivière, conseiller au Parlement de Toulouse, de s'occuper des affaires du roi et de la reine de Navarre. La Fère-sur-Oise, 18 novembre 1531. 18 novembre.

Enreg. au Parl. de Toulouse. Arch. de la Haute-Garonne, Édits, reg. 3, fol. 243. 2 pages.

4295. Provisions en faveur de Dreux Hennequin, secrétaire du roi, de l'office de conseiller maître lai en la Chambre des Comptes de Paris, au lieu de Jean Luillier. 19 novembre 1531. 19 novembre.

Enreg. à la Chambre des Comptes de Paris, le 2 janvier 1532 n. s., anc. mém. 2 F, fol. 348. *Arch. nat., invent.* PP. 136, p. 380. (*Mention.*)

4296. Mandement à Jean Laguette, trésorier et receveur général des finances et parties casuelles, 20 novembre.

de payer la somme de 400 livres à Michel Guilhen, maître de la monnaie de Lyon, sur ce qui lui est dû pour les voyages par lui faits en Flandre pour les affaires du roi, particulièrement en ce qui concerne le payement qui se doit faire à l'empereur pour le rachat des terres à lui engagées en garantie d'une partie de la rançon du roi. Marle, 20 novembre 1531. 1531.

Arch. nat., Acquits sur l'épargne, J. 960, n° 77. (*Mention.*)

4297. Mandement à Jean Laguette de payer 100 livres à un fauconnier allemand nommé Micquel, pour services rendus au roi et subvenir aux frais de son voyage de retour en Allemagne. Marle, 20 novembre 1531. 20 novembre.

Arch. nat., Acquits sur l'épargne, J. 960, n° 77. (*Mention.*)

4298. Mandement au trésorier Jean Laguette de payer 50 livres à Montlouis, valet de fourrière du roi, pour faire accoutrer le bateau dudit seigneur au départ de Compiègne. Marle, 20 novembre 1531. 20 novembre.

Arch. nat., Acquits sur l'épargne, J. 960, n° 77. (*Mention.*)

4299. Mandement à Jean Laguette de payer aux chantres de la nouvelle chapelle de plain-chant du roi 535 livres pour leurs gages du quartier de juillet-septembre 1531. Marle, 20 novembre 1531. 20 novembre.

Arch. nat., Acquits sur l'épargne, J. 960, n° 77. (*Mention.*)

4300. Mandement à Jean Laguette de payer à Lazare de Baïf, ambassadeur du roi à Venise, la somme de 1,000 écus soleil sur ce qui peut lui être dû pour son état. Marle, 20 novembre 1531. 20 novembre.

Arch. nat., Acquits sur l'épargne, J. 960, n° 77. (*Mention.*)

4301. Mandement à Jean Laguette de payer à Richard James la somme de 220 écus soleil pour un 20 novembre.

voyage qu'il va faire à Rome vers l'évêque d'Auxerre, ambassadeur du roi près du pape. Marle, 20 novembre 1531. 1531.

Arch. nat., Acquits sur l'épargne, J. 960, n° 77. (*Mention.*)

4302. Don à Simon de La Haye et à Louis Cochet, archers de la compagnie de monsieur le grand maître et gardes de la forêt de Compiègne, de 50 écus soleil sur les deniers des parties casuelles. Marle, 20 novembre 1531. 20 novembre.

Arch. nat., Acquits sur l'épargne, J. 960, n° 77. (*Mention.*)

4303. Mandement à Jean Laguette de payer à Gilles de La Pommeraye, panetier du roi, la somme de 100 écus pour un voyage qu'il va présentement faire auprès de l'empereur, de la part du roi. Marle, 20 novembre 1531. 20 novembre.

Arch. nat., Acquits sur l'épargne, J. 960, n° 77. (*Mention.*)

4304. Commission adressée à François Vachon pour rechercher les droits de lods et ventes dus au roi, dont le produit doit être appliqué à la rançon de François Ier. Guise, 23 novembre 1531. 23 novembre.

Enreg. au Parl. de Grenoble, le 19 janvier 1532 n. s. Arch. de l'Isère, Chambre des Comptes de Grenoble, B. 2909, cah. 24. 11 pages.

4305. Ordonnance prescrivant des mesures pour faire cesser les abus qui se sont glissés dans la fabrication des monnaies et ceux qui résultent des contrefaçons. Guise, 24 novembre 1531. 24 novembre.

Enregistré au Parl. de Provence. Arch. de ladite cour, à Aix, reg. in-fol. papier de 1,026 feuillets, p. 24.

4306. Don au maréchal de La Marck des amendes et confiscations qui pourront être adjugées au roi pour usurpations faites dans les forêts, et des profits féodaux et droits seigneuriaux qui seront dus au roi dans les châtellenies de Château- 26 novembre.

Thierry et de Châtillon-sur-Marne, à la charge d'en faire les poursuites à ses dépens. Guise, 26 novembre 1531. — 1531.

Arch. nat., Acquits sur l'épargne, J. 960, n° 84. (*Mention.*)

4307. Don au s[r] de Laloue de la somme de 200 livres tournois chaque année, en augmentation de ses gages de maître des eaux et forêts du Bourbonnais. Guise, 26 novembre 1531. — 26 novembre.

Arch. nat., Acquits sur l'épargne, J. 960, n° 84. (*Mention.*)

4308. Don au s[r] de Laloue des blés et avoines dus au roi durant la présente année commencée à la saint Jean-Baptiste dernière, sur la terre et seigneurie de la Bruyère-Laubespin, pour subvenir à l'entretien des chiens courants dont il a la garde pour le roi. Guise, 26 novembre 1531. — 26 novembre.

Arch. nat., Acquits sur l'épargne, J. 960, n° 84. (*Mention.*)

4309. Don à Louis Burgensis, premier médecin du roi, d'une somme de 100 livres tournois par chacun an, en plus de ses 200 livres de gages pour le gouvernement de la terre et seigneurie d'Épernay, à recevoir des mains du receveur ordinaire du lieu. Guise, 26 novembre 1531. — 26 novembre.

Arch. nat., Acquits sur l'épargne, J. 960, n° 84. (*Mention.*)

4310. Don au maître des comptes Viole de la coupe d'un arpent de bois de haute futaie en la forêt de Rêts (Villers-Cotterets), pour l'aider à rebâtir une sienne maison. Guise, 26 novembre 1531. — 26 novembre.

Arch. nat., Acquits sur l'épargne, J. 960, n° 84. (*Mention.*)

4311. Don au s[r] de Haraucourt de la maison dite le Pavillon, du parc de Pierre, et maisons y encloses, le tout sis à Folembray, à la charge de les entretenir en bon état, avec permission de prendre le bois nécessaire à leurs réparations — 26 novembre.

dans la forêt de Coucy. Guise, 26 novembre 1531. 1531.

Arch. nat., Acquits sur l'épargne, J. 960, n° 84. (*Mention.*)

4312. Don à Jean Billon et à Jean Belleteste, valets de limiers, de 100 livres tournois à prendre sur les deniers d'une amende prononcée contre Mathurin Menant, greffier des eaux et forêts d'Amboise, par le grand maître et réformateur général des eaux et forêts. Guise, 26 novembre 1531. 26 novembre.

Arch. nat., Acquits sur l'épargne, J. 960, n° 84. (*Mention.*)

4313. Don à l'écuyer La Marck, de la somme de 4,000 livres parisis, montant d'une amende prononcée par arrêt des grands jours de Poitiers contre Antoine de Marans, sa femme, et Jacques de Marans, leur fils. Guise, 26 novembre 1531. 26 novembre.

Arch. nat., Acquits sur l'épargne, J. 960, n° 84. (*Mention.*)

4314. Permission au cardinal de Bourbon de faire enlever des terres de son abbaye de Saint-Valery-sur-Somme 92 muids de blé et 82 muids d'avoine de la récolte de la présente année, pour les mener et vendre à Bordeaux, à la Rochelle et autres lieux de France où il y a disette. Guise, 26 novembre 1531. 26 novembre.

Arch. nat., Acquits sur l'épargne, J. 960, n° 84. (*Mention.*)

4315. Don à Jean Regnard et Salomon Gottereau, sommeliers, de la somme de 30 écus soleil sur les deniers provenant de la vente d'un office de sergent à verge au Châtelet de Paris. Guise, 26 novembre 1531. 26 novembre.

Arch. nat., Acquits sur l'épargne, J. 960, n° 84. (*Mention.*)

4316. Don à Alexandre Charruau, ayant la charge et conduite des ustensiles du Conseil privé, de 26 écus d'or sur les deniers qui proviendront 26 novembre.

de la vente de l'office de garde du sceau de Noyon, vacant par la mort de Jean de Fontaines. Guise, 26 novembre 1531. 1531.

Arch. nat., Acquits sur l'épargne, J. 960, n° 84. (*Mention.*)

4317. Mandement à Jacques Viart, naguère receveur ordinaire du comté de Blois, de verser entre les mains de son successeur, François Viart, la somme de 8,400 livres dont il est demeuré débiteur envers le roi, tant sur son compte de clôture de ladite recette que sur différentes commissions qu'il a eues de la feue reine, cette somme devant être employée au rachat du greffe et tabellionnage de Blois, engagé à la demoiselle d'Estelan pour la somme de 10,000 livres tournois à elle léguée par ladite reine. Guise, 26 novembre 1531. 26 novembre.

Arch. nat., Acquits sur l'épargne, J. 960, n° 84. (*Mention.*)

4318. Mandement à François Viart, receveur ordinaire du comté de Blois, de délivrer la somme de 10,000 livres tournois à la demoiselle d'Estelan pour le rachat du greffe et tabellionnage de Blois. Guise, 26 novembre 1531. 26 novembre.

Arch. nat., Acquits sur l'épargne, J. 960, n° 84. (*Mention.*)

4319. Réduction, accordée suivant l'avis des élus de Péronne, Montdidier et Roye, de la somme de 4,977 livres 18 sous 3 deniers tournois que les habitants de ladite élection demeurant au delà de la Somme, du côté de l'Artois et du Cambrésis, ont accoutumé de payer chaque année pour leur part des tailles et crues, à la somme de 1,200 livres tournois qui sera levée sur les plus riches. Guise, 26 novembre 1531. 26 novembre.

Arch. nat., Acquits sur l'épargne, J. 960, n° 84. (*Mention.*)

4320. Mandement au trésorier de l'épargne de payer à m^e Gervais Waïn, docteur en théologie, 200 livres tournois en récompense d'un voyage 29 novembre.

fait pour le roi en Allemagne. La Fère-sur-Oise, 29 novembre 1531. 1531.

Arch. nat., Acquits sur l'épargne, J. 960, n° 81. (*Mention.*)

4321. Mandement au trésorier de l'épargne de payer à Bonacorsi Griveus, allemand, 675 livres tournois pour un voyage qu'il a fait pour le roi en Allemagne. La Fère-sur-Oise, 29 novembre 1531. 29 novembre.

Arch. nat., Acquits sur l'épargne, J. 960, n° 81. (*Mention.*)

4322. Mandement au trésorier de l'épargne de payer 400 livres à Étienne Brossart, maître verrier de la verrerie nommée Charlefontaine, paroisse Saint-Gobain, près la Fère, dont le roi lui a fait don pour l'aider à reconstruire sa maison qui a été brûlée par les gens du roi. La Fère-sur-Oise, 29 novembre 1531. 29 novembre.

Arch. nat., Acquits sur l'épargne, J. 960, n° 81. (*Mention.*)

4323. Mandement au trésorier de l'épargne de payer à Antoine Robin, chevaucheur d'écurie, tenant la poste pour le roi à Amiens, la somme de 60 livres sur ce qui peut lui être dû de ses gages. La Fère-sur-Oise, 29 novembre 1531. 29 novembre.

Arch. nat., Acquits sur l'épargne, J. 960, n° 81. (*Mention.*)

4324. Évocation au Conseil de l'appel porté au Parlement de Paris par l'archevêque de Lyon, de l'exécution ordonnée par le gouverneur de cette ville de certaines lettres patentes portant confiscation au profit du roi des biens que les Génois, ses ennemis, possédaient en la ville de Lyon, ledit archevêque considérant cette confiscation comme une usurpation de ses droits. La Fère, 30 novembre 1531. 30 novembre.

Copie collationnée. Arch. nat., suppl. du Trésor des Chartes, J. 830, n° 6.

4325. Lettres concernant les offices de conseillers clercs au Parlement de Toulouse, qui doivent Novembre.

être au nombre de douze, conformément à l'édit d'érection de cette cour. Compiègne, novembre 1531. | 1531.

Enreg. au Parl. de Toulouse. Arch. de la Haute-Garonne, Édits, reg. 4, fol. 10. 2 pages 1/2.
Copie. Arch. départ. de l'Hérault, C. *États de Languedoc*, Ordonnances et arrêts, t. IV, pièce 3.

4326. Confirmation de la création faite en 1516 par Louise de Savoie d'un lieutenant du sénéchal d'Angoumois, siégeant à Cognac. Compiègne, novembre 1531. — Novembre.

Enreg. à la Chancellerie de France. Archives nationales, Trésor des Chartes, JJ. 246, n° 71, fol. 24. 1 page 1/2.

4327. Création de deux foires annuelles et d'un marché chaque semaine à Port-de-Piles, en faveur de Mathieu de Marconnay, prieur de Saint-Nicolas dudit lieu. Folembray, novembre 1531. — Novembre.

Enreg. à la Chancellerie de France. Arch. nat., Trésor des Chartes, JJ. 246, n° 89, fol. 29. 1 page.

4328. Confirmation des privilèges, franchises et libertés concédés par les comtes de Provence et les rois de France aux gens des trois États des comtés de Provence, Forcalquier et terres adjacentes. La Fère, novembre 1531. — Novembre.

Enreg. à la Chancellerie de France. Arch. nat., Trésor des Chartes, JJ. 246, n° 88, fol. 29. 1 page.

4329. Établissement d'un marché chaque semaine à Nouvion-l'Abbesse, en faveur de Marie de Luxembourg, duchesse de Vendôme, dame du lieu. La Fère, novembre 1531. — Novembre.

Enreg. à la Chancellerie de France. Arch. nat., Trésor des Chartes, JJ. 246, n° 101, fol. 32. 1 page.

4330. Création de deux foires par année et d'un marché chaque semaine à Sissonne-la-Petite, en faveur du comte de Roucy. La Fère, novembre 1531. — Novembre.

Enreg. à la Chancellerie de France. Arch. nat., Trésor des Chartes, JJ. 246, n° 103, fol. 32 v°. 1 page.

4331. Lettres de don à Jacques Galyot de Genouilhac, grand maître de l'artillerie, de l'hôtel du Petit-Bourbon, rue des Célestins, à Paris. La Fère-sur-Oise, novembre 1531. — 1531. Novembre.

Enreg. à la Chancellerie de France. Arch. nat., Trésor des Chartes, JJ. 246, n° 110, fol. 33 v°. 1 page.

4332. Échange fait entre le roi et les Célestins d'Offémont de la moitié de 3 arpents 15 vergées de bois appartenant par indivis au roi et au s[r] de La Rochepot, en la forêt de Laigle, contre semblable quantité de 3 arpents 15 vergées de bois, avec amortissement et remise de finances octroyés auxdits religieux, et don en ce qui touche le roi de la plus-value de ses bois qui sont en haute futaie, tandis que ceux des religieux cédés en contre-échange ne sont qu'en taillis. La Fère-sur-Oise, 1er décembre 1531. — 1er décembre.

Arch. nat., Acquits sur l'épargne, J. 960, n° 82. (*Mention.*)

4333. Don à Florimond de Beaucourt, gentilhomme de la maison du duc de Guise, de la somme de 200 écus sur les deniers provenant de la vente de l'office de grènetier de Bar-sur-Seine, vacant par le décès de Jean Travaillot. La Fère-sur-Oise, 1er décembre 1531. — 1er décembre.

Arch. nat., Acquits sur l'épargne, J. 960, n° 82. (*Mention.*)

4334. Pouvoir aux s[rs] de Brosses et de Warty de donner les ordres nécessaires pour l'habillement du dauphin et des ducs d'Orléans et d'Angoulême. La Fère-sur-Oise, 1er décembre 1531. — 1er décembre.

Arch. nat., Acquits sur l'épargne, J. 960, n° 82. (*Mention.*)

4335. Mandement pour faire verser entre les mains de Nicolas Le Picard, commis au payement des châteaux de Fontainebleau et du bois de Boulogne, la somme de 2,953 livres 2 sous 6 deniers parisis, montant de trois ventes de bois de haute futaie acquises sur enchère par — 1er décembre.

Jérôme della Robbia, émailleur, pour l'employer au fait de sa commission et spécialement aux bâtiments de Boulogne. La Fère-sur-Oise, 1er décembre 1531. — 1531.

Arch. nat., Acquits sur l'épargne, J. 960, n° 82. (*Mention.*)

4336. Lettres de surséance pour la somme de 3,100 livres tournois accordées à Jean Chardon, fermier de l'imposition foraine en la généralité d'Outre-Seine et Yonne, jusqu'à la fin du temps de sa ferme. La Fère-sur-Oise, 1er décembre 1531. — 1er décembre.

Arch. nat., Acquits sur l'épargne, J. 960, n° 82. (*Mention.*)

4337. Don à Laurent Le Blanc, secrétaire de feu Madame la duchesse d'Angoulême, de 100 écus sur les deniers provenant de la vente d'un office de sergent royal au bailliage de Touraine, vacant par mort. La Fère-sur-Oise, 1er décembre 1531. — 1er décembre.

Arch. nat., Acquits sur l'épargne, J. 960, n° 82. (*Mention.*)

4338. Don à quatorze demoiselles de la maison de la feue duchesse d'Angoulême de la somme de 530 livres 5 sous tournois, soit à chacune 37 livres 17 sous tournois, qu'elles avaient coutume de recevoir pour leurs robes et livrées d'hiver. La Fère-sur-Oise, 1er décembre 1531. — 1er décembre.

Arch. nat., Acquits sur l'épargne, J. 960, n° 82. (*Mention.*)

4339. Mandement à Victor Barguyn, ancien trésorier de Louise de Savoie, de partager la somme de 530 livres 5 sous tournois entre les quatorze demoiselles de la maison de cette dame, dont les noms sont donnés, pour les robes et livrées d'hiver qu'elle avait, de son vivant, l'habitude de leur donner. . . [(1)], 2 décembre 1531. — 2 décembre.

Original. Bibl. nat., ms. fr. 25721, n° 371.

4340. Mandement au trésorier de l'épargne de payer — 11 décembre.

[(1)] Le nom de lieu est effacé.

à Gilles de La Pommeraye, que le roi envoie présentement en qualité d'ambassadeur près le roi d'Angleterre, la somme de 3,000 livres comme avance sur ce qui pourra lui être dû. Amiens, 11 décembre 1531. 1531.

Arch. nat., Acquits sur l'épargne, J. 960, n° 79. (*Mention.*)

4341. Don à madame de Montreuil de la somme de 8,000 livres parisis sur l'amende prononcée dernièrement contre le s[r] du Puygarreau par arrêt des Grands jours de Poitou. Amiens, 11 décembre 1531. 11 décembre.

Arch. nat., Acquits sur l'épargne, J. 960, n° 79. (*Mention.*)

4342. Don à Jean Le Forestier, archer de la garde du roi, de la somme de 100 écus soleil à prendre sur la vente de l'office de sergent de la douzaine à Paris, vacant par la mort de Mathurin Delaflache. Amiens, 11 décembre 1531. 11 décembre.

Arch. nat., Acquits sur l'épargne, J. 960, n° 79. (*Mention.*)

4343. Don à Louis du Rutour et à Jean Champion, valets de chambre de monsieur le grand maître, de 200 écus soleil à prendre sur la confiscation adjugée au roi des biens de Nicolas d'Aix, naguère exécuté par arrêt du Parlement de Paris. Amiens, 11 décembre 1531. 11 décembre.

Arch. nat., Acquits sur l'épargne, J. 960, n° 79. (*Mention.*)

4344. Don et remise accordés à André Bonvoisin, neveu de messire Jean-Joachim [de Passano], d'une amende de 75 livres tournois prononcée contre lui par arrêt du Grand Conseil. Amiens, 11 décembre 1531. 11 décembre.

Arch. nat., Acquits sur l'épargne, J. 960, n° 79. (*Mention.*)

4345. Don à Claude de Clermont, s[r] de Montoison, des biens meubles et immeubles de Guigo de Soturno, déclarés confisqués au roi par arrêt 11 décembre.

du Parlement de Dauphiné. Amiens, 11 décembre 1531. | 1531.

Arch. nat., Acquits sur l'épargne, J. 960, n° 79. (*Mention.*)

4346. Don à Guy Breslay, conseiller au Grand Conseil, de la somme de 200 livres tournois, montant de deux amendes prononcées contre Guérin Clérambault par arrêt du Parlement de Paris. Amiens, 11 décembre 1531. | 11 décembre.

Arch. nat., Acquits sur l'épargne, J. 960, n° 79. (*Mention.*)

4347. Mandement au trésorier de l'épargne de payer à Philippe Lévesque, chevaucheur, 90 livres pour un voyage qu'il va faire en Angleterre avec Gilles de La Pommeraye. Amiens, 12 décembre 1531. | 12 décembre.

Bibl. nat., ms. Clairambault 1215, fol. 69 v°. (*Mention.*)

4348. Mandement au trésorier de l'épargne de payer à Gilles de La Pommeraye 3,000 livres pour un voyage en Angleterre, où il est envoyé comme ambassadeur du roi. Amiens, 12 décembre 1531. | 12 décembre.

Bibl. nat., ms. Clairambault 1215, fol. 69 v°. (*Mention.*)

4349. Mandement au trésorier de l'épargne de payer 200 livres à Michel Guilhen, maître de la monnaie de Lyon, pour divers voyages qu'il a faits par ordre du roi, au sujet du rachat de certaines terres engagées. Amiens, 13 décembre 1531. | 13 décembre.

Original. Bibl. nat., ms. fr. 25721, n° 372.

4350. Mandement au trésorier de l'épargne de payer à Claude Dodieu 2,250 livres pour le voyage qu'il a été chargé de faire en Flandre auprès de l'empereur, comme ambassadeur du roi. [1] 20 décembre 1531. | 20 décembre.

Bibl. nat., ms. Clairambault 1215, fol. 69 v°. (*Mention.*)

[1] Le nom de lieu n'est pas indiqué.

4351. Continuation pour dix ans du don fait à la maréchale de Châtillon du revenu du grenier à sel établi à Sens. Abbeville, 22 décembre 1531. — 1531. 22 décembre.

Arch. nat., Acquits sur l'épargne, J. 960, n° 72. (*Mention.*)

4352. Continuation pour quatre ans, en faveur des religieuses de Saint-François de Doullens, du don annuel de 32 livres sur la recette générale de Picardie, savoir 20 livres au lieu de 20 cordes de bois qu'elles prenaient pour leur chauffage en la forêt de Beauquesne, et 12 livres au lieu de 32 coquets de cervoise qui leur étaient assignés sur la ferme des « menus breuvages » de Doullens. Abbeville, 22 décembre 1531. — 22 décembre.

Arch. nat., Acquits sur l'épargne, J. 960, n° 72. (*Mention.*)

4353. Don à Jean Dubetz, s[r] de Saint-Hilaire, de la somme de 200 livres tournois sur les droits et devoirs seigneuriaux dus au roi à cause de la vente faite par le s[r] de Torcy du fief de Caumartin à Jean Lefèvre. Abbeville, 22 décembre 1531. — 22 décembre.

Arch. nat., Acquits sur l'épargne, J. 960, n° 72. (*Mention.*)

4354. Mandement pour le payement au comte de Chalant de tout ou partie de ce qui lui est dû de sa pension, avec appointement pour le reste, suivant ce qu'avisera le cardinal Du Prat, légat. Abbeville, 22 décembre 1531. — 22 décembre.

Arch. nat., Acquits sur l'épargne, J. 960, n° 72. (*Mention.*)

4355. Don au grand écuyer [Jacques de Genouilhac], pour lui et ses héritiers, de l'hôtel appelé le Petit-Bourbon, rue Saint-Antoine, à Paris. Abbeville, 22 décembre 1531. — 22 décembre.

Arch. nat., Acquits sur l'épargne, J. 960, n° 72. (*Mention.*)

(Voir ci-dessus le n° 4331.)

4356. Don à messire Guasco de 300 écus à prendre — 22 décembre.

sur les parties casuelles. Abbeville, 22 décembre 1531. 1531.

Arch. nat., Acquits sur l'épargne, J. 960, n° 72. (*Mention.*)

4357. Don aux habitants de Marle de tous les droits de relief de fiefs et arrière-fiefs qui adviendront au roi au bailliage de Vermandois, pendant six ans, pour en employer le produit à leurs fortifications. Abbeville, 22 décembre 1531. 22 décembre.

Arch. nat., Acquits sur l'épargne, J. 960, n° 72. (*Mention.*)

4358. Mandement au trésorier de l'épargne de verser la somme de 15,821 livres 8 sous 9 deniers tournois entre les mains d'Étienne Resnier, commis au payement des archers de la garde [1] sous la charge du s[r] de Savigny, somme complétant les 16,221 livres 8 sous 9 deniers nécessaires pour la solde de deux quartiers (juillet-décembre 1531). 28 décembre 1531. 28 décembre.

Arch. nat., Acquits sur l'épargne, J. 960, n° 71. (*Mention.*)

4359. Mandement au trésorier de l'épargne de délivrer à Jean Chartier, commis au payement des archers de la garde sous la charge du sénéchal d'Agenais, la somme de 15,911 livres 8 sous 9 deniers, complément des 16,311 livres 8 sous 9 deniers nécessaires pour la solde des deux quartiers de juillet-décembre 1531. 28 décembre 1531. 28 décembre.

Arch. nat., Acquits sur l'épargne, J. 960, n° 71. (*Mention.*)

4360. Mandement au trésorier de l'épargne de délivrer à Jacques Richer, commis au payement des archers de la garde sous la charge du s[r] de Nançay, 15,532 livres 15 sous 9 deniers tournois complétant la somme de 15,932 livres 13 sous 9 deniers pour leur solde des deux 28 décembre.

[1] La garde de François Ier comprenait 400 archers, divisés en quatre compagnies.

quartiers de juillet-décembre 1531. 28 décembre 1531. | 1531.

Arch. nat., Acquits sur l'épargne, J. 960, n° 71. (*Mention.*)

4361. Mandement au trésorier de l'épargne de délivrer à Jean Thizart, commis au payement des archers écossais de la garde, 16,866 livres 16 sous tournois, complétant la somme de 17,266 livres 16 sous tournois pour leur solde des deux quartiers de juillet-décembre 1531. 28 décembre 1531. | 28 décembre.

Arch. nat., Acquits sur l'épargne, J. 960, n° 71. (*Mention.*)

4362. Ordonnance touchant la juridiction de la maîtrise des eaux et forêts du Boulonnais. Ses sentences seront portées en appel d'abord devant le grand maître enquêteur et réformateur des eaux et forêts du royaume, et en dernier ressort au Parlement de Paris. Abbeville, 29 décembre 1531. | 29 décembre.

Enreg. au Parl. de Paris, le 15 février 1532 n. s. Arch. nat., X[1a] 8612, fol. 288 v°. 2 pages 2/3.
Enreg. aux Eaux et forêts (siège de la Table de marbre), le 13 mars 1535. Arch. nat., Eaux et forêts, Z. 4580, fol. 227 v°. 2 pages.

4363. Mandement à Guillaume Prudhomme, trésorier de l'épargne, de payer 780 livres tournois à Jean de Humières, gouverneur de Péronne, Mondidier et Roye, et 390 livres à Mathieu de Longuejoue, maître des requêtes, envoyés à Valenciennes par le roi à l'effet de traiter du rachat des terres aliénées pour payer la rançon royale. Amiens, 31 décembre 1531. | 31 décembre.

IMP. V. de Beauvillé, *Documents inédits concernant la Picardie*, Paris, 1867, t. II, p. 201.

4364. Création de deux foires annuelles et d'un marché hebdomadaire à Cœurlu-sur-Somme, en faveur d'Antoinette de Saveuse, dame de Raigecourt et de Cœurlu. Péronne, décembre 1531. | Décembre.

Enreg. à la Chancellerie de France. Arch. nat., Trésor des Chartes, JJ. 246, n° 102, fol. 32. 1 page.

4365. Établissement de quatre foires par an et d'un marché chaque semaine à Beauvoir-en-Lyons (Normandie). Amiens, décembre 1531. — 1531. Décembre.

Enreg. à la Chancellerie de France. Arch. nat., Trésor des Chartes, JJ. 246, n° 100, fol. 32. 1 page.

4366. Rétablissement de deux foires annuelles et d'un marché hebdomadaire à Paillard (Picardie), en faveur de François de Launay, gouverneur de Chauny, capitaine d'Amiens. Amiens, décembre 1531. — Décembre.

Enreg. à la Chancellerie de France. Arch. nat., Trésor des Chartes, JJ. 246, n° 95, fol. 31. 1 page.

4367. Ordonnance modifiant les conditions d'éligibilité des pairs et échevins de la Rochelle. Si les candidats sont fils d'échevins, ils pourront être élus à vingt et un ans, au lieu de vingt-cinq, mais ils ne devront pas être plus de vingt de cet âge et de cette qualité dans le collège des cent pairs et échevins. Abbeville, décembre 1531. — Décembre.

Enreg. à la Chancellerie de France. Arch. nat., Trésor des Chartes, JJ. 246, n° 118, fol. 35 v°. 1 page 1/2.

Enreg. au Parlement de Paris, sauf restrictions, le 12 février 1532 n. s. Archives nationales, X[1a] 8612, fol. 290. 2 pages 1/4.

4368. Institution de quatre foires chaque année à Bougainville (Picardie). Abbeville, décembre 1521. — Décembre.

Enreg. à la Chancellerie de France. Arch. nat., Trésor des Chartes, JJ. 246, n° 114, fol. 34 v°. 1 page.

4369. Rétablissement de la foire de la Saint-Remy et du marché le jeudi de chaque semaine à Cerny. Abbeville, décembre 1531. — Décembre.

Enreg. à la Chancellerie de France. Arch. nat., Trésor des Chartes, JJ. 246, n° 120, fol. 36. 1 page.

4370. Établissement dans la ville de Compiègne, en faveur des religieux, abbé et couvent de Saint-Corneille, d'une foire franche pendant quinze — Décembre.

IMPRIMERIE NATIONALE.

jours, à la mi-carême. Abbeville, décembre 1531. — 1531.

Enreg. à la Chancellerie de France. Arch. nat., Trésor des Chartes, JJ. 246, n° 117, fol. 35. 1 page 1/2.

Enreg. à la Chambre des Comptes de Paris, le 14 mars 1532 n. s. Arch. nat., P. 2305, p. 1315. 6 pages 1/2.

Copie collationnée faite par ordre de la Cour des Aides, le 12 août 1776. Arch. nat., Z[1a] 526.

4371. Établissement de quatre foires annuelles et d'un marché hebdomadaire à Fons-en-Quercy. Abbeville, décembre 1531. — Décembre.

Enreg. à la Chancellerie de France. Arch. nat., Trésor des Chartes, JJ. 246, n° 104, fol. 32 v°. 1 page.

4372. Établissement de deux foires annuelles à Lunegarde (Quercy), en faveur de Jacques Galyot de Genouilhac, grand maître de l'artillerie, seigneur du lieu. Abbeville, décembre 1531. — Décembre.

Enreg. à la Chancellerie de France. Arch. nat., Trésor des Chartes, JJ. 246, n° 106, fol. 33. 1 page.

4373. Mandement au trésorier de l'épargne de payer à François Des Cars, seigneur de la Vauguyon et sénéchal de Bourbonnais, ce qui lui est dû pour sa pension de l'année 1530. . .[1] 1531. — 1531.

Original. Bibl. nat., ms. fr. 25721, n° 373.

4374. Mandement du roi au sujet de la réformation du couvent de l'ordre de Saint-François, fondé à Romans. 1531[2]. — 1531.

Copie. Bibl. nat., ms. fr. 25721, n° 375.

1532. — Pâques, 31 mars.

1532.

4375. Lettres portant mandement de François Ier au Parlement de Paris de casser et annuler les — 1er janvier.

(1) Le commencement de la date est illisible.

(2) Cette pièce est incomplète; elle paraît d'ailleurs n'avoir jamais été expédiée, car la place laissée pour le nom de lieu et la date du jour n'a pas été remplie.

lettres qui lui avaient été extorquées pendant qu'il était prisonnier à Madrid et par lesquelles il avait déclaré conserver et maintenir les biens confisqués sur le connétable de Bourbon aux héritiers et successeurs de celui-ci. Abbeville, 1er janvier 1531. 1532.

Copie du temps. Arch. nat., suppl. du Trésor des Chartes, J. 954, n° 23.

4376. Mandement à la Chambre des Comptes de Paris, aux trésoriers de France, au trésorier de l'épargne, etc., de faire payer à Nicolas Picart, secrétaire du roi, 6 sous par jour pour ses gages et 10 livres par an pour droit de manteau. Abbeville, 1er janvier 1531. 1er janvier.

Bibl. nat., ms. fr. 15628, n° 345. (*Mention.*)

4377. Lettres portant nomination de commissaires pour examiner et juger les causes d'opposition produites par l'archevêque de Tours à l'encontre des coupes de bois projetées par le roi dans ses forêts de Chinon, des Hayes, de Rigny. Abbeville, 2 janvier 1531. 2 janvier.

Enreg. au siège de la Table de marbre (Eaux et forêts), le 23 janvier 1532 n. s. Arch. nat., Z. 4578, fol. 276. 3 pages.

4378. Mandement au trésorier de l'épargne de payer à Anne Rouault, dame de Bours, 800 livres tournois provenant des droits de quint et de requint dus au roi à cause du rachat fait, moyennant 4,000 livres tournois, d'une rente de 200 livres tournois constituée à ladite Anne Rouault par feu Alof Rouault, sur les seigneuries de Gamaches et Élincourt, situées dans le bailliage d'Amiens et la sénéchaussée de Ponthieu. Rue, 5 janvier 1531. 5 janvier.

Bibl. nat., ms. fr. 15629. (*Mention.*)

4379. Création en titre d'office d'un garde pour la garenne de la Varenne d'Amboise, à l'effet d'empêcher la destruction totale du gibier. Abbeville, 6 janvier 1531. 6 janvier.

Enreg. au siège de la Table de marbre (Eaux et forêts), le 8 mars 1532 n. s. Arch. nat., Z. 4578, fol. 144. 1 page.

4380. Provisions de l'office d'avocat du roi en la sénéchaussée de Lyon et bailliage de Mâcon pour Claude Bellièvre. Abbeville, 6 janvier 1531. — 1532. 6 janvier.

Copie du temps. Bibl. nat., ms. fr. 5124, fol. 39 v°.

4381. Mandement au trésorier de l'épargne de payer à Claude Aligre, trésorier des menus plaisirs du roi, 12,000 écus d'or soleil à raison de 45 sous pièce, soit 1,000 écus par mois. Abbeville, 8 janvier 1531. — 8 janvier.

Bibl. nat., ms. fr. 15628, n° 1. (Mention.)

4382. Lettres enjoignant au Parlement de Paris et aux autres Parlements de remettre toutes enquêtes et procédures relatives aux abus et fraudes commis dans la fabrication des monnaies aux commissaires royaux, spécialement chargés de procéder contre les officiers des monnaies. Dieppe, 13 janvier 1531. — 13 janvier.

Original sur parchemin dans les minutes d'ordonnances de la Cour des Monnaies. Arch. nat., Z1b 536.
Enreg. à la Chambre des Comptes de Grenoble. Arch. de l'Isère, B. 2832, fol. 208. 2 pages 1/2.

4383. Lettres de relief d'adresse et de surannation du don viager des revenus de la châtellenie et du grenier à sel de Pontoise accordé à Renzo de Cère le 16 août 1529 (n° 3449). Dieppe, 14 janvier 1531. — 14 janvier.

Enreg. à la Cour des Comptes de Paris. Arch. nat., invent. PP. 136, p. 351. (Mention.)

4384. Lettres de don à Renée de Bourbon, duchesse de Lorraine, des revenus du comté-dauphiné d'Auvergne, pour lui servir de pension tant qu'il plaira au roi. Dieppe, 16 janvier 1531. — 16 janvier.

Enreg. à la Chambre des Comptes de Paris, le 28 juin 1532. Arch. nat., P. 2553, fol. 158. (Arrêt d'enregistrement.)
Idem, invent. PP. 136, p. 382, d'après l'ancien mémorial 2 F, fol. 383. (Mention.)

4385. Mandement au trésorier de l'épargne de payer à Nicolas de Noble, marchand lucquois, 28,125 livres tournois pour le rembourser — 19 janvier.

d'une pareille somme qu'il doit prêter au roi et remettre à Lyon, dans le mois courant, entre les mains de Jean Godet, trésorier de l'extraordinaire des guerres, chargé de la porter en Suisse et de la distribuer suivant les instructions des ambassadeurs du roi en ce pays. Dieppe, 19 janvier 1531. — 1532.

Bibl. nat., ms. fr. 15628, n° 214. (*Mention.*)

4386. Lettres permettant à l'avocat général près le Parlement de Bordeaux de postuler et de consulter pour les particuliers dans les matières qui n'intéressent point les droits du roi. Dieppe, 20 janvier 1531. — 20 janvier.

Enreg. au Parl. de Bordeaux, le 5 avril 1532. Arch. de la Gironde, B. 30 *bis*, fol. 148. 1 page 1/2.

4387. Mandement du roi à Victor Barguin, naguère trésorier de Louise de Savoie, de faire rentrer les diverses sommes qui pourraient encore être dues à sa mère. . . . . .[1], janvier 1531. — Janvier.

Original. Bibl. nat., ms. fr. 25721, n° 377.

4388. Édit de création d'un office d'avocat du roi en la sénéchaussée de Lyon et bailliage de Mâcon. Abbeville, janvier 1531. — Janvier.

Enreg. au Grand Conseil, le 11 avril 1532. Arch. nat., V⁵ 1049. 1 page.
Copie du temps. Bibl. nat., ms. fr. 5124, fol. 39 v°.

4389. Confirmation des privilèges, franchises et immunités accordés par les rois au chapitre de Mâcon. Abbeville, janvier 1531. — Janvier.

Enreg. à la Chancellerie de France. Arch. nat., *Trésor des Chartes*, JJ. 246, n° 227, fol. 37. 1 page.

4390. Édit de réunion au domaine des duchés de Bourbonnais, d'Auvergne, de Châtellerault, des comtés de Forez, de la Marche, de Montpensier, de Clermont et des autres terres et seigneuries de la maison de Bourbon dont la — Janvier.

[1] Cette pièce est mutilée en plusieurs endroits et particulièrement à la date.

duchesse d'Angoulême avait eu la jouissance. Dieppe, janvier 1531. 1532.

Enreg. au Parl. de Paris, le 12 février 1532 n. s. Arch. nat., X[1a] 8612, fol. 287. 3 pages.
Enreg. à la Chambre des Comptes de Paris, le 15 février 1532 n. s. Arch. nat., P. 2305, p. 1207. 5 pages.
Idem, P. 2537, fol. 121 v°; AD. IX 123, n° 1.
Enreg. au Parl. de Dijon, le 28 février suivant. Arch. de la Côte-d'Or, Parl., reg. II, fol. 169 v°.
Copie collationnée de l'époque. Arch. nat., suppl. du Trésor des Chartes, J. 954, n° 21.
IMP. Le P. Anselme, *Hist. généal. de la maison de France*, in-fol., t. III, p. 141.

4391. Édit de suppression de la Chambre des Comptes d'Angoulême et attribution de sa juridiction à la Chambre des Comptes de Paris. Dieppe, janvier 1531. Janvier.

Enreg. au Parl. de Paris, le 12 février 1532 n. s. Arch. nat., X[1a] 8612, fol. 286. 2 pages.
Enreg. à la Chambre des Comptes de Paris, le 15 février 1532 n. s. Arch. nat., P. 2305, p. 1213; AD. IX 123, n° 2. 2 pages 1/2.
Copie. Arch. nat., K. 84, n° 21.

4392. Édit de suppression du bailliage de Montferrand, portant réunion de ce siège et attribution de son ressort au lieutenant du sénéchal d'Auvergne, au siège de Riom. Dieppe, janvier 1531. Janvier.

Enreg. à la Chancellerie de France. Arch. nat., Trésor des Chartes, JJ. 246, n° 161, fol. 48. 2 pages.
Enreg. au Parl. de Paris, le 15 février suivant. Arch. nat., X[1a] 8612, fol. 294. 4 pages.
IMP. *Pièce in-4°. Arch. nat.*, AD. I 17. 5 pages.

4393. Édit de translation à Montferrand du siège d'élection et de la recette des tailles du bas pays d'Auvergne qui étaient à Clermont, et de la monnaie et chambre des monnaies siégeant à Saint-Pourçain. Dieppe, janvier 1531. Janvier.

Enreg. à la Chancellerie de France. Arch. nat., Trésor des Chartes, JJ. 246, n° 172, fol. 51 v°. 1 page.
Enreg. à la Cour des Monnaies, le 1er juin 1532. Arch. nat., Z[1b] 62, fol. 225. 2 pages.

4394. Lettres de réintégration au domaine royal, par suite du décès de la reine mère, des châteaux de Marignane et de Gignac et de la gabelle du sel de Berre. Dieppe, janvier 1531. — 1532. Janvier.

Enreg. à la Chambre des Comptes d'Aix, le 24 avril 1532. Arch. des Bouches-du-Rhône, B. 29 (Sagitt.), fol. 253 v°. 2 pages.

4395. Lettres de sauvegarde en faveur du prieuré de Mondieu, diocèse de Reims, de l'ordre des Chartreux. Dieppe, janvier 1531. — Janvier.

Enreg. à la Chancellerie de France. Arch. nat., Trésor des Chartes, JJ. 246, n° 109, fol. 33. 2 pages.

4396. Création, en faveur de Guillaume Du Bellay, seigneur de Langey, du Pont-Rémy, etc., de quatre foires annuelles et d'un marché hebdomadaire, dans telle de ses seigneuries qui lui conviendra. Dieppe, janvier 1531. — Janvier.

Enreg. à la Chancellerie de France. Arch. nat., Trésor des Chartes, JJ. 246, n° 150, fol. 45. 1 page.

4397. Confirmation des lettres de privilèges accordées aux habitants d'Orléans par le roi Charles VIII. Rouen, janvier 1531. — Janvier.

Enreg. à la Chancellerie de France. Arch. nat., Trésor des Chartes, JJ. 246, n° 124, fol. 36 v°. 1 page.

4398. Lettres d'abolition de l'impôt établi sur le poisson de mer apporté à Paris. Rouen, 2 février 1531. — 2 février.

Original. Arch. nat., K. 954, n° 28.

Enreg. au Parl. de Paris, le 26 février suivant. Arch. nat., X[1a] 8612, fol. 292. 3 pages 1/2.

Enreg. à la Chambre des Comptes de Paris, anc. mém. coté FF, fol. 373. *Arch. nat., invent.* PP. 136, p. 383. (*Mention.*)

4399. Commission adressée à Jean Morin, lieutenant criminel en la prévôté de Paris, pour faire payer aux héritiers de Morelet du Museau, général des finances, la somme de deniers qu'il redevait au roi au moment de sa mort, ou procéder à la saisie de ses biens. Rouen, 2 février 1531. — 2 février.

Copie du temps. Arch. nat., suppl. du Trésor des Chartes, J. 958. 3 pages.

4400. Déclaration portant que les remparts construits par les prévôt des marchands et échevins de Paris en 1525, depuis la porte Saint-Honoré jusqu'à la porte Saint-Antoine, l'ont été du commandement exprès de Sa Majesté. Rouen, 3 février 1531. — 1532. 3 février.

Original. Arch. nat., K. 954, n° 31.
Copie. Arch. nat., H. 1780, fol. 1.
IMP. *Registres des délibérations du Bureau de la ville de Paris*, in-4°, t. II, 1886, p. 138, note.

4401. Mandement au trésorier de l'épargne de payer aux prévôt des marchands et échevins de la ville de Paris 800 livres tournois, prix auquel les maîtres canonniers et fondeurs de l'artillerie du roi ont estimé les 100 arquebuses à croc que le roi a empruntées à la ville. Rouen, 3 février 1531. — 3 février.

Bibl. nat., ms. fr. 15628, n° 239. (*Mention.*)

4402. Provisions de l'office de greffier de Saint-Pierre-le-Moustier et autres juridictions en faveur de Guillaume Prudhomme. Rouen, 3 février 1531. — 3 février.

Enreg. à la Chambre des Comptes de Paris, le 18 mars suivant, anc. mém. 2 F, fol. 379. *Arch. nat., invent.* PP. 136, p. 383. (*Mention.*)

4403. Ordonnance ampliative de celle du 28 décembre 1523 (n° 1954), stipulant l'apport de tous les deniers du domaine, des tailles, aides et gabelles à Paris et leur dépôt dans les coffres du Louvre, sous la responsabilité de Guillaume Prudhomme, trésorier de l'épargne (en 21 articles). Rouen, 7 février 1531. — 7 février.

Original scellé. Arch. nat., suppl. du Trésor des Chartes, J. 958.
Enreg. à la Chambre des Comptes de Paris, le 19 février 1532 n. s. Arch. nat., P. 2305, p. 1271. 18 pages 1/4.
Idem, P. 2537, fol. 138 v°.
Copie collationnée faite par ordre de la Cour des Aides, le 26 janvier 1779. Arch. nat., Z[1a] 526.
Enreg. à la Chambre des Comptes de Grenoble. Arch. de l'Isère, B. 2909, cah. 58. 17 pages.
Copie du XVIe siècle. Bibl. nat., ms. fr. 15628, f. 2.
IMP. *Pièce in-4°. Arch. nat.*, AD. I 17 et AD. IX 123, n° 5. 11 pages.

4404. Commission de l'office de trésorier receveur général des finances en la généralité de Bretagne, octroyée à Noël Barbillon. Rouen, 7 février 1531. — 1532. 7 février.

Enreg. à la Chambre des Comptes de Bretagne. Archives de la Loire-Inférieure, B. *Mandements royaux*, II, fol. 26.

4405. Mandement aux gens des comptes de Bretagne et déclaration portant que le roi n'entend pas comprendre dans l'édit de réunion des domaines le comté de Penthièvre, les seigneuries de Lamballe et de Moncontour, les ports sis entre le Couesnon et l'Arguenon, mais qu'il en abandonne la jouissance viagère au duc de Guise. Rouen, 8 février 1531. — 8 février.

Enreg. à la Chambre des Comptes de Bretagne. Archives de la Loire-Inférieure, B. *Mandements royaux*, II, fol. 57.

4406. Mandement au trésorier de l'épargne de payer à Jehannot de Cazelles, marchand, 1,680 livres tournois pour le payement d'un rubis enchâssé d'or que le roi lui a acheté en 1528. Rouen, 10 février 1531. — 10 février.

Bibl. nat., ms. fr. 15628, n° 316. (*Mention.*)

4407. Provisions de l'office d'amiral de Guyenne pour Philippe Chabot, sieur de Brion, amiral de France. Rouen, 11 février 1531. — 11 février.

Enreg. au Parl. de Bordeaux, le 11 avril 1532. Arch. de la Gironde, B. 30 *bis*, fol. 148 v°. 3 pages.

4408. Lettre portant nomination de Pierre Damiens à l'office de trésorier receveur général des comtés de Montpensier, Clermont en Auvergne, baronnie de Mercœur, etc. Rouen, 13 février 1531. — 13 février.

Enreg. à la Chambre des Comptes de Paris. Arch. nat., P. 2305, p. 1291, 1 page 1/2.
Idem, P. 2537, fol. 146 v°.

4409. Lettres ordonnant le versement entre les mains de Georges Hérouët et de Jean Grolier, trésoriers des guerres, d'une somme de 384,806 livres 10 sous pour le payement de 2,042 lances — 17 février.

IMPRIMERIE NATIONALE.

des ordonnances pendant les troisième et quatrième trimestres de l'année courante. Rouen, 17 février 1531. 1532.

Bibl. nat., ms. fr. 15628, nos 260 et 262. (*Mention dans un mandement du 7 juin suivant.*)

4410. Lettres exceptant, en faveur du duc de Ferrare, de la réunion à la couronne les vicomtés de Caen, Bayeux et Falaise. Rouen, 17 février 1531. 17 février.

Enreg. à la Chambre des Comptes de Paris, le 18 septembre 1532. Arch. nat., P. 2305, p. 1301. 2 pages.

4411. Mandement au trésorier de l'épargne de payer à Jean Crosnier, trésorier de la marine de Provence, 12,300 livres tournois valant 6,000 écus d'or soleil de 41 sous pièce, destinées aux capitaines des quinze galères de Provence, pour les récompenser des frais auxquels ils ont été obligés pour entretenir lesdites galères et les pourvoir de vivres. Rouen, 17 février 1531. 17 février.

Bibl. nat., ms. fr. 15628, n° 46. (*Mention.*)

4412. Lettres accordant aux Clarisses de Gien une rente de 3 livres tournois chaque année. Rouen, 19 février 1531. 19 février.

Original. Archives du Loiret, série H, *Clarisses de Gien.*

4413. Mandement au trésorier et receveur général des finances de payer les gages des peintres et des sculpteurs employés par le roi, et qui s'élèvent à la somme de 9,375 livres. Rouen, 21 février 1531. 21 février.

Original. Bibliothèque de Tours, fonds Salmon. Imp. *Nouvelles archives de l'Art français*, 1876, p. 90-92.

4414. Remise de 1,100 livres tournois faite à Jean Grangier, praticien à Bazas, et à la veuve de Gilles de Laage, restés jusqu'à la S. Michel 1530 fermiers du greffe et du sceau de la sénéchaussée de Bazadois, en considération des pertes qu'ils ont subies pendant les trois an- 21 février.

nées qu'a duré leur ferme. Rouen, 21 février 1531. — 1532.

Original. Bibl. nat., ms. fr. 25721, n° 378.

4415. Mandement au trésorier de l'épargne de payer aux quatre correcteurs de la Chambre des Comptes 1,320 livres tournois à prendre sur les corrections qu'ils auront faites et représentant leurs droits de robes, buche et Toussaint pendant deux années commençant le 24 juin 1529. Rouen, 21 février 1531. — 21 février.

Bibl. nat., ms. fr. 15628, n° 120. (*Mention.*)

4416. Lettres ordonnant la publication et l'enregistrement de la bulle du pape Clément VII (3 des nones de décembre 1531) suspendant pour six mois le privilège concédé aux églises, chapitres et abbayes du royaume pour l'élection de leurs pasteurs. Rouen, 22 février 1531. — 22 février.

Enreg. au Grand Conseil, le 26 février 1532 n. s. Arch. nat., V[5] 1048. 1 page.
Copie du XVIe siècle. Bibl. nat., ms. fr. 5124, fol. 75.
(Cf. les lettres du 12 mars 1533, n. s.)

4417. Lettres relatives au recouvrement des créances de Jean Sapin, receveur général des finances de Languedoil, parti en laissant un déficit considérable, et chargeant la Cour des Aides d'exercer les poursuites. Rouen, 23 février 1531. — 23 février.

Enreg. à la Cour des Aides de Paris. Arch. nat., recueil Cromo, U. 665, fol. 261. (*Mention.*)

4418. Lettres par lesquelles le roi accorde à Philippe Chabot, amiral de France, l'usufruit des quatre cinquièmes de la terre de Châteauneuf, depuis le jour du décès de la duchesse d'Angoulême, nonobstant la réunion au domaine. Rouen, 23 février 1531 [1]. — 23 février.

Enreg. à la Chambre des Comptes de Paris, le 8 avril 1532. Arch. nat., P. 2306, p. 1. 4 pages 1/2. *Idem*, P. 2537, fol. 155, et P. 2553, fol. 159.

[1] Le registre P. 2537 date ces lettres du 3 février.

4419. Lettres portant continuation pour six ans, en faveur de la ville de Laon, du droit d'octroi de 2 sous parisis levé sur chaque minot de sel vendu au grenier à sel du lieu, afin d'aider aux réparations des murailles de la ville. Rouen, 26 février 1531. — 1532. 26 février.

Arch. communales de Laon, AA. 19.

4420. Mandement au trésorier de l'épargne de payer à Jean-Joachim de Passano, seigneur de Vaux, 1,208 livres 11 sous 6 deniers, tant pour ce qui lui était encore dû pour ses divers voyages en Italie et en Angleterre, que pour la fin du compte qu'il a rendu le 24 janvier, pour son neveu Luca d'Ansaldo, commis naguère au payement des dettes et pensions d'Angleterre. Rouen, 26 février 1531. — 26 février.

Bibl. nat., ms. fr. 15628, n° 147, et ms. Clairambault 1215, fol. 70 v°. (*Mentions.*)

4421. Mandement au trésorier de l'épargne de payer à Robert Thibault, avocat du roi sur le fait des aides et gabelles en l'élection d'Alençon, et à Jeannette de Bourgongne, sa femme, 1,000 livres tournois, en faveur de leur mariage et du bien que le roi veut à ladite Jeannette. Rouen, 26 février 1531. — 26 février.

Bibl. nat., ms. fr. 15628, n° 215. (*Mention.*)

4422. Édit de suppression de l'office de juge ordinaire du Maine et attribution de toute la juridiction de la province au sénéchal. Jacques Tahureau, juge du Maine, est créé lieutenant général du sénéchal. Rouen, 27 février 1531. — 27 février.

Enreg. au Parl. de Paris, sans date. Arch. nat., X[1a] 8612, fol. 296. 1 page 1/2.

4423. Confirmation du don fait à Jacques d'Argouges, panetier ordinaire du roi, de la châtellenie, terre et seigneurie de Gasny en Normandie, nonobstant la révocation des dons et aliénations du domaine. Rouen, 27 février 1531. — 27 février.

Enreg. à la Chambre des Comptes de Paris, le 9 mars suivant, anc. mém. 2 F, fol. 364. *Arch. nat., invent.* PP. 136, p. 383. (*Mention.*)

4424. Mandement à la Chambre des Comptes de mettre Jacques de Matignon, chevalier, seigneur de Thorigny, en possession de la châtellenie, terre et seigneurie de la Rochetesson, dont le roi lui a ci-devant fait don. Rouen, 27 février 1531. — 1532. 27 février.

Enreg. à la Chambre des Comptes de Paris, le 9 mars suivant, anc. mém. 2 F, fol. 367. *Arch. nat., invent.* PP. 136, p. 383. (*Mention.*)

4425. Lettres portant prorogation pendant six ans, en faveur des habitants de la ville d'Évreux, de l'octroi à eux ci-devant accordé sur le sel vendu en leur grenier, pour en employer le produit aux réparations de la ville. Rouen, 27 février 1531. — 27 février.

Enreg. à la Chambre des Comptes de Paris. Arch. nat., invent. PP. 136, p. 383. (*Mention.*)

4426. Mandement au trésorier de l'épargne de payer à Jacob Mercier, orfèvre, 2,109 livres 10 sous pour une coupe que le roi a chargé Jean-Joachim de Passano de remettre à Gardiner, évêque de Wincester, ambassadeur d'Angleterre, parti de Rouen avant que la coupe ne fût terminée. Rouen, 27 février 1531. — 27 février.

Bibl. nat., ms. Clairambault 1215, fol. 70. (*Mention.*)

4427. Mandement au trésorier de l'épargne de payer à Henri Hallez, lancier, et à Cardin Hallot, marchand demeurant à Rouen, 805 livres tournois, soit à Henri Hallez 793 livres tournois pour 793 lances qu'il a fournies en vue du tournoi qui a eu lieu ce mois-ci à Rouen, et 12 livres à Cardin Hallot pour la location de sa maison sise devant les lices où le roi s'est armé et désarmé. Rouen, 27 février 1531. — 27 février.

Bibl. nat., ms. fr. 15628, n° 132. (*Mention.*)

4428. Ordonnance portant règlement pour la juridiction du bailli-gouverneur du comté de Clermont-en-Beauvaisis, et de son lieutenant, dont les appellations seront portées désormais — Février.

au Parlement de Paris, par suite de la réunion dudit comté à la couronne. Rouen, février 1531. 1532.

Enreg. au Parl. de Paris, sauf réservé, le 9 avril 1532. Arch. nat., X[1a] 8612, fol. 296 v°. 1 page 2/3.
Enreg. à la Chambre des Comptes de Paris, le 17 avril 1532. Arch. nat., P. 2306, p. 7. 2 pages 1/2.
Idem, P. 2537, fol. 157.

4429. Lettres portant cession du marquisat de Saluces à François de Saluces, sous la réserve de la suzeraineté du roi de France. Rouen, février 1531. Février.

Enreg. au Parl. de Grenoble. Arch. de l'Isère, B. 2333, fol. 135. 3 pages.

4430. Création d'un péage sur les ponts de Cloye en faveur de Guillaume Du Bellay, seigneur de Langey, qui s'engage à les reconstruire en pierre et à les entretenir. Rouen, février 1531. Février.

Enreg. à la Chancellerie de France. Arch. nat., Trésor des Chartes, JJ. 246, n° 136, fol. 40 v°. 1 page 1/2.

4431. Établissement de deux foires l'an et d'un marché chaque semaine à Agonac en Périgord. Rouen, février 1531. Février.

Enreg. à la Chancellerie de France. Arch. nat., Trésor des Chartes, JJ. 246, n° 156, fol. 46 v°. 1 page.

4432. Établissement de trois foires l'an et d'un marché chaque semaine à Beaussault (Normandie), en faveur de Charles de Roye, seigneur du lieu. Rouen, février 1531. Février.

Enreg. à la Chancellerie de France. Arch. nat., Trésor des Chartes, JJ. 246, n° 162, fol. 48 v°. 1 page.

4433. Création de quatre foires annuelles et d'un marché hebdomadaire à Briouze, en faveur de Jean d'Harcourt, baron du lieu. Rouen, février 1531. Février.

Enreg. à la Chancellerie de France. Arch. nat., Trésor des Chartes, JJ. 246, n° 188, fol. 56. 1 page.

4434. Création de deux foires annuelles et d'un marché hebdomadaire à Fontenay-lès-Louvres en Parisis. Rouen, février 1531. 1532. Février.

Enreg. au Châtelet de Paris, le 16 mars 1532 n. s. Archives nationales, Bannières, Y. 8, fol. 7 v°. 2 pages.

4435. Création de deux foires annuelles et d'un marché hebdomadaire à la Houssaye en Brie. Rouen, février 1531. Février.

Enreg. au Châtelet de Paris, le 14 mars 1532 n. s. Arch. nat., Bannières, Y. 9, fol. 6 v°. 2 pages.

4436. Création de deux foires l'an et d'un marché chaque semaine à Passavant en Argonne. Rouen, février 1531. Février.

Enreg. à la Chancellerie de France. Arch. nat., Trésor des Chartes, JJ. 246, n° 151, fol. 45 v°. 1 page.

4437. Établissement de trois foires annuelles et d'un marché hebdomadaire à Poix en Champagne. Rouen, février 1531. Février.

Enreg. à la Chancellerie de France. Arch. nat., Trésor des Chartes, JJ. 246, n° 160, fol. 47 v°. 1 page.

4438. Rétablissement de quatre foires annuelles à Pommiers en Bazadois, en faveur de Nicole Bohier, vicomte de Pommiers, président au Parlement de Bordeaux. Rouen, février 1531. Février.

Enreg. à la Chancellerie de France. Arch. nat., Trésor des Chartes, JJ. 246, n° 164, fol. 48 v°. 1 page.

4439. Établissement de quatre foires par an et d'un marché chaque semaine à Pont-Rémy (Picardie), en faveur de Guillaume Du Bellay, seigneur du lieu. Rouen, février 1531. Février.

Enreg. à la Chancellerie de France. Arch. nat., Trésor des Chartes, JJ. 246, n° 163, fol. 48 v°. 1 page.

4440. Établissement de deux foires annuelles et d'un Février.

marché hebdomadaire à Regny en Mâconnais. Rouen, février 1531. 1532.

Enreg. à la Chancellerie de France. Arch. nat., Trésor des Chartes, JJ. 246, n° 143, fol. 42. 1 page.

4441. Établissement de deux foires annuelles et d'un marché hebdomadaire à Saint-Lambert dans les Ardennes, en faveur de Jean de Joyeuse, archidiacre en l'église du Mans, seigneur du lieu. Rouen, février 1531. Février.

Enreg. à la Chancellerie de France. Arch. nat., Trésor des Chartes, JJ. 246, n° 152, fol. 45 v°. 1 page.

4442. Établissement de deux foires annuelles et d'un marché hebdomadaire à Vezaponin, en faveur d'Antoine de La Vernade, seigneur du lieu. Rouen, février 1531. Février.

Enreg. à la Chancellerie de France. Arch. nat., Trésor des Chartes, JJ. 246, n° 158, fol. 47. 1 page.

4443. Création de trois foires l'an et d'un marché chaque semaine à Villeneuve-lès-Béziers. Rouen, février 1531. Février.

Enreg. à la Chancellerie de France. Arch. nat., Trésor des Chartes, JJ. 246, n° 155, fol. 46 v°. 1 page.

4444. Création de quatre foires annuelles et d'un marché hebdomadaire à Villequier en Normandie. Rouen, février 1531. Février.

Enreg. à la Chancellerie de France. Arch. nat., Trésor des Chartes, JJ. 246, n° 165, fol. 49. 1 page.

4445. Établissement de deux foires annuelles et d'un marché hebdomadaire à Villers-Agron, en faveur d'Hélène de Louvain, vicomtesse de Villers-Agron. Rouen, février 1531. Février.

Enreg. à la Chancellerie de France. Arch. nat., Trésor des Chartes, JJ. 246, n° 148, fol. 44 v°. 1 page.

4446. Mandement au trésorier de l'épargne de payer à Bénigne Serre 1,837 livres 17 sous 6 deniers tournois pour les répartir entre plusieurs maî- 1er mars.

tres de poste et chevaucheurs de l'écurie du roi. Mauny, 1er mars 1531. 1532.

Bibl. nat., ms. fr. 15628, fol. 164. (*Mention.*)

4447. Mandement au trésorier de l'épargne de payer à Michel Faulconnier, serviteur du duc de Bavière, à Jean Jhérompenchan (*sic*), serviteur du landgrave de Hesse, et à Nicolas Le Bourguignon, chevaucheur du duc de Lorraine, 270 livres tournois, soit 112 livres tournois à chacun des deux premiers et 45 livres au dernier, pour les récompenser de leurs services au roi. Mauny, 2 mars 1531. 2 mars.

Bibl. nat., ms. fr. 15628, n° 146. (*Mention.*)

4448. Provisions de l'office de sénéchal et gouverneur de Limousin pour Marin de Montchenu, premier maître d'hôtel du roi. Vatteville, 4 mars 1531. 4 mars.

Enreg. au Parl. de Bordeaux, le 9 septembre 1532. Arch. de la Gironde, B. 30 *bis*, fol. 164. 3 pages.

4449. Mandement au trésorier de l'épargne de payer à Pierre Rousseau, commis à tenir le compte de la chambre aux deniers du dauphin, des ducs d'Orléans et d'Angoulême, 7,278 livres 12 sous tournois, complétant la somme de 10,000 livres à lui ordonnée pour le quartier de janvier, février et mars courant. Vatteville, 5 mars 1531. 5 mars.

Bibl. nat., ms. fr. 15628, n° 2. (*Mention.*)

4450. Mandement au trésorier de l'épargne de payer à Fleury Geuffroy, commis au payement de l'écurie du dauphin, des ducs d'Orléans et d'Angoulême, 3,500 livres tournois, montant du premier trimestre. Vatteville, 5 mars 1531. 5 mars.

Bibl. nat., ms. fr. 15628, n° 3. (*Mention.*)

4451. Mandement au trésorier de l'épargne de payer à Jean Duval, commis à faire le payement des cent suisses de la garde du roi, 4,100 livres tournois, montant du premier trimestre de leur solde. Vatteville, 5 mars 1531. 5 mars.

Bibl. nat., ms. fr. 15628, n° 4. (*Mention.*)

IMPRIMERIE NATIONALE.

4452. Cinq mandements au trésorier de l'épargne de payer à Nicolas Vanderlaen, trésorier de la reine, par le premier, 3,000 livres tournois, par le second, 16,250 livres, par le troisième, 1,500 livres, par le quatrième, 9,000 livres, et par le cinquième, 18,350 livres 10 sous tournois. Vatteville, 5 mars 1531. — 1532. 5 mars.

Bibl. nat., ms. fr. 15628, n°s 5 à 8 et 25. (*Mentions.*)

4453. Deux mandements au trésorier de l'épargne de payer à Pierre Rousseau, commis à tenir le compte et faire le payement des gages des officiers du dauphin, des ducs d'Orléans et d'Angoulême, 9,972 livres 1 sou 11 deniers tournois, complétant les 11,455 livres tournois qui lui ont été ordonnées, d'une part, et 1,331 livres 7 deniers tournois, complément de 3,500 livres, d'autre part. Vatteville, 5 mars 1531. — 5 mars.

Bibl. nat., ms. fr. 15628, n°s 15 et 16. (*Mentions.*)

4454. Mandement au trésorier de l'épargne de bailler à Pierre Rousseau la somme nécessaire au payement des menues affaires de la chambre, plaisirs et aumônes du dauphin, des ducs d'Orléans et d'Angoulême. Vatteville, 5 mars 1531. — 5 mars.

Bibl. nat., ms. fr. 15628, n° 17. (*Mention.*)

4455. Mandement au trésorier de l'épargne de payer à Jean Thizart, trésorier, receveur et payeur des troupes écossaises de la garde du roi sous le commandement du s^{r} d'Aubigny, leur capitaine, 7,932 livres tournois. Avranches, 7 mars 1531. — 7 mars.

Bibl. nat., ms. fr. 15628, n° 18. (*Mention.*)

4456. Mandement au trésorier de l'épargne de payer à Jacques Bernard, maître de la chambre aux deniers du roi, 15,000 livres tournois. Honfleur, 11 mars 1531. — 11 mars.

Bibl. nat., ms. fr. 15628, n° 9. (*Mention.*)

4457. Mandement au trésorier de l'épargne de payer à Honorat de Queis (Caix) 1,200 livres pour sa dépense de quatre mois entiers en un voyage qu'il va faire en Portugal comme ambassadeur du roi. Honfleur, 11 mars 1531. — 1532. 11 mars.

Bibl. nat., ms. fr. 15628, n° 141, et ms. Clairambault 1215, fol. 70. (*Mentions.*)

4458. Mandement au trésorier de l'épargne de payer à Jean de Vimont (*alias* Bimont), trésorier de la marine, 4,000 livres tournois destinées à la construction d'une galère que le roi veut faire faire en Bretagne. Honfleur, 11 mars 1531. — 11 mars.

Bibl. nat., ms. fr. 15628, n° 157. (*Mention.*)

4459. Mandement au trésorier de l'épargne de payer à Jean de Vimont, trésorier de la marine, 555 livres tournois destinées à l'entretien de la galéace du roi mouillée à Quillebeuf, au radoub du petit galion de Toucque et de plusieurs bateaux, et au payement des marins montant ces bateaux qui ont passé la reine de Quillebeuf au Havre. Honfleur, 11 mars 1531. — 11 mars.

Bibl. nat., ms. fr. 15628, n° 158. (*Mention.*)

4460. Mandement au trésorier de l'épargne de payer à Guillaume Du Bellay, seigneur de Langey, 2,250 livres pour les dépenses d'un voyage qu'il va, sur l'ordre du roi, faire en Allemagne avec Gervais Waïn et Gabriel Marchin. Honfleur, 12 mars 1531. — 12 mars.

Bibl. nat., ms. fr. 15628, n° 140, et ms. Clairambault 1215, fol. 70. (*Mentions.*)

4461. Mandement au trésorier de l'épargne de rembourser à Philibert Babou, chevalier, s[r] de la Bourdaisière, 6,450 livres tournois qu'il avait prêtées au roi le 16 septembre 1531. Argentan, 16 mars 1531. — 16 mars.

Bibl. nat., ms. fr. 15628, n° 31. (*Mention.*)

4462. Commission à Jacques Luillier, clerc et auditeur des comptes, de faire un inventaire des titres de la maison de Bourbon qui se trouvent aux — 19 mars.

Chambres des Comptes de Moulins, de Montbrison et de Villefranche, et de les transférer à la Chambre des Comptes de Paris et au Trésor des Chartes. Argentan, 19 mars 1531. 1532.

Copies du XVIe siècle. Arch. nat., PP. 37A (*inventaire du Bourbonnais*), p. 1; PP. 39A (*Forez*), fol. 1; PP. 41 (*Beaujolais*), fol. 9.

Copie du XVIIIe siècle. Arch. nat., AD IX 123, n° 8.

4463. Mandement au trésorier de l'épargne de payer à Jean Laguette, receveur général des finances extraordinaires et parties casuelles, 156,000 livres tournois pour convertir au payement des pensions générales et particulières dues par le roi dans les cantons des ligues de Suisse. Argentan, 19 mars 1531. 19 mars.

Bibl. nat., ms. fr. 15628, n° 28. (*Mention.*)

4464. Mandement au trésorier de l'épargne de rembourser à Gilbert Violet, élu de Melun, 54 livres tournois que l'amiral, sur l'ordre du roi, lui avait fait donner à diverses personnes. Argentan, 19 mars 1531. 19 mars.

Bibl. nat., ms. fr. 15628, n° 139. (*Mention.*)

4465. Lettres portant permission à Jean-Jacques d'Estra d'exploiter en Dauphiné toutes les mines d'argent, plomb, etc., en payant le droit de dixième. Argentan, 21 mars 1531. 21 mars.

Enreg. au Parl. de Grenoble, le 18 juin 1532. Arch. de l'Isère, Chambre des Comptes de Grenoble, B. 2909, cah. x, 6 pages.

4466. Déclaration portant que les greffes nouvellement créés ne pourront être supprimés tant que vivront les titulaires alors en fonctions. Argentan, 22 mars 1531. 22 mars.

Copie du XVIe siècle. Bibl. nat., ms. fr. 5124, fol. 60.

4467. Mandement au trésorier de l'épargne de délivrer à Jacques Rivière, receveur et payeur des gages des conseillers du Grand Conseil, 6,950 livres tournois pour le fait de son office. Argentan, 22 mars 1531. 22 mars.

Bibl. nat., ms. fr. 15628, n° 10. (*Mention.*)

4468. Mandement au trésorier de l'épargne de payer à François Malvault, receveur et payeur de l'écurie du roi, 17,423 livres 10 sous tournois. Argentan, 22 mars 1531. — 1532. 22 mars.

Bibl. nat., ms. fr. 15628, n° 22. (*Mention.*)

4469. Deux mandements au trésorier de l'épargne de payer à Victor Barguin, trésorier général de Mesdames, 16,575 livres tournois, d'une part, et 2,894 livres tournois, d'autre. Argentan, 23 mars 1531. — 23 mars.

Bibl. nat., ms. fr. 15628, n°s 11 et 12. (*Mentions.*)

4470. Mandement au trésorier de l'épargne de payer à Victor Barguin, trésorier de Mesdames, 6,827 livres 10 sous tournois pour les employer au payement des gages des dames, demoiselles, gentilhommes et officiers de leur maison. Argentan, 23 mars 1531. — 23 mars.

Bibl. nat., ms. fr. 15628, n° 52. (*Mention.*)

4471. Deux mandements au trésorier de l'épargne de payer à Victor Barguin, trésorier général de Mesdames, 2,750 livres tournois à employer : 1,500 livres à l'argenterie desdites dames, 1,000 livres à l'argenterie des demoiselles de leur maison, et 250 livres à leur apothicairerie; l'un pour le premier, l'autre pour le second trimestre de l'année courante. Argentan, 23 mars 1531. — 23 mars.

Bibl. nat., ms. fr. 15628, n°s 73 et 81. (*Mentions.*)

4472. Mandement au trésorier de l'épargne de rembourser à Pierre d'Apestigny, général de Bourgogne, 10,000 livres tournois qu'il avait prêtées au roi le 16 juillet 1531 pour subvenir au payement des terres que le roi a rachetées de l'empereur. Argentan, 23 mars 1531. — 23 mars.

Bibl. nat., ms. fr. 15628, n° 33. (*Mention.*)

4473. Mandement au trésorier de l'épargne de rembourser à monsieur l'amiral, chevalier de l'ordre, 1,250 livres tournois qu'il avait prêtées — 23 mars.

au roi le 10 novembre 1531. Argentan, 23 mars 1531. 1532.

Bibl. nat., ms. fr. 15628, n° 35. (*Mention.*)

4474. Mandement au trésorier de l'épargne de rembourser à Girard Odin, brodeur du roi, demeurant à Tours, 9,000 livres tournois qu'il avait prêtées audit seigneur. Argentan, 23 mars 1531. 23 mars.

Bibl. nat., ms. fr. 15628, n° 64. (*Mention.*)

4475. Provisions de l'office de maître auditeur des comptes en Bretagne, en faveur de Pierre Cosnoal. Argentan, 24 mars 1531. 24 mars.

Enreg. à la Chambre des Comptes de Bretagne. Archives de la Loire-Inférieure, B. *Mandements royaux*, II, fol. 29.

4476. Don de 40 livres tournois fait aux Frères mineurs du couvent de Saint-François de Rouen. Argentan, 24 mars 1531. 24 mars.

Original. Bibl. nat., ms. fr. 25721, n° 386.

4477. Mandement au trésorier de l'épargne de payer à Nicolas de Troyes, argentier du roi, 6,000 livres tournois. Argentan, 24 mars 1531. 24 mars.

Bibl. nat., ms. fr. 15628, n° 13. (*Mention.*)

4478. Mandement au trésorier de l'épargne de payer à Claude Wingarter, capitaine suisse, 100 livres tournois pour le récompenser de ses services. Argentan, 24 mars 1531. 24 mars.

Bibl. nat., ms. fr. 15628, n° 145. (*Mention.*)

4479. Mandement au trésorier de l'épargne de payer à Jean-Joachim de Passano, s^r de Vaux, commis à tenir le compte et faire le payement des pensions d'Angleterre, 232,126 livres tournois à répartir ainsi : 1° au roi d'Angleterre, 229,736 livres tournois, valant 109,848 écus d'or soleil, soit 47,300 écus pour le terme de novembre écoulé, 50,000 écus en remboursement de pareille somme qu'il a prêtée au roi pour sa rançon, 5,000 écus pour le sel en principal et 7,500 écus pour les arrérages. 27 mars.

dudit sel; 2° 2,120 livres tournois au s^r de Vaux, pour le change en écus de la somme à remettre au roi d'Angleterre, et 3,270 livres tournois destinées à dédommager ledit de Passano d'une perte équivalente qu'il a subie sur le change lors du payement du terme de mai 1531. Argentan, 27 mars 1531. 1532.

Bibl. nat., ms. fr. 15628, n° 50. (*Mention.*)

4480. Provisions, en faveur de Pierre Le Preux, de l'office de contrôleur du domaine de la vicomté de Caudebec, nouvellement créé. Argentan, 28 mars 1531. 28 mars.

Réception à la Chambre des Comptes de Paris, le 15 avril 1532, anc. mém. GG, fol. 33. Arch. nat., K. 1377, papiers de Fontanieu. (*Mention.*)

4481. Lettres portant modération, en raison de la peste, de la ferme du quatrième des vins et «menus boires» vendus en la ville d'Évreux, pour l'année précédente. Argentan, 28 mars 1531. 28 mars.

Original. Propriété particulière. (Copie possédée par M. A. Benet, archiviste du Calvados.)

4482. Mandement au trésorier de l'épargne de payer à Jacques Richer, commis à faire le payement de la solde des archers français de la garde du roi commandés par le s^r de Nançay, 7,427 livres 16 sous 3 deniers tournois. Argentan, 28 mars 1531. 28 mars.

Bibl. nat., ms. fr. 15628, n° 20. (*Mention.*)

4483. Mandement au trésorier de l'épargne de payer à Jean Crosnier, trésorier de la marine de Provence, 2,000 livres tournois qu'il remettra au capitaine Jonas pour le dédommager d'un certain lot de bois lui appartenant qu'il avait réalisé dans le but de faire construire une galère, et que le roi avait fait prendre et employer au radoub de ses galères. Argentan, 28 mars 1531. 28 mars.

Bibl. nat., ms. fr. 15628, n° 47. (*Mention.*)

4484. Mandement au trésorier de l'épargne de payer à Jean Crosnier, trésorier de la marine de Provence, 3,690 livres tournois destinées au capitaine Jonas, pour la solde d'une galère neuve qu'il a entretenue au service du roi pendant le second semestre de l'année 1531, à raison de 300 écus d'or soleil de 41 sous pièce par mois. Argentan, 28 mars 1531. — 1532. 28 mars.

Bibl. nat., ms. fr. 15628, n° 48. (*Mention.*)

4485. Mandement au trésorier de l'épargne de payer à Jean Crosnier, trésorier de la marine de Provence, 59,790 livres tournois destinées à la solde de seize galères pendant le premier et le second trimestre de la présente année, et qu'il répartira ainsi : 18,400 livres tournois à monsieur le grand maître pour la solde de ses cinq galères; 22,142 livres tournois au baron de Saint-Blancart pour la solde de ses six galères; 7,480 livres tournois au capitaine Jonas pour deux galères; et 700 livres tournois à lui-même Jean Crosnier pour ses gages. Argentan, 28 mars 1531. — 28 mars.

Bibl. nat., ms. fr. 15628, n° 49. (*Mention.*)

4486. Mandement au trésorier de l'épargne de payer à François Charbonnier, trésorier des offrandes et aumônes du roi, 1,500 livres tournois pour le premier trimestre de la présente année. Argentan, 28 mars 1531. — 28 mars.

Bibl. nat., ms. fr. 15628, n° 150. (*Mention.*)

4487. Mandement au trésorier de l'épargne de payer à Pierre Rousseau, trésorier de la chambre aux deniers du dauphin, des ducs d'Orléans et d'Angoulême, 1,600 livres tournois pour dédommager les bouchers et poissonniers fournissant la maison desdits seigneurs des pertes qu'ils ont éprouvées dans leurs fournitures. Argentan, 28 mars 1531. — 28 mars.

Bibl. nat., ms. fr. 15628, n° 162. (*Mention.*)

4488. Mandement à la Chambre des Comptes de Paris, l'informant que le roi a ordonné à Guillaume — 28 mars.

Prudhomme, trésorier de l'épargne, de prendre du receveur général des finances qu'il jugera à propos 1,710 livres tournois pour les employer au fait de son office auprès de la personne de Sa Majesté. Argentan, 28 mars 1531. 1532.

Bibl. nat., ms. fr. 15628, n° 177. (*Mention.*)

4489. Mandement au trésorier de l'épargne de payer à Jean de Poncher, chevalier, s^r de Limours et général des finances en Languedoc, 1,200 livres tournois pour sa pension de général des finances pendant l'année précédente. Argentan, 28 mars 1531. 28 mars.

Bibl. nat., ms. fr. 15628, n° 478. (*Mention.*)

4490. Mandement au trésorier de l'épargne de payer à Antoine Du Bourg, correcteur et rapporteur de la chancellerie, 1,000 livres tournois en récompense de ses services dans la réformation des eaux et forêts de Normandie. Argentan, 28 mars 1531. 28 mars.

Bibl. nat., ms. fr. 15629. (*Mention.*)

4491. Mandement aux gouverneurs, baillis, sénéchaux et prévôts de confisquer au profit du roi les velours, draps de soie, etc., venant de Gênes, contre les ordonnances de Sa Majesté. Argentan, 29 mars 1531. 29 mars.

Enreg. au Parl. de Grenoble, le 10 mai 1532. Arch. de l'Isère, Chambre des Comptes de Grenoble, B. 2910, cah. 112. 2 pages 1/2.

4492. Confirmation des privilèges, immunités, prérogatives et franchises des habitants du Fousseret en Gascogne. Pont-Audemer, mars 1531. Mars.

Enreg. à la Chancellerie de France. Arch. nat., Trésor des Chartes, JJ. 246, n° 181, fol. 53 v°. 1 page.

4493. Édit portant attribution de la qualité de juge royal au sénéchal de Bourbonnais, extension de sa juridiction et maintien de l'office de lieutenant du domaine audit pays. Argentan, mars 1531. Mars.

Enreg. au Parl. de Paris, le 23 avril 1532. Arch. nat., X^1a 8612, fol. 297 v°. 1 page 1/2.

4494. Ordonnance édictant la peine de mort contre tous ceux qui passeront faux contrats ou porteront faux témoignages. Argentan, mars 1531. — 1532. Mars.

Enreg. au Parl. de Paris, le 23 avril 1532[1].
Enreg. au Châtelet de Paris, le 2 mars 1533 n. s. Arch. nat., Bannières, Y. 9, fol. 8 v°. 2 pages.
Enreg. au Parl. de Grenoble, le 28 mai 1532. Arch. de l'Isère, Chambre des Comptes de Grenoble, B. 2909, fol. 60. 5 pages.
Enreg. au Parl. de Dijon, le 15 juin 1532. Arch. de la Côte-d'Or, Parl., reg. II, fol. 172.
Copie. Arch. municip. de Toulouse, ms. 185, p. 501; ms. 8508, fol. 167.
IMP. *Pièce in-4°, s. l. n. d. Bibl. nat., Inv. Réserve*, F. 618, 850, 1642, 1822, 1892, 2039; *idem*, 4° F. Paquets.
Fontanon, *Édits et ordonnances*, in-fol., 1611, t. I, p. 670.
Girard et Joly, *Le troisiesme livre des offices de France*, in-fol., 1647, t. II, p. 1740.
Isambert, *Anciennes lois françaises*, in-8°, t. XII, p. 357.

4495. Confirmation des privilèges, franchises et exemptions des consuls et habitants de Mur-de-Barrey, en Carladais. Argentan, mars 1531. — Mars.

Enreg. à la Chancellerie de France. Arch. nat., Trésor des Chartes, JJ. 246, n° 179, fol. 53 v°. 1 page.

4496. Établissement de trois foires annuelles et d'un marché hebdomadaire à Monstruc (Montastruc, Haute-Garonne). Argentan, mars 1531. — Mars.

Enreg. à la Chancellerie de France. Arch. nat., Trésor des Chartes, JJ. 246, n° 186, fol. 55. 1 page.

4497. Exemption de tous péages en faveur des marchands de grains approvisionnant Paris. Mars 1531. — Mars.

IMP. R. Choppin, *De dom. Franciæ, lib. I, tit. 9, n. 8*, Paris, 1605, in-fol., p. 98. (*Mention.*)

4498. Mandement au trésorier de l'épargne de payer à Jean Bourcelot, archer des toiles de la vé- — 2 avril.

(1) Suivant Fontanon et Blanchard. Cependant cette ordonnance n'a pas été trouvée dans les registres du Parlement.

nerie du roi, 392 livres 14 sous tournois pour le rembourser de pareille somme qu'il a déboursée pour le rhabillage de soixante pièces de toile. Argentan, 2 avril 1532. — 1532.

Bibl. nat., ms. fr. 15628, n° 131. (*Mention.*)

4499. Lettre portant mainlevée, en faveur des maire et jurats de Libourne, des revenus du grenier à sel saisis à la requête du procureur général au Parlement de Bordeaux. 5 avril 1532. — 5 avril.

Arch. municip. de Libourne, anc. invent. de 1757, conservé aux Arch. de la Gironde, cote QQQQ. (*Livre velu.*)

4500. Don de l'office de grand forestier de la forêt de Bière à Alof de L'Hôpital, capitaine de Fontainebleau. Caen, 6 avril 1532. — 6 avril.

Enreg. aux Eaux et forêts (siège de la Table de marbre). Arch. nat., Z. 4578, fol. 274 v°. 3 pages.

4501. Mandement à la Chambre des Comptes de Paris de procéder à une enquête *de commodo et incommodo* sur l'érection en baronnie de la terre de Nogent-sur-Loir et ses dépendances, sollicitée par René de Luré, chevalier, seigneur du lieu. Caen, 6 avril 1532. — 6 avril.

Archives de la Sarthe, E. 260.

4502. Mandement au trésorier de l'épargne de payer à Jean de Vimont, trésorier de la marine, 19,000 livres tournois, à prendre sur les amendes provenant des forêts de Normandie, et qu'il emploiera : 17,000 livres tournois à radouber les galères que le roi a remises au duc d'Albany, la galère de la Meilleraye nommée *le Saint-Pierre*, le grand et petit galion de Toucque, *la Petite-Normande*, et le grand galion de Lartigue; et 2,000 livres tournois pour les gages des capitaines, charpentiers et pilotes desdites galères et des deux galions que le roi fait construire à Brest. Caen, 6 avril 1532. — 6 avril.

Bibl. nat., ms. fr. 15628, n° 122. (*Mention.*)

4503. Commission donnée à Jean Morin, lieutenant — 7 avril.

criminel de la prévôté de Paris, de faire saisir les biens qui avaient appartenu à feu Morelet du Museau, général des finances. Caen, 7 avril 1532. 1532.

Copie de l'époque. Arch. nat., suppl. du Trésor des Chartes, J. 958, 2 pages.

4504. Mandement à Guillaume Prudhomme de faire payer par Pierre Potier, receveur et payeur des droits et gages des officiers du Parlement de Toulouse, à Jean Barthélemy, François de Nupces et Durand de Sarta, chargés d'instruire le procès fait à l'évêque de Paris, la somme de 774 livres tournois qui leur était encore due sur les 2,124 livres qui leur avaient été accordées. Caen, 7 avril 1532. 7 avril.

Copie. Bibl. nat., coll. Fontanieu, vol. 230 (à la date).
Bibl. nat., ms. fr. 15628, n° 138. (*Mention.*)

4505. Lettres portant continuation pendant huit ans, en faveur des habitants de Caen, de l'octroi de 100 sous tournois sur chaque minot de sel vendu au grenier de Bayeux, pour employer aux réparations et fortifications de leur ville. Caen, 11 avril 1532. 11 avril.

Enreg. à la Chambre des Comptes de Paris. Arch. nat. invent., PP. 136, p. 385. (*Mention.*)

4506. Mandement au trésorier de l'épargne de payer à Jean de Montdoucet, trésorier et receveur général de l'artillerie, 13,000 livres tournois pour le fait de son office pendant le premier trimestre de la présente année. Caen, 11 avril 1532. 11 avril.

Bibl. nat., ms. fr. 15628, n° 86. (*Mention.*)

4507. Mandement au trésorier de l'épargne de payer à Jean Duval, receveur et payeur des gages des officiers du Parlement de Paris, 33,308 livres 12 sous 8 deniers tournois pour leurs appointements pendant le premier semestre de l'année courante. Caen, 11 avril 1532. 11 avril.

Bibl. nat., ms. fr. 15628, n° 103. (*Mention.*)

4508. Mandement au trésorier de l'épargne de payer à Jean Bellanger, s[r] de Biserets, capitaine de la nef *la Saint-Philippe*, 200 livres tournois en récompense de ses bons services. Caen, 11 avril 1532. — 1532. 11 avril.

Bibl. nat., ms. fr. 15628, n° 275. (*Mention.*)

4509. Mandement au trésorier de l'épargne de payer à Jean de Vimont, trésorier de la marine, 3,000 livres tournois. Caen, 12 avril 1532. — 12 avril.

Bibl. nat., ms. fr. 15628, n° 14. (*Mention.*)

4510. Mandement au trésorier de l'épargne de payer à Antoine Le Viste, chevalier, s[r] de Fresnes, président au Parlement de Paris et premier président du Parlement de Bretagne, 400 livres tournois pour sa pension de premier président du Parlement de Bretagne pendant l'année 1531, bien qu'il n'ait pas assisté au Parlement tenu à Nantes. Caen, 12 avril 1532. — 12 avril.

Bibl. nat., ms. fr. 15629. (*Mention.*)

4511. Lettres enjoignant au Grand Conseil de s'adjoindre un certain nombre de conseillers des cours souveraines pour procéder au jugement du procès engagé au sujet de l'abbaye de Saint-Pierre-aux-Nonains de Reims, entre Marguerite de Salazar, Anne de Broye et Claude Morel. Caen, 13 avril 1532. — 13 avril.

Enreg. au Grand Conseil, le 4 mai 1532. Arch. nat., V[5] 1049, 1 page.

4512. Lettres de jussion pour l'enregistrement de celles du 25 mars 1531 n. s. (n° 3920), relatives à l'exécution d'une transaction passée entre le roi, d'une part, et Antoine, duc de Lorraine, et Renée de Bourbon, sa femme, d'autre part. Caen, 13 avril 1532. — 13 avril.

Enreg. au Parl. de Paris, le 7 septembre 1534. Arch. nat., X[1a] 8612, fol. 334.

4513. Mandement au trésorier de l'épargne de payer au roi de Navarre, lieutenant général du roi en Guyenne, 24,000 livres tournois pour sa — 13 avril.

pension pendant l'année courante. Caen, 13 avril 1532. 1532.

Bibl. nat., ms. fr. 15628, n° 410. (*Mention.*)

4514. Mandement à la Chambre des Comptes d'allouer aux comptes de Guillaume Prudhomme, trésorier de l'épargne, de la présente année, 2,499 livres 13 sous 9 deniers tournois qu'il a payés à Jean Hotman, orfèvre de Paris, pour 131 marcs 4 onces et demie de vaisselle d'argent vermeille que le roi a donnée à messire François de Bonnolo (*corr.* Bonvalot), trésorier de l'église de Besançon, ancien ambassadeur de l'empereur en France qui a pris congé du roi à Honfleur. Bayeux, 15 avril 1532. 15 avril.

Bibl. nat., ms. fr. 15628, n° 130, et ms. Clairambault 1215, fol. 70. (*Mentions.*)

4515. Mandement au trésorier de l'épargne de payer à Jean Chartier, commis à faire le payement de la solde des archers français de la garde du roi commandés par le sénéchal d'Agenais, 7,472 livres 16 sous 3 deniers tournois. Hambye, 18 avril 1532. 18 avril.

Bibl. nat., ms. fr. 15628, n° 21. (*Mention.*)

4516. Déclaration portant que les comptables qui auront fait omission de recette dans leurs comptes seront condamnés à rendre le quadruple. Hambye, 19 avril 1532. 19 avril.

Enreg. à la Chambre du conseil de la Tour carrée, le 22 juin 1532.

Enreg. à la Chambre des Comptes de Paris, le 22 juin 1532. Arch. nat., P. 2305, p. 1363. 1 page 1/2.

Copie collationnée faite par ordre de la Cour des Aides, le 26 avril 1778. Arch. nat., Z^{1a} 526.

IMP. *Pièce in-4°. Arch. nat.*, AD.I 17; AD.IX 123, n° 18. 2 pages.

Idem, Bibl. nat., Inv. Réserve, F. 1822, 1894.

Fontanon, *Les édits et ordonnances*, in-fol., 1611, t. II, p. 620.

S. Fournival, *Recueil général des titres concernant les trésoriers de France, etc.*, in-fol., Paris, 1655, p. 147.

4517. Mandement au trésorier de l'épargne de payer à 19 avril.

Jean Lombard, receveur et payeur des gages des officiers du Parlement de Bordeaux, 9,153 livres 2 sous 6 deniers tournois pour leurs appointements du premier semestre de l'année courante. Hambye, 19 avril 1532. — 1532.

Bibl. nat., ms. fr. 15628, n° 106. (*Mention.*)

4518. Déclaration portant que les offices de greffiers et de garde-scels, créés par l'édit du 8 juillet 1521, ne seront pas compris dans la réunion du domaine aliéné. Coutances, 22 avril 1532. — 22 avril.

Enreg. à la Chambre des Comptes de Grenoble. Arch. de l'Isère, B. 2908, cah. 335. 3 pages.

4519. Provisions de l'office de conseiller au Parlement de Bordeaux pour Geoffroy Coillaud, au lieu de son père. Coutances, 22 avril 1532. — 22 avril.

Enreg. au Parl. de Bordeaux (s. d.). Arch. de la Gironde, B. 30 *bis*, fol. 154 v°. 3 pages.

4520. Provisions en faveur d'Hugues Estienne, enquêteur du vicomte d'Arques, de l'office de contrôleur du domaine de la vicomté d'Arques, nouvellement créé. Coutances, 22 avril 1532. — 22 avril.

Réception à la Chambre des Comptes de Paris, le 12 juin 1534, anc. mém. GG, fol. 126. *Arch. nat.*, K. 1377, papiers de Fontanieu. (*Mention.*)

4521. Mandement au trésorier de l'épargne de rembourser à Gilbert Bayard, secrétaire des finances, 1,075 livres tournois qu'il avait prêtées au roi, le 8 septembre 1531, pour le rachat de certaines terres. Coutances, 22 avril 1532. — 22 avril.

Bibl. nat., ms. fr. 15628, n° 38. (*Mention.*)

4522. Mandement au trésorier de l'épargne de payer à Guillaume Durant, commis à tenir le compte et faire le payement des 332 mortes-payes établis à la garde des places fortes de Picardie, 5,520 livres tournois pour leur solde du premier trimestre de la présente année. Coutances, 22 avril 1532. — 22 avril.

Bibl. nat., ms. fr. 15628, n° 144. (*Mention.*)

4523. Lettres de don à Claude Levoix d'un office de conseiller clerc au Parlement de Paris, vacant par la résignation de Nicole de Bèze. Coutances, 23 avril 1532. 1532. 23 avril.

Reçu au conseil du Parl. de Paris, le 13 juin suivant. Arch. nat., X[1a] 1535, fol. 259 v°. (*Mention.*)

4524. Mandement du trésorier de l'épargne de payer à Jean Carré, commis à faire le payement des gages des officiers de l'hôtel du roi, 45,681 livres 5 sous tournois. Coutances, 23 avril 1532. 23 avril.

Bibl. nat., ms. fr. 15628, n° 23. (*Mention.*)

4525. Mandement au trésorier de l'épargne de rembourser à Jean Breton, secrétaire des finances et général du Blésois, 1,075 livres tournois qu'il avait prêtées au roi, le 8 septembre 1531, pour le rachat de terres cédées à l'empereur. Coutances, 23 avril 1532. 23 avril.

Bibl. nat., ms. fr. 15628, n° 39. (*Mention.*)

4526. Mandement au trésorier de l'épargne de payer à Raymond Forget, commis par le roi à tenir le compte et faire le payement des édifices et bâtiments de Chambord, 30,000 livres tournois pour employer au fait de sa commission pendant la présente année. Coutances, 23 avril 1532. 23 avril.

Bibl. nat., ms. fr. 15628, n° 62. (*Mention.*)

4527. Mandement au trésorier de l'épargne de payer à Jean Carré, commis à tenir le compte et faire le payement des gages des officiers de l'hôtel du roi, 3,000 livres tournois complétant les 48,681 livres tournois auxquelles ils se montent pour le premier trimestre de la présente année. Coutances, 23 avril 1532. 23 avril.

Bibl. nat., ms. fr. 15628, n° 153. (*Mention.*)

4528. Mandement au trésorier de l'épargne de payer à Jean Crosnier, trésorier de la marine de Provence, 9,000 livres tournois destinées à Claude d'Ancienville, commandeur d'Auxerre, capitaine de la nef appelée *la Grand Maîtresse*, pour l'entretien de cette nef pendant les deux 24 avril.

années 1530 et 1531, plus le premier semestre de 1532, soit 300 livres tournois par mois. Coutances, 24 avril 1532. 1532.

Bibl. nat., ms. fr. 15628, n° 53. (*Mention.*)

4529. Mandement au trésorier de l'épargne de payer à François Damont, receveur et payeur des gages des officiers de la Chambre des Comptes de Paris, 13,258 livres 10 sous tournois pour leurs gages, comprenant les robes de Pâques, pendant le premier semestre de l'année courante. Briquebec, 26 avril 1532. 26 avril.

Bibl. nat., ms. fr. 15628, n° 102. (*Mention.*)

4530. Provisions en faveur d'Antoine Du Bourg d'un office de maître des requêtes de l'hôtel vacant par le décès de Pierre de La Vernade. Briquebec, 28 avril 1532. 28 avril.

Reçu au conseil du Parl. de Paris, le 16 novembre suivant. Arch. nat., X[1a] 1536, fol. 6 v°. (*Mention.*)
Imp. Blanchard, *Les généalogies des maistres des requestes*, in-fol., 1670, p. 267. (*Mention.*)

4531. Mandement au trésorier de l'épargne de laisser entre les mains du trésorier général du domaine une somme de 500 livres tournois, pour faire déboucher le passage, anciennement ouvert sur le mont Viso, entre le Dauphiné et le marquisat de Saluces. Cherbourg, 28 avril 1532. 28 avril.

Enreg. au Parl. de Grenoble, le 26 août 1532. Arch. de l'Isère, Chambre des Comptes de Grenoble, B. 2909, cah. 28. 2 pages.

4532. Mandement au trésorier de l'épargne de payer à Bénigne Serre, receveur général des finances, 4,790 livres tournois pour le payement des gages des chantres, chapelains et officiers de la chapelle de musique du roi, pendant le deuxième trimestre de l'année courante. Valognes, 30 avril 1532. 30 avril.

Bibl. nat., ms. fr. 15628, n° 224. (*Mention.*)

IMPRIMERIE NATIONALE.

4533. Lettres de sauvegarde octroyées au chapitre de Notre-Dame de Cléry. Argentan, avril 1532. — 1532. Avril.

Enreg. à la Chancellerie de France. Arch. nat., Trésor des Chartes, JJ. 246, n° 187, fol. 55 v°. 2 pages.

4534. Édit portant que toute personne convaincue d'avoir passé de faux contrats ou d'avoir porté un faux témoignage en justice sera passible de la peine de mort. Caen, avril 1532. — Avril.

Enreg. au Parl. de Bordeaux, le 7 septembre 1532. Arch. de la Gironde, B. 30 *bis*, fol. 161. 3 pages.
(Voir ci-dessus, mars 1532 n. s., n° 4494.)

4535. Ordonnance portant création en titre d'office d'un grand forestier de la forêt de Bière, pour remédier aux dégâts commis en ladite forêt et aux abus et malversations des officiers subalternes. Caen, avril 1532. — Avril.

Enreg. au Grand Conseil le 21 janvier 1533 n. s., et aux Eaux et forêts (Table de marbre), le 24 janvier 1533. Arch. nat., Grand Conseil, V[5] 1049. 1 page. *Eaux et forêts*, Z. 4578, fol. 273. 1 page.

4536. Confirmation des privilèges et franchises des habitants de Cordes en Albigeois. Caen, avril 1532. — Avril.

Enreg. à la Chancellerie de France. Arch. nat., Trésor des Chartes, JJ. 246, n° 197, fol. 57. 1/2 page.

4537. Lettres d'affranchissement de toutes tailles, aides, subsides et impôts, sauf l'imposition foraine, en faveur de toutes les personnes qui, pendant les trois années qui suivront la date des présentes, viendront s'établir et habiter à Ville-Françoise-de-Grâce (le Havre), récemment créé par François Ier. Caen, avril 1532. — Avril.

Enreg. à la Chancellerie de France. Arch. nat., Trésor des Chartes, JJ. 246, n° 190, fol. 56. 1 page.

4538. Établissement de quatre foires annuelles et d'un marché hebdomadaire à Oulmes (bas Poitou), — Avril.

en faveur de Jacqueline Bouton, dame du lieu. Caen, avril 1462. 1532.

Enreg. à la Chancellerie de France. Arch. nat., Trésor des Chartes, JJ. 246, n° 193, fol. 56 v°. 1 page.

4539. Institution d'un marché chaque mercredi aux Deux-Jumeaux (Normandie) et d'une foire annuelle à Villiers. Coutances, avril 1532. Avril.

Enreg. à la Chancellerie de France. Arch. nat., Trésor des Chartes, JJ. 246, n° 211, fol. 60 v°. 1 page.

4540. Création de quatre foires annuelles à la Ferrière (Normandie), en faveur de Charles de Sillans, seigneur du lieu. Coutances, avril 1532. Avril.

Enreg. à la Chancellerie de France. Arch. nat., Trésor des Chartes, JJ. 246, n° 217, fol. 62. 1 page.

4541. Lettres portant règlement pour les privilèges des habitants de la ville de Montargis. Avril 1532. Avril.

Enreg. à la Chambre des Comptes de Paris, anc. mém. coté 2 G, fol. 2. *Arch. nat., invent.* PP. 136, p. 385. (*Mention.*)

4542. Mandement au trésorier de l'épargne de payer à Pierre Potier, receveur et payeur des gages des officiers du Parlement de Toulouse, 9,876 livres 16 sous 8 deniers tournois, pour convertir au fait de son office pendant le premier semestre de la présente année. Abbaye d'Essay[1], 2 mai 1532. 2 mai.

Enreg. au Parl. de Toulouse. Arch. de la Haute-Garonne, Édits, reg. 3, fol. 239. 1 page.

Bibl. nat., mss. fr. 4402, fol. 56 v°, et 15628, n° 100. (*Mentions.*)

4543. Mandement au trésorier de l'épargne de payer à Heluin Du Lin, receveur et payeur des gages des officiers du Parlement de Rouen, 8,879 livres 7 sous 6 deniers tournois pour le premier semestre de leursdits gages en la présente année. Abbaye d'Essay, 2 mai 1532. 2 mai.

Bibl. nat., ms. fr. 15628, n° 101. (*Mention.*)

[1] Abbaye de religieuses de l'ordre de Saint-Augustin, fondée à Essay en 1519, par Marguerite d'Angoulême, duchesse d'Alençon.

4544. Mandement au sénéchal de Provence et au Parlement d'Aix d'instruire le procès de réformation du monastère des religieuses bénédictines de Tarascon, dépendant de Saint-Honorat de Lérins. Coutances, 4 mai 1532. 1532. 4 mai.

Original. Arch. départ. des Alpes-Maritimes, H. 1236.

4545. Provisions en faveur de Ponce Brandon d'un office de conseiller lai au Parlement de Paris, vacant par la résignation de Jacques Leclerc, dit Coictier, nommé grand rapporteur et correcteur des lettres de la chancellerie de France. Rossay[1], 4 mai 1532. 4 mai.

Reçu au conseil du Parl. de Paris, le 3 juin suivant. Arch. nat., X[1a] 1535, fol. 251 v°. (*Mention.*)

4546. Mandement au trésorier de l'épargne de payer à Jean de Vaulx, commis à faire le payement de la solde des archers français de la garde du roi sous le commandement du s[r] de Chavigny, 7,472 livres 16 sous 3 deniers tournois. Granville, 5 mai 1532. 5 mai.

Bibl. nat., ms. fr. 15628, n° 19. (*Mention.*)

4547. Mandement au trésorier de l'épargne de payer à Jean Cheyleu, receveur et payeur des gages du prévôt de l'hôtel du roi, ses lieutenant, greffier et archers, 2,150 livres tournois. Châteaubriant, 14 mai 1532. 14 mai.

Bibl. nat., ms. fr. 15628, n° 26. (*Mention.*)

4548. Ordonnance interdisant l'usage des contre-lettres en matière de finances. Châteaubriant, 16 mai 1532. 16 mai.

Enreg. à la Chambre des Comptes de Paris, le 23 mai 1532, et en la Chambre du conseil de la Tour carrée, le 22 juin 1532. Arch. nat., P. 2306, p. 11. 1 page 1/2.

Copie collationnée faite par ordre de la Cour des Aides, le 26 avril 1778. Arch. nat., Z[1a] 526. 1 page.

Imp. *Pièce in-4°. Arch. nat.*, AD.I 17; AD.IX 123, n° 19. 2 pages.

Idem, Bibl. nat., Inv. Réserve, F. 1894.

[1] *Sic.* Sans doute Roncey, canton de Cerisy-la-Salle, arrondissement de Coutances, à 12 kilomètres sud-est de cette dernière ville.

Fontanon, *Les édits et ordonnances*, in-fol., 1611, t. II, p. 620. — 1532.

S. Fournival, *Recueil général des titres concernant les trésoriers de France*, etc., in-fol., Paris, 1655, p. 148.

Isambert, *Anciennes lois françaises*, in-8°, t. XII, p. 358.

4549. Ordonnance interdisant aux comptables de coucher aucunes sommes en dépense sans les accompagner de mandement ou acquit valable. Châteaubriant, 16 mai 1532. — 16 mai.

Enreg. à la Chambre des Comptes de Paris, le 23 mai 1532, et en la Chambre du conseil de la Tour carrée, le 22 juin 1532. Arch. nat., P. 2306, p. 13. 2 pages.

Copie collationnée faite par ordre de la Cour des Aides, le 26 avril 1778. Arch. nat., Z^{1a} 526. 1 page.

IMP. *Pièce in-4°. Arch. nat.*, AD.I 17; AD.IX 123, n° 20. 2 pages.

Idem, Bibl. nat., Inv. Réserve, F. 1822, 1894.

Fontanon, *Les édits et ordonnances*, in-fol., 1611, t. II, p. 620.

S. Fournival, *Recueil général des titres concernant les trésoriers de France*, etc., in-fol., Paris, 1655, p. 149.

4550. Deux mandements au trésorier de l'épargne de payer à Guillaume de Villemontée, trésorier de la vénerie et fauconnerie du roi, 11,092 livres 10 sous pour le premier trimestre, et la même somme pour le second trimestre de l'année courante. Châteaubriant, 16 mai 1532. — 16 mai.

Bibl. nat., ms. fr. 15628, n° 24 et 70. (*Mentions.*)

4551. Mandement au trésorier de l'épargne de rembourser à Anne de Montmorency, grand maître et maréchal de France, 10,750 livres tournois qu'il avait prêtées au roi pour le rachat des terres cédées à l'empereur. Châteaubriant, 16 mai 1532. — 16 mai.

Bibl. nat., ms. fr. 15628, n° 42. (*Mention.*)

4552. Mandement au trésorier de l'épargne de rembourser à Jean de Poncher, général des finances en Languedoc, 3,375 livres tournois — 16 mai.

qu'il avait prêtées au roi le 20 octobre 1531. Châteaubriant, 16 mai 1532. 1532.

Bibl. nat., ms. fr. 15628, n° 43. (*Mention.*)

4553. Mandement au trésorier de l'épargne de payer à Jacques Bernard, maître de la chambre aux deniers du roi, 15,000 livres tournois pour le deuxième trimestre de l'année courante. Châteaubriant, 16 mai 1532. 16 mai.

Bibl. nat., ms. fr. 15628, n° 69. (*Mention.*)

4554. Mandement au trésorier de l'épargne de payer à Pierre Poussain, chevecier de la Sainte-Chapelle à Paris, 1,460 livres tournois pour son office pendant l'année courante. Châteaubriant, 16 mai 1532. 16 mai.

Bibl. nat., ms. fr. 15628, n° 117. (*Mention.*)

4555. Mandement au trésorier de l'épargne de payer aux religieux et frères minimes du couvent du Plessis-du-Parc-lès-Tours 700 livres tournois, et à ceux d'Amboise 300 livres tournois, que le roi leur a données pour entretenir pendant l'année courante les fondations faites par lui et ses prédécesseurs. Châteaubriant, 16 mai 1532. 16 mai.

Bibl. nat., ms. fr. 15628, n° 118. (*Mention.*)

4556. Mandement au trésorier de l'épargne de payer aux doyen, chantre, chanoines et chapitre de l'église Saint-Jean au Plessis-lès-Tours 600 livres tournois pour l'entretien pendant l'année courante des fondations faites dans leur église par les prédécesseurs du roi. Châteaubriant, 16 mai 1532. 16 mai.

Bibl. nat., ms. fr. 15628, n° 219. (*Mention.*)

4557. Mandement à la Chambre des Comptes d'allouer aux comptes de Guillaume Prudhomme, trésorier de l'épargne, de la présente année, 10,875 livres tournois qu'il a payées le 18 avril dernier à Jérôme Lasquy (de Laszki), vaïvode de Transylvanie, qui est venu voir le roi à Bayeux, et dont le roi lui a fait don, partie pour 16 mai.

une affaire secrète dont Sa Majesté l'a chargé, partie pour le dédommager de ses frais de voyage. Châteaubriant, 16 mai 1532. — 1532.

Bibl. nat., ms. fr. 15628, n° 129. (*Mention.*)

4558. Mandement à la Chambre des Comptes d'allouer aux comptes de la présente année de Guillaume Prudhomme, trésorier de l'épargne, 220 livres tournois, complétant les 400 écus d'or que le roi lui a ordonné de payer à Antoine Macault, son secrétaire, pour un voyage qu'il a fait en Allemagne, particulièrement vers le landgrave de Hesse. Châteaubriant, 16 mai 1532. — 16 mai.

Bibl. nat., ms. fr. 15628, n° 137. (*Mention.*)

4559. Mandement à la Chambre des Comptes de Paris d'allouer aux comptes du trésorier de l'épargne 450 livres tournois que le roi lui a ordonné de payer à des étudiants suisses de l'Université de Paris, nommés dans un rôle signé d'Aignan Pichon et Roger Richart, notaires au Châtelet de Paris. Châteaubriant, 16 mai 1532. — 16 mai.

Bibl. nat., ms. fr. 15628, n° 143. (*Mention.*)

4560. Mandement à la Chambre des Comptes d'allouer aux comptes du trésorier de l'épargne, Guillaume Prudhomme, 65,664 livres 2 sous 6 deniers tournois que le roi lui a ordonné de payer à Jean Godet, trésorier de l'extraordinaire des guerres, chargé de mener ces sommes de Paris à Châlons. Châteaubriant, 16 mai 1532. — 16 mai.

Bibl. nat., ms. fr. 15628, n° 159. (*Mention.*)

4561. Mandement au trésorier de l'épargne de payer aux chanoines et chapitre de la chapelle royale de Vincennes 160 livres tournois complétant les 1,500 livres de pension annuelle, montant de la fondation de ladite chapelle pendant la présente année 1532. Châteaubriant, 16 mai 1532. — 16 mai.

Bibl. nat., ms. fr. 15628, n° 301. (*Mention.*)

4562. Mandement au trésorier de l'épargne de rembourser à [Jacques Hurault de Cheverny], — 17 mai.

évêque d'Autun 2,200 livres tournois qu'il avait prêtées au roi. Châteaubriant, 17 mai 1532. 1532.

Bibl. nat., ms. fr. 15628, n° 223. (*Mention.*)

4563. Mandement au trésorier de l'épargne de payer à Vespasien de Carvoisin, écuyer ordinaire de l'écurie du roi, 6,000 livres tournois en faveur de son mariage avec Marguerite d'Achy et de ses bons services. Châteaubriant, 17 mai 1532. 17 mai.

Bibl. nat., ms. fr. 15628, n° 259. (*Mention.*)

4564. Mandement au trésorier de l'épargne de payer à Claude Aligre 4,350 livres tournois pour achever de payer 6,405 livres tournois à Alard Plomier, joaillier à Paris, prix d'une «table de diamant» que le roi lui a achetée. Châteaubriant, 18 mai 1532. 18 mai.

Bibl. nat., ms. fr. 15628, n° 341. (*Mention.*)

4565. Commission adressée à Gilles de La Pommeraye pour négocier et conclure avec Henri VIII, roi d'Angleterre, un traité d'alliance défensive contre l'empereur. Châteaubriant, 21 mai 1532. 21 mai.

Inséré dans l'original du traité de Londres du 23 juin 1532. Arch. nat., J. 651, n° 20 (musée des doc. étrangers, AE. III 31).

Imp. Nicolas Camuzat, *Meslanges historiques, ou recueil de plusieurs actes, traitez, lettres missives*, etc., Troyes, 1619, in-8°, 2e partie, fol. 84 v°. (*Bibl. nat.*, L[46] 4.)

4566. Provisions en faveur de Pierre Duhamel de l'office de clerc auditeur en la Chambre des Comptes de Paris, au lieu de Louis Duhamel, son père, avec survivance de l'un à l'autre. 21 mai 1532. 21 mai.

Reçu le 8 août 1532 à la Chambre des Comptes, anc. mém. 2 G, fol. 34. *Arch. nat., invent.* PP. 136, p. 386. (*Mention.*)

4567. Mandement à Guillaume Prudhomme, trésorier de l'épargne, de retenir sur son compte de la 21 mai.

présente année 6,000 livres tournois qu'il avait prêtées au roi. Châteaubriant, 21 mai 1532. 1532.

Bibl. nat., ms. fr. 15628, n° 34. (*Mention.*)

4568. Mandement au trésorier de l'épargne de payer au comte Claude Rangon 8,800 livres tournois complétant les 14,800 livres qui lui sont dues pour sa pension depuis le 12 novembre 1528 jusqu'au 30 avril passé. Châteaubriant, 21 mai 1532. 21 mai.

Bibl. nat., ms. fr. 15628, n° 439. (*Mention.*)

4569. Mandement aux commissaires chargés de la réunion des domaines en Bretagne et au sénéchal de Nantes de lever la saisie mise sur l'île d'Indret en Loire, diocèse de Nantes, et d'en laisser jouir Jeanne de Cazault, veuve d'Olivier Baraton, maître d'hôtel du roi. Châteaubriant, 22 mai 1532. 22 mai.

Enreg. à la Chambre des Comptes de Bretagne. Archives de la Loire-Inférieure, B. *Mandements royaux*, II, fol. 46.

4570. Mandement au trésorier de l'épargne de payer à Jean Duval, commis à tenir le compte et faire le payement des gages des cent suisses de la garde du roi, 4,100 livres tournois pour leur solde du quartier d'avril-juin courant. Châteaubriant, 22 mai 1532. 22 mai.

Bibl. nat., ms. fr. 15628, n° 54. (*Mention.*)

4571. Mandement au trésorier de l'épargne de payer à Guillaume Quinette, receveur et payeur des gages des officiers de la Cour des Aides à Paris, 3,533 livres 15 sous tournois pour leurs appointements pendant le premier semestre de la présente année. Châteaubriant, 22 mai 1532. 22 mai.

Bibl. nat., ms. fr. 15628, n° 104. (*Mention.*)

4572. Mandement au trésorier de l'épargne de payer à Guillaume Du Bellay, s[r] de Langey, gentilhomme de la chambre du roi, 1,260 livres tournois à déduire de ce qui pourra lui être dû tant pour ses vacations que pour celles de 22 mai.

Gervais Waïn et Gabriel Marchin, pendant un voyage en Allemagne dont le roi les a chargés. Châteaubriant, 22 mai 1532. 1532.

Bibl. nat., ms. fr. 15628, n° 134, et ms. Clairambault 1215, fol. 70. (*Mentions.*)

4573. Mandement au trésorier de l'épargne de payer à Gilles de La Pommeraye, envoyé, le 12 décembre 1531, en Angleterre comme ambassadeur de France, 4,700 livres, complément des 7,700 livres qui lui avaient été allouées pour ce voyage qui dura 380 jours, à 20 livres par jour. Châteaubriant, 22 mai 1532. 22 mai.

Bibl. nat., ms. fr. 15628, n° 136, et ms. Clairambault 1215, fol. 70. (*Mentions.*)

4574. Mandement au trésorier de l'épargne de rembourser à Gilles de La Pommeraye, maître d'hôtel ordinaire du roi et son ambassadeur en Angleterre, 256 livres tournois qu'il a dépensées en voyages, courriers, etc. Châteaubriant, 22 mai 1532. 22 mai.

Bibl. nat., ms. fr. 15628, n° 135. (*Mention.*)

4575. Mandement au trésorier de l'épargne de payer à Nicolas de Troyes, argentier du roi, 672 livres 17 sous 6 deniers tournois destinés à un achat de linge de table que le roi veut faire pour le service de sa maison. Châteaubriant, 22 mai 1532. 22 mai.

Bibl. nat., ms. fr. 15628, n° 154. (*Mention.*)

4576. Mandement au trésorier de l'épargne de payer à Jacques Bernard, maître de la chambre aux deniers du roi, 4,040 livres tournois pour son arriéré et le premier trimestre de la présente année. Châteaubriant, 22 mai 1532. 22 mai.

Bibl. nat., ms. fr. 15628, n° 155. (*Mention.*)

4577. Lettres du roi autorisant Guillaume Prudhomme, trésorier de l'épargne, à prendre des deniers du premier trimestre de la présente année et des mains de tels ou tels receveurs généraux qu'il jugera à propos, 10,000 livres tournois 22 mai.

pour les employer au fait de son office. Châteaubriant, 22 mai 1532. 1532.

Bibl. nat., ms. fr. 15628, n° 168. (*Mention.*)

4578. Mandement au trésorier de l'épargne de payer à Robert Baratte, receveur des gages et payeur des droits des officiers de la Cour des Aides de Rouen, 1,414 livres 13 sous 10 deniers tournois pour employer à son office pendant le premier semestre de la présente année. Châteaubriant, 22 mai 1532. 22 mai.

Bibl. nat., ms. fr. 15628, n° 220. (*Mention.*)

4579. Mandement au trésorier de l'épargne de payer à monsieur de Humières, chevalier de l'ordre, 3,000 livres tournois pour sa pension de l'année dernière. Châteaubriant, 22 mai 1532. 22 mai.

Bibl. nat., ms. fr. 15628, n° 228. (*Mention.*)

4580. Mandement au trésorier de l'épargne de rembourser à Pierre Bohier, juge-mage de Carcassonne, 4,300 livres tournois qu'il avait prêtées au roi. Châteaubriant, 23 mai 1532. 23 mai.

Bibl. nat., ms. fr. 15628, n° 30. (*Mention.*)

4581. Mandement au trésorier de l'épargne de rembourser à Nicolas de Neufville, chevalier, s^r de Villeroy, 6,450 livres tournois qu'il avait prêtées au roi pour le rachat des terres cédées à l'empereur. Châteaubriant, 23 mai 1532. 23 mai.

Bibl. nat., ms. fr. 15628, n° 40. (*Mention.*)

4582. Mandement au trésorier de l'épargne de rembourser à Pierre Viole, conseiller au Parlement de Paris, 12,000 livres tournois qu'il avait prêtées au roi. Châteaubriant, 23 mai 1532. 23 mai.

Bibl. nat., ms. fr. 15628, n° 41. (*Mention.*)

4583. Mandement au trésorier de l'épargne de payer à Nicolas Berthereau, receveur des fouages à Saint-Malo, 500 livres tournois destinées aux réparations de ladite ville pendant l'année courante. Châteaubriant, 23 mai 1532. 23 mai.

Bibl. nat., ms. fr. 15628, n° 149. (*Mention.*)

4584. Mandement au trésorier de l'épargne de payer à Claude Aligre, trésorier des menus plaisirs du roi, 840 livres tournois pour faire attendre à plusieurs joailliers à qui le roi a acheté des pierreries leur complet payement qui n'aura lieu qu'en août. Châteaubriant, 23 mai 1532. — 1532. 23 mai.

Bibl. nat., ms. fr. 15628, n° 151. (*Mention.*)

4585. Mandement au trésorier de l'épargne de payer à Claude Guyot, notaire et secrétaire du roi et commis à tenir le compte et faire le payement des dépenses relatives à la construction du port du Havre, 12,000 livres tournois. Châteaubriant, 23 mai 1532. — 23 mai.

Bibl. nat., ms. fr. 15628, n° 162. (*Mention.*)

4586. Mandement au trésorier de l'épargne de payer à Audebert Valleton, receveur des fouages à Nantes, 1,200 livres tournois pour les réparations du château de Nantes en cette année. Châteaubriant, 23 mai 1532. — 23 mai.

Bibl. nat., ms. fr. 15628, n° 163. (*Mention.*)

4587. Mandement au trésorier de l'épargne de payer à Jean Laguette 1,900 livres tournois pour le comte Claude Rangon, soit 1,200 livres tournois qui lui sont encore dues de son état de capitaine de 200 chevau-légers et de colonel de 1,000 hommes de pied sous le comte de Saint-Pol en Italie, et 700 livres tournois pour le rembourser de pareille somme qu'il a avancée pour le compte du roi. Châteaubriant, 23 mai 1532. — 23 mai.

Bibl. nat., ms. fr. 15628, n° 554. (*Mention.*)

4588. Mandement au trésorier de l'épargne de payer à Maurice de Jonas, capitaine des galères du roi, 400 livres tournois pour sa pension de l'année 1530. Châteaubriant, 25 mai 1532. — 25 mai.

Bibl. nat., ms. fr. 15628, n° 142. (*Mention.*)

4589. Mandement au trésorier de l'épargne de payer à Robert Main, trésorier des guerres et mortes- — 26 mai.

payes en Bretagne, 6,736 livres tournois pour le payement, pendant le premier trimestre de la présente année, de 215 mortes-payes à 100 sous tournois par mois et de 6 lansquenets à raison de 6 livres par mois, et 200 livres tournois pour les gages dudit Robert Main. Châteaubriant, 26 mai 1532. — 1532.

Bibl. nat., ms. fr. 15628, n° 148. (*Mention.*)

4590. Mandement au trésorier de l'épargne de payer à la duchesse douairière de Vendôme 16,478 livres 3 sous 4 deniers tournois, soit 5,478 livres 3 sous 4 deniers en dédommagement des recettes des greniers que le roi lui a données et qu'elle n'a pu percevoir, 6,000 livres pour ses frais et poursuites, et 5,000 livres pour sa pension des années 1530-1531, y compris le revenu de la vicomté de Meaux, s'élevant à 800 livres tournois par an. Châteaubriant, 26 mai 1532. — 26 mai.

Bibl. nat., ms. fr. 15628, n° 393. (*Mention.*)

4591. Lettres d'évocation au Grand Conseil de tous les différends et procès intentés pour raison des droits, privilèges et prérogatives de la grande chambrerie de France. Châteaubriant, 28 mai 1532. — 28 mai.

Enreg. au Grand Conseil, le 22 août 1532. Arch. nat., V[5] 1049, 1 page.

4592. Remise de 200 livres tournois faite à Jean Germain, fermier pour un an « du quatrième des vins et menus boires » de la ville de Lisieux, pour le dédommager des pertes qu'il a subies à cause de la peste. Châteaubriant, 28 mai 1532. — 28 mai.

Original. Bibl. nat., ms. fr. 25721, n° 381.

4593. Mandement au trésorier de l'épargne de payer à Jean Godet, commis au payement de l'extraordinaire des guerres, 3,390 livres tournois pour la solde des 100 archers à cheval du grand prévôt des maréchaux de France, le s[r] de Chandio, la solde de celui-ci comprise, — 28 mai.

pendant le premier trimestre de l'année courante. Châteaubriant, 28 mai 1532. 1532.

Bibl. nat., ms. fr. 15628, n° 241. (*Mention.*)

4594. Ordonnance portant réunion en une seule juridiction du siège du sénéchal d'Anjou et de celui du juge ordinaire d'Anjou, et règlement du sort des titulaires des offices supprimés. Châteaubriant, 29 mai 1532. 29 mai.

Enreg. au Parl. de Paris, le 17 juin 1532. Arch. nat., X[1a] 8612, fol. 298 v°. 2 pages 2/3.

Bibl. nat., mss. Moreau, t. 1390, fol. 171 et t. 1412, fol. 37. (*Mentions.*)

IMP. *Pièce in-4°. Arch. nat.*, AD. I 17. 4 pages.

Idem, Paris, P. Prault, 1757, in-4°, pièce, Bibl. nat., 4° F. Paquets.

4595. Mandement au trésorier de l'épargne de payer à Jean-Baptiste de Roux (le Rosso), peintre ordinaire du roi, 350 livres tournois pour le troisième trimestre de ses gages de l'année précédente qui lui restait dû. Châteaubriant, 31 mai 1532. 31 mai.

Bibl. nat., ms. fr. 15628, n° 232. (*Mention.*)

4596. Déclaration en faveur du bailli et des juges ordinaires du Beaujolais et de leurs lieutenants. Ils jouiront désormais de la qualité et des privilèges des juges royaux. Châteaubriant, mai 1532. Mai.

Enreg. à la Chancellerie de France. Arch. nat., Trésor des Chartes, JJ. 246, n° 226, fol. 63 v°. 1 page.

Enreg. au Parl. de Paris, sauf modification, le 7 septembre 1532. Arch. nat. X[1a] 8612, fol. 324. 1 page.

4597. Édit portant que les religieux et religieuses du Dauphiné, tant mendiants que non mendiants, ne pourront recueillir aucune succession après qu'ils auront fait profession. Châteaubriant, mai 1532. Mai.

Enreg. au Parlement de Grenoble, le 24 juillet suivant. Arch. de l'Isère, Chambre des Comptes de Grenoble, B. 2909, cah. 12. 3 pages.

IMP. [Le Mere], *Recueil des actes, titres et mémoires concernant les affaires du clergé de France*, Paris, 1716-40, t. IV, col. 1904.

4598. Confirmation des privilèges octroyés par les ducs de Bretagne aux habitants de Fougères. Châteaubriant, mai 1532. | 1532. Mai.

Enreg. à la Chancellerie de France. Arch. nat., Trésor des Chartes, JJ. 246, n° 227, fol. 63 v°. 1 page.

4599. Lettres de naturalité en faveur de Jean-Baptiste Roux de Rousse (le Rosso), de Florence, peintre ordinaire du roi. Châteaubriant, mai 1532. | Mai.

Enreg. à la Chancellerie de France. Arch. nat., Trésor des Chartes, JJ. 246, n° 224, fol. 63. 1 page.
Imp. *Archives de l'art français*, t. III (Documents), 1853-1855, p. 114.

4600. Déclaration réglementant les prix et taux des vivres dans les hôtelleries et tavernes. Châteaubriant, 1er juin 1532. | 1er juin.

Original scellé. Arch. nat., suppl. du Trésor des Chartes, J. 963.
Enreg. au Châtelet de Paris. Arch. nat., Bannières, Y. 9, fol. 12. 3 pages.
Idem, Livre jaune grand, Y. 6[5], fol. 3.
Enreg. à la Chambre des Comptes de Grenoble. Arch. de l'Isère, B. 2909, cah. 14. 7 pages.
Imp. *Pièce in-4° s. l. n. d. Bibl. nat., Inv. Réserve*, F. 1822 et 1893.
Fontanon, *Édits et ordonnances*, in-fol., 1611, t. I, p. 930.
Isambert, *Anc. lois françaises*, in-8°, tome XII, p. 359.

4601. Lettre portant qu'à la réquisition des procureurs du roi, il sera informé dans chaque bailliage sur les extorsions imputées aux receveurs des tailles. Châteaubriant, 1er juin 1531. | 1er juin.

Enreg. au Parl. de Grenoble, le 25 juin 1532. Arch. de l'Isère, Chambre des Comptes de Grenoble, B. 2910, cah. 105. 2 pages 1/4.

4602. Mandement au trésorier de l'épargne de rembourser à Palamèdes Gontier, général de Bretagne, 1,075 livres tournois qu'il avait prêtées au roi. Châteaubriant, 2 juin 1532. | 2 juin.

Bibl. nat., ms. fr. 15628, n° 37. (*Mention.*)

4603. Mandement au trésorier de l'épargne de rembourser à [Charles de Villiers de l'Isle-Adam], évêque et comte de Beauvais, pair de France, 1,000 livres tournois qu'il a prêtées au roi pour employer au payement des terres que celui-ci a rachetées à l'empereur. Châteaubriant, 3 juin 1532. — 1532. 3 juin.

Bibl. nat., ms. fr. 15628, n° 36. (*Mention.*)

4604. Mandement au trésorier de l'épargne de rembourser à mons[r] le légat, chancelier de France, 21,500 livres tournois qu'il avait prêtées au roi. Châteaubriant, 3 juin 1532. — 3 juin.

Bibl. nat., ms. fr. 15628, n° 108. (*Mention.*)

4605. Lettres autorisant le trésorier de l'épargne, Guillaume Prudhomme, à recevoir comptant de Pierre Tartereau, commis à l'exercice de la recette générale de Languedoil, 30,000 livres tournois sur le terme de la taille payable le 1er avril passé, et à les employer au fait de son office, sans les apporter au château du Louvre. Châteaubriant, 3 juin 1532. — 3 juin.

Bibl. nat., ms. fr. 15628, n° 176. (*Mention.*)

4606. Mandement au trésorier de l'épargne de payer à Jean de Vimont, trésorier de la marine, 5,000 livres tournois pour la construction de la galère et des deux galions que le roi a commandés au Havre. Châteaubriant, 3 juin 1532. — 3 juin.

Bibl. nat., ms. fr. 15628, n° 188. (*Mention.*)

4607. Lettres ordonnant que les religieuses de l'Annonciade de la ville de Bourges soient payées de la somme de 343 livres 5 sous tournois pour fondations faites à leur couvent par feu Madame Jeanne de France, duchesse de Berry. Châteaubriant, 4 juin 1532. — 4 juin.

Enreg. à la Chambre des Comptes de Paris, le 21 juin 1532. Arch. nat., P. 2305, p. 1355. 4 pages.

4608. Deux mandements au trésorier de l'épargne de payer à Charles Mesnagier, argentier de la — 5 juin.

reine, 4,000 livres tournois, l'un pour le premier, l'autre pour le deuxième trimestre de l'année courante. Châteaubriant, 5 juin 1532. 1532.

Bibl. nat., ms. fr. 15628, n°s 27 et 80. (*Mentions.*)

4609. Mandement au trésorier de l'épargne de payer à Lazare de Baïf, conseiller au Parlement et ambassadeur du roi à Venise, 2,000 livres pour partie des dépenses de sa charge. Châteaubriant, 5 juin 1532. 5 juin.

Bibl. nat., ms. fr. 15628, n° 133, et ms. Clairambault 1215, fol. 70. (*Mentions.*)

4610. Mandement au trésorier de l'épargne de payer à Claude Dodieu, maître des requêtes de l'hôtel et ambassadeur du roi auprès de l'empereur, 2,000 livres pour partie des dépenses de sa charge. Châteaubriant, 5 juin 1532. 5 juin.

Bibl. nat., ms. fr. 15628, n° 194, et ms. Clairambault 1215, fol. 70. (*Mentions.*)

4611. Mandement au trésorier de l'épargne de payer à Benigne Serre, receveur général de Languedoil, 2,996 livres 12 sous 6 deniers tournois à charge de les répartir entre plusieurs maîtres de poste et chevaucheurs de l'écurie du roi. Châteaubriant, 5 juin 1532. 5 juin.

Bibl. nat., ms. fr. 15628, n° 160. (*Mention.*)

4612. Mandement au trésorier de l'épargne de payer à mons^{r} de la Rochepot, chevalier de l'ordre et lieutenant général en Picardie en l'absence de mons^{r} de Vendôme, 4,000 livres tournois pour sa pension de l'année précédente. Châteaubriant, 5 juin 1532. 5 juin.

Bibl. nat., ms. fr. 15628, n° 229. (*Mention.*)

4613. Lettres ordonnant que la compagnie de quarante lances du s^{r} de Saint-André viendra en Nivernais pour y tenir garnison dans les villes de Donzy, Entrains, Varzy, Clamecy, Moulins-Engilbert, Saint-Saulge, Prémery, Luzy et 6 juin.

Saint-Léonard de Corbigny. Châteaubriant, 6 juin 1532. 1532.

Imp. Le comte de Soultrait, *Inventaire des titres de Nevers* de l'abbé de Marolles, Nevers, 1873, in-4°, col. 34. (*Mention.*)

4614. Mandement au trésorier de l'épargne de payer à Jean Carré, commis à faire le payement des officiers de la maison du roi, 48,681 livres 5 sous tournois pour le deuxième trimestre de l'année courante. Châteaubriant, 6 juin 1532. 6 juin.

Bibl. nat., ms. fr. 15628, n° 61. (*Mention.*)

4615. Mandement au trésorier de l'épargne de payer à Fleury Geuffroy, commis à tenir le compte de l'écurie du dauphin et des ducs d'Orléans et d'Angoulême, 3,500 livres tournois pour le deuxième trimestre de l'année courante. Châteaubriant, 6 juin 1532. 6 juin.

Bibl. nat., ms. fr. 15628, n° 60. (*Mention.*)

4616. Mandement au trésorier de l'épargne de payer à Jean Grolier, trésorier de France, 2,250 livres tournois, valant 1,000 écus d'or soleil à 45 sous pièce, pour le rembourser d'une somme équivalente qu'il a prêtée au roi afin de subvenir au payement des terres que celui-ci a rachetées de l'empereur. Châteaubriant, 7 juin 1532. 7 juin.

Bibl. nat., ms. fr. 15628, n° 29. (*Mention.*)

4617. Mandement au trésorier de l'épargne de payer à Jean Grolier, ancien trésorier des guerres, 21,040 livres 14 sous 11 deniers tournois faisant partie des 64,709 livres 7 sous tournois que le roi lui a assignés sur le trésor, au lieu d'une pareille somme qu'il lui avait assignée sur le receveur général d'Outre-Seine, Étienne Besnier, et faisant partie des 384,806 livres 10 sous tournois ordonnés par le roi (Rouen, 17 février 1532, n° 4409) à Georges Hérouët et à Jean Grolier pour le payement de 2,042 lances des ordonnances, pendant les troisième et 7 juin.

quatrième trimestres de l'année courante. Châteaubriant, 7 juin 1532. 1532.

Bibl. nat., ms. fr. 15628, n° 262. (*Mention.*)

4618. Mandement au trésorier de l'épargne de rembourser à [Louis Guillart d'Espichelière], évêque de Chartres, 1,290 livres tournois qu'il avait prêtées au roi. Châteaubriant, 7 juin 1532. 7 juin.

Bibl. nat., ms. fr. 15628, n° 32. (*Mention.*)

4619. Mandement au trésorier de l'épargne de payer à Pierre Rousseau, commis à tenir le compte des menus plaisirs du dauphin, des ducs d'Orléans et d'Angoulême, 1,200 livres tournois pour le deuxième trimestre de l'année courante. Châteaubriant, 7 juin 1532. 7 juin.

Bibl. nat., ms. fr. 15628, n° 63. (*Mention.*)

4620. Mandement au trésorier de l'épargne de payer à Pierre Rousseau, commis à tenir le compte de l'argenterie du dauphin, des ducs d'Orléans et d'Angoulême, 3,500 livres tournois pour le trimestre courant commencé le 1er avril. Châteaubriant, 7 juin 1532. 7 juin.

Bibl. nat., ms. fr. 15628, n° 65. (*Mention.*)

4621. Mandement au trésorier de l'épargne de payer à Pierre Rousseau, commis à tenir le compte de la chambre aux deniers du dauphin, des ducs d'Orléans et d'Angoulême, 10,000 livres tournois pour le deuxième trimestre de l'année courante. Châteaubriant, 7 juin 1532. 7 juin.

Bibl. nat., ms. fr. 15628, n° 66. (*Mention.*)

4622. Mandement au trésorier de l'épargne de payer à Pierre Rousseau, commis à tenir le compte des officiers domestiques du dauphin, des ducs d'Orléans et d'Angoulême, 11,355 livres tournois pour le fait de son office pendant le deuxième trimestre de l'année courante. Châteaubriant, 7 juin 1532. 7 juin.

Bibl. nat., ms. fr. 15628, n° 67. (*Mention.*)

4623. Mandement à la Chambre des Comptes d'allouer aux comptes de Guillaume Prudhomme, tré- 7 juin.

sorier de l'épargne, 37,564 livres 15 sous 3 deniers tournois qu'il a payés à Octavien Grimaldi qui s'est engagé à les faire tenir, avant le 31 juillet, à Nuremberg, à Antoine Macault, notaire et secrétaire du roi, envoyé en Allemagne. Châteaubriant, 7 juin 1532. 1532.

Bibl. nat., ms. fr. 15628, n° 128. (*Mention.*)

4624. Mandement au trésorier de l'épargne de payer à Georges Hérouët, trésorier des guerres, 21,489 livres 7 sous 8 deniers tournois, faisant partie de 50,910 livres 1 sou 2 deniers tournois que le roi lui a assignés sur le trésor, au lieu d'une semblable somme lui restant due sur les 64,696 livres 10 sous que le receveur général d'Outre-Seine, Étienne Besnier, avait reçu l'ordre de payer audit Hérouët et qui faisait partie des 384,806 livres 10 sous ordonnés par le roi (Rouen, 17 février 1532, n° 4409) audit Hérouët et à Jean Grolier, trésoriers des guerres, pour le payement des 2,042 lances des ordonnances, pendant les troisième et quatrième trimestres de l'année courante. Châteaubriant, 7 juin 1532. 7 juin.

Bibl. nat., ms. fr. 15628, n° 260. (*Mention.*)

4625. Ordonnance interdisant aux gens de finance de porter des étoffes en drap de soie, de constituer à leurs filles des dots excédant le dixième de leurs revenus, etc.; portant répression des abus commis par les comptables et autres ayant le maniement des deniers publics, et leur prescrivant la régularité dans la reddition des comptes. Châteaubriant, 8 juin 1532. 8 juin.

Enreg. en la Chambre du conseil de la Tour carrée (Chambre des Comptes de Paris), le 22 juin 1532. Arch. nat., P. 2305, p. 1327. 24 pages.

Copie collationnée faite par ordre de la Cour des Aides, le 26 avril 1778. Arch. nat., Z[1a] 526.

Imp. *Pièce in-4°. Arch. nat.*, AD. I 17; AD. IX 123, n° 21. 12 pages.

Idem, Bibl. nat., Inv. Réserve, F. 1822 et 1894.

Fontanon, *Les édits et ordonnances*, in-fol., 1611, t. II, p. 621.

S. Fournival, *Recueil des titres concernant les trésoriers de France*, in-fol., Paris, 1655, p. 156. 1532.
Isambert, *Anciennes lois françaises*, in-8°, t. XII, p. 361.

4626. Lettres en faveur du greffier du siège de Saumur, supprimé par l'ordonnance du 29 mai précédent (n° 4594). Il est déclaré que la suppression dudit office ne sera effectuée qu'après la mort du titulaire actuel. Châteaubriant, 8 juin 1532. 8 juin.

Enreg. au Parl. de Paris, le 27 juin 1532. Arch. nat., X[1a] 8612, fol. 291. 1 page.

4627. Mandement du trésorier de l'épargne de payer à Jean Stuart, duc d'Albany, lieutenant général et gouverneur du Bourbonnais, 6,000 livres tournois, complément des 12,000 livres tournois constituant sa pension pour l'année précédente. Châteaubriant, 8 juin 1532. 8 juin.

Bibl. nat., ms. fr. 15628, n°s 216 et 412. (*Double mention.*)

4628. Mandement au trésorier de l'épargne de payer au duc d'Albany 5,000 livres tournois, complétant les 20,000 livres dont le roi lui a fait don en récompense de ses services. Châteaubriant, 8 juin 1532. 8 juin.

Bibl. nat., ms. fr. 15628, n° 217. (*Mention.*)

4629. Mandement au trésorier de l'épargne de rembourser à [Robert de Lenoncourt], archevêque de Reims, 1,000 livres tournois qu'il avait prêtées au roi. Saint-Germain-en-Laye (*sic*), 8 juin 1532[1]. 8 juin.

Bibl. nat., ms. fr. 15628, n° 266. (*Mention.*)

4630. Mandement au trésorier de l'épargne de payer à [Philippe Chabot, comte de Charny], amiral de France, chevalier de l'ordre, 624 livres 12 juin.

[1] L'archevêque de Reims mourut le 25 septembre suivant, avant d'avoir été remboursé. La somme de 1,000 livres fut payée par Guillaume Prudhomme à ses neveux et héritiers, Robert de Lenoncourt, abbé de Saint-Remy de Reims, et Henri de Lenoncourt, bailli de Vitry. (Ms. fr. 15628, n° 266.)

10 sous tournois pour son état d'amiral de Bretagne depuis le 25 juin 1531, jour de sa nomination, jusqu'au 31 décembre de la même année, soit 1,200 livres tournois par an, et 65 sous 8 deniers par jour. Châteaubriant, 12 juin 1532. 1532.

Bibl. nat., ms. fr. 15628, n° 164. (*Mention.*)

4631. Mandement au trésorier de l'épargne de payer à l'amiral, lieutenant général et gouverneur du roi en Bretagne, 18,000 livres tournois, soit 12,000 livres tournois pour sa pension et 6,000 pour son état de gouverneur dudit pays, pendant l'année précédente. Châteaubriant, 12 juin 1532. 12 juin.

Bibl. nat., ms. fr. 15628, n° 167. (*Mention.*)

4632. Mandement au trésorier de l'épargne de payer à l'amiral, naguère capitaine de la place du Hâ, 249 livres 10 sous tournois pour son état de capitaine de ladite place, pendant 304 jours (1er janvier-31 octobre 1531). Châteaubriant, 12 juin 1532. 12 juin.

Bibl. nat., ms. fr. 15628, n° 165. (*Mention.*)

4633. Mandement au trésorier de l'épargne de payer à l'amiral, capitaine de Brest, 1,000 livres tournois pour son état de capitaine de ladite place en l'année 1531. Châteaubriant, 12 juin 1532. 12 juin.

Bibl. nat., ms. fr. 15628, n° 166. (*Mention.*)

4634. Lettres autorisant le trésorier de l'épargne, Guillaume Prudhomme, à recevoir comptant de Pierre Tartereau, commis à la recette générale de Languedoil, 19,874 livres tournois sur le terme de la taille payable le 1er juillet prochain, sans faire apporter cette somme au Trésor du Louvre. Châteaubriant, 12 juin 1532. 12 juin.

Bibl. nat., ms. fr. 15628, n° 178. (*Mention.*)

4635. Ordonnance interdisant à tous comptables ayant le maniement des deniers publics de jouer avec l'argent de leurs recettes, sous peine du 14 juin.

fouet, de bannissement et de confiscation de leurs biens. Châteaubriant, 14 juin 1532. 1532.

Enreg. en la Chambre du conseil de la Tour carrée, Chambre des Comptes de Paris, le 17 juillet 1532. *Arch. nat.*, P. 2306, p. 17. 1 page.

Idem, P. 2537, fol. 158.

Copie collationnée faite par ordre de la Cour des Aides, le 26 avril 1778. Arch. nat., Z[1a] 526.

IMP. *Pièce in-4°. Arch. nat.*, AD. I 17; AD. IX 123, n° 22, 2 pages.

Idem, Bibl. nat., *Imp. Réserve*, F. 1822 et 1894.

*Loix, statuts et ordonnances royaux, faites de saint Louis à François I*er, Paris, 1542, in-fol., 2e partie, fol. 63 v°.

Fontanon, *Les édits et ordonnances*, in-fol., 1611, t. II, p. 625.

S. Fournival, *Recueil général des titres concernant les trésoriers de France*, in-fol., 1655, p. 158.

Isambert, *Anciennes lois françaises*, in-8°, t. XII, p. 372.

4636. Mandement au trésorier de l'épargne de payer au duc d'Albany, gouverneur et lieutenant général du roi en Auvergne et en Bourbonnais, 5,000 livres tournois complétant les 20,000 livres tournois que le roi lui a données en récompense de ses services tant au dedans qu'au dehors du royaume. Châteaubriant, 14 juin 1532. 14 juin.

Bibl. nat., ms. fr. 15628, n° 532. (*Mention.*)

4637. Mandement au trésorier de l'épargne de payer au duc d'Albany, gouverneur et lieutenant général du roi en Bourbonnais et en Auvergne, 10,000 livres tournois complétant les 20,000 livres dont le roi lui a fait don sur les deniers à recevoir en l'année 1533. Châteaubriant, 14 juin 1532. 14 juin.

Bibl. nat., ms. fr. 15629, n° 129. (*Mention.*)

4638. Mandement à Guillaume Prudhomme de laisser prendre à Claude Guyot, chargé du payement des dépenses faites pour la construction du Havre, la somme de 980 livres tournois. Châteaubriant, 15 juin 1532. 15 juin.

Original. Bibl. nat., ms. fr. 20581, n° 59 (anc. Gaignières, 6475.)

4639. Mandement au trésorier de l'épargne de payer à François Malvault, receveur et payeur de l'écurie du roi, 17,423 livres 10 sous tournois pour le deuxième trimestre de la présente année. Châteaubriant, 15 juin 1532. 1532. 15 juin.

Bibl. nat., ms. fr. 15628, n° 72. (*Mention.*)

4640. Mandement au trésorier de l'épargne de payer à Victor Barguin 10,575 livres tournois pour employer aux payements de la chambre aux deniers de Mesdames pendant le deuxième trimestre de l'année courante. Châteaubriant, 15 juin 1532. 15 juin.

Bibl. nat., ms. fr. 15628, n° 74. (*Mention.*)

4641. Mandement au trésorier de l'épargne de payer à Victor Barguin 2,894 livres 10 sous tournois pour l'écurie de Mesdames pendant le deuxième trimestre de l'année courante. Châteaubriant, 15 juin 1532. 15 juin.

Bibl. nat., ms. fr. 15628, n° 75. (*Mention.*)

4642. Mandement au trésorier de l'épargne de payer à Victor Barguin 6,827 livres 10 sous tournois pour les gages des dames, demoiselles, gentilshommes et officiers de Mesdames, pendant le deuxième trimestre de l'année courante. Châteaubriant, 15 juin 1532. 15 juin.

Bibl. nat., ms. fr. 15628, n° 76. (*Mention.*)

4643. Commission adressée à Jean de La Barre, comte d'Étampes, et à Nicolas de Neufville, s[r] de Villeroy, pour faire les marchés des bâtiments de Fontainebleau, Boulogne, Livry, des châteaux de Saint-Germain-en-Laye et de Villers-Coterets. Châteaubriant, 18 juin 1532. 18 juin.

Copie. Bibl. nat., ms. fr. 11179 (anc. suppl. fr. 336).

Imp. L. de Laborde, *Les comptes des bâtiments du roi*, in-8°, 1877, t. Ier, p. 12.

4644. Provisions, en faveur de Florimond de Champeverne, notaire, secrétaire et valet de chambre 18 juin.

ordinaire du roi, de l'office de concierge de Fontainebleau. Châteaubriant, 18 juin 1532. 1532.

Bibl. nat., ms. Clairambault 782, fol. 289. (*Mention.*)

4645. Déclaration de François Ier portant qu'il n'entend point réunir à son domaine les terres aliénées en Provence avant l'époque de la réunion de ce pays à la couronne. Châteaubriant, 20 juin 1532. 20 juin.

Copie du temps. Arch. nat., suppl. du Trésor des Chartes, J. 846, n° 10.

4646. Édit portant règlement pour les montres et payements des hommes d'armes et archers des compagnies d'ordonnances, pour servir d'acquits aux trésoriers ordinaires des guerres. Châteaubriant, 20 juin 1532. 20 juin.

Enreg. à la Chambre des Comptes de Paris, le 17 juillet 1532. Arch. nat., P. 2306, p. 31. 7 pages. *Bibl. nat.*, mss. Moreau, t. 1395, fol. 313. (*Mention.*)

Imp. *Pièce in-4°. Arch. nat.*, AD. I 17; AD. IX 123, n° 23. 4 pages.

4647. Lettres adressées à Pierre de Lagarde, conseiller au Parlement de Toulouse, au sujet du remboursement d'une somme de 4,000 livres prêtée au roi. Châteaubriant, 20 juin 1532. 20 juin.

Enreg. au Parl. de Toulouse. Arch. de la Haute-Garonne, Édits, reg. 3, fol. 241. 2 pages 1/2.

4648. Nouvelle confirmation du don de l'office de sénéchal de Comminges à François de Mauléon. Châteaubriant, 20 juin 1532. 20 juin.

Enreg. au Parl. de Toulouse. Arch. de la Haute-Garonne, Édits, reg. 4, fol. 4.

(Voir 14 août 1529, n° 3443.)

4649. Mandement au trésorier de l'épargne de payer au cardinal Du Prat, archevêque de Sens, légat et chancelier de France, à Claude Gouffier, sr de Boisy, fils et héritier du sr de Boisy, grand maître, et à la veuve et aux héritiers du sr de Bonivet, amiral, 20,000 livres tournois à partager également entre eux, complétant 20 juin.

les 40,000 écus d'or que le roi leur donna lors de son premier voyage en Italie, et leur assigna sur les engagements pris envers Louis XII par la seigneurie de Sienne. Châteaubriant, 20 juin 1532. 1532.

Bibl. nat., ms. fr. 15628, n° 355. (*Mention.*)

4650. Mandement au trésorier de l'épargne de rembourser à [Guillaume Briçonnet], évêque de Meaux, 1,000 livres tournois qu'il avait prêtées au roi. Châteaubriant, 20 juin 1532. 20 juin.

Bibl. nat., ms. fr. 15628, n° 45. (*Mention.*)

4651. Mandement au trésorier de l'épargne de payer à Nicolas de Troyes, argentier du roi, 5,327 livres 2 sous 6 deniers tournois complétant les 6,000 livres tournois assignées pour le deuxième trimestre de l'année courante. Châteaubriant, 20 juin 1532. 20 juin.

Bibl. nat., ms. fr. 15628, n° 71. (*Mention.*)

4652. Mandement au trésorier de l'épargne de payer à Jean Cheyleu, receveur et payeur des gages du prévôt de l'hôtel du roi et de ses lieutenant, greffiers et archers, 2,150 livres tournois pour le fait de son office pendant le deuxième trimestre de la présente année. Châteaubriant, 20 juin 1532. 20 juin.

Bibl. nat., ms. fr. 15628, n° 208. (*Mention.*)

4653. Deux mandements au trésorier de l'épargne de payer à Guillaume Briçonnet, commis à tenir le compte et faire le payement des cent gentilshommes de l'hôtel du roi commandés par le vicomte de Turenne, 10,425 livres tournois pour leur solde du premier trimestre de l'année courante, et autant pour le second. Châteaubriant, 20 juin 1532. 20 juin.

Bibl. nat., ms. fr. 15628, n°s 77 et 289. (*Mentions.*)

4654. Deux mandements au trésorier de l'épargne de payer à Julien Bonacoursy, receveur et payeur de la solde des gentilshommes de l'hôtel du roi 20 juin.

commandés par le s[r] de Canaples, 10,675 livres tournois pour le premier trimestre de l'année courante, et autant pour le second. Châteaubriant, 20 juin 1532. 1532.

Bibl. nat., ms. fr. 15628, n°s 78 et 288. (*Mentions.*)

4655. Mandement au trésorier de l'épargne de payer à Jean Chartier, commis à tenir le compte et faire le payement des archers français de la garde du roi commandés par le sénéchal d'Agenais, 8,838 livres 12 sous 6 deniers tournois comprenant leur solde, leurs livrées d'été, etc., pendant le deuxième trimestre de l'année courante; et 200 livres d'augmentation de gages audit payeur pour le dédommager des avances qu'il a dû faire. Châteaubriant, 20 juin 1532. 20 juin.

Bibl. nat., ms. fr. 15628, n° 88. (*Mention.*)

4656. Mandement au trésorier de l'épargne de payer à Jean-Joachim de Passano, s[r] de Vaux, commis à tenir le compte et faire le payement des sommes dues au roi d'Angleterre par François Ier, en vertu du traité dernièrement conclu entre eux, 21,972 livres 12 sous tournois, complétant les 254,098 livres 12 sous tournois que le roi lui a ordonnancés. Châteaubriant, 20 juin 1532. 20 juin.

Bibl. nat., ms. fr. 15628, n° 81. (*Mention.*)

4657. Mandement au trésorier de l'épargne de payer à Jean-Joachim de Passano, chargé du payement de la dette du roi d'Angleterre, des arrérages du douaire dus à la reine Marie et des pensions à certains gentilshommes anglais, 137,338 livres 5 sous tournois, soit 47,318 écus d'or pour la pension du roi d'Angleterre, échue le 1er mai; 7,500 écus d'or pour les arrérages du terme précédent; 4,475 écus pour les arrérages du douaire de la reine Marie; 2,900 écus pour les pensions particulières, y compris celle du chevalier de Casal; 400 écus pour la pension de ce dernier, des termes de mai et novembre 20 juin.

1531; enfin 2,251 livres tournois à Jean-Joachim de Passano pour le transport en Angleterre des sommes ci-dessus mentionnées. Châteaubriant, 20 juin 1532. 1532.

Bibl. nat., ms. fr. 15628, n° 234. (*Mention.*)

4658. Deux mandements au trésorier de l'épargne de payer à François Saumaire, commis à tenir le compte et faire le payement des 440 gens de guerre de morte-paye établis en Bourgogne, 6,660 livres tournois pour leur solde pendant le premier trimestre, et autant pour le second de l'année courante, et dont le nombre est ainsi réparti : 211 à Auxonne, 45 au château d'Auxonne, 55 au château de Dijon et 20 en la ville, 40 à Talant, 35 à Beaune, 4 à Semur, 10 à Saulx-le-Duc, 16 pour la garde des forêts d'Argilly et 8 pour les forêts des Grolles, soit 100 sous tournois par mois et par morte-paye. Châteaubriant, 20 juin 1532. 20 juin.

Bibl. nat., ms. fr. 15628, n°s 84 et 85. (*Mentions.*)

4659. Deux mandements au trésorier de l'épargne de payer à Claude Péronnier, commis à tenir le compte et faire le payement des 188 mortes-payes gardant les places de Guyenne, y compris les 11 de Mauléon de Soule, 2,870 livres tournois pour leur solde pendant le premier trimestre de l'année courante, et autant pour le second, soit 100 sous tournois par mois et par morte-paye, les 50 livres tournois de surplus représentant les gages de Péronnier pendant chacun desdits termes. Châteaubriant, 20 juin 1532. 20 juin.

Bibl. nat., ms. fr. 15628, n°s 99 et 121. (*Mentions.*)

4660. Trois mandements au trésorier de l'épargne lui ordonnant de verser dans la caisse de Nicolas Vanderlaen, trésorier et receveur général de la reine, la somme de 16,250 livres tournois pour chacun des trois derniers trimestres de 20 juin.

l'année courante. Châteaubriant, 20 juin 1532. | 1532.

Bibl. nat., ms. fr. 15628, n°s 58, 123 et 396. (*Mentions.*)

4661. Mandement au trésorier de l'épargne de payer à Nicolas Vanderlaen 18,350 livres tournois pour les gages des officiers, dames et demoiselles de la maison de la reine pendant le second trimestre de l'année courante. Châteaubriant, 20 juin 1532. | 20 juin.

Deux autres semblables et de même date, pour les troisième et quatrième trimestres.

Bibl. nat., ms. fr. 15628, n°s 59, 125 et 346. (*Mentions.*)

4662. Mandement au trésorier de l'épargne de remettre à Nicolas Vanderlaen 9,000 livres tournois destinées au payement de l'écurie de la reine pendant le second trimestre de l'année courante. Châteaubriant, 20 juin 1532. | 20 juin.

Deux autres semblables et de même date, pour les troisième et quatrième trimestres.

Bibl. nat., ms. fr. 15628, n°s 57, 127 et 347. (*Mentions.*)

4663. Mandement au trésorier de l'épargne de payer à Nicolas Vanderlaen 3,000 livres tournois pour les menus plaisirs de la reine pendant le second trimestre de l'année courante. Châteaubriant, 20 juin 1532. | 20 juin.

Deux autres mandements semblables, de même date, pour les troisième et quatrième trimestres.

Bibl. nat., ms. fr. 15628, n°s 56, 124 et 348. (*Mentions.*)

4664. Mandement au trésorier de l'épargne de remettre à Nicolas Vanderlaen 1,500 livres tournois destinées au payement des menus plaisirs de la chambre de la reine (l'apothicairerie comprise) pour le second trimestre de l'année courante. Châteaubriant, 20 juin 1532. | 20 juin.

Deux autres mandements semblables et de même date, pour les troisième et quatrième trimestres. 1532.

Bibl. nat., ms. fr. 15628, n°s 55, 126 et 349. (*Mentions.*)

4665. Mandement au trésorier de l'épargne de payer à Charles Mesnagier, argentier de la reine, 4,000 livres tournois pour le troisième trimestre de l'année courante. Châteaubriant, 20 juin 1532. 20 juin.

Mandement semblable et de même date, pour le dernier trimestre.

Bibl. nat., ms. fr. 15628, n°s 240 et 388. (*Mentions.*)

4666. Mandement au trésorier de l'épargne de payer à Fleury Geuffroy, commis par le roi à la recette et au payement de l'écurie du dauphin, des ducs d'Orléans et d'Angoulême, 3,500 livres tournois pour le troisième trimestre de l'année courante. Châteaubriant, 20 juin 1532. 20 juin.

Mandement semblable, de même date, pour le dernier quartier.

Bibl. nat., ms. fr. 15628, n°s 111 et 303. (*Mentions.*)

4667. Mandement au trésorier de l'épargne de payer à Claude Du Champ, receveur et payeur des gages des officiers du Parlement de Dijon, 3,230 livres 10 sous tournois pour leurs appointements du premier semestre de l'année courante. Châteaubriant, 20 juin 1532. 20 juin.

Bibl. nat., ms. fr. 15628, n° 110. (*Mention.*)

4668. Mandement au trésorier de l'épargne de payer à Antoine Le Maçon, receveur général de Bourgogne, 2,224 livres 6 sous 2 deniers tournois pour le payement des gages des officiers de la Chambre des Comptes de Dijon pendant le premier semestre de l'année courante. Châteaubriant, 20 juin 1532. 20 juin.

Bibl. nat., ms. fr. 15628, n° 206. (*Mention.*)

4669. Mandement au trésorier de l'épargne de payer à 20 juin.

Antoine Perié, receveur et payeur des gages des officiers de la Cour des Aides à Montpellier, 1,122 livres 10 sous tournois pour leurs appointements du premier semestre de l'année courante. Châteaubriant, 20 juin 1532. 1532.

Bibl. nat., ms. fr. 15628, n° 105. (*Mention.*)

4670. Traité entre François Ier et Henri VIII, roi d'Angleterre, confirmant les précédents traités de paix et de confédération conclus entre les deux rois contre l'empereur, négocié pour le roi de France par Gilles de La Pommeraye, et pour le roi d'Angleterre, par Thomas, comte de Wiltshire et d'Ormond, et Édouard Fox, aumônier de Sa Majesté. Londres, 23 juin 1532. 23 juin.

Original avec les lettres de confirmation de Henri VIII, datées de Windsor, le 1er septembre 1532. Arch. nat., J. 651, n° 20. (*Musée des Documents étrangers*, AE. III, 31.)

IMP. F. Léonard, *Recueil de traitez*, t. II, p. 383.

Nicolas Camuzat, *Meslanges historiques, ou recueil de plusieurs actes, traitez, lettres missives, etc.*, Troyes, 1619, in-8°, part. II, fol. 84.

Dumont. *Corps diplomatique*, in-fol., 1726, t. IV, part. II, p. 83, col. 2.

Rymer, *Fœdera, acta publica, etc.*, in-fol., 1741, t. VI, part. II, p. 171, col. 2.

4671. Mandement à Jean Laguette, receveur général des finances extraordinaires et parties casuelles, de payer à Philippe de Savoie, duc de Nemours, la somme de 14,000 livres tournois pour sa pension de l'année 1531. Villocher [1], 25 juin 1532. 25 juin.

Original. Arch. nat., K. 84, n° 23.

4672. Lettres de renvoi à la Cour des Aides de tous les procès relatifs aux dettes actives de Jean Sapin, naguère receveur général de Languedoil. 26 juin 1532. 26 juin.

Enreg. à la Cour des Aides, le 9 juillet 1532. Arch. nat., recueil Cromo, U. 665, fol. 258. (*Mention.*)

[1] *Sic.* Aujourd'hui Ville-au-Chef-en-Nozay, Loire-Inférieure. (Note de M. l'archiviste de ce département.)

4673. Mandement au trésorier de l'épargne de rembourser à [Pierre Paulmier], archevêque de Vienne, 1,000 livres tournois qu'il avait prêtées au roi. Villocher, 26 juin 1532. — 1532. 26 juin.

Bibl. nat., ms. fr. 15628, nº 44. (*Mention.*)

4674. Mandement au trésorier de l'épargne de payer à Barnabo Visconti, chevalier de l'ordre, 4,500 livres restant dues sur les 6,000 livres que le roi lui donna au lieu de sa pension pendant les années 1529 et 1530. Villocher, 26 juin 1532. — 26 juin.

Bibl. nat., ms. fr., 15628, nº 536. (*Mention.*)

4675. Mandement au trésorier de l'épargne de payer à Pierre Suavenius, secrétaire du roi de Danemark, envoyé par son maître vers François Iᵉʳ, 210 livres tournois pour le dédommager de ses frais de voyage. Villocher, 28 juin 1532. — 28 juin.

Bibl. nat., ms. fr. 15628, nº 172. (*Mention.*)

4676. Mandement au trésorier de l'épargne de payer à Bénigne Serre, receveur général des finances, 1,070 livres tournois pour les gages des chapelains et autres officiers de la chapelle de plain-chant du roi, nouvellement créée, pour le premier semestre de la présente année. Villocher, 30 juin 1532. — 30 juin.

Bibl. nat., ms. fr. 15628, nº 222. (*Mention.*)

4677. Ordonnance portant attribution de la qualité et des privilèges de juges royaux au bailli et aux juges ordinaires du Forez, ainsi qu'à leurs lieutenants. Châteaubriant, juin 1532. — Juin.

Enreg. au Parl. de Paris, sauf réserve de prestation de serment, le 4 juillet 1532. Arch. nat., X[1a] 8612, fol. 299 vº. 1 page 1/4.

4678. Lettres ordonnant l'équipement et l'armement de la galère que M. de Montmorency a fait construire. Châteaubriant, juin 1532. — Juin.

Copie du XVIᵉ siècle. Bibl. nat., ms. fr. 5124, fo 45 vº.

4679. Lettres de naturalité octroyées à Ferrando d'Astonville, marchand espagnol, domicilié à la — Juin.

Fosse de Nantes, avec exemption de droit d'aubaine. Châteaubriant, juin 1532. 1532.

Enreg. à la Chambre des Comptes de Bretagne. Archives de la Loire-Inférieure, B. *Mandements royaux*, II, fol. 33.

4680. Mandement au trésorier de l'épargne de rembourser à [Jean d'Orléans, cardinal de Longueville], archevêque de Toulouse, 2,150 livres tournois qu'il avait prêtées au roi. Villocher, 3 juillet 1532. 3 juillet.

Bibl. nat., ms. fr. 15628, n° 92. (*Mention.*)

4681. Mandement au trésorier de l'épargne de payer à Bénigne Serre, receveur général des finances, chargé du compte des menus de la chambre du roi, 2,500 livres tournois pour le premier semestre de la présente année. Villocher, 3 juillet 1532. 3 juillet.

Bibl. nat., ms. fr. 15628, n° 95. (*Mention.*)

4682. Mandement au trésorier de l'épargne de remettre à Bénigne Serre la somme de 500 livres pour l'employer aux menues affaires de la chambre du roi durant la présente année. Villocher, 3 juillet 1532. 3 juillet.

Bibl. nat., ms. fr. 15628, n° 173. (*Mention.*)

4683. Mandement au trésorier de l'épargne de payer à Jacques Richer, commis à tenir le compte et faire le payement des archers français de la garde du roi commandés par le s[r] de Nançay, 8,504 livres 17 sous 6 deniers tournois pour employer à sa commission, y compris les montures et livrées d'été desdits archers, pendant le deuxième trimestre de l'année courante. Villocher, 4 juillet 1532. 4 juillet.

Bibl. nat., ms. fr. 15628, n° 79. (*Mention.*)

4684. Mandement au trésorier de l'épargne de payer à François Charbonnier, trésorier des offrandes du roi, 1,500 livres tournois pour le deuxième trimestre de l'année courante. Villocher, 4 juillet 1532. 4 juillet.

Bibl. nat., ms. fr. 15628, n° 83. (*Mention.*)

IMPRIMERIE NATIONALE.

4685. Mandement au trésorier de l'épargne de payer à Jean Thizart, commis à tenir le compte et faire le payement des hommes d'armes et archers écossais de la garde du roi commandés par le s[r] d'Aubigny, 9,334 livres 16 sous tournois pour leur solde, leurs montures et livrées d'été, pendant le deuxième trimestre de l'année courante. Villocher, 4 juillet 1532. — 1532. 4 juillet.

Bibl. nat., ms. fr. 15628, n° 90. (*Mention.*)

4686. Mandement au trésorier de l'épargne de payer à Jacques Bernard, maître de la chambre aux deniers du roi, 15,000 livres tournois pour le troisième trimestre de l'année courante. Villocher, 4 juillet 1532. — 4 juillet.

Semblable mandement et de même date, pour le dernier quartier.

Bibl. nat., ms. fr. 15628, n°s 91 et 299. (*Mentions.*)

4687. Mandement au trésorier de l'épargne de payer à Guillaume Durant, commis à tenir le compte et faire le payement des 332 mortes-payes chargés de défendre la Picardie, 5,520 livres tournois pour le deuxième trimestre de l'année courante. Villocher, 4 juillet 1532. — 4 juillet.

Bibl. nat., ms. fr. 15628, n° 97. (*Mention.*)

4688. Mandement au trésorier de l'épargne de payer à Jean Carré, commis à tenir le compte et faire le payement des officiers domestiques de la maison du roi, 48,681 livres 5 sous tournois pour le fait de son office pendant le troisième trimestre de l'année courante. Villocher, 4 juillet 1532. — 4 juillet.

Semblable mandement, de même date, pour le dernier quartier.

Bibl. nat., ms. fr. 15628, n°s 98 et 310. (*Mentions.*)

4689. Mandement au trésorier de l'épargne de payer à François Malvault, receveur et payeur de l'écurie du roi, 17,423 livres 10 sous tournois pour employer au fait de son office pendant le — 4 juillet.

troisième trimestre de l'année courante. Villocher, 4 juillet 1532. | 1532.

Mandement semblable, de même date, pour le dernier quartier.

Bibl. nat., ms. fr. 15628, n°s 207 et 344. (*Mentions.*)

4690. Mandement au trésorier de l'épargne de payer à Guillaume de Villemontée, trésorier de la vénerie et fauconnerie du roi, 11,092 livres 10 sous tournois pour employer au fait de son office pendant le troisième trimestre de l'année courante. Villocher, 4 juillet 1532. | 4 juillet.

Mandement semblable, de même date, pour le dernier quartier.

Bibl. nat., ms. fr. 15628, n°s 113 et 377. (*Mentions.*)

4691. Mandement au trésorier de l'épargne de payer à Pierre Rousseau 1,250 livres tournois pour les menus de la chambre du dauphin, des ducs d'Orléans et d'Angoulême, pendant le troisième trimestre de la présente année. Villocher, 4 juillet 1532. | 4 juillet.

Semblable mandement, de même date, pour le dernier quartier.

Bibl. nat., ms. fr. 15628, n°s 209 et 351. (*Mentions.*)

4692. Mandement au trésorier de l'épargne de payer à Pierre Rousseau, receveur et payeur de l'argenterie du dauphin, des ducs d'Orléans et d'Angoulême, 3,500 livres tournois pour le troisième trimestre de la présente année. Villocher, 4 juillet 1532. | 4 juillet.

Semblable mandement, de même date, pour le dernier quartier.

Bibl. nat., ms. fr. 15628, n°s 210 et 350. (*Mentions.*)

4693. Mandement au trésorier de l'épargne de payer à Pierre Rousseau 10,000 livres tournois pour la chambre aux deniers du dauphin, des ducs d'Orléans et d'Angoulême pendant le troisième | 4 juillet.

trimestre de la présente année. Villocher, 4 juillet 1532. | 1532.

Mandement semblable, de même date, pour le dernier quartier.

Bibl. nat., ms. fr. 15628, n°s 211 et 352. (*Mentions.*)

4694. Mandement au trésorier de l'épargne de payer à Pierre Rousseau, receveur et payeur des officiers de la maison du dauphin, des ducs d'Orléans et d'Angoulême, 11,355 livres tournois pour le troisième trimestre de l'année présente. Villocher, 4 juillet 1532. | 4 juillet.

Mandement semblable, et de même date, pour le dernier quartier.

Bibl. nat., ms. fr. 15628, n°s 212 et 399. (*Mentions.*)

4695. Mandement au trésorier de l'épargne de payer à Jean Godet 975 livres tournois pour la solde, pendant le premier trimestre de l'année courante, de 65 mortes-payes chargés de la défense de trois places de Champagne et répartis ainsi : 25 à Montigny, 25 à Montcornet et 15 à Coiffy. Villocher, 4 juillet 1532. | 4 juillet.

Mandement semblable, de même date, pour le second trimestre.

Bibl. nat., ms. fr. 15628, n°s 115 et 243. (*Mentions.*)

4696. Mandement au trésorier de l'épargne de payer à François Mahieu, receveur et payeur des 339 mortes-payes de Normandie, 5,067 livres tournois pour leur solde pendant le premier trimestre de l'année courante. Villocher, 4 juillet 1532. | 4 juillet.

Mandement semblable, de même date, pour le second trimestre.

Bibl. nat., ms. fr. 15628, n°s 230 et 231. (*Mentions.*)

4697. Mandement au trésorier de l'épargne de payer à Julien Bonacoursy, receveur général de Provence, 250 livres tournois pour le payement | 4 juillet.

de la solde du capitaine de la tour de Toulon et des 12 mortes-payes qui la défendent, pendant le premier trimestre de l'année courante. Villocher, 4 juillet 1532. | 1532.

- Mandement semblable, de même date, pour le second trimestre.

Bibl. nat., ms. fr. 15628, n°s 226 et 227. (*Mentions.*)

4698. Mandement au trésorier de l'épargne de payer à Gabriel Marchin 630 livres tournois pour envoyer à m[e] Gervais Waïn, actuellement en Allemagne, où il a été dépêché par le roi. Villocher, 4 juillet 1532. | 4 juillet.

Bibl. nat., ms. fr. 15628, n° 175. (*Mention.*)

4699. Mandement au trésorier de l'épargne de payer à Gabriel Marchin 420 livres tournois pour le voyage qu'il va faire en Allemagne auprès de m[e] Gervais Waïn, qui y réside pour les affaires du roi. Villocher, 4 juillet 1532. | 4 juillet.

Bibl. nat., ms. fr. 15628, n° 179. (*Mention.*)

4700. Mandement au trésorier de l'épargne de payer à Antoine Demay, receveur et payeur des gages des officiers de la Chambre des Comptes de Montpellier, 1,185 livres tournois pour leurs appointements du premier semestre de l'année courante. Villocher, 4 juillet 1532. | 4 juillet.

Bibl. nat., ms. fr. 15628, n° 107. (*Mention.*)

4701. Mandement aux commissaires chargés de la réunion des domaines de Bretagne de donner mainlevée de la saisie de la terre et seigneurie de Fougères et d'en faire délivrance à René de Montejehan, seigneur dudit lieu. Villocher, 5 juillet 1532. | 5 juillet.

Enreg. à la Chambre des Comptes de Bretagne. Archives de la Loire-Inférieure, B. *Mandements*, II, fol. 36.

4702. Mandement au trésorier de l'épargne de rembourser à [Georges, cardinal d'Amboise], archevêque de Rouen, 4,400 livres tournois qu'il | 9 juillet.

avait prêtées au roi. La Hardouinaye, 9 juillet 1532. 1532.

Bibl. nat., ms. fr. 15628, n° 82. (*Mention.*)

4703. Mandement au trésorier de l'épargne de payer à François de François, natif de Lucques, 400 livres tournois pour le récompenser d'avoir aidé le roi à faire faire à bon compte une tapisserie d'or et de soie où sera représentée l'histoire de Scipion l'Africain. La Hardouinaye, 9 juillet 1532. 9 juillet.

Bibl. nat., ms. fr. 15628, n° 119. (*Mention.*)

4704. Mandement au trésorier de l'épargne de payer 217 livres 10 sous à Mathurin Laurencin, chevaucheur d'écurie, partant ce jour-là pour aller en Angleterre porter des lettres à Gilles de La Pommeraye, ambassadeur du roi. La Hardouinaye, 9 juillet 1532. 9 juillet.

Bibl. nat., ms. fr. 15628, n° 200, et ms. Clairambault 1215, fol. 70. (*Mentions.*)

4705. Mandement au trésorier de l'épargne de bailler à Bénigne Serre, receveur général des finances, 716 livres 5 sous tournois pour le payement de plusieurs chevaucheurs de l'écurie du roi. La Hardouinaye, 10 juillet 1532. 10 juillet.

Bibl. nat., ms. fr. 15628, n° 174. (*Mention.*)

4706. Mandement à Guillaume Prudhomme, trésorier de l'épargne, l'informant que le roi vient de faire marché avec Marchio Baldi, facteur de messire Marc Coetif, demeurant à Bruxelles, pour 400 aunes (mesure de Paris) de tapisserie d'or et de soie représentant l'histoire de Scipion l'Africain, au prix de 50 écus d'or soleil l'aune. La livraison totale doit être achevée dans dix-huit mois entre les mains de Nicolas de Neufville, chevalier, s[r] de Villeroy, et de Jean Grolier, trésorier de France. Lors de la livraison, sera payée la moitié de la somme à laquelle doit se monter toute la fourniture, et l'autre moitié six mois après. La Hardouinaye, 11 juillet 1532. 11 juillet.

Bibl. nat., ms. fr. 15628, n° 94. (*Mention.*)

4707. Lettres commettant Jean Barillon, notaire et secrétaire du roi, à l'exercice de la charge de greffier du Grand Conseil, durant l'absence de Jean Rivière. La Hunaudaye, 14 juillet 1532. — 1532. 14 juillet.

Enreg. au Grand Conseil, le 19 juillet 1532. Arch. nat., Grand Conseil, V[5] 1049. 1 page.

4708. Mandement aux gens des comptes de Bretagne et au général des finances de mettre Claude d'Annebaut, chevalier, chambellan du roi, en possession de la châtellenie, terre et seigneurie de Guingamp, que le roi lui a données par lettres du 15 juillet 1532, et de lui en verser les revenus pendant cinq années, sans qu'il ait à s'occuper de la recette. La Hunaudaye, 16 juillet 1532. — 16 juillet

Enreg. à la Chambre des Comptes de Bretagne. Archives de la Loire-Inférieure, B. *Mandements royaux*, II, fol. 61.

4709. Mandement aux gens des comptes de Bretagne de faire délivrer les revenus de la terre de Fougères pendant cinq ans à René de Montejehan, en récompense de ses services. La Hunaudaye, 16 juillet 1532. — 16 juillet.

Enreg. à la Chambre des Comptes de Bretagne. Archives de la Loire-Inférieure, B. *Mandements royaux*, II, fol. 40.

4710. Mandement au trésorier de l'épargne de payer à Guillaume Le Pelletier, Nicolas Chanterel et James Hep, serviteurs du roi d'Angleterre, 100 livres tournois à répartir également entre eux pour les dédommager de leurs frais de voyage d'Angleterre en France. La Hunaudaye, 18 juillet 1532. — 18 juillet.

Bibl. nat., ms. fr. 15628, n° 171. (*Mention.*)

4711. Mandement au trésorier de l'épargne de payer à Edme de Courtenay 120 livres tournois pour un voyage qu'il va faire de la Hunaudaye à Tours, où est la reine. La Hunaudaye, 18 juillet 1532. — 18 juillet.

Bibl. nat., ms. fr. 15628, n° 199. (*Mention.*)

4712. Mandement au trésorier de l'épargne de payer à Audebert Valton, receveur des fouages à Nantes, 600 livres tournois pour la construction des lices que le roi a fait dresser à Nantes. La Hunaudaye, 18 juillet 1532. — 1532. 18 juillet.

Bibl. nat., ms. fr. 15628, n° 205. (*Mention.*)

4713. Mandement au sénéchal et aux officiers de la cour de Nantes de maintenir Jean Olivier en possession de l'office de sergent des régaires de la paroisse Saint-Géréon, dépendant de l'évêché de Nantes. Rennes, 19 juillet 1532. — 19 juillet.

Deux copies, l'une de 1632 et l'autre signée de deux notaires, en août 1705. Arch. départ. de la Loire-Inférieure, G. 29.

4714. Lettres enjoignant au sénéchal de Provence, au Parlement et à la Chambre des Comptes d'Aix de déposséder les gens d'église de ce pays des terres, fiefs, arrière-fiefs, domaines et rentes dont ils jouissent sans l'amortissement royal. Rennes, 20 juillet 1532. — 20 juillet.

Enreg. au Parl. de Provence. Arch. de lad. cour, à Aix, reg. in-fol. papier de 1025 feuillets, p. 3.

4715. Provisions en faveur d'Antoine de La Rochefoucauld, baron de Barbezieux, de l'état et office de lieutenant général du roi et gouverneur de l'Île-de-France, au lieu de François de La Tour, vicomte de Turenne, décédé. La Hunaudaye, 20 juillet 1532. — 20 juillet.

Enreg. au Parl., sauf modification, le 2 décembre 1532. Arch. nat., X^{1a} 8612, fol. 302 v°. 1 page 1/2.

4716. Mandement au trésorier de l'épargne de rembourser à Claude Robertet, s^r d'Alluye, trésorier de France, 6,450 livres tournois qu'il avait prêtées au roi. La Hunaudaye, 20 juillet 1532. — 20 juillet.

Bibl. nat., ms. fr. 15628, n° 96. (*Mention.*)

4717. Mandement aux gens des comptes de Bretagne de remettre François de Bretagne, seigneur d'Avaugour, en possession de la terre et seigneurie de Hédé, diocèse de Rennes, pour — 23 juillet.

une durée de dix ans. La Hardouinaye, 23 juillet 1532. 1532.

Enreg. à la Chambre des Comptes de Bretagne. Archives de la Loire-Inférieure, B. Mandements royaux, II, fol. 60.

4718. Lettres de don et remise faits à Louis Burgensis, premier médecin du roi, des droits seigneuriaux dus à S. M. à raison de l'acquisition qu'il a faite de la terre du Perrey, mouvant du roi à cause de son château d'Évreux. 29 juillet 1532. 29 juillet.

Enreg. à la Chambre des Comptes de Paris, pour moitié seulement, le 27 janvier 1533 n. s., anc. mém. 2 G, fol. 49. *Arch. nat., invent.*-PP. 136, p. 388. (*Mention.*)

4719. Mandement au trésorier de l'épargne de payer à Jean de Vaulx, commis à tenir le compte et faire le payement des archers français de la garde du roi commandés par le s[r] de Chavigny, 8,793 livres 12 sous 6 deniers pour leur solde, leurs montures, livrées d'été, etc., pendant le deuxième trimestre de l'année courante, et 200 livres d'augmentation de gages audit payeur pour le dédommager des avances qu'il a dû faire. Rochefort, 30 juillet 1532. 30 juillet.

Bibl. nat., ms. fr. 15628, n° 87. (*Mention.*)

4720. Provisions, en faveur de Pierre Le Maître, de l'office de greffier de la Chambre des Comptes de Paris, au lieu de Jean de Vaulx, successeur de Jean Spifame. 30 juillet 1532. 30 juillet.

Reçu à la Chambre des Comptes, le 22 août suivant, anc. mém. 2 F, fol. 382. *Arch. nat., invent.* PP. 136, p. 388. (*Mention.*)

4721. Lettres de naturalité permettant à François de Lantedilles, marchand espagnol, domicilié à Nantes depuis longtemps, de disposer par testament de tous les biens qu'il pourra posséder et d'en jouir aussi librement que tous les Juillet.

autres habitants du pays. Villocher, juillet 1532. — 1532.

Enreg. à la Chambre des Comptes de Bretagne. Archives de la Loire-Inférieure, B. Mandements royaux, II, fol. 32.

4722. Lettres enjoignant au sénéchal de Beaucaire de mettre aux enchères les réparations du port d'Aigues-Mortes. Suscinio, 4 août 1532. — 4 août.

Copie. Arch. départ. de l'Hérault, C. États de Languedoc, coll. dom Pacotte, t. VII.

4723. Mandement au trésorier de l'épargne de payer à Edme de Courtenay, dit de Bléneau, 50 livres tournois pour un voyage qu'il va faire vers la reine. Suscinio, 4 août 1532. — 4 août.

Bibl. nat., ms. fr. 15628, n° 198. (*Mention.*)

4724. Mandement au trésorier de l'épargne de payer à Jacques Colin, abbé de Saint-Ambroise, 8 livres 10 sous pour le remboursement de pareille somme que le roi lui a ordonné de donner au concierge de Saint-Ambroise. Suscinio, 4 août 1532. — 4 août.

Bibl. nat., ms. fr. 15628, n° 203. (*Mention.*)

4725. Don de 300 livres sur les salines de Guérande, diocèse de Nantes, à Tristan de Carné, maître d'hôtel de la reine, et mandement de lever toute opposition. Vannes, 7 août 1532. — 7 août.

Enreg. à la Chambre des Comptes de Bretagne. Archives de la Loire-Inférieure, B. Mandements royaux, II, fol. 72.

4726. Mandement à la Chambre des Comptes d'allouer aux comptes du trésorier de l'épargne, Guillaume Prudhomme, 237 livres, prix d'une chaîne d'or que le roi a achetée de François de La Perdelière, capitaine de Caudebec. Vannes, 7 août 1532. — 7 août.

Bibl. nat., ms. fr. 15628, n° 195. (*Mention.*)

4727. Mandement à la Chambre des Comptes de Paris d'allouer aux comptes de Guillaume Prudhomme, trésorier de l'épargne, 106 livres tournois qu'il a payées à Jean Le Vaillant, or- — 7 août.

fèvre suivant la cour, pour une chaîne d'argent à gros chaînons que le roi a donnée à un prêtre breton qui s'est trouvé le plus fort lutteur parmi nombre de paysans. Vannes, 7 août 1532. 1532.

Bibl. nat., ms. fr. 15628, n° 204. (*Mention.*)

4728. Don au s^r de Bonnes, maître d'hôtel ordinaire du roi, de tous les fruits, profits, revenus et émoluments adjugés au roi par arrêt du Parlement de Rouen du 17 juillet 1532, touchant les foires de Guibray. Vannes, 8 août 1532. 8 août.

Arch. nat., *Acquits sur l'épargne*, J. 962, n° 1. (*Mention.*)

(Cf. ci-dessous au 18 août, n° 4755.)

4729. Mandement au trésorier de l'épargne de payer au s^r de Langey 373 livres 10 sous tournois pour les distribuer à certaines personnes que le roi lui a indiquées et dont il veut tenir les noms secrets. Vannes, 8 août 1532. 8 août.

Bibl. nat., ms. fr. 15628, n° 197. (*Mention.*)

4730. Provisions, en faveur de Jean Laguette, conseiller du roi, de l'office de trésorier et receveur général des finances extraordinaires et parties casuelles. 10 août 1532. 10 août.

Bibl. nat., ms. Clairambault 782, fol. 289. (*Mention.*)

4731. Lettres en faveur de Jean de Vesc, chevalier, s^r de Grimaud, panetier ordinaire du roi, et de Madeleine de Montlor, sa femme. 10 août 1532. 10 août.

Bibl. nat., ms. Clairambault 782, fol. 289. (*Mention.*)

4732. Provisions, en faveur d'Antoine Des Prez, seigneur de Montpezat et du Fou, gentilhomme ordinaire de la chambre du roi, des offices de sénéchal de Poitou et de capitaine du château de Poitiers. Ancenis, 12 août 1532. 12 août.

Présentées au Parl. de Paris, le 27 mars 1533 n. s. Arch. nat., X^{1a} 4893, fol. 496 v°.

4733. Lettres contenant un règlement pour modérer le luxe des habits, des tables, des équipages de tous les officiers qui manient les deniers royaux, avec confirmation de l'ordonnance du 1er juin 1532 (nº 4600), concernant les cabaretiers. Nantes, 13 août 1532. 1532. 13 août.

Enreg. au Châtelet de Paris, Bannières. Arch. nat., Y. 9, fol. 13. 3 pages.
Enreg. à la Chambre des Comptes de Grenoble. Arch. de l'Isère, B. 2909, cah. 14, fol. 147. 7 pages.

4734. Provisions de l'office de conseiller correcteur en la Chambre des Comptes de Paris pour Clérambault Le Clerc au lieu de Geoffroy Le Roux. Nantes, 14 août 1532. 14 août.

Reçu à la Chambre des Comptes, le 5 octobre 1532, anc. mém. 2 G, fol. 18. *Arch. nat., invent.* PP. 136, p. 389. (*Mention.*)
Bibl. nat., ms. Clairambault 782, fol. 289. (*Mention.*)

4735. Mandement à Jean Laguette, receveur général des finances et parties casuelles, de délivrer à Jean Godet, trésorier de l'extraordinaire des guerres, « pour le fait de Suisse », 16,000 livres sur les 34,000 livres que le général Spifame a été condamné à restituer au roi par arrêt des juges de la Tour carrée, du 5 juillet précédent. Nantes, 14 août 1532. 14 août.

Arch. nat., Acquits sur l'épargne, J. 962, nº 55. (*Mention.*)

4736. Mandement à Jean Laguette de bailler à Jean Godet 6,000 livres sur les deniers provenant de Nicole Robillart, vicomte de Gisors, pour partie de la coupe des bois de haute futaie de ladite vicomté, dont le roi a donné compensation à Madame Renée de France, duchesse de Ferrare. Nantes, 14 août 1532. 14 août.

Arch. nat., Acquits sur l'épargne, J. 962, nº 55. (*Mention.*)

4737. Mandement à Jean Laguette de bailler à Jean Godet 4,000 livres sur les deniers recueillis 14 août.

par Nicolas de Pierrevive, receveur ordinaire de Lyon, provenant de la vente des draps de soie confisqués sur les Génois. Nantes, 14 août 1532. 1532.

Arch. nat., Acquits sur l'épargne, J. 962, n° 55. (*Mention.*)

4738. Mandement à Jean Laguette de délivrer à Jean Godet 12,000 livres sur les deniers provenant du s[r] de Grimaud pour le rachat et réméré des terres des Eparres et Serpaize en Dauphiné, prises en déduction des 200,000 livres auxquelles a été condamné envers le roi Henri Bohier, général des finances. Nantes, 14 août 1532. 14 août.

Arch. nat., Acquits sur l'épargne, J. 962, n° 55. (*Mention.*)

4739. Mandement à Jean Laguette de délivrer à Jean Godet 4,168 livres, reste du compte de Guy Milletot, naguère receveur général de Bourgogne, pour une demi-année finie le 30 juin 1531. Nantes, 14 août 1532. 14 août.

Arch. nat., Acquits sur l'épargne, J. 962, n° 55. (*Mention.*)

4740. Mandement au trésorier de l'épargne de payer à Jean de Vimont, trésorier de la marine, 500 livres tournois pour achever la galère que le roi a commandée au Havre. Nantes, 14 août 1532. 14 août.

Bibl. nat., ms. fr. 15628, n° 189. (*Mention.*)

4741. Ordonnance décriant diverses monnaies étrangères, telles que les niquels, les savoisiens, des deniers nommés *vaches*, et autres espèces fabriquées à Lausanne. Nantes, 16 août 1532. 16 août.

Enreg. à la Cour des Monnaies. Arch. nat., Z[1b] 62, fol. 226. 1 page.
IMP. *Loix, statuts et ordonnances royaux, de saint Louis à François Ier*, Paris, 1542, in-fol., 2e partie, fol. 64.

4742. Mandement au Parlement de Bordeaux de poursuivre les fauteurs d'un soulèvement et de 16 août.

violences exercées contre l'évêque de Saintes, Julien Soderini. Nantes, 16 août 1532. 1532.

Enreg. au Parl. de Bordeaux, sans date. Arch. de la Gironde, B. 30 *bis*, fol. 165 v°. 10 pages.

4743. Mandement aux commissaires chargés de la réunion des parties du domaine royal aliénées de délivrer à Robert d'Acigné la jouissance du greffe de la juridiction de Rennes et de cesser toute opposition. Nantes, 16 août 1532. 16 août.

Enreg. à la Chambre des Comptes de Bretagne. Archives de la Loire-Inférieure, B. *Mandements royaux*, II, fol. 64.

4744. Don au s[r] Des Ruaux (*alias* Des Réaux), maître d'hôtel du roi, de 1,000 écus soleil sur les deniers provenant de la vente des offices de receveur des aides de la ville d'Auxerre et de contrôleur du grenier à sel de Sancerre, en récompense de ses gages de la capitainerie de Montargis qui lui sont dus de plusieurs années. Nantes, 16 août 1532. 16 août.

Arch. nat., Acquits sur l'épargne, J. 962, n° 2. (*Mention.*)

4745. Don au s[r] de Dampierre de la somme de 6,000 livres tournois et de tout ce que le roi peut prétendre sur les biens de Pierre Toutin, sergent à Valognes, condamné à l'amende et à la confiscation. Nantes, 16 août 1532. 16 août.

Arch. nat., Acquits sur l'épargne, J. 962, n° 2. (*Mention.*)

4746. Mandement aux gens des comptes et généraux des finances de donner décharge sur le principal de leur ferme aux receveurs et fermiers de la traite d'Ingrande des droits de 35 tonneaux de vin qu'Étienne Fromont, sommelier d'échansonnerie du roi, a fait venir par la Loire, aux mois d'avril, juin et juillet 1532, à Châteaubriant et à Nantes, pour l'approvisionnement de la maison du roi. Nantes, 17 août 1532. 17 août.

Arch. nat., Acquits sur l'épargne, J. 962, n° 3. (*Mention.*)

4747. Don à Mathurin Guret et à Robert Villavoine, écuyers de cuisine du roi, de la somme de 100 écus soleil sur les amendes prononcées au Parlement de Paris. Nantes, 17 août 1532. — 1532. 17 août.

Arch. nat., Acquits sur l'épargne, J. 962, n° 3. (*Mention.*)

4748. Don et remise faite au maréchal Trivulce de 500 écus d'or soleil, montant de la finance de ses lettres de naturalité. Nantes, 17 août 1532. — 17 août.

Arch. nat., Acquits sur l'épargne, J. 962, n° 3. (*Mention.*)

4749. Don pour dix ans au s[r] de Dinteville, bailli de Troyes, d'une maison appartenant au roi en cette ville, pour y faire sa demeure, à partir du 24 février 1532 n. s. Nantes, 17 août 1532. — 17 août.

Arch. nat., Acquits sur l'épargne, J. 962, n° 3. (*Mention.*)

4750. Don à Claude Marieu, gentilhomme de la maison de Monsieur de Montmorency, grand maître de France, d'une somme de 700 livres sur des amendes prononcées au Parlement de Dauphiné. Nantes, 17 août 1532. — 17 août.

Arch. nat., Acquits sur l'épargne, J. 962, n° 3. (*Mention.*)

4751. Don de 240 livres tournois, pour ses gages de la présente année, à Villeneuve, valet de chambre ordinaire du roi, que l'on avait omis de coucher sur les états. Nantes, 17 août 1532. — 17 août.

Arch. nat., Acquits sur l'épargne, J. 962, n° 3. (*Mention.*)

4752. Don pour cinq ans aux habitants de Vannes de 400 livres à prendre chaque année sur les droits perçus par le roi sur le port et havre de cette ville, pour les employer à l'achèvement dudit port. Nantes, 17 août 1532. — 17 août.

Arch. nat., Acquits sur l'épargne, J. 932, n° 3. (*Mention.*)

4753. Remboursement à Pierre Spina de 75 écus soleil par lui payés à la chancellerie romaine pour l'expédition de la bulle des clercs tonsurés. Nantes, 17 août 1532. — 1532. 17 août.

Arch. nat., Acquits sur l'épargne, J. 962, n° 3. (*Mention.*)

4754. Exemption de l'impôt des aides octroyée aux habitants de la ville de Vannes, valable pour dix ans. Nantes, 18 août 1532. — 18 août.

Enreg. à la Chambre des Comptes de Bretagne. Archives de la Loire-Inférieure, B. *Mandements royaux*, II, fol. 43.

Arch. nat., Acquits sur l'épargne, J. 962, n° 3. (*Mention.*)

4755. Don à Robert de La Martonie, chevalier, s[r] de Bonnes, conseiller et maître d'hôtel ordinaire du roi, des droits des foires de Guibray. Nantes, 18 août 1532. — 18 août.

Bibl. nat., ms. Clairambault 782, fol. 289. (*Mention*).

(Cf. ci-dessus au 8 août, n° 4728.)

4756. Mandement au trésorier de l'épargne de payer 840 livres à Guillaume Du Bellay, seigneur de Langey, gentilhomme de la chambre du roi, qui va partir de Nantes le jour même pour aller auprès du roi d'Angleterre. Nantes, 18 août 1532. — 18 août.

Bibl. nat., ms. fr. 15628, n° 196, et ms. Clairambault 1215, fol. 70. (*Mentions.*)

4757. Mandement au trésorier de l'épargne de payer à Pierre Rousseau, trésorier de l'argenterie du dauphin, des ducs d'Orléans et d'Angoulême, 219 livres 9 sous tournois pour l'achat de l'or et la façon d'une couronne ducale commandée à Vannes, «pour servir au couronnement et première entrée de Monsieur le daulphin en la ville de Rennes comme duc, propriétaire du duché de Bretaigne». Nantes, 19 août 1532. — 19 août.

Bibl. nat., ms. fr. 15628, n° 257. (*Mention.*)

4758. Mandement au trésorier de l'épargne de payer à — 19 août.

Gatien Deplais, demeurant à Tours, 28,108 livres 3 sous 2 deniers tournois complétant les 56,216 livres 6 sous 4 deniers tournois que le roi lui a ordonnés pour plusieurs pièces d'argenterie qu'il a fournies lors de l'entrevue d'Ardres, en 1520. Nantes, 19 août 1532. — 1532.

Bibl. nat., ms. fr. 15628, n° 577. (*Mention.*)

4759. Mandement au trésorier de l'épargne de payer à Jean-Joachim de Passano 13,058 livres 12 sous tournois complétant les 150,396 livres 17 sous tournois dus en Angleterre au terme de mai, y compris les frais du change. Nantes, 20 août 1532. — 20 août.

Bibl. nat., ms. fr. 15628, n° 235. (*Mention.*)

4760. Déclaration portant que le roi seul peut autoriser le transport des grains et denrées hors du royaume. Nantes, 22 août 1532. — 22 août.

IMP. R. Choppin, *De dom. Franciæ, lib. III, tit. 25, n° 5*, in-fol., Paris, 1605, p. 659. (*Mention.*)

4761. Mandement au trésorier de l'épargne de payer à Jean Godet, commis à faire le payement des frais extraordinaires des guerres, 600 livres tournois pour la solde du premier trimestre de l'année courante de 40 mortes-payes chargés de la défense des places du Languedoc et répartis ainsi : 20 à Narbonne, 6 à Pierre-Perthuis, 4 à Quérigut et 10 à Leucate. Nantes, 22 août 1532. — 22 août.

Trois autres mandements semblables et de même date, pour chacun des trois derniers quartiers de l'année 1532.

Bibl. nat., ms. fr. 15628, n°s 114, 242, 520 et 544. (*Mentions.*)

4762. Mandement à la chambre des comptes de Paris d'allouer aux comptes de Guillaume Prudhomme, trésorier de l'épargne, 2,000 livres tournois qu'il a données comptant au roi. Nantes, 22 août 1532. — 22 août.

Bibl. nat., ms. fr. 15628, n° 169. (*Mention.*)

4763. Lettres autorisant le trésorier de l'épargne, Guillaume Prudhomme, à recevoir comptant de Noël Barbillon, commis à la recette générale de Bretagne, 5,000 livres tournois des deniers du deuxième trimestre de la présente année, sans faire apporter cette somme au trésor du Louvre. Nantes, 22 août 1522. 1532. 22 août.

Bibl. nat., ms. fr. 15628, n° 182. (*Mention.*)

4764. Lettres confirmatives de l'indult octroyé à Rome, aux calendes d'août 1530, au cardinal de Lorraine, par le pape Clément VII, concernant la collation des bénéfices ecclésiastiques qui lui est accordée dans toute l'étendue de son évêché (texte latin). Nantes, 23 août 1532 (texte français). 23 août.

Enreg. au Parl. de Toulouse, le 12 août 1533. Arch. de la Haute-Garonne, Édits, reg. 4, fol. 7. 1 page 1/2.

Enreg. au Parl. de Grenoble, le 11 mars 1533. Arch. de l'Isère, chambre des comptes de Grenoble, B. 2909, cah. 29. 2 pages.

4765. Mandement aux gens des comptes de Bretagne et aux commissaires de la réunion des domaines aliénés, portant que le roi n'entend pas comprendre dans l'édit de réunion le comté de Penthièvre, ni les seigneuries de Lamballe et de Moncontour, ni les ports entre le Couësnon et l'Arguenon, ni la vicomté de Loyaux dont il a donné l'usufruit à vie au duc de Guise, avec pouvoir de lui présenter un receveur ordinaire des revenus. Nantes, 23 août 1532. 23 août.

Enreg. à la chambre des comptes de Bretagne. Archives de la Loire-Inférieure, B. *Mandements royaux*, II, fol. 57.

4766. Provisions de l'office de secrétaire auditeur de la chambre des comptes de Bretagne accordées à François Davy, office dont s'est démis son père, Guillaume Davy, seigneur de Kerscomarch. Nantes, 23 août 1532. 23 août.

Enreg. à la chambre des comptes de Bretagne. Archives de la Loire-Inférieure, B. *Mandements royaux*, II, fol. 110.

4767. Édit de suppression de tous péages et subsides imposés sur les marchands par les seigneurs particuliers, depuis cent ans, à moins qu'ils n'aient titres du roi ou de ses prédécesseurs, ou bien possession immémoriale. Nantes, 24 août 1532. — 1532. 24 août.

Enreg. à la chambre des comptes de Grenoble. Arch. de l'Isère, B. 2909, cah. 13. 12 pages.
Copie sur parchemin. Arch. de la Drôme, collect. d'édits, etc.

4768. Mandement à la chambre des comptes de Paris d'allouer aux comptes de Guillaume Prudhomme, trésorier de l'épargne, 696 livres tournois qu'il a données comptant au roi ce jour-là même, pour distribuer à trois gentilshommes bretons et à quatre prêtres de l'*estat comman* que S. M. a trouvés bons lutteurs. Nantes, 24 août 1532. — 24 août.

Bibl. nat., ms. fr. 15628, n° 170. (*Mention.*)

4769. Mandement au trésorier de l'épargne de payer à Jean de Vimont, trésorier de la marine, 1,500 livres tournois pour le payement des capitaines et marins montant les galères *le Saint-Jean* et *le Saint-Pierre* que le roi a ordonné de mener de Nantes à Honfleur. Nantes, 24 août 1532. — 24 août.

Bibl. nat., ms. fr. 15628, n° 190. (*Mention.*)

4770. Mandement au trésorier de l'épargne de payer à Hébert Gohoret, maître charpentier et constructeur de navires, 60 livres tournois pour les bons services qu'il a rendus au roi. Nantes, 24 août 1532. — 24 août.

Bibl. nat., ms. fr. 15628, n° 201. (*Mention.*)

4771. Mandement au trésorier de l'épargne de payer à Jacques de Fontaines, s[r] de Mourmoulins, gentilhomme de l'hôtel du roi sous la charge du s[r] de Canaples et capitaine de la galère *le Saint-Jean*, nouvellement construite à Brest, 400 livres tournois pour ses bons services. Nantes, 24 août 1532. — 24 août.

Bibl. nat., ms. fr. 15628, n° 202. (*Mention.*)

4772. Mandement à Thomas Roullon, receveur des exploits, amendes, forfaitures et confiscations des Eaux et forêts du royaume, de délivrer 20,000 livres tournois à Jean Laguette, receveur général des finances extraordinaires et parties casuelles. Nantes, 25 août 1532. — 1532. 25 août.

Arch. nat., Acquits sur l'épargne, J. 962, n° 4. (*Mention.*)

4773. Mandement à Jean Laguette de fournir 20,000 livres tournois à Jérôme Fer, gentilhomme de Savone, comme complément de la somme de 30,000 livres à lui ordonnée pour la conduite de la grande nef appelée *la Françoise* du Havre-de-Grâce à Marseille ou à Toulon. Nantes, 25 août 1532. — 25 août.

Arch. nat., Acquits sur l'épargne, J. 962, n° 4. (*Mention.*)

4774. Décharge à Jean Laguette de 28 écus d'or soleil par lui payés à Jeannot Guynier, chevaucheur d'écurie, pour un voyage de Châteaubriant à Paris, où il alla, au mois de juin précédent, porter des lettres de Sa Majesté à l'avocat du roi et au procureur général près le Parlement. Nantes, 25 août 1532. — 25 août.

Arch. nat., Acquits sur l'épargne, J. 962, n° 4. (*Mention.*)

4775. Mandement aux trésoriers de France et de l'épargne de faire payer chaque année, par le receveur ordinaire de Bourbonnais, à Jean Fraguier, auditeur des comptes à Paris et naguère président de la chambre des comptes du Bourbonnais, les gages de cet office de président tels qu'il les avait du vivant de la duchesse d'Angoulême et nonobstant la suppression dudit office, depuis le jour de cette suppression jusqu'à ce qu'il soit pourvu d'un autre état équivalent. Nantes, 25 août 1532. — 25 août.

Arch. nat., Acquits sur l'épargne, J. 962, n° 4. (*Mention.*)

4776. Mandement à Jean Laguette de payer à François — 25 août.

de Scepeaux, s[r] de Vieilleville, la somme de 200 écus soleil dont le roi lui a fait don sur les deniers provenant d'un office d'enquêteur à Angers, vacant par le décès de Jacques Le Camus. Nantes, 25 août 1532. 1532.

Arch. nat., Acquits sur l'épargne, J. 962, n° 4. (*Mention.*)

4777. Don à Fernand d'Astoville, natif de Burgos, en Espagne, des droits de chancellerie dus pour ses lettres de naturalité, accordé à la requête de Mme de Traves. Nantes, 25 août 1532. 25 août.

Arch. nat., Acquits sur l'épargne, J. 962, n° 4. (*Mention.*)

(Voir ci-dessus, juin 1532, n° 4679.)

4778. Don à Benoît Théocrène de la somme de 1,200 écus soleil en récompense des soins qu'il donne aux fils du roi, dont il est le précepteur. Nantes, 25 août 1532. 25 août.

Arch. nat., Acquits sur l'épargne, J. 962, n° 4. (*Mention.*)

4779. Provision adressée à la Chambre des Comptes pour faire payer chaque année par l'audiencier de France à Jacques Le Clerc, dit de Coictier, rapporteur et correcteur des lettres de la chancellerie, ses gages et pension dudit office sur le revenu et émolument du sceau, ainsi qu'il a été fait pour ses prédécesseurs, Jean Bailly et Antoine Du Bourg. Nantes, 25 août 1532. 25 août.

Arch. nat., Acquits sur l'épargne, J. 962, n° 4. (*Mention.*)

4780. Mandement à Jean Laguette de payer à Louis Berlant, dit La Gastière, et à Alard Plomier marchands lapidaires, la somme de 34,805 livres tournois à eux due par le roi pour certaines pierreries qu'il leur a achetées, sur l'amende prononcée par les juges de la Tour carrée contre le général Spifame. Nantes, 25 août 1532. 25 août.

Arch. nat., Acquits sur l'épargne, J. 962, n° 4. (*Mention.*)

4781. Don, à la requête de Madame Marguerite, à Jean Bouju, panetier ordinaire de Mesdames, et à Claude Grappinart, valet de chambre du duc d'Angoulême, de la somme de 500 livres tournois sur les droits fixés par les gens des comptes pour l'amortissement d'un domaine que Jean Boucart, trésorier de l'église de Ménigoute en Poitou, a donné pour la fondation d'un hôpital. Nantes, 25 août 1532. — 1532. 25 août.

Arch. nat., Acquits sur l'épargne, J. 962, n° 4. (*Mention.*)

4782. Mandement pour faire délivrer pendant trois ans à Geoffroy Tavel, s[r] de Grangis, les revenus des terres et seigneuries de la Bussière, Bellecombe et Avallon, par les mains du receveur général de Dauphiné. Nantes, 25 août 1532. — 25 août.

Arch. nat., Acquits sur l'épargne, J. 962, n° 4. (*Mention.*)

4783. Lettres ordonnant une somme de 2,934 livres 13 sous 1 denier pite tournois pour la passe (supplément de dépense) de la maison des enfants de France pour le premier semestre de l'année courante. Nantes, 25 août 1532. — 25 août.

Arch. nat., Acquits sur l'épargne, J. 962, n° 4. (*Mention.*)

4784. Lettres ordonnant une somme de 300 livres pour la dépense des chiens des enfants de France. Nantes, 25 août 1532. — 25 août.

Arch. nat., Acquits sur l'épargne, J. 962, n° 4. (*Mention.*)

4785. Mandement au trésorier de l'épargne de payer à François Malvault, receveur et payeur de l'écurie du roi, 10,000 livres tournois complétant les 19,745 livres que le roi lui a ordonnées, à répartir ainsi : 12,600 livres tournois pour les *journades* des capitaines et les *hocquetons* des archers de la garde commandés par les s[rs] d'Aubigny et de Nançay, des fourriers et des portiers de l'hôtel, et des fourriers de l'écurie, et pour les *plumeaux* des cent gardes — 25 août.

suisses; et 7,145 livres 2 sous 10 deniers tournois pour les *journades* et *hocquetons* du capitaine de Chavigny et du sénéchal d'Agenais, et des archers qu'ils commandent, le tout pendant la présente année. Nantes, 25 août 1532. 1532.

Bibl. nat., ms. fr. 15628, n° 183. (*Mention.*)

4786. Don et concession des foins à récolter sur les Prés-au-Duc, situés près la ville de Vannes, octroyés à Jean de Kermeno, capitaine du château de l'Hermine, à Vannes, pour la nourriture des cerfs, biches et daims élevés dans le parc, en dédommagement des frais qu'il avait faits pour ces animaux pendant un hiver d'inondation. Nantes, 26 août 1532. 26 août.

Enreg. à la chambre des comptes de Bretagne. Arch. de la Loire-Inférieure, B. *Mandements*, II, fol. 43.

4787. Mandement au trésorier de l'épargne de payer à Thomas des Cardes (dei Cardi), écuyer ordinaire de l'écurie du roi, 500 livres tournois pour sa pension de l'année 1531. Nantes, 27 août 1532[1]. 27 août.

Bibl. nat., ms. fr. 15628, n° 191. (*Mention.*)

Arch. nat., *Acquits sur l'épargne*, J. 962, n° 4. (*Mention.*)

4788. Commission de garde et concierge de la chambre des comptes de Bretagne adressée à Guillaume Meneust, pour jouir de cet office comme en jouissait son père. Nantes, 28 août 1532. 28 août.

Enreg. à la chambre des comptes de Bretagne. Archives de la Loire-Inférieure, B. *Mandements royaux*, II, fol. 31.

4789. Don à Jeanne de Casault, dame de Champiré, veuve d'Olivier Baraton, du revenu du pré de Bièce, près de la ville de Nantes. Nantes, 28 août 1532. 28 août.

Enreg. à la chambre des comptes de Bretagne. Archives de la Loire-Inférieure, B. *Mandements*, II, fol. 46.

Arch. nat., *Acquits sur l'épargne*, J. 962, n° 5. (*Mention.*)

[1] Le 25 août, suivant les *Acquits sur l'épargne*.

4790. Provisions en faveur de François de Montmorency, s[r] de la Rochepot, chevalier de l'ordre, de l'office de bailli du Palais, en remplacement de feu François Robertet, conseiller et secrétaire des finances. Nantes, 28 août 1532[(1)]. 1532. 28 août.

Copie. Bibl. nat., coll. Fontanieu, vol. 231 (à la date).
Bibl. nat., ms. Clairambault 782, fol. 289. (*Mention.*)
Reçu au Conseil du Parl. de Paris, le 16 septembre suivant. Arch. nat., X[1a] 1535, fol. 465. (*Mention.*)

4791. Provisions en faveur de Guillaume Bochetel de l'office de secrétaire des finances. Nantes, 28 août 1532. 28 août.

Bibl. nat., ms. Clairambault 782, fol. 289. (*Mention.*)

4792. Don à Jean Ruzé, naguère receveur général d'Outre-Seine et Yonne, de la somme de 6,312 livres tournois en compensation des dommages et pertes qu'il a éprouvés dans l'emprunt de 41,500 livres prêtées au roi et envoyées à Bayonne pour la délivrance du dauphin et du duc d'Orléans. Nantes, 28 août 1532. 28 août.

Arch. nat., Acquits sur l'épargne, J. 962, n° 5. (*Mention.*)

4793. Mandement à Jean Laguette pour payer chaque année 565 livres tournois à Louis Caillaud, solliciteur général des procès et affaires de feu la duchesse d'Angoulême, comme du vivant de ladite dame. Nantes, 28 août 1532. 28 août.

Arch. nat., Acquits sur l'épargne, J. 962, n° 5. (*Mention.*)

4794. Don à Julien d'Avaugour, s[r] de Saint-Laurent, de la somme de 1,000 livres tournois sur les rachats et devoirs seigneuriaux dus au roi par la succession de Catherine de Montauban, 28 août.

(1) Le 27, d'après le registre du Parlement.

dame du Bois-de-la-Roche. Nantes, 28 août 1532. 1532.

Arch. nat., Acquits sur l'épargne, J. 962, n° 5. (*Mention.*)

4795. Don au comte de Laval du revenu, émolument, amendes et confiscations du grenier à sel établi à Laval durant l'année qui finira le 31 décembre 1532. Nantes, 28 août 1532. 28 août.

Arch. nat., Acquits sur le domaine, J. 962, n° 5. (*Mention.*)

4796. Mandement au trésorier de l'épargne de délivrer à Nicolas de Troyes, argentier du roi, 320 livres tournois pour l'achat de seize aunes de toile d'argent destinées à l'habillement de Mesdames Madeleine et Marguerite de France. Nantes, 28 août 1532. 28 août.

Arch. nat., Acquits sur l'épargne, J. 962, n° 5. (*Mention.*)
Bibl. nat., ms. fr. 15628, n° 555. (*Mention.*)

4797. Mandement au trésorier de l'épargne de payer pendant trois ans à Tristan de Carné, maître d'hôtel de la reine, 300 livres qu'il avait coutume de prendre sur les revenus des salines et marais de Guérande. Nantes, 28 août 1532. 28 août.

Arch. nat., Acquits sur l'épargne, J. 962, n° 5. (*Mention.*)
Double au 29 août. *Id., ibid.*, n° 6. (*Mention.*)

4798. Permission à Emmanuel Collacio, clerc du diocèse d'Albe, de posséder des bénéfices en France jusqu'à la somme de 500 livres. Nantes, 28 août 1532. 28 août.

Arch. nat., Acquits sur l'épargne, J. 962, n° 5. (*Mention.*)

4799. Don au capitaine de Vannes de la jouissance des prés dits les Prés-au-Duc, près le parc du château de cette ville, pour l'entretien des cerfs et daims dudit parc. Nantes, 28 août 1532. 28 août.

Arch. nat., Acquits sur l'épargne, J. 962, n° 5. (*Mention.*)

IMPRIMERIE NATIONALE.

4800. Don à Jean Lemoyne, huissier de salle du roi, et à Arthus Charlemagne, de 200 écus soleil sur l'office de contrôleur du grenier à sel de Melun, vacant par le décès de Simon Tappereau. Nantes, 28 août 1532. 1532. 28 août.

Arch. nat., *Acquits sur l'épargne*, J. 962, n° 5. (*Mention.*)

4801. Don au comte de Laval, mineur, des ventes, rachats et autres devoirs seigneuriaux dus au roi à cause du transport des deux tiers de la terre d'Acquigny au bailliage de Rouen, fait par le feu comte de Laval à madame de Daillon, sa femme. Nantes, 28 août 1532. 28 août.

Arch. nat., *Acquits sur l'épargne*, J. 962, n° 5. (*Mention.*)

4802. Lettres de traite pour monsieur de Châteaubriant de 300 pipes de vin pour l'approvisionnement de ses maisons de Bretagne. Nantes, 28 août 1532. 28 août.

Arch. nat., *Acquits sur l'épargne*, J. 962, n° 5. (*Mention.*)

4803. Lettres de décharge au receveur ordinaire de Châtellerault de la somme de 100 livres tournois qu'il a fournie par ordonnance de feu la duchesse d'Angoulême pour la construction de l'hôpital de cette ville. Nantes, 28 août 1532. 28 août.

Arch. nat., *Acquits sur l'épargne*, J. 962, n° 5. (*Mention.*)

4804. Don au *barbier des pestes* de Nantes de 50 livres par an pendant trois ans, somme qu'il recevait « avant la mutacion de l'ordre des finances ». Nantes, 28 août 1532. 28 août.

Arch. nat., *Acquits sur l'épargne*, J. 962, n° 5. (*Mention.*)

4805. Mandement au trésorier de l'épargne de payer à la marquise douairière de Saluces 250 livres tournois que le roi lui a données pour l'aider à supporter les dépenses qu'elle a dû faire dans la poursuite de quelques procès. Nantes, 28 août 1532. 28 août.

Bibl. nat., ms. fr. 15628, n° 187. (*Mention.*)

4806. Mandement relatif à la publication et à l'exécution des lettres accordées à la chambre des comptes de Provence au sujet de son différend avec le Parlement d'Aix. Nantes, 29 août 1532. — 1532. 29 août.

Enreg. à la chambre des comptes de Provence, le 26 mars 1533 n. s. Arch. des Bouches-du-Rhône, B. 32, (*Scorpionis*), fol. 95.
(Voir au 19 mai 1529, n° 3383.)

4807. Mandement aux gens des comptes de Bretagne de laisser Tristan de Carné, maître d'hôtel de la reine, jouir pendant trois ans des 300 livres de rente qui lui ont été assignées sur les marais de Guérande. Nantes, 29 août 1532. — 29 août.

Enreg. à la chambre des comptes de Bretagne. Archives de la Loire-Inférieure, B. *Mandements royaux*, II, fol. 73.

4808. Mandement pour faire délivrer à mademoiselle Hilaire de Marconnay 200 livres tournois par an pendant trois ans, savoir : 50 livres sur la cense des meubles de la Moulière au duché de Châtellerault; 50 livres sur les maisons, métairie et dépendances de la Berlandière, appelées les Roches; et 100 livres sur les moulins d'Estrée, comme elle les percevait avant la saisie opérée par les commissaires sur le fait de la réunion du domaine. Nantes, 29 août 1532. — 29 août.

Arch. nat., Acquits sur le domaine, J. 962, n° 6. (*Mention.*)

4809. Don et quittance au s[r] du Puiset, beau-frère du s[r] de La Ferté, de la somme de 400 livres d'amende à laquelle il avait été condamné envers le roi. Nantes, 29 août 1532. — 29 août.

Arch. nat., Acquits sur l'épargne, J. 962, n° 6. (*Mention.*)

4810. Lettres ordonnant au trésorier de l'épargne de délivrer 1,200 livres tournois au personnage que désignera le s[r] de Savonnières, maître d'hôtel du roi, pour conduire à Boulogne-sur-Mer les vins nécessaires à l'approvisionnement — 29 août.

de la maison du roi pendant son entrevue avec le roi d'Angleterre. Nantes, 29 août 1532. 1532.

Arch. nat., Acquits sur l'épargne, J. 962, n° 6. (*Mention.*)

4811. Don de 400 livres pour ses gages d'écuyer d'écurie du roi de la présente année au s[r] de Dampierre, qu'on avait omis d'inscrire sur les états. Nantes, 29 août 1532. 29 août.

Arch. nat., Acquits sur l'épargne, J. 962, n° 6. (*Mention.*)

4812. Continuation, en faveur des habitants de Dol, de l'affranchissement et exemption de leur part des aides du duché de Bretagne, jusqu'à la somme de 160 livres par année. Nantes, 29 août 1532. 29 août.

Arch. nat., Acquits sur l'épargne, J. 962, n° 6. (*Mention.*)

4813. Permission aux habitants du Croisic d'acheter le blé nécessaire à leur consommation et à l'approvisionnement de leurs navires dans n'importe quelle partie de la Bretagne, soit en échange de leur sel, soit autrement de gré à gré. Nantes, 29 août 1532. 29 août.

Arch. nat., Acquits sur l'épargne, J. 962, n° 6. (*Mention.*)

4814. Continuation, en faveur des habitants de Dinan, de leur affranchissement des droits de coutume, entrée et issue pour toutes sortes de denrées et marchandises amenées chez eux ou transportées hors de la ville pendant la durée de leurs deux foires annuelles. Nantes, 29 août 1532. 29 août.

Arch. nat., Acquits sur l'épargne, J. 962, n° 6. (*Mention.*)

4815. Continuation pour six ans, en faveur des habitants de Dinan, de l'exemption de leur part des aides du duché de Bretagne montant à la somme de 700 livres par an, faveur concédée par les prédécesseurs du roi et déjà renou- 29 août.

velée à plusieurs reprises. Nantes, 29 août 1532[1]. 1532.

Arch. nat., Acquits sur l'épargne, J. 962, n° 6. (*Mention.*)

Enreg. à la chambre des comptes de Bretagne. Arch. de la Loire-Inférieure, B. *Mandements*, II, fol. 67.

4816. Prorogation en faveur des habitants de Dinan de divers octrois sur les vins, cidres et autres denrées dont ils jouissent ordinairement. Nantes, 29 août 1532. 29 août.

Arch. nat., Acquits sur l'épargne, J. 962, n° 6. (*Mention.*)

4817. Mandement au trésorier de l'épargne de payer à Jean Bourdineau, clerc des offices de l'hôtel du roi, 500 livres tournois pour les frais des voitures qui ont apporté de Paris, Blois et Amboise à Nantes des tapisseries pour le roi. Nantes, 29 août 1532. 29 août.

Bibl. nat., ms. fr. 15628, n° 192. (*Mention.*)

4818. Mandement aux commissaires royaux de restituer à la veuve de Laurent de Gorrevod, comte de Pont-de-Vaux, les terres de Chalamont et de Montmerle. Nantes, 30 août 1532. 30 août.

Copie. Archives de la ville de Lyon, AA. 5, n° 16.

4819. Continuation en faveur des habitants du Croisic de l'octroi des droits de billot et apetissement des vins vendus en détail dans la ville et dans l'île de Batz, pour en employer le produit à l'entretien du port, des quais et du château. Nantes, 30 août 1532. 30 août.

Arch. nat., Acquits sur l'épargne, J. 962, n° 7. (*Mention.*)

4820. Don à Jacques Gencien, contrôleur du domaine de Paris, de la somme de 700 livres tournois à prendre sur le quart des droits et devoirs seigneuriaux, lods, ventes, quints, requints, 30 août.

[1] Ces lettres portent la date du 30 août sur les registres de la chambre des comptes de Bretagne.

aubaines et confiscations dont on voulait frauder le roi et que ledit contrôleur a fait rentrer au Trésor en dressant le papier terrier dudit domaine. Nantes, 30 août 1532. -1532.

Arch. nat., Acquits sur l'épargne, J. 962, n° 7. (*Mention.*)

4821. Lettres de naturalité et permission de tester, sans payer finance, pour Jean-Jacques de Dato, natif de Calabre, canonnier ordinaire du roi. Nantes, 30 août 1532. 30 août.

Arch. nat., Acquits sur l'épargne, J. 962, n° 7. (*Mention.*)

4822. Exemption en faveur des Chartreux de Nantes de la somme de 126 livres à laquelle ils ont été taxés pour leur quote-part des quatre derniers décimes. Nantes, 30 août 1532. 30 août.

Arch. nat., Acquits sur l'épargne, J. 962, n° 7. (*Mention.*)

4823. Provision en faveur du président Gentil, pour le payement sur les deniers de la cour, de 1,750 livres qui lui sont dues pour trois années et demie de sa pension qui est de 500 livres par an, outre ses gages de conseiller et président en la chambre des enquêtes du Parlement de Paris. Nantes, 30 août 1532. 30 août.

Arch. nat., Acquits sur l'épargne, J. 962, n° 7. (*Mention.*)

4824. Édit d'union du duché de Bretagne à la couronne de France et confirmation des privilèges et franchises de cette province. Nantes, août 1532. Août.

Original scellé. Arch. nat., Trésor des Chartes, J. 246, n° 126 (Musée, n° 587).

Enreg. au Parl. de Paris, le 18 novembre 1532. Arch. nat., X^{1a} 8612, fol. 300 v°. 4 pages.

Enreg. à la chambre des comptes de Paris. Arch. nat., P. 2306, p. 19. 7 pages.

Idem, P. 2537, fol. 159; AD.IX 123, n° 24.

Copie. Arch. nat., K. 84, n° 24.

IMP. Dom Morice, *Hist. de Bretagne*, in-fol., Paris, 1746, t. III, col. 997.

Recueil paléographique de la Société de l'École des chartes (avec fac-simile). Paris, Quantin, in-fol., 1887.

Imp. d'Argentré.

4825. Lettres données à l'assemblée des États de Bretagne tenue à Vannes, portant nouvelle confirmation des priviléges et franchises de la province. Vannes, août 1532. | 1532. Août.

Imp. Dom Morice, *Hist. de Bretagne*, in-fol., Paris, 1746, t. III, col. 1000.
Isambert, *Anc. lois françaises*, in-8°, t. XII, p. 373.

4826. Lettres de confirmation des franchises et exemptions concédées par la duchesse Anne de Bretagne, en 1490, à Pierre de Rouvres, à Guillaume Eon et à Marie de Rouvres, sa femme, pour la maison qu'ils habitaient. Nantes, août 1532. | Août.

Enreg. à la chambre des comptes de Bretagne. Arch. de la Loire-Inférieure, B. *Mandements*, II, fol. 35.

4827. Provisions en faveur de Jean Menisson de l'office de receveur des barrages et chaussées de la prévôté et vicomté de Paris. 2 septembre 1532. | 2 septembre.

Bibl. nat., ms. Clairambault 728, fol. 289. (*Mention.*)

4828. Lettres d'évocation en la Cour des Aides de tous procès intentés à raison des créances appartenant à la succession de feu Morelet du Museau, général des finances. Le Plessis-Macé, 3 septembre 1532. | 3 septembre.

Pareilles lettres au sujet des créances du s[r] Besnier, receveur général des finances d'Outre-Seine. 3 septembre 1532.

Copies collationnées faites par ordre de la Cour des Aides, le 12 février 1779. Arch. nat., Z[1a] 526.
Arch. nat., *recueil Cromo*, U. 665, fol. 259. (*Mention.*)

4829. Mandement au trésorier de l'épargne de payer à Bénigne Serre, receveur général des finances, 50 livres tournois pour le payement des bateliers et *tirotz* qui ont fait remonter la Loire au train du roi. Le Plessis-Macé, 3 septembre 1532. | 3 septembre.

Bibl. nat., ms. fr. 15628, n° 186. (*Mention.*)

4830. Mandement au trésorier de l'épargne de payer à Adrien Auger, receveur et payeur des gages des officiers du Parlement de Bretagne, 8,622 livres 15 sous tournois pour employer à son office pendant l'année courante. Le Plessis-Macé, 3 septembre 1532. — 1532. 3 septembre.

Bibl. nat., ms. fr. 15628, n° 193. (*Mention.*)

4831. Mandement au trésorier de l'épargne de payer à Pierre Rousseau, chargé de la chambre aux deniers du dauphin, des ducs d'Orléans et d'Angoulême, 3,234 livres 13 sous 7 deniers tournois pour employer au fait de sa commission, soit 2,934 livres 13 sous 1 denier tournois pour le premier semestre de 1532, et 300 livres pour les vêtements et la nourriture de 7 hommes gardiens de 71 chiens appartenant aux enfants du roi, y compris l'entretien desdits chiens. Le Plessis-Macé, 3 septembre 1532. — 3 septembre.

Bibl. nat., ms. fr. 15628, n° 258. (*Mention.*)

4832. Mandement au trésorier de l'épargne de payer à Jean Duval, commis à tenir le compte et faire le payement des cent Suisses de la garde du roi, 4,100 livres tournois pour leur solde du troisième trimestre de l'année courante. Angers, 5 septembre 1532. — 5 septembre.

Semblable mandement, de même date, pour le dernier quartier.

Bibl. nat., ms. fr. 15628, n°s 112 et 353. (*Mentions.*)

4833. Mandement au trésorier de l'épargne de payer à Nicolas de Troyes, argentier du roi, 6,000 livres tournois pour son office pendant le troisième trimestre de l'année courante. Angers, 5 septembre 1532. — 5 septembre.

Semblable mandement et de même date, pour le dernier quartier.

Bibl. nat., ms. fr. 15628, n°s 116 et 447. (*Mentions.*)

4834. Lettres autorisant le trésorier de l'épargne, Guillaume Prudhomme, à recevoir comptant de — 5 septembre.

Pierre Tartereau, commis à la recette générale de Languedoil, 5,000 livres tournois sur le terme de la taille échu le 1er juillet dernier, sans faire apporter cette somme au Trésor du Louvre. Angers, 5 septembre 1532. — 1532.

Bibl. nat., ms. fr. 15628, n° 181. (*Mention.*)

4835. Mandement au trésorier de l'épargne de payer à Toussaint Barin, ancien enfant de la chapelle du roi, 72 livres tournois pour sa pension aux écoles de Paris. Angers, 5 septembre 1532. — 5 septembre.

Bibl. nat., ms. fr. 15628, n° 225. (*Mention.*)

4836. Lettres portant que le Languedoc ne contribuera pas à la levée de 10 deniers tournois sur chaque quarte de sel accordée à la ville de Lyon pour la réparation de ses fortifications. Le Verger, 6 septembre 1532. — 6 septembre.

Copie. Arch. de la ville de Lyon, série CC. *Vidimus du sénéchal de Beaucaire et Nîmes, du 28 octobre 1532. Arch. départ. de l'Hérault*, C. *États de Languedoc*, coll. dom Pacotte, t. VI.
(Cf. ci-dessous 12 septembre, n° 4867.)

4837. Mandement aux élus du Lyonnais leur ordonnant de lever la somme de 32,375 livres 1 sou 5 deniers tournois pour la part de l'élection dans la taille imposée sur tout le royaume. Le Verger, 6 septembre 1532. — 6 septembre.

Copie du XVIe siècle. Bibl. nat., ms. fr. 2702, fol. 168.

4838. Lettres avisant les consuls de Montpellier que les Etats de Languedoc sont convoqués dans cette ville pour le 20 octobre 1532. Beaufort-en-Vallée, 6 septembre 1532. — 6 septembre.

Arch. municipales de Montpellier, AA. États provinciaux.

4839. Provisions en faveur de François Errault de l'office de conseiller lai au Parlement de Paris, vacant par le décès de Louis Fumée. Chantilly (*sic*), 7 septembre 1532 [1]. — 7 septembre.

Reçu au Parl., le 12 novembre 1532. Arch. nat., X1a 1536, *reg. du Conseil*, fol. 2. (*Mention.*)

[1] Si l'indication du lieu est exacte, ces lettres et les suivantes seraient plutôt du 7 octobre 1532.

4840. Provisions d'un office de conseiller lai au Parlement de Paris en faveur de Jean Le Picart, au lieu de feu Martin Le Picart. Chantilly (*sic*), 7 septembre 1532. — 1532. 7 septembre.

Reçu au Parl., le 12 novembre 1532. Arch. nat., X[1a] 1536, *reg. du Conseil*, fol. 2. (*Mention.*)

4841. Don et remise à Jean Luillier, président des Comptes à Paris, des lods et ventes dus au roi à cause de l'acquisition faite par la femme dudit Luillier d'une maison à Paris. Beaufort-en-Vallée, 7 septembre 1532. — 7 septembre.

Arch. nat., Acquits sur l'épargne, J. 962, n° 8. (*Mention.*)

4842. Commission au s[r] Cosnoal pour recevoir les deniers des amendes, confiscations, restes de comptes et déports adjugés au roi en ses pays de Bretagne, et les remettre ensuite entre les mains du trésorier Laguette. Beaufort-en-Vallée, 7 septembre 1532. — 7 septembre.

Arch. nat., Acquits sur l'épargne, J. 962, n° 8. (*Mention.*)

4843. Lettres d'acquit au trésorier de l'épargne de la somme de 200 livres pour la réparation des murailles du bois de Vincennes. Beaufort-en-Vallée, 7 septembre 1532. — 7 septembre.

Arch. nat., Acquits sur l'épargne, J. 962, n° 8. (*Mention.*)

4844. Lettres portant réduction en faveur de Jean Hilaire, naguère fermier des moulins de Châtellerault, de la moitié du prix de sa ferme. Beaufort-en-Vallée, 7 septembre 1532. — 7 septembre.

Arch. nat., Acquits sur l'épargne, J. 962, n° 8. (*Mention.*)

4845. Lettres portant réduction en faveur de Pothon Nepveu, naguère fermier de la prévôté de Châtellerault, de 150 livres tournois par an sur le prix de sa ferme durant les trois années qu'il l'a tenue. Beaufort-en-Vallée, 7 septembre 1532. — 7 septembre.

Arch. nat., Acquits sur l'épargne, J. 962, n° 8. (*Mention.*)

4846. Permission à madame de Rieux de faire conduire par terre ou par eau cent pipes de vin pour l'approvisionnement de ses maisons en Bretagne, sans payer aucun droit. Beaufort-en-Vallée, 7 septembre 1532. — 1532. 7 septembre.

Arch. nat., Acquits sur l'épargne, J. 962, n° 8. (*Mention.*)

4847. Don à Étienne Godemier, huissier de salle du roi, de 100 écus soleil à prendre sur les deniers provenant de la vente et composition de l'office de sergent à cheval au Châtelet de Paris, vacant par le décès d'Alain Moreau, après toutefois que la somme de 10,000 écus que le roi a réservée chaque mois sur les deniers des offices aura été fournie. Beaufort-en-Vallée, 7 septembre 1532. — 7 septembre.

Arch. nat., Acquits sur l'épargne, J. 962, n° 8. (*Mention.*)

4848. Don aux hérauts Champagne et Bretagne de 100 écus soleil à prendre sur les deniers provenant de la vente et composition de l'office de sergent à cheval au Châtelet de Paris, vacant par le décès de Jean Gironnet, après toutefois que les 10,000 écus que le roi a réservés chaque mois sur les deniers des offices auront été fournis. Beaufort-en-Vallée, 7 septembre 1532. — 7 septembre.

Arch. nat., Acquits sur l'épargne, J. 962, n° 8. (*Mention.*)

4849. Remise et quittance à Nicolas Pierres d'une amende de 50 livres à laquelle il avait été condamné envers le roi. Beaufort-en-Vallée, 7 septembre 1532. — 7 septembre.

Arch. nat., Acquits sur l'épargne, J. 962, n° 8. (*Mention.*)

4850. Mandement au trésorier de l'épargne de payer à Pierre de Pinton, écuyer, 200 livres tournois que le roi lui a données en récompense de ses services. Longué, 7 septembre 1532. — 7 septembre.

Bibl. nat., ms. fr. 15628, n° 185. (*Mention.*)

4851. Don à Étienne Colonne d'une somme de 1,000 écus soleil pour l'aider à supporter les frais et dépenses qui lui incombent dans son service auprès du roi. Benais, 9 septembre 1532. — 1532. 9 septembre.

Arch. nat., Acquits sur l'épargne, J. 962, n° 9. (*Mention.*)

4852. Don à Carosi d'une somme de 40 écus soleil sur les parties casuelles pour l'aider à avoir un cheval et à s'entretenir au service du dauphin, en attendant qu'il soit pourvu. Benais, 9 septembre 1532. — 9 septembre.

Arch. nat., Acquits sur l'épargne, J. 962, n° 9. (*Mention.*)

4853. Lettres portant que du total de l'aide imposée cette année sur le Languedoc il sera distrait une somme de 6,000 livres tournois pour être employée à la réparation du port d'Aigues-Mortes. Benais, 9 septembre 1532. — 9 septembre.

Arch. nat., Acquits sur l'épargne, J. 962, n° 9. (*Mention.*)

4854. Don à [Tristan] de Carné de 450 livres tournois, moitié de la somme que le roi lui avait précédemment octroyée sur les droits seigneuriaux de la juridiction de Ploërmel, lequel don ne lui avait été vérifié par la Chambre des Comptes que pour la moitié. Benais, 9 septembre 1532. — 9 septembre.

Arch. nat., Acquits sur l'épargne, J. 962, n° 9. (*Mention.*)

4855. Mandement à la Chambre des Comptes d'allouer sur le compte de Jean Carré la somme de 315 livres tournois « dont acquit a été levé sur lui », l'an 1529, au nom de Jacques de Seurre, clerc des offices de la maison du roi, pour les gages de ce dernier pendant plusieurs années. Benais, 9 septembre 1532. — 9 septembre.

Arch. nat., Acquits sur l'épargne, J. 962, n° 9. (*Mention.*)

4856. Don au s[r] de Châteaumorant d'une somme de — 9 septembre.

1,200 livres tournois pour sa pension de l'année 1531. Benais, 9 septembre 1532. — 1532.

Arch. nat., *Acquits sur l'épargne*, J. 962, n° 9. (*Mention.*)

4857. Don à Jacques de Signy, homme d'armes des ordonnances, d'une somme de 200 livres parisis sur une amende prononcée au Parlement de Paris contre Philippe de Daillon. Benais, 9 septembre 1532. — 9 septembre.

Arch. nat., *Acquits sur l'épargne*, J. 962, n° 9. (*Mention.*)

4858. Don de 40 écus soleil à Jean Boullet. Benais, 9 septembre 1532. — 9 septembre.

Arch. nat., *Acquits sur l'épargne*, J. 962, n° 9. (*Mention.*)

4859. Mandement au trésorier de l'épargne de payer à Jacques Caillot, écuyer de cuisine de la reine, 100 livres tournois pour remettre à Jacques de Caux à qui le roi en a fait don. Benais, 9 septembre 1532. — 9 septembre.

Bibl. nat., ms. fr. 15628, n° 184. (*Mention.*)

4860. Mandement à la chambre des comptes de Paris l'informant qu'il a autorisé le trésorier de son épargne à prendre sur le terme de la taille payable le 1er octobre, de tels receveurs généraux qu'il avisera, 29,100 livres tournois pour employer au fait de son office, sans les faire porter au Louvre. Benais, 9 septembre 1532. — 9 septembre.

Bibl. nat., ms. fr. 15628, n° 286. (*Mention.*)

4861. Mandement au trésorier de l'épargne de payer au sr de Montmorency, grand maître, gouverneur et lieutenant général du roi en Languedoc, 18,000 livres, soit 12,000 livres pour sa pension et 6,000 pour ses appointements de gouverneur pendant la présente année. Benais, 9 septembre 1532. — 9 septembre.

Bibl. nat., ms. fr. 15628, n° 325. (*Mention.*)

4862. Mandement au trésorier de l'épargne de payer à monsieur le grand maître, capitaine des châ- — 9 septembre.

teaux de la Bastille à Paris, de Nantes et de Saint-Malo, 3,000 livres tournois pour son état de garde desdits châteaux pendant la présente année. Benais, 9 septembre 1532. 1532.

Bibl. nat., ms. fr. 15628, n° 326. (*Mention.*)

4863. Mandement au trésorier de l'épargne de payer à monsieur le grand maître 8,000 livres tournois en place des 4,000 ducats de la composition du Briançonnais, dont le roi lui avait fait don verbalement à son retour d'Espagne, mais qu'il a depuis donnés au s[r] de Saint-Pol, en le pourvoyant de la charge de lieutenant général audit pays. Benais, 9 septembre 1532. 9 septembre.

Bibl. nat., ms. fr. 15628, n° 327. (*Mention.*)

4864. Commission à Jean Duval, secrétaire et greffier des États de Normandie, pour tenir le compte des dépenses faites par le maréchal de Montmorency, grand maître de France, pendant son voyage à Boulogne et aux frontières de Picardie. Abbaye de Turpenay, 10 septembre 1532. 10 septembre.

Copie du temps. Bibl. nat., ms. fr. 10389.

4865. Lettres portant remise en faveur d'Antoine de Bouliers, seigneur de Cental, de 2,000 écus d'or auxquels il a été condamné par arrêt du Parlement de Grenoble. Turpenay, 11 septembre 1532. 11 septembre.

Enreg. à la chambre des comptes de Grenoble, le 28 mai 1533. Arch. de l'Isère, B. 2909, cah. 55. 3 pages.

Arch. nat., *Acquits sur l'épargne*, J. 962, n° 10. (*Mention*, sous la date du 12 septembre.)

4866. Mandement au trésorier de l'épargne de payer à Jean Duval, notaire et secrétaire du roi, 12,000 livres tournois destinées aux préparatifs nécessaires à l'entrevue qui doit avoir lieu en octobre prochain à Marquise, entre le roi d'Angleterre et François Ier. Turpenay, 11 septembre 1532. 11 septembre.

Bibl. nat., ms. fr. 15628, n° 213. (*Mention.*)

4867. Déclaration portant que, par la permission octroyée aux habitants de Lyon de lever pendant dix ans 10 deniers tournois sur chaque quarte de sel débité et échangé dans les limites du tirage du sel du royaume, le roi n'a pas entendu leur octroyer ce droit sur le sel vendu dans les greniers établis au gouvernement de Languedoc. Turpenay, 12 septembre 1532. — 1532. 12 septembre.

Arch. nat., Acquits sur l'épargne, J. 962, n° 10. (*Mention.*)
(Cf. ci-dessus 6 septembre, n° 4836.)

4868. Lettres portant que toutes les provisions de bois, pierre, fer, vivres et autres choses requises pour la réfection du port d'Aigues-Mortes seront transportées en franchise. Turpenay, 12 septembre 1532. — 12 septembre.

Arch. nat., Acquits sur l'épargne, J. 962, n° 10. (*Mention.*)

4869. Confirmation d'une déclaration précédente portant que le roi entend que le maréchal de La Marck jouisse pleinement et paisiblement des châtellenies, terres et seigneuries de Château-Thierry et de Châtillon, ainsi qu'il est contenu dans ses lettres de don et transport, nonobstant la réunion générale du domaine aliéné. Turpenay, 12 septembre 1532. — 12 septembre.

Arch. nat., Acquits sur l'épargne, J. 962, n° 10. (*Mention.*)

4870. Permission à madame de Guémené de faire transporter en Bretagne cent pipes de vin pour la provision de ses maisons, sans payer aucun droit. Turpenay, 12 septembre 1532. — 12 septembre.

Arch. nat., Acquits sur l'épargne, J. 962, n° 10. (*Mention.*)

4871. Don aux maréchaux des logis La Rivière et Magny d'une somme de 800 livres tournois sur des droits et devoirs seigneuriaux dus au roi. Turpenay, 12 septembre 1532. — 12 septembre.

Arch. nat., Acquits sur l'épargne, J. 962, n° 10. (*Mention.*)

4872. Don à Jules, valet de chambre, et à Adam Deshayes, barbier du roi, de 200 écus soleil sur les finances extraordinaires et parties casuelles, pour les aider à racheter des chevaux et autres choses qu'ils ont perdus dernièrement dans un incendie, le roi étant à Villocher. Turpenay, 12 septembre 1532. — 1532. 12 septembre.

Arch. nat., Acquits sur l'épargne, J. 962, n° 10. (*Mention.*)

4873. Lettres portant attribution au s^r de Saint-André, pour sa pension de l'année 1531, d'une somme de 2,000 livres sur les finances ordinaires et extraordinaires. Turpenay, 12 septembre 1532. — 12 septembre.

Arch. nat., Acquits sur l'épargne, J. 962, n° 10. (*Mention.*)

4874. Mandement au trésorier de l'épargne de payer à François Mahieu, receveur et payeur des 339 mortes-payes de Normandie, 5,067 livres tournois pour le troisième quartier de la présente année. Fresnaye, 13 septembre 1532. — 13 septembre.

Bibl. nat., ms. fr. 15628, n° 504. (*Mention.*)

4875. Mandement au trésorier de l'épargne de payer à Guillaume Bohier, bailli de Cotentin, 4,050 livres tournois en remboursement de pareille somme que feu messire François d'Alès, chevalier, s^r de la Roche, premier médecin du roi, lui avait prêtée et dont sa veuve fit don audit Guillaume Bohier, lorsqu'il épousa la fille du défunt. Amboise, 15 septembre 1532. — 15 septembre.

Bibl. nat., ms. fr. 15629, n° 77. (*Mention.*)

4876. Don à monsieur de Saint-Pol, sa vie durant, du revenu de la châtellenie, terre et seigneurie de Melun, du grenier à sel établi audit lieu et de la chambre à sel nouvellement créée à Brie-Comte-Robert, avec permission de résider au château de Melun et de pourvoir aux offices de capitaine dudit château et de rece- — 16 septembre.

veur ordinaire de Melun, vacation y advenant. Amboise, 16 septembre 1532. 1532.

Arch. nat., Acquits sur l'épargne, J. 962, n° 11. (*Mention.*)

4877. Mandement portant mainlevée pour faire jouir Gatien de Quelen de la somme de 150 livres qu'il a coutume de prendre chaque année par manière de pension, à cause de la capitainerie de Provins, tant qu'il l'exercera. Amboise, 16 septembre 1532. 16 septembre.

Arch. nat., Acquits sur l'épargne, J. 962, n° 11. (*Mention.*)

4878. Permission au baron de Saint-Blancard de faire couper et enlever, en payant, des pays de Languedoc, Vivarais et le long du Rhône tout le bois nécessaire pour la construction des sept galères que le roi lui a ordonné de faire faire pour son service. Dans le cas où il n'en trouverait assez, il pourra prendre le reste en Dauphiné. Amboise, 16 septembre 1532. 16 septembre.

Arch. nat., Acquits sur l'épargne, J. 962, n° 11. (*Mention.*)

4879. Permission au baron de Saint-Blancard de faire conduire et amener en franchise par le Rhône et l'Isère, depuis Grenoble jusqu'à Marseille, un radeau de bois complet pour les sept galères que le roi l'a chargé de faire construire. Amboise, 16 septembre 1532. 16 septembre.

Arch. nat., Acquits sur l'épargne, J. 962, n° 11. (*Mention.*)

4880. Mandement pour faire payer Pierre Cosnoal des gages des offices d'auditeur et maître des comptes et de général maître des monnaies en Bretagne, depuis la destitution de Guillaume Loysel jusqu'au jour de l'institution dudit Cosnoal. Amboise, 16 septembre 1532. 16 septembre.

Arch. nat., Acquits sur l'épargne, J. 962, n° 11. (*Mention.*)

4881. Don à Castillac, porte-manteau, et à Dieppe, valet de garde-robe du roi, de la somme de 16 septembre.

IMPRIMERIE NATIONALE.

120 écus soleil sur les deniers provenant de la vente de l'office de visiteur des draps au bailliage de Rouen, vacant par le décès de Jean Chesneau. Amboise, 16 septembre 1532. 1532.

Arch. nat., Acquits sur l'épargne, J. 962, n° 11. (*Mention.*)

4882. Don à Girard Bouzon, chirurgien ordinaire du roi, de la somme de 500 livres tournois sur les deniers provenant de la vente de l'office de commissaire au Châtelet de Paris, vacant par la forfaiture de Robert Drouet. Amboise, 16 septembre 1532. 16 septembre.

Arch. nat., Acquits sur l'épargne, J. 962, n° 11. (*Mention.*)

4883. Don à Jules, valet de chambre du roi, de 500 livres tournois sur les deniers provenant de la vente de l'office de commissaire au Châtelet de Paris, vacant par la forfaiture de Robert Drouet. Amboise, 16 septembre 1532. 16 septembre.

Arch. nat., Acquits sur l'épargne, J. 962, n° 11. (*Mention.*)

4884. Don à Jean Terrasse, sommelier, de la somme de 60 écus soleil sur les deniers provenant d'amendes prononcées au Parlement de Paris contre Jean Loisy et Claude Dubreuil. Amboise, 16 septembre 1532. 16 septembre.

Arch. nat., Acquits sur l'épargne, J. 962, n° 11. (*Mention.*)

4885. Mandement au trésorier de l'épargne de payer à Claude Aligre, trésorier des menus plaisirs du roi, 5,000 livres tournois complétant les 10,000 livres que Sa Majesté lui a ordonnées pour payer à Alard Plomier, marchand à Paris, une croix de diamant pendant à une chaîne fermée par deux diamants qui servent de nœuds, et une coupe d'agathe enrichie de diamants, rubis et émeraudes. Amboise, 16 septembre 1532. 16 septembre.

Bibl. nat., ms. fr. 15628, n° 340. (*Mention.*)

4886. Mandement aux baillis et juges de Vivarais et de Velay de faire une enquête sur des droits de péages du Vivarais prétendus par Claude de Tournon, évêque de Viviers, Juste de Tournon, Anne de Pompet, veuve du seigneur de Brion, et Françoise de Saint-Gelais, veuve de Noël de Fain. Blois, 16 septembre 1532. — 1532. 16 septembre.

Copie du XVIe siècle, cartulaire de Tournon. Arch. nat., KK. 1230, fol. 242.

4887. Don à Albert Merveille (Maraviglia) de la somme de 6,400 livres tournois, à savoir : 4,000 pour sa pension des deux années 1531 et 1532, et 2,400 pour la dépense qu'il fera pendant une année commençant le 1er octobre prochain, en Italie [à Milan] où le roi l'envoie pour ses affaires. Saint-Aignan, 19 septembre 1532. — 19 septembre.

Arch. nat., Acquits sur l'épargne, J. 962, n° 12. (*Mention.*)

4888. Don à Louis Alamanni, gentilhomme florentin, en récompense de services rendus au roi, de 1,000 écus soleil sur les deniers provenant de la vente et composition des offices et autres parties casuelles. Saint-Aignan, 19 septembre 1532. — 19 septembre.

Arch. nat., Acquits sur l'épargne, J. 962, n° 12. (*Mention.*)

4889. Don à monsieur de Brissac, pour l'aider à marier une sienne fille, d'une somme de 2,000 écus sur les finances ordinaires ou extraordinaires. Saint-Aignan, 19 septembre 1532. — 19 septembre.

Arch. nat., Acquits sur l'épargne, J. 962, n° 12. (*Mention.*)

4890. Don à Jean Dutheil et à Nicolas Jousserand, sommeliers de paneterie et d'échansonnerie du roi, de 100 écus soleil sur des amendes prononcées au Parlement de Paris. Saint-Aignan, 19 septembre 1532. — 19 septembre.

Arch. nat., Acquits sur l'épargne, J. 962, n° 12. (*Mention.*)

4891. Mandement aux trésoriers de France, aux généraux des finances et au trésorier de l'épargne de faire payer à Macé Marchant, notaire et secrétaire du roi, la somme de 597 livres 10 sous tournois pour ses gages et droits de manteaux dudit office à lui dus de quatre années, depuis le 1er janvier 1528 n. s. Saint-Aignan, 19 septembre 1532. — 1532. 19 septembre.

Arch. nat., *Acquits sur l'épargne*, J. 962, n° 12. (*Mention.*)

4892. Lettres portant décharge au trésorier de l'épargne de 1,000 livres tournois qu'il a données comptant au roi pour ses affaires et menus plaisirs. Chambord, 24 septembre 1532. — 24 septembre.

Bibl. nat., ms. fr. 15628, n° 180. (*Mention.*)

4893. Renouvellement et ampliation de la permission octroyée au baron de Saint-Blancard par lettres du 16 septembre précédent (n° 4878). Chamerolles, 27 septembre 1532. — 27 septembre.

Arch. nat., *Acquits sur l'épargne*, J. 962, n° 13. (*Mention.*)

4894. Mandement aux gens des comptes de permettre au receveur ordinaire d'Amboise de porter sur ses prochains comptes la somme de 97 livres 6 sous 7 deniers tournois dont feu Louis Dumonceau, en son vivant archer et garde des eaux et forêts d'Amboise, est demeuré redevable de la charge qu'il a eue, l'an 1517, de lever les deniers des amendes et forfaitures desdites eaux et forêts, de laquelle somme le roi a quitté la veuve et les héritiers dudit Dumonceau, en déduction des gages qui lui étaient dus pour onze années de son office, à raison de 30 livres tournois par an. Chamerolles, 27 septembre 1532. — 27 septembre.

Arch. nat., *Acquits sur l'épargne*, J. 962, n° 13. (*Mention.*)

4895. Lettres de don à François de Montholon de l'office de conseiller et avocat du roi au Par- — 28 septembre.

lement de Paris, au lieu d'Olivier Allégret. Fontainebleau, 28 septembre 1532. | 1532.

Reçu au Parl. de Paris, le 12 novembre suivant. *Arch. nat.*, X[1a] 1536, *reg. du Conseil*, fol. 2. (*Mention.*)

4896. Mandement au trésorier de l'épargne de payer à Jean Thizart, receveur et payeur de la solde des Écossais de la garde du roi commandés par le sieur d'Aubigny, 8,182 livres tournois pour employer à son office pendant le troisième trimestre de la présente année, y compris 200 livres pour ledit Thizart, afin de le dédommager des avances qu'il doit faire. Fontainebleau, 29 septembre 1532. — 29 septembre.

Bibl. nat., ms. fr. 15628, n° 236. (*Mention.*)

4897. Mandement au trésorier de l'épargne de payer à Jean Thizart, receveur et payeur des Écossais de la garde du roi commandés par le sieur d'Aubigny, 9,584 livres 16 sous tournois pour le dernier trimestre de la présente année. Fontainebleau, 29 septembre 1532. — 29 septembre.

Bibl. nat., ms. fr. 15628, n° 394. (*Mention.*)

4898. Mandement au trésorier de l'épargne de payer à Pierre Le Bossu, receveur des profits des monnaies à Paris et payeur des gages des officiers de la Cour des Monnaies, 1,500 livres tournois pour employer à son office pendant le premier semestre de l'année courante. Fontainebleau, 29 septembre 1532. — 29 septembre.

Bibl. nat., ms. fr. 15628, n° 237. (*Mention.*)

4899. Mandement au trésorier de l'épargne de payer à Jacques Richier, chargé de faire le payement des archers français de la garde du roi commandés par le sieur de Nançay, 7,427 livres 16 sous 3 deniers tournois pour employer au fait de son office pendant le troisième trimestre de l'année courante. Fontainebleau, 29 septembre 1532. — 29 septembre.

Bibl. nat., ms. fr. 15628, n° 238. (*Mention.*)

4900. Mandement au trésorier de l'épargne de payer à — 29 septembre.

Jacques Richier, receveur et payeur de la solde des archers français de la garde du roi commandés par le sieur de Nançay, 8,580 livres 17 sous 5 deniers tournois pour le dernier quartier de la présente année, y compris 200 livres tournois de crue de gages pour ledit Richier en raison des avances qu'il est obligé de faire. Fontainebleau, 29 septembre 1532. 1532.

Bibl. nat., ms. fr. 15628, n° 342. (*Mention.*)

4901. Mandement au trésorier de l'épargne de payer à Jean Cheyleu, receveur et payeur des gages du prévôt de l'hôtel du roi et de ses lieutenants, etc., 2,150 livres tournois pour employer au fait de son office pendant le troisième trimestre de l'année courante. Fontainebleau, 29 septembre 1532. 29 septembre.

Mandement semblable, de même date, pour le dernier quartier.

Bibl. nat., ms. fr. 15628, n°s 245 et 436. (*Mentions.*)

4902. Mandement au trésorier de l'épargne de payer à François Charbonnier, trésorier des aumônes du roi, 1,500 livres tournois pour employer au fait de son office pendant le troisième trimestre de l'année courante. Fontainebleau, 29 septembre 1532. 29 septembre.

Mandement semblable, de même date, pour le dernier quartier.

Bibl. nat., ms. fr. 15628, n°s 250 et 506. (*Mentions.*)

4903. Mandement au trésorier de l'épargne de payer à Jean de Vaulx, chargé du payement des archers français de la garde du roi commandés par le s[r] de Chavigny, 7,427 livres 16 sous 3 deniers tournois pour employer au fait de sa commission pendant le troisième trimestre de l'année courante. Fontainebleau, 29 septembre 1532. 29 septembre.

Bibl. nat., ms. fr. 15628, n° 251. (*Mention.*)

4904. Mandement au trésorier de l'épargne de payer à Jean de Vaulx, receveur et payeur des archers français de la garde du roi commandés par le s[r] de Chavigny, 8,793 livres 12 sous 6 deniers tournois pour le dernier quartier de la présente année. Fontainebleau, 29 septembre 1532. — 1532. 29 septembre.

Bibl. nat., ms. fr. 15628, n° 409. (*Mention.*)

4905. Mandement au trésorier de l'épargne de payer à Jean de Montdoucet, trésorier de l'artillerie du roi, 9,000 livres tournois pour employer au payement des gages des officiers de l'artillerie pendant le troisième trimestre de l'année courante. Fontainebleau, 29 septembre 1532. — 29 septembre.

Mandement semblable, de même date, pour le dernier quartier.

Bibl. nat., ms. fr. 15628, n°s 271 et 531. (*Mentions.*)

4906. Mandement au trésorier de l'épargne de payer à Jean Chartier, receveur et payeur de la solde des archers français de la garde du roi commandés par le sénéchal d'Agenais, 7,422 livres tournois pour le troisième trimestre de la présente année, y compris 200 livres d'augmentation de gages audit Chartier afin de le dédommager des avances qu'il est obligé de faire dans l'exercice de ses fonctions. Fontainebleau, 29 septembre 1532. — 29 septembre.

Bibl. nat., ms. fr. 15628, n° 282. (*Mention.*)

4907. Mandement au trésorier de l'épargne de payer à Jean Chartier, receveur et payeur des archers de la garde du roi commandés par le sénéchal d'Agenais, 8,838 livres 12 sous 6 deniers tournois pour le dernier trimestre de l'année courante, avec 200 livres de crue audit Chartier pour ses avances. Fontainebleau, 29 septembre 1532. — 29 septembre.

Bibl. nat., ms. fr. 15628, n° 391. (*Mention.*)

4908. Mandement au trésorier de l'épargne de payer à Julien Bonacoursy, receveur et payeur des — 29 septembre.

cent gentilshommes de l'hôtel du roi commandés par le s[r] de Canaples, 10,675 livres tournois pour le troisième trimestre de l'année présente. Fontainebleau, 29 septembre 1532. 1532.

Mandement semblable, de même date, pour le dernier quartier.

Bibl. nat., ms. fr. 15628, n°s 304 et 534. (*Mentions.*)

4909. Mandement au trésorier de l'épargne de payer à Julien Bonacoursy, 255 livres tournois pour la solde du capitaine et des 12 mortes-payes gardant la tour de Toulon, pendant le troisième trimestre de la présente année. Fontainebleau, 29 septembre 1532. 29 septembre.

Mandement semblable, de même date, pour le dernier quartier.

Bibl. nat., ms. fr. 15628, n°s 305 et 535, et ms. fr. 15629, n° 46. (*Mentions.*)

4910. Mandement au trésorier de l'épargne de payer à Guillaume Briçonnet, receveur et payeur des cent gentilshommes de l'hôtel du roi commandés par Louis de Nevers, 10,425 livres tournois pour le troisième trimestre de l'année courante. Fontainebleau, 29 septembre 1532. 29 septembre.

Mandement semblable, de même date, pour le dernier quartier.

Bibl. nat., ms. fr. 15628, n°s 323 et 527. (*Mentions.*)

4911. Mandement au trésorier de l'épargne de payer à Guillaume Durant, receveur et payeur de la solde de 332 mortes-payes de Picardie, 6,520 livres tournois pour le troisième trimestre de la présente année. Fontainebleau, 29 septembre 1532. 29 septembre.

Mandement semblable, de même date, pour le dernier quartier.

Bibl. nat., ms. fr. 15628, n°s 457 et 526. (*Mentions.*)

4912. Mandement au trésorier de l'épargne de payer à 29 septembre.

François Saumaire, receveur et payeur de la solde des 354 mortes-payes de Bourgogne, 6,660 livres tournois pour le troisième trimestre de la présente année. Fontainebleau, 29 septembre 1532. 1532.

Mandement semblable, de même date, pour le dernier quartier.

Bibl. nat., ms. fr. 15628, nos 459 et 484. (*Mentions.*)

4913. Mandement au trésorier de l'épargne de payer à Robert Main, trésorier des guerres, 4,478 livres tournois pour la solde des 215 mortes-payes de Bretagne pendant le troisième trimestre de l'année courante. Fontainebleau, 29 septembre 1532. 29 septembre.

Bibl. nat., ms. fr. 15628, n° 503. (*Mention.*)

4914. Mandement au trésorier de l'épargne de payer à Robert Main, trésorier des guerres, 3,368 livres tournois pour les 215 mortes-payes de Bretagne, pendant le dernier quartier de la présente année. Fontainebleau, 29 septembre 1532. 29 septembre.

Bibl. nat., ms. fr. 15628, n° 528. (*Mention.*)

4915. Mandement au trésorier de l'épargne de payer à Jean Godet, receveur et payeur de l'extraordinaire des guerres, 975 livres tournois pour la solde des 65 mortes-payes de Champagne pendant le troisième trimestre de la présente année. Fontainebleau, 29 septembre 1532. 29 septembre.

Mandement semblable, de même date, pour le dernier quartier.

Bibl. nat., ms. fr. 15628, nos 519 et 545. (*Mentions.*)

4916. Mandement au trésorier de l'épargne de payer à François Mahieu, receveur et payeur des 339 mortes-payes de Normandie, 5,067 livres tournois pour leur solde du dernier quartier de l'année courante. Fontainebleau, 29 septembre 1532. 29 septembre.

Bibl. nat., ms. fr. 15628, n° 543. (*Mention.*)

IMPRIMERIE NATIONALE.

4917. Mandement au trésorier de l'épargne de payer à Claude Péronnier, receveur et payeur des 188 mortes-payes de Guyenne, 2,870 livres tournois pour leur solde du troisième quartier de l'année courante. Fontainebleau, 29 septembre 1532. — 1532. 29 septembre.

Mandement semblable, de même date, pour le dernier trimestre.

Bibl. nat., ms. fr. 15628, n°s 546 et 547. (*Mentions.*)

4918. Mandement au trésorier de l'épargne de payer à Jacques Rivière, receveur et payeur des gages des officiers du Grand Conseil, 6,950 livres tournois pour employer au fait de son office pendant les deuxième et troisième trimestres de l'année courante. Fontainebleau, 30 septembre 1532. — 30 septembre.

Bibl. nat., ms. fr. 15628, n° 297. (*Mention.*)

4919. Édit portant confirmation et déclaration des privilèges des habitants des pays et duché de Bretagne. Le Plessis-Macé, septembre 1532. — Septembre.

Imp. D'Argentré, *Comm. sur la coutume de Bretagne*, in-fol., Paris, 1608. Suite non paginée.
Dom Morice, *Hist. de Bretagne*, in-fol., Paris, 1746, t. III, col. 1010.

4920. Mandement au trésorier de l'épargne de rembourser à [Foucaud de Bonneval], évêque de Périgueux, ancien évêque de Bazas, 1,000 livres tournois qu'il avait prêtées au roi. Paris, 1er octobre 1532. — 1er octobre.

Bibl. nat., ms. fr. 15628, n° 221. (*Mention.*)

4921. Mandement au trésorier de l'épargne de payer à Jean Bourdineau, clerc d'office ordinaire de la maison du roi, 800 livres tournois pour le transport de tapisseries et de la vaisselle d'or et d'argent du roi d'Amboise, Blois et Paris à Boulogne, pour l'entrevue qu'il doit avoir avec le roi d'Angleterre. Paris, 1er octobre 1532. — 1er octobre.

Bibl. nat., ms. fr. 15628, n° 247. (*Mention.*)

4922. Mandement au trésorier de l'épargne de payer à Jean Godet, trésorier de l'extraordinaire des guerres, 82,000 livres tournois complétant les 104,000 livres tournois que le roi doit aux capitaines suisses, tant par suite d'emprunts faits à des particuliers que pour cause d'arrérages de pensions. Paris, 1er octobre 1532. — 1532. 1er octobre.

Bibl. nat., ms. fr. 15628, n° 253. (*Mention.*)

4923. Mandement au trésorier de l'épargne de payer à Jacques Besnard, maître de la chambre aux deniers du roi, 13,500 livres tournois à distribuer aux fournisseurs de la maison du roi comme suit : 6,000 livres aux bouchers, 4,000 livres aux boulangers, pâtissiers, etc., 2,000 livres pour achat et location de linge et vaisselle, 1,500 livres pour achat de vins, le tout destiné au séjour du roi à Boulogne. Paris, 1er octobre 1532. — 1er octobre.

Bibl. nat., ms. fr. 15628, n° 256. (*Mention.*)

4924. Prorogation pour huit ans, en faveur des habitants de Rue, de l'exemption de toutes tailles, aides et subsides, et de divers octrois sur les vins et autres boissons, à condition d'en employer le produit aux réparations des fortifications et autres nécessités de la ville. Rue, 2 octobre 1532 [(1)]. — 2 octobre.

Arch. nat., *Acquits sur l'épargne*, J. 962, n° 14. (*Mention.*)

4925. Remise et quittance à Enguerrand de La Porosaye, archer de la garde du roi sous la charge du sénéchal d'Agenais, d'une amende de 45 livres prononcée contre lui par le sénéchal d'Anjou. Rue, 2 octobre 1532. — 2 octobre.

Arch. nat., *Acquits sur l'épargne*, J. 962, n° 14. (*Mention.*)

4926. Déclaration portant que, nonobstant la dernière — 2 octobre.

(1) La date est ainsi indiquée sur le rôle d'expéditions qui contient cet acte et les deux suivants. Cependant toutes les autres lettres du 1er octobre au 4 inclusivement sont datées de Paris, et ce n'est que le 15 octobre, le 14 au plus tôt, que l'on trouve la date de Rue.

ordonnance sur le fait des finances, la Chambre des Comptes devra procéder à l'entérinement de lettres de don octroyées à madame de Nevers, tant en son nom que comme ayant la garde du comte d'Eu, son fils, du revenu des greniers à sel de Nevers, Decize, Moulins-Engilbert, Saulge, Clamecy, Luzy, Dreux, le Tréport, Mers-en-Vimeu et Saint-Valery-sur-mer. Rue, 2 octobre 1532. 1532.

Arch. nat., Acquits sur l'épargne, J. 962, n° 14. (*Mention.*)

4927. Mandement au trésorier de l'épargne de payer à Bénigne Serre 2,395 livres tournois pour les gages des chapelains et autres officiers de la chapelle de musique du roi pendant le troisième trimestre de la présente année. Paris, 2 octobre 1532. 2 octobre.

Bibl. nat., ms. fr. 15628, n° 541. (*Mention.*)

4928. Mandement au trésorier de l'épargne de payer aux bouchers de la maison du dauphin la somme de 2,000 livres tournois, tant pour faire provision de viandes et autres choses qui leur seront nécessaires pour festoyer les Anglais, lors de l'entrevue des deux rois, que pour l'ordinaire de sa maison. Paris, 3 octobre 1532. 3 octobre.

Arch. nat., Acquits sur l'épargne, J. 960, n° 16. (*Mention.*)

4929. Assignation sur le trésorier de l'épargne d'une somme de 140 écus pour l'achat de deux mulets de litière pour le roi. Paris, 3 octobre 1532. 3 octobre.

Arch. nat., Acquits sur l'épargne, J. 960, n° 16. (*Mention.*)

4930. Lettres de naturalité avec remise des droits de chancellerie en faveur de Ludovic de Rive, natif du duché de Milan, écuyer de monsieur de Vendôme. Paris, 3 octobre 1532. 3 octobre.

Arch. nat., Acquits sur l'épargne, J. 960, n° 16. (*Mention.*)

4931. Don à Marguerite de Bresseau de 100 livres parisis, somme égale à une amende prononcée contre son mari, Raymond de Boutenay, par le grand maître des Eaux et forêts, lors de la réformation des eaux et forêts d'Amboise et de Montrichard. Paris, 3 octobre 1532. — 1532. 3 octobre.

Arch. nat., Acquits sur l'épargne, J. 962, n° 16. (*Mention.*)

4932. Don à Charles Lescullier de 100 écus en récompense de son ouvrage touchant la médecine des chevaux dont il a fait hommage au roi, à prendre sur les deniers qui proviendront de la vente de l'un des offices de vendeurs de bétail nouvellement créés en la ville de Rouen. Paris, 3 octobre 1532. — 3 octobre.

Arch. nat., Acquits sur l'épargne, J. 962, n° 16. (*Mention.*)

4933. Don à François et Artus de Marconnay, gentilshommes de la vénerie, de 35 livres tournois revenants-bons au roi par suite du décès de leur père, en son vivant gentilhomme de la vénerie, au lieu duquel ils ont été pourvus dudit office. Paris, 3 octobre 1532. — 3 octobre.

Arch. nat., Acquits sur l'épargne, J. 962, n° 16. (*Mention.*)

4934. Don à Charles Quatrebarbe du Cerisier, gentilhomme de la vénerie, de 120 livres tournois couchées sur l'état de ladite vénerie au nom de Charles de Bassé, dit Saint-Georges, privé de son office parce qu'il n'a pas fait son service durant la présente année, au lieu duquel ledit Quatrebarbe a été pourvu. Paris, 3 octobre 1532. — 3 octobre.

Arch. nat., Acquits sur l'épargne, J. 962, n° 16. (*Mention.*)

4935. Mandement à la Chambre des Comptes d'allouer aux comptes de Guillaume de Villemontée, trésorier de la vénerie, les sommes qui lui ont — 3 octobre.

été et lui seront ordonnées par le roi pour ses gages dudit office. Paris, 3 octobre 1532. — 1532.

Arch. nat., Acquits sur l'épargne, J. 962, n° 16. (*Mention.*)

4936. Don au capitaine Machin de 1,100 livres tournois, montant de deux amendes prononcées au Parlement de Bordeaux contre Arnaud de Durfort, dit le baron Baujaumont, et Alain de Montpezat, s[r] de Frigemont. Paris, 3 octobre 1532. — 3 octobre.

Arch. nat., Acquits sur l'épargne, J. 962, n° 16. (*Mention.*)

4937. Don à la duchesse de Nevers de 120 livres parisis, montant de deux amendes prononcées au Parlement de Paris, l'une contre Engilbert de Clèves et Jean d'Albret, et l'autre contre ladite dame. Paris, 3 octobre 1532. — 3 octobre.

Arch. nat., Acquits sur l'épargne, J. 962, n° 16. (*Mention.*)

4938. Assignation sur les trésoriers de l'épargne ou des parties casuelles de la somme de 345 écus due à Guillaume Hottenier, joaillier demeurant à Paris, pour quatre devants de cottes de broderie, quatre paires de manchons, deux burettes de cristal garnies d'or et de pierreries, etc. Paris, 3 octobre 1532. — 3 octobre.

Arch. nat., Acquits sur l'épargne, J. 962, n° 16. (*Mention.*)

4939. Mandement au trésorier de l'épargne de remettre à Claude Aligre, trésorier des menus plaisirs du roi, 724 livres 10 sous tournois pour payer ledit Guillaume Hottenier des fournitures susdites. Paris, 3 octobre 1532. — 3 octobre.

Bibl. nat., ms. fr. 15628, n° 332. (*Mention.*)

4940. Mandement au trésorier de l'épargne de payer à Fleury Geuffroy, receveur et payeur de l'écurie du dauphin, des ducs d'Orléans et d'Angoulême, 541 livres 5 sous tournois, soit : 67 livres 5 sous tournois pour le velours nécessaire à faire des habillements à trois laquais; — 3 octobre.

180 livres tournois pour trois riches harnais destinés aux haquenées des fils du roi, et 294 livres pour deux grands mulets de litière, le tout en vue de la visite du roi d'Angleterre. Paris, 3 octobre 1532. — 1532.

Bibl. nat., ms. fr. 15628, n° 376. (*Mention.*)

4941. Commission adressée aux conseillers de la Chambre du Trésor pour procéder, avec le procureur du roi, à l'examen des comptes des commissaires établis aux bancs, places et étaux des foires de Niort et de Fontenay. Paris, 4 octobre 1532. — 4 octobre.

Enreg. à la Chambre du Trésor.
Bibl. nat., mss Moreau, t. 1419, fol. 126. (*Mention.*)
IMP. Bacquet, *Œuvres*, Paris, 1664, in-fol., *De la juridiction du Trésor*, p. 76.

4942. Lettres confirmant François Des Cars, chevalier, dans l'office de maréchal et sénéchal de Bourbonnais dont il avait été pourvu par feu la duchesse d'Angoulême. Paris, 4 octobre 1532. — 4 octobre.

Reçu au Conseil du Parl. de Paris, le 10 octobre suivant. Arch. nat., X^{1a} 1535, fol. 476 v°. (*Mention.*)
Bibl. nat., ms. Clairambault 782, fol. 289. (*Mention.*)

4943. Mandement au trésorier de l'épargne de payer au comte de Saint-Pol, lieutenant général du roi en Dauphiné, 12,000 livres tournois complétant les 20,000 livres qui lui sont dues, soit : 14,000 livres pour sa pension et 6,000 livres pour son état de gouverneur pendant l'année courante. Paris, 4 octobre 1532. — 4 octobre.

Bibl. nat., ms. fr. 15628, n° 233. (*Mention.*)

4944. Mandement au trésorier de l'épargne de payer à Antoine Juge 13,500 livres tournois pour acheter un riche lit de camp brodé et semé de perles et autres pierreries que le roi veut faire porter à Boulogne pour donner au roi d'Angleterre. Paris, 4 octobre 1532. — 4 octobre.

Bibl. nat., ms. fr. 15628, n° 246. (*Mention.*)

4945. Mandement au trésorier de l'épargne de remettre à Antoine Juge 34,916 livres 5 sous tournois pour acheter les draps de soie et de laine nécessaires pour faire des habillements aux 400 archers et aux 100 Suisses de la garde du roi et transporter lesdits habillements, ainsi que le s[r] de Véretz, prévôt de Paris, le jugera utile, pour l'entrevue des rois de France et d'Angleterre. Paris, 4 octobre 1532. — 1532. 4 octobre.

Bibl. nat., ms. fr. 15628, n° 249. (*Mention.*)

4946. Mandement au trésorier de l'épargne de payer à François de Dinteville, évêque d'Auxerre, ambassadeur du roi à Rome, 3,000 livres en déduction de ce qui peut lui être dû. Paris, 4 octobre 1532. — 4 octobre.

Bibl. nat., ms. fr. 15628, n° 252, et ms. Clairambault 1215, fol. 70. (*Mentions.*)

4947. Mandement au trésorier de l'épargne de payer à Claude Dodieu, maître des requêtes de l'hôtel et ambassadeur du roi auprès de l'empereur, 4,000 livres pour les dépenses à faire dans l'exercice de sa charge. Paris, 4 octobre 1532. — 4 octobre.

Bibl. nat., ms. fr. 15628, n° 254, et ms. Clairambault 1215, fol. 70. (*Mentions.*)

4948. Mandement au trésorier de l'épargne de payer à Georges Hérouët 36,000 livres tournois pour employer au fait de son office de trésorier des guerres pendant les troisième et quatrième trimestres de 1531, et pour faire les fonds des assignations précédentes sur le trésor du Louvre qu'il n'a pu recouvrer. Paris, 4 octobre 1532. — 4 octobre.

Bibl. nat., ms. fr. 15628, n° 261. (*Mention.*)

4949. Mandement au trésorier de l'épargne de payer à Jean Grolier, 44,000 livres tournois pour employer au fait de son office de trésorier des guerres pendant les troisième et quatrième trimestres de l'année courante et pour faire les fonds des assignations précédentes sur le — 4 octobre.

trésor du Louvre qu'il n'a pu faire rentrer. Paris, 4 octobre 1532. | 1532.

Bibl. nat., ms. fr. 15628, n° 263. (*Mention.*)

4950. Mandement au trésorier de l'épargne de payer à Pierre Rousseau, trésorier de l'argenterie du dauphin, des ducs d'Orléans et d'Angoulême, 165 livres tournois, soit : 45 livres pour trois chapeaux, et 120 livres tournois pour les fers, boutons d'or et broderies mises sur leurs vêtements à l'occasion de l'entrevue de Boulogne. Paris, 4 octobre 1532. | 4 octobre.

Bibl. nat., ms. fr. 15628, n° 265. (*Mention.*)

4951. Mandement à la Chambre des Comptes d'allouer aux comptes de Guillaume Prudhomme, trésorier de l'épargne, 43,651 livres 17 sous 6 deniers tournois qu'il a remis, le 5 septembre, à Pierre Suavenius et à Georges Bongne, secrétaires du roi de Danemark, à qui François Ier les a donnés pour l'aider à défendre son royaume contre les Turcs. Paris, 4 octobre 1532. | 4 octobre.

Bibl. nat., ms. fr. 15628, n° 272. (*Mention.*)

4952. Mandement au trésorier de l'épargne de payer à Bénigne Serre 238 livres tournois, pour le payement de plusieurs bateliers qui ont mené le roi et ses fils dans les voyages qu'ils ont faits par eau le mois passé. Paris, 4 octobre 1532. | 4 octobre.

Bibl. nat., ms. fr. 15628, n° 273. (*Mention.*)

4953. Provisions en faveur de Jean Samson, docteur en droit, d'un office de conseiller lai au Parlement de Paris, au lieu de Jean Bertrandi, nommé conseiller au Grand Conseil. Chantilly, 6 octobre 1532. | 6 octobre.

Reçu au Parl. de Paris, le 8 janvier 1533 n. s. Arch. nat., X[1a] 1536, *reg. du Conseil*, fol. 70 v°. (*Mention.*)

4954. Commission à Antoine Juge pour payer 34,916 livres 5 sous tournois, destinés à l'achat de draps de soie et d'or devant servir | 6 octobre.

pour l'entrevue du roi d'Angleterre avec François Ier. Chantilly, 6 octobre 1532. 1532.

Copie du XVIe siècle. Bibl. nat., ms. fr. 10389. (Voir ci-dessus, au 4 octobre, n° 4945.)

4955. Mandement à Guillaume Prudhomme, trésorier de l'épargne, de délivrer aux trésoriers des guerres, Georges Hérouët et Guy de La Maladière, la somme de 384,406 livres 10 sous tournois pour le payement de 2,042 lances des ordonnances du roi (quartiers de janvier à juin 1532). Chantilly, 6 octobre 1532. 6 octobre.

Original. Bibl. nat., ms. fr. 25721, n° 382.
Arch. nat., Acquits sur l'épargne, J. 962, n° 17. (*Mention.*)
Bibl. nat., ms. fr. 15628, n° 524. (*Mention.*)

4956. Mandement au trésorier de l'épargne de délivrer auxdits trésoriers des guerres la somme de 5,264 livres tournois pour le payement de quatre prévôts des maréchaux, Jean Du Monceau, Jean Boynier, dit d'Ast, Pierre Lecœur et François de Patault, dit la Voulte, et de 72 archers sous leurs ordres (janvier-juin 1532). Chantilly, 6 octobre 1532. 6 octobre.

Arch. nat., Acquits sur l'épargne, J. 962, n° 17. (*Mention.*)
Bibl. nat., ms. fr. 15628, n° 525. (*Mention.*)

4957. Mandement aux trésoriers des guerres de faire le payement des 2,042 lances désignées ci-dessus (n° 4955). Chantilly, 6 octobre 1532. 6 octobre.

Arch. nat., Acquits sur l'épargne, J. 962, n° 17. (*Mention.*)

4958. Mandement aux trésoriers des guerres de faire le payement des quatre prévôts des maréchaux et 72 archers désignés ci-dessus (n° 4956). Chantilly, 6 octobre 1532. 6 octobre.

Arch. nat., Acquits sur l'épargne, J. 962, n° 17. (*Mention.*)

4959. Mandement au trésorier de l'épargne de payer à Jean Le Picart, notaire et secrétaire du roi, chargé de la recette générale des deniers des 6 octobre.

quêtes qui se font à Paris pour la subsistance des mendiants de la ville, 1,000 livres tournois à distribuer auxdits pauvres, suivant l'ordre qui a été dernièrement fixé. Chantilly, 6 octobre 1532. — 1532.

Bibl. nat., ms. fr. 15628, n° 218. (*Mention.*)

4960. Don et quittance à la reine de Navarre de trois amendes de 75 livres chacune, prononcées contre elle au Parlement de Paris, les 23 février 1526 n. s., 7 juin 1527 et 8 février 1530 n. s. Chantilly, 7 octobre 1532. — 7 octobre.

Arch. nat., *Acquits sur l'épargne*, J. 962, n° 18. (*Mention.*)

4961. Mandement pour faire payer François Olivier, conseiller au Grand Conseil et chancelier d'Alençon, de ses gages de conseiller audit Conseil d'avril-septembre 1532, bien qu'il n'y ait pas siégé durant ce temps, retenu ailleurs pour les affaires de la reine de Navarre, duchesse d'Alençon. Chantilly, 7 octobre 1532. — 7 octobre.

Arch. nat., *Acquits sur l'épargne*, J. 962, n° 18. (*Mention.*)

4962. Mandement pour faire délivrer, pendant trois ans, à la veuve du capitaine Brandech le revenu du Val et péage de Rueil (le Vaudreuil), dont elle a une mainlevée par ci-devant. Chantilly, 7 octobre 1532. — 7 octobre.

Arch. nat., *Acquits sur l'épargne*, J. 962, n° 18. (*Mention.*)

4963. Don à [Jean de] Tardes de 400 écus sur les deniers provenant de la vente de l'office d'huissier au Parlement de Bordeaux, vacant par la mort de Jean Laisné. Chantilly, 7 octobre 1532. — 7 octobre.

Arch. nat., *Acquits sur l'épargne*, J. 962, n° 18. (*Mention.*)

4964. Congé au s^r de Castillon de faire transporter en franchise complète 52 pipes de vin pour l'approvisionnement de sa maison de Bretagne. Chantilly, 7 octobre 1532. — 7 octobre.

Arch. nat., *Acquits sur l'épargne*, J. 962, n° 18. (*Mention.*)

4965. Assignation sur les finances ordinaires du Louvre des gages des chantres du roi pour le quartier de juillet-septembre 1532. Chantilly, 7 octobre 1532. — 1532. 7 octobre.

Arch. nat., Acquits sur l'épargne, J. 962, n° 18. (*Mention.*)

4966. Mandement pour faire payer par M. le Légat, sur les finances ordinaires ou extraordinaires, à M. de Barbezieux 4,000 livres pour sa pension des années 1530 et 1531, moyennant quoi il ne pourra rien réclamer pour les deux années précédentes qui lui étaient également dues. Chantilly, 7 octobre 1532. — 7 octobre.

Arch. nat., Acquits sur l'épargne, J. 962, n° 18. (*Mention.*)

4967. Assignation à Marguerite de Foix, marquise de Saluces, sur les finances ordinaires du Louvre, d'une somme de 1,750 livres, complément de 2,000 livres dont le roi lui a fait don. Villers-Coterets, 10 octobre 1532. — 10 octobre.

Arch. nat., Acquits sur l'épargne, J. 962, n° 19. (*Mention.*)
Bibl. nat., ms. fr. 15628, n° 314. (*Mention.*)

4968. Don à Pierre Guyon, sommelier de paneterie du roi, d'une rente annuelle de 9 livres tournois pendant six ans, à prendre par l'entremise du receveur ordinaire d'Amboise, sur les 18 livres dues annuellement au roi sur le pressoir d'Amboise, sis en la paroisse de Souvigny. Villers-Coterets, 10 octobre 1532. — 10 octobre.

Arch. nat., Acquits sur l'épargne, J. 962, n° 19. (*Mention.*)

4969. Don à Jean Duthier, à la requête de l'évêque de Bayonne, d'une somme de 200 livres parisis à prendre sur l'amende prononcée par arrêt du Parlement de Paris contre Philippe de Gaillon, son oncle. Villers-Coterets, 10 octobre 1532. — 10 octobre.

Arch. nat., Acquits sur l'épargne, J. 962, n° 19. (*Mention.*)

4970. Provisions, en faveur de Claude d'Annebaut de Saint-Pierre, de l'office de bailli et capitaine de la ville et du château d'Évreux. 13 octobre 1532. | 1532. 13 octobre.

Enreg. à la Chambre des Comptes de Paris, le 27 août 1534. Arch. nat., invent. PP. 136, p. 391. (*Mention.*)

4971. Mandement au trésorier de l'épargne de payer à Jean de Vimont, trésorier de la marine, 3,000 livres tournois pour les gages des officiers de la marine pendant le deuxième trimestre de l'année courante. Fresnoy, 13 octobre 1532. | 13 octobre.

Deux autres mandements semblables et de même date, pour les troisième et dernier trimestres.

Bibl. nat., ms. fr. 15628, nos 244, 302 et 530. (*Mentions.*)

4972. Mandement au trésorier de l'épargne de payer à Bénigne Serre 1,250 livres tournois pour les menus de la chambre du roi pendant le troisième trimestre de l'année courante. Fresnoy, 13 octobre 1532. | 13 octobre.

Bibl. nat., ms. fr. 15628, n° 318. (*Mention.*)

4973. Mandement au trésorier de l'épargne de rembourser à [Claude de Longwy, cardinal de Givry], évêque de Langres, pair de France, 2,000 livres tournois qu'il avait prêtées au roi le 16 juin 1531. Saint-Esprit de Rue, 15 octobre 1532. | 15 octobre.

Bibl. nat., ms. fr. 15628, n° 248. (*Mention.*)

4974. Mandement au trésorier de l'épargne de payer à Pierre Rousseau, chargé de la chambre aux deniers des fils du roi, 2,000 livres tournois pour avancer aux bouchers, fournisseurs de leur maison, pendant le quatrième trimestre de la présente année, à cause de l'entrevue de Boulogne entre les rois de France et d'Angleterre. Boulogne-sur-Mer, 20 octobre 1532. | 20 octobre.

Bibl. nat., ms. fr. 15628, n° 264. (*Mention.*)

4975. Lettres de protection et de sauvegarde pour Cathrin Jean, garde des prisons royales à Lyon. Boulogne-sur-Mer, 22 octobre 1532. — 1532. 22 octobre.

Copie du temps. Bibl. nat., ms. fr. 5124, fol. 3 v°.

4976. Mandement au trésorier de l'épargne de payer aux écoliers suisses inscrits sur un rôle signé par Pichon et Robert, notaires au Châtelet de Paris, 400 livres tournois pour leur entretien à l'Université de Paris. Boulogne-sur-Mer, 22 octobre 1532. — 22 octobre.

Bibl. nat., ms. fr. 15628, n° 235. (*Mention.*)

4977. Lettres octroyées à la requête des États de Provence, réglant et modérant les cas et les frais des enquêtes faites, souvent sans motifs suffisants, par les commissaires du Parlement. Boulogne-sur-Mer, 23 octobre 1532. — 23 octobre.

Enreg. au Parl. de Provence. Arch. de lad. cour, à Aix, reg. in-fol. papier de 1026 feuillets, p. 133.

4978. Provisions en faveur de Jean Le Cirier, docteur en droit, de l'office de conseiller lai au Parlement de Paris, vacant par la promotion de Barthélemy de Chasseneuz au poste de président du Parlement de Provence. Boulogne-sur-Mer, 23 octobre 1532. — 23 octobre.

Reçu au Parl. de Paris, le 20 décembre 1532. Arch. nat., X[1a] 1536, reg. du Conseil, fol. 41. (*Mention.*)

4979. Provisions de l'office de notaire et secrétaire du roi de l'ancien collège en faveur de Louis de Pontac. 23 octobre 1532. — 23 octobre.

Enreg. à la Chambre des Comptes de Paris, le 27 novembre 1532. Arch. nat., invent. PP. 136, p. 391. (*Mention.*)

4980. Provisions de l'office de général des finances en la généralité de Guyenne, vacant par la résignation de Jean Prévôt, en faveur de Pierre de Secondat. 23 octobre 1532. — 23 octobre.

Enreg. à la Cour des Aides de Paris. Arch. nat., recueil Cromo, U. 665, fol. 294. (*Mention.*)

4981. Provisions pour Raphael Lobia, marchand d'Avignon, de l'office de consul des marchands et autres sujets du roi dans les ports d'Égypte et d'Alexandrie. Boulogne-sur-Mer, 24 octobre 1532. — 1532. 24 octobre.

Copie du XVIe *siècle. Biblioth. nat.*, ms. fr. 5124, fol. 129 v°.

4982. Mandement au trésorier de l'épargne de payer à Jean Duval, notaire et secrétaire du roi, chargé des comptes des dépenses relatives aux préparatifs de l'entrevue de Henri VIII avec François Ier, 1,586 livres 13 sous tournois pour les robes que le roi a ordonné de faire à ses portiers et fourriers et pour la garniture du lit qu'il veut donner au roi d'Angleterre. Boulogne, 24 octobre 1532. — 24 octobre.

Bibl. nat., ms. fr. 15628, n° 274. (*Mention.*)

4983. Mandement à la Chambre des Comptes de Paris l'informant que le roi a autorisé Guillaume Prudhomme, trésorier de l'épargne, à prendre sur le terme de la taille échu le 1er de ce mois, et de tels receveurs généraux qu'il avisera, 6,000 livres tournois pour employer au fait de son office, sans les faire porter au Louvre. Boulogne, 24 octobre 1532. — 24 octobre.

Bibl. nat., ms. fr., 15628, n° 284. (*Mention.*)

4984. Mandement au trésorier de l'épargne de payer à Claude Legault, fermier en l'année 1520 de l'impôt de 12 deniers par livre sur le vin vendu en gros dans la ville et les faubourgs de Paris, 1,250 livres tournois pour le dédommager des pertes qu'il a subies dans l'exercice de sa ferme. Boulogne, 24 octobre 1532. — 24 octobre.

Bibl. nat., ms. fr. 15629, n° 66. (*Mention.*)

4985. Mandement au trésorier de l'épargne de payer 80 livres tournois à Heluin Du Lin, receveur du Parlement de Rouen, pour un voyage qu'il va faire à Paris, d'où il est chargé de faire envoyer à Calais une certaine quantité de vaisselle d'argent et une coupe d'or que le roi veut — 26 octobre.

donner à des seigneurs de la suite du roi d'Angleterre. Calais, 26 octobre 1532. 1532.

Bibl. nat., ms. fr. 15628, n° 278, et ms. Clairambault 1215, fol. 70. (*Mentions.*)

4986. Mandement au trésorier de l'épargne de payer à Guillaume « de Penisson », gentilhomme de la chambre du roi, 675 livres tournois en récompense de ses bons services. Calais, 26 octobre 1532. 26 octobre.

Bibl. nat., ms. fr. 15628, n° 279. (*Mention.*)

4987. Mandement pour faire délivrer pendant trois ans à monsieur d'Aubigny et à sa femme les revenus des terres et seigneuries de Beaumont-le-Roger en Normandie et de Tison en Bourbonnais. Calais, 27 octobre 1532. 27 octobre.

Arch. nat., *Acquits sur l'épargne*, J. 962, n° 20. (*Mention.*)

4988. Lettres de naturalité avec remise des droits de chancellerie pour Nicolas de Rustici, capitaine de lansquenets. Calais, 27 octobre 1532. 27 octobre.

Arch. nat., *Acquits sur l'épargne*, J. 962, n° 20. (*Mention.*)

4989. Lettres portant que sur la recette de Charles Jouhan, receveur des fouages de l'évêché de Léon en Bretagne, il sera payé à Noël Le Deangneur et à Béatrix Kerbezeat, veuve de François Brandègue, une somme de 1,424 livres 10 sous tournois, à laquelle a été estimée une nef avec des gréements que ledit Brandègue perdit au ravitaillement de Fontarabie pour le service du roi. Calais, 27 octobre 1532. 27 octobre.

Arch. nat., *Acquits sur l'épargne*, J. 962, n° 20. (*Mention.*)

4990. Mandement aux gens des comptes et commissaires des finances en Bretagne de permettre à Charles Jouhan, receveur des fouages de l'évêché de Léon, de porter en son prochain compte les sommes de 271 livres 18 sous d'une part, et 648 livres 10 sous d'autre, par 27 octobre.

lui fournies, sur l'ordonnance du feu s[r] de Laval, gouverneur de Bretagne, pour l'armée réunie à Brest en septembre 1522, à destination de l'Écosse, sous les ordres du duc d'Albany. Calais, 27 octobre 1532. 1532.

Arch. nat., Acquits sur l'épargne, J. 962, n° 20. (*Mention.*)

4991. Traité d'alliance entre François Ier et Henri VIII, roi d'Angleterre, par lequel ils conviennent de mettre sur pied une armée de 80,000 hommes, dont 27,000 aux frais de l'Angleterre et 53,000 aux frais de la France, pour empêcher les Turcs d'entrer dans la chrétienté. Calais, 28 octobre 1532. 28 octobre.

Original scellé, Arch. nat., Trésor des Chartes, J. 651[A], n° 21, et *suppl. du Trésor des Chartes*, J. 1037, n° 14.

IMP. F. Léonard, *Recueil de traitez*, t. II, p. 388. Dumont, *Corps diplomatique*, in-fol., 1726, t. IV, part. II, p. 89, col. 2, et 90, col. 2.

4992. Mandement au trésorier de l'épargne de payer à Robert de Pommereul, 742 livres 10 sous tournois pour distribuer aux écuyers et palefreniers de l'écurie du roi d'Angleterre. Calais, 28 octobre 1532. 28 octobre.

Bibl. nat., ms. fr. 15628, n° 277. (*Mention.*)

4993. Mandement au trésorier de l'épargne de payer à Antoine Le Bossu, facteur de Jean Hotman, orfèvre, 6,782 livres 14 sous 1 denier pour la vaisselle d'argent dont le roi a fait don au duc de Suffolk pour le remercier d'avoir contribué à amener l'entrevue qui a eu lieu à Calais avec le roi d'Angleterre. Calais, 28 octobre 1532. 28 octobre.

Bibl. nat., ms. fr. 15628, n° 280, et ms. Clairambault 1215, fol. 70 v°. (*Mentions.*)

4994. Mandement au trésorier de l'épargne de payer à Antoine Le Bossu, facteur de Jean Hotman, orfèvre, 11,050 livres 5 sous 6 deniers pour la vaisselle d'or et d'argent dont le roi a fait présent à Thomas, duc de Norfolk, en recon- 28 octobre.

naissance des services qu'il lui a rendus et pour le remercier d'avoir été en partie cause de l'entrevue qui a eu lieu à Calais avec le roi d'Angleterre. Calais, 28 octobre 1532. 1532.

Bibl. nat., ms. fr. 15628, n° 281, et ms. Clairambault 1215, fol. 70. (*Mentions.*)

4995. Mandement au trésorier de l'épargne de payer à Robert de Pommereul, premier écuyer de l'écurie du roi, 112 livres 10 sous tournois pour distribuer aux pages de l'écurie du roi d'Angleterre, à qui le roi en a fait don. Calais, 29 octobre 1532. 29 octobre.

Bibl. nat., ms. fr. 15628, n° 276. (*Mention.*)

4996. Don au s[r] de Montpezat, gentilhomme ordinaire de la chambre du roi, de la somme de 1,200 livres tournois pour sa pension de la présente année. Boulogne, 30 octobre 1532. 30 octobre.

Arch. nat., *Acquits sur l'épargne*, J. 962, n° 21. (*Mention.*)

4997. Mandement au trésorier de l'épargne de payer au «s[r] de Penisson», écuyer d'écurie du roi d'Angleterre, la somme de 5,125 livres, complément de 4,000 écus à 41 sous parisis l'un, dont le roi lui a ci-devant fait don. Boulogne, 30 octobre 1532. 30 octobre.

Arch. nat., *Acquits sur l'épargne*, J. 962, n° 21. (*Mention.*)

4998. Don et aumône aux religieuses hospitalières de Saint-François du couvent de Boulogne-sur-Mer, de la coupe d'un arpent de bois chaque année, pendant six ans, dans les forêts du Boulonnais. Boulogne, 30 octobre 1532. 30 octobre.

Arch. nat., *Acquits sur l'épargne*, J. 962, n° 21. (*Mention.*)

4999. Don à Antoine Rohart et à Martin Hébert, valets de garde-robe du roi, de la somme de 100 écus sur l'office de «garde de la remembrance» du comté du Maine. Boulogne, 30 octobre 1532. 30 octobre.

Arch. nat., *Acquits sur l'épargne*, J. 962, n° 21. (*Mention.*)

5000. Don à Jean Mansion, fourrier du roi, d'une amende de 60 livres parisis prononcée contre Pierre Guébrunet, son gendre, par arrêt du Parlement de Paris. Boulogne, 30 octobre 1532. | 1532. 30 octobre.

Arch. nat., Acquits sur l'épargne, J. 962, n° 21. (*Mention.*)

5001. Dispense accordée à Michel de Plas, dit de Valon, conseiller clerc au Parlement de Bordeaux, pour contracter mariage. Amiens, 6 novembre 1532. | 6 novembre.

Enreg. au Parl. de Bordeaux, à condition que ledit de Valon se fera par la suite pourvoir d'un office de conseiller lai (sans date). Arch. de la Gironde, B. 30 *bis*, fol. 173 v°, 3 pages.

5002. Mandement au trésorier de l'épargne de payer à Victor Barguin, trésorier général de Mesdames, 2,750 livres tournois pour employer : 1,500 livres à l'argenterie desdites dames, 1,000 livres à l'argenterie des demoiselles de leur maison et 250 livres à leur apothicairerie, pour le troisième trimestre de l'année courante. Amiens, 6 novembre 1532. | 6 novembre.

Mandement semblable, de même date, pour le dernier trimestre.

Bibl. nat., ms. fr. 15628, n°s 267 et 386. (*Mentions.*)

5003. Mandement au trésorier de l'épargne de payer à Victor Barguin, trésorier général de Mesdames, 10,575 livres tournois pour les payements de leur chambre aux deniers pendant le troisième trimestre de la présente année. Amiens, 6 novembre 1532. | 6 novembre.

Mandement semblable, de même date, pour le dernier quartier.

Bibl. nat., ms. fr. 15628, n°s 268 et 284. (*Mentions.*)

5004. Mandement au trésorier de l'épargne de payer à Victor Barguin 6,828 livres 10 sous tournois pour les gages des dames, demoiselles, gentilshommes et officiers de Mesdames pendant | 6 novembre.

le troisième trimestre de l'année courante. Amiens, 6 novembre 1532. 1532.

Mandement semblable, de même date, pour le dernier quartier.

Bibl. nat., ms. fr. 15628, nos 269 et 385. (*Mentions.*)

5005. Mandement au trésorier de l'épargne de payer à Victor Barguin 2,894 livres 10 sous tournois pour l'écurie de Mesdames pendant le troisième trimestre de l'année courante. Amiens, 6 novembre 1532. 6 novembre.

Mandement semblable, de même date, pour le dernier quartier.

Bibl. nat., ms. fr. 15628, nos 270 et 387. (*Mentions.*)

5006. Mandement au trésorier de l'épargne de payer à Jean Tenaudy (*alias* Thesnaud), aumônier du roi et abbé du Mélinais, 300 livres tournois en récompense de ses bons services. Amiens, 6 novembre 1532. 6 novembre.

Bibl. nat., ms. fr. 15628, n° 291. (*Mention.*)

5007. Mandement à la chambre des comptes de Paris l'informant que le roi a autorisé Guillaume Prudhomme, trésorier de l'épargne, à prendre du terme de la taille échu le 1er octobre et de tels receveurs qu'il avisera 23,200 livres tournois pour employer au fait de son office, sans les faire porter au Louvre. Amiens, 7 novembre 1532. 7 novembre.

Bibl. nat., ms. fr. 15628, n° 285. (*Mention.*)

5008. Mandement au trésorier de l'épargne de payer au roi de Navarre, ancien amiral de Guyenne, 445 livres 4 sous tournois pour son état depuis le 1er janvier jusqu'au 11 février 1532 qu'il résigna cet office. Amiens, 7 novembre 1532. 7 novembre.

Bibl. nat., ms. fr. 15628, n° 308. (*Mention.*)

5009. Mandement au trésorier de l'épargne de payer à l'amiral [Chabot], gouverneur et lieutenant 7 novembre.

général du roi en Bourgogne, et amiral de Bretagne, 1,200 livres tournois pour son état d'amiral de Bretagne pendant la présente année. Amiens, 7 novembre 1532. 1532.

Bibl. nat., ms. fr. 15628, n° 328. (*Mention.*)

5010. Mandement au trésorier de l'épargne de payer à l'amiral [Chabot] 18,000 livres tournois, soit 12,000 livres pour sa pension et 6,000 livres pour ses appointements de gouverneur de Bourgogne en la présente année. Amiens, 7 novembre 1532. 7 novembre.

Bibl. nat., ms. fr. 15628, n° 329. (*Mention.*)

5011. Mandement au trésorier de l'épargne de payer à l'amiral [Chabot] 1,000 livres tournois pour son état de capitaine de la ville et du château de Brest pendant l'année courante. Amiens, 7 novembre 1532. 7 novembre.

Bibl. nat., ms. fr. 15628, n° 330. (*Mention.*)

5012. Mandement au trésorier de l'épargne de payer à l'amiral [Chabot] 2,554 livres 16 sous tournois pour son état d'amiral de Guyenne en la présente année. Amiens, 7 novembre 1532. 7 novembre.

Bibl. nat., ms. fr. 15628, n° 331. (*Mention.*)

5013. Mandement à Jean Laguette, receveur général des finances, de payer 400 écus soleil au s[r] d'Izernay, valet de chambre du roi, parti de Saumur le 8 septembre, se rendant en Allemagne pour affaires que le roi veut tenir secrètes. Amiens, 8 novembre 1532. 8 novembre.

Arch. nat., *Acquits sur l'épargne*, J. 962, n° 22. (*Mention.*)

5014. Mandement à Jean Laguette de payer à Hans Yonker, capitaine suisse, lieutenant de la garde du roi, 200 écus soleil dont le roi lui fait don. Amiens, 8 novembre 1532. 8 novembre.

Arch. nat., *Acquits sur l'épargne*, J. 962, n° 22. (*Mention.*)

5015. Mandement à Jean Laguette de payer à Toussaint de Laperque, Thomas Savoureau, Ma- 8 novembre.

thurin Laurencin, Étienne Bénard et Raoul Lepore la somme de 100 écus soleil pour avoir porté de Chenonceaux, le 16 septembre précédent, des lettres missives du roi aux 200 gentilhommes de sa maison, les invitant à se trouver le 20 octobre à Boulogne, où les rois de France et d'Angleterre devaient se rencontrer. Amiens, 8 novembre 1532. 1532.

Arch. nat., Acquits sur l'épargne, J. 962, n° 22. (*Mention.*)

5016. Mandement à Jean Laguette de payer aux deux enfants du prince de Melphe 1,200 livres tournois pour leur pension de l'année 1531. Amiens, 8 novembre 1532. 8 novembre.

Arch. nat., Acquits sur l'épargne, J. 962, n° 22. (*Mention.*)

5017. Mandement à Jean Laguette de payer 14 écus soleil à Guillaume Marchant, chevaucheur d'écurie du roi, pour un voyage qu'il a fait en diligence jour et nuit sur chevaux de postes, se rendant de Paris auprès du roi, porteur des lettres de M. le Légat touchant le voyage de Picardie. Amiens, 8 novembre 1532. 8 novembre.

Arch. nat., Acquits sur l'épargne, J. 962, n° 22. (*Mention.*)

5018. Mandement à Jean Laguette de payer à l'évêque de Ross et au s[r] de Barguin, ambassadeurs du roi d'Écosse, la somme de 750 écus soleil dont le roi leur a fait don. Amiens, 8 novembre 1532. 8 novembre.

Arch. nat., Acquits sur l'épargne, J. 962, n° 22. (*Mention.*)

5019. Mandement à Jean Laguette de payer à Jacques Bénard, maître de la chambre aux deniers du roi, 1,200 livres tournois pour l'achat du vin amené à Boulogne pour la dépense de l'hôtel, lors de l'entrevue de François Ier avec Henri VIII. Amiens, 8 novembre 1532. 8 novembre.

Arch. nat., Acquits sur l'épargne, J. 962, n° 22. (*Mention.*)

5020. Mandement à Jean Laguette de payer à Jean Laperque 30 livres tournois pour un voyage de Paris à Toulouse et à Villefranche-de-Rouergue, où il porta des lettres du roi au procureur général et au juge mage. Amiens, 8 novembre 1532. — 1532. 8 novembre.

Arch. nat., *Acquits sur l'épargne*, J. 962, n° 22. (*Mention.*)

5021. Mandement à Jean Laguette de payer à M. de Beauvais, gentilhomme de la chambre du roi, 400 écus soleil pour un voyage qu'il va faire vers le roi d'Écosse, chargé d'une mission secrète. Amiens, 8 novembre 1532. — 8 novembre.

Arch. nat., *Acquits sur l'épargne*, J. 962, n° 22. (*Mention.*)

5022. Mandement à Jean Laguette de payer à François Lombard, avocat en Parlement, la somme de 450 livres tournois pour un voyage qu'il va faire, chargé d'une mission secrète, auprès du roi de Portugal. Amiens, 8 novembre 1532. — 8 novembre.

Arch. nat., *Acquits sur l'épargne*, J. 962, n° 22. (*Mention.*)

5023. Mandement à Jean Laguette de payer 100 écus soleil à Jean de La Balue, chevalier, s[r] de Gouais, allant de Paris à Dijon remplir une mission secrète dont le roi l'a chargé. Amiens, 8 novembre 1532. — 8 novembre.

Arch. nat., *Acquits sur l'épargne*, J. 962, n° 22. (*Mention.*)

5024. Mandement à Jean Laguette de délivrer à Pierre Groneau, clerc et payeur des œuvres du roi, la somme de 200 livres tournois pour les réparations de la clôture du bois de Vincennes. Amiens, 8 novembre 1532. — 8 novembre.

Arch. nat., *Acquits sur l'épargne*, J. 962, n° 22. (*Mention.*)

5025. Mandement à Jean Laguette de payer à Pierre Caigniart, serviteur de messire Honorat de Caix, ambassadeur du roi en Portugal, pour — 8 novembre.

aller de Boulogne en Portugal porter à son maître des lettres du roi. Amiens, 8 novembre 1532. 1532.

Arch. nat., Acquits sur l'épargne, J. 962, n° 22. (*Mention.*)

5026. Mandement à Jean Laguette de payer à Jean Proust, chevaucheur d'écurie du roi, 120 écus soleil pour aller de Rue à Rome porter des lettres secrètes du roi à [François de Dinteville], évêque d'Auxerre, ambassadeur auprès du pape. Amiens, 8 novembre 1532. 8 novembre.

Arch. nat., Acquits sur l'épargne, J. 962, n° 22. (*Mention.*)

5027. Lettres de décharge de 2,000 livres tournois que Guillaume Prudhomme, trésorier de l'épargne, a remises au roi pour « ses plaisirs et affaires ». Amiens, 8 novembre 1532. 8 novembre.

Bibl. nat., ms. fr. 15628, n° 290. (*Mention.*)

5028. Mandement au trésorier de l'épargne de payer à Oronce Fine, lecteur ordinaire ès sciences mathématiques en l'Université de Paris, 400 livres tournois en récompense d'un livre sur les mathématiques qu'il a fait et donné au roi. Amiens, 9 novembre 1532. 9 novembre.

Bibl. nat., ms. fr. 15628, n° 335. (*Mention.*)

5029. Mandement au trésorier de l'épargne de payer à Étienne Guintier 1,940 livres tournois pour avoir traduit, sur l'ordre du roi, certains livres de médecine du grec en latin. Amiens, 9 novembre 1532. 9 novembre.

Bibl. nat., ms. fr. 18628, n° 406. (*Mention.*)

5030. Mandement au trésorier de l'épargne de payer à Pierre Danès, Jacques Tousac, lecteurs en grec, François Vatable, Agathius Guidacerius, Paul Canosse, lecteurs en hébreu, et Oronce Fine, lecteur ès sciences mathématiques à l'Université de Paris, 2,310 livres tournois pour leur pension de l'année commencée le 1er novembre 1531, en attendant « plus ample fondation du Collège » de France; soit 320 livres 9 novembre.

à chacun des quatre premiers, et 315 à chacun des deux derniers. Amiens, 9 novembre 1532. 1532.

Bibl. nat., ms. fr. 15628, n° 529. (*Mention.*)

5031. Mandement aux s[rs] Du Prat et Étienne de Bourg de demander aux États de Quercy d'accorder une imposition d'un sou par livre sur le principal de la taille, pour consacrer à la construction de vaisseaux et aux besoins de la marine. Amiens, 10 novembre 1532. 10 novembre.

Original. Bibl. nat., ms. fr. 25721, n° 383.

5032. Octroi pour huit ans aux maieur, échevins et habitants de Boulogne-sur-Mer d'une somme annuelle de 400 livres tournois que le roi avait coutume de prendre sur les deniers de ladite ville pour les employer, sous la direction d'Oudart Du Biez, sénéchal et gouverneur du Boulonnais, aux réparations et fortifications du port de Boulogne. Amiens, 10 novembre 1532. 10 novembre.

Arch. nat., *Acquits sur l'épargne*, J. 962, n° 23. (*Mention.*)

5033. Don au s[r] de Dampierre de 1,200 livres parisis, montant d'une amende à laquelle avait été condamné envers le roi Thomas Bauquet, receveur des aides et tailles à Valognes, par jugement de commissaires spécialement nommés pour lui faire son procès. Amiens, 10 novembre 1532. 10 novembre.

Arch. nat., *Acquits sur l'épargne*, J. 962, n° 23. (*Mention.*)

5034. Mandement pour le payement des gages de Guy Breslay, conseiller au Grand Conseil, pendant deux quartiers qu'il n'a point siégé, retenu qu'il était par des commissions du roi. Amiens, 10 novembre 1532. 10 novembre.

Arch. nat., *Acquits sur l'épargne*, J. 962, n° 23. (*Mention.*)

5035. Mandement pour faire payer Pierre Secondat de ses gages et droits de secrétaire à gages, depuis 10 novembre.

IMPRIMERIE NATIONALE.

le 4 mai 1531 jusqu'au 23 octobre 1532. Amiens, 10 novembre 1532. 1532.

Arch. nat., Acquits sur l'épargne, J. 962, n° 23. (*Mention.*)

5036. Confirmation du don fait par la duchesse d'Angoulême à la comtesse de Villars, pour sa vie, du revenu de la chambre à sel de Beaufort-en-Vallée, dépendant du grenier à sel d'Angers. Amiens, 10 novembre 1532. 10 novembre.

Arch. nat., Acquits sur l'épargne, J. 962, n° 23. (*Mention.*)

5037. Mandement pour faire bailler pendant trois ans à Honorat de Savoie, comte de Villars, les revenus des terres, seigneuries et châtellenies de Sainte-Menehould, Passavant et Vassy, dont il a obtenu mainlevée. Amiens, 10 novembre 1532. 10 novembre.

Arch. nat., Acquits sur l'épargne, J. 962, n° 23. (*Mention.*)

5038. Mandement au receveur et payeur du Grand Conseil de payer à [Jean de Langeac], évêque de Limoges, ses gages de maître des requêtes de l'hôtel pour les quartiers d'avril à septembre 1532, quoique pendant ledit temps il ait été retenu ailleurs pour le service du roi. Amiens, 10 novembre 1532. 10 novembre.

Arch. nat., Acquits sur l'épargne, J. 962, n° 23. (*Mention.*)

5039. Don à Théodore Trivulce de 250 écus soleil, montant de la moitié des droits qu'il devait pour ses lettres de naturalité. Le roi lui en avait fait, par autres lettres, remise intégrale, mais la Chambre des Comptes avait réduit de moitié cette libéralité. Amiens, 10 novembre 1532. 10 novembre.

Arch. nat., Acquits sur l'épargne, J. 962, n° 23. (*Mention.*)

5040. Congé au s[r] d'Assigny de faire conduire en pleine franchise, pour l'approvisionnement de sa maison de Bretagne, durant l'année prochaine, 10 novembre.

100 pipes de vin achetées en Anjou, dans l'Orléanais et autres pays. Amiens, 10 novembre 1532. | 1532.

Arch. nat., Acquits sur l'épargne, J. 962, n° 23. (*Mention.*)

5041. Mandement au receveur de Vitry-en-Perthois de payer, des deniers de sa recette au bâtard Du Fay la somme de 1,000 livres tournois pour deux années de ses gages (1531-1532) de l'office de garde de la ville de Verdun. Amiens, 10 novembre 1532. | 10 novembre.

Arch. nat., Acquits sur l'épargne, J. 962, n° 23. (*Mention.*)

5042. Mandement pour faire délivrer à Louis Alamanni pendant trois ans le revenu de la terre et châtellenie de Tullins en Dauphiné, dont il a obtenu mainlevée, ladite terre ayant été saisie par suite de la réunion du domaine. Amiens, 10 novembre 1532. | 10 novembre.

Arch. nat., Acquits sur l'épargne, J. 962, n° 23. (*Mention.*)

5043. Assignation au s^r de Barbezieux d'une somme de 4,000 livres pour les années 1530 et 1531 de sa pension, moitié sur les finances extraordinaires et parties casuelles, moitié sur les deniers de l'épargne. Amiens, 10 novembre 1532. | 10 novembre.

Arch. nat., Acquits sur l'épargne, J. 962, n° 23. (*Mention.*)

5044. Mandement à Jean Laguette de payer à Cosme Dario, capitaine albanais, 200 livres pour son entretien au service du roi durant la présente année. Amiens, 10 novembre 1532. | 10 novembre.

Arch. nat., Acquits sur l'épargne, J. 962, n° 23. (*Mention.*)

5045. Lettres de relief accordées à Claude de Maletroie, élu de Soissons, pour être payé de ses gages et chevauchées dudit office des années 1529 et 1530, nonobstant qu'il n'ait résidé ni exercé | 10 novembre.

sa charge durant ledit temps. Amiens, 10 novembre 1532. 1532.

Arch. nat., Acquits sur l'épargne, J. 962, n° 23. (*Mention.*)

5046. Mandement au trésorier de l'épargne de payer à Bénigne Serre 400 livres tournois pour les chevaucheurs de l'écurie du roi tenant les postes ordinaires à la cour, sur ce qui leur est dû pour le service desdites postes. Amiens, 10 novembre 1532. 10 novembre.

Bibl. nat., ms. fr. 15628, n° 292. (*Mention.*)

5047. Don à Jean de Laval, s[r] de Châteaubriant, gouverneur de Bretagne, de 10,000 livres sur les rachats et autres droits seigneuriaux échus au roi par la mort de la dame de Châteaubriant, mère dudit sieur, nonobstant l'ordonnance restrictive de semblables libéralités et l'opposition que pourrait faire la Chambre des Comptes. Compiègne, 14 novembre 1532. 14 novembre.

Arch. nat., Acquits sur l'épargne, J. 962, n° 25. (*Mention.*)
Enreg. à la Chambre des Comptes de Bretagne. Arch. de la Loire-Inférieure, B. *Mandements*, II, fol. 47.

5048. Mandement à la Chambre des Comptes de Paris d'allouer aux comptes de Guillaume Prudhomme, trésorier de l'épargne, 4,050 livres 14 sous 4 deniers tournois qu'il a payés au cardinal de Gramont pour les frais d'un voyage que le roi l'a chargé de faire avec le cardinal de Tournon à Rome et autres villes d'Italie. Compiègne, 14 novembre 1532. 14 novembre.

Arch. nat., Acquits sur l'épargne, J. 962, n° 25. (*Mention.*)
Bibl. nat., ms. fr. 15628, n° 293, et ms. Clairambault 1215, fol. 70. (*Mentions.*)

5049. Mandement à Jean Laguette, trésorier et receveur général des finances extraordinaires et parties casuelles, de payer à Pierre de La Barillerie, l'un des mortes-payes de Nantes, la somme de 10 écus pour l'entretien et nourri- 14 novembre.

ture d'une lisse pleine qui lui a été donnée en garde. Compiègne, 14 novembre 1532. 1532.

Arch. nat., Acquits sur l'épargne, J. 962, n° 24. (*Mention.*)

5050. Mandement à Jean Laguette de payer 30 écus soleil à Toussaint Laperque pour aller en poste d'Amiens en Angleterre porter des lettres du roi au s^r de Montpezat et en rapporter réponse. Compiègne, 14 novembre 1532. 14 novembre.

Arch. nat., Acquits sur l'épargne, J. 962, n° 24. (*Mention.*)

5051. Mandement à Jean Laguette de payer à Michel Fauconnier, allemand, 50 écus soleil dont le roi lui a fait don pour ses peines d'avoir apporté des lettres de certains princes d'Allemagne au roi. Compiègne, 14 novembre 1532. 14 novembre.

Arch. nat., Acquits sur l'épargne, J. 962, n° 24. (*Mention.*)

5052. Don à Guillaume Vandrinpell, gentilhomme du pays de Gueldre, de 200 écus pour voyages secrets faits au service du roi. Compiègne, 14 novembre 1532. 14 novembre.

Arch. nat., Acquits sur l'épargne, J. 962, n° 24. (*Mention.*)

5053. Mandement à Jean Laguette de payer à Pape, chevaucheur d'écurie du roi, 30 écus soleil pour aller de Montdidier en Angleterre porter au s^r de Montpezat les originaux des traités conclus entre François Ier et Henri VIII contre les Turcs. Compiègne, 14 novembre 1532. 14 novembre.

Arch. nat., Acquits sur l'épargne, J. 962, n° 24. (*Mention.*)

5054. Don à [Jacques Colin, abbé] de Saint-Ambroise, prieur de Chantilly, d'une maison avec offices et jardin située dans la basse cour du château, pour en jouir sa vie durant, et d'un pré appelé le pré au Breuil, dans le faubourg de la- 14 novembre.

dite ville, à charge d'entretien. Compiègne, 14 novembre 1532. | 1532.

Arch. nat., Acquits sur l'épargne, J. 962, n° 25. (*Mention.*)

5055. Lettres de don d'un office de conseiller en la Chambre des Comptes de Montpellier et de maître des comptes pour Pierre de La Croix. Compiègne, 15 novembre 1532. | 15 novembre.

Enreg. à la Chambre des Comptes de Montpellier. Arch. départ. de l'Hérault, B. 341, fol. 24 v°. 3 pages.

5056. Déclaration des devoirs des ports et havres de Bretagne. 15 novembre 1532. | 15 novembre.

Bibl. nat., mss Moreau, t. 1417, fol. 260. (*Mention.*)

5057. Provision pour, suivant autres lettres patentes, faire payer à Oudart Du Biez, gouverneur et sénéchal de Boulonnais, capitaine de la ville et château de Boulogne, sa pension annuelle de 2,000 livres sur la trésorerie et recette ordinaire du Boulonnais. Compiègne, 17 novembre 1532. | 17 novembre.

Arch. nat., Acquits sur l'épargne, J. 962, n° 27. (*Mention.*)

5058. Don à Louis Alamanni de la somme de 1,500 livres tournois en dédommagement des frais qu'il va faire pour aller à Lyon faire imprimer ses œuvres et compositions toscanes. Compiègne, 17 novembre 1532. | 17 novembre.

Arch. nat., Acquits sur l'épargne, J. 962, n° 27. (*Mention.*)

5059. Mandement du roi au Parlement de Paris d'introduire Claudine de Cusance, femme de Guillaume de Saulx, s^r de Villefrancon, fille de feu Claude de Cusance, s^r de Virey, au procès pendant en appel devant ladite cour à cause de la succession à elle disputée par ses parents sur les seigneuries de Germolles, Corcelles, la Tour de Mailly, Sancé, Loché en Mâconnais et la baronnie du Mont-Saint-Vincent en Charolais. Paris, 18 novembre 1532. | 18 novembre.

Copie du temps. Bibl. nat., ms. fr. 4605, fol. 73.

5060. Don à Jean Du Bellay, évêque de Paris, des droits de régale échus au roi depuis la mort de François de Poncher jusqu'à la prestation du serment de fidélité dudit Du Bellay. Compiègne, 19 novembre 1532. — 1532. 19 novembre.

Arch. nat., Acquits sur l'épargne, J. 962, n° 26. (*Mention.*)

5061. Don à Jean Du Bellay, évêque de Paris, des revenus du temporel de l'abbaye de Saint-Maur-les-Fossés reçus par Robert Lelieur, commis au gouvernement de ladite abbaye pour le roi, depuis le jour de la saisie de ses biens jusqu'à la mainlevée accordée audit évêque. Compiègne, 19 novembre 1532. — 19 novembre.

Arch. nat., Acquits sur l'épargne, J. 962, n° 26. (*Mention.*)

5062. Don aux sœurs grises du couvent de Saint-François de Doullens de 300 livres tournois sur la recette générale de Picardie, pour la réédification de leurs maisons brûlées pendant les dernières guerres. Compiègne, 19 novembre 1532. — 19 novembre.

Arch. nat., Acquits sur l'épargne, J. 962, n° 26. (*Mention.*)

5063. Lettres pour deux traites de chacune 100 pipes de vin destinées à l'approvisionnement des châteaux de Nantes et de Saint-Malo. Compiègne, 19 novembre 1532. — 19 novembre.

Arch. nat., Acquits sur l'épargne, J. 962, n° 26. (*Mention.*)

5064. Don à Simon Bury, chirurgien du dauphin, du quart de la résignation faite par Girard Châtelain de son office de mesureur du grenier à sel de Senlis, en faveur de Jean Châtelain, son fils. Compiègne, 19 novembre 1532. — 19 novembre.

Arch. nat., Acquits sur l'épargne, J. 962, n° 26. (*Mention.*)

5065. Mandement pour faire payer à Jean Lefranc, pourvu d'un état de palefrenier de l'écurie des enfants de France, les gages de son prédéces- — 19 novembre.

seur, feu Richard Gaillard, du 24 juillet, date de sa mort, au 31 décembre 1532. Compiègne, 19 novembre 1532. 1532.

Arch. nat., Acquits sur l'épargne, J. 962, n° 26. (*Mention.*)

5066. Mandement pour faire payer à Yvon Mahé, naguère valet de pied des enfants de France, pourvu de l'état de sommelier de paneterie au lieu de feu Jean Bénard, dit de Bordeaux, les gages de son prédécesseur, du 12 juillet au 31 décembre 1532, et à Nicolas Langlois, pourvu de l'état de valet de pied au lieu dudit Yvon, les gages de celui-ci pendant le même temps. Compiègne, 19 novembre 1532. 19 novembre.

Arch. nat., Acquits sur l'épargne, J. 962, n° 26. (*Mention.*)

5067. Mandement au trésorier de l'épargne de payer à la reine Marie d'Angleterre, douairière de France, 7,000 livres tournois sur le trésor du Louvre, au lieu d'une pareille somme qu'elle touchait sur la traite foraine de Languedoc. Paris (*sic*), 20 novembre 1532. 20 novembre.

Bibl. nat., ms. fr. 15628, n° 442. (*Mention.*)

5068. Provisions en faveur de messire Oudart Du Biez, chevalier, seigneur dudit lieu, de l'office de sénéchal et gouverneur du pays de Boulonnais. 22 novembre 1532. 22 novembre.

Bibl. nat., ms. Clairambault 782, fol. 289. (*Mention.*)

5069. Don à Jean Godart, valet de pied du roi, de ce qui restait dû de gages à feu Martin Le Basque, son prédécesseur, au moment de sa mort. Villers-Coterets, 24 novembre 1532. 24 novembre.

Arch. nat., Comptes de l'écurie, KK. 95, fol. 546. (*Mention.*)

Idem, Acquits sur l'épargne, J. 962, n° 28. (*Mention.*)

5070. Remise et quittance à Guillaume de La Marck, écuyer d'écurie du roi, de 30 livres parisis dues par lui et sa femme, Françoise de Vignacourt, 24 novembre.

pour raison des reliefs et autres droits seigneuriaux échus au roi sur la terre de Favérolles. Villers-Coterets, 24 novembre 1532. 1532.

Arch. nat., Acquits sur l'épargne, J. 962, n° 28. (*Mention.*)

5071. Don à François de Marconnay, gentilhomme de la vénerie, de 100 écus soleil sur les deniers provenant de la vente d'un office de courtier de vins en la ville de Rouen, vacant par le décès de Bardin de Tavery. Villers-Coterets, 24 novembre 1532. 24 novembre.

Arch. nat., Acquits sur l'épargne, J. 962, n° 28. (*Mention.*)

5072. Mandement à la Chambre des Comptes d'allouer au compte que lui présentera Jean Bourdineau, clerc des offices de l'hôtel du roi, la somme de 2,483 livres 8 sous 5 deniers tournois, dépensés sur l'ordre de monsieur le grand maître pour le transport à Nantes de tapisseries et meubles des châteaux de Blois et d'Amboise, destinés aux entrées de la reine et du dauphin dans cette ville, et aussi pour le transport de tapisseries desdits châteaux et de vaisselle d'or et d'argent à Boulogne-sur-Mer, pour l'entrevue des rois François Ier et Henri VIII. Villers-Coterets, 24 novembre 1532. 24 novembre.

Copie du temps. Bibl. nat., ms. fr. 10389.
Arch. nat., Acquits sur l'épargne, J. 962, n° 28. (*Mention.*)

5073. Don à Antoine de Chabanes, dit Chevreau, enfant de cuisine de bouche, d'une somme de 30 écus soleil pour l'aider à acheter un cheval pour suivre le roi et la cour. Villers-Coterets, 24 novembre 1532. 24 novembre.

Arch. nat., Acquits sur l'épargne, J. 962, n° 28. (*Mention.*)

5074. Don à Gabriel de Limoges, gentilhomme de la vénerie, de 50 écus soleil sur les deniers provenant de la vente de l'office de sergent à 24 novembre.

IMPRIMERIE NATIONALE.

cheval au siège de Provins, vacant par le décès de Michel Melin. Villers-Coterets, 24 novembre 1532. 1532.

Arch. nat., Acquits sur l'épargne, J. 962, n° 28. (*Mention.*)

5075. Mandement au Parlement de Paris pour la réception du s[r] de Barbezieux à l'office de sénéchal d'Auvergne. Crépy-en-Valois, 26 novembre 1532. 26 novembre.

Présenté au Parl., le 28 novembre suivant. Arch. nat., X[1a] 1536, reg. du Conseil, fol. 21. (*Mention.*)

5076. Lettres concernant le payement de la gendarmerie et ordonnant que les rôles des montres et revues soient faits comme avant l'ordonnance de Châteaubriant du 20 juin 1532, jusqu'à nouvel ordre. Chantilly, 27 novembre 1532. 27 novembre.

Enreg. à la Chambre des Comptes de Paris, anc. mém. GG, fol. 39 v°.

Bibl. nat., mss Moreau, t. 1395, fol. 313. (*Mention.*)

Imp. *Pièce in-4°. Arch. nat.*, AD. IX 123, n° 25. 2 pages.

5077. Mandement à Guillaume Prudhomme, trésorier de l'épargne, de délivrer à Jean Grolier, naguère trésorier des guerres, et à Georges Hérouët, trésorier des guerres en exercice, la somme de 65,669 livres 6 sous tournois complétant celle de 188,199 livres 8 sous 7 deniers, pour le payement de la gendarmerie des quartiers de juillet et octobre 1532. Chantilly, 27 novembre 1532. 27 novembre.

Arch. nat., Acquits sur l'épargne, J. 962, n° 29. (*Mention.*)

Bibl. nat., ms. fr. 15628, n° 283. (*Mention.*)

5078. Mandement au trésorier de l'épargne de délivrer à Georges Hérouët et à Guy de La Maladière, trésoriers des guerres, la somme de 184,856 livres 8 sous 3 deniers tournois, partie de 384,406 livres 10 sous, pour le payement de 2,042 lances des ordonnances 27 novembre.

du roi des quartiers de juillet-décembre 1532. Chantilly, 27 novembre 1532. 1532.

Arch. nat., Acquits sur l'épargne, J. 962, n° 29. (*Mention.*)

5079. Autre mandement au trésorier de l'épargne de payer auxdits trésoriers des guerres 43,000 livres tournois sur les deniers de ses restes du quartier de janvier 1532 n. s., pour le même objet. Chantilly, 27 novembre 1532. 27 novembre.

Arch. nat., Acquits sur l'épargne, J. 962, n° 29. (*Mention.*)

5080. Autre mandement au trésorier de l'épargne de payer auxdits trésoriers des guerres sur les deniers des restes dus à feu la duchesse d'Angoulême, dont le recouvrement a été confié à Victor Barguin, trésorier de ladite dame, la somme de 73,937 livres 3 sous tournois, pour le même objet. Chantilly, 27 novembre 1532. 27 novembre.

Arch. nat., Acquits sur l'épargne, J. 962, n° 29. (*Mention.*)

5081. Mandement aux receveurs généraux de Guyenne, Languedoc, Dauphiné et Bretagne de délivrer à Georges Hérouët et à Guy de La Maladière, trésoriers des guerres, sur les restes de leur recette du quartier d'octobre 1531, la somme des 82,612 livres 18 sous 9 deniers tournois (avec mention de la somme assignée sur chacun desdits receveurs généraux), formant le complément des 384,406 livres 10 sous destinés au payement des 2,042 lances des ordonnances pour les quartiers de juillet et d'octobre 1532. Chantilly, 27 novembre 1532. 27 novembre.

Arch. nat., Acquits sur l'épargne, J. 962, n° 29. (*Mention.*)

5082. Mandement au trésorier de l'épargne de délivrer aux trésoriers des guerres 5,264 livres tournois sur sa recette du quartier d'octobre dernier, pour le payement de 4 prévôts des maréchaux de France et de 72 archers sous leurs 27 novembre.

ordres du second semestre de l'année présente. Chantilly, 27 novembre 1532. 1532.

Arch. nat., Acquits sur l'épargne, J. 962, n° 29. (*Mention.*)

5083. Mandement à Georges Hérouët et à Guy de La Maladière, trésoriers des guerres, de faire le payement aux 2,042 lances des ordonnances de leur solde des quartiers de juillet et d'octobre 1532. Chantilly, 27 novembre 1532. 27 novembre.

Arch. nat., Acquits sur l'épargne, J. 962, n° 29. (*Mention.*)

5084. Mandement auxdits trésoriers des guerres de payer les 4 prévôts des maréchaux de France et les 72 archers sous leurs ordres pour les quartiers de juillet et octobre 1532. Chantilly, 27 novembre 1532. 27 novembre.

Arch. nat., Acquits sur l'épargne, J. 962, n° 29. (*Mention.*)

5085. Mandement au trésorier de l'épargne de payer au s[r] de Montpezat, chevalier de l'ordre et gentilhomme de la chambre du roi, 1,125 livres tournois pour le dédommager des dépenses qu'il a dû faire en accompagnant le roi d'Angleterre de Calais en son royaume. Chantilly, 28 novembre 1532. 28 novembre.

Bibl. nat., ms. fr. 15628, n° 361. (*Mention.*)

5086. Mandement au trésorier de l'épargne de payer au s[r] de Montpezat 1,200 livres tournois pour sa pension de l'année précédente. Chantilly, 28 novembre 1532. 28 novembre.

Bibl. nat., ms. fr. 15628, n° 362. (*Mention.*)

5087. Mandement au trésorier de l'épargne de payer à Jean-Joachim de Passano, seigneur de Vaux, 1,057 livres 10 sous qu'il avait prêtés au roi à Calais et dont celui-ci avait fait don à divers gentilshommes anglais. Chantilly, 28 novembre 1532. 28 novembre.

Bibl. nat., ms. fr. 15628, n° 365, et ms. Clairambault 1215, fol. 72. (*Mentions.*)

5088. Mandement au trésorier de l'épargne de payer à 28 novembre.

Jean-Joachim de Passano, s^{r} de Vaulx, commis à tenir le compte et faire le payement des pensions d'Angleterre, 259,922 livres 2 sous tournois pour le terme de novembre, soit : 255,661 livres 2 sous tournois au roi d'Angleterre, 4,375 écus d'or pour le douaire de la reine Marie d'Angleterre, et 2,681 écus aux seigneurs anglais pensionnés par le roi, plus 4,261 livres tournois audit Joachim pour le change. Chantilly, 28 novembre 1532. 1532.

Bibl. nat., ms. fr. 15628, n° 371. (*Mention.*)

5089. Lettres de jussion à la Cour des Aides pour l'enregistrement d'une commission adressée, le 2 septembre 1528 (n° 3137), au s^{r} de La Forêt, prévôt des maréchaux en Touraine, pour la répression du faux-saunage en Bretagne, Anjou, Maine et Poitou. Paris, 4 décembre 1532. 4 décembre.

Copie collationnée faite par ordre de la Cour des Aides, le 20 avril 1779. Arch. nat., Z^{1a} 526.

5090. Mandement au trésorier de l'épargne de payer à Jean Duval, receveur et payeur des gages des officiers du Parlement de Paris, 16,654 livres 6 sous 4 deniers tournois pour le troisième quartier de l'année courante. Paris, 4 décembre 1532. 4 décembre.

Mandement semblable, de même date, pour le dernier trimestre de l'année.

Bibl. nat., ms. fr. 15628, n°s 463 et 523. (*Mentions.*)

5091. Lettres portant réunion du comté de Cominges au domaine de la couronne, nonobstant le don qui en avait été fait au s^{r} de Lautrec et à ses enfants. Paris, 6 décembre 1532. 6 décembre.

Enreg. à la Chambre des Comptes de Paris, le 13 décembre 1532. Arch. nat., P. 2306, p. 45. 3 pages.
Idem, P. 2537, fol. 165; AD. IX 123, n° 26.

5092. Don à Ogier Du Faultrey, fourrier du roi, de 200 écus soleil sur les deniers provenant de la résignation à survivance faite par Jean de 6 décembre.

Beaugrant, en faveur d'Antoine, son fils, de son office de grènetier au grenier à sel de Saint-Quentin. Paris, 6 décembre 1532. 1532.

Arch. nat., *Acquits sur l'épargne*, J. 962, n° 30. (*Mention.*)

5093. Don à Charlotte Chapperon, l'une des femmes de Mesdames, de 400 livres parisis, montant d'une amende prononcée contre feu Antoine de Guillerville, son mari, par les Grands jours de Poitou, avec cette clause que le roi entend que ce don soit entier, malgré l'ordonnance, et que dans le cas où la Chambre des Comptes le réduirait de moitié, il soit expédié à ladite dame acquit de l'autre moitié. Paris, 6 décembre 1532. 6 décembre.

Arch. nat., *Acquits sur l'épargne*, J. 962, n° 30. (*Mention.*)

5094. Don à Jacques de Louan, s[r] de Nogent, de 613 livres 15 sous tournois, montant de la moitié réduite par la Chambre des Comptes des droits seigneuriaux dus au roi pour une rente de 1,100 livres tournois que ledit de Louan a constituée à une sienne sœur sur ses terres, droits dont le roi lui avait fait remise entière. Paris, 6 décembre 1532. 6 décembre.

Arch. nat., *Acquits sur l'épargne*, J. 962, n° 30. (*Mention.*)

5095. Don à Christophe Du Refuge, écuyer d'écurie du comte de Saint-Pol, de 412 livres 10 sous tournois, faisant la moitié de 825 livres que le roi lui avait précédemment octroyées sur les droits seigneuriaux dus sur la terre de Versigny, moitié qui lui avait été réduite et réservée, suivant l'ordonnance, par les gens des comptes. Paris, 6 décembre 1532. 6 décembre.

Arch. nat., *Acquits sur l'épargne*, J. 962, n° 30. (*Mention.*)

5096. Don à Jean Soret, dit Petitbon, hâteur de cuisine du dauphin, des biens ayant appartenu à feu Françoise Mercier, veuve de François Velleu, échus au roi et à lui adjugés par sen- 6 décembre.

tence du bailli de Blois, parce que ladite dame était bâtarde. Paris, 6 décembre 1532. 1532.

Arch. nat., Acquits sur l'épargne, J. 962, n° 30. (*Mention.*)

5097. Don à Jean Prévost de 4,000 livres tournois à payer par Jean Laguette sur les deniers provenant des dettes de Jean Sapin, prisonnier, comptable envers le roi. Paris, 6 décembre 1532. 6 décembre.

Arch. nat., Acquits sur l'épargne, J. 962, n° 30. (*Mention.*)

5098. Don «au vicomte Salenier», valet de chambre du roi, de 120 livres tournois, montant de l'amende prononcée contre Jacques Dreullon, avocat à Blois, pour le meurtre de Jean de Marnac. Paris, 6 décembre 1532. 6 décembre.

Arch. nat., Acquits sur l'épargne, J. 962, n° 30. (*Mention.*)

5099. Don au président Le Viste de 2,000 livres tournois pour six années de sa pension, à prendre sur les amendes adjugées au roi par le Parlement de Paris et par les Grands jours dernièrement tenus à Poitiers. Paris, 6 décembre 1532. 6 décembre.

Arch. nat., Acquits sur l'épargne, J. 962, n° 30. (*Mention.*)

5100. Mandement au trésorier de l'épargne de payer à Denis Poillot, président au Parlement de Paris, 1,000 livres tournois pour sa pension des deux années 1531 et 1532. Paris, 6 décembre 1532. 6 décembre.

Bibl. nat., ms. fr. 15628, n° 507. (*Mention.*)

5101. Mandement au trésorier de l'épargne de payer à Jean Breton, Thierry Dorne et Gilbert Bayard, secrétaires des finances, 3,000 livres tournois, soit 1,000 livres à chacun d'eux, pour leurs gages de secrétaires des finances pendant l'année courante. Paris, 6 décembre 1532. 6 décembre.

Bibl. nat., ms. fr. 15628, n° 420. (*Mention.*)

5102. Mandement au trésorier de l'épargne de payer à Robert Gédoyn, secrétaire des finances, 1,623 livres 2 sous 6 deniers tournois, soit : 423 livres 2 sous 6 deniers pour ses gages de secrétaire et 1,200 livres tournois pour sa pension de l'année courante. Paris, 6 décembre 1532. — 1532. 6 décembre.

Bibl. nat., ms. fr. 15628, n° 421. (*Mention.*)

5103. Mandement au trésorier de l'épargne de payer à Nicolas de Neufville, secrétaire des finances, 1,623 livres 2 sous 6 deniers tournois, soit : 423 livres 2 sous 6 deniers tournois pour ses gages et droits de manteaux, et 1,200 livres pour sa pension de l'année courante. Paris, 6 décembre 1532. — 6 décembre.

Bibl. nat., ms. fr. 15628, n° 433. (*Mention.*)

5104. Mandement au trésorier de l'épargne de payer à Guillaume Bochetel, secrétaire des finances, 405 livres 15 sous 8 deniers tournois, soit : 105 livres 15 sous 8 deniers pour ses gages ordinaires et droits de manteaux, depuis le 1er octobre où il fut institué jusqu'au 31 décembre 1532, et 300 livres tournois pour sa pension pendant le même temps. Paris, 6 décembre 1532. — 6 décembre.

Bibl. nat., ms. fr. 15628, n° 434. (*Mention.*)

5105. Mandement au trésorier de l'épargne de payer à Guillaume Bochetel, secrétaire du roi signant en finances, 750 livres tournois pour sadite commission pendant les trois premiers trimestres de l'année courante. Paris, 6 décembre 1532. — 6 décembre.

Bibl. nat., ms. fr. 15628, n° 435. (*Mention.*)

5106. Mandement au trésorier de l'épargne de payer à Rocque de Lucques, courrier italien, 100 livres tournois pour les frais d'un voyage où le roi l'envoie, à Vérone et autres villes d'Italie, porter des lettres à certains personnages de ses amis. Paris, 8 décembre 1532. — 8 décembre.

Bibl. nat., ms. fr. 15628, n° 300. (*Mention.*)

5107. Provisions de l'office de sénéchal de Périgord pour Charles de Gaing, seigneur de Linards. Paris, 10 décembre 1532. — 1532. 10 décembre.

Enreg. au Parl. de Bordeaux, le 1er février 1533 n. s. Arch. de la Gironde, B. 30bis, fol. 171. 3 pages.

5108. Don au sr de Dampierre de 600 livres parisis, moitié de l'amende prononcée contre Thomas Bauquet, receveur des tailles à Valognes, que le roi avait octroyée entière audit sieur et qui avait été réduite de moitié par les gens des comptes, suivant l'ordonnance. Paris, 10 décembre 1532. — 10 décembre.

Arch. nat., Acquits sur l'épargne, J. 962, n° 32. (*Mention*.)

5109. Don à Nicolas de Gallet, dit de Fontaines, et à Gilles Legay, gentilshommes de la fauconnerie, d'une somme de 139 livres tournois, en attendant leur inscription sur les états de la fauconnerie. Paris, 10 décembre 1532. — 10 décembre.

Arch. nat., Acquits sur l'épargne, J. 962, n° 32. (*Mention*.)

5110. Don à Adrien de Brion et à Thomin Targny, gentilshommes de la fauconnerie, de 42 livres 15 sous 7 deniers revenant bons au roi sur une somme de 200 livres inscrite sur les états de la fauconnerie sous le nom du feu sr de Genlis, et non employée intégralement. Paris, 10 décembre 1532. — 10 décembre.

Arch. nat., Acquits sur l'épargne, J. 962, n° 32. (*Mention*.)

5111. Don au président Nicolaï d'une somme de 3,000 livres sur les parties casuelles. Paris, 10 décembre 1532. — 10 décembre.

Arch. nat., Acquits sur l'épargne, J. 962, n° 32. (*Mention*.)

5112. Don à François Escoubart, valet de chambre et parfumeur du roi, de 1,000 livres parisis, montant d'une amende prononcée par le réformateur des eaux et forêts à Chauny, contre Jean Testart, receveur ordinaire dudit lieu et mar- — 10 décembre.

chand des bois et forêts. Paris, 10 décembre 1532. — 1532.

Arch. nat., Acquits sur l'épargne, J. 962, n° 32. (*Mention.*)

5113. Don au s[r] Basque, garde de la forêt de Saint-Germain-en-Laye, de 50 livres sur les folles enchères de ladite forêt. Paris, 10 décembre 1532. — 10 décembre.

Arch. nat., Acquits sur l'épargne, J. 962, n° 32. (*Mention.*)

5114. Mandement au receveur général de Provence de payer à Barthélemy de Chasseneuz, docteur en droit, président du Parlement d'Aix, la somme de 1,816 livres 13 sous 4 deniers tournois, partie pour les gages dus à son prédécesseur, Thomas Cosnier, du 25 juin 1531, date de la mort de celui-ci, jusqu'au 17 août 1532, que ledit de Chasseneuz fut pourvu de ladite charge, et pour le défrayer de son voyage en Provence avec sa femme et sa maison, partie pour ses gages à lui du 17 août au 31 décembre 1532. Paris, 11 décembre 1532[1]. — 11 décembre.

Arch. nat., Acquits sur l'épargne, J. 962, n° 31. (*Mention.*)

Bibl. nat., ms. fr. 15628, n° 298. (*Mention.*)

5115. Don au s[r] de Bernoy, en récompense des services par lui rendus au roi et à ses enfants durant leur détention en Espagne, d'une somme de 1,200 livres sur les deniers provenant de la vente de l'office de greffier des présentations de Toulouse, vacant par le décès de Pierre Gilbert. Paris, 11 décembre 1532. — 11 décembre.

Arch. nat., Acquits sur l'épargne, J. 962, n° 31. (*Mention.*)

5116. Don à Marie Truffaud et à Claude Goueslard, nourrices de Mesdames filles du roi, de 200 écus sur les deniers provenant de la résigna- — 11 décembre.

[1] Dans le registre de la Bibliothèque nationale, le mandement est adressé au trésorier de l'épargne et porte la date du 10.

tion faite par Jean Danois de son office d'élu à Falaise, au profit de Guillaume d'Oisy. Paris, 11 décembre 1532. 1532.

Arch. nat., Acquits sur l'épargne, J. 962, n° 31. (*Mention.*)

5117. Mandement au trésorier de l'épargne de payer à messire Charles Du Solier, chevalier, s^r de Morette, 5,131 livres 14 sous tournois complétant les 14,496 livres 14 sous, montant de ses voyages pendant vingt et un mois et quinze jours (1er novembre 1529-15 août 1531) qu'il a suivi l'empereur en Allemagne, en Flandre et en Italie comme ambassadeur du roi. Paris, 11 décembre 1532. 11 décembre.

Bibl. nat., ms. fr. 15629, n° 89. (*Mention.*)

5118. Mandement au trésorier de l'épargne de payer audit s^r de Morette, gentilhomme de la chambre du roi, 1,200 livres tournois pour sa pension des années 1530 et 1531. Paris, 11 décembre 1532. 11 décembre.

Bibl. nat., ms. fr. 15629, n° 90. (*Mention.*)

5119. Lettres portant décharge pendant six ans des tailles dues par les habitants de Bar-sur-Seine et de Landreville. Paris, 12 décembre 1532. 12 décembre.

Enreg. à la Chambre des Comptes de Dijon, le 6 décembre 1534. Arch. de la Côte-d'Or, reg. B. 20, fol. 8.

5120. Lettres portant continuation pendant six ans, en faveur des habitants de Dax, d'un octroi de 6 deniers par livre sur les denrées et marchandises vendues dans ladite ville, pour le produit en être employé aux réparations et fortifications. 12 décembre 1532. 12 décembre.

Enreg. à la Chambre des Comptes de Paris, anc. mém. 2 G, fol. 43. *Arch. nat., invent.* PP. 136, p. 393. (*Mention.*)

5121. Lettres de maintenue en possession du titre de conseiller données en faveur de Clérambault 13 décembre.

Le Clerc, correcteur des comptes. Paris, 13 décembre 1532. 1532.

Enreg. à la Chambre des Comptes de Paris, le 27 janvier suivant, anc. mém. 2 G, fol. 59.

Bibl. nat., mss Moreau, t. 1397, fol. 17. (*Mention.*)

IMP. *Pièce in-4°. Arch. nat.*, AD. I 17; AD. IX 123, n° 27, 2 pages.

5122. Mandement à Jean Laguette, receveur général des finances extraordinaires, de payer à Amaury Bouchard, maître des requêtes de l'hôtel, 600 écus soleil pour un voyage qu'il va faire en Allemagne pour affaires que le roi veut tenir secrètes. Paris, 13 décembre 1532. 13 décembre.

Arch. nat., Acquits sur l'épargne, J. 962, n° 34. (*Mention.*)

5123. Mandement à Jean Laguette de payer à maître Gervais Wain 100 écus soleil des vacations et journées qui lui sont dues de plusieurs voyages par lui faits en Allemagne pour les affaires secrètes du roi. Paris, 13 décembre 1532. 13 décembre.

Arch. nat., Acquits sur l'épargne, J. 962, n° 34. (*Mention.*)

5124. Mandement à Jean Laguette de payer à Jean Proust, dit le Trésorier, chevaucheur d'écurie, 120 écus soleil pour aller en poste de Paris à Rome porter des lettres secrètes du roi aux cardinaux de Tournon et de Gramont et à l'évêque d'Auxerre, ambassadeur du roi auprès du pape. Paris, 13 décembre 1532. 13 décembre.

Arch. nat., Acquits sur l'épargne, J. 962, n° 34. (*Mention.*)

5125. Don à Robinet de Luz, brodeur et valet de chambre du roi, de 200 livres tournois sur les reliefs, treizièmes et autres droits seigneuriaux échus au roi dans sa vicomté de Conches et Breteuil, tant sur les terres et seigneuries de Quincarnon, Bougy, Champignolles et Berville qui ont été aliénées, que sur la terre et seigneurie de Pommereuil qui appartint à la 13 décembre.

feue dame de Hautemaison. Paris, 13 décembre 1532. | 1532.

Arch. nat., Acquits sur l'épargne, J. 962, n° 35. (*Mention.*)

5126. Mandement au receveur ordinaire de Blois de payer à Pacello de Mercoliano, ayant la direction des jardins du château de Blois et du jardin de Saint-Nicolas près ledit lieu, dont feu Jérôme de Naples avait la charge, la somme de 600 livres tournois pour ses gages de la présente année. Paris, 13 décembre 1532. | 13 décembre.

Arch. nat., Acquits sur l'épargne, J. 962, n° 35. (*Mention.*)

5127. Don au s^r de la Ferté-aux-Oignons du lieu du Bouchet en la paroisse de Dry près Cléry, des prés du Morier, à Villemores dans la châtellenie de Beaugency, et des autres biens de François Lamyrault, confisqués au roi par arrêt du Parlement de Paris confirmatif d'une sentence du prévôt de Beaugency. Paris, 13 décembre 1532. | 13 décembre.

Arch. nat., Acquits sur l'épargne, J. 962, n° 35. (*Mention.*)

5128. Renouvellement d'un don fait par le roi, à Nantes, à damoiselle Jeanne Guillard d'une chevance de maison, jardin et vigne située au village de Charlier (Charly) près Lyon, appartenant au roi par suite de la confiscation générale qu'il a faite des biens des Génois. Paris, 13 décembre 1532. | 13 décembre.

Arch. nat., Acquits sur l'épargne, J. 962, n° 35. (*Mention.*)

5129. Renouvellement pour neuf ans du don fait antérieurement au comte de Saint-Pol, pour cinq ans, du revenu des terre, seigneurie et châtellenie de Melun, grenier à sel dudit lieu et chambre à sel de Brie-Comte-Robert, avec pouvoir de nommer aux offices de receveur ordinaire et de capitaine dudit lieu de Melun, quand vacation y écherra, et résidence au châ- | 13 décembre.

teau, à charge de l'entretenir en bon état. Paris, 13 décembre 1532. 1532.

Arch. nat., Acquits sur l'épargne, J. 962, n° 35. (*Mention.*)

5130. Don au chevalier de Lestoile de 100 écus soleil sur les parties casuelles. Paris, 13 décembre 1532. 13 décembre.

Arch. nat., Acquits sur l'épargne, J. 962, n° 35. (*Mention.*)

5131. Mandement au trésorier de l'épargne de payer à Georges Vézeller, marchand à Anvers, 15,723 livres 15 sous tournois, soit: 15,323 livres 15 sous tournois pour le payement de 373 marcs 6 onces d'argent en vaisselle vermeille et 400 livres tournois pour les frais du transport de cette vaisselle d'Anvers à Boulogne lors du voyage du roi d'Angleterre. Paris, 13 décembre 1532. 13 décembre.

Bibl. nat., ms. fr. 15628, n° 426. (*Mention.*)

5132. Mandement au trésorier de l'épargne de payer à Jean Lombard, receveur et payeur des gages des officiers du Parlement de Bordeaux, 4,576 livres 11 sous 3 deniers pour le dernier trimestre de l'année courante. Paris, 13 décembre 1532. 13 décembre.

Bibl. nat., ms. fr. 15628, n° 483. (*Mention.*)

5133. Mandement au trésorier de l'épargne de payer à Claude Du Champ, receveur et payeur des gages du Parlement de Dijon, 1,615 livres 5 sous tournois pour le troisième quartier de la présente année. Paris, 13 décembre 1532. 13 décembre.

Semblable mandement, de même date, pour le dernier quartier.

Bibl. nat., ms. fr. 15628, n° 458 et 474. (*Mentions.*)

5134. Mandement au trésorier de l'épargne de payer à Heluin Du Lin, receveur et payeur des gages des officiers du Parlement de Rouen, 4,552 livres 3 sous 9 deniers tournois pour le troi- 13 décembre.

sième trimestre de la présente année. Paris, 13 décembre 1532. | 1532.

Bibl. nat., ms. fr. 15628, n° 457. (*Mention.*)

5135. Mandement au trésorier de l'épargne de payer à Heluin Du Lin, receveur et payeur des gages des officiers du Parlement de Rouen, 4,377 livres 3 sous 9 deniers tournois pour le dernier trimestre de la présente année. Paris, 13 décembre 1532. | 13 décembre.

Bibl. nat., ms. fr. 15628, n° 476. (*Mention.*)

5136. Mandement au trésorier de l'épargne de payer à Pierre Potier, receveur et payeur des gages des officiers du Parlement de Toulouse, 4,938 livres 8 sous 4 deniers tournois pour le troisième trimestre de l'année courante. Paris, 13 décembre 1532. | 13 décembre.

Mandement semblable, de même date, pour le dernier quartier.

Bibl. nat., ms. fr. 15628, n°s 453 et 495. (*Mentions.*)

5137. Mandement au trésorier de l'épargne de payer à François Damont, receveur et payeur des gages des officiers de la Chambre des Comptes de Paris, 4,979 livres 5 sous tournois pour le troisième trimestre de la présente année. Paris, 13 décembre 1532. | 13 décembre.

Bibl. nat., ms. fr. 15628, n° 469. (*Mention.*)

5138. Mandement au trésorier de l'épargne de payer à François Damont, receveur et payeur des gages des officiers de la Chambre des Comptes de Paris, 5,279 livres 5 sous tournois pour le dernier trimestre de la présente année. Paris, 13 décembre 1532. | 13 décembre.

Bibl. nat., ms. fr. 15628, n° 490. (*Mention.*)

5139. Mandement au trésorier de l'épargne de payer à Antoine Le Maçon, receveur général en Bourgogne, 1,112 livres 3 sous 1 denier tournois pour les gages des officiers de la Chambre des Comptes de Dijon durant le troisième quar- | 13 décembre.

tier de l'année courante. Paris, 13 décembre 1532. 1532.

Semblable mandement, de même date, pour le dernier quartier.

Bibl. nat., ms. fr. 15628, n° 479 et 480. (*Mentions.*)

5140. Mandement au trésorier de l'épargne de payer à Antoine Demay 592 livres 10 sous tournois pour les gages des officiers de la Chambre des Comptes de Montpellier pendant le troisième trimestre de la présente année. Paris, 13 décembre 1532. 13 décembre.

Mandement semblable, de même date, pour le dernier quartier.

Bibl. nat., ms. fr. 15628, n° 537 et 538. (*Mentions.*)

5141. Mandement au trésorier de l'épargne de payer à Guillaume Quinette, receveur et payeur des gages des officiers de la Cour des Aides de Paris, 1,766 livres 17 sous 6 deniers tournois pour le troisième trimestre de l'année courante. Paris, 13 décembre 1532. 13 décembre.

Mandement semblable, de même date, pour le dernier quartier.

Bibl. nat., ms. fr. 15628, n° 456 et 477. (*Mentions.*)

5142. Mandement au trésorier de l'épargne de payer à Antoine Périé, receveur et payeur des gages des officiers de la Cour des Aides de Montpellier, 561 livres 5 sous tournois pour le troisième trimestre de la présente année. Paris, 13 décembre 1532. 13 décembre.

Mandement semblable, de même date, pour le dernier quartier.

Bibl. nat., ms. fr. 15628, n° 578 et 579. (*Mentions.*)

5143. Mandement au trésorier de l'épargne de payer à Robert Baratte, receveur et payeur des gages des officiers de la Cour des Aides de Rouen, 707 livres 6 sous 11 deniers tournois pour le 13 décembre.

troisième quartier de l'année courante. Paris, 13 décembre 1532. | 1532.

Mandement semblable, de même date, pour le dernier quartier.

Bibl. nat., ms. fr. 15628, nos 489 et 521. (*Mentions.*)

5144. Mandement au trésorier de l'épargne de payer à Pierre Le Bossu, receveur des émoluments des monnaies à Paris, 750 livres tournois pour le payement des gages des officiers des Monnaies pendant le troisième quartier de l'année courante. Paris, 13 décembre 1532. | 13 décembre.

Mention semblable, de même date, pour le dernier quartier.

Bibl. nat., ms. fr. 15628, nos 452 et 475. (*Mentions.*)

5145. Lettres portant continuation pour un an au chapitre de l'église de Beauvais du droit de percevoir, pour les réparations et l'achèvement de la cathédrale, 2 deniers obole tournois sur chaque minot de sel vendu dans les généralités de Normandie et de Languedoc. Paris, 14 décembre 1532[1]. | 14 décembre.

Enreg. à la Chambre des Comptes de Paris. Arch. nat., invent. PP. 136, p. 393. (*Mention.*)

Arch. nat., *Acquits sur l'épargne*, J. 962, no 35. (*Mention.*)

Imp. V. Beauvillé, *Documents inédits concernant la Picardie*, Paris, 1860, tome I, p. 229.

5146. Mandement au trésorier de l'épargne de payer à Jean Lombard, receveur et payeur des gages des officiers du Parlement de Bordeaux, 4,576 livres 11 sous 3 deniers tournois pour le troisième quartier de l'année courante. Paris, 14 décembre 1532. | 14 décembre.

Bibl. nat., ms. fr. 15628, no 454. (*Mention.*)

5147. Nomination de Guillaume Teulin en qualité de | 16 décembre.

[1] Le rôle d'expéditions des *Acquits sur l'épargne* où sont portées ces lettres est daté du 13 décembre.

IMPRIMERIE NATIONALE.

receveur ordinaire de Clermont-en-Beauvaisis. 16 décembre 1532. 1532.

Bibl. nat., ms. Clairambault 782, fol. 289. (*Mention.*)

5148. Lettres de relief de surannation, pour défaut d'adresse, des lettres portant création d'une maîtrise d'affineur, données le 27 mars 1531 n. s. (nº 3938), en faveur de Jean Baillet. Paris, 18 décembre 1532. 18 décembre.

Enreg. à la Cour des Monnaies, le 23 décembre 1532. Arch. nat., Z[1b] 62, fol. 227 vº. 1/2 page.

5149. Mandement au trésorier de l'épargne de rembourser à [Jacques de Silly], évêque de Séez, 1,000 livres tournois qu'il avait prêtées au roi. Paris, 19 décembre 1532. 19 décembre.

Bibl. nat., ms. fr. 15628, nº 320. (*Mention.*)

5150. Mandement au trésorier de l'épargne de payer à Hans Yoncres (Yonker), orfèvre à Paris, 4,725 livres tournois pour deux diamants, l'un taillé en triangle, l'autre en table, et un rubis cabochon en forme de deux cœurs, que le roi lui a achetés. Paris, 19 décembre 1532. 19 décembre.

Bibl. nat., ms. 15628, nº 357. (*Mention.*)

5151. Mandement au trésorier de l'épargne de payer à Hans Yoncres (Yonker), orfèvre à Paris, 900 livres tournois pour une enseigne d'or garnie de deux diamants et d'un rubis cabochon qu'il a vendue au roi. Paris, 19 décembre 1532. 19 décembre.

Bibl. nat., ms. fr. 15628, nº 358. (*Mention.*)

5152. Mandement au trésorier de l'épargne de payer à Antoine de Boulogne et à Jean Degrain, orfèvres, 5,808 livres 9 sous tournois pour plusieurs joyaux et bagues que le roi leur a achetés pour faire des cadeaux aux étrennes. Paris, 19 décembre 1532. 19 décembre.

Bibl. nat., ms. fr. 15628, nº 404. (*Mention.*)

5153. Mandement au trésorier de l'épargne de payer à Imbert Moret, joaillier, 256 livres 5 sous tournois pour le payement de petites roses 19 décembre.

garnies de rubis que le roi lui a achetées. Paris, 19 décembre 1532. | 1532.

Bibl. nat., ms. fr. 15628, n° 405. (*Mention.*)

5154. Lettres de relief de surannation pour l'enregistrement de l'édit de mai 1526 (n° 2367), concernant l'union du bailliage de Paris pour la conservation des privilèges royaux de l'Université de Paris à la prévôté de la même ville. Paris, 20 décembre 1532. | 20 décembre.

Enreg. au Parl. de Paris, le 23 décembre 1532. *Arch. nat.*, X[1a] 8612, fol. 304. 1 page.
Imp. Girard et Joly, *Le troisiesme livre des offices de France*, t. II, p. 1422.

5155. Lettres suspendant de l'exercice de leurs fonctions les changeurs du Trésor, receveurs des finances et autres, et commettant provisoirement les trésoriers de France et généraux des finances pour faire les recettes. Paris, 20 décembre 1532. | 20 décembre.

Enreg. à la Chambre des Comptes de Grenoble. *Arch. de l'Isère*, B. 2909, cah. 50. 10 pages.
Enreg. à la Chambre des Comptes de Montpellier. *Arch. départ. de l'Hérault*, B. 341, fol. 36. 4 pages.
Copie collationnée du 31 décembre 1532, sur parchemin mutilé. Arch. nat., K. 2379, n° 9.

5156. Provisions, en faveur d'André Guillart, conseiller au Parlement de Paris, d'un office de maître des requêtes de l'hôtel, vacant par la mort de Jacques Babou, évêque d'Angoulême. Paris, 20 décembre 1532. | 20 décembre.

Reçu au Conseil du Parl. de Paris, le 23 décembre suivant. Arch. nat., X[1a] 1536, fol 42. (*Mention.*)
Imp. Blanchard, *Les généalogies des maistres des requestes*, in-fol., 1670, p. 268. (*Mention.*)

5157. Mandement au trésorier de l'épargne de payer à Pierre Mangot, orfèvre, 621 livres 7 sous 6 deniers tournois pour un collier de l'ordre pesant 3 marcs 2 onces 7 gros 18 grains d'or à 22 carats que le roi a donné au dauphin. Paris, 20 décembre 1532. | 20 décembre.

Bibl. nat., ms. fr. 15628, n° 309. (*Mention.*)

5158. Mandement au trésorier de l'épargne de payer à Nicolas Picart, commis à tenir le compte et faire le payement des édifices de Fontainebleau, 1,105 livres 10 sous tournois pour le défrichement de 33 arpents de terre sis dans la paroisse de Champagne-en-Brie, afin d'y planter des vignes que le roi a fait venir de Mireval, de Languedoc, de Cahors et de Chalosse. Paris, 20 décembre 1532. — 1532. 20 décembre.

Bibl. nat., ms. fr. 15628, n° 311. (*Mention.*)

5159. Mandement au trésorier de l'épargne de payer 980 livres tournois à six vignerons qui sont venus planter des vignes de leur pays à Thomery, dans la paroisse de Champagne-en-Brie, et y ont séjourné quatorze mois, soit 210 livres à Jean Maigné, de Mireval, près Montpellier, 210 livres à Pierre Cousinet, vigneron de Languedoc, 210 livres à Jean Rivart, de Cahors, 210 livres à Pierre de La Mothe, de Chalosse, et 70 livres chacun à Pierre Rivart et Jean de La Mothe, qui ont aidé les autres dans leur travail. Paris, 20 décembre 1532. — 20 décembre.

Bibl. nat., ms. fr. 15628, n° 312. (*Mention.*)

5160. Mandement au trésorier de l'épargne de payer à Johannot Le Boutillier, sommelier ordinaire de l'échansonnerie de bouche du roi, 300 livres tournois pour défricher et labourer quelques pièces de terre à Thomery, afin d'y planter des vignes d'Espagne et de Guyenne. Paris, 20 décembre 1532. — 20 décembre.

Bibl. nat., ms. fr. 15628, n° 313. (*Mention.*)

5161. Mandement au trésorier de l'épargne de payer à Jérôme Coctard, orfèvre, 52 livres tournois pour 1 marc et 6 gros d'argent blanc, poids d'un grand sceau avec son contre-sceau et d'un petit sceau gravés aux armes du dauphin, duc de Bretagne, et le reste, soit 37 livres tournois, pour la gravure. Paris, 20 décembre 1532. — 20 décembre.

Bibl. nat., ms. fr. 15628, n° 322. (*Mention.*)

5162. Mandement au trésorier de l'épargne de payer à quelques écoliers suisses 400 livres tournois pour étudier à l'Université de Paris, pendant le dernier trimestre de la présente année. Paris, 20 décembre 1532. — 1532. 20 décembre.

Bibl. nat., ms. fr. 15628, n° 354. (*Mention.*)

5163. Mandement au trésorier de l'épargne de payer à Antoine Le Bossu, serviteur de Jean Hotman, orfèvre de Paris, 130 livres tournois, pour avoir conduit de Paris à Calais 766 marcs d'argent en vaisselle vermeille et une coupe d'or que le roi a donnés aux ducs de Norfolk et de Suffolk. Paris, 20 décembre 1532. — 20 décembre.

Bibl. nat., ms. fr. 15628, n° 402. (*Mention.*)

5164. Mandement aux gens des comptes de Bretagne leur enjoignant de vérifier les lettres du don de l'île de Biesse et de mettre Jeanne de Cazault, dame de Champiré, en possession de ladite île. Paris, 21 décembre 1532. — 21 décembre.

Enreg. à la Chambre des Comptes de Bretagne. Archives de la Loire-Inférieure, B. *Mandements royaux*, II, fol. 47.

5165. Mandement aux gens des comptes de Bretagne et au général des finances de faire délivrer pendant trois ans à Jeanne de Cazault, dame de Champiré, veuve d'Olivier Baraton, le revenu de la terre et seigneurie de l'île d'Indret en Loire, au diocèse de Nantes. Paris, 22 décembre 1532. — 22 décembre.

Arch. nat., Acquits sur l'épargne, J. 962, n° 36. (*Mention.*)
Enreg. à la Chambre des Comptes de Bretagne. Archives de la Loire-Inférieure, B. *Mandements royaux*, II, fol. 45.

5166. Don à Guillaume de Beausefait, dit La Roche, gentilhomme de la fauconnerie, de 57 livres 10 sous tournois à prendre sur une somme de 180 livres inscrite sur les états de la fauconnerie et vénerie de l'année 1531 au nom de feu Petitjean Bénard, en son vivant gentil- — 22 décembre.

homme de ladite fauconnerie. Paris, 22 décembre 1532. — 1532.

Arch. nat., *Acquits sur l'épargne*, J. 962, n° 36. (*Mention.*)

5167. Don, à la requête de l'évêque de Lisieux, de la garde noble des trois filles mineures de feu Jean de Cambernon, écuyer, s[r] dudit lieu et de Montpinchon en la vicomté de Coutances, octroyé à Jean Le Marguetel, chanoine de Coutances, et à Perrette Le Marguetel, sa sœur, veuve dudit de Cambernon et mère desdites mineures. Paris, 22 décembre 1532. — 22 décembre.

Arch. nat., *Acquits sur l'épargne*, J. 962, n° 36. (*Mention.*)

5168. Lettres ordonnant de payer à Jean Lesueur et à Abraham Lepage la somme de 376 livres tournois à eux taxée par les sieurs d'Iverny et Du Bourg, maîtres des requêtes de l'hôtel, pour leurs peines et salaire d'avoir par ordonnance du roi gardé feu François de Poncher, évêque de Paris, l'espace d'un an et dix jours, soit 10 sous tournois par jour à chacun, à prendre ainsi que l'avisera pour le mieux M. le Légat. Paris, 22 décembre 1532. — 22 décembre.

Arch. nat., *Acquits sur l'épargne*, J. 962, n° 36. (*Mention.*)

5169. Lettres portant réduction de la somme de 160 livres tournois sur la ferme de Julien Odent et d'Étienne Cottereau, fermiers des Brayes-Saint-Victor-lès-Blois (la Chaussée-Saint-Victor), durant six années finies à la saint Jean dernière. Paris, 22 décembre 1532. — 22 décembre.

Arch. nat., *Acquits sur l'épargne*, J. 962, n° 36. (*Mention.*)

5170. Don à Melin de Saint-Gelais, aumônier du roi, d'une amende de 650 livres parisis prononcée par arrêt du Parlement contre un nommé Jean Fournier, en récompense de ses gages de dix-huit mois entiers qui lui étaient dus. Paris, 22 décembre 1532. — 22 décembre.

Arch. nat., *Acquits sur l'épargne*, J. 962, n° 36. (*Mention.*)

5171. Don au duc d'Albany des biens qui appartinrent à feu Jean de Villebeuf, bâtard du Monteil, échus au roi par droit de confiscation. Paris, 22 décembre 1532. — 1532. 22 décembre.

Arch. nat., Acquits sur l'épargne, J. 962, n° 36. (*Mention.*)

5172. Lettres portant rabais et modération de la moitié de la taille imposée pour la présente année aux habitants des villes et paroisses de Sézanne, Villemaur, Brienne, Blaincourt, Vauberçay, Mathaux, Dienville, Saint-Mards, Marais, Villemoiron, Villadin, les Essarts-sous-Sézanne, Mesnil-Saint-Loup, Macey, Montgueux, Messon, Torvilliers, Bucey, Neuville et Saint-Christophe, Saint-Léger-sous-Brienne, Vauchassis, Bercenay-en-Othe, Arcis-sur-Aube, Somsois, Radonvilliers, Bouilly, Souligny, les Noës, Linçon, l'Épine, Laines-aux-Bois, Villette, Barbonne et Villenauxe, en considération de la peste qu'ils ont subie cette année. Paris, 22 décembre 1532. — 22 décembre.

Arch. nat., Acquits sur l'épargne, J. 962, n° 36. (*Mention.*)

5173. Mandement au receveur ordinaire d'Angoulême de payer à Foulques Gilbert la somme de 173 livres 15 sous tournois pour ses vacations et salaire d'avoir, depuis le 27 mai 1531 jusqu'au 13 octobre suivant, sollicité certains procès de feu la duchesse d'Angoulême, à raison de 25 sous par jour. Paris, 22 décembre 1532. — 22 décembre.

Arch. nat., Acquits sur l'épargne, J. 962, n° 36. (*Mention.*)

5174. Confirmation du don fait par la duchesse d'Angoulême à la maréchale de Châtillon des trois profits de fief et droits de reliefs de la baronnie de Conti dus par Charles de Roye et Madeleine de Mailly, sa femme, à recevoir par les mains du receveur ordinaire de Clermont, et ce nonobstant l'ordonnance derniè- — 22 décembre.

rement faite sur les finances. Paris, 22 décembre 1532. 1532.

Arch. nat., Acquits sur l'épargne, J. 962, n° 36. (*Mention.*)

5175. Mandement aux généraux des finances de vérifier les lettres d'affranchissement des tailles accordées pour neuf ans aux habitants de la Guierche en Touraine, nonobstant leur surannation et l'absence de la signature du roi. Paris, 22 décembre 1532. 22 décembre.

Arch. nat., Acquits sur l'épargne, J. 962, n° 36. (*Mention.*)

5176. Continuation du don fait à la dame d'Ailly et de Thiembronne de la somme annuelle de 600 livres tournois durant trois ans, à dater de l'expiration du terme ci-devant fixé, payable sur la recette générale de Picardie. Paris, 22 décembre 1532. 22 décembre.

Arch. nat., Acquits sur l'épargne, J. 962, n° 36. (*Mention.*)

5177. Mandement à Jean Laguette, receveur général des finances extraordinaires et parties casuelles, de payer à Jean de Crèvecœur, orfèvre et bourgeois de Paris, 510 écus d'or soleil pour deux chaînes d'or à gros chaînons que le roi a commandé de donner à deux gentilshommes d'Allemagne qu'il ne veut être nommés, pour les récompenser des services qu'ils lui ont rendus «en ses secretz affaires». Paris, 22 décembre 1532. 22 décembre.

Arch. nat., Acquits sur l'épargne, J. 960^c, fol. 4 v°. (*Mention.*)

5178. Don de 60 livres tournois à Jacques Morin, gentilhomme aveugle, naguère archer de la garde sous le s[r] de Nançay, pour sa pension de l'année 1531 et l'aider à vivre et s'entretenir. Paris, 22 décembre 1532. 22 décembre.

Arch. nat., Acquits sur l'épargne, J. 960^c, fol. 4 v°. (*Mention.*)

5179. Mandement à Jean Laguette de payer à Mathu- 22 décembre.

rin Laurencin, chevaucheur d'écurie, parti de Paris le 6 décembre pour l'Angleterre, où il va porter des lettres secrètes du roi au s[r] de Montpezat, son ambassadeur auprès de Henri VIII, 30 écus soleil pour ses frais de voyage. Paris, 22 décembre 1532. 1532.

Arch. nat., Acquits sur l'épargne, J. 960[c], fol. 5. (*Mention.*)

5180. Mandement à Jean Laguette de payer à Denis Pouchin, courrier de Claude Formant, chevaucheur d'écurie, tenant la poste pour le roi à Paris, 24 livres pour un voyage en poste de Paris à Blois, où il alla porter à M. le Légat un paquet venu d'Allemagne. Paris, 22 décembre 1532. 22 décembre.

Arch. nat., Acquits sur l'épargne, J. 960[c], fol. 5. (*Mention.*)

5181. Mandement à Jean Laguette de payer à Jean Douarc et à Jean Cossu, nattiers demeurant à Paris, la somme de 44 livres 11 sous 7 deniers pour avoir fourni et mis en œuvre 125 toises de nattes « pour le pourtour et par terre de la chambre du roy et autres du chastel du Louvre », ainsi que dans la chambre des filles de Madame. Paris, 22 décembre 1532. 22 décembre.

Arch. nat., Acquits sur l'épargne, J. 960[c], fol. 5. (*Mention.*)

5182. Mandement à Jean Teste, maître des comptes et receveur ordinaire de Paris, de mettre entre les mains de Jean Laguette la somme de 163 livres 17 sous 8 deniers tournois qui lui avait été rayée et tenue en souffrance lors de la reddition de ses comptes de la recette de Paris. Paris, 22 décembre 1532. 22 décembre.

Arch. nat., Acquits sur l'épargne, J. 960[c], fol. 5. (*Mention.*)

5183. Mandement à la Chambre des Comptes de Paris d'allouer aux comptes de Guillaume Prudhomme, trésorier de l'épargne, 2,175 livres tournois ou 1,000 écus d'or soleil qu'il a donnés sur l'ordre du roi : à Jean-Antoine 23 décembre.

IMPRIMERIE NATIONALE.

Venerius, ambassadeur de la seigneurie de Venise en France, 800 écus, et à Pierre de Franciscis, secrétaire de ladite seigneurie, 200 écus, pour les dédommager de leurs frais de séjour en France et de retour à Venise. Paris, 23 décembre 1532. 1532.

Bibl. nat., ms. fr. 15628, n° 321. (*Mention.*)

5184. Lettres de décharge d'une somme de 1,087 livres 10 sous tournois que le trésorier de l'épargne avait remise directement au roi. Paris, 24 décembre 1532. 24 décembre.

Bibl. nat., ms. fr. 15628, n° 319. (*Mention.*)

5185. Provisions de l'office de conseiller lai au Parlement de Paris, vacant par la promotion d'André Guillart à la charge de maître des requêtes de l'hôtel, données en faveur de Claude Levoix, conseiller clerc en ladite cour. Paris, 25 décembre 1532. 25 décembre.

Reçu au Parl., le 2 janvier 1533 n. s. Arch. nat., X[1a] 1536, reg. du Conseil, fol. 66. (*Mention.*)

5186. Mandement au trésorier de l'épargne de payer à Jean Crosnier, trésorier de la marine de Provence, 29,895 livres tournois pour la solde de seize galères entretenues sur la côte de Provence, pendant le troisième trimestre de la présente année, soit : 9,225 livres tournois au grand maître pour six galères lui appartenant, 11,070 livres tournois pour six galères du roi, 5,635 livres au capitaine Magdelon d'Ornezan pour trois galères du roi, 4,680 livres au capitaine Jonas pour deux galères, dont l'une lui appartient, et l'autre au s[r] de Lautrec. Paris, 27 décembre 1532. 27 décembre.

Mandement semblable, de même date, pour le dernier quartier.

Bibl. nat., ms. fr. 15628, n°s 373 et 374. (*Mentions.*)

5187. Mandement pour le payement à Jacques d'Albon, fils du s[r] de Saint-André, de 122 livres 28 décembre.

tournois pour ses gages et droits d'écuyer tranchant du dauphin et des ducs d'Orléans et d'Angoulême, depuis le 10 septembre dernier qu'il fut retenu audit état, au lieu de feu Charles de Kernevenoy, jusqu'au 31 décembre prochain, à raison de 400 livres tournois par an. Paris, 28 décembre 1532. 1532.

Arch. nat., Acquits sur l'épargne, J. 962, n° 37. (*Mention.*)

5188. Assignation de 2,000 livres tournois sur les deniers des offices et parties casuelles à Pedro Francisque de Viterbe, pour sa pension et son entretien au service du roi pendant les années 1531 et 1532. Paris, 28 décembre 1532. 28 décembre.

Arch. nat., Acquits sur l'épargne, J. 962, n° 37. (*Mention.*)

5189. Don au chevalier Thomas de Cardi, écuyer d'écurie, du quart des deniers de la résignation de l'office de greffier des élus de Chartres, que fait François Mallevault au profit de Raoulet Le Noir. Paris, 28 décembre 1532. 28 décembre.

Arch. nat., Acquits sur l'épargne, J. 962, n° 37. (*Mention.*)

5190. Don au [s^r du] Luat de la somme de 100 écus à assigner par M. le Légat, pour le récompenser du bois lui appartenant que le roi fit dernièrement couper pour prendre un sanglier. Paris, 28 décembre 1532. 28 décembre.

Arch. nat., Acquits sur l'épargne, J. 962, n° 37. (*Mention.*)

5191. Lettres portant dispense de résidence en faveur de Guillaume Millet, médecin du roi, élu sur le fait des aides et tailles à Angers, avec mandement pour le faire payer des gages, chevauchées et droits appartenant audit office, depuis le jour de ses provisions jusqu'à présent. Paris, 28 décembre 1532. 28 décembre.

Arch. nat., Acquits sur l'épargne, J. 962, n° 37. (*Mention.*)

5192. Lettres ordonnant que sur la recette de l'aide et 28 décembre.

octroi du pays de Languedoc des trois années prochaines il sera payé à Franc Conseil, auquel a été adjugé au rabais le marché du contournement du Rhône et de la restauration du port d'Aigues-Mortes, la somme de 6,000 livres tournois par an, soit en tout 18,000 livres, montant de la moitié du prix fait par lui. Paris, 28 décembre 1532. 1532.

Arch. nat., Acquits sur l'épargne, J. 962, n° 37. (*Mention.*)

5193. Permission à Franc Conseil de tirer du pays de Dauphiné, pour le fait du contournement du Rhône et de la réfection du port d'Aigues-Mortes, 5,178 pièces de bois, tant chêne que sapin, 1,500 «doublisses», 400 «fillières», 2,000 quintaux de charbon, dix grands bateaux pour «enfondrer» et 1,000 «lards» pour le ravitaillement de ses ouvriers, le tout franc et quitte de tous droits et péages. Paris, 28 décembre 1532. 28 décembre.

Arch. nat., Acquits sur l'épargne, J. 962, n° 37. (*Mention.*)

5194. Permission audit Franc Conseil, pour les mêmes travaux, de tirer du pays de Bourgogne 700 grosses pièces de bois de chêne avec le sapin et autre bois nécessaire pour porter et faire flotter lesdites pièces de chêne, six grands bateaux pour «enfondrer», 2,500 quintaux de fer en barres ou travaillé, et 500 quintaux de chanvre pour faire des cordages, francs et quittes de tous droits et péages. Paris, 28 décembre 1532. 28 décembre.

Arch. nat., Acquits sur l'épargne, J. 962, n° 37. (*Mention.*)

5195. Décharge aux fermiers et gardes des ponts, ports, péages, passages et détroits, depuis la Bourgogne et le Dauphiné jusqu'à Aigues-Mortes, pour être tenus quittes des droits que devrait payer ledit Franc Conseil pour le trans- 28 décembre.

port des matériaux ci-dessus. Paris, 28 décembre 1532. 1532.

Arch. nat., Acquits sur l'épargne, J. 962, n° 37. (*Mention.*)

5196. Rabais accordé, suivant les avis des officiers du roi à Châtellerault, des trésoriers de France et des gens du Conseil, à Jean Chevalier, naguère fermier du pontonnage de la ville de Châtellerault, pour trois ans expirés le 30 juin dernier, de 240 livres sur le principal de sa ferme. Paris, 28 décembre 1532. 28 décembre.

Arch. nat., Acquits sur l'épargne, J. 962, n° 37. (*Mention.*)

5197. Rabais accordé à François Chauveau, naguère fermier du four à ban de la paroisse Saint-Jacques de Châtellerault, pour trois ans finis le 30 juin dernier, de 80 livres sur le principal de sa ferme, suivant l'avis des officiers du roi audit lieu, des trésoriers de France et des gens du Conseil. Paris, 28 décembre 1532. 28 décembre.

Arch. nat., Acquits sur l'épargne, J. 962, n° 37. (*Mention.*)

5198. Rabais de 350 livres tournois sur le principal de sa ferme accordé à Jean Philippon, naguère fermier pour trois ans finis le 30 juin dernier, des « bouchaulx » sous les ponts de Châtellerault, sur l'avis des officiers du roi audit lieu, des trésoriers de France et des gens du Conseil. Paris, 28 décembre 1532. 28 décembre.

Arch. nat., Acquits sur l'épargne, J. 962, n° 37. (*Mention.*)

5199. Mandement aux gens des comptes de passer et allouer au compte de Philippe de Bacouel, receveur des aides et tailles de l'élection de Ponthieu, pour l'année 1531, la somme de 220 livres, et en celui de 1532, la somme de 200 livres, et pareillement au compte de 1531 de Louis Leroy, grènetier dudit Ponthieu, la somme de 100 livres, par eux fournies sur l'ordonnance du général Spifame, pour 28 décembre.

l'achat du fonds de terre et bâtiment de l'auditoire des élus d'Abbeville. Paris, 28 décembre 1532. — 1532.

Arch. nat., Acquits sur l'épargne, J. 962, n° 37. (*Mention.*)

5200. Mandement pour faire bailler et délivrer durant six ans au s[r] de Ruffé le revenu des terres et seigneuries de Duesme, Villiers[-le-Duc] et Maisey[-sur-Ource] en Bourgogne, dont il a eu mainlevée. Paris, 28 décembre 1532. — 28 décembre.

Arch. nat., Acquits sur l'épargne, J. 962, n° 37. (*Mention.*)

5201. Mandement au trésorier de l'épargne de payer à Claude Aligre, trésorier des menus plaisirs du roi, 7,048 livres 6 sous tournois pour payer à Henri Godefroy, pelletier, 6,150 livres tournois pour douze timbres de martre zibeline qu'il a vendus au roi à l'occasion du tournoi tenu à l'entrée de la reine à Paris, et à Jean Émery, plumassier, 888 livres pour des panaches qu'il a fournis dans la même circonstance. Paris, 28 décembre 1532. — 28 décembre.

Bibl. nat., ms. fr. 15628, n° 343. (*Mention.*)

5202. Mandement au trésorier de l'épargne de payer à Georges Hampton, trésorier de la reine Marie d'Angleterre, douairière de France, 20,750 livres tournois valant 10,000 écus d'or, complétant les 32,000 écus moyennant lesquels le roi lui a acheté «trois grandes pièces de diamans». Paris, 28 décembre 1532. — 28 décembre.

Bibl. nat., ms. fr. 15628, n° 356. (*Mention.*)

5203. Mandement au trésorier de l'épargne de payer à Antoine Juge 9,898 livres 8 sous 4 deniers tournois pour plusieurs pièces de drap dont le roi veut faire cadeau à la reine et à ses dames, et pour un tableau destiné à renfermer des reliques qu'il veut donner à la duchesse douairière de Lorraine. Paris, 28 décembre 1532. — 28 décembre.

Bibl. nat., ms. fr. 15628, n° 379. (*Mention.*)

5204. Mandement au trésorier de l'épargne de payer aux prieur, religieux et couvent de Notre-Dame des Célestins de Lyon 200 livres tournois pour célébrer pendant deux ans, tous les jours, une messe à l'intention des prédécesseurs du roi. Paris, 28 décembre 1532. — 1532. 28 décembre.

Bibl. nat., ms. fr. 15628, n° 411. (*Mention.*)

5205. Mandement au trésorier de l'épargne de payer à Regnault Danet, orfèvre de Paris, 1,575 livres tournois pour un poignard garni d'or et de pierreries, avec une houppe de perles coiffée de chaînes d'or, un bouton et une grosse chaîne d'or pour le suspendre, que le roi lui a achetés. Paris, 29 décembre 1532. — 29 décembre.

Bibl. nat., ms. fr. 15628, n° 381. (*Mention.*)

5206. Lettres accordant aux États de Languedoc la moitié des deniers communs à lever sur les communautés de cette province pendant une année, à la condition que les sommes provenant de cette remise seront employées à tenir dans un état convenable les fortifications des villes. Paris, 30 décembre 1532. — 30 décembre.

Copie signée Chandon, notaire. Arch. comm. de la ville d'Albi, CC. 117.

5207. Mandement au trésorier de l'épargne de payer à monsieur le grand maître, capitaine de la place et du château du bois de Vincennes, 535 livres 17 sous 3 deniers tournois pour son appointement de garde dudit château pendant cent quarante-trois jours commencés le 22 juillet passé. Paris, 30 décembre 1532. — 30 décembre.

Bibl. nat., ms. fr. 15628, n° 364. (*Mention.*)

5208. Lettres portant défenses à toutes personnes de faire des assemblées avec port d'armes, aux particuliers de porter d'autres armes que l'épée et le poignard, et soumettant toute querelle d'honneur à la justice, sauf autorisation spéciale du roi pour agir autrement, sous peine — 31 décembre.

de prison et de confiscation. Paris, 31 décembre 1532. 1532.

Enreg. au Parl. de Dijon. Arch. de la Côte-d'Or, Parl., reg. II, fol. 174 v°.
Enreg. au Parl. de Grenoble, le 29 janvier 1535. Arch. de l'Isère, Chambre des Comptes de Grenoble, B. 2910, cah. 1. 4 pages 1/2.
Enreg. au Parl. de Provence. Arch. de cette cour à Aix, reg. in-fol. de 1,026 feuillets, p. 17.
Enreg. au Parl. de Toulouse. Arch. de la Haute-Garonne, Édits, reg. 4, fol. 1. 2 pages.
Copies. Arch. municipales de Toulouse, ms. 220, fol. 40 et fol. 494; *ibid.*, ms. 153, p. 757. 2 pages.

5209. Mandement à la Chambre des Comptes d'expédier et d'entériner les lettres du 17 février 1529 n. s. (n° 3326) relevant Victor Brodeau, secrétaire de la reine de Navarre, de l'obligation de justifier devant ladite chambre de l'emploi d'une somme de 205 livres que le roi veut tenir secret. Paris, 31 décembre 1532. 31 décembre.

Copie. Arch. nat., Comptes de l'épargne, KK. 96, fol. 665. 2 pages.

5210. Mandement au trésorier Jean Laguette de payer 400 écus d'or à Alix de Geys, gouvernante des filles de la reine défunte, pour la dédommager de n'avoir pas gardé le présent fait à ladite reine par les habitants de Blois, lors de son entrée dans la ville, et que celle-ci reprit après le lui avoir donné. Paris, 31 décembre 1532. 31 décembre.

Original. Bibl. nat., ms. fr. 25721, n° 384.

5211. Mandement au trésorier de l'épargne de payer à Jean-Joachim de Passano 3,075 livres tournois destinées à l'augmentation des pensions des ducs de Norfolk et de Suffolk que le roi porte de 875 écus d'or à 3,000 écus pour le duc de Norfolk, et à 1,500 pour le duc de Suffolk. Paris, 31 décembre 1532. 31 décembre.

Bibl. nat., ms. fr. 15628, n° 372. (*Mention.*)

5212. Mandement au trésorier de l'épargne de payer 31 décembre.

au duc de Vendôme 24,000 livres tournois pour son état et sa pension de l'année 1532. Paris, 31 décembre 1532. 1532.

Bibl. nat., ms. fr. 15628, n° 392. (*Mention.*)

5213. Mandement au trésorier de l'épargne de payer aux abbé, prieur et couvent de Saint-Hubert des Ardennes 100 livres tournois en accroissement des aumônes que le roi fait chaque année audit monastère. Paris, 31 décembre 1532. 31 décembre.

Bibl. nat., ms. fr. 15628, n° 398. (*Mention.*)

5214. Mandement au trésorier de l'épargne de payer à Jean de Vimont, trésorier de la marine, 5,000 livres tournois, soit 1,000 livres pour une galère de 60 tonneaux et un brigantin de 40, construits au clos des Gallées de Rouen; 1,000 livres complétant les 3,000 livres de crue pour les gages des capitaines et pilotes des deux anciens galions du duc d'Albany, et des galéasses *le Saint-Pierre* construit à la Meilleraye, et *le Saint-Jean* à Brest; et les 3,000 de surplus pour une maison ou grange construite au Havre pour mettre à couvert les mâts et cordages desdits navires. Paris, 31 décembre 1532. 31 décembre.

Bibl. nat., ms. fr. 15628, n° 441. (*Mention.*)

5215. Approbation du bail consenti à Franc-Conseil, greffier des États de Languedoc, pour la restauration du port d'Aigues-Mortes. Paris, décembre 1532. Décembre.

Enreg. au Parl. de Toulouse. Arch. de la Haute-Garonne, Édits, reg. 4, fol. 4. 2 pages 1/2.

Copie extraite du 3e reg. des Bannières du Châtelet de Paris, le 3 mai 1540. Arch. nat., suppl. du Trésor des Chartes, J. 946, n° 4.

5216. Déclaration conférant aux gardes des forêts le droit de saisir tous délinquants trouvés chassant aux bêtes rousses et noires, et de faire à cet égard les mêmes exploits de justice que Décembre.

IMPRIMERIE NATIONALE.

les sergents, et leur accordant le même droit de chauffage. Paris, décembre 1532. 1532.

Enreg. à la Table de marbre (Eaux et forêts), le 20 février 1533 n. s. Arch. nat., Eaux et forêts, Z. 4579 (*nunc* Z[1e] 322), fol. 19 v°. 3 pages.

1533. — Pâques, 13 avril.

5217. Lettres adressées à la Chambre des Comptes, lui ordonnant de rétablir sur les comptes du receveur de la Cour des Aides la pension de 600 livres accordée au premier président Louis Picot, rayée et tenue en souffrance pour les exercices 1523, 1524 et 1525. Paris, 1er janvier 1532. 1er janvier.

Copie collationnée faite par ordre de la Cour des Aides, le 12 février 1779. Arch. nat., Z[1a] 526.

5218. Mandement au trésorier de l'épargne de payer au duc de Guise, gouverneur et lieutenant général du roi en Brie et Champagne, 10,000 livres tournois en déduction des 18,000 livres à lui dues, soit 12,000 livres pour sa pension et 6,000 livres pour ses appointements de gouverneur pendant l'année 1532. Paris, 1er janvier 1532. 1er janvier.

Bibl. nat., ms. fr. 15628, n° 390. (*Mention.*)

5219. Don à Alain Veau, clerc de l'épargne au Louvre, de 75 écus d'or soleil, montant des droits dus pour la résignation qu'entend faire à son profit Pierre Le Maistre de son office d'élu à Dourdan, Rochefort et Authon. Paris, 1er janvier 1532. 1er janvier.

Arch. nat., Acquits sur l'épargne, J. 960[c], fol. 1. (*Mention.*)

5220. Don et remise à Jean de Saint-Priest, lieutenant de la compagnie du s[r] d'Alègre, de la somme de 400 livres tournois qu'il doit au roi, à cause de sa femme, pour le rachat des terres et seigneuries de Rouillis et des Granges, tenues et 1er janvier.

mouvant du comté de Blois. Paris, 1er janvier 1532. 1533.

Arch. nat., Acquits sur l'épargne, J. 960c, fol. 1. (*Mention.*)

5221. Don à Jean de Nîmes, chirurgien du roi, de l'office de contrôleur du grenier à sel établi à la Charité, vacant par le décès de Louis Marchant, ou des deniers qui en proviendront. Paris, 1er janvier 1532. 1er janvier.

Arch. nat., Acquits sur l'épargne, J. 960c, fol. 1. (*Mention.*)

5222. Provisions de l'office de conseiller clerc au Parlement de Dijon pour Jean Tisserand, docteur ès droits, en remplacement de Jean Bouhier, décédé. Paris, 2 janvier 1532. 2 janvier.

Enreg. au Parl. de Dijon, le 18 janvier suivant. Arch. de la Côte-d'Or, Parl., reg. II, fol. 173 v°.

5223. Lettres portant décharge d'une somme de 1,722 livres 10 sous tournois que Guillaume Prudhomme a remise au roi. Paris, 2 janvier 1532. 2 janvier.

Bibl. nat., ms. fr. 15628, n° 403. (*Mention.*)

5224. Mandement au trésorier de l'épargne de bailler à Jean-Joachim de Passano, commis à tenir le compte et faire le payement des dettes et pensions d'Angleterre, la somme de 3,075 livres pour le complément des pensions des ducs de Suffolck et de Norfolck du terme de novembre précédent. Paris, 2 janvier 1532. 2 janvier.

Arch. nat., Acquits sur l'épargne, J. 960c, fol. 1. (*Mention.*)

5225. Déclaration portant que Louis Caillaut, conseiller au Parlement de Paris, commis à la sollicitation de certains procès intéressant le roi, sera dispensé pendant un an de siéger à ladite cour, et que néanmoins il sera payé de ses gages. Paris, 2 janvier 1532. 2 janvier.

Arch. nat., Acquits sur l'épargne, J. 960c, fol. 1. (*Mention.*)

5226. Lettres assignant sur les parties casuelles une 2 janvier.

somme de 565 livres que le roi a ordonnée à Louis Caillaut par manière de pension pour un an qu'il vaquera à la sollicitation de ses procès. Paris, 2 janvier 1532. 1533.

Arch. nat., Acquits sur l'épargne, J. 960ᶜ, fol. 1 v°. (*Mention.*)

5227. Don au s[r] de Montchenu, premier maître d'hôtel du roi, de la somme de 250 écus soleil sur les deniers provenant des amortissements, lettres de naturalité et légitimations, pour compléter la somme de 500 écus que le roi lui avait donnée par autres lettres et que la Chambre des Comptes avait réduite de moitié, conformément à l'ordonnance. Paris, 2 janvier 1532. 2 janvier.

Arch. nat., Acquits sur l'épargne, J. 960[c], fol. 1 v°. (*Mention.*)

5228. Don à Gervais Bohier, dit Macquart, et à Jean Le Poulère, maîtres queux du roi, de la somme de 50 écus soleil sur les deniers d'une amende prononcée par le Parlement de Paris contre François de Beaumanoir, complétant la somme de 100 écus que le roi leur avait primitivement accordée et que la Chambre des Comptes avait réduite de moitié. Paris, 2 janvier 1532. 2 janvier.

Arch. nat., Acquits sur l'épargne, J. 960[c], fol. 1 v°. (*Mention.*)

5229. Mandement à la Chambre des Comptes de tenir quitte et déchargé Victor Brodeau d'une somme de 205 livres qu'il a remise par ordre du roi à un personnage et pour des raisons que Sa Majesté veut garder secrets, bien que dans le mandement adressé au trésorier de l'épargne pour le payement de cette somme il soit expressément porté qu'elle devait être employée à l'achat de tableaux en Flandre. Paris, 2 janvier 1532. 2 janvier.

Arch. nat., Acquits sur l'épargne, J. 960[c], fol. 1 v°. (*Mention.*)

5230. Don à Jean d'Arsuquin, garde de la forêt de Saint-Germain-en-Laye, de 50 livres tournois sur les deniers provenant des folles enchères et renonciations faites sur les ventes de ladite forêt et gruerie par le maître des Eaux et forêts, le 15 novembre précédent. Paris, 2 janvier 1532. — 1533. 2 janvier.

Arch. nat., *Acquits sur l'épargne*, J. 960^c, fol. 2. (*Mention.*)

5231. Don à Jean de Laubrue, dit de la Grue, de tous les biens meubles et immeubles qui appartinrent à Joachim Audibert, s^r de Lussan, échus au roi par droit de confiscation. Paris, 2 janvier 1532. — 2 janvier.

Arch. nat., *Acquits sur l'épargne*, J. 960^c, fol. 2. (*Mention.*)

5232. Don à Louis de Rouville de la somme de 18 livres 6 sous 8 deniers sur les deniers revenant bons de l'état de feu Nicolas Des Roches, gentilhomme de la vénerie. Paris, 2 janvier 1532. — 2 janvier.

Arch. nat., *Acquits sur l'épargne*, J. 960^c, fol. 2. (*Mention.*)

5233. Don à Joachim de La Châtre, s^r de Nançay, l'un des capitaines des gardes, pour lui et sa femme, leur vie durant, du droit de résidence au château de Gien, dont le roi lui a aussi accordé la capitainerie, sur la résignation du maître d'hôtel Barrois. Paris, 3 janvier 1532. — 3 janvier.

Arch. nat., *Acquits sur l'épargne*, J. 960^c, fol. 2 v°. (*Mention.*)

5234. Lettres accordant à Joachim de La Châtre une pension annuelle et viagère de 1,200 livres tournois à prélever sur le revenu du grenier à sel de Gien, au lieu d'une somme semblable qu'il avait chaque année comme capitaine de la grosse tour de Bourges. Paris, 3 janvier 1532. — 3 janvier.

Arch. nat., *Acquits sur l'épargne*, J. 960^c, fol. 2 v°. (*Mention.*)

5235. Don à Joachim de La Châtre, à l'occasion de son mariage et en récompense de ses services, — 3 janvier.

d'une somme de 16,000 livres assignée ainsi : 2,000 livres comptant, 6,000 livres payables en trois années sur les greniers à sel de Cosne-sur-Loire et de Janville, et 8,000 livres sur les finances ordinaires pour chacun des quatre quartiers de l'année courante, qui lui permettront de s'acquitter envers Jean Carré de semblable somme qu'il lui doit. Paris, 3 janvier 1532. 1533.

Arch. nat., Acquits sur l'épargne, J. 960e, fol. 3. (*Mention.*)

5236. Lettres ordonnant que le s[r] de Nançay soit payé sur les parties casuelles de son état de capitaine de la grosse tour de Bourges pour l'année précédente. Paris, 3 janvier 1532. 3 janvier.

Arch. nat., Acquits sur l'épargne, J. 960e, fol. 3. (*Mention.*)

5237. Mandement à Jean Laguette de faire payer sur les finances extraordinaires et parties casuelles 2,100 livres tournois pour les gages et solde du lieutenant et des vingt archers ordonnés pour la police de Paris, durant l'année 1532, à raison de 25 livres tournois par quartier pour le lieutenant, et de 7 livres 10 sous pour chacun des archers. Paris, 3 janvier 1532. 3 janvier.

Arch. nat., Acquits sur l'épargne, J. 960e, fol. 3. (*Mention.*)

5238. Lettres portant remise au s[r] de Nançay de 40 écus qu'il devait au feu s[r] de Semblançay et de 100 livres qu'il devait aussi au feu s[r] Besnier. Paris, 3 janvier 1532. 3 janvier.

Arch. nat., Acquits sur l'épargne, J. 960e, fol. 3 v°. (*Mention.*)

5239. Don à Pierre de Vimont (*aliàs* Bimont), écuyer d'écurie du comte de Saint-Pol, de la somme de 1,450 livres tournois qui lui avait été réduite par la Chambre des Comptes sur les sommes de 2,000 livres, d'une part, et de 900 livres, d'autre part, que le roi lui avait 4 janvier.

d'abord accordées sur les droits et devoirs seigneuriaux des terres et seigneuries de Préaux et de la Rivière de Thibouville. Paris, 4 janvier 1532. 1533.

Arch. nat., Acquits sur l'épargne, J. 960[c], fol. 3 v°. (*Mention.*)

5240. Don à Pierre Glé, s[r] de la Coustardaye, maréchal des logis du roi, des gages et droits appartenant à cet office depuis le 1er février 1532 n. s., jour où son prédécesseur, Pierre de Fauville, s'en démit entre les mains de M. le Grand Maître, jusqu'au 31 décembre dernier, soit onze mois entiers. Paris, 4 janvier 1532. 4 janvier.

Arch. nat., Acquits sur l'épargne, J. 960[c], fol. 3 v°. (*Mention.*)

5241. Lettres portant remise aux chanoines du Plessis-lès-Tours d'une somme de 75 livres qu'ils devaient au roi comme droits de rachat sur une de leurs terres sise en la baronnie d'Amboise. La duchesse d'Angoulême leur avait déjà, comme dame d'Amboise, donné quittance de cette somme, mais les lettres n'en avaient pas été expédiées à cause du décès de ladite dame. Paris, 4 janvier 1532. 4 janvier.

Arch. nat., Acquits sur l'épargne, J. 960[c], fol. 3 v°. (*Mention.*)

5242. Lettres accordant au s[r] de Bonnes, maître d'hôtel du roi, de continuer à prendre pendant dix ans une rente annuelle de 600 livres tournois sur la terre et seigneurie de Gontaut en Agenais, nonobstant la saisie de cette terre par les commissaires de la réunion du domaine. Paris, 4 janvier 1532. 4 janvier.

Arch. nat., Acquits sur l'épargne, J. 960[c], fol. 3 v°. (*Mention.*)

5243. Lettres de don, sur la requête d'Anne de Montmorency, grand maître de France, à Simon Lhommedieu de l'office de concierge du châ- 4 janvier.

teau de Blois, vacant par le décès d'Antoine de Montdoucet. Paris, 4 janvier 1532. 1533.

Arch. nat., Acquits sur l'épargne, J. 960[c], fol. 4. (Mention.)

5244. Assignation sur les finances extraordinaires et parties casuelles d'une somme de 100 écus soleil que le roi avait donnée à Étienne Godimier, son huissier ordinaire, et assignée d'abord sur les deniers de la vente d'un office de sergent à cheval au Châtelet de Paris, qui n'a pas eu lieu. Paris, 4 janvier 1532. 4 janvier.

Arch. nat., Acquits sur l'épargne, J. 960[c], fol. 4. (Mention.)

5245. Mandement au trésorier de l'épargne de payer à Joachim de La Châtre, capitaine des gardes du roi, 2,000 livres sur les 16,000 livres tournois dont le roi lui a fait don, le 3 janvier précédent (n° 5235). Paris, 5 janvier 1532. 5 janvier.

Bibl. nat., ms. fr. 15628, n° 407. (Mention.)

5246. Mandement au trésorier de l'épargne de payer à René Jouyse, chargé de tenir le compte et de faire la distribution des deniers que le roi envoie en Suisse, 101,229 livres tournois, soit 100,000 livres pour les cantons des Ligues et certaines personnes nommées dans les lettres remises audit René, 400 livres tournois pour Guigue Guiffrey, s[r] de Boutières, envoyé en Suisse pour présider audit payement, et les 829 livres de surplus pour l'emballage et le transport de ladite somme et les frais de route dudit Jouyse et de son escorte. Paris, 6 janvier 1532. 6 janvier.

Bibl. nat., ms. fr. 15628, n° 408. (Mention.)

5247. Provisions de l'office de conseiller au Parlement de Dijon pour Antoine de Salins, docteur ès droits, en remplacement de Jacques Girard, décédé. Paris, 7 janvier 1532. 7 janvier.

Enreg. au Parl. de Dijon, le 21 janvier suivant. Arch. de la Côte-d'Or, Parl., reg. II, fol. 174.

5248. Don à Anne de Billy, écuyer, du droit de rachat 7 janvier.

montant à 800 livres, dû au roi à cause de la confiscation des héritages féodaux de feu Guillaume de Vieuxpont, sis en la châtellenie de Courville, prononcée par sentence du bailli de Courville, et à cause de l'acquisition de ces héritages faite par la feue demoiselle Louise de Vieuxpont, dame de Courville. Paris, 7 janvier 1532. — 1533.

Arch. nat., Acquits sur l'épargne, J. 960e, fol. 4. (*Mention.*)

5249. Don au s[r] du Bouchage de la somme de 583 livres 6 sous 8 deniers, faisant la moitié des 1,166 livres 13 sous 4 deniers tournois dont le roi avait fait don, le 15 janvier 1521 n. s., à feu Imbert de Batarnay, aïeul dudit du Bouchage, et que la Chambre des Comptes ne voulut vérifier que pour la moitié. Paris, 7 janvier 1532. — 7 janvier.

Arch. nat., Acquits sur l'épargne, J. 960e, fol. 4. (*Mention.*)

5250. Mandement au trésorier Jean Laguette de payer à Jacques de Clermont, seigneur de Dampierre, écuyer du roi, 400 livres tournois qui lui sont dues pour sa pension de l'année 1532. Paris, 15 janvier 1532. — 15 janvier.

Original. Bibl. nat., ms. fr. 25721, n° 387.

5251. Provisions en faveur de Joachim de La Châtre, s[r] de Nançay, chevalier, d'un des offices de capitaine des gardes du corps du roi. Paris, 15 janvier 1532. — 15 janvier.

Bibl. nat., ms. Clairambault 782, fol. 289 v°. (*Mention.*)

5252. Mandement au trésorier de l'épargne de payer à Odinet Le Turcq, joaillier de Paris, 7,437 livres 10 sous tournois pour un éventail d'or garni de pierres d'Orient, d'un gros rubis balais cabochon, d'une améthyste en table, de deux grandes roses de diamant et de quatre plus petites de diamant, rubis et émeraudes, de deux grandes et de deux petites émeraudes, et — 15 janvier.

pour 18 diamants, 52 rubis, 28 améthystes et une grosse et 4 moyennes perles que le roi lui a achetés. Paris, 15 janvier 1532. 1533.

Bibl. nat., ms. fr. 15628, n° 467. (*Mention.*)

5253. Mandement au trésorier de l'épargne de payer à Claude Aligre, vicomte de Châteauneuf, 2,000 livres tournois pour une grande émeraude enchâssée d'or et portée par deux sirènes d'or émaillées de blanc, à laquelle pend une grosse perle en poire, que le roi lui a achetée. Paris, 15 janvier 1532. 15 janvier.

Bibl. nat., ms. fr. 15628, n° 553. (*Mention.*)

5254. Mandement au trésorier de l'épargne de délivrer à Pierre Duval, trésorier des menus plaisirs du roi, 2,000 livres tournois pour employer au fait de son office pendant le mois de janvier de l'année courante. Paris, 15 janvier 1532. 15 janvier.

Bibl. nat., ms. fr. 15629, n° 1. (*Mention.*)

5255. Mandement au trésorier Jean Laguette de payer 47 livres 15 sous tournois à Denis Neel, sergent à cheval du Châtelet, pour un voyage qu'il a fait en Bretagne afin de contraindre le commis à la trésorerie de ce pays d'apporter au Louvre les deniers qu'il avait reçus, et 31 livres 10 sous tournois à Jean Destrumel, autre sergent du Châtelet, pour être allé à Tours exercer la même contrainte contre Pierre Tartereau, commis à la recette générale de Languedoil. Paris, 16 janvier 1532. 16 janvier.

Original. Bibl. nat., ms. fr. 25721, n° 388.

5256. Don et remise, à la requête du cardinal de Lorraine, à Jean Formé, écuyer, de deux amendes, l'une de 20 livres parisis, l'autre de 60 livres parisis, prononcées contre lui, la première par le Prévôt de Paris, la seconde par le Parlement. Paris, 17 janvier 1532. 17 janvier.

Arch. nat., Acquits sur l'épargne, J. 960^{c}, fol. 12 v°. (*Mention.*)

5257. Lettres portant que des deniers provenant de la forêt et ségrairie de Bellepoule en Anjou, Mi- 17 janvier.

chelet, huissier de la chambre du roi et ségrayer de ladite forêt, continuera, comme du temps de Madame, à prendre, outre ses gages dudit office, 23 livres 10 sous tournois par an de pension. Paris, 17 janvier 1532. 1533.

Arch. nat., Acquits sur l'épargne, J. 960^{c}, fol. 12 v°. (*Mention.*)

5258. Déclaration touchant le don fait dernièrement par le roi au s^{r} de Bonnes, son maître d'hôtel ordinaire, de 600 livres par an sur les revenus de la terre et seigneurie de Gontaut. Le roi entend par ces lettres déroger à l'édit de réunion des domaines aliénés et à l'ordonnance prescrivant l'apport de tous les deniers des finances royales au trésor du Louvre. Paris, 17 janvier 1532. 17 janvier.

Arch. nat., Acquits sur l'épargne, J. 960^{c}, fol. 12 v°. (*Mention.*)

5259. Déclaration portant que le roi veut et entend que le don de 1,450 livres par lui fait au s^{r} de Vimont, écuyer d'écurie du comte de Saint-Pol, et réduit de moitié par la Chambre des Comptes, sortisse son plein et entier effet, nonobstant les ordonnances contraires. Paris, 17 janvier 1532. 17 janvier.

Arch. nat., Acquits sur l'épargne, J. 960^{c}, fol. 12 v°. (*Mention.*)

5260. Lettres portant que Charles de Comps Chalo[1], s^{r} de Bury, jouira comme devant des revenus des terres et seigneuries de Saint-Macaire et de Puymirol, en Guyenne, durant neuf années entières à partir du jour de la saisie desdites terres faite par les commissaires de la réunion du domaine, et ce nonobstant l'édit de réunion des domaines aliénés et autres ordonnances contraires. Paris, 17 janvier 1532. 17 janvier.

Arch. nat., Acquits sur l'épargne, J. 960^{c}, fol. 13. (*Mention.*)

[1] *Sic.* Voir ci-dessus les n°s 3322 et 3353, où le même personnage est nommé Charles de Coucy (*Coucys*, suivant le mémorial de la Chambre des Comptes qui contient le texte des lettres mentionnées en ces deux endroits).

5261. Don à Étienne Deschamps, sommelier de paneterie, de l'office de garde et concierge des hôtel et maison du roi à Sens, à charge d'entretien et de réparations. Paris, 17 janvier 1532. — 1533. 17 janvier.

Arch. nat., Acquits sur l'épargne, J. 960°, fol. 13. (*Mention.*)

5262. Mandement de payer aux clercs du s^r de Villandry 120 livres tournois sur les deniers des finances extraordinaires et parties casuelles, pour diverses dépêches et expéditions qu'ils ont faites dernièrement. Paris, 17 janvier 1532. — 17 janvier.

Arch. nat., Acquits sur l'épargne, J. 960°, fol. 13. (*Mention.*)

5263. Don fait à la requête du cardinal de Tournon, à un gentilhomme de sa maison, Jean de Pellissac, de la confiscation adjugée au roi par le bailli de Velay des biens meubles et immeubles de Claude Marion, notaire. Paris, 17 janvier 1532. — 17 janvier.

Arch. nat., Acquits sur l'épargne, J. 960°, fol. 13 v°. (*Mention.*)

5264. Lettres portant validation des payements faits par les trésoriers des guerres à 60 lances sous la charge et conduite de feu Théodore Trivulce, maréchal de France, pour le troisième quartier de l'an 1529, et à 20 autres lances sous la charge du marquis de Vigesve (Vigevano), pour les deux premiers quartiers de 1528 et le troisième de 1529. Paris, 17 janvier 1532. — 17 janvier.

Arch. nat., Acquits sur l'épargne, J. 960°, fol. 13 v°. (*Mention.*)

5265. Don et remise au maître d'hôtel Barrois de la somme de 90 livres tournois qu'il doit au roi pour trois années d'arrérages d'une rente payable chaque année sur la prévôté de la Chapelle, dépendant de la châtellenie de Dinan. Paris, 17 janvier 1532. — 17 janvier.

Arch. nat., Acquits sur l'épargne, J. 960°, fol. 13 v°. (*Mention.*)

5266. Don pour dix ans au s[r] de Laloue du revenu de la terre et seigneurie de la Bruyère-Laubespin, au duché de Bourbonnais, sauf les forêts qui en dépendent. Louise de Savoie, en réunissant ladite terre au duché de Bourbonnais, avait empêché l'effet d'un autre don que le roi en avait fait audit s[r] de Laloue aussitôt après le départ du connétable de Bourbon. Paris, 17 janvier 1532. — 1533. 17 janvier.

Arch. nat., Acquits sur l'épargne, J. 960[c], fol. 14. (*Mention.*)

5267. Don à l'huissier Nagu de la somme de 45 écus soleil sur les deniers provenant des droits de protocoles échus au roi par suite du décès de plusieurs notaires des pays de Beaujolais et de Dombes, pour compléter un don antérieur de 90 écus que la Chambre des Comptes lui avait réduit de moitié. Paris, 17 janvier 1532. — 17 janvier.

Arch. nat., Acquits sur l'épargne, J. 960[c], fol. 14. (*Mention.*)

5268. Don à Gabriel Gouzillon de 100 écus soleil sur les deniers provenant du droit de rachat échu au roi par la mort de Tanneguy Des Grozes (?), s[r] dudit lieu. Paris, 17 janvier 1532. — 17 janvier.

Arch. nat., Acquits sur l'épargne, J. 960[c], fol. 14. (*Mention.*)

5269. Assignation à Claude Gaudry et à Pierre de Lestang, dit Pinton, sommelier d'échansonnerie, de 90 livres tournois sur les parties casuelles, pour l'entretien de la haquenée qui mène les bouteilles de l'échansonnerie, pendant le troisième trimestre de 1532. Paris, 17 janvier 1532. — 17 janvier.

Arch. nat., Acquits sur l'épargne, J. 960[c], fol. 14. (*Mention.*)

5270. Don et remise à Jean Lescoriolle, procureur du roi à Orléans, de 60 livres parisis d'amende prononcée contre lui par le Parlement. Paris, 17 janvier 1532. — 17 janvier.

Arch. nat., Acquits sur l'épargne, J. 960[c], fol. 14. (*Mention.*)

5271. Mandement au trésorier de l'épargne de payer à Robert Baratte, receveur des exploits et amendes de la Cour des Aides de Rouen, 300 livres tournois pour les réparations de la maison appartenant au roi, où siège ladite cour. Paris, 17 janvier 1532. — 1533. 17 janvier.

Bibl. nat., ms. fr. 15628, n° 359. (*Mention.*)

5272. Mandement au trésorier de l'épargne de payer à Michel Fère, maître maçon, conducteur des travaux de la ville du Havre, 80 livres tournois pour le dédommager de ses frais de voyage du Havre à Paris et de séjour dans cette dernière ville. Paris, 17 janvier 1532. — 17 janvier.

Bibl. nat., ms. fr. 15628, n° 360. (*Mention.*)

5273. Mandement au trésorier de l'épargne de payer au bailli de Troyes, Jean de Dinteville, s[r] de Polisy, maître d'hôtel ordinaire du roi, envoyé comme ambassadeur en Angleterre, 3,600 liv. tournois pour son état d'ambassadeur pendant six mois commençant le 18 courant. Paris, 17 janvier 1532. — 17 janvier.

Bibl. nat., ms. fr. 15628, n° 363. (*Mention.*)

5274. Mandement au trésorier de l'épargne de payer à Bénigne Serre, receveur général des finances, 319 livres 2 sous 6 deniers tournois pour les voyages des chevaucheurs de l'écurie du roi envoyés aux prélats et gens d'église de France pour leur demander des contributions volontaires. Paris, 17 janvier 1532. — 17 janvier.

Bibl. nat., ms. fr. 15628, n° 395. (*Mention.*)

5275. Mandement au trésorier de l'épargne de payer à [Jean de La Barre], comte d'Étampes, gouverneur, prévôt et bailli de Paris, 922 livres 7 deniers obole tournois que le roi lui a donnés sur les crues de 100 sous tournois et 40 sous établies sur chaque muid de sel vendu à Étampes. Paris, 17 janvier 1532. — 17 janvier.

Bibl. nat., ms. fr. 15628, n° 397. (*Mention.*)

5276. Lettres de décharge pour Jean Carré, receveur — 20 janvier.

général des finances en Normandie, de la somme de 2,000 livres tournois qu'il a payée, en 1525 et 1526, à feu Louis de Brézé, grand sénéchal de Normandie, auquel avaient été ordonnées 500 livres par mois pour sa dépense extraordinaire pendant qu'il serait en Normandie pour les affaires du roi, laquelle somme de 2,000 livres avait été rayée purement et simplement par la Chambre des Comptes, en vertu de la dernière ordonnance financière. Paris, 20 janvier 1532. 1533.

Arch. nat., Acquits sur l'épargne, J. 960[c], fol. 10. (*Mention.*)

5277. Don à [Jean de La Barre], prévôt de Paris, de 500 écus d'or soleil à prendre sur les deniers provenant des compositions faites par les gens des comptes sur les lettres d'amortissement octroyées par le roi. Paris, 20 janvier 1532. 20 janvier.

Arch. nat., Acquits sur l'épargne, J. 960[c], fol. 10 v°. (*Mention.*)

5278. Lettres portant rabais, suivant l'avis du Grand Conseil, à Jean Sanegon, fermier du quatrième à Laigle en l'élection d'Alençon, de 200 livres tournois sur le prix de sa ferme pour l'année finie le 31 décembre précédent. Paris, 20 janvier 1532. 20 janvier.

Arch. nat., Acquits sur l'épargne, J. 960[c], fol. 10 v°. (*Mention.*)

5279. Lettres de décharge pour Pierre Rousseau, commis à tenir le compte de la chambre aux deniers du dauphin et de ses frères, de la somme de 2,000 livres qu'il a payée aux bouchers et pourvoyeurs de la maison desdits seigneurs comme avance sur les fournitures qu'ils devaient faire à Boulogne pour l'entrevue des rois de France et d'Angleterre, et de 1,500 livres remises à François Regnard, boucher, et à ses compagnons pourvoyeurs de ladite maison, pour les dédommager des pertes qu'ils ont subies durant quatre années entières en approvisionnant la maison du duc 20 janvier.

d'Angoulême et de Mesdames ses sœurs, pendant la captivité en Espagne du dauphin et du duc d'Orléans. Paris, 20 janvier 1532. 1533.

Arch. nat., Acquits sur l'épargne, J. 960[c], fol. 10 v°. (*Mention.*)

5280. Mandement au trésorier de l'épargne de payer à Louis Lemaire, sommelier d'échansonnerie du roi, la somme de 140 livres tournois pour la nourriture et entretien pendant sept mois de la haquenée qui mène la vaisselle de l'échansonnerie de bouche. Paris, 20 janvier 1532. 20 janvier.

Arch. nat., Acquits sur l'épargne, J. 960[c], fol. 11. (*Mention.*)

5281. Mandement au trésorier de l'épargne de payer à Pierre Dumoulin 90 livres tournois pour la nourriture et l'entretien pendant six mois de la haquenée qui porte les bouteilles du roi. Paris, 20 janvier 1532. 20 janvier.

Arch. nat., Acquits sur l'épargne, J. 960[c], fol. 11. (*Mention.*)

5282. Lettres de validation des payements faits, de l'ordonnance de MM. de Humières, de Saint-André et de Brissac, à diverses personnes par Pierre Rousseau, trésorier de la maison des dauphin, ducs d'Orléans et d'Angoulême. Paris, 20 janvier 1532. 20 janvier.

Arch. nat., Acquits sur l'épargne, J. 960[c], fol. 11. (*Mention.*)

5283. Don à l'écuyer Bernay de 400 écus soleil sur les deniers provenant de la vente des biens meubles et immeubles ayant appartenu à feu Woldbram, libraire demeurant à Paris, échus au roi par droit d'aubaine, ledit Woldbram étant étranger non naturalisé. Paris, 20 janvier 1532. 20 janvier.

Arch. nat., Acquits sur l'épargne, J. 960[c], fol. 11. (*Mention.*)

5284. Mandement à la Chambre des Comptes de passer aux comptes de Victor Barguin, receveur des tailles et imposition-foraine d'Anjou, les pen- 20 janvier.

sions qu'il a payées des deniers de sa recette l'année précédente et payera désormais, savoir: à M. le Légat, chancelier de France, 2,000 livres, à M. le Grand Maître 1,500 livres, et à Antoine Du Bourg, maître des requêtes de l'hôtel, 2,000 livres, pensions que leur faisait la duchesse d'Angoulême et que le roi leur continue. Paris, 20 janvier 1532. — 1533.

Arch. nat., Acquits sur l'épargne, J. 960^c, fol. 11 v°. (*Mention.*)

5285. Mandement au trésorier de l'épargne de payer à Nicolas de Troyes, argentier du roi, 161 livres 5 sous tournois pour employer en habillements dont le roi a fait don à Jean Robert, clerc de sa chapelle, et à Guillaume de Nouvel, chapelain du cardinal de Lorraine, en considération du passe-temps qu'ils lui ont donné et donnent chaque jour, au jeu de la lutte, particulièrement lors de la dernière entrevue des deux rois. Paris, 20 janvier 1532 [1]. — 20 janvier.

Arch. nat., Acquits sur l'épargne, J. 960^c, fol. 11 v°. (*Mention.*)
Bibl. nat., ms. fr. 15629, n° 94. (*Mention.*)

5286. Mandement au trésorier de l'épargne de payer à Nicolas de Troyes 378 livres 5 sous tournois pour les habillements dont le roi a fait don à Jeanne de Cardelan, demoiselle de la reine. Paris, 20 janvier 1532 [2]. — 20 janvier.

Arch. nat., Acquits sur l'épargne, J. 960^c, fol. 11 v°. (*Mention.*)
Bibl. nat., ms. fr. 15629, n° 93. (*Mention.*)

5287. Lettres ordonnant que la somme de 705 livres tournois, constituant un revenant-bon sur les gages des chantres de la chapelle de musique du roi pour l'année 1532, sera distribuée, suivant un état dressé par le cardinal de Tournon, maître de ladite chapelle, à plusieurs chantres et aux héritiers de deux autres, dé- — 20 janvier.

[1] Le 22 janvier, suivant le manuscrit de la Bibliothèque nationale.
[2] Le 22 janvier (ms. fr. 15629).

IMPRIMERIE NATIONALE.

cédés pendant l'exercice précédent. Paris, 20 janvier 1532. 1533.

Arch. nat., Acquits sur l'épargne, J. 960[c], fol. 12. (*Mention.*)

5288. Lettres portant rabais, sur l'avis du Conseil et du général de Normandie, en faveur de Philippe Billart et Jean Laisné, fermiers du quatrième des vins et menus boires de Falaise, de la somme de 300 livres tournois sur le prix de leur ferme. Paris, 20 janvier 1532. 20 janvier.

Arch. nat., Acquits sur l'épargne, J. 960[c], fol. 12. (*Mention.*)

5289. Prorogation en faveur des habitants d'Angers de l'octroi de 200 livres par an sur les deniers de la grande traite d'Anjou pour employer aux réparations des Ponts-de-Cé, outre les 500 livres qu'ils ont coutume de prendre d'ancienneté. Paris, 20 janvier 1532. 20 janvier.

Arch. nat., Acquits sur l'épargne, J. 960[c], fol. 12. (*Mention.*)

5290. Don de 100 écus à Jean Lemoyne, huissier de salle du roi, à prendre sur les deniers des parties casuelles. Paris, 20 janvier 1532. 20 janvier.

Arch. nat., Acquits sur l'épargne, J. 960[c], fol. 12. (*Mention.*)

5291. Mandement au trésorier de l'épargne de payer à Georges Vezeler 14,227 livres tournois, soit 13,202 livres valant 6,440 écus d'or soleil à 41 sous pièce, pour sept tapisseries représentant l'histoire de saint Paul, et 1,025 livres tant pour la moins-value des 6,440 écus que pour les frais de transport desdites tapisseries. Paris, 20 janvier 1532. 20 janvier.

Bibl. nat., ms. fr. 15628, n° 427. (*Mention.*)

5292. Mandement au trésorier de l'épargne de payer à Pierre Dauvet, maître des requêtes ordinaire de l'hôtel, 300 livres tournois, à Guillaume du Plessis, s[r] de Liancourt, 300 livres tournois, et à Jacques Martel 120 livres tournois, pour 20 janvier.

leurs frais pendant soixante jours qu'ils ont passés dans les recettes de la généralité d'Outre-Seine pour le recouvrement des deniers du domaine. Paris, 20 janvier 1532. 1533.

Bibl. nat., ms. fr. 15628, n° 491. (*Mention.*)

5293. Mandement au trésorier de l'épargne de payer à Claude Patherin, premier président du Parlement de Dijon, à Antoine de Mailly, s[r] de Villiers-les-Pots, et à Étienne Noblet 780 livres tournois, pour leurs frais pendant soixante jours qu'ils ont passés dans toutes les recettes de Bourgogne pour le recouvrement des deniers du domaine. Paris, 20 janvier 1532. 20 janvier.

Bibl. nat., ms. fr. 15628, n° 492. (*Mention.*)

5294. Mandement au trésorier de l'épargne de payer à André Guillard, maître des requêtes ordinaire de l'hôtel, 300 livres tournois, à François Rasse, chevalier, s[r] de la Hargerie, 300 livres tournois, et à Nicolas Saintbault 120 livres tournois, pour se transporter dans toutes les recettes de Picardie et vaquer pendant soixante jours au recouvrement des deniers du domaine. Paris, 20 janvier 1532. 20 janvier.

Bibl. nat., ms. fr. 15628, n° 565. (*Mention.*)

5295. Mandement au trésorier de l'épargne de payer 240 livres tournois à Antoine Hélin, conseiller au Parlement de Paris, 300 livres au s[r] des Réaux, maître d'hôtel ordinaire du roi, et 120 livres à Guillaume de Morennes, pour se transporter dans toutes les recettes d'Auvergne, Bourbonnais, Berry et Nivernais et vaquer pendant soixante jours au recouvrement des deniers du domaine. Paris, 20 janvier 1532. 20 janvier.

Bibl. nat., ms. fr. 15628, n° 566. (*Mention.*)

5296. Mandement au trésorier de l'épargne de payer 240 livres tournois à François Errault, conseiller au Parlement de Paris, 300 livres à Charles du Plessis, s[r] de Savennières, et 120 livres tournois à Étienne Trotereau, pour 20 janvier.

se transporter dans toutes les recettes d'Anjou, de Poitou, de Touraine, du Maine et d'Orléans et y recouvrer les deniers du domaine. Paris, 20 janvier 1532. 1533.

Bibl. nat., ms. fr. 15628, n° 568. (*Mention.*)

5297. Mandement au trésorier de l'épargne de payer 360 livres tournois à Jacques Minut, premier président du Parlement de Toulouse, 300 livres à Antoine de La Rochénard, sénéchal de Toulouse, et 120 livres à Martin de Troyes, pour se transporter dans les recettes de Languedoc et vaquer pendant soixante jours au recouvrement des deniers du domaine. Paris, 20 janvier 1532. 20 janvier.

Bibl. nat., ms. fr. 15628, n° 588. (*Mention.*)

5298. Mandement au trésorier de l'épargne de payer 300 livres tournois à Pierre Montfault, président du Parlement de Rouen, 300 livres à Louis de Rabodanges et 120 livres à Pierre Le Vassor, pour se transporter dans toutes les recettes de Normandie et y recouvrer les deniers du domaine. Paris, 20 janvier 1532. 20 janvier.

Bibl. nat., ms. fr. 15628, n° 589. (*Mention.*)

5299. Mandement au trésorier de l'épargne de payer 300 livres tournois à Jean de Calvimont, président au Parlement de Bordeaux, 300 livres à Robert de la Marthonie, chevalier, s[r] de Bonnes, et 120 livres à Jacques Arnoul, pour se transporter dans les recettes de Guyenne et y recouvrer les deniers du domaine. Paris, 20 janvier 1532. 20 janvier.

Bibl. nat., ms. fr. 15628, n° 590. (*Mention.*)

5300. Mandement au trésorier de l'épargne de payer 360 livres tournois à François d'Aurillac, premier président du Parlement de Dauphiné, 300 livres à Guigues Guiffrey, s[r] de Boutières, et 120 livres tournois à Artus Prunier, pour se transporter dans les recettes du Dauphiné et y recouvrer les deniers du domaine. Paris, 20 janvier 1532. 20 janvier.

Bibl. nat., ms. fr. 15628, n° 619. (*Mention.*)

5301. Mandement au trésorier de l'épargne de payer à Nicolas de Troyes, argentier du roi, 744 livres 2 sous 6 deniers pour les habillements dont le roi a fait don à la demoiselle de Bron. Paris, 20 janvier 1532. — 1533. 20 janvier.

Arch. nat., Acquits sur l'épargne, J. 960[c], fol. 12. (*Mention.*)
Bibl. nat., ms. fr. 15629, n° 298. (*Mention.*)

5302. Bail passé, sur les avis des trésoriers de France, du sénéchal d'Anjou et des gens du Conseil, à Michelet, premier huissier de la chambre du roi, de deux voies aux Ponts-de-Cé, l'une appelée la voie de la Cocque et l'autre étant en la chaussée près les moulins de Guillaume Le Baillif, à la charge de payer chaque année à la recette ordinaire d'Anjou 100 sous tournois par voie et d'y faire édifier deux moulins à blé. Paris, 22 janvier 1532. — 22 janvier.

Arch. nat., Acquits sur l'épargne, J. 960[c], fol. 16 v°. (*Mention.*)

5303. Permission au capitaine Magdelon d'Ornezan de faire conduire de Dauphiné jusqu'au port de Marseille, franc de tous droits de péages et passages, un radeau de bois complet destiné à la construction d'une galère que le roi lui a ordonné de faire faire pour son service. Paris, 22 janvier 1532. — 22 janvier.

Arch. nat., Acquits sur l'épargne, J. 960[c], fol. 17. (*Mention.*)

5304. Autre permission au capitaine d'Ornezan de faire conduire de Lyon à Marseille, sans payer aucun droit, tout le fer, charbon, chanvre, les cordages, arbalètes, piques, javelines, hallebardes, arquebuses et toute l'artillerie nécessaires pour l'armement et l'équipement de ladite galère, ainsi que la toile pour faire les voiles, tentes et chemises des forçats, le drap pour leur habillement, bonnets, etc. Paris, 22 janvier 1532. — 22 janvier.

Arch. nat., Acquits sur l'épargne, J. 960[c], fol. 17. (*Mention.*)

5305. Lettres ordonnant de payer à [Jacques de Genouilhac], grand écuyer, sa pension de l'année précédente, montant à 10,000 livres tournois, sur le trésor du Louvre et les finances ordinaires ou extraordinaires, au choix de M. le Légat. Paris, 22 janvier 1532. — 1533. 22 janvier.

Arch. nat., Acquits sur l'épargne, J. 960[c], fol. 17. (*Mention.*)

5306. Mandement au trésorier de l'épargne de délivrer des deniers portés au trésor du Louvre, à Jacques Bernard, maître de la chambre aux deniers du roi, la somme de 4,689 livres 1 sou 2 deniers tournois pour les festins donnés à Boulogne au roi d'Angleterre, au mois d'octobre précédent. Paris, 22 janvier 1532. — 22 janvier.

Arch. nat., Acquits sur l'épargne, J. 960[c], fol. 17. (*Mention.*)

5307. Confirmation en faveur de Jean Chapelain, médecin ordinaire du roi, du don à lui fait par feu Madame [la duchesse d'Angoulême] de l'hôtel de Valois situé au faubourg Notre-Dame-des-Champs de Paris, avec toutes ses dépendances. Paris, 22 janvier 1532. — 22 janvier.

Arch. nat., Acquits sur l'épargne, J. 960[c], fol. 17. (*Mention.*)

5308. Confirmation en faveur d'Artus Sorlin, écuyer d'écurie de Mesdames, du don à lui fait par feu Madame [la duchesse d'Angoulême] des ventes de la seigneurie de Saint-Martin-l'Ars, montant à 600 livres tournois, nonobstant l'ordonnance prescrivant l'apport de tous les deniers du roi au trésor du Louvre. Paris, 22 janvier 1532. — 22 janvier.

Arch. nat., Acquits sur l'épargne, J. 960[c], fol. 17 v°. (*Mention.*)

5309. Don à François de Luzy, baron d'Oyé, de 100 écus soleil sur les deniers provenant de l'aubaine de feu N. de La Ruelle, veuve de Jean Simon, — 22 janvier.

décédée sans hoirs habiles à lui succéder. Paris, 22 janvier 1532. 1533.

Arch. nat., Acquits sur l'épargne, J. 960ᶜ, fol. 17 v°. (*Mention.*)

5310. Lettres accordant à Nicolas Robert, fermier des hauts passages du bailliage de Vermandois, une réduction de 1,200 livres tournois sur le prix de sa ferme, qui était de 3,600 livres pour l'année commencée le 1er octobre 1529. Paris, 22 janvier 1532. 22 janvier.

Arch. nat., Acquits sur l'épargne, J. 960ᶜ, fol. 17 v°. (*Mention.*)

5311. Don et assignation aux habitants de Nantes, pour la réparation de leurs ponts, d'une somme de 3,000 livres tournois sur la recette d'octobre-décembre 1532 de Palamèdes Gontier, trésorier et receveur général de Bretagne. Paris, 22 janvier 1532. 22 janvier.

Arch. nat., Acquits sur l'épargne, J. 960ᶜ, fol. 17 v°. (*Mention.*)

5312. Déclaration en faveur de Madame de Givry touchant la mainlevée à elle précédemment octroyée pour jouir du comté de Bar-sur-Seine, de la seigneurie d'Arnay-le-Duc[1] et autres terres du duché de Bourgogne, ainsi que des revenus du grenier à sel de Bar-sur-Seine, suivant ses lettres de don, nonobstant tous empêchements que pourrait opposer le procureur du roi. Paris, 22 janvier 1532. 22 janvier.

Arch. nat., Acquits sur l'épargne, J. 960ᶜ, fol. 17 v°. (*Mention.*)

5313. Mandement au trésorier de l'épargne de payer à Jacques Bernard, maître de la chambre aux deniers du roi, 2,000 livres tournois pour avancer à Guillaume Bonnin, boucher, qui a l'entreprise de la fourniture de la maison du roi. Paris, 22 janvier 1532. 22 janvier.

Bibl. nat., ms. fr. 15628, n° 369. (*Mention.*)
Arch. nat., Acquits sur l'épargne, J. 960ᶜ, fol. 17 v°. (*Mention.*)

(1) Le texte porte *Azay-le-Duc.*

5314. Mandement à Guillaume Prudhomme, trésorier de l'épargne, de faire payer par le receveur ordinaire de Rouen à Nicolas Picart, notaire et secrétaire du roi, commis aux comptes des travaux faits aux châteaux de Fontainebleau, Boulogne et Villers-Cotterets, la somme de 7,520 livres tournois sur les 20,000 livres qui lui ont été ordonnées pour le fait de son office durant la présente année, spécialement pour la construction du château de Villers-Cotterets. Paris, 24 janvier 1532. — 1533. 24 janvier.

Original. Arch. nat., K. 84, n° 26.

5315. Assignation pour la construction du château de Villers-Cotterets d'une somme de 10,000 livres due par François de Montmorency, s[r] de la Rochepot, pour 100 arpents de bois que le roi lui a baillés en la forêt de Laigle. Paris, 24 janvier 1532. — 24 janvier.

Arch. nat., Acquits sur l'épargne, J. 960[c], fol. 9. (*Mention.*)

5316. Autre assignation pour la construction du château de Villers-Cotterets d'une somme de 20,000 livres sur les 34,400 livres provenant des bois vendus en plusieurs forêts de Normandie par l'écuyer Pommereul. Paris, 24 janvier 1532. — 24 janvier.

Arch. nat., Acquits sur l'épargne, J. 960[c], fol. 9. (*Mention.*)

5317. Assignation des 14,400 livres restant du prix des bois vendus en Normandie par l'écuyer Pommereul aux bâtiments de Fontainebleau pour la présente année. Paris, 24 janvier 1532. — 24 janvier.

Arch. nat., Acquits sur l'épargne, J. 960[c], fol. 9 v°. (*Mention.*)

5318. Lettres ordonnant la vente de 10,000 livres de bois dans la forêt de Rets en Valois, pour en employer le produit à la construction du — 24 janvier.

château de Villers-Cotterets. Paris, 24 janvier 1532. | 1533.

Arch. nat., *Acquits sur l'épargne*, J. 960[c], fol. 9. (*Mention.*)

5319. Assignation, pour la construction du château du bois de Boulogne, d'une somme de 15,000 livres à prendre sur les ventes faites dans la forêt de Sézanne; cette somme, déjà assignée l'année précédente, n'avait pu être recouvrée, les ventes n'ayant pas eu lieu. Paris, 24 janvier 1532. | 24 janvier.

Arch. nat., *Acquits sur l'épargne*, J. 960[c], fol. 9 v°. (*Mention.*)

5320. Lettres portant décharge d'une somme de 2,143 livres tournois que le trésorier de l'épargne a remise directement au roi. Paris, 24 janvier 1532. | 24 janvier.

Bibl. nat., ms. fr. 15628, n° 419. (*Mention.*)

5321. Mandement au trésorier de l'épargne de payer à Nicolas de Neufville, chevalier, s[r] de Villeroy, secrétaire des finances et ancien trésorier de France, 2,200 livres tournois, soit 1,000 livres pour ses voyages et chevauchées et 1,200 livres pour sa pension de l'année 1531. Paris, 24 janvier 1532. | 24 janvier.

Bibl. nat., ms. fr. 15628, n° 542. (*Mention.*)

5322. Mandement au trésorier de l'épargne de délivrer à Bénigne Serre 180 livres tournois qu'il remettra à Pierre Hardy, chevaucheur de l'écurie du roi, pour accompagner pendant cent quatre-vingts jours le s[r] de Polisy, bailli de Troyes, que le roi envoie en Angleterre comme ambassadeur. Paris, 25 janvier 1532. | 25 janvier.

Bibl. nat., ms. fr. 15628, n° 502. (*Mention.*)

5323. Mandement au trésorier de l'épargne de payer à Jean Proust, chevaucheur de l'écurie du roi, venu de Bologne apporter des lettres des cardinaux de Tournon et de Gramont, 440 livres pour les frais de son voyage et pour retourner | 27 janvier.

IMPRIMERIE NATIONALE.

auprès du pape, où se trouvent lesdits cardinaux. Paris, 27 janvier 1532. 1533.

Bibl. nat., ms. fr. 15628, n° 423. (*Mention.*)

5324. Mandement au trésorier de l'épargne de payer à Pierre Fere, huissier du Grand Conseil, 60 livres tournois pour un voyage à Toulouse où il va porter au Parlement des lettres patentes du roi et lui enjoindre d'en observer le contenu. Paris, 27 janvier 1532. 27 janvier.

Bibl. nat., ms. fr. 15628, n° 428. (*Mention.*)

5325. Mandement au trésorier de l'épargne de payer à Jean de Sarcus, chevalier, 2,000 livres tournois pour sa pension au service du roi pendant les années 1530 et 1531, moyennant quoi il renonce aux pensions des années précédentes qu'il prétend lui être dues. Anet, 27 janvier 1532. 27 janvier.

Bibl. nat., ms. fr. 15628, n° 366. (*Mention.*)

5326. Mandement au trésorier de l'épargne de payer au s^r de Sarcus et à Jeanne de Lâtre, dame de Tombes, sa femme, 6,666 livres 13 sous 4 deniers tournois complétant les 10,000 livres que le roi leur a données à l'occasion de leur mariage et pour les bons offices de ladite Jeanne auprès de la reine. Anet, 27 janvier 1532. 27 janvier.

Bibl. nat., ms. fr. 15628, n° 367. (*Mention.*)

5327. Mandement au trésorier de l'épargne de payer à Jean Gabillart, clerc d'office de la maison du dauphin, des ducs d'Orléans et d'Angoulême, 6,802 livres 15 sous 6 deniers tournois pour distribuer aux officiers des enfants du roi qui ont été prisonniers en Espagne avec eux, afin de les dédommager des pertes qu'ils ont subies. Anet, 29 janvier 1532. 29 janvier.

Bibl. nat., ms. fr. 15629, n° 61. (*Mention.*)
Arch. nat., *Acquits sur l'épargne*, J. 960^c, fol. 20 v°. (*Mention.*)

5328. Assignation à Mathieu Nazare (Matteo dal Nassaro), de Vérone, de 300 écus soleil sur la 29 janvier.

vente et composition de l'office de contrôleur du domaine de Falaise, nouvellement créé, en payement de plusieurs tableaux qu'il a remis au roi. Anet, 29 janvier 1532. 1533.

Arch. nat., Acquits sur l'épargne, J. 960°, fol. 20. (*Mention.*)

5329. Don à Savigny, huissier de chambre du dauphin, d'une amende de 190 livres prononcée contre François de La Sauneraye, son cousin, par sentence du prévôt de Paris confirmée au Parlement. Anet, 29 janvier 1532. 29 janvier.

Arch. nat., Acquits sur l'épargne, J. 960°, fol. 20. (*Mention.*)

5330. Assignation à Pierre de Montarnaudes, qui a entrepris de délivrer les officiers du dauphin et du duc d'Orléans, prisonniers du capitaine Barberousse, d'une somme de 2,000 écus à prendre à Lyon sur les deniers de la trésorerie du Languedoc, partie de la somme qui lui a été promise pour le rachat desdits prisonniers et les frais qu'il fera dans cette poursuite. Anet, 29 janvier 1532. 29 janvier.

Arch. nat., Acquits sur l'épargne, J. 960°, fol. 20. (*Mention.*)

5331. Don au duc de Vendôme du revenu des greniers à sel, amendes et confiscations de Vendôme, Château-Gontier et la Flèche, pour une année commencée au 1er janvier dernier. Anet, 29 janvier 1532. 29 janvier.

Arch. nat., Acquits sur l'épargne, J. 960°, fol. 20 v°. (*Mention.*)

5332. Lettres de mainlevée des terres de Cany et Camel en faveur du duc de Vendôme, de sa femme et d'Anne d'Alençon, marquise de Montferrat, pour jouir de ladite terre, justice et juridiction et dépendances sous la main du roi et tant qu'il lui plaira. Anet, 29 janvier 1532. 29 janvier.

Arch. nat., Acquits sur l'épargne, J. 960°, fol. 20 v°. (*Mention.*)

5333. Lettres portant que toutes matières et questions 30 janvier.

intéressant les églises paroissiales des villes fortifiées doivent être portées devant le Parlement de Toulouse, les chambres assemblées. Paris, 30 janvier 1532. 1533.

Enreg. au Parl. de Toulouse. Arch. de la Haute-Garonne, Édits, reg. 4, fol. 1. 1 page.
Bibl. nat., ms. fr. 4402, fol. 59, n° 1. (*Mention.*)

5334. Provisions de l'office de changeur des monnaies dans les sénéchaussées de Lyonnais, Bourbonnais et Forez, dans les bailliages de Montferrand, Saint-Flour, Aurillac, la Marche, Combrailles, du haut et du bas Limousin, de Velay, Périgord, etc., pour Jean Blauf, marchand d'Issoire. Paris, 31 janvier 1532. 31 janvier.

Copie du XVIe *siècle. Bibl. nat.*, ms. fr. 5124, fol. 158 v°.

5335. Lettres portant création en titre d'office de quatre gardes de la forêt de Bord en Normandie, sous la charge du maître des Eaux et forêts du duché de Normandie. Paris, janvier 1532. Janvier.

Enreg. au Grand Conseil, le 13 mars 1533 n. s. Arch. nat., Grand Conseil, V[5] 1049. 1 page.
Enreg. à la Chambre des Eaux et forêts, Arch. nat., Z[1e] 322, fol. 186 v°.
Enreg. à la Chambre des Comptes de Paris, le 18 avril 1534, anc. mém. 2 G, fol. 109. *Arch. nat., invent.* PP. 136, p. 394. (*Mention.*)

5336. Provisions en faveur de Jean Duval de l'office de changeur du trésor. Paris, 4 février 1532. 4 février.

Bibl. nat., ms. Clairambault 782, fol. 289. (*Mention.*)

5337. Mandement au trésorier de l'épargne de payer à Bénigne Serre 1,250 livres tournois pour les menus de la chambre du roi pendant le dernier quartier de l'année précédente. Paris, 5 février 1532. 5 février.

Bibl. nat., ms. fr. 15628, n° 380. (*Mention.*)

5338. Mandement au trésorier de l'épargne de payer à plusieurs écoliers suisses étudiant en l'Université de Paris, 450 livres tournois pour le 5 février.

premier trimestre de la présente année. Paris, 5 février 1532. — 1533.

Bibl. nat., ms. fr. 15628, n° 431. (*Mention.*)

5339. Mandement au trésorier de l'épargne de payer à Bénigne Serre 2,395 livres tournois pour les gages des chapelains et autres officiers de la chapelle de musique du roi, pendant le dernier quartier de l'année 1532. Paris, 5 février 1532. — 5 février.

Bibl. nat., ms. fr. 15628, n° 539. (*Mention.*)

5340. Mandement au trésorier Jean Laguette de payer à Louis Lemaire, sommelier ordinaire de l'échansonnerie, 140 livres tournois pour avoir entretenu et nourri pendant sept mois la haquenée qui mène la vaisselle de cuisine de l'échansonnerie et l'homme qui la conduit. Paris, 6 février 1532. — 6 février.

Original. Bibl. nat., ms. fr. 25721, n° 389.

5341. Mandement au trésorier de l'épargne de payer à Antoine Le Viste, président des Parlements de Paris et de Bretagne, 400 livres tournois pour les dépenses qu'il a dû faire lors de la tenue du Parlement de Bretagne l'année précédente. Paris, 6 février 1532. — 6 février.

Bibl. nat., ms. fr. 15628, n° 368. (*Mention.*)

5342. Mandement au trésorier de l'épargne de payer à Gervais Waïn, docteur en théologie, 300 livres tournois pour sa pension de l'année 1531. Paris, 6 février 1532. — 6 février.

Bibl. nat., ms. fr. 15628, n° 422. (*Mention.*)

5343. Mandement au trésorier de l'épargne de payer à Gervais Waïn, docteur en théologie, 700 livres tournois, tant pour ce qui lui reste dû de ses voyages en Allemagne que pour celui qu'il y va faire. Paris, 6 février 1532. — 6 février.

Bibl. nat., ms. fr. 15628, n° 430. (*Mention.*)

5344. Lettres adressées à la Chambre des Comptes, portant que Nicolas Picart, notaire et secré- — 7 février.

taire du roi, commis au payement des travaux de Fontainebleau, de Boulogne et de la fontaine de Saint-Germain-en-Laye, jouira d'un traitement annuel de 1,200 livres. Paris, 7 février 1532. 1533.

Copie. *Bibl. nat.*, ms. fr. 11179 (anc. suppl. fr. 336).

Arch. nat., *Acquits sur l'épargne*, J. 960°, fol. 18. (*Mention.*)

Imp. L. de Laborde, *Les comptes des bâtiments du roi*, in-8°, 1877, t. I, p. 19.

5345. Provisions de l'office de maître des requêtes de l'hôtel accordées à Thibaut de Longuejoue, sur la résignation de son père, Mathieu de Longuejoue, sieur d'Iverny, conseiller au Conseil privé. Paris, 7 février 1532. 7 février.

Reçu au Parl. de Paris, le 11 février suivant. *Arch. nat.*, X[1a] 1536, *reg. du Conseil*, fol. 118 v°. (*Mention.*)

Imp. Blanchard, *Les généalogies des maistres des requestes*, in-fol., 1670, p. 268. (*Mention.*)

5346. Nomination de François Jacquier à l'office de sergent des tailles et aides de l'élection de Lyonnais. Paris, 7 février 1532. 7 février.

Copie. *Bibl. nat.*, ms. fr. 2702, fol. 166 v°.

5347. Provisions de l'office de contrôleur du domaine de Meaux, sur la résignation d'Achille Rumel, en faveur d'Étienne de Chemisy. Paris, 7 février 1532. 7 février.

Réception à la Chambre des Comptes de Paris, le 10 janvier 1537 n. s., anc. mém. HH, fol. 19. *Arch. nat.*, K. 1377, papiers de Fontanieu. (*Mention.*)

5348. Lettres données en faveur du comte de Saint-Pol, ordonnant que les 4,000 ducats briançonnais échus au jour de la Chandeleur dernière et qui écherront durant la présente année lui seront délivrés sur ses simples quittances, et autorisant les décharges qui seront par lui baillées aux habitants du Briançonnais, comme si le payement en était fait par les mains du 7 février.

trésorier général de Dauphiné, etc. Paris, 7 février 1532. 1533.

Arch. nat., Acquits sur l'épargne, J. 960[c], fol. 18. (*Mention.*)

5349. Don à Étienne Lebrun, fourrier ordinaire du roi, de 7 livres 18 sous 5 deniers, montant des droits de lods et ventes dus au roi à cause de l'acquisition faite par Thomas Le Large, puis par ledit Lebrun, d'un jardin sis au grand marché d'Amboise. Paris, 7 février 1532. 7 février.

Arch. nat., Acquits sur l'épargne, J. 960[c], fol. 18. (*Mention.*)

5350. Don au s[r] de Saint-Bonnet, capitaine et gouverneur de Bayonne, des lods et ventes dus au roi pour l'acquisition faite par le s[r] de Mortemart de l'hôtel noble et seigneurie de Boux en la châtellenie de Civray. Paris, 7 février 1532. 7 février.

Arch. nat., Acquits sur l'épargne, J. 960[c], fol. 18. (*Mention.*)

5351. Mandement au trésorier de l'épargne de délivrer à Nicolas de Troyes, argentier du roi, la somme de 867 livres 12 sous 6 deniers tournois pour le payement du linge de table fourni par Claude Danet pour le service du roi, du 1er septembre au 31 décembre dernier, et des habillements d'hiver des douze galopins de cuisine de bouche et commun. Paris, 7 février 1532. 7 février.

Arch. nat., Acquits sur l'épargne, J. 960[c], fol. 18 v[o]. (*Mention.*)

5352. Assignation sur les deniers des parties casuelles d'une somme de 400 livres tournois ordonnée à Jean de La Forêt et à Jean Barillon, clercs de M. le Légat, pour leurs salaires des expéditions qu'ils ont minutées et grossoyées durant les années 1531 et 1532. Paris, 7 février 1532. 7 février.

Arch. nat., Acquits sur l'épargne, J. 960[c], fol. 18 v[o]. (*Mention.*)

5353. Don au s^r de Langey, gentilhomme de la chambre du roi, d'une somme de 2,000 livres tournois sur les deniers provenant des amendes des Eaux et forêts. Paris, 7 février 1532. 1533. 7 février.

Arch. nat., Acquits sur l'épargne, J. 960^c, fol. 18 v°. (*Mention.*)

5354. Don à René Gastineau, s^r de Saint-Bonnet, des droits de rachat et autres devoirs seigneuriaux dus au roi par suite du décès de Louis de Bueil, s^r de Marmande. Paris, 7 février 1532. 7 février.

Arch. nat., Acquits sur l'épargne, J. 960^c, fol. 18 v°. (*Mention.*)

5355. Don et remise à Jean Tassin, secrétaire ordinaire et contrôleur de la maison de la reine de Navarre, des ventes, saisines et amendes qu'il doit au roi à cause de l'acquisition par lui faite de la moitié d'une maison sise à Paris, rue de la Mortellerie, près Saint-Jean-en-Grève. Paris, 7 février 1532. 7 février.

Arch. nat., Acquits sur l'épargne, J. 960^c, fol. 19. (*Mention.*)

5356. Don à Mathurin Habert et à Antoine Chabannes, enfants de cuisine de bouche, de la somme de 200 livres tournois sur une amende prononcée contre Jean Dauvergne par sentence du juge de Beaujolais. Paris, 7 février 1532. 7 février.

Arch. nat., Acquits sur l'épargne, J. 960^c, fol. 19. (*Mention.*)

5357. Don aux habitants de Vierzon de 400 livres par an, pendant cinq ans, sur la somme qui sera imposée à ladite ville pour sa part de la taille pendant ce laps de temps. Paris, 7 février 1532. 7 février.

Arch. nat., Acquits sur l'épargne, J. 960^c, fol. 19. (*Mention.*)

5358. Mandement au trésorier de l'épargne de payer à François Perrin, du comté de Saint-Pol, ancien homme d'armes des ordonnances du roi commandées par le feu marquis de Montferrat, 90 livres tournois pour sa pension de l'année 1531, en considération de ce qu'il a 7 février.

perdu la vue d'un coup d'arquebuse, au service du roi. Paris, 7 février 1532. 1533.

Bibl. nat., ms. fr. 15628, n° 438. (*Mention.*)

5359. Lettres de décharge au trésorier de l'épargne de 1,125 livres tournois qu'il a remises comptant au roi. Paris, 7 février 1532. 7 février.

Bibl. nat., ms. fr. 15628, n° 429. (*Mention.*)

5360. Déclaration ordonnant la publication et l'enregistrement des lettres portant création de l'office de contrôleur du domaine de Paris, au profit de Jacques Gencien, troublé dans l'exercice de ses fonctions. Paris, 10 février 1532. 10 février.

Enreg. au Parl. de Paris, le 15 mai 1533. Arch. nat., X[1a] 8612, fol. 305. 1 page.
Enreg. au Châtelet de Paris, Bannières. Arch. nat., Y. 9, fol. 22 v°. 1 page.

5361. Lettres accordant un rabais de 133 livres sur le prix de sa ferme, pour l'année 1532, à Michel Cochon, fermier du quatrième en l'élection d'Alençon. Paris, 10 février 1532. 10 février.

Original. Bibl. nat., ms. fr. 25721, n° 390.
Arch. nat., Acquits sur l'épargne, J. 960[9], fol. 20. (*Mention.*)

5362. Déclaration portant que le roi veut et entend que le s[r] de Montpezat, sénéchal de Poitou, jouisse comme ses prédécesseurs de la forêt de Gâtine et de l'étang de la Tomberrard, suivant les lettres de cession octroyées aux sénéchaux de Poitou par Louis XI, l'an 1480, et confirmées par François Ier, avec dérogation à l'édit de réunion des domaines aliénés. Paris, 10 février 1532. 10 février.

Arch. nat., Acquits sur l'épargne, J. 960[c], fol. 19. (*Mention.*)

5363. Lettres ampliatives de la permission accordée le 22 janvier précédent (n°s 5303 et 5304) au capitaine d'Ornezan de faire conduire en franchise : 1° de Dauphiné à Marseille un radeau de bois; 2° de Lyon à Marseille les objets nécessaires à l'armement et à l'équipement d'une galère; lesdites lettres ampliatives contenant 10 février.

IMPRIMERIE NATIONALE.

la désignation expresse du nombre et de la qualité des pièces de bois, des armes et des objets d'équipement. Paris, 10 février 1532. 1533.

Arch. nat., Acquits sur l'épargne, J. 960[c], fol. 19 v°. (*Mention.*)

5364. Commission pour le s[r] d'Ornezan de capitaine de la galère qu'il est chargé de faire construire, avec pareil état que les autres capitaines. Paris, 10 février 1532. 10 février.

Arch. nat., Acquits sur l'épargne, J. 960[c], fol. 20. (*Mention.*)

5365. Permission à Thomas Barbisey de résigner son office de grènetier du grenier à sel de Beaune en faveur de son fils, Jean Barbisey, avec réserve de survivance et sans payer aucune finance, le roi en ayant fait don, à la requête du cardinal de Lorraine, audit Barbisey fils. Paris, 10 février 1532. 10 février.

Arch. nat., Acquits sur l'épargne, J. 960[c], fol. 20. (*Mention.*)

5366. Lettres adressées au sénéchal de Beaucaire et de Nîmes pour l'inviter à poursuivre les débiteurs du domaine. Paris, 11 février 1532.[1] 11 février.

Enreg. à la Chambre des Comptes de Montpellier. Arch. départementales de l'Hérault, B. 342, fol. 35. 1 page 1/2.

5367. Commission adressée à l'archevêque d'Aix, à un président et à un conseiller du Parlement de Provence pour procéder contre Jean de Rome, jacobin, qui, après avoir été chassé d'Avignon par le cardinal de Clermont, s'était retiré en Provence, où, sans aucune autorisation, il exerçait les fonctions d'inquisiteur. Paris, 12 février 1532. 12 février.

Original. Arch. nat., suppl. du Trésor des Chartes, J. 851, n° 1.

[1] A la suite est transcrit un arrêt du Conseil d'État, de même date, portant qu'à l'avenir aucun don de droits seigneuriaux ne sera admis par la Chambre des Comptes, si le montant de la somme octroyée n'est pas exprimé (fol. 35 v°, 3 pages).

5368. Mandement à Jean Laguette de payer à Jacques Groslot, bailli d'Orléans, 293 livres 5 sous tournois pour des voyages faits en 1529 à Crécy, à Orléans et à Montargis et pour diverses autres dépenses. Paris, 12 février 1532. — 1533. 12 février.

Original. Bibl. nat., ms. fr. 25721, n° 391.

5369. Mandement au trésorier de l'épargne de bailler à Pierre Duval, trésorier des menus plaisirs du roi, 3,664 livres 2 sous 6 deniers tournois pour le payement de plusieurs bagues, chaînes, martres et sacres que le roi a achetés. Paris, 12 février 1532. — 12 février.

Bibl. nat., ms. fr. 15628, n° 383. (*Mention.*)

5370. Mandement au trésorier Jean Laguette de payer 1,000 livres tournois dues à Charles Tiercelin, s[r] de la Roche-du-Maine, pour sa pension de l'année 1531, sur les deniers provenant de la résignation à survivance que Philibert Galand, receveur des aides et tailles de Montivilliers, veut faire dudit office au profit de Nicolas de Carteville. Paris, 13 février 1532. — 13 février.

Original. Bibl. nat., ms. fr. 25721, n° 392.
Arch. nat., *Acquits sur l'épargne*, J. 960e, fol. 22 v°. (*Mention.*)

5371. Don à Louis Burgensis, premier médecin du roi, de la somme de 363 livres 13 sous 4 deniers tournois, moitié du produit des droits seigneuriaux échus au roi sur la terre et seigneurie du Perrey, vendue par décret, dont la totalité avait été donnée audit Burgensis, mais que la Chambre des Comptes avait ainsi réduite, conformément à l'ordonnance. Paris, 13 février 1532. — 13 février.

Enreg. à la Chambre des Comptes de Paris, le 27 février suivant. Arch. nat., invent. PP. 136, p. 395. (*Mention.*)
Arch. nat., *Acquits sur l'épargne*, J. 960e, fol. 20 v°. (*Mention.*)

5372. Don à la dame de Bury, veuve de Florimond Robertet, de trois pieds de chênes pour faire des poutres, à prendre dans les forêts du comté — 13 février.

de Blois, pour servir à certain bâtiment qu'elle fait construire. Paris, 13 février 1532. 1533.

Arch. nat., Acquits sur l'épargne, J. 960°, fol. 20 v°. (*Mention.*)

5373. Lettres de provision pour faire jouir pendant dix ans Jean Du Quesnel l'un des cent gentilshommes de la maison du roi, de l'office de sergent fieffé de la Bonneville en la vicomté d'Évreux, de la rivière dudit lieu, des prés et des moulins d'Arnières, par l'intermédiaire du vicomte et receveur ordinaire d'Évreux, sur simple quittance dudit Quesnel, nonobstant l'édit de réunion du domaine aliéné. Paris, 13 février 1532. 13 février.

Arch. nat., Acquits sur l'épargne, J. 960°, fol. 20 v°. (*Mention.*)

5374. Lettres ordonnant que M. de Châteaubriant sera payé de la moitié de ce qui lui est dû, soit 9,000 livres tournois, sur les deniers provenant des condamnations prononcées par les commissaires sur le fait des finances en Bretagne contre Guyon de Tours, receveur des fouages de l'évêché de Cornouailles, et François Thierry, s^r^ de Boisborcant. Paris, 13 février 1532. 13 février.

Arch. nat., Acquits sur l'épargne, J. 960°, fol. 21. (*Mention.*)

5375. Validation des payements pour le tournoi donné lors de l'entrée de la reine à Paris, faits par les mains de Claude Aligre, naguère trésorier des menus plaisirs, verbalement commis par le roi à tenir ce compte, lesdits payements montant à 19,683 livres 1 sou 9 deniers tournois. Paris, 13 février 1532. 13 février.

Arch. nat., Acquits sur l'épargne, J. 960°, fol. 21. (*Mention.*)

5376. Lettres de naturalité avec remise de finance, en faveur de Ludovic de Ryna, écuyer d'écurie du duc de Vendôme. Paris, 13 février 1532. 13 février.

Arch. nat., Acquits sur l'épargne, J. 960°, fol. 21 v°. (*Mention.*)

5377. Mandement à Jean Grolier, trésorier des guerres, de payer à Jean Colas, homme d'armes de la compagnie du gouverneur d'Orléans [Lancelot du Lac], la somme de 90 livres tournois pour sa solde du second semestre de l'année 1531, pendant lequel il a été porté absent aux montres de ladite compagnie, parce que, atteint d'une grave maladie pendant l'expédition de Naples dirigée par le feu s[r] de Lautrec, il n'avait pu retourner en France avec ses compagnons. Paris, 13 février 1532. — 1533. 13 février.

Arch. nat., Acquits sur l'épargne, J. 960[c], fol. 21 v°. (*Mention.*)

5378. Lettres ordonnant que le s[r] de Brissac sera payé de la somme de 1,400 livres tournois qui lui est due pour son état de capitaine du château d'Angers, depuis le 31 octobre 1531 jusqu'au 31 décembre 1532, soit quatorze mois, à raison de 1,200 livres par an, sur les finances ordinaires ou extraordinaires, ainsi qu'il sera avisé par M. le Légat, et que désormais ce payement se fera d'année en année, en la même forme et manière que du vivant de la duchesse d'Angoulême. Paris, 13 février 1532. — 13 février.

Arch. nat., Acquits sur l'épargne, J. 960[c], fol. 21 v°. (*Mention.*)

5379. Lettres données à la requête de M. l'Amiral, portant remise au s[r] de La Bourgonnière de 3,000 livres parisis, moitié d'une amende prononcée contre lui par arrêt du Parlement de Paris, et don des autres 3,000 livres à M. de Scepeaux pour l'aider à marier sa fille. Paris, 13 février 1532. — 13 février.

Arch. nat., Acquits sur l'épargne, J. 960[c], fol. 21 v°. (*Mention.*)

5380. Don fait à la requête de l'amiral Chabot au s[r] de La Chatière, son lieutenant au château de Brest en Bretagne, de 600 livres tournois, montant d'une amende prononcée par le séné- — 13 février.

chal d'Angoulême contre Hugues de Mozé, s^r de Parçay. Paris, 13 février 1532. 1533.

Arch. nat., Acquits sur l'épargne, J. 960^c, fol. 22. (*Mention.*)

5381. Don au s^r d'Agey, maître d'hôtel ordinaire du roi, de la somme de 1,000 livres tournois pour le récompenser de ses peines et l'indemniser des dépenses qu'il a faites lorsqu'il fut chargé l'an 1530, à Bordeaux, d'assister à la réception des deniers provenant des décimes de la province, des dons et octrois de la noblesse et villes franches de Guyenne, emprunts et autres sommes destinées à une partie de la rançon du roi et de ses fils. Paris, 13 février 1532. 13 février.

Arch. nat., Acquits sur l'épargne, J. 960^c, fol. 22. (*Mention.*)

5382. Permission donnée à Barthélemy de Chasseneuz, président du Parlement de Provence, de faire conduire en franchise son train et ménage jusqu'à Aix, où il va exercer sondit office. Paris, 13 février 1532. 13 février.

Arch. nat., Acquits sur l'épargne, J. 960^c, fol. 22. (*Mention.*)

5383. Lettres ordonnant que, nonobstant l'édit de réunion du domaine aliéné, [Jacques de Genouilhac], grand écuyer de France, recevra tout le revenu de la seigneurie de Chizé et ses dépendances, dont il jouissait par don de feu la duchesse d'Angoulême, et ce durant dix ans à dater de la mort de ladite dame. Paris, 13 février 1532. 13 février.

Arch. nat., Acquits sur l'épargne, J. 960^c, fol. 22 v°. (*Mention.*)

5384. Mandement au trésorier de l'épargne de payer à Guillaume Du Bellay, seigneur de Langey, gentilhomme de la chambre, 400 livres pour un voyage qu'il va faire auprès du roi d'Angleterre. Paris, 13 février 1532. 13 février.

Bibl. nat., ms. fr. 15628, n° 495, et ms. Clairambault 1215, fol. 71. (*Mentions.*)

5385. Mandement au trésorier de l'épargne de payer à Philibert Babou, trésorier de France, 3,150 livres tournois, soit 1,000 livres pour ses droits de chevauchée, 1,200 livres pour sa pension de trésorier de France en 1531 et 950 livres pour ses gages ordinaires. Paris, 13 février 1532. — 1533. 13 février.

Bibl. nat., ms. fr. 15628, n° 497. (*Mention.*)

5386. Lettres portant que le s[r] de La Rochepot, bailli du palais, prendra chaque année 600 livres parisis sur la recette ordinaire de Paris pour sondit office de bailli, nonobstant l'ordonnance prescrivant l'apport de tous les deniers royaux au Louvre et leur distribution uniquement par les mains du trésorier de l'épargne, et pareillement qu'il pourra disposer des bancs des procureurs et praticiens dans la grande salle du Palais, le tout ainsi que faisait feu Florimond Robertet et ses autres prédécesseurs. Paris, 14 février 1532. — 14 février.

Arch. nat., Acquits sur l'épargne, J. 960[c], fol. 23 v°. (*Mention.*)

5387. Don pour la présente année 1533 à M. de Longueville du droit de gabelle appartenant au roi sur les greniers à sel de Châteaudun et de Montbard en Bourgogne, ainsi que les amendes, confiscations et forfaitures qui y seront prononcées durant ledit temps. Paris, 14 février 1532. — 14 février.

Arch. nat., Acquits sur l'épargne, J. 960[c], fol. 24. (*Mention.*)

5388. Don au s[r] de Langey, gentilhomme de la chambre, de l'aubaine advenue au roi par le décès de Louis de Canosse, évêque de Bayeux. Paris, 14 février 1532. — 14 février.

Arch. nat., Acquits sur l'épargne, J. 960[c], fol. 24. (*Mention.*)

5389. Don et remise à Blanche de Tournon, veuve du feu s[r] de Châtillon-sur-Loing, des droits et devoirs seigneuriaux dus au roi à cause de l'acquisition par elle faite dernièrement de la — 14 février.

moitié du comté de Roussillon. Paris, 14 février 1532. 1533.

Arch. nat., Acquits sur l'épargne, J. 960[c], fol. 24. (*Mention.*)

5390. Confirmation du don fait par feu la duchesse d'Angoulême de tous les deniers provenant des mortailles-successions de tout le duché de Bourbonnais, sauf la terre et seigneurie de Murat, pour les employer à terminer l'église de Moulins, et ce jusqu'à son entier achèvement. Paris, 14 février 1532. 14 février.

Arch. nat., Acquits sur l'épargne, J. 960[c], fol. 24. (*Mention.*)

5391. Lettres portant rabais en faveur de Thibaut Guillart, naguère fermier du huitième du vin vendu en détail en la ville de Chartres pour l'année finie le 30 septembre 1532, de la somme de 400 livres tournois sur le prix total de ladite ferme. Paris, 14 février 1532. 14 février.

Arch. nat., Acquits sur l'épargne, J. 960[c], fol. 24. (*Mention.*)

5392. Confirmation du don fait par la feue duchesse d'Angoulême à Jean Chapelain, médecin ordinaire du roi, de tous les dépens, dommages et intérêts adjugés à feu Mme Anne de France, comtesse de Clermont, contre Artus de Brueil, s[r] de Gicourt. Paris, 14 février 1532. 14 février.

Arch. nat., Acquits sur l'épargne, J. 960[c], fol. 24. (*Mention.*)

5393. Assignation au s[r] de Candale d'une somme de 1,200 livres tournois pour sa pension de gentilhomme de la chambre pendant l'année précédente. Paris, 14 février 1532. 14 février.

Arch. nat., Acquits sur l'épargne, J. 960[c], fol. 24. (*Mention.*)

5394. Continuation en faveur des religieuses d'Isseure-lès-Moulins de la somme de 360 livres tournois, à prendre chaque année sur le grenier à sel de Moulins, ainsi qu'elles faisaient du vivant de la duchesse d'Angoulême, et de 14 février.

45 livres pour la pension de trois demoiselles mises religieuses audit couvent par ladite feue dame. Paris, 14 février 1532. 1533.

Arch. nat., Acquits sur l'épargne, J. 960[c], fol. 24 v°. (*Mention.*)

5395. Provisions données, à la requête de M. le Grand Maître, en faveur d'Étienne Du Moys, de l'office de contrôleur et garde des archives, actes et écritures du palais de Montpellier, vacant par le décès de Pierre Roberty. Paris, 14 février 1532. 14 février.

Arch. nat., Acquits sur l'épargne, J. 960[c], fol. 24 v°. (*Mention.*)

5396. Don aux religieux de Gien de la somme de 200 livres en aumône pour cette fois seulement, au lieu de la pension qu'ils avaient de feu la duchesse d'Angoulême. Paris, 14 février 1532. 14 février.

Arch. nat., Acquits sur l'épargne, J. 960[c], fol. 24 v°. (*Mention.*)

5397. Mandement au trésorier de l'épargne de payer à Nicolas de Troyes, argentier du roi, 228 livres tournois pour l'achat de 12 aunes de velours cramoisi que le roi a données à Beatrix Pascheco, demoiselle espagnole, comme présent qu'il a l'habitude de faire aux reines de la fève, la veille des Rois. Paris, 14 février 1532. 14 février.

Arch. nat., Acquits sur l'épargne, J. 960[c], fol. 24 v°. (*Mention.*)
Bibl. nat., ms. fr. 15628, n° 576. (*Mention.*)

5398. Mandement au trésorier de l'épargne de payer à Georges de Colins, archer de la garde du corps du roi commandée par M. de Nançay, et concierge du Louvre, 200 livres tournois pour avoir gardé l'argent déposé dans les coffres du Louvre pendant quatre ans et soixante-dix-huit jours, depuis l'année 1529. Paris, 14 février 1532. 14 février.

Arch. nat., Acquits sur l'épargne, J. 960[c], fol. 24 v°. (*Mention.*)
Bibl. nat., ms. fr. 15628, n° 462. (*Mention.*)

IMPRIMERIE NATIONALE.

5399. Mandement au trésorier de l'épargne de payer à Pierre Rousseau, receveur et payeur de la chambre aux deniers du dauphin, des ducs d'Orléans et d'Angoulême, 2,000 livres tournois pour les frais du festin que le dauphin doit faire le dimanche 24 courant. Paris, 14 février 1532. — 1533. 14 février.

Bibl. nat., ms. fr. 15628, n° 370. (*Mention.*)

5400. Mandement au trésorier de l'épargne de payer à Jacques Bernard, maître de la chambre aux deniers du roi, 2,000 livres tournois pour les provisions de viandes et autres dépenses du festin qui va avoir lieu au Louvre. Paris, 14 février 1532. — 14 février.

Bibl. nat., ms. fr. 15628, n° 424. (*Mention.*)

5401. Mandement à la Chambre des Comptes de Paris d'allouer aux comptes de Guillaume Prudhomme 1,069 livres 2 sous 6 deniers tournois, soit 844 livres 2 sous 6 deniers payés à Jean Breton, s[r] de Villandry, pour une chaîne d'or que le roi a donnée à Adam de Danglein, sujet allemand, et 225 livres dont il lui a fait cadeau en même temps que de la chaîne. Paris, 15 février 1532. — 15 février.

Bibl. nat., ms. fr. 15628, n° 440. (*Mention.*)

5402. Mandement au trésorier de l'épargne de rembourser à [Gilles de Luxembourg], évêque de Châlons, 1,000 livres tournois qu'il avait prêtées au roi. Paris, 15 février 1532. — 15 février.

Bibl. nat., ms. fr. 15628, n° 472. (*Mention.*)

5403. Mandement au trésorier de l'épargne de rembourser à l'évêque de Châlons 500 livres tournois qu'il avait prêtées au roi. Paris, 15 février 1532. — 15 février.

Bibl. nat., ms. fr. 15628, n° 500. (*Mention.*)

5404. Lettres de décharge pour le trésorier de l'épargne de 2,000 livres tournois qu'il a remises comptant au roi. Paris, 17 février 1532. — 17 février.

Bibl. nat., ms. fr. 15628, n° 437. (*Mention.*)

5405. Mandement à Jean Laguette de payer au capitaine Jean-Francisque Corbette, gentilhomme napolitain, la somme de 200 livres à lui due pour le second semestre de sa pension de l'année 1532. Paris, 18 février 1532. | 1533. 18 février.

Original. Bibl. nat., ms. fr. 25721, n° 393.
Arch. nat., *Acquits sur l'épargne*, J. 960[c], fol. 38 v°. (*Mention.*)

5406. Don à Louis Bresseau, capitaine des archers et gardes des forêts d'Amboise et de Montrichard, de la somme de 100 écus soleil qui lui avait été baillée l'an 1522 par feu Nicolas Sergat, s[r] d'Herbault, et Antoine de Troyes, pour son droit de 12 deniers par livre sur la vente de bois qui fut par eux faite, de l'ordonnance du roi, dans les Hayes d'Amboise, pour la somme de 4,326 livres tournois, droit que ses prédécesseurs et lui avaient coutume de prélever sur les ventes, mais que cependant le grand maître des Eaux et forêts avait supprimé en faisant la réformation des forêts, avec interdiction audit Bresseau de le lever à l'avenir. Paris, 18 février 1532. | 18 février.

Arch. nat., *Acquits sur l'épargne*, J. 960[c], fol. 25. (*Mention.*)

5407. Don au s[r] de Piton de la somme de 800 écus à prendre sur les deniers de la vente ou composition d'un office de commissaire au Châtelet de Paris, vacant par la mort de Guillaume de Varennes. Paris, 18 février 1532. | 18 février.

Arch. nat., *Acquits sur l'épargne*, J. 960[c], fol. 25. (*Mention.*)

5408. Don à Guy Kenel, s[r] de Boran, gentilhomme de la maison du roi, de la garde noble de Charles Kenel, son neveu, fils mineur de feu Nicolas Kenel, s[r] de Méré, frère dudit Guy. Paris, 18 février 1532. | 18 février.

Arch. nat., *Acquits sur l'épargne*, J. 960[c], fol. 25. (*Mention.*)

5409. Lettres accordant à Louis Fallard, fermier pour l'année finie le 30 septembre 1532 du hui- | 18 février.

tième et du vingtième de la paroisse Saint-Gilles et du vingtième de la paroisse Saint-Pierre-d'Étampes, une réduction de 89 livres 12 sous 6 deniers sur le prix de sa ferme. Paris, 18 février 1532. 1533.

Arch. nat., Acquits sur l'épargne, J. 960^c, fol. 25. (*Mention.*)

5410. Don et remise à Pierre Dauvet, maître des requêtes de l'hôtel, s^r de Marcilly en Brie, de tous les droits de lods et ventes, quints et requints et autres devoirs seigneuriaux qu'il devait au roi pour les diverses acquisitions par lui faites successivement de plusieurs portions de ladite terre et seigneurie de Marcilly, tenue et mouvant du roi en foi et hommage à cause de son château de Provins. Paris, 18 février 1532. 18 février.

Arch. nat., Acquits sur l'épargne, J. 960^c, fol. 25 v°. (*Mention.*)

5411. Validation des payements faits par Pierre Rousseau pour l'argenterie, les aumônes, dons, voyages, menus plaisirs et autres dépenses de Messieurs les dauphin et ducs d'Orléans et d'Angoulême, du commandement des s^rs de Humières, de Saint-André et de Brissac, pour le second semestre de 1532, lesdits payements s'élevant à la somme de 13,399 livres 15 sous tournois. Paris, 18 février 1532. 18 février.

Arch. nat., Acquits sur l'épargne, J. 960^c, fol. 25 v°. (*Mention.*)

5412. Déclaration portant que, nonobstant l'édit de réunion des domaines aliénés, Jean Desgretz, valet de chambre du roi, et sa femme jouiront, leur vie durant, d'une rente annuelle de 140 livres tournois sur une place vague, sise à Paris près la boucherie de Beauvais, en payant seulement, chaque année, à la recette ordinaire de Paris une somme de 60 livres. Paris, 18 février 1532. 18 février.

Arch. nat., Acquits sur l'épargne, J. 960^c, fol. 25 v°. (*Mention.*)

5413. Don au s[r] de Mortemart de 400 écus soleil sur les deniers provenant de la vente ou composition d'un office de notaire au Châtelet de Paris, vacant par la mort de Jean Giraut. Paris, 18 février 1532. — 1533. 18 février.

Arch. nat., Acquits sur l'épargne, J. 960[c], fol. 26. (*Mention.*)

5414. Don à Jean Le Roy, sommelier de Mesdames, de 75 livres à prendre sur une amende prononcée contre Christophe de Valois par sentence des Grands jours de Poitiers. Paris, 18 février 1532. — 18 février.

Arch. nat., Acquits sur l'épargne, J. 960[c], fol. 26. (*Mention.*)

5415. Mandement à Jean Laguette de payer sur les deniers des parties casuelles à Thomas Le Pessu et François Léveillard, clercs des secrétaires du roi Dorne et Bayard, la somme de 200 livres tournois à eux taxée pour les commissions des aides et tailles des généralités de Guyenne, Languedoc et Outre-Seine de l'année 1531, et autres expéditions qu'ils ont faites pour le service du roi. Paris, 18 février 1532. — 18 février.

Arch. nat., Acquits sur l'épargne, J. 960[c], fol. 26. (*Mention.*)

5416. Don à la comtesse de Nevers de 150 livres réservées au roi par la Chambre des Comptes, suivant l'ordonnance, en vérifiant la remise ci-devant faite à ladite dame de cinq amendes prononcées contre elle. Paris, 18 février 1532. — 18 février.

Arch. nat., Acquits sur l'épargne, J. 960[c], fol. 26. (*Mention.*)

5417. Don et remise à la comtesse de Nevers d'une nouvelle amende prononcée contre elle par arrêt du Parlement de Paris, pour certain procès mal jugé par ses officiers de Nivernais. Paris, 18 février 1532. — 18 février.

Arch. nat., Acquits sur l'épargne, J. 960[c], fol. 26. (*Mention.*)

5418. Don au capitaine Bossu de 600 livres tournois, — 18 février.

en récompense des services rendus au roi dans un voyage qu'il a fait dernièrement par son ordre en Danemark, ladite somme à prendre sur les finances ordinaires ou extraordinaires, suivant l'avis de M. le Légat. Paris, 18 février 1532. 1533.

Arch. nat., Acquits sur l'épargne, J. 960[c], fol. 26 v°. (*Mention.*)

5419. Lettres ordonnant que le général Bayard sera payé de ses gages de notaire et secrétaire du roi, qui lui sont dus pour l'année 1532 entière, sur les finances ordinaires ou extraordinaires, suivant que M. le Légat l'avisera pour le mieux. Paris, 18 février 1532. 18 février.

Arch. nat., Acquits sur l'épargne, J. 960[c], fol. 26 v°. (*Mention.*)

5420. Lettres ordonnant à Jean Teste, conseiller du roi et maître des comptes, naguère receveur ordinaire de Paris, de bailler à Jean Laguette la somme de 300 livres tournois qu'il avait employée en ses comptes de ladite recette pour trois années de sa pension et qui lui avait été rayée pour plusieurs motifs. Paris, 18 février 1532. 18 février.

Arch. nat., Acquits sur l'épargne, J. 960[c], fol. 38 v°. (*Mention.*)

5421. Mandement au trésorier de l'épargne de payer à Jean d'Escoubleau, s[r] de Sourdis, maître de la garde-robe du roi, 200 écus d'or soleil à lui redus des 400 écus dont Sa Majesté lui a fait don, au mois de juin précédent, en récompense de ses services. Paris, 18 février 1532. 18 février.

Arch. nat., Acquits sur l'épargne, J. 960[c], fol. 38 v°. (*Mention.*)

5422. Mandement au trésorier de l'épargne de payer à Noël Ramard, médecin du roi, 200 livres pour sa pension pendant le second semestre de l'année 1532. Paris, 18 février 1532. 18 février.

Arch. nat., Acquits sur l'épargne, J. 960[c], fol. 39. (*Mention.*)

5423. Mandement au trésorier de l'épargne de payer à Claude Giroust, sergent à cheval au Châtelet de Paris, pour avoir amené prisonnier Hugues de Malras, receveur général de Guyenne, d'Aurillac à Paris, la somme de 62 livres, savoir : 50 livres pour quarante journées de vacations et 12 livres pour dépenses faites en route. Paris, 18 février 1532. — 1533. 18 février.

Arch. nat., Acquits sur l'épargne, J. 960[c], fol. 39. (*Mention.*)

5424. Mandement au trésorier de l'épargne de payer 37 livres 10 sous à un chevaucheur pour un voyage qu'il va faire de Paris à Toulouse, où il doit porter au Parlement de Languedoc des lettres patentes et missives du roi. Paris, 18 février 1532. — 18 février.

Arch. nat., Acquits sur l'épargne, J. 960[c], fol. 39. (*Mention.*)

5425. Mandement au trésorier Jean Laguette de payer à Marguerite Chasteigner, dame de Réaumur, la somme de 150 écus d'or dont le roi lui a fait don à Fontainebleau, au mois de juin 1531, sur les deniers de l'office d'huissier des requêtes de l'hôtel, vacant alors par le décès de Pierre Bonnat. Paris, 18 février 1532. — 18 février.

Arch. nat., Acquits sur l'épargne, J. 960[c], fol. 39. (*Mention.*)

5426. Mandement à Jean Laguette de payer à Jean Mathée Rocq (Matteo Rocca), secrétaire du marquis de Gouast (del Guasto), la somme de 200 écus d'or dont le roi lui a fait don en juillet précédent à Châteaubriant. Paris, 18 février 1532. — 18 février.

Arch. nat., Acquits sur l'épargne, J. 960[c], fol. 39. (*Mention.*)

5427. Mandement à Jean Laguette de payer à Nicolas Plateau, natif de Tournay, 100 écus dont le roi lui a fait don en juillet précédent. Paris, 18 février 1532. — 18 février.

Arch. nat., Acquits sur l'épargne, J. 960[c], fol. 39 v°. (*Mention.*)

5428. Mandement à Jean Laguette de payer à Étienne de Lagarde, archer de la garde du roi, 24 livres tournois pour vacations aux environs de Coutances, où il fut envoyé prendre au corps Pierre de Lamprout, écuyer, s^r de La Mare. Paris, 18 février 1532. 1533. 18 février.

Arch. nat., Acquits sur l'épargne, J. 960^c, fol. 39 v°. (*Mention.*)

5429. Don à Stefano Colonna de 1,000 écus soleil à prendre sur les deniers provenant de l'office de secrétaire du roi résigné par feu Jean Boudet en faveur de Jacques Bochetel. Paris, 18 février 1532. 18 février.

Arch. nat., Acquits sur l'épargne, J. 960^c, fol. 39 v°. (*Mention.*)

5430. Mandement à Jean Laguette de payer à Robert de La Marthonie, s^r de Bonnes, la somme de 416 livres tournois, complément de 816 livres qui lui étaient dues pour avoir vaqué, du 11 mars au 30 septembre dernier, à la sollicitation de plusieurs affaires du roi. Paris, 18 février 1532. 18 février.

Arch. nat., Acquits sur l'épargne, J. 960^c, fol. 39 v°. (*Mention.*)

5431. Mandement au trésorier Laguette de payer à Jean Nadal, Jean Grec, Gaspard de Venise et Demitri, fauconniers grecs, la somme de 97 écus soleil pour sacres et sacrets qu'ils ont fournis au roi. Paris, 18 février 1532. 18 février.

Arch. nat., Acquits sur l'épargne, J. 960^c, fol. 39 v°. (*Mention.*)

5432. Lettres de décharge pour Jean Laguette de 50 livres tournois qu'il a payées au mois d'août précédent à Nantes, à Jean Duthiere, receveur des aides à Sens, et à Hector de Nançay, clerc de M. de Villandry, secrétaire des finances du roi, pour diverses écritures et expéditions. Paris, 18 février 1532. 18 février.

Arch. nat., Acquits sur l'épargne, J. 960^c, fol. 39 v°. (*Mention.*)

5433. Mandement au trésorier de l'épargne de payer à Baptiste de Latuat, marchand milanais, 2,700 livres tournois pour des bagues et autres joyaux que le roi lui a achetés. Paris, 18 février 1532. — 1533. 18 février.

Bibl. nat., ms. fr. 15628, n° 464. (*Mention.*)
Arch. nat., *Acquits sur l'épargne*, J. 960[6], fol. 32. (*Mention.*)

5434. Mandement au trésorier de l'épargne de payer à Philibert Babou, trésorier de France et secrétaire des finances, 1,000 livres tournois pour sa pension de l'année précédente. Paris, 18 février 1532. — 18 février.

Bibl. nat., ms. fr. 15628, n° 496. (*Mention.*)

5435. Mandement au trésorier de l'épargne de payer à Jean de Vimont, trésorier de la marine, 10,000 livres tournois pour l'armement de quelques vaisseaux que le roi veut envoyer aux pays barbaresques. Paris, 18 février 1532. — 18 février.

Bibl. nat., ms. fr. 15628, n° 461. (*Mention.*)

5436. Mandement au trésorier de l'épargne de payer aux capitaines et gardes de la forêt de Saint-Germain-en-Laye 480 livres tournois, soit 120 livres à Pierre de Ruthie, capitaine, et à Pierre d'Aymar, Jean d'Arsuquin, Jean de Cailly, Jacques du Moustier, Michelet Legrand et Pierre Lescot, gardes, 60 livres tournois à chacun, pour leurs gages de l'année 1532. Paris, 18 février 1532. — 18 février.

Bibl. nat., ms. fr. 15628, n° 550. (*Mention.*)

5437. Mandement au trésorier de l'épargne de payer 1,140 livres tournois au capitaine et aux gardes de la forêt de Bière pour leurs gages pendant l'année 1532. Paris, 18 février 1532. — 18 février.

Bibl. nat., ms. fr. 15628, n° 556. (*Mention.*)

5438. Mandement au trésorier de l'épargne de payer au capitaine et aux gardes de la forêt de Crécy-en-Brie 360 livres tournois pour leurs gages de l'année 1532. Paris, 18 février 1532. — 18 février.

Bibl. nat., ms. fr. 15628, n° 557. (*Mention.*)

IMPRIMERIE NATIONALE.

5439. Mandement au trésorier de l'épargne de payer 340 livres tournois au capitaine et aux gardes des forêts de Livry et de Bondy pour leurs gages de l'année 1532. Paris, 18 février 1532. — 1533. 18 février.

Bibl. nat., ms. fr. 15628, n° 567. (*Mention.*)

5440. Mandement au trésorier de l'épargne de payer à Gilbert Bayard, notaire et secrétaire du roi, du nombre des secrétaires des finances, 149 livres 7 sous 6 deniers tournois pour ses gages de l'année 1532. Paris, 20 février 1532. — 20 février.

Bibl. nat., ms. fr. 15628, n° 417. (*Mention.*)

5441. Mandement au trésorier de l'épargne de bailler à Victor Barguin, trésorier de Mesdames, 1,751 livres 2 sous 6 deniers tournois pour le payement des draps de soie et des fourrures dont le roi leur a fait cadeau. Paris, 20 février 1532. — 20 février.

Bibl. nat., ms. fr. 15628, n° 448. (*Mention.*)

5442. Mandement au trésorier de l'épargne de payer aux gardes de la forêt de Chizé 360 livres tournois pour leurs gages de l'année 1532, soit 120 livres tournois à Louis de Lenseigne, capitaine, et 60 livres chacun à Lyonnet de Lavau, Jean Chauveau, dit Nicot, Benoît Chauveau et Antoine de Longechault, gardes. Paris, 20 février 1532[1]. — 20 février.

Bibl. nat., ms. fr. 15628, n° 485. (*Mention.*)
Arch. nat., *Acquits sur l'épargne*, J. 960°, fol. 29. (*Mention.*)

5443. Mandement au trésorier de l'épargne de payer à Nicolas de Troyes 1,136 livres 10 sous tournois pour plusieurs pièces de drap d'or et de soie, plumes, etc., destinées aux fêtes et au festin que le roi doit donner au Louvre à l'occasion du carnaval. Paris, 21 février 1532. — 21 février.

Bibl. nat., ms. fr. 15628, n° 446. (*Mention.*)

5444. Don à Jean de Tardes, gentilhomme de la vé- — 22 février.

[1] Le 22 février, suivant le rôle des *Acquits sur l'épargne*.

nerie, et à François Lamy, valet de chambre du roi, des biens de Jean de Villebeuf, fils aîné du feu bâtard de Charmargnes, dit du Monteil, et de Claude de Lalligier, confisqués au profit du roi par sentence du sénéchal d'Auvergne, à cause des crimes par eux commis de complicité avec ledit du Monteil, qui a été décapité. Paris, 22 février 1532. — 1533.

Arch. nat., Acquits sur l'épargne, J. 960e, fol. 26 v°. (*Mention.*)

5445. Don à Bastien Dupuy, garde des civettes d'Amboise, de la somme de 84 livres pour ses gages de l'année courante, et de 108 livres pour la nourriture et entretien de deux civettes pendant le même temps, lesquelles sommes lui seront désormais payées chaque année par le receveur ordinaire d'Amboise. Paris, 22 février 1532. — 22 février.

Arch. nat., Acquits sur l'épargne, J. 960e, fol. 26 v°. (*Mention.*)

5446. Mandement au receveur ordinaire d'Amboise de payer audit Bastien Dupuy 42 livres pour ses gages et 54 livres pour la nourriture des deux civettes pendant le second semestre de l'année précédente. Paris, 22 février 1532. — 22 février.

Arch. nat., Acquits sur l'épargne, J. 960e, fol. 27. (*Mention.*)

5447. Permission à Louis de Saint-Simon, s[r] de Rasse et du Plessier-Choisel (aujourd'hui Plessis-Chamant), de prendre son chauffage de bois mort et mort-bois en la forêt de Halatte, pour lui, sa famille, son train et ménage, tant pour ses maisons de Senlis que pour ledit lieu du Plessier, et aussi du bois pour bâtir. Paris, 22 février 1532. — 22 février.

Arch. nat., Acquits sur l'épargne, J. 960e, fol. 27. (*Mention.*)

5448. Don et aumône aux religieux de l'ordre de Saint-François de l'Observance du couvent de Champmaigre (*sic*) de 78 livres 10 sous et — 22 février.

de deux muids de blé à prendre sur le receveur ordinaire du Bourbonnais. Paris, 22 février 1532. 1533.

Arch. nat., Acquits sur l'épargne, J. 960e, fol. 27. (*Mention.*)

5449. Don à Marc de Vérone, l'un des cornets du roi, de 600 écus soleil à prendre sur les deniers de la vente d'un office de notaire au Châtelet d'Orléans, vacant par la mort d'Étienne Peigné. Paris, 22 février 1532. 22 février.

Arch. nat., Acquits sur l'épargne, J. 960e, fol. 27. (*Mention.*)

5450. Lettres portant qu'il sera baillé 600 écus à [Louis de] Lenseigne et à son compagnon pour l'entretien du vautrait. Paris, 22 février 1532. 22 février.

Arch. nat., Acquits sur l'épargne, J. 960e, fol. 27. (*Mention.*)

5451. Assignation au s[r] de Jarnac de 1,000 livres tournois, pour sa pension de l'année précédente, sur la vente des offices de receveur ordinaire du domaine des châtellenies de Cognac et de Merpins en Angoumois et de contrôleur du sel vendu à Cognac, vacants par la mort d'Hélie Richier. Paris, 22 février 1532. 22 février.

Arch. nat., Acquits sur l'épargne, J. 960e, fol. 27. (*Mention.*)

5452. Lettres ordonnant que la demoiselle de Falandres, femme de chambre de la reine, soit promptement payée sur les finances ordinaires ou extraordinaires, suivant que M. le Légat en décidera, d'une somme de 400 livres tournois dont le roi a fait don à ladite demoiselle à l'occasion de son mariage. Paris, 22 février 1532. 22 février.

Arch. nat., Acquits sur l'épargne, J. 960e, fol. 27. (*Mention.*)

5453. Commission à Charles de La Bretonnière, l'un des gentilshommes de la vénerie du roi, de faire tracer une route de la largeur de 40 pieds dans la forêt de Rets entre les champs de Vil- 22 février.

lers-Cotterets et ceux d'Auleu (Huleu?), auj. le Plessier-Huleu), avec don du bois qui devra être abattu, pour l'indemniser des frais que ladite route et son entretien lui coûteront. Paris, 22 février 1532. 1533.

Arch. nat., Acquits sur l'épargne, J. 960e, fol. 27 v°. (*Mention.*)

5454. Lettres portant commission et pouvoir au s[r] de Warty, grand maître des Eaux et forêts, de taxer les gages des présidents et conseillers du Parlement de Rouen, de deux de ses lieutenants et des autres officiers qui ont vaqué et vaquent à la réformation des forêts de Normandie. Paris, 22 février 1532. 22 février.

Arch. nat., Acquits sur l'épargne, J. 960e, fol. 27 v°. (*Mention.*)

5455. Lettres ordonnant de payer à Jean Grandremy, Laurent Valin, Nicolas Doriot et Hubert Triquot, pour les travaux de charpenterie qu'ils ont faits au tournoi donné à l'entrée de la reine à Paris, un supplément de 170 livres 15 sous sur les aides, dons et octrois de ladite ville. Paris, 22 février 1532. 22 février.

Arch. nat., Acquits sur l'épargne, J. 960e, fol. 27 v°. (*Mention.*)

5456. Don et remise à François de Hangest l'aîné, fils de feu Adrien de Hangest, s[r] de Genlis, des droits seigneuriaux dus au roi à cause de la donation faite par ledit feu s[r] de Genlis à Françoise Du Mas, sa femme, puis par celle-ci dans son testament à son fils aîné, des terres de Genlis et de Lataule tenues du roi à cause de Chauny, Montdidier et Clermont-en-Beauvaisis, et mainlevée desdites terres qui pourraient avoir été saisies par les officiers du roi. Paris, 22 février 1532. 22 février.

Arch. nat., Acquits sur l'épargne, J. 960e, fol. 28. (*Mention.*)

5457. Assignation sur le revenu des biens, terres et possessions du feu s[r] de Semblançay, d'une somme de 1,500 livres tournois dont le roi 22 février.

a fait don à [Pierre Lizet], premier président du Parlement de Paris, outre ses autres gages, dons et pensions, pour le récompenser d'avoir siégé durant trois ans (1er janvier 1530 n. s.-31 décembre 1532) par ordonnance de Sa Majesté, pour le fait des finances en la Tour carrée. Paris, 22 février 1532. 1533.

Arch. nat., Acquits sur l'épargne, J. 960c, fol. 28. (*Mention.*)

5458. Mandement pour faire payer à Galyot Mandat, secrétaire du roi et de la reine de Navarre, troisième élu sur le fait des tailles et équivalent au comté de la Marche, ses gages, chevauchées et droits appartenant audit office, depuis la date de ses provisions jusqu'au jour de la résignation qu'il en a faite avec le consentement du roi. Paris, 22 février 1532. 22 février.

Arch. nat., Acquits sur l'épargne, J. 960c, fol. 28. (*Mention.*)

5459. Don au sr de Beaumont-Brizay et à Avoye de Chabannes, sa femme, leur vie durant, des revenus et profits de la châtellenie de Courtenay et des terres et seigneuries qui en dépendent, payables par les mains du receveur ordinaire de Sens chaque année, et ce à dater du jour où ladite châtellenie, dont jouissait le comte de Dammartin, a été réunie au domaine de la couronne. Paris, 22 février 1532. 22 février.

Arch. nat., Acquits sur l'épargne, J. 960c, fol. 28 v°. (*Mention.*)

5460. Don à Hubert Despalt [1], valet de chambre ordinaire du roi, de 100 écus soleil, outre ses gages et les autres libéralités qu'il a reçues du roi, ladite somme devant être assignée par M. le Légat sur les finances ordinaires ou extraordinaires. Paris, 22 février 1532. 22 février.

Arch. nat., Acquits sur l'épargne, J. 960c, fol. 28 v°. (*Mention.*)

[1] Il est nommé *Hubert Spaltet* sur un état des officiers de la maison de François Ier de l'an 1525. (*Arch. nat.*, J. 964.)

5461. Mandement au trésorier de l'épargne de payer à Robert de Villy, président au Parlement de Rouen, 188 livres 10 sous pour un voyage qu'il a fait de Rouen à Paris pour l'affaire du comte d'Eu. Paris, 22 février 1532[1]. 1533. 22 février.

Arch. nat., Acquits sur l'épargne, J. 960[c], fol. 29 v°. (*Mention.*)
Bibl. nat., ms. fr. 15628, n° 449. (*Mention.*)

5462. Mandement au trésorier de l'épargne de payer à Pierre Rousseau, trésorier de l'argenterie du dauphin, des ducs d'Orléans et d'Angoulême, 3,309 livres 7 sous pour le payement des habillements qu'on fait faire à Messeigneurs en vue du tournoi qui aura lieu à Paris. Paris, 22 février 1532. 22 février.

Bibl. nat., ms. fr. 15628, n° 418. (*Mention.*)
Arch. nat., Acquits sur l'épargne, J. 960[c], fol. 29. (*Mention.*)

5463. Mandement au trésorier de l'épargne de payer à Antoine Juge 3,589 livres 10 sous tournois pour achever de payer ce qui reste dû à plusieurs personnes sur des fournitures de draps d'or et d'argent, de soie, des boutons et fers d'or, etc., achetés à l'occasion de la visite du roi d'Angleterre. Paris, 22 février 1532. 22 février.

Bibl. nat., ms. fr. 15628, n° 432. (*Mention.*)
Arch. nat., Acquits sur l'épargne, J. 960[c], fol. 29. (*Mention.*)

5464. Mandement au trésorier de l'épargne de payer à Nicolas de Troyes 3,133 livres, destinées à l'achat de soie, draps d'argent et broderies pour les habillements que le roi veut se faire faire en vue du tournoi qui va avoir lieu à Paris. Paris, 22 février 1532. 22 février.

Bibl. nat., ms. fr. 15628, n° 416. (*Mention.*)
Arch. nat., Acquits sur l'épargne, J. 960[c], fol. 29. (*Mention.*)

5465. Mandement au trésorier de l'épargne de payer à Nicolas de Troyes 693 livres 7 sous 6 deniers 22 février.

[1] Le 20 février, suivant le ms. fr. 15628.

tournois pour quatre habillements de masques écarlate et violet que le roi a commandés en vue des fêtes du carnaval. Paris, 22 février 1532. 1533.

Bibl. nat., ms. fr. 15628, n° 445. (*Mention.*)

5466. Mandement au trésorier de l'épargne de payer à Pierre Duval, trésorier des menus plaisirs du roi, 2,000 livres tournois pour employer au fait de son office pendant le mois de février courant. Paris, 22 février 1532. 22 février.

Semblable mandement, de même date, pour le mois de mars.

Bibl. nat., ms. fr. 15629, n°s 2 et 3. (*Mentions.*)
Arch. nat., Acquits sur l'épargne, J. 960c, fol. 29 v°. (*Mention.*)

5467. Mandement au trésorier de l'épargne de payer à Étienne Martineau, receveur et payeur des dépenses extraordinaires de l'artillerie, 20,000 livres tournois pour acheter du cuivre destiné à la fonte d'armes à feu. Paris, 22 février 1532. 22 février.

Bibl. nat., ms. fr. 15628, n° 471. (*Mention.*)
Arch. nat., Acquits sur l'épargne, J. 960c, fol. 29 v°. (*Mention.*)

5468. Lettres portant que désormais le comte de Pontresina sera payé sur les deniers portés au Trésor du Louvre, provenant de la trésorerie et recette générale de Dauphiné, et spécialement sur le revenu des greffe et sceau de Saint-Marcelin, de sa pension annuelle de 2,000 livres tournois que le roi lui a accordée durant neuf années, pour le temps qui reste à courir. Paris, 23 février 1532. 23 février.

Arch. nat., Acquits sur l'épargne, J. 960c, fol. 31 v°. (*Mention.*)

5469. Don à François de Hangest, fils du feu sr de Genlis et capitaine du Louvre, d'une somme de 1,100 livres tournois par an, outre ses gages ordinaires qui sont de 100 livres tournois, à prendre sur la recette ordinaire de Paris, en dédommagement de la capitainerie et bailliage d'Évreux que le roi lui a enlevés pour les donner 23 février.

au s[r] d'Annebaut, et jusqu'à ce que ledit de Hangest soit pourvu d'un autre office d'égale valeur. Paris, 23 février 1532. 1533.

Arch. nat., Acquits sur l'épargne, J. 960[c], fol. 32. (*Mention.*)

5470. Mandement au trésorier de l'épargne de bailler à Nicolas de Troyes, argentier du roi, 1,810 livres 2 sous 6 deniers tournois pour le payement de plusieurs pièces de drap qui serviront au roi pour les fêtes du carnaval. Paris, 24 février 1532. 24 février.

Bibl. nat., ms. fr. 15628, n° 444. (*Mention.*)

5471. Mandement portant que les 50 livres de gages attribuées à l'office de contrôleur du domaine de Forez, dont est pourvu François Jorrel, seront payées par le trésorier de Forez. Paris, 25 février 1532. 25 février.

Enreg. à la Chambre des Comptes de Paris, le 19 mars suivant, anc. mém. GG, fol. 61. *Arch. nat.*, K. 1377, papiers de Fontanieu. (*Mention.*)

5472. Mandement au trésorier de l'épargne de payer pendant trois ans à Marguerite d'Ailly, dame de Thiembronne, 600 livres tournois pour trois années de sa pension qu'elle prenait auparavant sur la recette générale de Picardie. Paris, 25 février 1532[1]. 25 février.

Arch. nat., Acquits sur l'épargne, J. 960[c], fol. 30 v°. (*Mention.*)
Bibl. nat., ms. fr. 15629, n° 87. (*Mention.*)

5473. Lettres ordonnant que le s[r] de Saint-Bonnet, envoyé présentement en Provence pour l'inspection des capitaines et du matériel des galères qui se trouvent dans les ports de ce pays, recevra 4 livres tournois par jour durant son voyage et sera payé, en partant, de deux mois d'avance, soit 240 livres, sur les finances 25 février.

[1] Le manuscrit de la Bibliothèque nationale date cet acte du 28 février.

IMPRIMERIE NATIONALE.

extraordinaires et parties casuelles. Paris, 25 février 1532. 1533.

Arch. nat., Acquits sur l'épargne, J. 960[a], fol. 30. (*Mention.*)

5474. Mandement pour faire payer à Pierre Belot, ségrayer des bois de Bellepoule en Anjou, la même pension annuelle qu'à ses prédécesseurs, c'est-à-dire 23 livres 10 sous outre ses gages ordinaires. Paris, 25 février 1532. 25 février.

Arch. nat., Acquits sur l'épargne, J. 960[a], fol. 30 v°. (*Mention.*)

5475. Provisions de l'office d'avocat fiscal en la chambre du conseil et cour souveraine du pays de Dombes, en faveur de Claude Bellièvre. Paris, 27 février 1532. 27 février.

Copie du xvie siècle. Bibl. nat., ms. fr. 5124, fol. 57 v°.

5476. Exemption de la moitié des deniers communs demandés à la ville de Lyon pour les coffres du Louvre, et affectation de cet argent aux fortifications de la ville. Paris, 27 février 1532. 27 février.

Copies. Archives de la ville de Lyon, AA. 151, fol. 15, et série CC.

5477. Mandement au trésorier Laguette de rembourser à Maurice de Chefdebois, licencié ès lois, 300 écus soleil qu'il avait avancés pour la composition de l'office de procureur du roi en la sénéchaussée d'Hennebont, vacant par le décès de René de Lopriac, lequel office avait été donné auparavant à la requête de M. le Grand Maître. Paris, 27 février 1532. 27 février.

Arch. nat., Acquits sur l'épargne, J. 960[a], fol. 29 v°. (*Mention.*)

5478. Mandement au trésorier Laguette de payer 700 livres tournois à Pierre et à Jacques d'Ayen, en remboursement de cette somme que leur père, feu Pierre d'Ayen, avait mise entre les mains de feu Jacques Charmolue, alors chan- 27 février.

geur du Trésor, pour subvenir aux guerres du feu roi Louis XII. Paris, 27 février 1532. 1533.

Arch. nat., Acquits sur l'épargne, J. 960[c], fol. 29 v°. (*Mention.*)

5479. Don à frère Bernard Abraham, religieux de l'ordre de Saint-François, d'une pension annuelle de 44 livres tournois, «pour son entretenement à l'estude et avoir des habillemens», ainsi qu'il faisait du vivant de la duchesse d'Angoulême. Paris, 27 février 1532. 27 février.

Arch. nat., Acquits sur l'épargne, J. 960[c], fol. 30. (*Mention.*)

5480. Mandement au trésorier de l'épargne de délivrer au payeur des officiers du Parlement de Paris, une somme de 1,000 livres destinée aux épices des conseillers de la chambre des enquêtes créée pour juger les procès relatifs au domaine. Paris, 27 février 1532. 27 février.

Arch. nat., Acquits sur l'épargne, J. 960[c], fol. 30. (*Mention.*)

5481. Don à Pierre de Ruthie, gentilhomme de la chambre et lieutenant de la vénerie du roi, d'une somme de 3,000 livres tournois sur les amendes des Eaux et forêts, pour compléter celle de 6,000 livres qui lui avait été octroyée précédemment et que la Chambre des Comptes avait réduite de moitié, conformément à l'ordonnance. Paris, 27 février 1532. 27 février.

Arch. nat., Acquits sur l'épargne, J. 960[c], fol. 30. (*Mention.*)

5482. Don et remise à Mathieu Derris et à Angelin Diot, serviteurs du s[r] de Morette, d'une amende prononcée contre eux par arrêt du Parlement de Dauphiné. Paris, 27 février 1532. 27 février.

Arch. nat., Acquits sur l'épargne, J. 960[c], fol. 30. (*Mention.*)

5483. Mandement au trésorier de l'épargne de payer aux capitaines et aux gardes et sergents de la forêt de Brioudan (Bruadan), près Romo- 27 février.

rantin, 480 livres tournois pour leurs gages de l'année 1532. Paris, 27 février 1532. 1533.

Bibl. nat., ms. fr. 15628, n° 558. (*Mention.*)
Arch. nat., Acquits sur l'épargne, J. 960^{c}, fol. 33 v°. (*Mention.*)

5484. Mandement à Jean Laguette de payer à Marin de Montchenu la somme de 2,031 livres 15 sous tournois, reste de 3,155 livres à lui dues par le roi, sur les deniers provenant des offices et parties casuelles qui seront portés au trésor du Louvre, pour ses frais de diverses commissions dont il a été chargé pendant les cinq dernières années. Paris, 28 février 1532. 28 février.

Original. Bibl. nat., ms. fr. 25721, n° 394.
Arch. nat., Acquits sur l'épargne, J. 960^{c}, fol. 33. (*Mention.*)

5485. Déclaration portant que le comte de Genevois jouira des revenus du duché de Nemours et des châtellenies de Château-Landon, Nogent et Pont-sur-Seine comme avant la réunion du domaine, en vertu du don qui lui en fut fait lors de son mariage, nonobstant l'édit et l'arrêt de réunion prononcé par les commissaires royaux. Paris, 28 février 1532. 28 février.

Arch. nat., Acquits sur l'épargne, J. 960^{c}, fol. 31. (*Mention.*)

5486. Mandement pour faire payer au président Guillart 2,000 livres tournois sur les amendes adjugées au roi par le Parlement de Paris et par la cour des Grands jours dernièrement tenus à Poitiers, pour tout ce qui pouvait lui être redû jusqu'au 31 décembre précédent de sa pension de 500 livres tournois par an. Paris, 28 février 1532. 28 février.

Arch. nat., Acquits sur l'épargne, J. 960^{c}, fol. 31 v°. (*Mention.*)

5487. Don au s^{r} de Scepeaux de 1,500 livres parisis pour compléter les 3,000 que le roi lui avait octroyées précédemment sur une amende prononcée par arrêt du Parlement de Paris contre le s^{r} de La Bourgonnière, et que la Chambre 28 février.

des Comptes ne lui avait vérifiées que pour moitié, conformément à l'ordonnance. Paris, 28 février 1532. — 1533.

Arch. nat., Acquits sur l'épargne, J. 960[c], fol. 31 v°. (*Mention.*)

5488. Don à Valfenière, valet de chambre ordinaire du roi, en faveur de son mariage avec la demoiselle de Champaigne, d'une somme de 2,000 livres tournois sur les parties casuelles, et au besoin sur les 10,000 écus que le roi se réserve chaque mois sur lesdits fonds pour ses affaires. Paris, 28 février 1532. — 28 février.

Arch. nat., Acquits sur l'épargne, J. 960[c], fol. 31 v°. (*Mention.*)

5489. Mandement à la Chambre des Comptes de passer aux dépenses de Jean Laguette, naguère trésorier de l'extraordinaire des guerres, la somme de 6,000 livres tournois par lui baillée à Jean Godet, son successeur, en une cédule de pareille somme du s[r] de Montchenu, qui l'avait prise sur les deniers octroyés au roi par la noblesse de Dauphiné, somme assignée audit Laguette pour le fait des Suisses. Paris, 28 février 1532. — 28 février.

Arch. nat., Acquits sur l'épargne, J. 960[c], fol. 33. (*Mention.*)

5490. Renouvellement pour six années du don fait aux Cordeliers du couvent de Meung-sur-Loire de 15 livres tournois par an pour leur chauffage. Paris, 28 février 1532. — 28 février.

Arch. nat., Acquits sur l'épargne, J. 960[c], fol. 33. (*Mention.*)

5491. Lettres ordonnant au maître de la chambre aux deniers du roi 15,000 livres tournois, pour employer au fait de son office pendant le premier quartier de l'année 1533, sur lesquelles il a reçu de Jean Duval 2,000 livres, le surplus à prendre sur les deniers de la taille échue le 1er janvier précédent. Paris, 28 février 1532. — 28 février.

Arch. nat., Acquits sur l'épargne, J. 960[c], fol. 33 v°. *Mention.*)

5492. Lettres portant que les 30,000 écus soleil envoyés en Allemagne, déduction faite de 800 écus prélevés par le s[r] d'Izernay, et les 15,240 écus qui sont entre les mains du général Grimaldi seront employés au payement des pensions des Suisses. Paris, 28 février 1532. — 1533. 28 février.

Arch. nat., Acquits sur l'épargne, J. 960[c], fol. 33 v°. (*Mention.*)

5493. Mandement au trésorier de l'épargne de payer à Pierre de Warty, chevalier, grand maître enquêteur et réformateur des Eaux et forêts de France, 2,000 livres tournois sur ce qui lui reste dû pour ses gages de la moitié de l'année 1532. Paris, 28 février 1532 [1]. — 28 février.

Bibl. nat., ms. fr. 15628, n° 565. (*Mention.*)
Arch. nat., Acquits sur l'épargne, J. 960[c], fol. 30 v°. (*Mention.*)

5494. Mandement au trésorier de l'épargne de payer à Pierre Fauveau, ancien gentilhomme qui a servi le roi continuellement, 120 livres tournois en manière de pension pour l'année passée. Paris, 28 février 1532. — 28 février.

Bibl. nat., ms. fr. 15628, n° 466. (*Mention.*)
Arch. nat., Acquits sur l'épargne, J. 960[c], fol. 33. (*Mention.*)

5495. Mandement au trésorier de l'épargne de payer à Bénigne Serre, receveur général des finances, 102 livres tournois pour distribuer aux chevaucheurs de l'écurie du roi envoyés en Languedoc, Guyenne et Languedoil, auprès des commissaires chargés de la levée des deniers de ce présent trimestre. Paris, 28 février 1532. — 28 février.

Bibl. nat., ms. fr. 15628, n° 487. (*Mention.*)
Arch. nat., Acquits sur l'épargne, J. 960[c], fol. 33 v°. (*Mention.*)

5496. Mandement au trésorier de l'épargne de payer aux six gardes de la forêt de Coucy 360 livres — 28 février.

[1] Le rôle des *Acquits sur l'épargne* donne à cet acte la date du 25 février.

tournois, soit 60 livres à chacun, pour leurs gages de l'année 1532. Paris, 28 février 1532. 1533.

Bibl. nat., ms. fr. 15628, n° 488. (*Mention.*)

Arch. nat., Acquits sur l'épargne, J. 960^c, fol. 33 v°. (*Mention.*)

5497. Mandement au trésorier de l'épargne de payer au capitaine et aux gardes des forêts d'Amboise, Montrichard, Chaumontois, etc., 725 livres pour leurs gages de l'année 1532. Paris, 28 février 1532. 28 février.

Bibl. nat., ms. fr. 15628, n° 561. (*Mention.*)

Arch. nat., Acquits sur l'épargne, J. 960^c, fol. 33 v°. (*Mention.*)

5498. Mandement au trésorier de l'épargne de payer au capitaine et aux gardes des forêts de Rouvray, la Londe, Roumare, Mauny et Brotonne, près de Rouen, 480 livres tournois pour leurs gages de l'année 1532. Paris, 28 février 1532. 28 février.

Bibl. nat., ms. fr. 15628, n° 559. (*Mention.*)

Arch. nat., Acquits sur l'épargne, J. 960^c, fol. 33 v°. (*Mention.*)

5499. Mandement au trésorier de l'épargne de payer à Jean de Poncher, général des finances de Languedoc, Dauphiné et Provence, 4,140 livres tournois pour ses gages, droits et chevauchées de l'année 1532, soit 2,940 livres pour la charge de Languedoc et 1,200 livres pour la charge de Provence. Paris, 28 février 1532 [1]. 28 février.

Bibl. nat., ms. fr. 15628, n° 552. (*Mention.*)

Arch. nat., Acquits sur l'épargne, J. 960^c, fol. 28 v°. (*Mention.*)

5500. Déclaration portant règlement pour la juridiction de la forêt de Bière, dont le siège est fixé à Fontainebleau, et qui est attribuée au grand forestier de cette forêt, Alof de L'Hôpital, seigneur de Choisy. Paris, février 1532. Février.

Enreg. au Grand Conseil, le 20 mars 1533 n. s., et aux Eaux et forêts, le 16 juin 1533.

Arch. nat., Grand Conseil, V^5 1049. 2 pages.

Id., Eaux et forêts, Z. 4579 (*nunc* Z^{1e} 322), fol. 80 v°.

[1] Le 22 février, suivant le rôle des *Acquits sur l'épargne*.

5501. Rétablissement du marché hebdomadaire de Baugy (Berry) en faveur de Renée de Montberon, veuve de François de Barenson. Paris, février 1532. 1533. Février.

Enreg. à la Chancellerie de France. Arch. nat., Trésor des Chartes, JJ. 246, n° 151, fol. 75. 1 page.

5502. Confirmation de l'édit du mois de mars 1483, portant que les tailles et autres impositions seront levées en Languedoc par terroirs et juridictions, et non pas suivant les limites des diocèses. Paris, 1er mars 1532. 1er mars.

Enreg. à la Cour des Aides de Montpellier, le 31 mars 1533 n. s.

Imp. *Édits et ordonnances concernant l'autorité et la juridiction des Cours des Aides de France.* Montpellier, 1597, in-fol., p. 117.

Fontanon, *Les édits et ordonnances, etc.*, in-fol., Paris, 1611, t. II, p. 809.

J. Corbin, *Nouveau recueil d'édits des Cours des Aides.* Paris, 1623, in-4°, p. 253.

5503. Réunion au domaine des terres de Theys, la Pierre, Domène, Valbonnais, la Mure et Oisans, avec réserve des revenus de Charlotte d'Orléans, comtesse de Genève. Paris, 1er mars 1532. 1er mars.

Enreg. à la Chambre des Comptes de Grenoble. Arch. de l'Isère, B. 3188, pièce. 4 pages.

5504. Mandement au trésorier Jean Laguette de payer 240 livres tournois à Antoine de Proussat, sr de Saint-Bonnet, chargé d'aller en Provence tant pour y inspecter les galères et les gens de guerre que pour assister au payement des capitaines qui les commandent. Paris, 1er mars 1532. 1er mars.

Original. Bibl. nat., ms. fr. 25721, n° 395.

5505. Mandement au trésorier Jean Laguette de payer 200 écus d'or à Nicolas Plateau, de Tournay, en dédommagement d'un office huissier au Parlement de Dijon dont il avait été pourvu 1er mars.

et n'avait pu jouir, le Parlement l'ayant supprimé antérieurement. Paris, 1er mars 1532[1]. 1533.

Original. Bibl. nat., ms. fr. 25721, n° 396.
Arch. nat., *Acquits sur l'épargne*, J. 960c, fol. 31. (*Mention.*)

5506. Lettres de surannation pour l'enregistrement du don fait à Robert de La Marck, seigneur de Fleuranges, maréchal de France, le 14 novembre 1531 (n° 4292), des amendes et confiscations prononcées pour délits et malversations commis dans les forêts des châtellenies de Châtillon-sur-Marne et de Château-Thierry. Paris, 2 mars 1532. 2 mars.

Enreg. au siège de la Table de marbre (Eaux et forêts), le 15 septembre 1536. Arch. nat., Z. 4581 (*nunc* Z1e 324), fol. 48.

5507. Lettres de décharge au trésorier de l'épargne d'une somme de 2,600 livres tournois qu'il a remise directement au roi. Villemomble, 3 mars 1532. 3 mars.

Bibl. nat., ms. fr. 15628, n° 470. (*Mention.*)

5508. Mandement au trésorier de l'épargne de payer au roi de Navarre la somme de 10,000 livres, complément de sa pension de l'année précédente. Nantouillet, 4 mars 1532. 4 mars.

Arch. nat., *Acquits sur l'épargne*, J. 960c, fol. 36 v°. (*Mention.*)

5509. Mandement au trésorier de l'épargne de payer 1,000 livres sur les parties casuelles à Françoise d'Alençon, duchesse de Vendôme, en déduction de sa pension de l'année finie le 31 décembre précédent. Nantouillet, 4 mars 1532. 4 mars.

Original. Bibl. nat., *Pièces orig.*, Alençon, vol. 32, pièce 36.
Arch. nat., *Acquits sur l'épargne*, J. 960c, fol. 36 v°. (*Mention.*)

[1] Le rôle des *Acquits sur l'épargne* où figure ce mandement est daté du 28 février.

IMPRIMERIE NATIONALE.

5510. Mandement au trésorier de l'épargne de payer à l'amiral [Chabot], pour le voyage de Fez, 10,000 livres tournois sur les deniers du quartier d'octobre. Nantouillet, 4 mars 1532. — 1533. 4 mars.

Arch. nat., Acquits sur l'épargne, J. 960c, fol. 36 v°. (*Mention.*)

5511. Mandement au trésorier de l'épargne de payer à Zacharie Chapelain, receveur et payeur des réparations des villes et places fortes de Bourgogne, 10,000 livres tournois à employer au fait de sa commission, suivant les instructions de [Philippe Chabot], sr de Brion, amiral de France et gouverneur de Bourgogne. Nantouillet, 4 mars 1532. — 4 mars.

Bibl. nat., ms. fr. 15628, n° 443. (*Mention.*)
Arch. nat., Acquits sur l'épargne, J. 960c, fol. 36 v°. (*Mention.*)

5512. Mandement au trésorier de l'épargne de payer à Octavien Grimaldi, conseiller du roi et vice-président de la Chambre des Comptes, 1,125 livres tournois que le roi l'a chargé de remettre à Antoine de Rincon, chevalier et chambellan du roi, pour subvenir aux frais qu'il a dû faire dans les missions secrètes que le roi lui a confiées. Nantouillet, 4 mars 1532. — 4 mars.

Bibl. nat., ms. fr. 15628, n° 468. (*Mention.*)
Arch. nat., Acquits sur l'épargne, J. 960c, fol. 36 v°. (*Mention.*)

5513. Mandement au trésorier de l'épargne de payer à Lazare de Baïf, conseiller au Parlement de Paris, ambassadeur à Venise, 1,350 livres tournois pour les dépenses qu'il a faites dans l'exercice de sa charge. Nantouillet, 4 mars 1532. — 4 mars.

Bibl. nat., ms. fr. 15628, n° 493, et ms. Clairambault 1215, fol. 71. (*Mentions.*)
Arch. nat., Acquits sur l'épargne, J. 960c, fol. 36 v°. (*Mention.*)

5514. Mandement au trésorier de l'épargne de payer à Claude Dodieu, sr de Vély, maître des requêtes ordinaire de l'hôtel du roi et son ambassadeur auprès de l'empereur, 1,350 livres tournois — 4 mars.

pour les dépenses auxquelles il est obligé en suivant l'empereur. Nantouillet, 4 mars 1532. 1533.

Bibl. nat., ms. fr. 15628, n° 494, et ms. Clairambault 1215, fol. 71. (*Mentions.*)

Arch. nat., Acquits sur l'épargne, J. 960[2], fol. 36 v°. (*Mention.*)

5515. Ordonnance portant règlement pour la valeur et le cours des monnaies dans le royaume, prohibition des monnaies décriées et peines contre les transgresseurs. Nantouillet, 5 mars 1532. 5 mars.

Original sur parchemin dans les minutes d'ordonnances de la Cour des Monnaies. Arch. nat., Z^{1b} 536.

Enreg. au Châtelet de Paris, Bannières. Arch. nat., Y. 9, fol. 17. 3 pages.

Enreg. à la Cour des Monnaies. Arch. nat., Z^{1b} 62, fol. 228 v°. 3 pages.

Enreg. à la Chambre des Comptes de Grenoble. Arch. de l'Isère, B. 2832, fol. 158. 8 pages.

Copie. Archives de l'État à Gand (Belgique), coll. von Steenberghe, F, fol. 89.

IMP. Fontanon, *Les édits et ordonnances*, in-fol., Paris, 1611, t. II, p. 110.

5516. Mandement au trésorier de l'épargne de payer à Jehannot Bouteiller, sommelier ordinaire de l'échansonnerie du roi, 600 livres tournois pour défricher des terres près de Fontainebleau, destinées à être plantées de vignes étrangères. Nantouillet, 5 mars 1532. 5 mars.

Bibl. nat., ms. fr. 15628, n° 465. (*Mention.*)

5517. Mandement au trésorier de l'épargne de payer à Nicolas de Rustici, dit le Bossu, capitaine de lansquenets, 300 livres tournois sur les 600 qui lui sont dues pour les services qu'il a rendus au roi en Allemagne. Nantouillet, 5 mars 1532. 5 mars.

Bibl. nat., ms. fr. 15628, n° 486. (*Mention.*)

5518. Mandement au trésorier de l'épargne de payer au duc de Lorraine 44,575 livres tournois, complétant les 48,000 livres que le roi lui a données, moyennant quoi ledit duc a renoncé 5 mars.

à toute réclamation pour les arrérages de ses pensions. Nantouillet, 5 mars 1532. 1533.

Bibl. nat., ms. fr. 15628, n° 548. (*Mention.*)

5519. Mandement au trésorier de l'épargne de payer au duc de Lorraine 4,823 livres 17 sous 6 deniers tournois, complétant les 24,000 livres de sa pension de la présente année, dont pour le surplus, soit 19,176 livres 2 sous 6 deniers tournois, il a été appointé sur les deniers provenant des parties casuelles. Nantouillet, 5 mars 1532. 5 mars.

Bibl. nat., ms. fr. 15629, n° 497. (*Mention.*)

5520. Lettres autorisant Guillaume Prudhomme, trésorier de l'épargne, à recevoir du receveur général qu'il voudra 10,000 livres tournois pour employer au fait de son office, sans avoir besoin de faire figurer cette somme aux comptes du trésor du Louvre. Nantouillet, 5 mars 1533 (*corr.* 1532). 5 mars.

Bibl. nat., ms. fr. 15629, n° 717. (*Mention.*)

5521. Mandement au trésorier de l'épargne de payer à Bernardin Bouche, peintre du roi d'Angleterre, 400 livres tournois pour plusieurs tableaux et peintures dont il a fait présent au roi. Nantouillet, 5 mars 1532. 5 mars.

Bibl. nat., ms. fr. 15628, n° 499. (*Mention.*)
Arch. nat., *Acquits sur l'épargne*, J. 960[c], fol. 36. (*Mention.*)

5522. Mandement au trésorier de l'épargne de payer à Jacques Bernard, maître de la chambre aux deniers du roi, 13,000 livres tournois pour le premier quartier de la présente année, complétant les 15,000 livres que le roi lui a précédemment ordonnées et dont le surplus, 2,000 livres tournois, a été employé lors de l'entrevue des rois de France et d'Angleterre à Boulogne et à Calais. Nantouillet, 5 mars 1532. 5 mars.

Bibl. nat., ms. fr. 15629, n° 4. (*Mention.*)

5523. Lettres obtenues par Louise de Chasteigner pour 7 mars.

être mise en possession de l'abbaye de Saint-Jean de Bonneval, près Thouars, dont elle avait été pourvue par le pape. La Ferté-Milon, 7 mars 1532. 1533.

Original. Archives de la Vienne, fonds de Saint-Jean de Bonneval, liasse 1.

5524. Mandement aux trésoriers de France de faire payer par le receveur ordinaire d'Agenais à Jean Raffin, dit Poton, écuyer d'écurie du roi, capitaine de Marmande et de la Salvetat, ses gages et droits dudit office de capitaine depuis le 27 juillet 1530, date de ses provisions, jusqu'au jour présent, et désormais chaque année aux termes et en la manière accoutumés. Abbaye de Longpont, 9 mars 1532. 9 mars.

Arch. nat., Acquits sur l'épargne, J. 960[c], fol. 35 v°. (*Mention.*)

5525. Mandement au trésorier de l'épargne de payer à René de Gueulff (*sic*) la somme de 30 livres tournois par an pendant six ans sur la recette ordinaire d'Orléans, et principalement sur le revenu de la terre de Nesploy, qu'il prélevait régulièrement avant l'édit de réunion du domaine aliéné. Abbaye de Longpont, 9 mars 1532. 9 mars.

Arch. nat., Acquits sur l'épargne, J. 960[c], fol. 35 v°. (*Mention.*)

5526. Don à Pierre Poyet, avocat du roi à Angers, de la somme de 80 livres de pension annuelle à prendre sur la recette ordinaire d'Angers, à compter du 23 septembre 1531, date de ses provisions, nonobstant la dernière ordonnance financière. Longpont, 10 mars 1532. 10 mars.

Arch. nat., Acquits sur l'épargne, J. 960[c], fol. 34. (*Mention.*)

5527. Continuation aux Frères prêcheurs d'Angoulême d'une rente annuelle de 40 livres et de deux pipes de froment sur la recette ordinaire du lieu, pour une messe qu'ils célèbrent chaque 10 mars.

jour à l'intention du roi et de ses ancêtres. Longpont, 10 mars 1532. 1533.

Arch. nat., Acquits sur l'épargne, J. 960^{c}, fol. 34. (*Mention.*)

5528. Lettres portant bail fait par le roi à Claude d'Ancienville, commandeur d'Auxerre, et à Jacques d'Ancienville, son frère, échanson ordinaire du roi, de la nef appelée *la Grand Maîtresse* avec tout son équipage, sauf l'artillerie, et à condition que Sa Majesté pourra s'en servir quand il lui plaira en payant le nolis, moyennant quoi lesdits frères ont quitté le roi de tout ce qu'il leur pouvait devoir du temps passé pour l'entretien de ladite nef. Longpont, 10 mars 1532. 10 mars.

Arch. nat., Acquits sur l'épargne, J. 960^{c}, fol. 34. (*Mention.*)

5529. Permission à Claude et à Jacques d'Ancienville de prendre et faire couper dans les forêts de Provence, Dauphiné, Languedoc, Lyonnais, Forez et Beaujolais, «ès lieux moins dommageables», le bois nécessaire à la prompte construction de trois galères pour le service du roi, avec désignation spéciale des quantités et des qualités. Longpont, 10 mars 1532. 10 mars.

Arch. nat., Acquits sur l'épargne, J. 960^{c}, fol. 34. (*Mention.*)

5530. Permission semblable donnée à Jacques d'Ancienville seul pour la construction de deux autres galères. Longpont, 10 mars 1532. 10 mars.

Arch. nat., Acquits sur l'épargne, J. 960^{c}, fol. 34 v°. (*Mention.*)

5531. Lettres portant rabais, en faveur de Pierre Béguin, fermier du minage des blés et grains du comté d'Auxerre, de 600 bichets moitié froment, moitié avoine, sur le total de sa ferme montant à 2,355 bichets, pour une année commencée le 24 juin 1531. Longpont, 10 mars 1532. 10 mars.

Arch. nat., Acquits sur l'épargne, J. 960^{c}, fol. 34 v°. (*Mention.*)

5532. Lettres d'exemption pour cinq ans, en faveur des habitants des ville, faubourgs et châtellenie de la Roche-Pozay, d'une somme annuelle de 250 livres tournois sur leur part des tailles imposées ou à imposer, pendant ce temps, en l'élection de Loches, parce que pendant les treize mois précédents ils ont été «tellement affligez de peste que la plus grant part des chefz d'hostel sont trepassez et leurs biens meubles pillez par les bellistres qui les ensevelissoient». Longpont, 10 mars 1532. 1533. 10 mars.

Arch. nat., Acquits sur l'épargne, J. 960[c], fol. 34 v°. (*Mention.*)

5533. Don à Louis de Lasaigne (*aliàs* Lenseigne) et à Guillaume Des Prez, chargés du vautrait du roi, de 600 écus d'or soleil à prendre sur les deniers de la vente d'un office de notaire au Châtelet d'Orléans, vacant par le décès d'Étienne Pégny, et sur autres parties casuelles, pour la nourriture et l'entretien pendant six mois de quarante mâtins et sept dogues composant ledit vautrait, et de sept valets qui en ont soin. Longpont, 10 mars 1532. 10 mars.

Arch. nat., Acquits sur l'épargne, J. 960[c], fol. 35. (*Mention.*)

5534. Don à Marie Gallicienne, de nation suisse, d'une somme de 80 livres tournois sur les parties casuelles, en déduction de ce qu'elle prétend lui être dû. Longpont, 10 mars 1532. 10 mars.

Arch. nat., Acquits sur l'épargne, J. 960[c], fol. 35. (*Mention.*)

5535. Remise faite à Georges Dumas et à sa femme de la somme de 37 livres 10 sous, moitié d'une amende prononcée contre eux par arrêt du Parlement de Paris. Longpont, 10 mars 1532. 10 mars.

Arch. nat., Acquits sur l'épargne, J. 960[c], fol. 35. (*Mention.*)

5536. Assignation d'une somme de 1,136 livres sur les parties casuelles au profit de Benoît Gautheret, apothicaire du roi, pour les médecines, 10 mars.

drogues et autres choses de son métier qu'il a fournies au roi et à sa chambre durant l'année 1531, ainsi qu'il appert par les certificats du premier médecin, Louis Burgensis. Longpont, 10 mars 1532. 1533.

Arch. nat., Acquits sur l'épargne, J. 960e, fol. 35. (*Mention.*)

5537. Don au s[r] de Châteaumorant, gentilhomme ordinaire de la chambre du roi, de 300 écus soleil sur les deniers de la commission d'Antoine Juge, en récompense de ses services. Fère-en-Tardenois, 10 mars 1532. 10 mars.

Arch. nat., Acquits sur l'épargne, J. 960e, fol. 35. (*Mention.*)

5538. Don à Marco de Vérone, Italien, joueur de cornet du roi, de 500 écus soleil sur les 10,000 livres que Sa Majesté réserve chaque mois pour ses affaires particulières sur les deniers des parties casuelles, en récompense d'une trompe de chasse en ivoire garni d'argent travaillé, dont il a fait présent au roi. Fère-en-Tardenois, 10 mars 1532. 10 mars.

Arch. nat., Acquits sur l'épargne, J. 960e, fol. 35 v°. (*Mention.*)

5539. Mandement au receveur ordinaire du Bourbonnais de bailler et délivrer, pendant trois ans consécutifs, à François Desquartes (*corr.* Des Cars), s[r] de La Vauguyon, les revenus de la terre et seigneurie de Rochefort en Bourbonnais, à dater du jour de la saisie qui en a été faite sur lui par les commissaires chargés de la réunion des domaines aliénés, nonobstant toute ordonnance contraire. Fère-en-Tardenois, 10 mars 1532. 10 mars.

Arch. nat., Acquits sur l'épargne, J. 960e, fol. 35 v°. (*Mention.*)

5540. Lettres portant remise et décharge, en faveur des habitants d'Haucourt et Malancourt sur les frontières de Champagne, du côté de l'empire, d'une somme de 300 livres qu'ils devaient au roi pour leurs tailles des années 1526 à 10 mars.

1528, en considération des dommages qu'ils ont soufferts pendant les guerres. Fère-en-Tardenois, 10 mars 1532. 1533.

Arch. nat., Acquits sur l'épargne, J. 960[c], fol. 35 v°. (*Mention.*)

5541. Lettres portant mandement au Grand Conseil pour l'enregistrement et l'exécution d'une bulle du pape Clément VII (Rome, 5 des ides de juin) portant suspension du privilège conservé, après le Concordat, par plusieurs abbayes, monastères ou prieurés, d'élire leurs abbés ou prieurs. Fère-en-Tardenois, 12 mars 1532. 12 mars.

Original scellé. Arch. nat., J. 942, n° 25.
Enreg. au Grand Conseil, le 6 octobre 1533 [(1)]. *Arch. nat.*, V[5] 1049. 1 page.
Imp. Pinsson, *Traité des régales*, Paris, 1688, t. II, p. 688.
Recueil des actes, titres et mémoires concernant les affaires du clergé de France [par Le Mere], Paris, 1716-40, t. II, col. 31.
Guy du Roussaud de La Combe, *Recueil de jurisprudence canonique*, in-fol., Paris, 1748, Preuves, p. 73.
(Cf. les lettres du 22 février 1532 n. s., n° 4416.)

5542. Mandement au trésorier de l'épargne de payer à Jean Prévost, chevaucheur de l'écurie du roi, 540 livres tournois pour porter en toute diligence à Rome des lettres du roi aux cardinaux de Tournon et de Gramont. Fère-en-Tardenois, 14 mars 1532. 14 mars.

Bibl. nat., ms. fr. 15628, n° 501, et ms. Clairambault 1215, fol. 71. (*Mentions.*)

5543. Mandement pour le payement à Pierre de Pennemacre, tapissier de Bruxelles, avec lequel le roi a fait marché, moyennant 7,500 écus soleil, d'une tapisserie de fil d'or, d'argent et de soie, de la somme de 3,690 livres tournois pour les septième, huitième et neuvième 14 mars.

(1) Ces lettres furent aussi adressées au Parlement, qui ajourna indéfiniment leur publication. (Voir X[1a] 1536, fol. 163, 188, 458, 459.)

IMPRIMERIE NATIONALE.

termes échus en février précédent. Fère-en-Tardenois, 14 mars 1532. 1533.

Arch. nat., Acquits sur l'épargne, J. 960[c], fol. 37. (*Mention*.)

5544. Don à Jean Du Plessis, s[r] de La Bourgonnière, de 1,500 livres parisis complétant la somme de 3,000 livres parisis, montant d'une amende dont le roi lui avait fait remise entière, libéralité que la Chambre des Comptes avait réduite de moitié, conformément à l'ordonnance. Fère-en-Tardenois, 14 mars 1532. 14 mars.

Arch. nat., Acquits sur l'épargne, J. 960[c], fol. 37. (*Mention*.)

5545. Don et remise à François Pain, receveur ordinaire de Poitou, d'une somme de 75 livres tournois, montant d'une amende à laquelle il avait été condamné envers le roi. Fère-en-Tardenois, 14 mars 1532. 14 mars.

Arch. nat., Acquits sur l'épargne, J. 960[c], fol. 37. (*Mention*.)

5546. Mandement au trésorier de l'épargne de payer à Antoine de Conflans, vicomte d'Ouchy-le-Château, 250 livres tournois en récompense de ses services. Soissons, 15 mars 1532. 15 mars.

Bibl. nat., ms. fr. 15628, n° 511. (*Mention*.)

5547. Mandement au trésorier de l'épargne de payer à Geoffroy Tavel, chevalier, s[r] de Grangis, 1,000 livres tournois tant pour le reliquat des 10,000 livres qui lui étaient dues pour ses dépenses pendant les six ans et quatre mois qu'il fut ambassadeur du roi auprès des Ligues grises, que comme remboursement de ce qu'il a payé pour le compte du roi. Soissons, 15 mars 1532. 15 mars.

Bibl. nat., ms. fr. 15628, n° 533, et ms. Clairambault 1215, fol. 71. (*Mentions*.)

5548. Mandement au trésorier de l'épargne de payer à Benigne Serre, receveur général des finances, 1,250 livres tournois pour les menus de la 15 mars.

chambre du roi pendant le premier quartier de la présente année. Soissons, 15 mars 1532. 1533.

Bibl. nat., ms. fr. 15629, n° 15. (*Mention.*)

5549. Mandement au trésorier de l'épargne de payer à Colin Caron, maître de la poste royale à Boulogne-sur-mer, 100 livres tournois sur ce qui peut lui être dû pour les voyages qu'il a été obligé de faire en Angleterre. Coucy, 17 mars 1532. 17 mars.

Bibl. nat., ms. fr. 15628, n° 510, et ms. Clairambault 1215, fol. 71. (*Mentions.*)

5550. Mandement au trésorier de l'épargne de payer à Jean Vignault, chevaucheur de l'écurie du roi, 47 livres tournois tant pour récompense d'avoir porté en toute hâte des lettres à la Ferté-Milon, Crépy, Meaux, etc., que pour avoir retrouvé un gerfaut de la fauconnerie du roi qui s'était perdu. Coucy, 17 mars 1532. 17 mars.

Bibl. nat., ms. fr. 15628, n° 512. (*Mention.*)

5551. Mandement au trésorier de l'épargne de bailler à Pierre Hardy, chevaucheur de l'écurie du roi, envoyé par Sa Majesté en Angleterre, 60 livres tournois pour le payement des postes et de son passage de la Manche. Coucy, 17 mars 1532. 17 mars.

Bibl. nat., ms. fr. 15628, n° 513, et ms. Clairambault 1215, fol. 71. (*Mentions.*)

5552. Mandement au trésorier de l'épargne de payer à Mathieu de Torrette, s[r] de Blassy, 200 livres tournois pour avoir cherché et retrouvé près de Crépy le gerfaut que le roi avait perdu. Coucy, 17 mars 1532. 17 mars.

Bibl. nat., ms. fr. 15628, n° 515. (*Mention.*)

5553. Ordonnance déférant au Grand Conseil la poursuite des excès et violences commis dans les églises, abbayes et bénéfices du royaume, notamment dans le ressort des Parlements de Toulouse et de Bordeaux, nonobstant la révocation verbale de l'édit sur ce fait. Marle, 20 mars 1532. 20 mars.

Enreg. au Grand Conseil, le 3 avril 1533 n. s.
Arch. nat., V[5] 1049. 1 page.

5554. Mandement pour le payement de 1,200 livres tournois à Charles, bâtard de Chauvigny, commis aux dépenses des constructions de Chambord, pour sa pension annuelle. La Fère, 20 mars 1532. 1533. 20 mars.

Original. Bibl. nat., Pièces orig., France, vol. 1233, p. 60.

5555. Mandement à Zacharie Chapelain, commis à tenir le compte et faire le payement des réparations, fortifications et emparements des villes et places du duché de Bourgogne, de distribuer, suivant les ordonnances de l'amiral Chabot, la somme de 10,000 livres tournois qu'il a reçue du trésorier de l'épargne. La Fère, 20 mars 1532. 20 mars.

Arch. nat., Acquits sur l'épargne, J. 960[c], fol. 37 v°. (*Mention.*)

5556. Don à Jean Mustel, avocat du roi au bailliage et en la vicomté de Rouen, d'une pension annuelle et viagère de 160 livres tournois outre ses gages ordinaires, à prendre sur la recette ordinaire de Rouen depuis le 1er janvier précédent. La Fère, 20 mars 1532. 20 mars.

Arch. nat., Acquits sur l'épargne, J. 960[c], fol. 37 v°. (*Mention.*)

5557. Don à Pierre Le Bigot, dit le Pin, gentilhomme de la vénerie du roi, commissaire pour la réformation des forêts d'Anjou et du Maine, à Guy Dacon, son adjoint, et à Jacques Richier, son procureur, d'une somme de 400 livres tournois, à prendre sur les parties casuelles, pour faire et parfaire les procès commencés. La Fère, 20 mars 1532. 20 mars.

Arch. nat., Acquits sur l'épargne, J. 960[c], fol. 38. (*Mention.*)

5558. Continuation, en faveur des habitants de Corbie, de l'octroi de 2 sous 6 deniers tournois, par forme d'aide, sur chaque minot de sel vendu au grenier dudit lieu, outre le droit de gabelle 20 mars.

du roi et celui du marchand, pour employer les deniers en provenant aux réparations et fortifications de ladite ville. La Fère, 20 mars 1532 — 1533.

Arch. nat., Acquits sur l'épargne, J. 960[c], fol. 38. (*Mention.*)

5559. Prorogation, en faveur des habitants de Corbie, de leur exemption et affranchissement de tailles et autres subventions imposées ou à imposer sur le royaume, pour les dédommager des dégâts et pertes que la ville a soufferts « par les ennemys qui luy joignent de six lieues ». La Fère, 20 mars 1532. — 20 mars.

Arch. nat., Acquits sur l'épargne, J. 960[c], fol. 38. (*Mention.*)

5560. Autre prorogation, en faveur des habitants de Corbie, de l'octroi de 500 livres tournois à prendre chaque année du receveur des aides de l'élection de Doullens sur le produit et revenu des quatrième et vingtième des vins vendus à Corbie et autres impositions, aides et subsides qui se lèvent habituellement en ladite élection, pour employer cette somme aux réparations de leurs remparts. La Fère, 20 mars 1532. — 20 mars.

Arch. nat., Acquits sur l'épargne, J. 960[c], fol. 38. (*Mention.*)

5561. Don à Michel Collesson, chirurgien de l'amiral Chabot, de tous les biens de feu Guillemette Gigoin, adjugés comme droit d'aubaine au roi par sentence du prévôt de Paris, la défunte n'ayant pas d'hoirs habiles à lui succéder, exécution préalablement faite du testament de ladite dame. La Fère, 20 mars 1532. — 20 mars.

Arch. nat., Acquits sur l'épargne, J. 960[c], fol. 38 v°. (*Mention.*)

5562. Mandement au trésorier de l'épargne de payer à Antoine de Hu, chevaucheur de l'écurie du roi, 120 livres tournois pour porter en toute hâte à Londres des lettres au bailli de Troyes, — 20 mars.

ambassadeur en Angleterre. La Fère, 20 mars 1532. 1533.

Bibl. nat., ms. fr. 15628, n° 508, et ms. Clairambault 1215, fol. 71. (*Mentions.*)

5563. Mandement au trésorier de l'épargne de payer à Bénigne Serre, receveur général des finances, 47 livres tournois pour distribuer 7 livres à Antoine de Hu, chevaucheur d'écurie, pour un voyage vers l'évêque de Béziers, et 40 livres à Claude de La Grille pour un voyage qu'il va faire vers le duc d'Albany. La Fère, 20 mars 1532. 20 mars.

Bibl. nat., ms. fr. 15628, n° 572. (*Mention.*)

5564. Mandement au trésorier de l'épargne de payer à Nicolas de Rustici, dit le Bossu, capitaine allemand, 1,200 livres tournois pour un voyage que le roi l'envoie faire en Danemark et en Allemagne afin de conférer directement avec les princes du pays. La Fère, 20 mars 1532. 20 mars.

Bibl. nat., ms. fr. 15628, n° 574. (*Mention.*)

5565. Mandement au trésorier de l'épargne de payer à Nicolas de Rustici 300 livres tournois, complétant les 600 livres tournois qui lui étaient dues pour ses précédents voyages en Allemagne et en Danemark. La Fère, 20 mars 1532. 20 mars.

Bibl. nat., ms. fr. 15628, n° 575. (*Mention.*)

5566. Mandement au trésorier de l'épargne de délivrer à Raymond Forget, commis à tenir le compte et faire le payement du château de Chambord, 15,000 livres tournois pour le premier quartier de l'année courante. La Fère, 20 mars 1532. 20 mars.

Trois mandements semblables, de même date, pour les trois derniers quartiers de l'année 1533.

Bibl. nat., ms. fr. 15629, n°s 57, 163, 257 et 449. (*Mentions.*)

5567. Mandement au trésorier de l'épargne de payer à Nicolas Vanderlaen, trésorier de la reine, 16,250 livres tournois pour la chambre aux 20 mars.

deniers de la reine pendant le premier quartier de la présente année. La Fère, 20 mars 1532. 1533.

Bibl. nat., ms. fr. 15629, n° 5. (*Mention.*)

5568. Mandement au trésorier de l'épargne de payer à Nicolas Vanderlaen 18,461 livres 10 sous tournois pour les gages des dames, demoiselles et officiers de la reine pendant le premier quartier de la présente année. La Fère, 20 mars 1532. 20 mars.

Bibl. nat., ms. fr. 15629, n° 6. (*Mention.*)

5569. Mandement au trésorier de l'épargne de payer à Nicolas Vanderlaen 9,000 livres tournois pour l'écurie de la reine, pendant le premier quartier de la présente année. La Fère, 20 mars 1532. 20 mars.

Bibl. nat., ms. fr. 15629, n° 7. (*Mention.*)

5570. Mandement au trésorier de l'épargne de payer à Nicolas Vanderlaen 3,000 livres tournois pour les menus plaisirs de la reine, pendant le premier quartier de la présente année. La Fère, 20 mars 1532. 20 mars.

Bibl. nat., ms. fr. 15629, n° 8. (*Mention.*)

5571. Mandement au trésorier de l'épargne de payer à Nicolas Vanderlaen 1,500 livres tournois pour les menus de la chambre de la reine, y compris son apothicairerie, pendant le premier quartier de la présente année. La Fère, 20 mars 1532. 20 mars.

Bibl. nat., ms. fr. 15629, n° 9. (*Mention.*)

5572. Mandement au trésorier de l'épargne de payer à Jean Duval, receveur et payeur des Cent-Suisses de la garde du corps du roi, 4,100 livres tournois pour le premier quartier de la présente année. La Fère, 20 mars 1532. 20 mars.

Bibl. nat., ms. fr. 15629, n° 17. (*Mention.*)

5573. Mandement au trésorier de l'épargne de payer à François Charbonnier, trésorier des offrandes et aumônes du roi, 1,500 livres tournois pour 20 mars.

le premier quartier de la présente année. La Fère, 20 mars 1532. 1533.

Bibl. nat., ms. fr. 15629, n° 22. (*Mention.*)

5574. Confirmation et renouvellement du don fait par feu la duchesse d'Angoulême à Jean Verrier, dit de Nîmes, d'une maison située près l'hôtel de Bourbon à Paris, acquise autrefois par Anne, duchesse de Bourbon et d'Auvergne, et dont la jouissance viagère appartiendra, après sa mort, à sa fille Jeanne Verrier. Ribemont, 21 mars 1532. 21 mars.

Arch. nat., *Acquits sur l'épargne*, J. 960[c], fol. 37. (*Mention.*)

5575. Mandement au trésorier de l'épargne de payer à Claude Chappuis, libraire du roi, ses gages depuis le jour de ses provisions au lieu de feu Jean Verdier jusqu'au 31 janvier dernier, sur les deniers revenant bons de l'état des officiers domestiques de la maison du roi. Ribemont, 21 mars 1532. 21 mars.

Arch. nat., *Acquits sur l'épargne*, J. 960[c], fol. 37 v°. (*Mention.*)

5576. Confirmation du don fait par feu la duchesse d'Angoulême au s[r] de Montpezat d'une rente de 200 livres tournois à prendre sur la recette ordinaire de Bourbonnais, en récompense de la capitainerie de la Haute-Marche que ladite dame lui avait retirée afin d'en pourvoir le s[r] de La Forêt-Mauvoisin. Ribemont, 21 mars 1532. 21 mars.

Arch. nat., *Acquits sur l'épargne*, J. 960[c], fol. 37 v°. (*Mention.*)

5577. Don à Louis Billart et à Antoine Rouhart, valets de garde-robe du roi, de 400 livres tournois sur les lods et ventes dus au roi pour deux maisons sises rue des Prêcheurs à Paris, acquises par Gervais Larcher. Ribemont, 21 mars 1532. 21 mars.

Arch. nat., *Acquits sur l'épargne*, J. 960[c], fol. 37 v°. (*Mention.*)

5578. Provisions en faveur de François de Hangest, fils du feu s[r] de Genlis, des offices de capitaine du château du Louvre et de bailli et capitaine d'Évreux. 21 mars 1532. — 1533. 21 mars.

Bibl. nat., ms. Clairambault 782, fol. 289 v°. (*Mention.*)

5579. Mandement au trésorier de l'épargne de payer à Peter Vanloen et Engilbert Vanscheyden, sujets allemands, 40 livres tournois pour les dédommager d'un voyage qu'ils ont fait auprès du roi. Guise, 22 mars 1532. — 22 mars.

Bibl. nat., ms. fr. 15628, n° 509. (*Mention.*)

5580. Mandement au trésorier de l'épargne de payer à René Le Pelletier 90 livres tournois pour les dépenses d'un voyage rapide de Londres à Guise, où il a apporté au roi des lettres du bailli de Troyes, ambassadeur en Angleterre. Guise, 22 mars 1532. — 22 mars.

Bibl. nat., ms. fr. 15628, n° 571, et ms. Clairambault 1215, fol. 71. (*Mentions.*)

5581. Mandement au trésorier Jean Laguette de payer 600 livres tournois au seigneur de Châteauneuf pour sa pension de l'année échue le 31 décembre 1531. Guise, 23 mars 1532. — 23 mars.

Original. Bibl. nat., ms. fr. 25721, n° 397.

5582. Assignation à Gabriel de La Guiche, gentilhomme de la chambre du roi, d'une somme de 800 livres tournois que Sa Majesté lui a donnée pour sa pension de deux années échues le 31 décembre 1532, sur les deniers qui proviendront de la vente d'un office d'élu de Mâcon, vacant par le décès du feu s[r] Carré. Guise, 23 mars 1532. — 23 mars.

Original. Bibl. nat., ms. fr. 25721, n° 398.

Arch. nat., Acquits sur l'épargne, J. 960e, fol. 40 v°. (*Mention.*)

5583. Permission au cardinal de Tournon, abbé de Ferrières, de faire couper et vendre à son profit 100 arpents de bois de haute futaie dépendant de l'abbaye de Ferrières, la moitié — 23 mars

IMPRIMERIE NATIONALE.

du prix de cette vente appartenant au roi qui en fait don audit cardinal, en reconnaissance des services qu'il lui rend auprès du pape, à la charge toutefois de payer au s[r] de Châteaumorant 1,200 livres pour sa pension de l'année 1532. Guise, 23 mars 1532. 1533.

Arch. nat., Acquits sur l'épargne, J. 960[c], fol. 40 v[o]. (*Mention.*)

5584. Permission à Jean Hatte, notaire et secrétaire du roi et élu d'Orléans, pourvu depuis six mois, de résigner cet office sans payer le quart de sa valeur, suivant l'usage. Guise, 23 mars 1532. 23 mars.

Arch. nat., Acquits sur l'épargne, J. 960[c], fol. 41. (*Mention.*)

5585. Mandement de payer sur les parties casuelles à Charles de Maubuisson, lieutenant du capitaine du château de Vincennes, la somme de 184 livres 10 sous tournois qui lui a été taxée par les s[rs] d'Iverny et Du Bourg, maîtres des requêtes, pour avoir vaqué à la garde de feu François de Poncher, évêque de Paris, pendant trois ans et soixante-neuf jours. Guise, 23 mars 1532. 23 mars.

Arch. nat., Acquits sur l'épargne, J. 960[c], fol. 41. (*Mention.*)

5586. Mandement au trésorier de l'épargne de payer à Pierre Rousseau, receveur et payeur de l'argenterie du dauphin, des ducs d'Orléans et d'Angoulême, 3,750 livres tournois pour le premier quartier de la présente année. Guise, 23 mars 1532. 23 mars.

Bibl. nat., ms. fr. 15629, n° 31. (*Mention.*)

5587. Mandement au trésorier de l'épargne de payer à Jean de Lévis, s[r] de Châteaumorant, 1,200 livres tournois pour sa pension de l'année 1532. Guise, 23 mars 1532. 23 mars.

Bibl. nat., ms. fr. 15629, n° 561. (*Mention.*)

5588. Mandement au trésorier de l'épargne de payer au roi de Navarre, lieutenant général du roi et gouverneur de Guyenne, 1,200 livres tournois pour partie de 6,000 livres, complétant les 23 mars.

24,000 livres de sa pension de l'année 1530. Guise, 23 mars 1533 (*corr.* 1532). 1533.

Bibl. nat., ms. fr. 15629, n° 865. (*Mention*.)

5589. Mandement au trésorier de l'épargne de payer au roi de Navarre la somme de 3,654 livres 3 sous tournois sur les plus-values de la généralité de Languedoil, pour parfaire les 24,000 livres de sa pension de l'année 1531. Guise, 23 mars 1532. 23 mars.

Bibl. nat., ms. fr. 15629, n° 866. (*Mention*.)

5590. Mandement au trésorier de l'épargne de payer au roi de Navarre 4,052 livres 12 sous 6 deniers tournois, complément de sa pension de l'année 1532. Guise, 23 mars 1532. 23 mars.

Bibl. nat., ms. fr. 15629, n° 867. (*Mention*.)

5591. Mandement au trésorier de l'épargne de payer à Honorat Burdic 731 livres 5 sous tournois, en récompense de services secrets. Guise, 24 mars 1532. 24 mars.

Bibl. nat., ms. fr. 15628, n° 514. (*Mention*.)

5592. Mandement au trésorier de l'épargne de payer à Pierre Rousseau, receveur et payeur de la chambre aux deniers du dauphin, des ducs d'Orléans et d'Angoulême, 11,437 livres 10 sous tournois pour le premier quartier de la présente année. Guise, 24 mars 1532. 24 mars.

Bibl. nat., ms. fr. 15629, n° 18. (*Mention*.)

5593. Mandement au trésorier de l'épargne de payer à Pierre Rousseau, receveur et payeur des menus (aumônes, dons, voyages, etc.) de la chambre du dauphin, des ducs d'Orléans et d'Angoulême, 1,250 livres tournois pour le premier quartier de la présente année. Guise, 24 mars 1532.

Bibl. nat., ms. fr. 15629, n° 19. (*Mention*.)

5594. Mandement au trésorier de l'épargne de payer à Pierre Rousseau, receveur et payeur des gages des officiers du dauphin, des ducs d'Orléans et d'Angoulême, 13,512 livres 10 sous tour- 24 mars.

nois pour le premier quartier de la présente année. Guise, 24 mars 1532. | 1533.

Bibl. nat., ms. fr. 15629, n° 20. (*Mention.*)

5595. Mandement au trésorier de l'épargne de payer à François Malvault, receveur et payeur de l'écurie du roi, 16,619 livres 7 sous 4 deniers tournois pour le premier quartier de la présente année. Guise, 24 mars 1532. | 24 mars.

Bibl. nat., ms. fr. 15629, n° 34. (*Mention.*)

5596. Ordonnance réglant la procédure à suivre contre les criminels en Languedoc. Marle, 25 mars 1532. | 25 mars.

Copie du XVIe siècle. Bibl. nat., ms. fr. 5124, fol. 17.

5597. Mandement au trésorier de l'épargne de bailler à Florimond Le Charron, remplaçant Jean Carré dans l'office de receveur et payeur des gages des officiers domestiques du roi, 49,496 livres 5 sous tournois pour les payements du premier quartier de la présente année. Marle, 26 mars 1532. | 26 mars.

Bibl. nat., ms. fr. 15629, n° 13. (*Mention.*)

5598. Déclaration du roi, donnée à la requête des États de Languedoc, portant défense à la chancellerie de Toulouse de délivrer des lettres de notaire, sans production d'un certificat de résidence, vie et mœurs, signé du juge ordinaire, et aux capitouls de créer des notaires, sans pareils certificats, avec injonction aux notaires de dresser les contrats en langue vulgaire et de n'y introduire aucune clause sans la volonté des contractants; ordonnant aussi qu'au décès de chaque notaire, ses minutes soient mises en la main de la justice et déposées aux archives. Saint-Marcoul [1], 28 mars 1532. | 28 mars.

Enreg. au Parl. de Toulouse. Arch. de la Haute-Garonne, Édits, reg. 4, fol. 20.

[1] Prieuré de Saint-Marcoul de Corbeny, près de Laon (Aisne), lieu de pèlerinage célèbre.

Copies. Arch. municip. de Toulouse, ms. 439, fol. 208, et ms. 8508, fol. 135. 1533.

Copie. Arch. départ. de l'Hérault, C. États de Languedoc, Ordonn. et arrêts, t. IV, pièce 7.

5599. Lettres portant injonction à tous sénéchaux, baillis et autres magistrats du pays de Languedoc de résider sur les lieux où doit s'exercer leur justice. Saint-Marcoul, 28 mars 1532. 28 mars.

Enreg. au Parl. de Toulouse. Arch. de la Haute-Garonne, Édits, reg. 4, fol. 19, 1 page 1/2.

Copie. Arch. départ. de l'Hérault, C. États de Languedoc, Ordonn. et arrêts, t. IV, pièce 6.

5600. Lettres données à la requête des États de Languedoc, ordonnant qu'en cas d'appel au criminel, les prisonniers ne seront pas amenés en personne devant le juge supérieur, mais que la procédure seule sera apportée. Saint-Marcoul, 28 mars 1532. 28 mars.

Enreg. au Parl. de Toulouse. Arch. de la Haute-Garonne, Édits, reg. 4, fol. 18. 2 pages.

Copies. Arch. municip. de Toulouse, ms. 220, fol. 390, et ms. 8508, fol. 138.

5601. Lettres portant obligation pour les prélats et seigneurs temporels de venir personnellement aux États de Languedoc, ou de se faire représenter par leurs vicaires généraux ou gens notables, et pour lesdits prélats de résider dans leurs diocèses, pour la célébration des offices et l'administration des sacrements; de corriger et punir les abus des religieux; d'extirper les erreurs; d'alimenter les pauvres. Saint-Marcoul, 28 mars 1532. 28 mars.

Enreg. au Parl. de Toulouse. Arch. de la Haute-Garonne, Édits, reg. 4, fol. 16. 3 pages 1/2.

Copie. Arch. départ. de l'Hérault, C. États de Languedoc, Ordonn. et arrêts, t. IV, pièce 4.

Imp. Louvet, *Remarques sur l'hist. de Languedoc*, p. 172.

Dom Vaissète, *Hist. de Languedoc*, t. V, Preuves, col. 90.

5602. Lettres concernant les statuts de querelle[1] et 28 mars.

[1] Plaintes déposées en justice.

leur exécution, soit par commission de sénéchaux, baillis, etc., soit par commission de la chancellerie. Saint-Marcoul, 28 mars 1532. 1533.

Enreg. au Parl. de Toulouse le 12 septembre 1534. Arch. de la Haute-Garonne, Édits, reg. 4, fol. 17. 1 page 1/2.

Copie. Arch. départ. de l'Hérault, C. États de Languedoc, Ordonn. et arrêts, t. IV, pièce 8.

5603. Lettres réglant la tenue des États de Languedoc, alternativement d'année en année, dans les sénéchaussées de Toulouse, Carcassonne et Beaucaire. Saint-Marcoul, 28 mars 1532. 28 mars.

Enreg. au Parl. de Toulouse. Arch. de la Haute-Garonne, Édits, reg. 4, fol. 19.

Copie. Arch. départ. de l'Hérault, C. États de Languedoc, Ordonn. et arrêts, t. IV, pièce 5.

Imp. Louvet, *Remarques sur l'hist. de Languedoc*, p. 166.

5604. Provisions en faveur de Thomas Noël de l'office de contrôleur du domaine de la vicomté de Bayeux, nouvellement créé, aux gages de 60 livres. 28 mars 1532. 28 mars.

Enreg. à la Chambre des Comptes de Paris, le 14 mars 1534 n. s., anc. mém. GG, fol. 97. *Arch. nat.*, K. 1377, papiers de Fontanieu. (*Mention.*)

5605. Ordonnance réglementant le cours et la valeur des monnaies. Cormicy, 29 mars 1532. 29 mars.

Original sur parchemin dans les minutes d'ordonnances de la Cour des Monnaies. Arch. nat., Z^{1b} 536.

Enreg. au Châtelet de Paris, le 2 avril 1533 n. s. Arch. nat., Bannières, Y. 9, fol. 20. 2 pages.

Enreg. à la Cour des Monnaies. Arch. nat., Z^{1b} 62, fol. 230. 1 page 1/2.

5606. Mandement à la Chambre des Comptes, portant que le roi veut et entend que le s[r] de Saint-André, sénéchal de Lyon, soit payé des gages de cet office depuis le jour qu'il en fut pourvu, à raison de 365 livres par an, comme les autres sénéchaux et baillis du royaume, par les mains du receveur ordinaire du Lyonnais, bien qu'il n'ait pas encore prêté serment et que les gages 29 mars.

anciens de cet office fussent seulement de 200 livres. Cormicy, 29 mars 1532. 1533.

Arch. nat., *Acquits sur l'épargne*, J. 960^{c}, fol. 43. (*Mention.*)

5607. Provision audit s^r de Saint-André, bailli de Beaujolais, pour être payé des gages, pension et autres droits de cet office par les mains du trésorier de Beaujolais, ainsi qu'il en était payé du vivant de la duchesse d'Angoulême. Cormicy, 29 mars 1532. 29 mars.

Arch. nat., *Acquits sur l'épargne*, J. 960^{c}, fol. 43. (*Mention.*)

5608. Lettres portant rabais, en faveur d'Isaac Guernot et de Robert Geffroy, fermiers de l'impôt sur le vin vendu en détail au Pont-de-l'Arche en 1532, de 150 livres tournois à cause des pertes et dommages qu'ils ont subis, et mandement au receveur des aides en l'élection d'Évreux de les tenir quittes de cette somme. Cormicy, 29 mars 1532. 29 mars.

Arch. nat., *Acquits sur l'épargne*, J. 960^{c}, fol. 43. (*Mention.*)

5609. Mandement de payer au s^r de Lezay la somme de 1,200 livres tournois que le roi lui a ordonnée pour son état de gentilhomme de la chambre, pendant l'année finie le 31 décembre 1532, sur les deniers qui proviendront de la résignation de l'office de receveur des aides de la prévôté et vicomté de Falaise, que Philippe Colas entend faire au profit de Girard Turmel. Cormicy, 29 mars 1532. 29 mars.

Arch. nat., *Acquits sur l'épargne*, J. 960^{c}, fol. 43. (*Mention.*)

5610. Mandement de payer au capitaine Léonard de Rombo, de ce qui peut lui être dû, 400 livres tournois sur les deniers provenant de la vente et résignation des offices ou autres parties casuelles. Cormicy, 29 mars 1532. 29 mars.

Arch. nat., *Acquits sur l'épargne*, J. 960^{c}, fol. 43 v°. (*Mention.*)

5611. Mandement au trésorier de l'épargne de payer à 30 mars.

Albert Rippe, de Mantoue, joueur de luth du roi, 400 livres tournois pour ses gages jusqu'à la fin du mois courant. Reims, 30 mars 1532. 1533.

Bibl. nat., ms. fr. 15628, n° 570. (*Mention.*)

5612. Mandement au trésorier de l'épargne de délivrer à Bénigne Serre 133 livres 15 sous tournois pour payer quatre chevaucheurs ordinaires du roi. Reims, 30 mars 1532. 30 mars.

Bibl. nat., ms. fr. 15628, n° 573. (*Mention.*)

5613. Mandement au trésorier de l'épargne de bailler à Nicolas Vanderlaen, trésorier de la reine, 6,852 livres 15 sous 7 deniers tournois, soit 5,652 livres 15 sous 7 deniers tournois pour les marchands bouchers fournissant la maison de la reine, et 1,200 livres pour les poissonniers. Reims, 30 mars 1532. 30 mars.

Bibl. nat., ms. fr. 15629, n° 10. (*Mention.*)

5614. Mandement au trésorier de l'épargne de bailler à Étienne de Laigue, dit Beauvais, 1,000 livres tournois pour une mission dont le roi l'a chargé près le roi d'Écosse. Reims, 31 mars 1532. 31 mars.

Bibl. nat., ms. fr. 15628, n° 506, et ms. Clairambault 1215, fol. 71. (*Mentions.*)

5615. Don fait, pour six ans, à Antoine de Raincon des revenus de la châtellenie de Germolles[1], avec mandement au receveur général de Bourgogne de les lui faire délivrer. Reims, 1er avril 1532. 1er avril.

Lettres de surannation. Dijon, 4 mai 1536.

Déclaration du roi sur ce don. Montpellier, 6 janvier 1537.

Enreg. à la Chambre des Comptes de Dijon, le 22 août 1533. Arch. de la Côte-d'Or, reg. B. 20, fol. 23, 25 et 29.

Arch. nat., Acquits sur l'épargne, J. 960c, fol. 48. (*Mention.*)

5616. Mandement au trésorier et receveur général de Dauphiné de bailler et délivrer, pendant six 1er avril

[1] Germolles, ancienne châtellenie, aujourd'hui hameau de la commune de Mellecey, canton de Givry (Saône-et-Loire).

ans, à Antoine de Rincon (*aliàs* Raincon) les revenus de la terre et seigneurie de Pierrelatte, plus la somme de 400 livres tournois par an sur le péage de Montélimar, dont ledit Rincon jouissait autrefois par don viager à lui fait par le roi avant l'édit de réunion du domaine aliéné, les six ans à commencer du jour de la saisie de ladite terre de Pierrelatte par les commissaires du domaine. Reims, 1er avril 1532. — 1533.

Arch. nat., Acquits sur l'épargne, J. 960c, fol. 47 v°. (*Mention.*)

5617. Mandement au trésorier de l'épargne de payer à Pierre Le Mercier, serviteur de Pierre Mangot, orfèvre, 617 livres 18 sous 9 deniers tournois pour un grand collier de l'ordre pesant 3 marcs 2 onces 3 gros d'or, destiné à l'amiral Chabot. Reims, 1er avril 1532. — 1er avril.

Bibl. nat., ms. fr. 15628, n° 498. (*Mention.*)

5618. Mandement au trésorier de l'épargne de payer à Thibaut Hotman, orfèvre à Paris, 1,157 livres 12 sous 6 deniers tournois, tant pour l'or que pour le déchet et façon d'une chaîne d'or pesant 6 marcs 7 onces et demie que le roi a donnée à Gaspard Wast, ambassadeur du roi de Portugal. Reims, 1er avril 1532. — 1er avril.

Bibl. nat., ms. fr. 15629, n° 21. (*Mention.*)

5619. Mandement au trésorier de l'épargne de payer à Pierre de Piton, gentilhomme de l'hôtel du roi, 1,400 livres tournois, soit 1,000 livres pour un voyage par mer qu'il va faire dans le royaume de Fez et autres lieux de Barbarie, et 400 livres pour l'achat de différentes sortes d'oiseaux et bêtes qu'il doit rapporter au roi. Reims, 1er avril 1532. — 1er avril.

Bibl. nat., ms. fr. 15629, n° 29. (*Mention.*)

5620. Mandement au trésorier de l'épargne de payer à frère André de Corsio, religieux de l'ordre de Saint-Dominique, 60 livres tournois pour un voyage qu'il va faire sur l'ordre du roi en Picardie et en Champagne afin de visiter cer- — 1er avril.

IMPRIMERIE NATIONALE.

tains lieux entre l'Oise et la Meuse. Courville, 1er avril 1532. 1533.

Bibl. nat., ms. fr. 15628, n° 569. (*Mention.*)

5621. Mandement au trésorier de l'épargne de payer à Bénigne Serre 1,070 livres tournois pour les gages des chapelains et officiers de la chapelle de plain-chant du roi, pendant le troisième quartier de l'année 1532. Fère-en-Tardenois, 3 avril 1532 [1]. 3 avril.

Bibl. nat., ms. fr. 15628, n° 540. (*Mention.*)
Arch. nat., *Acquits sur l'épargne*, J. 960°, fol. 44. (*Mention.*)

5622. Mandement à la Chambre des Comptes de rétablir aux comptes des receveurs ordinaires de Sainte-Menehould, Vassy et Passavant les sommes qu'ils ont payées à la comtesse de Villars, du revenu desdites localités, dont le roi a fait don viager, en 1524, à Honorat de Savoie, son fils, sommes rayées par les gens des comptes. Château-Thierry, 4 avril 1532. 4 avril.

Arch. nat., *Acquits sur l'épargne*, J. 960°, fol. 43 v°. (*Mention.*)

5623. Mandement à la Chambre des Comptes de Paris de procéder à la vérification et entérinement de la confirmation donnée par le roi des lettres de feu la duchesse d'Angoulême portant affranchissement et érection en fief noble des terres de la Chassagne et des Radis en Bourbonnais, en faveur de Jean Verrier, dit de Nîmes, premier chirurgien du roi, nonobstant leur surannation et leur adresse à la Chambre des Comptes de Moulins qui a été supprimée. Château-Thierry, 4 avril 1532. 4 avril.

Arch. nat., *Acquits sur l'épargne*, J. 960°, fol. 44. (*Mention.*)

5624. Mandement au trésorier de l'épargne de payer 4 avril.

(1) Ce mandement figure dans les *Acquits sur l'épargne*, sur le rôle daté de Château-Thierry, le 4 avril, avec mention que cette somme est affectée aux gages du second semestre de l'an 1532.

au s[r] de Boisy, chevalier de l'ordre, la somme de 1,800 livres tournois, complément de 6,000 livres que le roi lui a ordonnées pour sa pension des cinq années 1528 à 1532, à raison de 1,200 livres par an. Château-Thierry, 4 avril 1532. — 1533.

Arch. nat., Acquits sur l'épargne, J. 960e, fol. 44. (*Mention.*)

5625. Mandement au trésorier de l'épargne de payer audit s[r] de Boisy la somme de 600 livres pour son état de capitaine du château d'Amboise pendant l'année 1532. Château-Thierry, 4 avril 1532. — 4 avril.

Arch. nat., Acquits sur l'épargne, J. 960e, fol. 44. (*Mention.*)

5626. Mandement au trésorier Laguette de payer au duc de Guise la somme de 15,000 livres tournois, restant de 30,000 livres que le roi lui a ordonnées sur les dettes du feu s[r] Besnier, nonobstant l'ordonnance lui prescrivant de porter les deniers de sa recette au Louvre. Château-Thierry, 4 avril 1532. — 4 avril.

Arch. nat., Acquits sur l'épargne, J. 960e, fol. 44 v°. (*Mention.*)

5627. Don et remise à Madame de Châtillon des droits et devoirs seigneuriaux dus à cause de son acquisition du comté de Roussillon moyennant le prix de 29,000 livres, dont le sixième, soit 4,833 livres 6 sous 8 deniers, devait être payé au roi. Château-Thierry, 4 avril 1532. — 4 avril.

Arch. nat., Acquits sur l'épargne, J. 960e, fol. 44 v°. (*Mention.*)

5628. Mandement à la Chambre des Comptes de Paris d'allouer aux comptes de Guillaume Prudhomme, trésorier de l'épargne, 2,250 livres tournois que le roi a données en monnaie d'or à Georges Boleyn, vicomte de Rochefort, gentilhomme de la chambre et du conseil du — 5 avril.

roi d'Angleterre, envoyé par ce dernier auprès de lui. Château-Thierry, 5 avril 1532. 1533.

Bibl. nat., ms. fr. 15628, n° 518, et ms. Clairambault 1215, fol. 72. (*Mentions.*)

5629. Mandement au trésorier de l'épargne de délivrer à Guillaume de Villemontée, trésorier de la vénerie et fauconnerie du roi, la somme de 11,599 livres 2 sous 6 deniers tournois pour employer au fait de son office pendant le premier quartier de l'année courante. Château-Thierry, 5 avril 1532. 5 avril.

Arch. nat., *Acquits sur l'épargne*, J. 960[c], fol. 45 v°. (*Mention.*)

Bibl. nat., ms. fr. 15629, n° 14. (*Mention.*)

5630. Mandement au trésorier Laguette de payer à Madame de Nevers la somme de 12,000 livres tournois pour sa pension des deux années 1531 et 1532, sur les deniers reçus par Jean Bazannier, commis au recouvrement et à l'administration des biens et dettes actives du feu général Morelet [Du Museau]. Château-Thierry, 5 avril 1532. 5 avril.

Arch. nat., *Acquits sur l'épargne*, J. 960[c], fol. 45. (*Mention.*)

5631. Mandement à Jacques Bernard, maître de la chambre aux deniers, d'avancer à Jean Barreau, à Alexandre et à Jean Royer, qui se sont récemment chargés d'approvisionner la maison du roi en boucherie et volaille, la somme de 2,000 livres tournois qu'il devait remettre à Jean Ronnin, qui avait d'abord accepté cette fourniture, puis s'était désisté. Château-Thierry, 5 avril 1532. 5 avril.

Arch. nat., *Acquits sur l'épargne*, J. 960[c], fol. 45 v°. (*Mention.*)

5632. Lettres de validation des dépenses de l'écurie des dauphin, ducs d'Orléans et d'Angoulême des trois derniers quartiers de l'année 1531, qui se sont élevées à 8,176 livres 19 sous 5 avril.

3 deniers obole tournois. Château-Thierry, 5 avril 1532. 1533.

Arch. nat., Acquits sur l'épargne, J. 960e, fol. 45 v°. (*Mention.*)

5633. Lettres de validation des dépenses de ladite écurie pour toute l'année 1532, montant à 15,295 livres 1 sou 4 deniers tournois. Château-Thierry, 5 avril 1532. 5 avril.

Arch. nat., Acquits sur l'épargne, J. 960e, fol. 45 v°. (*Mention.*)

5634. Lettres portant que certains personnages solvables qui ont été dispensés sans raison de contribuer à l'octroi accordé par la ville de Paris pour la rançon du roi et la délivrance de ses fils, comme il est apparu à l'examen des comptes des quarteniers de ladite ville, chargés de la répartition et du recouvrement des deniers de cette imposition, seront contraints par les commissaires chargés de l'examen desdits comptes à payer tout ou partie de leur cotisation, au prorata d'une somme de 4,000 livres tournois que le roi veut et ordonne être employée à l'entretien des pauvres invalides de Paris. Château-Thierry, 5 avril 1532. 5 avril.

Arch. nat., Acquits sur l'épargne, J. 960e, fol. 45 v°. (*Mention.*)

5635. Lettres assignant pour neuf ans au s^{r} de Vatan, maître d'hôtel du roi, gouverneur de Romorantin, une pension annuelle de 400 livres tournois, payable par le receveur ordinaire de Romorantin, à dater du jour de ses provisions audit office. Château-Thierry, 5 avril 1532. 5 avril.

Arch. nat., Acquits sur l'épargne, J. 960e, fol. 46. (*Mention.*)

5636. Lettres de mainlevée des revenus de la châtellenie, terre et seigneurie de Châtillon-sur-Indre en Touraine, au profit de Charles Du Solier de Morette, gentilhomme de la chambre du roi. Château-Thierry, 5 avril 1532. 5 avril.

Arch. nat., Acquits sur l'épargne, J. 960e, fol. 46. (*Mention.*)

5637. Mandement au receveur ordinaire de Touraine de payer, pendant cinq ans, à dater du jour de la saisie de la terre de Châtillon-sur-Indre par les commissaires des domaines, les revenus de ladite seigneurie et châtellenie à Charles Du Solier de Morette. Château-Thierry, 5 avril 1532. — 1533. 5 avril.

Arch. nat., Acquits sur l'épargne, J. 960[c], fol. 46. (*Mention.*)

5638. Lettres portant remise et décharge, en faveur de Jean de Rue, jadis receveur de Fère-en-Tardenois et fourrier de feu la duchesse d'Angoulême, d'une somme de 100 écus soleil dont il était demeuré redevable envers ladite dame, qu'il avait servie pendant vingt-huit ans. Château-Thierry, 5 avril 1532. — 5 avril.

Arch. nat., Acquits sur l'épargne, J. 960[c], fol. 46. (*Mention.*)

5639. Mandement au trésorier de l'épargne de payer à Honorat de Quaix (Caix) 300 écus soleil sur ce qui peut lui être dû pour son ambassade auprès du roi de Portugal. Château-Thierry, 5 avril 1532. — 5 avril.

Arch. nat., Acquits sur l'épargne, J. 960[c], fol. 46 v°. (*Mention.*)

(Voir ci-dessous au 9 avril, n° 5649.)

5640. Mandement au trésorier de l'épargne de payer la somme de 2,937 livres 10 sous tournois pour une litière que le roi a commandée. Château-Thierry, 5 avril 1532. — 5 avril.

Arch. nat., Acquits sur l'épargne, J. 960[c], fol. 46. (*Mention.*)

5641. Continuation du don fait à Arnaud de Péricard, l'un des gentilshommes ordinaires de la maison du roi, de cent charges de froment et seigle, de quatre pipes de vin, deux bœufs et quatre pourceaux, qui furent mis au château de Carlat par feu Charles de Bourbon. Château-Thierry, 5 avril 1532. — 5 avril.

Arch. nat., Acquits sur l'épargne, J. 960[c], fol. 46 v°. (*Mention.*)

5642. Provisions en faveur de Charles de Roye, comte de Roucy, gentilhomme ordinaire de la chambre du roi, de l'office de bailli et capitaine de Chaumont-en-Bassigny, à la place de Gabriel de Lignac. Château-Thierry, 6 avril 1532. — 1533. 6 avril.

Bibl. nat., ms. Clairambault 782, fol. 289 v°. (*Mention.*)

5643. Mandement au trésorier de l'épargne de payer à Étienne Delaplanque, chevaucheur de l'écurie du roi, 450 livres tournois pour un voyage à Rome, où il va porter des lettres du roi aux cardinaux de Tournon et de Gramont. Jouarre, 6 avril 1532. — 6 avril.

Bibl. nat., ms. fr. 15628, n° 516. (*Mention.*)

5644. Mandement au trésorier de l'épargne de payer à Guillaume Le Sain, serviteur de Gervais Waïn, 60 livres tournois pour les frais de sa venue d'Allemagne, d'où il a apporté au roi des lettres de son maître. Jouarre, 6 avril 1532. — 6 avril.

Bibl. nat., ms. fr. 15628, n° 517. (*Mention.*)

5645. Nouveau mandement au trésorier Laguette pour le payement à Mme de Nevers de 12,000 livres, pour deux années de sa pension, avec la mention des dérogations aux ordonnances contraires qui avait été omise dans le mandement du 5 avril précédent (n° 5630) pour le même objet. Meaux, 7 avril 1532. — 7 avril.

Arch. nat., *Acquits sur l'épargne*, J. 960e, fol. 46 v°. (*Mention.*)

5646. Nouvelle confirmation faite au s^r de Montpezat de la pension annuelle de 200 livres que lui avait accordée la duchesse d'Angoulême sur la recette ordinaire du Bourbonnais, en compensation de l'office de sénéchal de la Haute-Marche, confirmation expédiée le 21 mars précédent (n° 5576), mais avec omission des dérogatoires d'usage. Meaux, 7 avril 1532. — 7 avril.

Arch. nat., *Acquits sur l'épargne*, J. 960e, fol. 47. (*Mention.*)

5647. Mandement au trésorier de l'épargne de payer à Louis de Lafayette 1,200 livres tournois en récompense des services que son père et lui ont rendus au roi. Meaux, 7 avril 1532. — 1533. 7 avril.

Bibl. nat., ms. fr. 15629, n° 80. (*Mention.*)

5648. Mandement au trésorier de l'épargne de payer à Antoine Macault, valet de chambre du roi, 450 livres tournois sur les 15,520 écus d'or soleil rapportés par Octavien Grimaldi, vice-président de la Chambre des Comptes, des sommes qui lui avaient été envoyées l'année précédente à Nuremberg. Meaux, 9 avril 1532. — 9 avril.

Bibl. nat., ms. fr. 15628, n° 505. (*Mention.*)

5649. Mandement au trésorier de l'épargne de payer à Honorat de Queys (Caix), ambassadeur du roi en Portugal, 600 livres tournois pour ses dépenses pendant son séjour auprès du roi de Portugal. Meaux, 9 avril 1532. — 9 avril.

Bibl. nat., ms. fr. 15628, n° 507. (*Mention.*)
(Voir ci-dessus au 5 avril, n° 5639.)

5650. Mandement au trésorier de l'épargne de payer à Claude Robertet, trésorier de France, 3,150 livres tournois pour ses gages, pension, chevauchées, etc., de l'année 1532. Meaux, 9 avril 1532. — 9 avril.

Bibl. nat., ms. fr. 15628, n° 585. (*Mention.*)

5651. Mandement au trésorier de l'épargne de payer à François Malvault, receveur et payeur de l'écurie du roi, 9,745 livres 2 sous 10 deniers tournois complétant les 19,745 livres 2 sous 10 deniers tournois que le roi lui a ordonnés précédemment pour les *journades* et *hocquetons* des archers de la garde du roi commandés par MM. d'Aubigny, de Nançay, de Chavigny et du sénéchal d'Agenais, et les *plumaulx* des Cent-Suisses. Meaux, 9 avril 1532. — 9 avril.

Bibl. nat., ms. fr. 15629, n° 35. (*Mention.*)

5652. Mandement au trésorier de l'épargne de payer à François Damont, receveur et payeur des — 9 avril.

gages des officiers de la Chambre des Comptes de Paris, 5,279 livres 5 sous tournois pour le dernier quartier de la présente année. Meaux, 9 avril 1533 (*corr.* 1532). 1533.

Bibl. nat., ms. fr. 15629, n° 349. (*Mention.*)

5653. Lettres portant que Yves Delamarre, voiturier par eau, prisonnier depuis quatre ans tant à Orléans qu'à Gien, étant accusé faussement d'avoir déchargé 25 minots de sel à Orléans sans apporter certificat des gardes des Ponts-de-Cé et d'Ingrande, sera élargi et ses biens, ainsi que ceux de ses pleiges, mis à entière délivrance. Meaux, 10 avril 1532. 10 avril.

Arch. nat., *Acquits sur l'épargne*, J. 960[c], fol. 48. (*Mention.*)

5654. Mandement pour le payement par l'un des trois receveurs ordinaires de Verneuil, Bessay ou Chantelle, aux religieuses de Sainte-Claire de Moulins de 75 setiers 2 quartes de froment rendus en leur couvent, et par le receveur de Verneuil 10 tonneaux de vin, dont le roi leur a fait don pour les aider à vivre durant l'année courante. Meaux, 10 avril 1532. 10 avril.

Arch. nat., *Acquits sur l'épargne*, J. 960[c], fol. 48. (*Mention.*)

5655. Mandement à la Chambre des Comptes de rétablir sur le compte du receveur des aides et tailles de Reims, des années 1530 et 1531, les sommes tenues en souffrance sous le nom des habitants de Cormicy, touchant l'affranchissement et exemption qu'ils ont obtenus du roi pour six ans de toutes tailles, équivalent et autres subsides, avec injonction de faire de même pour les comptes des années qui restent à échoir. Meaux, 10 avril 1532. 10 avril.

Arch. nat., *Acquits sur l'épargne*, J. 960[c], fol. 48 v°. (*Mention.*)

5656. Légitimation avec exemption de finance en faveur de Marguerite de Lonny, fille bâtarde de feu Girard de Lonny et de Guillemette Tieullier, à présent femme de Millet Rongnard, dit 10 avril.

IMPRIMERIE NATIONALE.

Lavigne, sommelier de panetérie de bouche du roi. Meaux, 10 avril 1532. 1533.

Arch. nat., Acquits sur l'épargne, J. 960°, fol. 48 v°. (*Mention.*)

5657. Don à Bertrand de Maulny, maître queux du roi, de 108 sous 9 deniers parisis de rente constituée sur une maison à Paris que possédait feu Marguerite de Galloise, bâtarde, échue au roi par droit d'aubaine et sentence du prévôt de Paris, parce que ladite Marguerite n'avait pas eu de lettres de légitimation ni permission de tester. Meaux, 10 avril 1532. 10 avril.

Arch. nat., Acquits sur l'épargne, J. 960°, fol. 48 v°. (*Mention.*)

5658. Don à Ogier Du Faultrey de 800 livres tournois sur l'amende prononcée contre Francisque et Dominique de Roye, par sentence du Parlement de Paris, en récompense d'un autre don de 200 écus sur la résignation de l'office de grènetier de Saint-Quentin, lequel n'avait point sorti effet. Meaux, 10 avril 1532. 10 avril.

Arch. nat., Acquits sur l'épargne, J. 960°, fol. 49. (*Mention.*)

5659. Don aux religieuses du Moncel, près Pont-Sainte-Maxence, de 271 arbres à prendre en la forêt de Halatte, pour les aider à reconstruire l'église de leur couvent qui a été brûlée et ruinée. Meaux, 10 avril 1532. 10 avril.

Arch. nat., Acquits sur l'épargne, J. 960°, fol. 49. (*Mention.*)

5660. Mandement au trésorier de l'épargne de payer à Fleury Geuffroy, receveur et payeur de l'écurie du dauphin, des ducs d'Orléans et d'Angoulême, 4,344 livres tournois pendant le premier quartier de la présente année. Meaux, 10 avril 1532. 10 avril.

Trois autres mandements semblables, de même date, pour les trois derniers quartiers de l'année 1533.

Bibl. nat., ms. fr. 15629, nos 11, 138, 214 et 315. (*Mentions.*)

5661. Mandement au trésorier de l'épargne de payer à Fleury Geuffroy 701 livres 7 sous obole tournois pour le reliquat encore dû, sur le dernier quartier de l'année 1532, de l'écurie du dauphin, des ducs d'Orléans et d'Angoulême. Meaux, 10 avril 1532. — 1533. 10 avril.

Bibl. nat., ms. fr. 15629, n° 12 et 139. (*Mentions.*)

5662. Mandement au trésorier de l'épargne de payer à Charles Mesnagier, argentier de la reine, 4,000 livres tournois pour le premier quartier de la présente année. Meaux, 10 avril 1532. — 10 avril.

Trois autres mandements semblables, de même date, pour les trois derniers quartiers de l'an 1533.

Bibl. nat., ms. fr. 15629, n° 30, 159, 260 et 333. (*Mentions.*)

5663. Quatre mandements au trésorier de l'épargne de délivrer à Charles Mesnagier, argentier de la reine, à chacun des quatre termes de l'année 1533, la somme de 4,259 livres 4 deniers tournois, formant un total de 17,036 livres 1 sou 4 deniers, pour le fait de son office, y compris les passes (supplément de dépenses) des entrées de la reine à Paris et à Rouen, et la passe extraordinaire de l'année 1532. Meaux, 10 avril 1532. — 10 avril.

Bibl. nat., ms. fr. 15629, n° 41, 158, 261 et 430. (*Mentions.*)

5664. Mandement au trésorier de l'épargne de payer à Jean Duval, receveur et payeur des gages des officiers du Parlement de Paris, 16,654 livres 6 sous 4 deniers tournois pour le premier quartier de la présente année. Meaux, 10 avril 1532. — 10 avril.

Trois autres mandements semblables, de même date, pour les trois derniers quartiers de l'an 1533.

Bibl. nat., ms. fr. 15629, n° 59, 168, 235 et 354. (*Mentions.*)

5665. Mandement au trésorier de l'épargne de payer à — 10 avril.

François Damont, receveur et payeur des gages des officiers de la Chambre des Comptes de Paris, 8,079 livres 5 sous tournois pour le premier quartier de la présente année. Meaux, 10 avril 1532. 1533.

Bibl. nat., ms. fr. 15629, n° 64. (*Mention.*)

5666. Mandement au trésorier de l'épargne de payer à François Damont, receveur et payeur des gages des officiers de la Chambres des Comptes à Paris, 5,279 livres 5 sous tournois pour le deuxième quartier de la présente année. Meaux, 10 avril 1532. 10 avril.

Mandement semblable, de même date, pour le troisième quartier.

Bibl. nat., ms. fr. 15629, nos 147 et 231. (*Mentions.*)

5667. Mandement au trésorier de l'épargne de payer à Jacques Rivière, receveur et payeur des gages des gens du Grand Conseil, 6,950 livres tournois pour le dernier quartier de 1532 et le premier de 1533. Meaux, 10 avril 1532. 10 avril.

Bibl. nat., ms. fr. 15629, n° 67. (*Mention.*)

5668. Mandement au trésorier de l'épargne de délivrer à Jean de La Barre, chevalier, comte d'Étampes, 24,900 livres tournois pour compléter le payement des 72,000 livres tournois que le roi a promises à la comtesse de Penthièvre dans son contrat de mariage, et dont le surplus a déjà été versé entre les mains dudit Jean de La Barre. Meaux, 11 avril 1532. 11 avril.

Bibl. nat., ms. fr. 15629, n° 16. (*Mention.*)

5669. Mandement au trésorier de l'épargne de bailler à Philippe Le Tirant, vicomte et receveur ordinaire d'Orbec, 1,000 livres tournois pour les distribuer aux conseillers de la chambre des enquêtes du Parlement de Paris qui ont fait des rapports sur les procès relatifs à la réunion et révocation du domaine. Meaux, 11 avril 1532. 11 avril.

Bibl. nat., ms. fr. 15629, n° 28. (*Mention.*)

5670. Mandement au trésorier de l'épargne de bailler à Pierre Duval, trésorier des menus plaisirs du roi, 1,500 livres tournois pour plusieurs objets dont le roi lui a ordonné le payement. Meaux, 12 avril 1532. — 1533. 12 avril.

Bibl. nat., ms. fr. 15629, n° 23. (*Mention.*)

5671. Mandement au trésorier de l'épargne de bailler à Pierre Duval, trésorier des menus plaisirs du roi, 6,750 livres tournois pour le deuxième quartier de la présente année. Meaux, 12 avril 1532. — 12 avril.

Bibl. nat., ms. fr. 15629, n° 164. (*Mention.*)

5672. Mandement au trésorier de l'épargne de payer 10,000 livres tournois à M. de Sedan, 10,000 livres à Robert de La Marck, s[r] de Fleuranges et maréchal de France, son fils, 4,000 livres à Jean de La Marck, son autre fils, 400 livres à Petit Jean le Gascon, 300 livres à Guillaume Vandrinpel, 300 livres à Jean Vanderhart, 300 livres à François de La Taste, dit Montferrant, 100 livres à Tasquin Viron et 100 livres à Gabriel Turquès, tous serviteurs de la maison de Sedan, pour leur pension de l'année 1532. Meaux, 12 avril 1532. — 12 avril.

Bibl. nat., ms. fr. 15629, n° 166. (*Mention.*)

5673. Établissement de deux foires annuelles à Marines en faveur d'Adrien Tiercelin, seigneur de Possé et de Marines. En l'abbaye de Jouarre, avril 1532. — Avril.

Enreg. à la Chancellerie de France. Arch. nat., *Trésor des Chartes*, JJ. 246, n° 230, fol. 64 v°. 1 page.

5674. Règlement pour les trois jours de foires franches du Marché accordés aux habitants de Meaux par Charles VIII, en novembre 1483. Meaux, avril 1532. — Avril.

Enreg. à la Chancellerie de France. Arch. nat., *Trésor des Chartes*, JJ. 246, n° 260, fol. 77 v°. 1 page.

Enreg. à la Cour des Aides, le 27 février 1539 n. s.

avec des lettres de surannation du 21 février précédent. Arch. nat., recueil Cromo, U. 665, fol. 184. (Mention.) 1533.

5675. Établissement de deux foires l'an et d'un marché chaque semaine au Pont-de-Camarès (Rouergue), en faveur de René d'Arpajon. Meaux, avril 1532. Avril.

Enreg. à la Chancellerie de France. Arch. nat., Trésor des Chartes, JJ. 246, n° 229, fol. 64. 1 page.

5676. Don à Perrot de Ruthie, gentilhomme ordinaire de la maison et vénerie du roi, de 20,000 livres tournois sur les finances de l'épargne, payables aux quatre quartiers de la présente année, pour l'aider à trouver un parti convenable et le récompenser de ses services. Meaux, 14 avril 1533. 14 avril.

Arch. nat., Acquits sur l'épargne, J. 960°, fol. 49. (Mention.)

5677. Don à Jeanne de Vivonne, fille du feu sénéchal de Poitou, des droits seigneuriaux montant à environ 1,500 livres, qui peuvent appartenir au roi à cause de la terre et seigneurie d'Aujan (?) mouvant de Sa Majesté et du château de Saint-Maixent, que la veuve dudit sénéchal a récemment acquise. Meaux, 14 avril 1533. 14 avril.

Arch. nat., Acquits sur l'épargne, J. 960°, fol. 49 v°. (Mention.)

5678. Lettres accordant à Robert Albisse remise complète d'une amende de 75 livres tournois à laquelle il avait été condamné envers le roi. Meaux, 14 avril 1533. 14 avril.

Arch. nat., Acquits sur l'épargne, J. 960°, fol. 49 v°. (Mention.)

5679. Don à Mlle de Mailly de 600 livres tournois pour ses habillements, ainsi que ses compagnes ont coutume de les avoir quand elles sont mariées. Meaux, 14 avril 1533. 14 avril.

Arch. nat., Acquits sur l'épargne, J. 960°, fol. 49 v°. (Mention.)

5680. Mandement aux gens du Grand Conseil d'enté- 17 avril.

riner les provisions d'avocat fiscal au conseil souverain de Dombes, siégeant à Lyon, données, le 27 février précédent (n° 5475), en faveur de Claude Bellièvre. Vanves, 17 avril 1533. — 1533.

Enreg. au Grand Conseil, le 24 août 1533. Arch. nat., V[5] 1049. 1 page.

Copie du XVIe *siècle. Bibl. nat.*, ms. fr. 5124, fol. 56 v°.

5681. Mandement au trésorier de l'épargne de payer à Antoine de Lamet, maître d'hôtel du roi, 1,632 livres tournois à lui taxées pour quatre cent huit jours qu'il a vaqué avec Jean Brinon, maître des comptes, et Jean Fraguier, clerc et auditeur des comptes, à vérifier et examiner les comptes des officiers du roi chargés des payements faits aux cantons des anciennes Ligues suisses, depuis 1521 jusqu'en 1531. Fontainebleau, 19 avril 1533. — 19 avril.

Bibl. nat., ms. fr. 15629, n° 53. (*Mention.*)

5682. Mandement au trésorier de l'épargne de bailler à Antoine Le Maçon, receveur général des finances en Bourgogne, 1,112 livres 3 sous 1 denier tournois pour le payement des gages des officiers de la Chambre des Comptes de Dijon, pendant le premier quartier de la présente année. Fontainebleau, 19 avril 1533. — 19 avril.

Bibl. nat., ms. fr. 15629, n° 69. (*Mention.*)

5683. Mandement au trésorier de l'épargne de bailler à Guillaume Quinette, receveur et payeur des gages des officiers de la Cour des Aides de Paris, 1,766 livres 17 sous 6 deniers tournois pour le premier quartier de la présente année. Fontainebleau, 20 avril 1533. — 20 avril.

Trois mandements semblables, de même date, pour les trois autres quartiers.

Bibl. nat., ms. fr. 15629, n°[s] 73, 161, 249 et 379. (*Mentions.*)

5684. Mandement à Jean Laguette de payer à Jean, bâtard Du Fay, lieutenant de la compagnie d'ordonnance commandée par le duc de Lor- — 21 avril.

raine, une somme de 500 écus soleil sur les deniers provenant de la résignation à survivance de l'office de grènetier de Reims, savoir : 1,000 livres pour sa pension de l'année 1530, et les 125 livres de surplus en don. Fontainebleau, 21 avril 1533 (1). 1533.

Original. Bibl. nat., ms. fr. 25721, n° 399. *Arch. nat., Acquits sur l'épargne*, J. 960[c], fol. 61 v°. (*Mention.*)

5685. Mandement au trésorier de l'épargne de bailler à Julien Bonacoursy, commis à tenir le compte et faire le payement de la solde des cent gentilshommes de la maison du roi commandés par le s[r] de Canaples, 10,675 livres tournois pour le premier quartier de la présente année. Fontainebleau, 21 avril 1533. 21 avril.

Trois mandements semblables, de même date, pour les trois autres quartiers.

Bibl. nat., ms. fr. 15629, n°s 37, 131, 228. (*Mentions.*)

5686. Mandement au trésorier de l'épargne de bailler à Guillaume Briçonnet, commis à tenir le compte et faire le payement des cent gentilshommes de l'hôtel du roi commandés par Louis de Nevers, 10,425 livres tournois pour le premier quartier de la présente année. Fontainebleau, 21 avril 1533. 21 avril.

Trois mandements semblables, de même date, pour les trois autres quartiers.

Bibl. nat., ms. fr. 15629, n°s 42, 227, 342. (*Mentions.*)

5687. Quatre mandements au trésorier de l'épargne de bailler à Jean Chartier, commis à tenir le compte et faire le payement de la solde des archers français de la garde du roi commandés par le sénéchal d'Agenais, 7,472 livres 16 sous 3 deniers tournois pour chacun des premier et troisième quartiers, et 8,838 livres 2 sous 6 deniers tournois pour le deuxième et 21 avril.

(1) Le 22 avril, suivant le rôle d'expéditions des *Acquits sur l'épargne*.

le quatrième quartiers de la présente année. Fontainebleau, 21 avril 1533. 1533.

Bibl. nat., ms. fr. 15629, nos 38, 127, 221 et 325. (*Mentions.*)

5688. Mandement au trésorier de l'épargne de bailler à Jean de Vaulx, commis à tenir le compte et faire le payement des archers français de la garde du roi commandés par le sr de Chavigny, 7,427 livres 16 sous 3 deniers tournois pour le premier quartier de la présente année. Fontainebleau, 21 avril 1533. 21 avril.

Trois mandements semblables, de même date, pour les trois autres quartiers.

Bibl. nat., ms. fr. 15629, nos 27, 145, 220 et 318. (*Mentions.*)

5689. Quatre mandements au trésorier de l'épargne de bailler à Jacques Richier, commis à tenir le compte et faire le payement des archers français de la garde du roi commandés par le sr de Nançay, 7,427 livres 16 sous 3 deniers tournois pour chacun des premier et troisième quartiers, et 8,504 livres 17 sous 6 deniers tournois pour le deuxième et le quatrième quartiers de la présente année. Fontainebleau, 21 avril 1533. 21 avril.

Bibl. nat., ms. fr. 15629, nos 36, 132, 219 et 316. (*Mentions.*)

5690. Quatre mandements au trésorier de l'épargne de bailler à Jean Thizart, receveur et payeur de la solde, des montures et livrées d'hiver et d'été de la garde écossaise du roi commandée par le sr d'Aubigny, 8,182 livres tournois pour le premier quartier, 9,584 livres 16 sous tournois pour le second, 7,902 livres 17 sous 9 deniers pour le troisième, et 9,584 livres 16 sous tournois pour le dernier quartier de la présente année. Fontainebleau, 21 avril 1533. 21 avril.

Bibl. nat., ms. fr. 15629, nos 26, 126, 222 et 323. (*Mentions.*)

5691. Mandement au trésorier de l'épargne de bailler à Jean Duval, commis à tenir le compte et 21 avril.

faire le payement des Cent-Suisses de la garde du roi, 4,100 livres tournois pour le second quartier de la présente année. Fontainebleau, 21 avril 1533. 1533.

Bibl. nat., ms. fr. 15629, n° 130. (*Mention.*)

5692. Mandement au trésorier de l'épargne de bailler à Jean Cheyleu, receveur et payeur des gages des prévôt, lieutenant, greffier et archers de l'hôtel du roi, 2,150 livres tournois pour le premier quartier de la présente année. Fontainebleau, 21 avril 1533. 21 avril.

Trois mandements semblables, de même date, pour les trois autres quartiers.

Bibl. nat., ms. fr. 15629, n°s 24, 135, 243 et 334. (*Mentions.*)

5693. Mandement au trésorier de l'épargne de bailler à Jean Crosnier, trésorier de la marine de Provence, 29,895 livres tournois pour l'entretien de seize galères sur les côtes de Provence, pendant le premier quartier de l'année courante, soit 9,225 livres tournois à M. le Grand Maître pour cinq galères lui appartenant, 11,070 livres au baron de Saint-Blancard pour six galères appartenant au roi, 5,535 livres au capitaine Madelon d'Ornezan pour trois galères appartenant au roi, et 3,680 livres au capitaine Jonas pour deux galères, dont l'une lui appartient et l'autre au roi. Fontainebleau, 21 avril 1533. 21 avril.

Bibl. nat., ms. fr. 15629, n° 39. (*Mention.*)

5694. Mandement au trésorier de l'épargne de bailler à Pierre Le Bossu, receveur des émoluments des officiers de la Cour des Monnaies de Paris, 750 livres tournois pour leurs gages du premier quartier de la présente année. Fontainebleau, 21 avril 1533. 21 avril.

Trois mandements semblables, de même date, pour les trois autres quartiers.

Bibl. nat., ms. fr. 15629, n°s 70, 155, 254 et 380. (*Mentions.*)

5695. Mandement au trésorier de l'épargne de bailler à Jean Lombard, receveur et payeur des gages des officiers du Parlement de Bordeaux, 4,576 livres 11 sous 3 deniers tournois pour le premier quartier de la présente année. Fontainebleau, 21 avril 1533. — 1533. 21 avril.

Trois mandements semblables, de même date, pour les trois autres quartiers.

Bibl. nat., ms. fr. 15629, n° 99, 180, 299 et 359. (*Mentions.*)

5696. Mandement au trésorier de l'épargne de bailler à Claude Du Champ, receveur et payeur des gages des officiers du Parlement de Dijon, 1,615 livres 10 sous tournois pour le premier quartier de la présente année. Fontainebleau, 21 avril 1533. — 21 avril.

Trois mandements semblables, de même date, pour les trois autres quartiers.

Bibl. nat., ms. fr. 15629, n° 68, 154, 272 et 351. (*Mentions.*)

5697. Mandement au trésorier de l'épargne de bailler à Antoine Le Maçon, receveur général des finances en Bourgogne, 1,112 livres 3 sous 1 denier tournois pour les gages des officiers de la Chambre des Comptes de Dijon durant le second quartier de la présente année. Fontainebleau, 21 avril 1533. — 21 avril.

Deux mandements semblables pour les troisième et quatrième quartiers.

Bibl. nat., ms. fr. 15629, n° 157, 266 et 375. (*Mentions.*)

5698. Mandement au trésorier de l'épargne de bailler à Antoine Demay, receveur et payeur des gages des officiers de la Chambre des Comptes de Montpellier, 592 livres 10 sous tournois pour le premier quartier de la présente année. Fontainebleau, 21 avril 1533. — 21 avril.

Trois mandements semblables, de même date, pour les trois autres quartiers.

Bibl. nat., ms. fr. 15629, n° 71, 173, 281 et 360. (*Mentions.*)

5699. Mandement au trésorier de l'épargne de bailler à Antoine Périé, receveur et payeur des gages des officiers de la Cour des Aides de Montpellier, 561 livres 5 sous tournois pour le premier quartier de l'année courante. Fontainebleau, 21 avril 1533. 1533. 21 avril.

Trois mandements semblables, de même date, pour les trois autres quartiers.

Bibl. nat., ms. fr. 15629, n°s 97, 177, 302 et 402. (*Mentions.*)

5700. Mandement au trésorier de l'épargne de bailler à Héluin Du Lin, receveur et payeur des gages des officiers du Parlement de Rouen, 3,727 livres 3 sous 9 deniers tournois, complétant les 4,477 livres 3 sous 9 deniers tournois du premier quartier de l'année courante. Fontainebleau, 21 avril 1533. 21 avril.

Trois mandements de 4,477 livres 3 sous 9 deniers tournois pour les trois autres quartiers.

Bibl. nat., ms. fr. 15629, n°s 74, 156, 248 et 357. (*Mentions.*)

5701. Mandement au trésorier de l'épargne de bailler à Robert Baratte, receveur et payeur des gages des officiers de la Cour des Aides de Rouen, 707 livres 6 sous 11 deniers tournois pour le premier quartier de la présente année. Fontainebleau, 21 avril 1533. 21 avril.

Trois mandements semblables, de même date, pour les trois autres quartiers.

Bibl. nat., ms. fr. 15629, n°s 84, 167, 240 et 413. (*Mentions.*)

5702. Mandement au trésorier de l'épargne de bailler à Pierre Potier, receveur et payeur des gages des officiers du Parlement de Toulouse, 4,938 livres 8 sous 4 deniers tournois pour le premier quartier de la présente année. Fontainebleau, 21 avril 1533. 21 avril.

Deux autres mandements, de même date, pour le troisième et le quatrième quartiers. 1533.

Enreg. au Parl. de Toulouse. Arch. de la Haute-Garonne, Édits, reg. 4, fol. 4. 4 pages.
Bibl. nat., ms. fr. 15629, n°s 72, 246 et 396. (*Mentions.*)

5703. Mandement au trésorier de l'épargne de payer à Jean Legrand et à Jean Canu, gardes de la forêt de Carnelle, 120 livres tournois, soit 60 livres à chacun d'eux pour l'année 1532. Fontainebleau, 21 avril 1533. 21 avril.

Bibl. nat., ms. fr. 15628, n° 549. (*Mention.*)

5704. Mandement au trésorier de l'épargne de payer 120 livres tournois à Guillaume de La Fontaine, capitaine de la forêt de Halatte, à Simon de Bury, Martin de Seilly, Robert Morette et François Nicot, gardes, 60 livres tournois à chacun, soit en tout 360 livres tournois pour l'année 1532. Fontainebleau, 21 avril 1533. 21 avril.

Bibl. nat., ms. fr. 15628, n° 551. (*Mention.*)

5705. Mandement au trésorier de l'épargne de payer à Guillaume Perrot, dit le Breton, Simon Delahaye, Jean Bucquet, Jean Vaudry, dit la Morlaye, Isaac Bucquet et Hervé Mancart, gardes des forêts de Cuise et Rets-lez-Compiègne, 360 livres tournois pour leurs gages de l'année 1532. Fontainebleau, 21 avril 1533. 21 avril.

Bibl. nat., ms. fr. 15628, n° 562. (*Mention.*)

5706. Mandement pour faire payer par quartier à Alexandre Charruau, chargé du transport des ustensiles servant au Conseil privé, 240 livres tournois, tant pour la dépense de deux chevaux et d'un charretier, que pour ses gages de la présente année. Fontainebleau, 22 avril 1533. 22 avril.

Arch. nat., Acquits sur l'épargne, J. 960°, fol. 60 v°. (*Mention.*)

5707. Don au capitaine Jean-Francisque Corbette, gengilhomme napolitain, de 400 livres tournois pour sa pension de la présente année, laquelle 22 avril.

somme lui sera payée par quartier. Fontainebleau, 22 avril 1533. 1533.

Arch. nat., Acquits sur l'épargne, J. 960°, fol. 60 v°. (*Mention.*)

5708. Mandement pour faire rembourser à Jean Barrillon, notaire et secrétaire du roi, 18 livres tournois qu'il a payées pour le port de lettres de M. le Légat au roi, à Anet. Fontainebleau, 22 avril 1533. 22 avril.

Arch. nat., Acquits sur l'épargne, J. 960°, fol. 61. (*Mention.*)

5709. Mandement pour faire rembourser à Jean de La Forêt, notaire et secrétaire du roi, 112 écus soleil qu'il a avancés de ses deniers pour payer six chevaucheurs d'écurie envoyés vers les baillis et sénéchaux du royaume, leur porter des lettres missives et ordonnances touchant les lods et ventes, reliefs, treizièmes et autres droits seigneuriaux. Fontainebleau, 22 avril 1533. 22 avril.

Arch. nat., Acquits sur l'épargne, J. 960°, fol. 61. (*Mention.*)

5710. Permission à Jean Ruzé, naguère receveur général d'Outre-Seine, de vendre de ses biens immeubles et héritages pour payer ce dont il est redevable envers le roi sur ladite recette générale, et en bailler les deniers à Jean Laguette, receveur général des finances extraordinaires et parties casuelles. Fontainebleau, 22 avril 1533. 22 avril.

Arch. nat., Acquits sur l'épargne, J. 960°, fol. 61. (*Mention.*)

5711. Permission à Jean Sapin, naguère receveur général de Languedoil, de vendre de ses biens immeubles pour s'acquitter envers le roi de ce qu'il lui redoit sur ladite recette générale. Fontainebleau, 22 avril 1533. 22 avril.

Arch. nat., Acquits sur l'épargne, J. 960°, fol. 61 v°. (*Mention.*)

5712. Mandement au trésorier de l'épargne de payer à Jacques de Genouilhac, dit Galyot, grand 22 avril.

écuyer et chevalier de l'ordre, la somme de 10,000 livres tournois pour sa pension de l'année 1532, sur les deniers provenant des offices de vicomte d'Avranches et de receveur des tailles à Meaux. Fontainebleau, 22 avril 1533. 1533.

Arch. nat., Acquits sur l'épargne, J. 960[c], fol. 61 v°. (*Mention.*)

5713. Mandement au trésorier de l'épargne de payer à Jacques Bernard, maître de la chambre aux deniers du roi, 15,000 livres tournois pour l'ordinaire de son office pendant le deuxième quartier de la présente année. Fontainebleau, 22 avril 1533. 22 avril.

Deux mandements semblables, de même date, pour les troisième et quatrième quartiers.

Bibl. nat., ms. fr. 15629, n°s 105, 207 et 305. (*Mentions.*)

5714. Mandement au trésorier de l'épargne de payer à Jacques Bernard 1,250 livres tournois, pour employer à l'achat et à la réparation du linge, de la vaisselle, etc., de l'office du roi pendant le premier quartier de la présente année. Fontainebleau, 22 avril 1533. 22 avril.

Trois mandements semblables, de même date, pour les trois autres quartiers.

Bibl. nat., ms. fr. 15629, n°s 32, 106, 208 et 306. (*Mentions.*)

5715. Mandement au trésorier de l'épargne de payer à Gaspard d'Avrigny, Guillaume de Quiessé, Antoine de Tessommac, dit Fabrice, Pierre Gentil, Pierre Loubet, Jean de Magnac, Georges de Genève et René du Cornet, 480 livres tournois, soit 60 livres à chacun, que le roi leur a données en les mettant hors de page, afin de les aider à se monter pour l'aller servir dans ses compagnies d'ordonnance. Fontainebleau, 22 avril 1533. 22 avril.

Bibl. nat., ms. fr. 15629, n° 25. (*Mention.*)

5716. Mandement au trésorier de l'épargne de payer 22 avril.

à Georges Gritty, fils du doge de Venise, 22,500 livres tournois pour le rembourser de pareille somme que, sur la prière du roi transmise par Antoine de Rincon, ambassadeur de France en Hongrie, il prêta au roi de Hongrie en l'année 1529. Fontainebleau, 22 avril 1533. 1533.

Bibl. nat., ms. fr. 15629, n° 196. (*Mention.*) *Arch. nat.*, *Acquits sur l'épargne*, J. 960^{c}, fol. 62. (*Mention.*)

5717. Mandement au trésorier de l'épargne de payer à Marguerite et à Catherine Pie, sœurs et héritières du feu comte de Carpi et de Cécile Orsini, 25,000 livres tournois en déduction des 98,804 livres 16 sous 6 deniers tournois dus au défunt par le roi. Fontainebleau, 22 avril 1533. 22 avril.

Bibl. nat., ms. fr. 15629, n° 520. (*Mention.*) *Arch. nat.*, *Acquits sur l'épargne*, J. 960^{c}, fol. 62. (*Mention.*)

5718. Lettres portant que les deniers communs de la ville de Paris devront être affectés intégralement, jusqu'à ordre contraire, à la construction du nouvel hôtel de ville. Fontainebleau, 23 avril 1533. 23 avril.

Original. Arch. nat., K. 954, n° 39.

5719. Permission aux prévôt des marchands et échevins de Paris d'utiliser la saillie de l'église du Saint-Esprit en Grève pour la construction du nouvel hôtel de ville. Fontainebleau, 23 avril 1533. 23 avril.

Original. Arch. nat., K. 954, n° 40.

5720. Confirmation des lettres données à Guise, le 23 novembre 1531 (n° 4304), prescrivant aux officiers delphinaux de prêter leur appui à François Vachon. Fontainebleau, 23 avril 1533. 23 avril.

Enreg. à la Chambre des Comptes de Grenoble. Arch. de l'Isère, B. 2909, cah. 24, fol. 245 v°. 5 pages.

5721. Mandement au trésorier de l'épargne de payer à 23 avril.

Pierre Duval, trésorier des menus plaisirs du roi, 2,937 livres 10 sous tournois pour l'achat de velours, draps de soie, or filé, broderies, etc., et pour la façon d'une litière que le roi veut envoyer en Angleterre en don à la marquise de..... [1]. Fontainebleau, 23 avril 1533. 1533.

Bibl. nat., ms. fr. 15629, n° 43. (*Mention.*)

5722. Mandement au trésorier de l'épargne de payer à Jeanne de Saint-Séverin, veuve de Charles de Rohan, chevalier de l'ordre, comte de Guise et s^r de Gyé, 2,000 livres tournois en dédommagement des revenus du comté de Guise dont il n'avait pu jouir pendant la guerre, à cause du voisinage de la frontière. Fontainebleau, 23 avril 1533. 23 avril.

Bibl. nat., ms. fr. 15629, n° 197. (*Mention.*)

5723. Mandement au trésorier de l'épargne de payer à Guillaume Vandrinpel, gentilhomme de la maison de Sedan, 400 livres tournois en payement des frais de plusieurs voyages qu'il a faits pour le roi depuis un an. Fontainebleau, 23 avril 1533. 23 avril.

Bibl. nat., ms. fr. 15629, n° 802. (*Mention.*)
Arch. nat., *Acquits sur l'épargne*, J. 960?, fol. 66 v°. (*Mention.*)

5724. Don à la reine de Navarre du revenu des greniers et chambres à sel établis à Alençon, Domfront, Verneuil, Exmes et Bellême, et des amendes, forfaitures et confiscations qui y écherront durant la présente année. Fontainebleau, 24 avril 1533. 24 avril.

Arch. nat., *Acquits sur l'épargne*, J. 960°, fol. 58 v°. (*Mention.*)

5725. Don à Jacques de La Varade, avocat au Parlement de Paris, de tous les biens meubles et immeubles de feu Laurent Breton, Italien, adjugés au roi par droit d'aubaine, ledit Breton n'ayant obtenu lettres de naturalité ni 24 avril.

[1] Le nom est resté en blanc.

IMPRIMERIE NATIONALE.

permission de tester. Fontainebleau, 24 avril 1533. 1533.

Arch. nat., Acquits sur l'épargne, J. 960[b], fol. 58 v°. (*Mention.*)

5726. Permission à Louis de Saint-Simon, s[r] du Plessier-Choisel (aujourd'hui Plessis-Chamant), de jouir en sa maison de Senlis, où il réside actuellement, du droit d'usage qu'il a coutume de prendre d'ancienneté tant pour son chauffage que pour bâtir, en la forêt de Halatte, à cause de sa maison, terre et seigneurie du Plessier-Choisel, et ce jusqu'à ce qu'il ait fait reconstruire pour y demeurer sadite maison du Plessier qui est toute ruinée. Fontainebleau, 24 avril 1533. 24 avril.

Arch. nat., Acquits sur l'épargne, J. 960[b], fol. 58 v°. (*Mention.*)

5727. Mandement au receveur ordinaire de Crécy-en-Brie de payer chaque année, pendant neuf ans, à Jean Drouyn, s[r] de Maucouvent, lieutenant garde de la forêt de Crécy, 50 livres tournois sur les deniers provenant de la coupe de l'herbe qui croît dans les étangs de Besmes et de la Fourcière de Becoiseau (paroisse de Mortcerf). Fontainebleau, 24 avril 1533. 24 avril.

Arch. nat., Acquits sur l'épargne, J. 960[c], fol. 59. (*Mention.*)

5728. Lettres portant que le s[r] Du Biez recevra tous les revenus des terres et seigneuries d'Airaines, Arguel et Rouvroy, depuis le jour de la saisie faite par les commissaires du domaine jusqu'à ce que ledit Du Biez soit complètement remboursé d'une somme de 10,000 livres pour laquelle ces terres lui ont été engagées. Fontainebleau, 24 avril 1533. 24 avril.

Arch. nat., Acquits sur l'épargne, J. 960[c], fol. 59. (*Mention.*)

5729. Mandement pour faire bailler au s[r] de Marguerites, huissier de la chambre du roi, le revenu de la métairie de la Grange, près Castres, durant quatre années, restant des 24 avril.

quatorze pour lesquelles le roi lui en avait fait don, en dédommagement de ses gages de capitaine de Leucate qui lui étaient dus de dix mois, à raison de 50 livres par mois, les quatre années devant commencer du jour de la saisie de ladite métairie par les commissaires du domaine. Fontainebleau, 24 avril 1533. — 1533.

Arch. nat., Acquits sur l'épargne, J. 960°, fol. 59 v°. (*Mention.*)

5730. Don et remise faite, suivant l'avis du conseil et des trésoriers de France, à Pierre Véron, prisonnier en la Conciergerie, d'une amende de 400 livres parisis prononcée contre lui par sentence du grand maître des Eaux et forêts. Fontainebleau, 24 avril 1533. — 24 avril.

Arch. nat., Acquits sur l'épargne, J. 960°, fol. 59 v°. (*Mention.*)

5731. Don au comte de Saint-Pol de tous les biens confisqués de Pons et de Charles de Caillué et de leurs complices, condamnés par arrêt du Parlement de Toulouse de l'an 1527. Fontainebleau, 24 avril 1533. — 24 avril.

Arch. nat., Acquits sur l'épargne, J. 960°, fol. 59 v°. (*Mention.*)

5732. Mandement au receveur général de l'extraordinaire et des parties casuelles de payer à Pierre Dumoulin, sommelier d'échansonnerie, 45 livres tournois pour ses gages du premier quartier de l'année courante. Fontainebleau, 24 avril 1533. — 24 avril.

Arch. nat., Acquits sur l'épargne, J. 960°, fol. 60. (*Mention.*)

5733. Mandement au receveur des parties casuelles de payer à Claude Gauldry, sommelier d'échansonnerie du roi, la somme de 45 livres tournois pour ses gages du premier quartier de l'année courante. Fontainebleau, 24 avril 1533. — 24 avril.

Arch. nat., Acquits sur l'épargne, J. 960°, fol. 60. *Mention.*)

5734. Don aux prévôt des marchands, échevins et habitants de Paris de 8 arpents de bois de haute futaie en la forêt de la Traconne, pour les aider à édifier leur hôtel de ville qu'ils « veullent reffaire de tout neuf ». Fontainebleau, 24 avril 1533. — 1533. 24 avril.

Arch. nat., Acquits sur l'épargne, J. 960[c], fol. 60. (*Mention.*)

5735. Lettres accordant rabais à Isaac Guérart et Robert Geoffroy, fermiers du quatrième du vin vendu en détail en la ville du Pont-de-l'Arche, de 150 livres tournois sur le prix de leur ferme pour l'année 1532. Fontainebleau, 24 avril 1533. — 24 avril.

Arch. nat., Acquits sur l'épargne, J. 960[c], fol. 60 v°. (*Mention.*)

5736. Don à Audarnacuer (*sic*) d'une somme de 120 écus pour avoir traduit au roi de latin en français plusieurs ouvrages de médecine et l'aider à se faire recevoir docteur. Fontainebleau, 24 avril 1533. — 24 avril.

Arch. nat., Acquits sur l'épargne, J. 960[c], fol. 60 v°. (*Mention.*)

5737. Mandement au trésorier de l'épargne de payer à Philibert Babou, trésorier de France, 3,150 livres tournois pour ses gages, chevauchées et pension de l'année 1532. Fontainebleau, 24 avril 1533. — 24 avril.

Bibl. nat., ms. fr. 15628, n° 581. (*Mention.*)

5738. Mandement au trésorier de l'épargne de payer au duc de Guise, gouverneur et lieutenant général du roi en Champagne et en Brie, 8,000 livres tournois en acompte sur sa pension et son état de gouverneur de l'année 1532. Fontainebleau, 24 avril 1533. — 24 avril.

Bibl. nat., ms. fr. 15628, n° 582. (*Mention.*)
Arch. nat., Acquits sur l'épargne, J. 960[c], fol. 65 v°. (*Mention.*)

5739. Mandement au trésorier de l'épargne de payer 525 livres tournois à Nicolas de Neufville, — 24 avril.

sr de Villeroy, ancien trésorier de France, et 1533.
2,625 livres tournois à Jean Grolier, nommé trésorier de France à la place de Nicolas de Neufville, pour leurs gages de l'année 1532. Fontainebleau, 24 avril 1533.

Bibl. nat., ms. fr. 15628, n° 583. (*Mention.*)

5740. Mandement au trésorier de l'épargne de payer à plusieurs jeunes Suisses, étudiants à l'Université de Paris et nommés dans un rôle en parchemin, 450 livres tournois pour le deuxième quartier de la présente année. Fontainebleau, 24 avril 1533. 24 avril.

Bibl. nat., ms. fr. 15629, n° 40. (*Mention.*)
Arch. nat., *Acquits sur l'épargne*, J. 960e, fol. 66 v°. (*Mention.*)

5741. Mandement au trésorier de l'épargne de payer à Jacques Bernard, maître de la chambre aux deniers du roi, 3,978 livres 3 sous tournois, complétant les 5,058 livres 3 sous tournois à lui précédemment ordonnés, tant pour le reliquat de l'année 1532 que pour le premier quartier de la présente année. Fontainebleau, 24 avril 1533. 24 avril.

Bibl. nat., ms. fr. 15629, n° 47. (*Mention.*)
Arch. nat., *Acquits sur l'épargne*, J. 960e, fol. 66 v°. (*Mention.*)

5742. Mandement au trésorier de l'épargne de payer à Jean Poussin, dit Vendôme, l'un des huissiers du Conseil privé, 240 livres tournois pour ses gages durant les années 1531 et 1532. Fontainebleau, 24 avril 1533. 24 avril.

Bibl. nat., ms. fr. 15629, n° 55. (*Mention.*)
Arch. nat., *Acquits sur l'épargne*, J. 960e, fol. 65 v°. (*Mention.*)

5743. Mandement au trésorier de l'épargne de payer à Héluin Du Lin, commis à recevoir et distribuer les pensions dues aux Ligues de Suisse et à plusieurs personnes de ce pays, 99,700 livres tournois, complétant les 77,000 écus promis par le roi pour le terme de la Chandeleur passée, et 1,700 livres pour les frais 24 avril.

du transport de cette somme de France en Suisse. Fontainebleau, 24 avril 1533. 1533.

Bibl. nat., ms. fr. 15629, n° 78. (*Mention.*)
Arch. nat., *Acquits sur l'épargne*, J. 960[c], fol. 63 v°. (*Mention.*)

5744. Mandement au trésorier de l'épargne de payer à Héluin Du Lin 100,000 livres tournois pour employer au fait sa commission concernant les Suisses. Fontainebleau, 24 avril 1533. 24 avril.

Bibl. nat., ms. fr. 15629, n° 79. (*Mention.*)
Arch. nat., *Acquits sur l'épargne*, J. 960[c], fol. 63 v°. (*Mention.*)

5745. Mandement au trésorier de l'épargne de payer à Thomas de Cardi, dit le chevalier, écuyer ordinaire de l'écurie du roi, 1,400 livres tournois en dédommagement des dépenses qu'il a faites pour les réparations de l'hôtel d'Angoulême situé à côté de celui des Tournelles, à Paris. Fontainebleau, 24 avril 1533. 24 avril.

Bibl. nat., ms. fr. 15629, n° 142. (*Mention.*)
Arch. nat., *Acquits sur l'épargne*, J. 960[c], fol. 66. (*Mention.*)

5746. Mandement au trésorier de l'épargne de payer à Pierre de Tonay, dit Domandoys [1], fauconnier du roi, 400 livres tournois en récompense des soins qu'il donne aux oiseaux de la chambre du roi. Fontainebleau, 24 avril 1533. 24 avril.

Bibl. nat., ms. fr. 15629, n° 801. (*Mention.*)
Arch. nat., *Acquits sur l'épargne*, J. 960[c], n° 62 v°. (*Mention.*)

5747. Mandement au trésorier de l'épargne de payer à Alof de L'Hôpital, s[r] de Choisy, gouverneur de la forêt de Bière et capitaine du château de Fontainebleau, 1,200 livres tournois pour son état de gouverneur et de capitaine pendant l'année 1532. Montargis, 26 avril 1533. 26 avril.

Bibl. nat., ms. fr. 15629, n° 169. (*Mention.*)

5748. Mandement au trésorier de l'épargne de payer à Jacques Collin, abbé commendataire de Saint- 26 avril.

[1] *Var.* « de Truay, dit de Truandois. » (J. 960[c]).

Ambroise, 600 livres tournois pour une mission d'importance qu'il va remplir auprès de certains personnages du pays de Gueldres. Montargis, 26 avril 1533. 1533.

Bibl. nat., ms. fr. 15629, n° 703. (*Mention.*)
Arch. nat., *Acquits sur l'épargne*, J. 960[e], fol. 64. (*Mention.*)

5749. Mandement au trésorier de l'épargne de payer à Jean Bourdineau 4,000 livres tournois pour le transport de la vaisselle d'or et d'argent du roi, des tapisseries et autres meubles que Sa Majesté a ordonné de prendre aux châteaux du Louvre, de Blois et d'Amboise et d'envoyer en Provence, à l'occasion de l'entrevue qui doit avoir lieu entre le pape et le roi. Châtillon-sur-Loing, 27 avril 1533. 27 avril.

Bibl. nat., ms. fr. 15629, n° 33. (*Mention.*)
Arch nat., *Acquits sur l'épargne*, J. 960e, fol. 64. (*Mention.*)

5750. Commission adressée à Foulques d'Aurillac, président au Parlement de Grenoble, et au sieur de Boutières, maître d'hôtel du roi, de procéder au recouvrement des deniers de la charge de Dauphiné et de les envoyer au Louvre, à Paris. Gien, 27 avril 1533. 27 avril.

Enreg. au Parl. de Grenoble, le 7 novembre 1533.
Arch. de l'Isère, Chambre des Comptes de Grenoble, B. 2909, cah. xxx. 6 pages.

5751. Commission à Jean Bourdineau, clerc des offices de l'hôtel du roi, de transporter certains meubles des châteaux de Blois, d'Amboise et du Louvre en Languedoc et en Provence pour le voyage de Sa Majesté. Gien, 27 avril 1533. 28 avril.

Copie du xvie siècle. Bibl. nat., ms. fr. 10390, fol. 3.

5752. Mandement au trésorier de l'épargne de payer à Pierre Duval, trésorier des menus plaisirs du roi, 1,547 livres 7 sous 2 deniers tournois pour le payement à Regnault, orfèvre, de chaînes carrées d'argent pour broderies, d'une ceinture d'or, de l'enchâssement de trois dia- 28 avril.

mants, d'une chaîne d'or émaillée de noir et de blanc, et de deux patenôtres de cristal. Gien, 28 avril 1533. 1533.

Bibl. nat., ms. fr. 15629. (*Mention.*)
Arch. nat., *Acquits sur l'épargne*, J. 960[c], fol. 64. (*Mention.*)

5753. Mandement au trésorier de l'épargne de payer à Pierre Guérin, chevaucheur de l'écurie, 264 livres tournois complétant les 444 livres tournois que le roi lui a ordonnées pour un voyage qu'il a fait, du 28 janvier 1532 au 14 avril 1533, vers Claude Dodieu, ambassadeur auprès de l'empereur. Gien-sur-Loire, 28 avril 1533. 28 avril.

Bibl. nat., ms. fr. 15629, n° 56. (*Mention.*)
Arch. nat., *Acquits sur l'épargne*, J. 960[c], fol. 63. (*Mention.*)

5754. Mandement au trésorier de l'épargne de payer à Claude Dodieu, s[r] de Vély, ambassadeur auprès de Charles-Quint, 2,105 livres tournois complétant les 13,000 livres que le roi lui a ordonnées pour avoir accompagné l'empereur en Flandre, en Allemagne et en Italie, pendant sept cents jours. Gien-sur-Loire, 28 avril 1533. 28 avril.

Bibl. nat., ms. fr. 15629, n° 91. (*Mention.*)
Arch. nat., *Acquits sur l'épargne*, J. 960[c], fol. 62 v°. (*Mention.*)

5755. Mandement au trésorier de l'épargne de payer à Claude Dodieu 4,199 livres 12 sous 6 deniers tournois pour le rembourser de pareille somme qu'il a dépensée en courriers, voyages, etc. Gien-sur-Loire, 28 avril 1533. 28 avril.

Bibl. nat., ms. fr. 15629, n° 92. (*Mention.*)
Arch. nat., *Acquits sur l'épargne*, J. 960[c], fol. 62 v°. (*Mention.*)

5756. Mandement au trésorier de l'épargne de payer à plusieurs gentilshommes 8,200 livres par manière de pension pour l'année 1532, savoir : 2,000 livres à Alfonse de Saint-Séverin, duc de Somma; 500 livres à Alberic Caraffa, duc 28 avril.

d'Ariano; 200 à Ferrente Caraffa, comte de Montesarchio; 200 à Louis d'Allemagne, comte de Bucino; 200 à Georges d'Allemagne, son frère; 200 à Jean-François d'Allemagne, prince d'Astilliano; 400 à François de Saint-Séverin; 100 à Robert de Saint-Séverin, son frère; 200 à Jean-Michel de Mora, baron de Faval; 100 à son frère, Lambert de Mora; 100 à Annibal Caracciolo; 100 à Jacques Caracciolo; 100 à Marc-Antoine; 100 à Jean-Vincent Gambarreta; 800 à César Imperiale, Sicilien; 300 à Jean-Jacques de Castion; 100 à Marc-Antoine de Ricardis; 600 à Morran Carton; 600 à Jean-Baptiste Tahuret, s^r de Sarreval; 800 à Emilio de la Cavriane, et 100 à Cosme Dario, Albanais. Gien, 28 avril 1533. 1533.

Bibl. nat., ms. fr. 15629, n° 195. (*Mention.*)
Arch. nat., Acquits sur l'épargne, J. 960e, fol. 64 v°. (*Mention.*)

5757. Confirmation du don fait à Suzanne de Bourbon, veuve de Claude de Rieux, comte d'Harcourt, des droits et profits revenant au roi à cause de la garde des biens de Claude d'Harcourt, son fils, dévolue à Sa Majesté par suite de la minorité de celui-ci. 29 avril 1533. 29 avril.

Enreg. à la Chambre des Comptes de Paris, le 2 janvier 1534 n. s., anc. mém. 2 G, fol. 86. *Arch. nat., invent.* PP. 136, p. 392. (*Mention.*)

5758. Mandement au trésorier de l'épargne de payer 360 livres tournois au capitaine et aux gardes de la forêt de Loches pour leurs gages de l'année 1532. Gien-sur-Loire, 29 avril 1533. 29 avril.

Bibl. nat., ms. fr. 15628, n° 560. (*Mention.*)
Arch. nat., Acquits sur l'épargne, J. 960e, fol. 64 v°. (*Mention.*)

5759. Mandement au trésorier de l'épargne de payer à Charles du Breuil, s^r de Villiers, 100 livres tournois destinées aux frais de poursuite et de prise de certains particuliers errant aux environs d'Aubigny, et soupçonnés d'avoir fabri- 29 avril.

qué de la fausse monnaie. Aubigny-sur-Nère, 29 avril 1533. 1533.

Bibl. nat., ms. fr. 15629, n° 614. (*Mention.*)
Arch. nat., *Acquits sur l'épargne*, J. 960[c], fol. 72. (*Mention.*)

5760. Mandement au trésorier de l'épargne de payer à Emond Moullon, marchand de Lyon, demeurant à Rouen, 60 livres tournois pour être venu trouver le roi. Aubigny-sur-Nère, 29 avril 1533. 29 avril.

Bibl. nat., ms. fr. 15629, n° 800. (*Mention.*)
Arch. nat., *Acquits sur l'épargne*, J. 960[c], fol. 72. (*Mention.*)

5761. Mandement au trésorier de l'épargne de bailler à Nicolas de Troyes, argentier du roi, 4,750 livres tournois pour employer à son office pendant le premier quartier de l'année courante. Aubigny-sur-Nère, 30 avril 1533. 30 avril.

Trois mandements semblables, de même date, pour les trois autres quartiers.

Bibl. nat., ms. fr. 15629, n°s 52, 143, 233 et 324. (*Mentions.*)

5762. Mandement au trésorier de l'épargne de bailler à Pierre Rousseau, receveur et payeur des menus plaisirs de la chambre du dauphin, des ducs d'Orléans et d'Angoulême, 1,250 livres tournois pour le deuxième quartier de la présente année. Aubigny-sur-Nère, 30 avril 1533. 30 avril.

Deux mandements semblables, de même date, pour les deux derniers quartiers.

Bibl. nat., ms. fr. 15629, n°s 120, 226 et 314. (*Mentions.*)

5763. Mandement au trésorier de l'épargne de bailler à Pierre Rousseau, chargé des recettes et des payements de l'argenterie du dauphin, des ducs d'Orléans et d'Angoulême, 3,750 livres tournois pour le deuxième quartier de la présente année. Aubigny-sur-Nère, 30 avril 1533. 30 avril.

Deux mandements semblables, de même date, pour les deux derniers quartiers.

Bibl. nat., ms. fr. 15629, n°s 119, 224 et 313. (*Mentions.*)

5764. Mandement au trésorier de l'épargne de bailler à Pierre Rousseau, receveur et payeur des gages des officiers de la maison du dauphin, des ducs d'Orléans et d'Angoulême, 13,512 livres 10 sous tournois pour le deuxième quartier de la présente année. Aubigny-sur-Nère, 30 avril 1533. — 1533. 30 avril.

Deux mandements semblables, de même date, pour les deux derniers quartiers.

Bibl. nat., ms. fr. 15629, nos 118, 225 et 312. (*Mentions.*)

5765. Mandement au trésorier de l'épargne de bailler à Pierre Rousseau, commis à tenir le compte et faire les payements de la chambre aux deniers du dauphin, des ducs d'Orléans et d'Angoulême, 11,437 livres 10 sous tournois pour le deuxième trimestre de la présente année. Aubigny-sur-Nère, 30 avril 1533. — 30 avril.

Deux mandements semblables, de même date, pour les deux derniers quartiers.

Bibl. nat., ms. fr. 15629, nos 117, 223 et 311. (*Mentions.*)

5766. Quatre mandements au trésorier de l'épargne de bailler à Jean de Montdoucet, trésorier de l'artillerie, 9,000 livres tournois pour les gages des officiers de l'artillerie de chacun des premier et troisième quartiers de la présente année, et 8,892 livres 11 sous 6 deniers tournois pour chacun des second et quatrième quartiers. Aubigny-sur-Nère, 30 avril 1533. — 30 avril.

Bibl. nat., ms. fr. 15629, nos 65, 175, 242 et 414. (*Mentions.*)

5767. Mandement au trésorier de l'épargne de bailler à Florimond Charron, receveur et payeur des gages des officiers de la maison du roi, 49,096 livres 5 sous tournois pour le deuxième quartier de l'année courante. Aubigny-sur-Nère, 30 avril 1533. — 30 avril.

Deux mandements semblables, de même date, pour les deux derniers quartiers.

Bibl. nat., ms. fr. 15629, nos 115, 206 et 304. (*Mentions.*)

5768. Mandement au trésorier de l'épargne de bailler à Guillaume de Villemontée, trésorier de la vénerie et fauconnerie du roi, 11,599 livres 2 sous 6 deniers tournois pour le deuxième quartier de la présente année. Aubigny-sur-Nère, 30 avril 1533. — 1533. 30 avril.

Deux mandements semblables, de même date, pour les deux derniers quartiers.

Bibl. nat., ms. fr. 15629, n°s 125, 209 et 317. (*Mentions.*)

5769. Mandement au trésorier de l'épargne de bailler à Nicolas Vanderlaen 3,000 livres tournois pour les menus plaisirs de la reine, pendant le deuxième quartier de la présente année. Aubigny-sur-Nère, 30 avril 1533. — 30 avril.

Deux mandements semblables, de même date, pour les deux derniers quartiers.

Bibl. nat., ms. fr. 15629, n°s 111, 203 et 329. (*Mentions.*)

5770. Mandement au trésorier de l'épargne de bailler à Nicolas Vanderlaen 16,250 livres tournois pour la chambre aux deniers de la reine pendant le deuxième quartier de la présente année. Aubigny-sur-Nère, 30 avril 1533. — 30 avril.

Deux mandements semblables, de même date, pour les deux derniers quartiers.

Bibl. nat., ms. fr. 15629, n°s 110, 202 et 331. (*Mentions.*)

5771. Mandement au trésorier de l'épargne de bailler à Nicolas Vanderlaen 18,461 livres 10 sous tournois pour les gages des dames, demoiselles et officiers de la reine pendant le deuxième quartier de la présente année. Aubigny-sur-Nère, 30 avril 1533. — 30 avril.

Deux mandements semblables, de même date, pour les deux derniers quartiers.

Bibl. nat., ms. fr. 15629, n°s 109, 201 et 330. (*Mentions.*)

5772. Mandement au trésorier de l'épargne de bailler à Nicolas Vanderlaen, trésorier de la reine, — 30 avril.

9,000 livres tournois pour l'écurie de la reine, | 1533.
pendant le deuxième quartier de la présente année. Aubigny-sur-Nère, 30 avril 1533.

Deux mandements semblables, de même date, pour les deux derniers quartiers.

Bibl. nat., ms. fr. 15629, n°s 108, 205 et 332. (*Mentions.*)

5773. Mandement au trésorier de l'épargne de bailler à Nicolas Vanderlaen 1,500 livres tournois pour les menus de la reine, l'apothicairerie comprise, pendant le deuxième quartier de la présente année. Aubigny-sur-Nère, 30 avril 1533. — 30 avril.

Deux mandements semblables, de même date, pour les deux derniers quartiers.

Bibl. nat., ms. fr. 15629, n°s 112, 204 et 328. (*Mentions.*)

5774. Mandement au trésorier de l'épargne de bailler à François Malvault, receveur et payeur de l'écurie du roi, 17,423 livres 10 sous tournois pour le deuxième quartier de la présente année. Aubigny-sur-Nère, 30 avril 1533. — 30 avril.

Deux mandements semblables, de même date, pour les deux derniers quartiers.

Bibl. nat., ms. fr. 15629, n°s 113, 211, 307. (*Mentions.*)

5775. Mandement au trésorier de l'épargne de bailler à François Charbonnier, trésorier des offrandes et aumônes du roi, 1,500 livres tournois pour le deuxième quartier de la présente année. Aubigny-sur-Nère, 30 avril 1533. — 30 avril.

Bibl. nat., ms. fr. 15629, n° 114. (*Mention.*)

5776. Mandement au trésorier de l'épargne de bailler à Victor Barguin, trésorier de Mesdames, 7,507 livres 10 sous tournois pour les gages des dames, demoiselles et officiers de leur maison pendant le premier quartier de l'année courante. Aubigny-sur-Nère, 30 avril 1533. — 30 avril.

Trois mandements semblables, de même date, pour les trois autres quartiers.

Bibl. nat., ms. fr. 15629, n°s 48, 121, 215 et 320. (*Mentions.*)

5777. Mandement au trésorier de l'épargne de bailler à Victor Barguin 2,750 livres tournois, soit 1,500 livres pour l'argenterie de Mesdames, 1,000 livres pour celles des filles et demoiselles de leur maison, et 250 livres pour leur apothicairerie, pendant le premier quartier de l'année courante. Aubigny-sur-Nère, 30 avril 1533. — 1533. 30 avril.

Trois mandements semblables, de même date, pour les trois autres quartiers.

Bibl. nat., ms. fr. 15629, n°s 49, 124, 217 *bis* et 321. (*Mentions.*)

5778. Mandement au trésorier de l'épargne de bailler à Victor Barguin 10,575 livres tournois pour la chambre aux deniers de Mesdames, pendant le premier quartier de la présente année. Aubigny-sur-Nère, 30 avril 1533. — 30 avril.

Trois mandements semblables, de même date, pour les trois autres quartiers.

Bibl. nat., ms. fr. 15629, n°s 50, 122, 217 et 319. (*Mentions.*)

5779. Mandement au trésorier de l'épargne de bailler à Victor Barguin 2,894 livres 10 sous tournois pour l'écurie de Mesdames, pendant le premier quartier de l'année courante. Aubigny-sur-Nère, 30 avril 1533. — 30 avril.

Trois mandements semblables, de même date, pour les trois autres quartiers.

Bibl. nat., ms. fr. 15629, n°s 51, 123, 216 et 322. (*Mentions.*)

5780. Mandement au trésorier de l'épargne de payer 562 livres 10 sous tournois à Guy Fleury, envoyé porter des lettres de François Ier au roi d'Écosse. Neuvy-sur-Barangeon, 30 avril 1533. — 30 avril.

Bibl. nat., ms. fr. 15629, n° 702, et ms. Clairambault 1215, fol. 71. (*Mentions.*)

5781. Établissement d'une foire annuelle et d'un marché hebdomadaire à Fresnay-l'Évêque, en — Avril.

faveur de Louis Guillart, évêque de Chartres, seigneur du lieu. Meaux, avril 1533. — 1533.

Enreg. à la Chancellerie de France. Arch. nat., Trésor des Chartes, JJ. 246, n° 248, fol. 74. 1 page.

5782. Exemption de tailles et d'impositions en faveur du roi des arbalétriers de la ville de Meaux. Meaux, avril 1533. — Avril.

Enreg. à la Chancellerie de France. Arch. nat., Trésor des Chartes, JJ. 246, n° 342, fol. 107. 1 page.

5783. Lettres ordonnant aux prévôt des marchands et échevins de Paris, pour l'embellissement de la ville, de faire démolir toutes les fausses portes encore existantes et de faire rentrer les rues dans leur alignement. Fontainebleau, avril 1533. — Avril.

Original. Arch. nat., K. 954, n° 42.

5784. Création de trois foires annuelles à Themillon (le Test-Milon), en Auxerrois, en faveur d'Edme de Prie, seigneur du lieu. Fontainebleau, avril 1533. — Avril.

Enreg. à la Chancellerie de France. Arch. nat., Trésor des Chartes, JJ. 246, n° 384, fol. 116. 1 page.

5785. Confirmation et vidimus, en faveur de François de Durfort, des lettres de Philippe de Valois (Arras, juillet 1340) accordant à Bernard de Durfort un droit d'usage dans la forêt de Saint-Romain. Fontainebleau, avril 1533. — Avril.

Enreg. à la Chancellerie de France. Arch. nat., Trésor des Chartes, JJ. 246, n° 233, fol. 65. 1 page 1/2.

5786. Lettres autorisant la transmission du nom et des armes de Rochefort à Grégoire de César et à ses descendants, à cause de sa femme, Antoinette de Rochefort. Fontainebleau, avril 1533. — Avril.

Enreg. à la Chancellerie de France. Arch. nat., Trésor des Chartes, JJ. 246, n° 234, fol. 65 v°. 1 page.

5787. Don à Robert de Seurre, prévôt des maréchaux en Bourgogne, de 80 livres tournois à prendre sur les amendes prononcées contre Simon Beugnot et Huguenin Benoît, par sentence — 1er mai.

du bailli de Dijon. Neuvy-[sur-Barangeon], 1er mai 1533. 1533.

Arch. nat., Acquits sur l'épargne, J. 960c, fol. 71. (*Mention.*)

5788. Mandement pour faire payer à Jean de La Boissière, grand louvetier de France, la somme de 400 livres tournois pour ses gages dudit office de l'année 1532, sur les finances ordinaires ou extraordinaires, comme l'avisera M. le Légat. Neuvy, 1er mai 1533. 1er mai.

Arch. nat., Acquits sur l'épargne, J. 960c, fol. 71. (*Mention.*)

5789. Lettres de naturalité, avec dispense de finances, octroyées à Jean Dominique, l'un des trompettes ordinaires du roi, natif de Casal dans le Montferrat. Neuvy, 1er mai 1533. 1er mai.

Arch. nat., Acquits sur l'épargne, J. 960c, fol. 71. (*Mention.*)

5790. Don au sr de Bléneau, écuyer d'écurie du roi, des droits de quint et de requint échus au roi à cause de la vente de la terre et seigneurie de Courtenay-en-Vermenton, faite par les héritiers de Grégoire Chauvin à un nommé de Baise, moyennant la somme de 6,000 livres. Neuvy, 1er mai 1533. 1er mai.

Arch. nat., Acquits sur l'épargne, J. 960c, fol. 71. (*Mention.*)

5791. Mandement à la Chambre des Comptes de rétablir sur les comptes des receveur et commis au payement des gages du prévôt de l'hôtel, ses lieutenants, greffier et archer, les sommes qu'ils ont payées à Guillaume de Boussonval, sr de Chaussy, l'un des lieutenants lais de la prévôté de l'hôtel, à raison de 300 livres tournois par an, depuis la date de ses provisions jusqu'à présent, sommes qui avaient été rayées parce que lesdits commis ne rapportaient pas les lettres de création dudit office ni la nomination du sr de Boussonval, etc., pourvu seulement que son nom figure sur les rôles certifiés par les srs de Luppé, de La Mothe- 1er mai.

au-Groing et de Boutières, successivement prévôts de l'hôtel. Neuvy, 1er mai 1533. — 1533.

Arch. nat., Acquits sur l'épargne, J. 960°, fol. 71 v°. (*Mention.*)

5792. Mandement au trésorier de l'épargne de payer à Pierre Fugeray, chevaucheur d'écurie du roi, 40 livres tournois pour se rendre auprès du premier président et du sénéchal de Toulouse. Mehun-sur-Yèvre, 1er mai 1553. — 1er mai.

Bibl. nat., ms. fr. 15629, n° 697. (*Mention.*)

5793. Mandement au trésorier de l'épargne de payer 40 livres tournois à Laurent Millet, chevaucheur d'écurie, envoyé à Dijon et à Grenoble porter des lettres missives du roi aux commissaires chargés de faire venir les deniers du roi de Dauphiné, Bourgogne et Provence. Mehun-sur-Yèvre, 1er mai 1533. — 1er mai.

Bibl. nat., ms. fr. 15629, n° 698. (*Mention.*)

5794. Mandement au trésorier de l'épargne de payer à Jean Vignault, chevaucheur d'écurie du roi, 40 livres tournois pour porter des lettres missives du roi aux srs de La Pommeraye et de La Bonelon, à Vannes. Mehun-sur-Yèvre, 1er mai 1533. — 1er mai.

Bibl. nat., ms. fr. 15629, n° 699. (*Mention.*)

5795. Mandement au trésorier de l'épargne de payer à Thomas Savoureau, chevaucheur d'écurie du roi, 40 livres tournois pour porter des lettres de Sa Majesté au sr de Rabodanges, chargé de faire venir de Normandie les deniers du roi, et qui doit être en ce moment à Rouen ou à Avranches. Mehun-sur-Yèvre, 1er mai 1533. — 1er mai.

Bibl. nat., ms. fr. 15629, n° 700. (*Mention.*)

5796. Mandement au trésorier de l'épargne de payer à Jacques de la Chocque, chevaucheur d'écurie, 40 livres tournois pour porter des lettres du roi au sr de Préaulx, chargé de faire venir les deniers de Languedoil, et qui est en An- — 1er mai.

IMPRIMERIE NATIONALE.

goumois ou en Saintonge. Mehun-sur-Yèvre, 1er mai 1533. 1533.

Bibl. nat., ms. fr. 15629, n° 701. (*Mention.*)

5797. Lettres de jussion au Parlement d'Aix pour l'entérinement des lettres obtenues par les États de Provence, le 23 octobre 1532 (n° 4977), sur la réforme de la justice. Bourges, 2 mai 1533. 2 mai.

Enreg. au Parl. de Provence. Arch. de ladite cour à Aix, reg. in-fol. papier de 1,026 feuillets, p. 136.

5798. Mandement au Parlement de Paris, lui ordonnant de se conformer aux lettres patentes du 6 juin 1531, qui prescrivaient de réunir trente conseillers de la grand'chambre pour procéder au jugement du procès entre Antoine de Barcy, sr de Belmont, et Antoinette de Clermont, veuve du baron de Grimaut, pour raison de ladite baronnie de Grimaut. Bourges, 3 mai 1533. 3 mai.

Présenté au Parl. de Paris, le 10 mai suivant. Arch. nat., X1a 1536, reg. du Conseil, fol. 237. (*Mention.*)

5799. Lettres ordonnant au trésorier de l'épargne de prendre dans les coffres du Louvre 10,000 livres tournois et de les porter auprès du roi, pour les distribuer ensuite comme il le lui indiquera. Bourges, 3 mai 1533. 3 mai.

Bibl. nat., ms. fr. 15629, n° 54. (*Mention.*)

5800. Mandement au trésorier de l'épargne de payer à Jean Du Thier et à Hector de Nançay, clercs de Jean Breton, secrétaire des finances, 596 livres tournois pour les récompenser de plusieurs commissions, ordonnances, lettres patentes et missives qu'ils ont expédiées à propos des tailles de Lyonnais et de Beaujolais. Bourges, 3 mai 1533. 3 mai.

Bibl. nat., ms. fr. 15629, n° 799. (*Mention.*)
Arch. nat., Acquits sur l'épargne, J. 960c, fol. 63 v°. (*Mention.*)

5801. Lettres prescrivant aux baillis, sénéchaux, pré- 4 mai.

vôts, juges et autres officiers du royaume de prêter main-forte à ceux qui seront commis pour lever les deux décimes octroyées au roi par le pape sur tous les bénéficiers et bénéfices de France, de Bretagne et autres terres de l'obéissance de Sa Majesté, lesdites décimes imposées pour subvenir aux frais de la guerre contre les Turcs. Bourges, 4 mai 1533. 1533.

Placard imprimé sur vélin en caractères gothiques. *Bibl. nat.*, ms. fr. 25721, n° 401.
Idem. Arch. de la Charente, série H, *abbaye de Saint-Cybard d'Angoulême*, titres généraux.

5802. Mandement au trésorier Jean Laguette de payer à Jean de La Forest la somme de 112 écus d'or que, sur la demande du cardinal de Sens, chancelier de France, il avait employée au payement de diverses personnes envoyées auprès des baillis et sénéchaux du royaume pour leur porter des lettres du roi. Bourges, 4 mai 1533. 4 mai.

Original. Bibl. nat., ms. fr. 25721, n° 402.

5803. Mandement au trésorier de l'épargne de payer à André Alciat, docteur régent de l'Université de Bourges, 100 livres tournois par manière de pension pendant le premier quartier de la présente année. Bourges, 4 mai 1533. 4 mai.

Bibl. nat., ms. fr. 15629, n° 863. (*Mention.*)

5804. Mandement au trésorier de l'épargne de payer audit André Alciat 400 livres tournois pour sa pension de l'année 1532. Bourges, 4 mai 1533. 4 mai.

Bibl. nat., ms. fr. 15629, n° 864. (*Mention.*)
Arch. nat., *Acquits sur l'épargne*, J. 960°, fol. 72 v°. (*Mention.*)

5805. Lettres de don à Nicole Thibault, conseiller au Parlement de Paris, de l'office de procureur général près ladite cour, vacant par suite du décès de François Roger. Le Coudray, 5 mai 1533. 5 mai.

Reçu le 14 mai suivant au Parlement. Arch. nat., X[1a] 1536, reg. du Conseil, fol. 240. (*Mention.*)

5806. Mandement au trésorier de l'épargne de payer au duc d'Albany, lieutenant général du roi et gouverneur de Bourbonnais et d'Auvergne, 18,000 livres tournois, soit 12,000 livres pour sa pension et 6,000 livres pour son état de gouverneur pendant l'année 1532. Issoudun, 6 mai 1533. — 1533. 6 mai.

Bibl. nat., ms. fr. 15629, n° 107. (*Mention.*)
Arch. nat., *Acquits sur l'épargne*, J. 960², fol. 76. (*Mention.*)

5807. Mandement au trésorier de l'épargne de payer à Louis de Clèves, duc de Nevers, chevalier de l'ordre et capitaine d'une des bandes des cent gentilshommes de l'hôtel du roi, 8,000 livres tournois pour sa pension de l'année 1532. Issoudun, 6 mai 1533. — 6 mai.

Bibl. nat., ms. fr. 15629, n° 133. (*Mention.*)
Arch. nat., *Acquits sur l'épargne*, J. 960², fol. 76. (*Mention.*)

5808. Mandement au trésorier de l'épargne de payer à M. de Canaples, chevalier de l'ordre, capitaine d'une des bandes des cent gentilshommes de l'hôtel du roi, 4,000 livres tournois pour sa pension de l'année 1532. Issoudun, 6 mai 1533. — 6 mai.

Bibl. nat., ms. fr. 15629, n° 140. (*Mention.*)
Arch. nat., *Acquits sur l'épargne*, J. 960², fol. 76. (*Mention.*)

5809. Mandement au trésorier de l'épargne de payer à Stefano Colonna 3,000 livres tournois pour sa pension de l'année 1532. Issoudun, 6 mai 1533. — 6 mai.

Bibl. nat., ms. fr. 15629, n° 152. (*Mention.*)
Arch. nat., *Acquits sur l'épargne*, J. 960², fol. 76. (*Mention.*)

5810. Mandement au trésorier de l'épargne de payer à Jean-Paul Pantaléon, gentilhomme napolitain, 200 livres tournois pour sa pension de l'année 1532. Issoudun, 6 mai 1533. — 6 mai.

Bibl. nat., ms. fr. 15629, n° 164. (*Mention.*)
Arch. nat., *Acquits sur l'épargne*, J. 960², fol. 76 v°. (*Mention.*)

5811. Mandement au trésorier de l'épargne de payer à Marc-Antoine de Cusan 2,500 livres tournois pour sa pension de l'année 1532. Issoudun, 6 mai 1533. — 1533. 6 mai.

Bibl. nat., ms. fr. 15629, n° 290. (*Mention.*)
Arch. nat., *Acquits sur l'épargne*, J. 960^c, fol. 76. (*Mention.*)

5812. Mandement au trésorier de l'épargne de payer à Antoine de Lucques[1], chevaucheur d'écurie du roi, 180 livres tournois pour porter en toute hâte des lettres du roi au bailli de Troyes, son ambassadeur en Angleterre. Issoudun, 6 mai 1533. — 6 mai.

Bibl. nat., ms. fr. 15629, n° 696, et ms. Clairambault 1215, fol. 71. (*Mentions.*)
Arch. nat., *Acquits sur l'épargne*, J. 960^c, fol. 73. (*Mention.*)

5813. Prorogation pour trois ans, en faveur des habitants d'Aubigny-[sur-Nère, en Berry], de leur affranchissement des tailles, aides et autres impôts, et continuation pour le même temps de l'octroi du huitième du vin vendu en détail dans ladite ville, à la charge d'en employer le produit aux fortifications et réparations urgentes. Issoudun, 7 mai 1533. — 7 mai

Arch. nat., *Acquits sur l'épargne*, J. 960^c, fol. 70. (*Mention.*)

5814. Lettres portant continuation pour trois ans, en faveur des habitants d'Ancre et de Bray-sur-Somme, de leur affranchissement des tailles et aides et tous autres impôts et subsides. Issoudun, 7 mai 1533. — 7 mai.

Arch. nat., *Acquits sur l'épargne*, J. 960^c, fol. 70 v°. (*Mention.*)

5815. Don et remise à René de Luré et à Richard de La Salle d'une amende de 60 livres parisis à laquelle ils ont été condamnés par arrêt du Parlement. Issoudun, 7 mai 1533. — 7 mai.

Arch. nat., *Acquits sur l'épargne*, J. 960^c, fol. 70 v°. (*Mention.*)

[1] De Luz, suivant le reg. J. 960^c.

5816. Commission adressée aux trésoriers de France et au maître particulier des Eaux et forêts de la sénéchaussée de Toulouse, pour s'occuper des ventes et coupes ordinaires de bois taillis dans les forêts du comté de Lauraguais, ainsi qu'ils faisaient auparavant le don des revenus dudit comté accordé au duc d'Albany, et en faire tenir les deniers au receveur de Lauraguais, qui les remettra audit duc d'Albany. Issoudun, 7 mai 1533. — 1533. 7 mai.

Arch. nat., *Acquits sur l'épargne*, J. 960[5], fol. 70 v°. (*Mention.*)

5817. Mandement au trésorier de l'épargne de délivrer à Jean Godet, commis au payement de l'extraordinaire des guerres, la somme de 5,400 livres tournois pour la solde de 120 hommes de guerre à pied en garnison, 80 à Bayonne et 40 à Dax, du 1er juillet 1531 au 31 mars 1532. [Lignières, 8 mai 1533.] — 8 mai.

Arch. nat., *Acquits sur l'épargne*, J. 960[5], fol. 74. (*Mention.*)

5818. Mandement au même de payer au sr de Saint-Bonnet, capitaine de Bayonne, 2,000 livres tournois pour sa penson de l'année 1532. [Lignières, 8 mai 1533.] — 8 mai.

Arch. nat., *Acquits sur l'épargne*, J. 960[5], fol. 74. (*Mention.*)

5819. Mandement au même de payer au sr de Frécillon, capitaine de Dax, 1,200 livres tournois pour sa pension de l'année 1532. [Lignières, 8 mai 1533.] — 8 mai.

Arch. nat., *Acquits sur l'épargne*, J. 960[5], fol. 74 v°. (*Mention.*)

5820. Mandement au trésorier de l'épargne de délivrer à Étienne Martineau, receveur et payeur des dépenses extraordinaires de l'artillerie, 15,000 livres tournois pour le payement de 120 milliers de cuivre à fondre. Lignières, 8 mai 1533. — 8 mai.

Bibl. nat., ms. fr. 15629, n° 75. (*Mention.*)

5821. Mandement au trésorier de l'épargne de délivrer à — 8 mai.

Étienne Martineau, commis à tenir le compte et faire le payement des dépenses extraordinaires de l'artillerie, 11,400 livres tournois pour l'achat d'étain, de bois, etc., nécessaires à la façon de quelques grosses pièces d'artillerie que le roi a commandées à Paris. Lignières, 8 mai 1533. 1533.

Bibl. nat., ms. fr. 15629, n° 181. (*Mention.*)

Arch. nat., *Acquits sur l'épargne*, J. 960[c], fol. 73. (*Mention.*)

5822 Mandement au trésorier de l'épargne de payer à Jacques Bernard, 200 livres tournois pour quelques pièces de vin d'Arbois que le roi a fait acheter et mener à Nice, pour la réception du pape. Lignières, 9 mai 1533. 9 mai.

Bibl. nat., ms. fr. 15629, n° 740. (*Mention.*)

Arch. nat., *Acquits sur l'épargne*, J. 960[c], fol. 73. (*Mention.*)

5823. Mandement au trésorier de l'épargne de payer à Pierre Grand, maître muletier du dauphin, 540 livres tournois pour trois grands mulets qu'il a livrés au grand écuyer. Lignières, 10 mai 1533. 10 mai.

Bibl. nat., ms. fr. 15629, n° 613. (*Mention.*)

Arch. nat., *Acquits sur l'épargne*, J. 960[c], fol. 73. (*Mention.*)

5824. Mandement au receveur des finances extraordinaires et parties casuelles de payer à Raoul Du Boys, gentilhomme de la maison du roi, 200 écus soleil pour l'arriéré de sa pension et en récompense de ses services. Meillant, 11 mai 1533. 11 mai.

Arch. nat., *Acquits sur l'épargne*, J. 960[c], fol. 75. (*Mention.*)

5825. Don à Jean de La Barre, valet de chambre du roi, d'une maison sise en la basse-cour du château de Blois, prise autrefois à bail du chapitre de Saint-Sauveur de Blois par feu la duchesse de Bourbon à trois fois cinquante-neuf ans, pour en jouir par ledit de La Barre et ses 11 mai.

héritiers pendant l'une de ces périodes de cinquante-neuf ans. Meillant, 11 mai 1533. 1533.

Arch. nat., Acquits sur l'épargne, J. 960[c], fol. 75 v°. (*Mention.*)

5826. Don à Madame de Rieux de 50 livres tournois que la Chambre des Comptes, en vérifiant les lettres conférant à ladite dame la garde-noble de Claude à présent comte d'Harcourt, son fils, a réservées au roi, savoir en la recette ordinaire de Beaumont-le-Roger, 34 livres 8 sous, en celle de Pont-Audemer, 7 livres 10 sous, en celle de Falaise, 12 sous, et en celle de Caudebec, 7 livres 10 sous. Meillant, 11 mai 1533. 11 mai.

Arch. nat., Acquits sur l'épargne, J. 960[c], fol. 75 v°. (*Mention.*)

5827. Mandement au trésorier de l'épargne de payer à Philippe des Bordes et à Christophe Simon, chargés des toiles de la vénerie du roi, 80 livres tournois pour les dédommager des frais qu'ils ont faits dans leur service. Meillant, 11 mai 1533. 11 mai.

Bibl. nat., ms. fr. 15629, n° 798. (*Mention.*)
Arch. nat., Acquits sur l'épargne, J. 960[c], fol. 73 v°. (*Mention.*)

5828. Mandement à la Chambre des Comptes de Paris d'allouer aux comptes de Guillaume Prudhomme, trésorier de l'épargne, 112 livres 10 sous tournois que le roi a donnés en aumône à vingt-cinq compagnons français, gens de guerre à pied, revenant d'Italie. Ainay-le-Château, 12 mai 1533. 12 mai.

Bibl. nat., ms. fr. 15629, n° 797. (*Mention.*)
Arch. nat., Acquits sur l'épargne, J. 960[c], fol. 73 v°. (*Mention.*)

5829. Mandement au trésorier de l'épargne de payer à Jacques de Saint-Julien, 562 livres 10 sous tournois pour conduire à Paris les trois mulets de litière que le roi a dernièrement achetés 13 mai.

au maître muletier du dauphin. Cérilly en Bourbonnais, 13 mai 1533. 1533.

Bibl. nat., ms. fr. 15629. (*Mention.*)
Arch. nat., *Acquits sur l'épargne*, J. 960e, fol. 73 v°. (*Mention*[1].)

5830. Mandement au trésorier de l'épargne de payer à Antoine de Rostaing, valet de chambre du roi, 450 livres tournois pour porter au roi d'Angleterre une lettre de François Ier. Cérilly en Bourbonnais, 13 mai 1533. 13 mai.

Bibl. nat., ms. fr. 15629, n° 694, et ms. Clairambault 1215, fol. 71. (*Mentions.*)
Arch. nat., *Acquits sur l'épargne*, J. 960e, fol. 73 v°. (*Mention.*)

5831. Mandement au trésorier de l'épargne de payer à Étienne Delaplanque, chevaucheur d'écurie, 450 livres tournois pour porter des lettres du roi aux cardinaux de Tournon et de Gramont à Rome. La Chaussière en Bourbonnais[2], 13 mai 1533. 13 mai.

Bibl. nat., ms. fr. 15629, n° 695. (*Mention.*)
Arch. nat., *Acquits sur l'épargne*, J. 960e, fol. 73 v°. (*Mention.*)

5832. Mandement à Victor Barguin, trésorier de Mesdames, de payer à Jean Gaillart, dit de Saintes, la somme de 1,000 livres tournois en dédommagement des pertes qu'il a subies pendant dix-sept mois finis le 31 mars 1533 n. s., qu'il a fourni de boucherie la maison de Mesdames. La Chaussière, 14 mai 1533. 14 mai.

Arch. nat., *Acquits sur l'épargne*, J. 962, n° 75. (*Mention.*)

5833. Mandement au même de payer audit Jean Gaillart la somme de 1,800 livres à titre d'avance sur le marché qu'il a accepté pour la fourniture de boucherie de la maison de Mesdames 14 mai.

(1) « A James de Saint-Julien, pour son voyage d'Angleterre vers Mme de Boulen, conduire lesdits mulets et litière, compris leurs dépenses et celles des personnes qui les mèneront, avec le retour dudit Saint-Julien, 562 livres 10 sous. » (J. 960e.)

(2) Commune de Vieure, canton de Bourbon-l'Archambault (Allier).

pendant trois ans commençant au 1er avril 1533. La Chaussière, 14 mai 1533. 1533.

Arch. nat., Acquits sur l'épargne, J. 962, n° 75. (*Mention.*)

5834. Mandement audit trésorier de payer à Jean More et à Mathurin Vigreux, marchands de poisson, la somme de 1,000 livres tournois à titre d'avance sur le marché qu'ils ont accepté pour l'approvisionnement de la maison de Mesdames pendant trois ans commençant le 1er avril 1533. La Chaussière, 14 mai 1533. 14 mai.

Arch. nat., Acquits sur l'épargne, J. 962, n° 75. (*Mention.*)

5835. Lettres de validation accordées à Victor Barguin, pour les rôles de l'argenterie de Mesdames, certifiés par les dames de Brissac et de Montreuil, leurs gouvernantes, et pour les rôles de l'écurie, certifiés par leurs écuyers d'écurie. La Chaussière, 14 mai 1533. 14 mai.

Arch. nat., Acquits sur l'épargne, J. 962, n° 75. (*Mention.*)

5836. Mandement au trésorier de l'épargne de payer à Jean-François Paillard, patron de galère, demeurant à Marseille, 400 livres tournois pour avoir donné au roi un cheval barbe, trois faucons et quatre chiens tunisiens. Bourbon-l'Archambault, 14 mai 1533. 14 mai.

Bibl. nat., ms. fr. 15629, n° 796. (*Mention.*)
Arch. nat., Acquits sur l'épargne, J. 960c, fol. 74. (*Mention.*)

5837. Déclaration du roi enjoignant aux baillis, juges et officiers royaux de mettre à exécution les mandements de la Chambre des Comptes, sans avoir *pareatis*. Moulins, 16 mai 1533. 16 mai.

Enreg. à la Chambre des Comptes de Dijon, le 14 juin suivant. Arch. de la Côte-d'Or, reg. B. 18, fol. 312.

5838. Déclaration du roi portant que les comptes des revenus des terres et seigneuries saisies et 16 mai.

réunies au domaine seront rendus devant la Chambre des Comptes. Moulins, 16 mai 1533. 1533.

Enreg. à la Chambre des Comptes de Dijon, le 14 juin suivant. Arch. de la Côte-d'Or, reg. B. 18, fol. 313.

5839. Confirmation en faveur de Jean d'Albon, seigneur de Saint-André, du don de l'office de bailli et gouverneur de Beaujolais et de Dombes, qu'il tenait de la duchesse d'Angoulême. Moulins, 16 mai 1533. 16 mai.

Arrêt d'enregistrement au Parl. de Paris du 26 janvier 1535 n. s. Arch. nat. X[1a] 4897, Plaidoiries, fol. 304. *(Mention.)*

5840. Don à Jean de Montbeton et à Nicolas Herbers, dit le More, gentilshommes de la fauconnerie du roi, de 100 écus soleil sur les deniers de la vente de l'office de sergent à cheval au Châtelet de Paris, vacant par la mort de Pierre Marceau. Moulins, 16 mai 1533. 16 mai.

Arch. nat., Acquits sur l'épargne, J. 960[c], fol. 74 v°. *(Mention.)*

5841. Mandement à François Viard, receveur ordinaire du comté de Blois, de payer en quatre termes à Pacello de Mercoliano, chargé de l'entretien des jardins du roi à Blois, la somme de 600 livres tournois pour ses gages de la présente année. Moulins, 16 mai 1533. 16 mai.

Arch. nat., Acquits sur l'épargne, J. 960[c], fol. 74 v°. *(Mention.)*

5842. Don à Jean Mingault, archer de la garde du roi, de 52 écus soleil et demi sur les deniers provenant des devoirs seigneuriaux dus au roi à cause de la vente dernièrement faite à Antoine de Rases de la terre et seigneurie de Tauverat[1], sise en la châtellenie et paroisse de Bellac, tenue et mouvante du comté de la Basse-Marche. Moulins, 16 mai 1533. 16 mai.

Arch. nat., Acquits sur l'épargne, J. 960[c], fol. 75. *(Mention.)*

[1] Thioverat (carte du Dépôt de la guerre).

5843. Mandement au trésorier de l'épargne de payer à Jean de Tardes, écuyer, gentilhomme de l'hôtel du roi, 600 livres tournois pour sa pension de l'année courante. Moulins, 16 mai 1533. — 1533. 16 mai.

Bibl. nat., ms. fr. 15629, n° 862. (*Mention.*)
Arch. nat., *Acquits sur l'épargne*, J. 960^c, fol. 74 v°. (*Mention.*)

5844. Mandement à la Chambre des Comptes de Montpellier de vérifier et entériner les lettres de don fait à la ville de Narbonne, pour une durée de vingt-quatre ans, de 5 deniers de crue sur chaque quintal de sel vendu aux greniers de Narbonne, Capestang, Peyriac, Séjan, et aux chambres à sel du Lac et de Lapalme, pour en affecter le produit, dit *la blanche du sel*, aux réparations de la chaussée d'Aude, rompue par les inondations. Moulins, 16 mai 1533. — 17 mai.

Enreg. à la Chambre des Comptes de Montpellier. Arch. départ. de l'Hérault, B. 342, fol. 43. 2 pages.
Copie. Arch. de la ville de Narbonne, AA. 105, 5e *thalamus*, fol. 111.

5845. Lettres de don à Jeanne Bastarde de Guyenne, prieure du monastère de Saint-Pardoux-la-Rivière en Périgord, sa vie durant, d'une pension de 100 livres tournois sur la recette des tailles du pays de Périgord. Moulins, 17 mai 1533. — 17 mai.

Enreg. à la Chambre des Comptes de Paris, le 10 juin 1533, anc. mém. 2 G, fol. 69. *Arch. nat.*, *invent.* PP. 136, p. 398. (*Mentions.*)
Arch. nat., *Acquits sur l'épargne*, J. 960^c, fol. 78 v°. (*Mention.*)

5846. Mandement au trésorier de l'épargne de payer à Jacques Desforges, dit Barreneuve, et à Raoul de Coussy, fauconniers du roi, 1,200 livres tournois en récompense de leurs services en l'état de la volerie. Moulins, 17 mai 1533. — 17 mai.

Bibl. nat., ms. fr. 15629, n° 791. (*Mention.*)
Arch. nat., *Acquits sur l'épargne*, J. 960^c, fol. 76 v°. (*Mention.*)

5847. Mandement au trésorier de l'épargne de payer à Thibaut de Behant, s^r de Villegaultier, 100 li- — 17 mai.

vres tournois pour le dédommager des frais d'un voyage que le roi lui a fait faire de Bretagne à Moulins. Moulins, 17 mai 1533. 1533.

Bibl. nat., ms. fr. 15629, n° 794. (*Mention.*)
Arch. nat., *Acquits sur l'épargne*, J. 960c, fol. 77. (*Mention.*)

5848. Mandement au trésorier de l'épargne de payer à Martin de Molle, gentilhomme de la maison de la reine de Hongrie, 450 livres tournois pour avoir, sur l'ordre de ladite dame, apporté de Flandre à Moulins un sacre destiné au dauphin. Moulins, 17 mai 1533. 17 mai.

Bibl. nat., ms. fr. 15629, n° 795. (*Mention.*)
Arch. nat., *Acquits sur l'épargne*, J. 960c, fol. 76 v°. (*Mention.*)

5849. Mandement à l'évêque de Senlis, à Pierre de L'Estoile, à Léonard de La Givonnière et à François Tabary, officiers de Paris, de continuer l'information commencée, sur le fait d'hérésie, contre Gérard Roussel, François Picquet, frère Geoffroy, Thomas, cordelier, et frère Louis le Sendrier, mathurin, mais de les relâcher en leur faisant défense de prêcher ou de venir à moins de 20 lieues de Paris. Moulins, 18 mai 1533. 18 mai.

Imp. J. Le Grand, *Histoire du divorce d'Henri VIII et de Catherine d'Aragon*, Paris, 1688, t. III, *Preuves*, p. 623.

5850. Mandement au trésorier de l'épargne de bailler à Bénigne Serre 2,415 livres 7 sous 6 deniers tournois pour le payement des courriers qui ont fait le service de Paris à Boulogne-sur-Mer et de ceux qui ont servi à la cour. Moulins, 18 mai 1533. 18 mai.

Bibl. nat., ms. fr. 15629, n° 766. (*Mention.*)
Arch. nat., *Acquits sur l'épargne*, J. 960c, fol. 77. (*Mention.*)

5851. Édit de suppression de l'office de juge ou bailli de Château-du-Loir, et réunion de cette juri- 19 mai.

diction à celle du lieutenant du sénéchal du Maine audit lieu. Moulins, 19 mai 1533. 1533.

Enreg. à la Chancellerie de France. Arch. nat., Trésor des Chartes, JJ. 246, n° 254, fol. 75 v°. 2 pages.

Enreg. au Parl. de Paris, le 29 mai suivant. Arch. nat., X[1a] 4894, reg. des plaidoiries, fol. 189. (*Mention.*)

5852. Mandement au trésorier de l'épargne de payer à Jean Soudain et à Samson Chaillou, fauconniers du roi et porteurs des ducs, 80 livres tournois en récompense de la peine qu'ils ont eue à porter lesdits ducs. Varennes[-sur-Allier], 19 mai 1533. 19 mai.

Bibl. nat., ms. fr. 15629, n° 792. (*Mention.*)

Arch. nat., Acquits sur l'épargne, J. 960[c], fol. 77 v°. (*Mention.*)

5853. Mandement au trésorier de l'épargne de payer aux trois gardes de la forêt de Sénart 105 livres tournois, pour leurs gages de l'année 1532. La Palisse, 19 mai 1533. 19 mai.

Bibl. nat., ms. fr. 15628, n° 580. (*Mention.*)

Arch. nat., Acquits sur l'épargne, J. 960[c], fol. 79. (*Mention.*)

5854. Mandement au trésorier de l'épargne de payer à Pierre Poussin, chevecier de la Sainte-Chapelle à Paris, 1,460 livres tournois pour l'année courante, soit 600 livres tournois pour ladite chevecerie, 500 livres pour la nourriture des maîtres et enfants de chœur de la Sainte-Chapelle, 240 livres pour leurs habillements et 120 livres pour le pain de chapitre. La Palisse, 19 mai 1533. 19 mai.

Bibl. nat., ms. fr. 15629, n° 60. (*Mention.*)

Arch. nat., Acquits sur l'épargne, J. 960[c], fol. 78 v°. (*Mention.*)

5855. Mandement au trésorier de l'épargne de payer à François de Montmorency, s[r] de La Rochepot, chevalier de l'ordre, gouverneur de Picardie en l'absence du duc de Vendôme, 19 mai.

4,000 livres tournois pour sa pension de l'année 1532. La Palisse, 19 mai 1533. 1533.

Bibl. nat., ms. fr. 15629, n° 137. (*Mention.*)
Arch. nat., *Acquits sur l'épargne*, J. 960^c, fol. 79. (*Mention.*)

5856. Mandement au trésorier de l'épargne de payer aux doyen, chantre, chanoines et chapitre de l'église Saint-Jean-Baptiste du Plessis-lez-Tours 600 livres tournois pour l'entretien, pendant l'année 1532, des fondations qui y ont été faites par les rois de France. La Palisse, 19 mai 1533. 19 mai.

Bibl. nat., ms. fr. 15629, n° 150. (*Mention.*)
Arch. nat., *Acquits sur l'épargne*, J. 960^c, fol. 78 v°. (*Mention.*)

5857. Mandement au trésorier de l'épargne de payer aux gardien, religieux et frères minimes du couvent du Plessis-lez-Tours 700 livres tournois, et à ceux du couvent d'Amboise 300 livres tournois, pour la célébration pendant l'année courante des messes fondées dans ces deux couvents par les prédécesseurs du roi. La Palisse, 19 mai 1533. 19 mai.

Bibl. nat., ms. fr. 15629, n° 170. (*Mention.*)
Arch. nat., *Acquits sur l'épargne*, J. 960^c, fol. 78 v°. (*Mention.*)

5858. Mandement au trésorier de l'épargne de payer à Philippot de Beaujeu, s^r de Lignières, 1,200 livres tournois pour sa pension de l'année 1532. La Palisse, 19 mai 1533. 19 mai.

Bibl. nat., ms. fr. 15629, n° 480. (*Mention.*)
Arch. nat., *Acquits sur l'épargne*, J. 960^c, fol. 78. (*Mention.*)

5859. Mandement au trésorier de l'épargne de payer à Pierre de Malignac, dit Saladin, fauconnier du roi, 100 livres tournois en récompense de ses peines et travaux en l'office de la volerie. La Palisse, 19 mai 1533. 19 mai.

Bibl. nat., ms. fr. 15629, n° 793. (*Mention.*)
Arch. nat., *Acquits sur l'épargne*, J. 960^c, fol. 77 v°. (*Mention.*)

5860. Confirmation des indults et lettres apostoliques donnés à Rome, le 15 des calendes d'octobre 1507, le 10 des calendes de novembre 1508, le 14 des calendes d'avril 1512, au cardinal de Clermont, légat d'Avignon, lui accordant collation de plein droit des bénéfices dépendant de son évêché (texte latin). Argentières, 22 mai 1533. 1533. 22 mai.

Enreg. au Parl. de Toulouse, le 5 février 1535. Arch. de la Haute-Garonne, Édits, reg. 4, fol. 39. 2 pages.

5861. Mandement au trésorier de l'épargne de payer à Jean Proust, chevaucheur d'écurie, 450 livres tournois pour porter des lettres du roi à Rome aux cardinaux de Tournon et de Gramont. Saint-André-lez-Roanne, 22 mai 1533. 22 mai.

Bibl. nat., ms. fr. 15629, n° 692. (*Mention.*)

5862. Provisions de l'office d'huissier à la Chambre des Comptes de Montpellier pour Martin Chabot. Roanne, 22 mai 1533. 22 mai.

Enreg. à la Chambre des Comptes de Montpellier. Arch. départ. de l'Hérault, B. 341, fol. 32 v°. 2 pages.

5863. Mandement au trésorier de l'épargne de payer à Martin des Treilles, dit le Rousseau, porteur en la cuisine de bouche de feu Madame, 40 livres tournois pour l'aider à vivre durant la présente année. Roanne, 23 mai 1533. 23 mai.

Bibl. nat., ms. fr. 15629, n° 790. (*Mention.*)
Arch. nat., Acquits sur l'épargne, J. 960[c], fol. 81 v°. (*Mention.*)

5864. Mandement au trésorier de l'épargne de payer à Charles de Montrouge, chevalier, 90 livres tournois pour être venu, de sa maison de Bourgogne à L'Arbresle, rapporter au roi un sacre qui s'était égaré. L'Arbresle, 24 mai 1533. 24 mai

Bibl. nat., ms. fr. 15629, n° 789. (*Mention.*)
Arch. nat., Acquits sur l'épargne, J. 960[c], fol. 82. (*Mention.*)

5865. Don à Jean Du Bellay, évêque de Paris, de tous les droits et devoirs seigneuriaux échus au roi en l'église de Paris, à cause de la régale ou- 28 mai.

verte par la mort de son prédécesseur, François de Poncher. Lyon, 28 mai 1533. 1533.

Arch. nat., Acquits sur l'épargne, J. 960°, fol. 79 v°. (*Mention.*)

5866. Don à Jean de La Mothe, valet de chambre ordinaire du roi, de la somme de 200 écus sur les finances extraordinaires et parties casuelles. Lyon, 28 mai 1533. 28 mai.

Arch. nat., Acquits sur l'épargne, J. 960°, fol. 79 v°. (*Mention.*)

5867. Lettres de naturalité, avec remise de tous droits de chancellerie, en faveur de Jean Dumaine, l'un des trompettes et joueurs d'instruments du roi, natif de Casal en Lombardie. Lyon, 28 mai 1533. 28 mai.

Arch. nat., Acquits sur l'épargne, J. 960°, fol. 79 v°. (*Mention.*)

5868. Provisions de l'office de maître particulier des Eaux et forêts du comté du Maine, en faveur de Charles de La Bretonnière, gentilhomme de la vénerie. Lyon, 29 mai 1533. 29 mai.

Enreg. à la chambre des Eaux et forêts (siège de la Table de marbre), le 25 juin suivant. Arch. nat., Z[1e] 322, fol. 84 v°. 2 pages.

5869. Mandement à la Chambre des Comptes de Paris d'allouer aux comptes de Guillaume Prudhomme, trésorier de l'épargne, une somme de 190 livres 12 sous 6 deniers tournois, qu'il a payée à plusieurs marchands de Paris qui ont fourni certaine quantité de velours vert, satin de Bourges, etc., pour le Conseil privé du roi. Lyon, 30 mai 1533. 30 mai.

Bibl. nat., ms. fr. 15629, n° 58. (*Mention.*)
Arch. nat., Acquits sur l'épargne, J. 960°, fol. 82. (*Mention.*)

5870. Lettres de don et octroi aux habitants de Narbonne, par forme de modération et rabais sur leur quote-part et taxe des tailles royales, d'une somme annuelle de 3,000 livres tournois, pendant cinq années, laquelle servira aux fortifications, à la construction des chaussées 31 mai.

IMPRIMERIE NATIONALE.

et aux indemnités pour logement de gens de guerre. Lyon, 31 mai 1533. 1533.

Enreg. à la Chambre des Comptes de Montpellier, le 16 septembre 1533. Arch. départ. de l'Hérault, B. 342, fol. 49 v°. 3 pages.
Copie. Arch. de la ville de Narbonne, AA. 112, (12e thalamus), fol. 54 v°.

5871. Mandement au trésorier de l'épargne de payer à Claude de Marieu, sr dudit lieu, 135 livres tournois pour porter des lettres du roi aux capitaines des galères à Marseille. Lyon, 31 mai 1533. 31 mai.

Bibl. nat., ms. fr. 15629, n° 690. (*Mention.*)
Arch. nat., Acquits sur l'épargne, J. 960c, fol. 83. (*Mention.*)

5872. Mandement au trésorier de l'épargne de payer à Pierre Hardy, chevaucheur d'écurie, 135 livres tournois pour porter des lettres du roi au bailli de Troyes, son ambassadeur en Angleterre. Lyon, 31 mai 1533. 31 mai.

Bibl. nat., ms. fr. 15629, n° 691. (*Mention.*)
Arch. nat., Acquits sur l'épargne, J. 960c, fol. 82 v°. (*Mention.*)

5873. Mandement au trésorier de l'épargne de payer à Jean de Saulx, chevalier, sr d'Orrain, gruyer de Bourgogne et capitaine gouverneur de Toul, 1,200 livres tournois pour son état de capitaine des années 1528-1530. Lyon, 31 mai 1533. 31 mai.

Bibl. nat., ms. fr. 15629, n° 730. (*Mention.*)

5874. Confirmation des privilèges, statuts et ordonnances des maîtres et ouvriers bonnetiers de Bourges. Bourges, mai 1533. Mai.

Enreg. à la Chancellerie de France. Arch. nat., Trésor des Chartes, JJ. 246, n° 250, fol. 74 v°. 1 page.

5875. Lettres de sauvegarde octroyées au chapitre de l'église collégiale de Saint-Austrille du château, près la ville de Bourges. Bourges, mai 1533. Mai.

Enreg. à la Chancellerie de France. Arch. nat., Trésor des Chartes, JJ. 246, n° 264, fol. 79. 2 pages.

5876. Confirmation des privilèges, coutumes et franchises des habitants de Coursan, en la vicomté de Narbonne. Bourges, mai 1533. — 1533. Mai.

Enreg. à la Chancellerie de France. Arch. nat., Trésor des Chartes, JJ. 246, n° 253, fol. 75 v°. 1/2 page.

5877. Lettres portant union en une seule des juridictions seigneuriales de Pré-d'Auge et de l'Épée (Normandie), en faveur de Robert de La Rivière. Moulins, mai 1533. — Mai.

Enreg. à la Chancellerie de France. Arch. nat., Trésor des Chartes, JJ. 246, n° 252, fol. 75. 1 page.

5878. Établissement de quatre foires par an et d'un marché hebdomadaire à Ygrande en Bourbonnais. Moulins, mai 1533. — Mai.

Enreg. à la Chancellerie de France. Arch. nat., Trésor des Chartes, JJ. 246, n° 255, fol. 76. 1 page.

5879. Lettres autorisant Guillaume Prudhomme, trésorier de l'épargne, à recevoir 100,000 livres tournois, soit 4,000 livres du receveur de Dauphiné, 61,000 livres de celui de Languedoc, et 35,000 de Guillaume de Moraynes sur la recette de Languedoil, par les mains des receveurs de Bourbonnais et du bas pays d'Auvergne, pour employer au fait de son office sans avoir besoin de faire venir cette somme au trésor du Louvre. Lyon, 1er mai (*corr.* juin) 1533. — 1er juin.

Bibl. nat., ms. fr. 15629, n° 716. (*Mention.*)

5880. Mandement au trésorier de l'épargne de payer à Fernand des Forges, échanson du roi, 800 livres tournois en récompense de ses services. Lyon, 1er juin 1533. — 1er juin.

Bibl. nat., ms. fr. 15629, n° 788. (*Mention.*) *Arch. nat., Acquits sur l'épargne*, J. 960², fol. 82 v°. (*Mention.*)

5881. Lettres portant prorogation pour huit ans des droits d'octroi concédés aux Lyonnais par les lettres du 19 janvier 1523 n. s. (n° 1733). Lyon, 2 juin 1533. — 2 juin.

Original. Arch. de la ville de Lyon, série CC.

5882. Mandement au trésorier de l'épargne de délivrer à Jean Crosnier, trésorier de la marine de Provence, 63,480 livres tournois pour l'entretien de 18 galères au service du roi sur la côte de Provence, pendant les deuxième et troisième quartiers de la présente année. Lyon, 2 juin 1533. — 1533. 2 juin.

Bibl. nat., ms. fr. 15629, n° 752. (*Mention.*)
Arch. nat., *Acquits sur l'épargne*, J. 960[c], fol. 82. (*Mention.*)

5883. Mandement au trésorier de l'épargne de délivrer à Jean Crosnier 4,140 livres tournois pour la solde des 30 mortes-payes de la tour d'If, celle de Louis de Fournillon, leur capitaine, comprise, et l'entretien d'une frégate pendant une année (30 juin 1532-30 juin 1533). Lyon, 2 juin 1533. — 2 juin.

Bibl. nat., ms. fr. 15629, n° 751. (*Mention.*)
Arch. nat., *Acquits sur l'épargne*, J. 960[c], fol. 82 v°. (*Mention.*)

5884. Mandement au trésorier de l'épargne de payer à Zacharie Chapelain, commis à tenir le compte et faire le payement des réparations des places fortes de Bourgogne, 1,200 livres tournois pour les réparations de la maison du roi et du jeu de paume à Dijon, le remontage de l'artillerie du château de cette ville et les réparations de celui d'Argilly. Lyon, 2 juin 1533. — 2 juin.

Bibl. nat., ms. fr. 15629, n° 808. (*Mention.*)
Arch. nat., *Acquits sur l'épargne*, J. 960[c], fol. 83 v°. (*Mention.*)

5885. Mandement au trésorier de l'épargne de payer au capitaine Andréas de Beinguen, de Salzbourg, 450 livres tournois en récompense de ses services. Lyon, 2 juin 1533. — 2 juin.

Bibl. nat., ms. fr. 15629, n° 787. (*Mention.*)
Arch. nat., *Acquits sur l'épargne*, J. 960[c], fol. 86 v°. (*Mention.*)

5886. Lettres portant décharge d'une somme de 105 livres tournois que le trésorier de l'épargne a remise comptant au roi. Lyon, 2 juin 1533. — 2 juin.

Bibl. nat., ms. fr. 15629, n° 845. (*Mention.*)

5887. Mandement au trésorier de l'épargne de payer à Étienne Delaplancque, chevaucheur d'écurie, 180 livres tournois pour porter des lettres du roi aux cardinaux de Tournon et de Gramont à Rome. Colombier en Dauphiné, 5 juin 1533. — 1533. 5 juin.

Bibl. nat., ms. fr. 15629, n° 689, et ms. Clairambault 1215, fol. 71 v°. (*Mentions.*)
Arch. nat., *Acquits sur l'épargne*, J. 960[c], fol. 86 v°. (*Mention.*)

5888. Mandement au trésorier de l'épargne de payer à Claude Guyot, receveur et payeur de la construction de la ville du Havre et des réparations des ports de Honfleur et de Granville, 20,000 livres tournois, soit 14,000 livres pour le Havre, 2,000 livres pour le port de Honfleur et 4,000 livres pour celui de Granville. Lyon, 6 juin 1533. — 6 juin.

Bibl. nat., ms. fr. 15629, n° 63. (*Mention.*)
Arch. nat., *Acquits sur l'épargne*, J. 960[c], fol. 86 v°. (*Mention.*)

5889. Mandement au trésorier de l'épargne de payer à Jean de Belleville, s[r] dudit lieu, 1,200 livres tournois pour sa pension de l'année 1530. Lyon, 6 juin 1533. — 6 juin.

Bibl. nat., ms. fr. 15629, n° 288. (*Mention.*)

5890. Lettres portant création d'un office d'enquêteur-examinateur dans chacun des bailliages et sénéchaussées des duchés d'Angoumois, Anjou, Bourbonnais, Auvergne et Châtellerault, comtés du Maine, Forez, la Marche et seigneurie de Beaujolais, réunis à la couronne, à la mort de la duchesse d'Angoulême, comme il en existait dans les autres bailliages et sénéchaussées, depuis les ordonnances de février 1515 n. s. (n° 107) et du 6 mai 1517 (n° 655). Lyon, 7 juin 1533. — 7 juin.

Enreg. au Parl. de Paris, le 16 décembre 1533.
Arch. nat., X[1a] 8612, fol. 315 v°. 2 pages.

5891. Confirmation des privilèges du comté de Laval, suivant lesquels l'appel est porté directement — 7 juin.

des juges du comté au Parlement de Paris. Lyon, 7 juin 1533. 1533.

Imp. Titres du comté de Laval et de ses privilèges. Paris, in-4°, 1657, p. 26.

5892. Dispense accordée à Jean Tisserand pour tenir un office de conseiller clerc au Parlement de Dijon, nonobstant sa qualité de laïque, et ce jusqu'à ce qu'il soit pourvu d'un office de conseiller lai. Lyon, 7 juin 1533. 7 juin.

Enreg. au Parl. de Dijon. Arch. de la Côte-d'Or, Parl. reg. II, fol. 175 v°.

5893. Mandement au trésorier Jean Laguette de payer au capitaine Jean-Francisque Corbette 400 livres tournois pour sa pension de l'année qui doit échoir le 31 décembre 1533. Lyon, 7 juin 1533. 7 juin.

Original. Bibl. nat., ms. fr. 25721, n° 403.

5894. Mandement au trésorier de l'épargne de payer à Lazare de Baïf, conseiller au Parlement et ambassadeur à Venise, 3,320 livres complétant les 17,670 livres tournois qui lui sont dues depuis le 25 juin 1529, date de son départ, jusqu'au 30 juin courant. Lyon, 7 juin 1533. 7 juin.

Autre mandement, de même somme et de même date.

Bibl. nat., ms. fr. 15629, n°s 116 et 237, et ms. Clairambault 1215, fol. 71 v°. (*Mentions.*)

Arch. nat., Acquits sur l'épargne, J. 960°, fol. 88. (*Mention.*)

5895. Mandement au trésorier de l'épargne de bailler à Bénigne Serre 1,250 livres tournois pour les menus de la chambre du roi, pendant le deuxième quartier de la présente année. Lyon, 7 juin 1533. 7 juin.

Deux autres mandements semblables et de même date, pour les deux derniers quartiers.

Bibl. nat., ms. fr. 15629, n°s 134, 270 et 326. (*Mentions.*)

Arch. nat., Acquits sur l'épargne, J. 960°, fol. 84 v°. (*Mention.*)

5896. Mandement au trésorier de l'épargne de délivrer à 7 juin.

Jean-Joachim de Passano, chargé du payement des pensions d'Angleterre, 198,398 livres 3 sous 4 deniers tournois, soit 190,573 livres 11 sous tournois valant 84,699 écus d'or, se décomposant ainsi : au roi d'Angleterre, 47,368 écus pour l'échéance de mai 1533, 5,000 écus pour le sceau, et 24,000 écus pour le payement d'une dette contractée envers l'empereur pour le compte de François Ier ; à la reine Marie, douairière de France, 4,325 écus; aux autres pensionnaires du roi 3,956 écus, et pour les frais de change s'élevant à 4 deniers par livre, à Joachim de Passano, 3,176 livres 4 sous 10 deniers tournois pour le terme de mai 1533; 103 livres 7 sous 6 deniers tournois pour le terme de mai 1532, et 4,545 livres tournois pour le terme de novembre 1532. Lyon, 7 juin 1533. 1533.

Bibl. nat., ms. fr. 15629, n° 153. (*Mention.*)
Arch. nat., *Acquits sur l'épargne*, J. 960°, fol. 85. (*Mention.*)

5897. Mandement au trésorier de l'épargne de payer à Potoñ Raffin, gentilhomme de la chambre du roi, sénéchal d'Agenais et capitaine de Cherbourg, 2,000 livres tournois pour son état de capitaine de ladite place pendant les années 1531 et 1532. Lyon, 7 juin 1533. 7 juin.

Bibl. nat., ms. fr. 15629, n° 198. (*Mention.*)
Arch. nat., *Acquits sur l'épargne*, J. 960°, fol. 88. (*Mention.*)

5898. Mandement au trésorier de l'épargne de payer à Jean Cleberger, Allemand, bourgeois de Berne, 40,920 livres 15 sous tournois, soit 17,187 écus d'or pour le rembourser de pareille somme qu'il prêta au roi au mois d'avril 1522, et 1,000 écus dont le roi lui fait cadeau pour les intérêts. Lyon, 7 juin 1533. 7 juin.

Bibl. nat., ms. fr. 15629, n° 247. (*Mention.*)
Arch. nat., *Acquits sur l'épargne*, J. 960°, fol. 88. (*Mention.*)

5899. Mandement au trésorier de l'épargne de payer à l'amiral [Chabot], lieutenant général et gou- 7 juin.

verneur pour le roi en Bourgogne, 9,000 livres tournois pour son état de gouverneur de Bourgogne pendant le premier semestre de la présente année. Lyon, 7 juin 1533. 1533.

Bibl. nat., ms. fr. 15629, n° 723. (*Mention.*)
Arch. nat., *Acquits sur l'épargne*, J. 960[c], fol. 87. (*Mention.*)

5900. Mandement au trésorier de l'épargne de payer à l'amiral Chabot, capitaine de la ville et du château de Brest, 500 livres tournois pour sondit état de capitaine pendant le premier semestre de l'année courante. Lyon, 7 juin 1533. 7 juin.

Bibl. nat., ms. fr. 15629, n° 729. (*Mention.*)
Arch. nat., *Acquits sur l'épargne*, J. 960[c], fol. 87. (*Mention.*)

5901. Mandement au trésorier de l'épargne de payer à Philippe Chabot, amiral de France, de Guyenne et de Bretagne, 2,100 livres tournois, soit 1,500 livres tournois pour son état d'amiral de Guyenne, et 600 pour celui de Bretagne, pendant le premier semestre de la présente année. Lyon, 7 juin 1533. 7 juin.

Bibl. nat., ms. fr. 15629, n° 861. (*Mention.*)
Arch. nat., *Acquits sur l'épargne*, J. 960[c], fol. 87. (*Mention.*)

5902. Mandement au trésorier de l'épargne de bailler à Jacques Bernard la somme de 1,200 livres tournois pour remettre à Jean Barreau, Alexandre et Jean Royer, pourvoyeurs des vivres de l'hôtel du roi, auxquels Sa Majesté l'a donnée en dédommagement des pertes qu'ils ont subies. Lyon, 7 juin 1533. 7 juin.

Bibl. nat., ms. fr. 15629, n° 739. (*Mention.*)

5903. Mandement au trésorier de l'épargne de payer à Jean Crosnier, trésorier de la marine de Provence, 200 livres tournois pour les poudres que le roi a fait acheter à Lyon et qui sont destinées à l'armement de ses galères à Marseille. Lyon, 7 juin 1533. 7 juin.

Bibl. nat., ms. fr. 15629, n° 750. (*Mention.*)
Arch. nat., *Acquits sur l'épargne*, J. 960[c], fol. 87 v°. (*Mention.*)

5904. Mandement au trésorier de l'épargne de payer à Charles Mesnagier, argentier de la reine, 2,257 livres 1 sou 1 denier tournois pour les draps de soie, d'or et d'argent que le roi a ordonnés pour la maison de la reine. Lyon, 7 juin 1533. — 1533. 7 juin.

Bibl. nat., ms. fr. 15629, n° 819. (*Mention.*)
Arch. nat., *Acquits sur l'épargne*, J. 960^{c}, fol. 87 v°. (*Mention.*)

5905. Mandement au trésorier de l'épargne de payer à Nicolas de Troyes 3,807 livres 6 sous 3 deniers tournois pour les étoffes destinées à la confection des robes à la française et à l'espagnole que le roi a données à la duchesse d'Orléans et à quatorze demoiselles de sa maison. Lyon, 7 juin 1533. — 7 juin.

Bibl. nat., ms. fr. 15629, n° 837. (*Mention.*)
Arch. nat., *Acquits sur l'épargne*, J. 960^{c}, fol. 87. (*Mention.*)

5906. Commission adressée au s^{r} de Brion, baron de Buzançais, amiral de France et gouverneur de Bourgogne, à Claude de Longwy, cardinal de Givry, évêque duc de Langres, à Claude Patarin, premier président du Parlement de Dijon, à Thierry Dorne, président de la Chambre des Comptes, à Pierre d'Apestigny, général des finances, et à Antoine Lemaçon, receveur général, pour assister à l'assemblée des trois états du comté d'Auxonne et leur demander, au nom du roi, une aide de 10,000 livres. Lyon, 8 juin 1533. — 8 juin.

Original. Arch. de la Côte-d'Or, États, C. 7484.

5907. Provisions de l'office d'élu en l'élection de Mâcon pour Vincent Hugon, en remplacement de Jean Petit, décédé. Lyon, 8 juin 1533. — 8 juin.

Enreg. par analyse à la Chambre des Comptes de Dijon, le 18 juillet suivant. Arch. de la Côte-d'Or, B. 19, fol. 8 v°.

5908. Provisions de l'office de clerc et auditeur en la — 8 juin.

IMPRIMERIE NATIONALE.

Chambre des Comptes de Montpellier en faveur de Guillaume Fortia. Lyon, 8 juin 1533. 1533.

Enreg. à la Chambre des Comptes de Montpellier.
Arch. départ. de l'Hérault, B. 341, fol. 26, 2 pages.

5909. Don à Hubert Despalt, valet de chambre du roi, de 100 écus soleil. Lyon, 8 juin 1533. 8 juin.

Original. Bibl. nat., ms. fr. 25721, n° 404.

5910. Provisions en faveur de Guillaume Du Bellay, s[r] de Langey, de la charge de gentilhomme ordinaire de la chambre du roi. Lyon, 8 juin 1533. 8 juin.

Bibl. nat., ms. Clairambault 782, fol. 289 *bis*. (*Mention.*)

5911. Mandement au trésorier de l'épargne de payer à Charles de Pierrevive, chevalier, trésorier de France, 3,150 livres pour ses gages, chevauchées, etc., pendant l'année 1532. Lyon, 8 juin 1533. 8 juin.

Bibl. nat., ms. fr. 15628, n° 564. (*Mention.*)

5912. Mandement au trésorier de l'épargne de payer à Gatien de Plais, marchand à Tours, 46,216 livres 6 sous 4 deniers tournois qui lui sont dus pour plusieurs fournitures qu'il a faites à l'argenterie du roi, en 1520. Lyon, 8 juin 1533. 8 juin.

Bibl. nat., ms. fr. 15629, n° 256. (*Mention.*)
Arch. nat., Acquits sur l'épargne, J. 960[c], fol. 86 v°. (*Mention.*)

5913. Mandement au trésorier de l'épargne de payer à Claude Dodieu, s[r] de Vély, maître des requêtes de l'hôtel, 3,600 livres tournois pour six mois de son traitement d'ambassadeur du roi auprès de l'empereur à compter de ce jour, date de son départ. Lyon, 8 juin 1533. 8 juin.

Bibl. nat., ms. fr. 15629, n° 688, et ms. Clairambault 1215, fol. 71 v°. (*Mentions.*)
Arch. nat., Acquits sur l'épargne, J. 960[c], fol. 87 v°. (*Mention.*)

5914. Mandement au trésorier de l'épargne de payer à Thomas de Cardi, dit le Chevalier, 900 li- 8 juin.

vres tournois pour l'indemniser des frais d'un voyage en Italie, où il va chercher sa femme. Lyon, 8 juin 1533. 1533.

Bibl. nat., ms. fr. 15629, n° 786. (*Mention.*)
Arch. nat., *Acquits sur l'épargne*, J. 960[c], fol. 100. (*Mention.*)

5915. Déclaration touchant la séparation de l'abbaye de Saint-Honorat (territoire de Grasse) de celle de Sainte-Justine de Padoue. Lyon, 9 juin 1533. 9 juin.

Enreg. à la Chambre des Comptes d'Aix, le 19 novembre 1533. Arch. des Bouches-du-Rhône, B. 31 (*Salamandra*), fol. 16. 2 pages.

5916. Lettres enjoignant au Parlement et à tous les juges de Provence de mettre Jean Du Bellay, évêque de Paris, en possession de l'abbaye de Lérins, dont il est canoniquement pourvu, malgré l'opposition de ladite abbaye et son union à la congrégation du Mont-Cassin. Lyon, 9 juin 1533. 9 juin.

Enreg. au Parl. de Provence. Arch. de cette cour à Aix, reg. in-fol. papier de 1,026 feuillets, p. 11.
Arch. des Alpes-Maritimes, anc. invent. H. 1275.

5917. Mandement au receveur ordinaire de Nantes de bailler et délivrer pendant dix ans à Jeanne de Cazault, dame de Champiré, veuve d'Olivier Baraton, maître d'hôtel du roi, les revenus des prés de Biesse près Nantes, à commencer du jour des lettres de don qui lui ont été octroyées. Lyon, 9 juin 1533. 9 juin.

Enreg. à la Chambre des Comptes de Bretagne. Archives de la Loire-Inférieure, B. *Mandements royaux*, II, fol. 170.
Arch. nat., *Acquits sur l'épargne*, J. 960[c], fol. 90. (*Mention.*)

5918. Don et remise au s[r] de Montejehan des lods et ventes et autres droits seigneuriaux qu'il devait au roi à cause de la vente de la terre et seigneurie de Puygriffet (Pleugriffet) en la juridiction de Ploërmel. Lyon, 9 juin 1533. 9 juin.

Arch. nat., *Acquits sur l'épargne*, J. 960[c], fol. 89 v°. (*Mention.*)

5919. Don et remise à Jean Hulin, s[r] de la Forêt-Hulin, d'une amende de 200 livres prononcée contre lui par arrêt du Parlement de Paris. Lyon, 9 juin 1533. — 1533. 9 juin.

Arch. nat., Acquits sur l'épargne, J. 960[c], fol. 90. (*Mention.*)

5920. Lettres accordant, à la requête du cardinal de Lorraine, la permission à Nicolas de Herbeufville, natif de Lorraine, de tenir et posséder des bénéfices dans le royaume jusqu'à concurrence de la somme de 400 livres de revenu annuel. Lyon, 9 juin 1533. — 9 juin.

Arch. nat., Acquits sur l'épargne, J. 960[c], fol. 90 v°. (*Mention.*)

5921. Mandement pour faire payer à Jacques Adam, élu nouvellement créé à Saumur, ses gages, chevauchées et droits appartenant audit office, depuis ses provisions jusqu'à ce jour, et pendant un an à courir, bien qu'il n'ait pu et ne puisse encore résider, ayant été valet de chambre de feu Madame jusqu'à sa mort, et remplissant actuellement les mêmes fonctions auprès du dauphin et des ducs d'Orléans et d'Angoulême, et leur apprenant à écrire. Le roi lui permet de se faire suppléer pendant cette année, à ses risques et périls, par qui bon lui semblera. Lyon, 9 juin 1533. — 9 juin.

Arch. nat., Acquits sur l'épargne, J. 960[c], fol. 90 v°. (*Mention.*)

5922. Mandement au commis à la recette générale de Dauphiné de payer au s[r] de Beaumont-Brisay la somme de 1,300 livres de pension annuelle, sa vie durant, sur les revenus des terres et seigneuries de Cornillon, Vizille et autres. Lyon, 9 juin 1533. — 9 juin.

Arch. nat., Acquits sur l'épargne, J. 960[c], fol. 90 v°. (*Mention.*)

5923. Don et remise à Guillaume, sellier de la grande écurie, de 30 livres qu'il devait au roi pour — 9 juin.

les lods et ventes d'une maison par lui acquise dans les faubourgs de Blois. Lyon, 9 juin 1533. 1533.

Arch. nat., Acquits sur l'épargne, J. 960[c], fol. 91. (*Mention.*)

5924. Lettres octroyant aux habitants de la paroisse Saint-Victor de Blois, durant quatre ans, une réduction annuelle de 200 livres tournois sur leur quote-part des tailles. Lyon, 9 juin 1533. 9 juin.

Arch. nat., Acquits sur l'épargne, J. 960[c], fol. 91. (*Mention.*)

5925. Don à Quinque Benecher, serdeleau du roi, de 15 écus soleil sur l'office de sergent royal à Lyon, vacant par le décès de Louis Bourget, pour l'aider à remplacer son cheval mort au service. Lyon, 9 juin 1533. 9 juin.

Arch. nat., Acquits sur l'épargne, J. 960[c], fol. 91 v°. (*Mention.*)

5926. Déclaration portant que le s[r] de Bonnes, suivant le don qui lui en a été fait, jouira pendant dix ans consécutifs, par les mains du receveur ordinaire d'Agenais, du revenu de la terre et seigneurie de Gontaut. Lyon, 9 juin 1533. 9 juin.

Arch. nat., Acquits sur l'épargne, J. 960[c], fol. 91 v°. (*Mention.*)

5927. Mandement au trésorier de l'épargne de payer comptant aux juges, conservateurs et greffier du droit de l'équivalent en Languedoc leurs gages de dix années finies le 31 août 1532, ainsi qu'il fut ordonné par le Conseil privé à Rouen, au mois de février 1532 n. s. Lyon, 9 juin 1533. 9 juin.

Arch. nat., Acquits sur l'épargne, J. 960[c], fol. 91 v°. (*Mention.*)

5928. Don à la nourrice du duc d'Orléans et à Martine Debonjan, femme de chambre de Mesdames, de 300 écus sur le quart de la résignation de l'office de receveur ordinaire de Vermandois. Lyon, 9 juin 1533. 9 juin.

Arch. nat., Acquits sur l'épargne, J. 960[c], fol. 92. *Mention.*)

5929. Mandement au trésorier de l'épargne de payer à Étienne Martineau, commis à tenir le compte et faire le payement des dépenses extraordinaires de l'artillerie, 2,000 livres tournois pour les poudres que le roi a ordonné d'acheter à Paris et de transporter à Marseille. Lyon, 9 juin 1533. — 1533. 9 juin.

Bibl. nat., ms. fr. 15629, n° 136. (*Mention.*)
Arch. nat., *Acquits sur l'épargne*, J. 960°, fol. 86. (*Mention.*)

5930. Mandement au trésorier de l'épargne de payer 930 livres tournois aux officiers chargés de la garde du château du Plessis-du-Parc-lez-Tours pour leurs gages de l'année 1532, soit : 490 livres tournois à Jean d'Escoubleau, s[r] de Sourdis, capitaine du château; 100 livres à François de Boynes, son lieutenant; 30 livres à Labbé Haultain, concierge; 40 livres à Jean Lebrun, portier; 40 livres à Armand Delafons, garde des tourterelles; 70 livres à Jacques Dupont, dit Mathault, garde des hérons; 30 livres à Bonnin Lenain, pêcheur; 35 livres à Michel Bellance, fruitier; 40 livres à Colas Aucas, jardinier; 25 livres à Philippe Martin, garde des poules; 30 livres à Jean Bousseau, balayeur. Lyon, 9 juin 1533. — 9 juin.

Bibl. nat., ms. fr. 15629, n° 720. (*Mention.*)
Arch. nat., *Acquits sur l'épargne*, J. 960°, fol. 85 v°. (*Mention.*)

5931. Mandement au trésorier de l'épargne de payer 75 livres à Jean de Faverolles; 52 livres 10 sous à Antoine Collas; 52 livres 10 sous à Thomas Jouen; 45 livres à Guyon Quentin; 45 livres à Pierre Loret; 45 livres à Jean Thibault; 45 livres à Lévy Colas; 43 livres 15 sous à Artus de Marconnay; 40 livres à Antoine de Chavigny; 45 livres à Janet Tronçon; 60 livres à Jean Leblanc; 30 livres à François Jaudin; 15 livres à François Colas; 15 livres à Jean Bonneton; 20 livres à Louis Guignain; 15 livres — 9 juin.

à Jean Péan, en récompense de leurs services. Lyon, 9 juin 1533. 1533.

Bibl. nat., ms. fr. 15629, n° 785. (*Mention.*)
Arch. nat., *Acquits sur l'épargne*, J. 960[c], fol. 93. (*Mention.*)

5932. Mandement au trésorier de l'épargne de payer à Jean de Saillans, trésorier des salpêtres en la généralité de Languedoc, Lyonnais, Forez et Beaujolais, 928 livres tournois pour la location de quatre maisons et une grange, et les gages des affineurs et passeurs de salpêtre, pendant huit années finissant le 31 décembre prochain. Lyon, 9 juin 1533. 9 juin.

Bibl. nat., ms. fr. 15629, n° 803. (*Mention.*)
Arch. nat., *Acquits sur l'épargne*, J. 960[c], fol. 99 v°. (*Mention.*)

5933. Mandement au trésorier de l'épargne de payer à Nicolas de Troyes 1,549 livres 2 sous tournois pour des broderies, la façon de huit robes, sept paires de manchons, etc., dont le roi a fait présent à certaines dames de la maison de la reine et de Mesdames. Lyon, 9 juin 1533. 9 juin.

Bibl. nat., ms. fr. 15629, n° 836. (*Mention.*)
Arch. nat., *Acquits sur l'épargne*, J. 960[c], fol. 86. (*Mention.*)

5934. Mandement au trésorier de l'épargne de payer à Jean Lange, joaillier et lapidaire demeurant à Paris, 8,640 livres tournois valant 3,848 écus d'or soleil, pour une enseigne d'or garnie d'un grand diamant taillé en tombeau, 100 grosses perles orientales rondes, un grand cœur de diamant et plusieurs bagues et joyaux que le roi lui a achetés. Saint-Chef, 15 juin 1533. 15 juin.

Bibl. nat., ms. fr. 15629, n° 194. (*Mention.*)

5935. Mandement à la Chambre des Comptes de Paris d'allouer aux comptes de Guillaume Prudhomme, trésorier de l'épargne, 1,200 livres tournois qu'il a payées à André Berthelon, garde des salines de Peccais, pour plusieurs statues et médaillons de marbre venant de Florence que le roi lui a achetés, y compris le 15 juin.

transport jusqu'à Fontainebleau. Saint-Chef, 15 juin 1533. 1533.

Bibl. nat., ms. fr. 15629, n° 612. (*Mention.*)

5936. Provisions en faveur d'Emilio Ferretto, docteur *in utroque jure*, de l'office de conseiller lai au Parlement de Paris qu'exerçait Nicole Thibault avant sa promotion aux fonctions de procureur général. Montplaisant[1], 16 juin 1533. 16 juin.

Reçu au Conseil du Parl., le 2 janvier 1534 n. s.
Arch. nat., X^1a 1537, fol. 70 v°. (*Mention.*)

5937. Mandement au trésorier de l'épargne de payer à Jean Bourdelin, chevaucheur de l'écurie, 121 livres, 10 sous tournois pour porter des lettres missives du roi au duc de Norfolk, à Paris. Montplaisant, 16 juin 1533. 16 juin.

Bibl. nat., ms. fr. 15629, n° 687 et ms. Clairambault 1215, fol. 71 v°. (*Mentions.*)
Arch. nat., *Acquits sur l'épargne*, J. 960^c, fol. 100. (*Mention.*)

5938. Don à Benoît Gaulteret, apothicaire du roi, en récompense de ses services, de 100 écus d'or soleil à prendre sur les finances ordinaires ou extraordinaires, suivant l'avis de M. le Légat. Crémieu, 17 juin 1533. 17 juin.

Arch. nat., *Acquits sur l'épargne*, J. 960^c, fol. 92. (*Mention.*)

5939. Don à Jean, baron de Bruzac, d'une amende de 100 livres prononcée par sentence du bailli de Velay en son siège de Montfaucon, contre Louis Maneta, châtelain dudit lieu de Bruzac. Crémieu, 17 juin 1533. 17 juin.

Arch. nat., *Acquits sur l'épargne*, J. 960^c, fol. 92. (*Mention.*)

5940. Don à Jean Maussion, fruitier du roi, de 100 livres tournois sur les deniers provenant de quatre tuiles de billon, naguère laissées entre 17 juin.

[1] Aujourd'hui hameau entre les communes de Vénérieu et de Saint-Hilaire-de-Brens, dans l'Isère (carte de l'État-major).

les mains du juge de Touraine par un particulier soupçonné de fausse monnaie. Crémieu, 17 juin 1533. — 1533.

Arch. nat., Acquits sur l'épargne, J. 960[c], fol. 92 v°. (*Mention.*)

5941. Don à Lavigne et à Champigny, sommeliers de paneterie et d'échansonnerie du roi, de 400 livres parisis sur l'amende prononcée contre frère Jean de Saint-Julien, par arrêt du Parlement de Paris. Crémieu, 17 juin 1533. — 17 juin.

Arch. nat., Acquits sur l'épargne, J. 960[c], fol. 92 v°. (*Mention.*)

5942. Don à Jean Terrasse, sommelier d'échansonnerie du roi, de 48 livres tournois sur l'amende prononcée contre un nommé Charles Garnier par le sénéchal de Châtellerault. Crémieu, 17 juin 1533. — 17 juin.

Arch. nat., Acquits sur l'épargne, J. 960[c], fol. 93. (*Mention.*)

5943. Mandement au trésorier de l'épargne de payer à Philippe Viscontin, valet de chambre du roi, 225 livres tournois en récompense de ses services. Lyon, 18 juin 1533. — 18 juin.

Bibl. nat., ms. fr. 15629, n° 784. (*Mention.*)
Arch. nat., Acquits sur l'épargne, J. 960[c], fol. 100 v°. (*Mention.*)

5944. Don à Nicolas Berthereau et à Cosme Clausse, secrétaires du roi, de 500 écus soleil à chacun, sur les prises et saisies faites par le maître des ports à Lyon, somme qui leur avait été assignée d'abord sur deux confiscations en Languedoc, qui ne sont venues à aucun profit. Lyon, 19 juin 1533. — 19 juin.

Arch. nat., Acquits sur l'épargne, J. 960[c], fol. 93 v°. (*Mention.*)

5945. Don à la comtesse de Nevers du revenu des greniers à sel de Nevers, Decize, Saint-Saulge, Clamecy, Moulins-Engilbert, Luzy et Dreux, y compris les amendes, forfaitures et confisca- — 19 juin.

tions qui y écherront pendant la présente année. Lyon, 19 juin 1533. 1533.

Arch. nat., Acquits sur l'épargne, J. 960[c], fol. 93 v°. (*Mention.*)

5946. Don à la comtesse de Nevers, comme ayant la garde de François de Clèves, comte d'Eu, son fils, du revenu des greniers à sel du Tréport, de Mers-en-Vimeu et de Saint-Valery-sur-Mer, durant la présente année, y compris les amendes, forfaitures et confiscations. Lyon, 19 juin 1533. 19 juin.

Arch. nat., Acquits sur l'épargne, J. 960[c], fol. 94. (*Mention.*)

5947. Don et remise au s[r] de Clairvaux de 500 livres tournois sur les lods et ventes et autres droits seigneuriaux dus au roi en la recette ordinaire de Châtellerault, à cause de l'acquisition de certains héritages sis en ladite juridiction, faite par la mère dudit s[r] de Clairvaux. Lyon, 19 juin 1533. 19 juin.

Arch. nat., Acquits sur l'épargne, J. 960[c], fol. 94. (*Mention.*)

5948. Déclaration portant que le comte de Genevois, suivant les lettres de mainlevée qu'il a ci-devant obtenues, jouira, tant qu'il plaira au roi, du revenu du duché de Nemours et des châtellenies, terres et seigneuries de Châteaulandon, Nogent et Pont-sur-Seine, par les mains des receveurs ordinaires des lieux, nonobstant un arrêt contraire du Parlement. Lyon, 19 juin 1533. 19 juin.

Arch. nat., Acquits sur l'épargne, J. 960[c], fol. 94. (*Mention.*)

5949. Mandement au général de Languedoc de faire rembourser par Artus Prunier, commis à la recette générale de Dauphiné, ou autre qu'il appartiendra, sur les deniers provenant des domaines autrefois aliénés et récemment réunis et remis en la main du roi, à la veuve et aux héritiers de feu Martin Arumet, dit de Bonrepos, la somme de 2,000 livres tournois 19 juin.

que ledit Martin avait versée entre les mains de François de La Colombière, trésorier de Dauphiné en 1521, pour l'achat de la terre et seigneurie de Jarrie, réunie depuis au domaine. Lyon, 19 juin 1533. 1533.

Arch. nat., *Acquits sur l'épargne*, J. 960ᶜ, fol. 94 vᵒ. (*Mention.*)

5950. Don aux s[rs] de Villebon et de la Roche-du-Maine de tous les biens meubles et immeubles qui appartinrent à feu Catherine Marchal, échus au roi par droit de confiscation. Lyon, 19 juin 1533. 19 juin.

Arch. nat., *Acquits sur l'épargne*, J. 960ᶜ, fol. 95. (*Mention.*)

5951. Lettres de naturalité avec permission de tester, octroyées à Luxembourg de Gabiano, marchand libraire, demeurant à Lyon, neveu par alliance de l'apothicaire du roi. Lyon, 19 juin 1533. 19 juin.

Arch. nat., *Acquits sur l'épargne*, J. 960ᶜ, fol. 95. (*Mention.*)

5952. Don au comte de Seinghan (Charles de Croy, comte de Séneghen) de tous les droits seigneuriaux dus au roi par lui et autres prétendant droit au comté de Porcien et à la seigneurie de Montcornet, échus au roi par suite de la mort de Henri de Croy, comte de Porcien, son père, ainsi que des revenus qui en proviendront durant la mainmise. Lyon, 19 juin 1533. 19 juin.

Arch. nat., *Acquits sur l'épargne*, J. 960ᶜ, fol. 95. (*Mention.*)

5953. Don à Jean Savary et à Mathieu Curet, écuyers de cuisine du roi, de 400 livres tournois sur les amendes prononcées, par arrêts du Parlement de Paris, contre Jean Tuelle, Guillaume Noël, François de Mineray, etc. Lyon, 19 juin 1533. 19 juin.

Arch. nat., *Acquits sur l'épargne*, J. 960ᶜ, fol. 95. (*Mention.*)

5954. Mandement à la Chambre des Comptes de 19 juin.

Paris d'allouer aux comptes de Guillaume Prudhomme, trésorier de l'épargne, 18,220 livres 3 sous 7 deniers obole qu'il a payés à Héluin Du Lin pour le change des 198,000 livres tournois que le roi l'avait chargé de porter en Suisse et de distribuer suivant ses instructions. Lyon, 19 juin 1533. 1533.

Bibl. nat., ms. fr. 15629, n° 172. (*Mention.*)
Arch. nat., *Acquits sur l'épargne*, J. 960, fol. 98. (*Mention.*)

5955. Mandement au trésorier de l'épargne de payer à Étienne Boutet, marchand de Tours, 12,470 livres 1 sou 4 deniers, sur les 24,940 livres 2 sous 8 deniers qui lui sont dus, pour les fournitures de draps d'or, d'argent, de soie et de laine qu'il a faites en 1519, 1520, 1521, 1522 et jusqu'au 31 juillet 1523, à la feue reine, à la duchesse de Ferrare, à Messieurs et à Mesdames. Lyon, 19 juin 1533. 19 juin.

Autre mandement de semblable somme et de même date.

Bibl. nat., ms. fr. 15629, n° 289 et 514. (*Mentions.*)

5956. Mandement au trésorier de l'épargne de payer à Louis des Barres, dit le Barrois des Barres, chevalier, capitaine de Pontorson, 3,600 livres tournois pour son état de capitaine de ladite ville, pendant les années 1529, 1530 et 1531. Lyon, 19 juin 1533. 19 juin.

Bibl. nat., ms. fr. 15629, n° 358. (*Mention.*)
Arch. nat., *Acquits sur l'épargne*, J. 960e, fol. 99. (*Mention.*)

5957. Mandement au trésorier de l'épargne de payer à M. de Clermont-Lodève, chevalier de l'ordre, lieutenant général en Languedoc sous M. le Grand Maître, gouverneur de cette province, 6,000 livres tournois pour sa pension des années 1531 et 1532. Lyon, 19 juin 1533. 19 juin.

Bibl. nat., ms. fr. 15629, n° 513. (*Mention.*)

5958. Letttres autorisant Guillaume Prudhomme, trésorier de l'épargne, à recevoir d'Artus Prunier, commis à la recette générale de Dauphiné, 2,411 livres 16 sous 4 deniers pour employer au fait de son office, sans avoir besoin de faire figurer cette somme aux comptes du Trésor du Louvre. Lyon, 19 juin 1533. — 1533. 19 juin.

Bibl. nat., ms. fr. 15629, n° 715. (*Mention.*)
Arch. nat., *Acquits sur l'épargne*, J. 960e, fol. 100. (*Mention.*)

5959. Mandement au trésorier de l'épagne de payer à Anne de Montmorency, grand maître de France, lieutenant général et gouverneur pour le roi en Languedoc, 9,000 livres tournois pour son état de gouverneur, pendant le premier semestre de la présente année. Lyon, 19 juin 1533. — 19 juin.

Bibl. nat., ms. fr. 15629, n° 860. (*Mention.*)
Arch. nat., *Acquits sur l'épargne*, J. 960e, fol. 98. (*Mention.*)

5960. Mandement au trésorier de l'épargne de payer à M. le Grand Maître, capitaine de la Bastille de Paris, du bois de Vincennes et de Saint-Malo, 2,150 livres tournois pour son état de capitaine, durant le premier semestre de la présente année. Lyon, 19 juin 1533. — 19 juin.

Bibl. nat., ms. fr. 15629, n° 728. (*Mention.*)
Arch. nat., *Acquits sur l'épargne*, J. 960e, fol. 98 v°. (*Mention.*)

5961. Mandement au trésorier de l'épargne de payer à M. le Grand Maître 4,000 livres tournois au lieu des 4,000 ducats de la composition du Briançonnais, que le roi a donnés au comte de Saint-Pol, gouverneur de Dauphiné, pour le premier semestre de l'année courante. Lyon, 19 juin 1533. — 19 juin.

Bibl. nat., ms. fr. 15629, n° 783. (*Mention.*)
Arch. nat., *Acquits sur l'épargne*, J. 960e, fol. 98 v°. (*Mention.*)

5962. Lettres autorisant Jean, Pierre, Lazare, Jacques — 20 juin.

et Nazaire Badin, fils de Jacques Badin, s[r] de Vaucelles, de prendre le nom de Vaucelles, seigneurie ayant appartenu à Alix de Vaucelles, mère dudit Jacques Badin. Lyon, 20 juin 1533. — 1533.

Copie du XVIe siècle. Bibl. nat., ms. fr. 5124, fol. 53 v°.

5963. Lettres autorisant les consuls de Lyon à lever un impôt de 2 deniers sur les marchandises entrant dans leur ville, jusqu'à l'entier payement de la somme de 10,400 livres dépensée à l'occasion de l'entrée du roi, de la reine et du dauphin. Lyon, 21 juin 1533. — 21 juin.

Arch. de la ville de Lyon, Invent. Chappe, t. XII, p. 42. (*Mention.*)

5964. Commission aux maîtres des requêtes de l'hôtel de saisir le temporel de l'abbaye de Longpont, vacant par la mort de l'abbé, et de le faire régir par des commissaires qu'ils désigneront. Lyon, 21 juin 1533. — 21 juin.

Copie du XVIe siècle. Bibl. nat., ms. fr. 5124, fol. 19 v°.

5965. Lettres autorisant Guyon Dessus-la-Mare, contrôleur du grenier à sel de Vierzon, en raison des services qu'il rend à François Deslandes, secrétaire du roi, à se faire suppléer pendant un an dans son office de contrôleur à ses risques et périls. Lyon, 21 juin 1533. — 21 juin.

Copie du XVIe siècle. Bibl. nat., ms. fr. 5124, fol. 57 v°.

5966. Mandement au trésorier de l'épargne de payer à Marquet Guérin, courrier, 78 livres 15 sous tournois pour porter en hâte de Lyon des lettres du roi aux cardinaux de Tournon et de Gramont, à Rome. Lyon, 21 juin 1533. — 21 juin.

Bibl. nat., ms. fr. 15629, n° 686, et ms. Clairambault 1215, fol. 71 v°. (*Mentions.*)

Arch. nat., Acquits sur l'épargne, J. 960[2], fol. 100 v°. (*Mention.*)

5967. Mandement au trésorier de l'épargne de bailler à Bénigne Serre 535 livres tournois pour de — 22 juin.

payement des chantres, chapelains et officiers de la chapelle de plain-chant du roi, pendant le premier quartier de la présente année. Lyon, 22 juin 1533. 1533.

Trois mandements semblables, de même date, pour les trois autres quartiers.

Bibl. nat., ms. fr. 15629, nos 82, 269, 459, 764. (*Mentions.*)
Arch. nat., *Acquits sur l'épargne*, J. 960e, fol. 100 v°. (*Mention.*)

5968. Mandement au trésorier de l'épargne de bailler à Bénigne Serre 2,395 livres tournois pour les gages des chantres, chapelains et officiers de la chapelle de musique du roi, pendant le premier quartier de la présente année. Lyon, 22 juin 1533. 22 juin.

Trois mandements semblables, de même date, pour les trois autres quartiers.

Bibl. nat., ms. fr. 15629, nos 83, 268, 458 et 765. (*Mentions.*)
Arch. nat., *Acquits sur l'épargne*, J. 960e, fol. 100. (*Mention.*)

5969. Mandement au trésorier de l'épargne de payer à Henri du Liège, serviteur du duc Frédéric, comte palatin, 56 livres 5 sous tournois pour le dédommager des frais du voyage qu'il a fait auprès du roi, sur l'ordre du duc. Lyon, 22 juin 1533. 22 juin.

Bibl. nat., ms. fr. 15629, n° 781. (*Mention.*)
Arch. nat., *Acquits sur l'épargne*, J. 960e, fol. 111. (*Mention.*)

5970. Mandement au trésorier de l'épargne de payer à Jean David, serviteur du landgrave de Hesse, 67 livres 10 sous tournois pour le dédommager des frais du voyage qu'il a fait, en apportant au roi des lettres de son maître. Lyon, 22 juin 1533. 22 juin.

Bibl. nat., ms. fr. 15629, n° 782. (*Mention.*)
Arch. nat., *Acquits sur l'épargne*, J. 960e, fol. 111. (*Mention.*)

5971. Ordonnance imposant sur les provinces rive- 23 juin.

raines de la Saône une taxe d'un sol par livre de revenu, pour faire les réparations des levées, digues et chaussées endommagées par les débordements de la Saône. Lyon, 23 juin 1533. 1533.

Arch. communales de Chalon, CC. 17.

5972. Don pour six ans à Anne Vernon, femme du s[r] de Bron, des revenus des terres et seigneuries d'Auray et de Quiberon en Bretagne, les charges ordinaires et anciennes préalablement acquittées. Lyon, 23 juin 1533. 23 juin.

Enreg. à la Chambre des Comptes de Bretagne, Arch. de la Loire-Inférieure, B. *Mandements royaux*, II, fol. 69.

Arch. nat., Acquits sur l'épargne, J. 960[6], fol. 96. (*Mention.*)

5973. Don de 400 écus d'or fait à Christophe du Reffuge, écuyer du comte de Saint-Pol, en considération des services qu'il a rendus. Lyon, 23 juin 1533. 23 juin.

Original. Bibl. nat., ms. fr. 25721, n° 405.

5974. Don à Jean Petit, valet de chambre ordinaire du roi, de 200 écus soleil sur le quart de la résignation de l'office d'enquêteur à Sens que se propose de faire Mathieu Pierre au profit de Louis de Bar. Lyon, 23 juin 1533. 23 juin.

Arch. nat., Acquits sur l'épargne, J. 960[6], fol. 95 v°. (*Mention.*)

5975. Don à Nicolas Pirouet, Jean Henry, Jean Fourcade, Claude Pirouet, Pierre de Cainguillebert, Paul de Milan, Nicolas et Dominique de Lucques, violons et joueurs d'instruments du roi, de 160 écus soleil, soit 20 écus à chacun, pour les aider à avoir chacun un cheval, ladite somme à prendre sur les finances ordinaires ou extraordinaires, suivant l'avis de M. le Légat. Lyon, 23 juin 1533. 23 juin.

Arch. nat., Acquits sur l'épargne, J. 960[6], fol. 95 v°. (*Mention.*)

5976. Mandement au trésorier de l'épargne de payer, sur les deniers provenant des recettes géné- 23 juin.

rales de Picardie et d'Outre-Seine, les gages du prévôt des maréchaux, de ses lieutenants et archers, établis en Picardie et dans l'Île-de-France, pour le premier semestre (janvier-juin) de la présente année. Lyon, 23 juin 1533. 1533.

Arch. nat., Acquits sur l'épargne, J. 960[c], fol. 96. (*Mention.*)

5977. Lettres permettant à Jean Ribault de résigner son office d'élu ancien à Rouen au profit de Nicolas Delaplace, et octroyant à Christophe du Refuge, écuyer d'écurie du comte de Saint-Pol, tout ce qui sera dû au roi pour le quart de ladite résignation. Lyon, 23 juin 1533. 23 juin.

Arch. nat.; Acquits sur l'épargne, J. 960[c], fol. 96 v°. (*Mention.*)

5978. Lettres de naturalité et permission de tester, avec dispense des droits de chancellerie, en faveur de Barthélemy d'Albeyne (d'Elbene), natif de Florence, gendre du trésorier Bonacorsi. Lyon, 23 juin 1533. 23 juin.

Arch. nat., Acquits sur l'épargne, J. 960[c], fol. 96 v°. (*Mention.*)

5979. Don à Charles Pitet, sommelier de paneterie du dauphin, des biens meubles et immeubles de feu Richard Varengle, prêtre natif de Savoie, échus au roi par droit d'aubaine. Lyon, 23 juin 1533. 23 juin.

Arch. nat., Acquits sur l'épargne, J. 960[c], fol. 96 v°. (*Mention.*)

5980. Mandement au receveur des finances extraordinaires et parties casuelles de payer comptant à Pierre Delagerbe, archer de la garde, 44 livres 10 sous tournois, pour avoir gardé Robert Albisse et Mathieu Guignel, prisonniers au Louvre, du 14 février au 14 mai 1527. Lyon, 23 juin 1533. 23 juin.

Arch. nat., Acquits sur l'épargne, J. 960[c], fol. 97. (*Mention.*)

IMPRIMERIE NATIONALE.

5981. Don à Gilles de Boutigny, archer de la garde, de 75 livres tournois, montant d'une amende contre lui prononcée par arrêt du Parlement de Paris. Lyon, 23 juin 1533. 1533. 23 juin.

Arch. nat., Acquits sur l'épargne, J. 960[c]. fol. 97. (*Mention.*)

5982. Don à Isabeau et à Marquise de Sissonne, filles de feu Jeanne d'Oisillon, de tous les biens meubles et immeubles de leur mère, qui étaient advenus au roi par droit d'aubaine, ladite dame étant étrangère non naturalisée. Lyon, 23 juin 1533. 23 juin.

Arch. nat., Acquits sur l'épargne, J. 960[c], fol. 97 v°. (*Mention.*)

5983. Don à Le Moyne, valet de chambre de M. le Grand Maître, de 100 écus sur les finances ordinaires ou extraordinaires, suivant l'avis de M. le Légat. Lyon, 23 juin 1533. 23 juin.

Arch. nat., Acquits sur l'épargne, J. 960[c], fol. 97 v°. (*Mention.*)

5984. Mandement au trésorier de l'épargne de payer à Alexandre Charruau, chargé des ustensiles que le roi a ordonné de transporter à la suite de la cour pour servir aux membres du Conseil privé, 49 livres 10 sous tournois pour l'achat de bougies, écritoires, papier, encre, étoffe verte à faire des tapis et une charrette pour convoyer ces objets, du 10 octobre 1531 au 19 juin courant. Lyon, 23 juin 1533. 23 juin.

Bibl. nat., ms. fr. 15629, n° 610. (*Mention.*)
Arch. nat., Acquits sur l'épargne, J. 960[c], fol. 111 v°. (*Mention.*)

5985. Mandement au trésorier de l'épargne de payer à Pierre Dumoulin et à Claude Gaudry, sommeliers de l'échansonnerie, 180 livres tournois pour l'entretien et la conduite des haquenées portant le vin du roi, pendant le premier et 23 juin.

le deuxième quartiers de la présente année. Lyon, 23 juin 1533. 1533.

Bibl. nat., ms. fr. 15629, n° 611. (*Mention.*)
Arch. nat., *Acquits sur l'épargne*, J. 960ᶜ, fol. 95 v°. (*Mention.*)

5986. Mandement au trésorier de l'épargne de payer à Hans Yoncre (*aliàs* Yoncker), lieutenant des Suisses de la garde, 225 livres tournois pour porter à Lyon des lettres du roi à certains cantons des Ligues de Suisse. Lyon, 23 juin 1533. 23 juin.

Bibl. nat., ms. fr. 15629, n° 685. (*Mention.*)
Arch. nat., *Acquits sur l'épargne*, J. 960ᶜ, fol. 111. (*Mention.*)

5987. Mandement au trésorier de l'épargne de payer à Pierre de Ruthie, capitaine du château neuf de Bayonne, 400 livres tournois, pour son état de capitaine pendant l'année 1532. Lyon, 23 juin 1533. 23 juin.

Bibl. nat., ms. fr. 15629, n° 727. (*Mention.*)
Arch. nat., *Acquits sur l'épargne*, J. 960ᶜ, fol. 111. (*Mention.*)

5988. Mandement au trésorier de l'épargne de payer à Jean Meldelon, dit Marchemont, héraut du roi d'Écosse, 225 livres tournois pour le dédommager des frais du voyage qu'il vient de faire en France où il a accompagné David Beton (*aliàs* Beaton), ambassadeur du roi d'Écosse. Lyon, 23 juin 1533. 23 juin.

Bibl. nat., ms. fr. 15629, n° 780. (*Mention.*)
Arch. nat., *Acquits sur l'épargne*, J. 960ᶜ, fol. 111 v°. (*Mention.*)

5989. Mandement au trésorier de l'épargne de payer à M. de Sedan, chevalier de l'ordre, 10,000 livres tournois; à M. de Fleuranges, maréchal de France, 10,000 livres; à Jean de La Marck, chevalier, 3,000 livres, et à divers personnages de leur maison, 1,500 livres, soit un total de 24,500 livres pour leur pension de l'année 1531. Lyon, 24 juin 1533. 24 juin.

Bibl. nat., ms. fr. 15629, n° 258. (*Mention.*)
Arch. nat., *Acquits sur l'épargne*, J. 960ᶜ, fol. 110 v°. (*Mention.*)

5990. Provisions de l'office de receveur et payeur des gages des officiers de la Chambre des Comptes de Montpellier pour Guillaume de Penderia. Lyon, 25 juin 1533. 1533. 25 juin.

Enreg. à la Chambre des Comptes de Montpellier. Arch. départ. de l'Hérault, B. 341, fol. 27. 4 pages 1/2.

5991. Déclaration portant que les gages des officiers du Parlement et de la Chambre des Comptes de Grenoble seront payés par le trésorier général de Dauphiné, sur les fonds de la province, nonobstant le règlement général sur le fait des finances. Lyon, 25 juin 1533. 25 juin.

Enreg. à la Chambre des Comptes de Grenoble. Arch. de l'Isère, B. 2909, cah. 27. 4 pages.

5992. Lettres portant mandement d'appel pour le maintien de la juridiction ecclésiastique dans le diocèse de Chalon. Lyon, 26 juin 1533. 26 juin.

Original. Arch. départ. de Saône-et-Loire.

5993. Permission au capitaine Fournillon de faire conduire, franc et quitte de tous droits et péages, de Dauphiné à la tour d'Ich en Provence (d'If), un radeau de bois complet pour les constructions à faire à ladite tour. Lyon, 26 juin 1533. 26 juin.

Arch. nat., Acquits sur l'épargne, J. 960[c], fol. 106 v°. (*Mention.*)

5994. Permission audit capitaine Fournillon de faire conduire de Bourgogne par la Saône et l'Isère jusqu'à la tour d'Ich (If), sans payer aucun droit, 500 quintaux de fer pour treillis et ferrements à monter l'artillerie et forger des portes de fer, et 1,000 mesures de charbon. Lyon, 26 juin 1533. 26 juin.

Arch. nat., Acquits sur l'épargne, J. 960[c], fol. 106 v°. (*Mention.*)

5995. Mandement au trésorier de l'épargne de payer à la duchesse de Vendôme 5,000 livres tour- 26 juin.

nois, complétant les 6,000 livres de sa pension de l'année précédente. Lyon, 26 juin 1533. 1533.

Arch. nat., *Acquits sur l'épargne*, J. 960[c], fol. 106. (*Mention.*)
Bibl. nat., ms. fr. 15629, n° 140. (*Mention.*)

5996. Mandement au trésorier de l'épargne de payer à Jacques Groslot, conseiller au Grand Conseil et bailli d'Orléans, 352 livres 10 sous tournois, soit 345 livres pour l'enquête dont le roi l'a chargé sur les agissements de Jean de Ulmo, quatrième président du Parlement de Toulouse, où il a vaqué du 7 février au 15 mai 1533, date de son retour auprès du roi à Moulins, et 7 livres 10 sous pour Martin Perreau, son clerc et greffier. Lyon, 26 juin 1533. 26 juin.

Bibl. nat., ms. fr. 15629, n° 239. (*Mention.*)
Arch. nat., *Acquits sur l'épargne*, J. 960, fol. 110 v°. (*Mention.*)

5997. Mandement au trésorier de l'épargne de payer à Geoffroy Tavel, chevalier, s[r] de Grangis, 9,000 livres tournois, restant des 10,000 livres qui lui étaient dues pour ses dépenses, son entretien et celui de ses serviteurs, durant les six ans et quatre mois qu'il fût ambassadeur du roi auprès des Ligues grises, et ses frais extraordinaires. Lyon, 26 juin 1533. 26 juin.

Bibl. nat., ms. fr. 15629, n° 294. (*Mention.*)
Arch. nat., *Acquits sur l'épargne*, J. 960[c], fol. 113 v°. (*Mention.*)

5998. Mandement au trésorier de l'épargne de payer à Annibal de Gonzague, chevalier, comte de Novellare, gentilhomme de la chambre du roi, 4,800 livres tournois pour sa pension de l'année 1531. Lyon, 26 juin 1533. 26 juin.

Bibl. nat., ms. fr. 15629, n° 295. (*Mention.*)
Arch. nat., *Acquits sur l'épargne*, J. 960[c], fol. 113. (*Mention.*)

5999. Mandement au trésorier de l'épargne de payer à Annibal de Gonzague, chevalier, comte de Novellare, 4,800 livres tournois, complétant les 6,000 livres tournois que le roi lui a assi- 26 juin.

gnées annuellement, soit 4,800 livres pour sa pension de l'année 1532 et 1,200 livres pour son état de gentilhomme de la chambre du roi, cette dernière somme payée par le receveur des officiers de l'hôtel du roi. Lyon, 26 juin 1533. 1533.

Bibl. nat., ms. fr. 15629, n° 486. (*Mention.*)
Arch. nat., *Acquits sur l'épargne*, J. 960^f, fol. 113. (*Mention.*)

6000. Mandement au trésorier de l'épargne de payer à Jean Testu, trésorier et général des finances en Languedoc, autrefois argentier du roi, 5,777 livres 11 sous 10 deniers tournois pour remettre à Girard Odin, brodeur, en payement de plusieurs fournitures qu'il a faites au roi de 1515 à 1521. Lyon, 26 juin 1533. 26 juin.

Bibl. nat., ms. fr. 15629, n° 463. (*Mention.*)
Arch. nat., *Acquits sur l'épargne*, J. 960e, fol. 113 v°. (*Mention.*)

6001. Mandement au trésorier de l'épargne de payer à Marc de La Rue, autrefois argentier du roi, 1,724 livres 4 sous 4 deniers tournois pour remettre à Girard Odin, brodeur du roi, en payement de ce qui lui est dû depuis le 1er août 1521 jusqu'au dernier février 1525 n. s. Lyon, 26 juin 1533. 26 juin.

Bibl. nat., ms. fr. 15629, n° 300. (*Mention.*)
Arch. nat., *Acquits sur l'épargne*, J. 960e, fol. 113 v°. (*Mention.*)

6002. Mandement au trésorier de l'épargne de payer à François de Dinteville, évêque d'Auxerre, autrefois ambassadeur du roi auprès du pape, 3,340 livres tournois pour son séjour auprès de Sa Sainteté du 16 juillet 1531 au 22 février 1533 n. s. Lyon, 26 juin 1533. 26 juin.

Bibl. nat., ms. fr. 15629, n° 472, et ms. Clairambault 1215, fol. 72. (*Mentions.*)
Arch. nat., *Acquits sur l'épargne*, J. 960e, fol. 113. (*Mention.*)

6003. Mandement au trésorier de l'épargne de payer à René Pintret, valet de chambre et barbier du 26 juin.

roi, 225 livres tournois pour ses gages que l'on avait omis de porter sur les états de la présente année. Lyon, 26 juin 1533. 1533.

Bibl. nat., ms. fr. 15629, n° 778. (*Mention.*)
Arch. nat., *Acquits sur l'épargne*, J. 960^c^, fol. 114. (*Mention.*)

6004. Mandement au trésorier de l'épargne de payer à César de Palme, gentilhomme italien, 675 livres tournois en récompense d'un cheval grison dont il a fait présent au roi. Lyon, 26 juin 1533. 26 juin.

Bibl. nat., ms. fr. 15629, n° 779. (*Mention.*)
Arch. nat., *Acquits sur l'épargne*, J. 960^c^, fol. 103. (*Mention.*)

6005. Mandement au trésorier de l'épargne de bailler à Julien Bonacorsi, trésorier et receveur général de Provence, 255 livres tournois pour la solde du capitaine et des 12 mortes-payes qui gardent la tour de Toulon, pendant le premier quartier de la présente année. Lyon, 26 juin 1533. 26 juin.

Trois mandements semblables, de même date, pour les trois autres quartiers de l'année.

Bibl. nat., ms. fr. 15629, n°s 85, 151, 250 et 446. (*Mentions.*)
Arch. nat., *Acquits sur l'épargne*, J. 960^c^, fol. 112. (*Mention.*)

6006. Mandement au trésorier de l'épargne de bailler à François Saumaire, receveur et payeur des 344 mortes-payes de Bourgogne, 6,660 livres tournois pour leur solde du premier quartier de la présente année. Lyon, 26 juin 1533. 26 juin.

Trois mandements semblables, de même date, pour les trois autres quartiers de l'année.

Bibl. nat., ms. fr. 15629, n° 88, 162, 271 et 403. (*Mentions.*)
Arch. nat., *Acquits sur l'épargne*, J. 960^c^, fol. 112. (*Mention.*)

6007. Mandement au trésorier de l'épargne de bailler à Guillaume Durant, receveur et payeur des 26 juin.

332 mortes-payes de Picardie, 5,520 livres tournois pour leur solde du premier quartier de la présente année. Lyon, 26 juin 1533. 1533.

Trois mandements semblables, de même date, pour les trois autres quartiers.

Bibl. nat., ms. fr. 15629, n°s 95, 174, 274 et 424. (*Mentions.*)

Arch. nat., Acquits sur l'épargne, J. 960°, fol. 112. (*Mention.*)

6008. Mandement au trésorier de l'épargne de bailler à François Mahieu, receveur et payeur des 339 mortes-payes de Normandie, 5,067 livres tournois pour leur solde du premier quartier de la présente année. Lyon, 26 juin 1533. 26 juin.

Trois mandements semblables, de même date, pour les trois autres quartiers.

Bibl. nat., ms. fr. 15629, n°s 96, 176, 275 et 421. (*Mentions.*)

Arch. nat., Acquits sur l'épargne, J. 960°, fol. 112 v°. (*Mention.*)

6009. Mandement au trésorier de l'épargne de bailler à Claude Péronnier, receveur et payeur des 188 mortes-payes de Guyenne, 2,870 livres tournois pour leur solde du premier quartier de l'année courante. Lyon, 26 juin 1533. 26 juin.

Trois mandements semblables, de même date, pour les trois autres quartiers.

Bibl. nat., ms. fr. 15629, n°s 98, 179, 265 et 422. (*Mentions.*)

Arch. nat., Acquits sur l'épargne, J. 960°, fol. 112 v°. (*Mention.*)

6010. Mandement au trésorier de l'épargne de bailler à Jean Godet, commis à tenir le compte et faire le payement de l'extraordinaire des guerres, 975 livres tournois pour la solde des 65 mortes-payes de Champagne pendant le premier quartier de la présente année. Lyon, 26 juin 1533. 26 juin.

Trois mandements semblables, de même date, pour les trois autres quartiers. 1533.

Bibl. nat., ms. fr. 15629, n°s 100, 181, 286 et 429. (*Mentions.*)
Arch. nat., *Acquits sur l'épargne*, J. 960°, fol. 112. (*Mention.*)

6011. Mandement au trésorier de l'épargne de bailler à Jean Godet 600 livres tournois pour la solde des 40 mortes-payes de Languedoc pendant le premier quartier de la présente année. Lyon, 26 juin 1533. 26 juin.

Trois mandements semblables, de même date, pour les trois autres quartiers.

Bibl. nat., ms. fr. 15629, n°s 101, 182, 285 et 428. (*Mentions.*)
Arch. nat., *Acquits sur l'épargne*, J. 960°, fol. 112 v°. (*Mention.*)

6012. Mandement au trésorier de l'épargne de bailler à Robert Main, trésorier des guerres en Bretagne, 3,368 livres tournois pour la solde des 215 mortes-payes de Bretagne pendant le premier quartier de la présente année. Lyon, 26 juin 1533. 26 juin

Trois mandements semblables, de même date, pour les trois autres quartiers.

Bibl. nat., ms. fr. 15629, n°s 102, 184, 259 et 530. (*Mentions.*)
Arch. nat., *Acquits sur l'épargne*, J. 960°, fol. 112 v°. (*Mention.*)

6013. Déclaration portant que madame de Givry continuera à jouir des revenus du comté de Bar-sur-Seine, y compris le grenier à sel dudit lieu, de la terre et seigneurie d'Aisey-le-Duc, avec les moulins et étangs, et des cinq étangs de la forêt de Villiers-le-Duc, nommés Vaux-Moreaux, Nerlin, les Aix-Vieux, Perroux et Grosbois, comme elle faisait avant l'édit de réunion du domaine aliéné et nonobstant la saisie faite au nom du roi par les commissaire du domaine. Lyon, 27 juin 1533. 27 juin.

Arch. nat., *Acquits sur l'épargne*, J. 960°, fol. 103 v°. (*Mention.*)

IMPRIMERIE NATIONALE.

6014. Lettres de décharge pour le receveur ordinaire de Blois de six tonneaux de vin du clos des Montils qu'il a délivrés l'année 1532, ainsi qu'il faisait les années précédentes, suivant le don du roi, à Viscontin, capitaine des Montils-lès-Blois, pour sa provision de ladite année. Lyon, 27 juin 1533. 1533. 27 juin.

Arch. nat., Acquits sur l'épargne, J. 960e, fol. 104. (*Mention.*)

6015. Mandement pour faire bailler et délivrer désormais chaque année en l'argenterie au s[r] de Boursault, François d'Anglure, vicomte d'Étoges, capitaine de la porte du roi, 187 livres 10 sous tournois pour sa robe d'été de velours vert et une autre robe d'hiver de velours noir fourrée, ainsi qu'il fut fait par le passé à ses prédécesseurs. Lyon, 27 juin 1533. 27 juin.

Arch. nat., Acquits sur l'épargne, J. 960e, fol. 104. (*Mention.*)
Idem, Comptes de l'argenterie, KK. 91, fol. 251. (*Mention.*)

6016. Don au s[r] de Magny, capitaine de la porte du château, des sommes de 155 livres d'une part et 149 livres 10 sous d'autre, pour deux habillements de draps de soie, l'un d'été, l'autre d'hiver. Lyon, 27 juin 1533. 27 juin.

Arch. nat., Comptes de l'argenterie, KK. 92, fol. 333 v°, 334. (*Mentions.*)

6017. Don et remise à la comtesse de Nevers de 100 écus de la composition de la garde-noble de François de Clèves, comte d'Eu, pair de France, son fils, pour la présente année, ainsi qu'elle l'a obtenu les années précédentes. Lyon, 27 juin 1533. 27 juin.

Arch. nat., Acquits sur l'épargne, J. 960e, fol. 104 v°. (*Mention.*)

6018. Permission au baron de Saint-Blancard de faire conduire de Lyon à Marseille, francs et quittes de tous droits et péages, 50 balles de drap et 30 de toile pour vêtir les forçats, 500 quintaux de chanvre à cordages, 500 quintaux de 27 juin.

fer, 500 quintaux de plomb pour les boulets et la garniture des rames, et 150 quintaux de cuivre et étain pour l'artillerie. Lyon, 27 juin 1533. 1533.

Arch. nat., Acquits sur l'épargne, J. 960^{c}, fol. 104 v°. (*Mention.*)

6019. Provision à Jean Bertrandi, conseiller au Grand Conseil, pour être payé de ses gages et droits dudit office du premier quartier de la présente année, bien qu'il n'ait siégé pendant ce temps, retenu ailleurs pour le service du roi. Lyon, 27 juin 1533. 27 juin.

Arch. nat., Acquits sur l'épargne, J. 960^{c}, fol. 105. (*Mention.*)

6020. Semblable provision pour faire payer ledit Bertrandi des gages de l'office de conseiller lai au Parlement de Paris, dont il était auparavant pourvu, pour une année entière finie le (*blanc*) 1531, bien qu'il n'ait siégé à la cour pendant ce temps. Lyon, 27 juin 1533. 27 juin.

Arch. nat., Acquits sur l'épargne, J. 960^{c}, fol. 105. (*Mention.*)

6021. Don fait de nouveau à Paul Chabot, fils de la dame de Clairvaux, de 500 livres tournois sur les lods et ventes et autres droits seigneuriaux dus au roi à cause de l'acquisition faite par ladite dame de Clairvaux de la terre et seigneurie de la Coudre, nonobstant les ordonnances contraires. Lyon, 27 juin 1533. 27 juin.

Arch. nat., Acquits sur l'épargne, J. 960^{c}, fol. 105 v°. (*Mention.*)

6022. Nouvelle expédition des lettres du don fait à Marguerite de Bresseau de 100 livres parisis sur l'amende prononcée contre Raymond de Boutenay par sentence du grand maître des Eaux et forêts, ou son lieutenant. Lyon, 27 juin 1533. 27 juin.

Arch. nat., Acquits sur l'épargne, J. 960^{c}, fol. 105 v°. (*Mention.*)

6023. Confirmation en faveur de Jacques de Genouil- 27 juin.

hac, grand écuyer, du don du revenu annuel de la chambre à sel d'Amboise, qu'il tenait de la duchesse d'Angoulême. Lyon, 27 juin 1533. 1533.

Arch. nat., Acquits sur l'épargne, J. 960[c], fol. 106. (*Mention.*)

6024. Don et remise à Georges Genyer, garde de la forêt de Montmorillon, de 60 livres parisis, montant d'une amende prononcée contre lui par arrêt du Parlement de Paris. Lyon, 27 juin 1533. 27 juin.

Arch. nat., Acquits sur l'épargne, J. 960[c], fol. 106. (*Mention.*)

6025. Mandement au trésorier de l'épargne de payer au roi de Navarre, gouverneur et lieutenant général du roi en Guyenne, 6,000 livres tournois pour sa pension, pendant le premier quartier de la présente année. Lyon, 27 juin 1533. 27 juin.

Mandement semblable et de même date, pour le second quartier.

Bibl. nat., ms. fr. 15629, n°s 76 et 146. (*Mentions.*)

Arch. nat., Acquits sur l'épargne, J. 960[c], fol. 109. (*Mention.*)

6026. Mandement au trésorier de l'épargne de payer à Antoine de Lamet, conseiller et maître d'hôtel ordinaire du roi, 1,000 livres tournois en récompense de ses services. Lyon, 27 juin 1533. 27 juin.

Bibl. nat., ms. fr. 15629, n° 232. (*Mention.*)

Arch. nat., Acquits sur l'épargne, J. 960[c], fol. 105 v°. (*Mention.*)

6027. Mandement au trésorier de l'épargne de payer à Gervais Waïn, docteur en théologie, 544 livres 5 sous tournois pour le parfait de divers voyages qu'il a faits en Allemagne pour le service du roi. Lyon, 27 juin 1533. 27 juin.

Bibl. nat., ms. fr. 15629, n° 684. (*Mention.*)

Arch. nat., Acquits sur l'épargne, J. 960[c], fol. 109 v°. (*Mention.*)

6028. Lettres autorisant Guillaume Prudhomme, tré- 27 juin.

sorier de l'épargne à recevoir de Martin de Troyes, commis à la recette générale de Languedoc[1], 20,000 livres tournois pour employer au fait de son office, sans avoir besoin de faire figurer cette somme aux comptes du trésor du Louvre. Lyon, 27 juin 1533. 1533.

Bibl. nat., ms. fr. 15629, n° 714. (*Mention.*)
Arch. nat., *Acquits sur l'épargne*, J. 960^c, fol. 111. (*Mention.*)

6029. Mandement au trésorier de l'épargne de payer à Jacques Bernard, maître de la chambre aux deniers, 341 livres tournois pour le louage pendant un mois de vingt mulets de bât qui ont porté les coffres contenant les meubles du roi. Lyon, 27 juin 1533. 27 juin.

Bibl. nat., ms. fr. 15629, n° 738. (*Mention.*)
Arch. nat., *Acquits sur l'épargne*, J. 960^c, fol. 110. (*Mention.*)

6030. Mandement au trésorier de l'épargne de bailler à Héluin Du Lin 500 livres tournois pour distribuer aux postes assises entre Lyon et Soleure. Lyon, 27 juin 1533. 27 juin.

Bibl. nat., ms. fr. 15629, n° 754. (*Mention.*)
Arch. nat., *Acquits sur l'épargne*, J. 960^c, fol. 110. (*Mention.*)

6031. Mandement au trésorier de l'épargne de payer à Héluin Du Lin 2,000 livres tournois pour les frais et dépenses qu'il devra faire lors de l'assemblée de la diète des cantons suisses, à employer suivant les instructions de MM. Ravier et de Lamet, ambassadeurs du roi. Lyon, 27 juin 1533. 27 juin.

Bibl. nat., ms. fr. 15629, n° 755. (*Mention.*)
Arch. nat., *Acquits sur l'épargne*, J. 960^c, fol. 110. (*Mention.*)

6032. Mandement au trésorier de l'épargne de payer à Aymon de Lymaige (Limage), dit Billouard, valet de garde-robe du roi, 100 livres tour- 27 juin.

[1] *Add.* Lyonnais, Forez et Beaujolais, suivant le registre J. 960^c.

nois pour l'aider à se monter de chevaux et d'habillements. Lyon, 27 juin 1533. 1533.

Bibl. nat., ms. fr. 15629, n° 776. (*Mention.*)
Arch. nat., *Acquits sur l'épargne*, J. 960ᵉ, fol. 109. (*Mention.*)

6033. Mandement au trésorier de l'épargne de payer à Antoine de Rocles 200 livres tournois en récompense de certains avertissements secrets donnés au roi. Lyon, 27 juin 1533. 27 juin.

Bibl. nat., ms. fr. 15629, n° 777. (*Mention.*)
Arch. nat., *Acquits sur l'épargne*, J. 960ᵉ, fol. 109. (*Mention.*)

6034. Mandement au trésorier de l'épargne de payer à Gabriel, baron de Lech (Lecco), 600 livres tournois pour sa pension de l'année 1531. Lyon, 27 juin 1533. 27 juin.

Bibl. nat., ms. fr. 15629, n° 859. (*Mention.*)
Arch. nat., *Acquits sur l'épargne*, J. 960ᵉ, fol. 110. (*Mention.*)

6035. Mandement à la Chambre des Comptes de Paris et aux trésoriers de France d'assurer aux doyen, chanoines et chapitre de l'église collégiale de Notre-Dame de Montbrison la jouissance annuelle des 120 livres tournois qui leur sont assignées sur le domaine de Forez. Lyon, 28 juin 1533. 28 juin.

Enreg. à la Chambre des Comptes de Paris. Arch. nat., P. 2306, p. 189. 7 pages.

6036. Mandement au trésorier de l'épargne de payer à Hubert Moret, joaillier de Lyon, 3,915 livres tournois ou 1,740 écus d'or pour une grande table d'émeraude, un coffre couvert de velours cramoisi et de roses garnies de 2,800 perles, 25 boutons de vermeil, 39 boutons d'or, trois anneaux d'or garnis de deux pierres almandines, une petite épingle et deux patenôtres de cristal montées sur or. Lyon, 28 juin 1533. 28 juin.

Bibl. nat., ms. fr. 15629, n° 283. (*Mention.*)
Arch. nat., *Acquits sur l'épargne*, J. 960ᵉ, fol. 109 v°. (*Mention.*)

6037. Mandement au trésorier de l'épargne de payer à 28 juin.

Pierre Coing, lapidaire de Lyon, 4,500 livres tournois pour des bagues et des joyaux qu'il a vendus au roi. Lyon, 28 juin 1533. 1533.

Bibl. nat., ms. fr. 15629, n° 287. (*Mention.*)
Arch. nat., *Acquits sur l'épargne*, J. 960[c], fol. 109 v°. (*Mention.*)

6038. Mandement au trésorier de l'épargne de payer à Claude de Bombelles, s[r] de Lavau, valet de chambre du roi, 67 livres 10 sous tournois pour aller à Moulins au-devant du duc de Norfolk et lui porter des lettres du roi. Lyon, 28 juin 1533. 28 juin.

Bibl. nat., ms. fr. 15629, n° 682, et ms. Clairambault 1215, fol. 71 v°. (*Mentions.*)
Arch. nat., *Acquits sur l'épargne*, J. 960[c], fol. 109. (*Mention.*)

6039. Mandement au trésorier de l'épargne de payer à Antoine Roiart, chevaucheur d'écurie du roi, 180 livres tournois pour 180 jours qu'il doit demeurer au voyage qu'il va faire en Espagne auprès de Claude Dodieu, s[r] de Vély, ambassadeur du roi. Lyon, 28 juin 1533. 28 juin.

Bibl. nat., ms. fr. 15629, n° 683, et ms. Clairambault 1215, fol. 71 v°. (*Mentions.*)
Arch. nat., *Acquits sur l'épargne*, J. 960[c], fol. 116 v°. (*Mention.*)

6040. Mandement au trésorier de l'épargne de payer à Anne de Maye, demoiselle d'atours de Madame Madeleine de France, 600 livres tournois en récompense de ses services. Lyon, 28 juin 1533. 28 juin.

Bibl. nat., ms. fr. 15629, n° 773. (*Mention.*)
Arch. nat., *Acquits sur l'épargne*, J. 960[c], fol. 111 v°. (*Mention.*)

6041. Mandement au trésorier de l'épargne de payer à Jules Camille, gentilhomme italien, 1,125 livres tournois en récompense « de plusieurs sciences utilles et prouffitables qu'il doibt faire entendre au roy ». Lyon, 28 juin 1533. 28 juin.

Bibl. nat., ms. fr. 15629, n° 774. (*Mention.*)
Arch. nat., *Acquits sur l'épargne*, J. 960[c], fol. 111 v°. (*Mention.*)

6042. Mandement au trésorier de l'épargne de payer à Étienne de Lieveville, palefrenier d'écurie du roi, 80 livres tournois en faveur de ses bons offices. Lyon, 28 juin 1533. — 1533. 28 juin.

Bibl. nat., ms. fr. 15629, n° 775. (*Mention.*)
Arch. nat., *Acquits sur l'épargne*, J. 960^{c}, fol. 110. (*Mention.*)

6043. Mandement au trésorier de l'épargne de payer à Pierre Rousseau, commis de la chambre aux deniers du dauphin et des ducs d'Orléans et d'Angoulême, 270 livres tournois pour la location pendant six semaines de 15 mulets de bât qui doivent transporter de Lyon à Toulouse les coffres de l'office des fils du roi. Lyon, 28 juin 1533. — 28 juin.

Bibl. nat., ms. fr. 15629, n° 817. (*Mention.*)
Arch. nat., *Acquits sur l'épargne*, J. 960^{c}, fol. 109. (*Mention.*)

6044. Confirmation et texte d'un règlement de police pour parer aux dangers de peste, délibéré par les officiers de la ville de Béziers. Lyon, juin 1533. — Juin.

Enreg. à la Chancellerie de France. Arch. nat., *Trésor des Chartes*, JJ. 246, n° 289, fol. 86 v°. 4 pages.

6045. Confirmation des privilèges, franchises et libertés des habitants du bailliage de Briançon et de la transaction autrefois intervenue entre Imbert, dauphin de Viennois, et les communautés du Briançonnais. Lyon, juin 1533. — Juin.

Enreg. à la Chancellerie de France. Arch. nat., *Trésor des Chartes*, JJ. 246, n° 272, fol. 82 v°. 1 page.
Imp. [Desponts], *Transactions d'Imbert, dauphin de Viennois*, 1645, in-fol., p. 78.

6046. Confirmation des privilèges, franchises et exemptions des habitants de Cervières en Forez. Lyon, juin 1533. — Juin.

Enreg. à la Chancellerie de France. Arch. nat., *Trésor des Chartes*, JJ. 246, n° 284, fol. 85. 1 page.

6047. Lettres transférant du mercredi au mardi le — Juin.

marché hebdomadaire de la Ferté-Hubert. Lyon, juin 1533. 1533.

Enreg. à la Chancellerie de France. Arch. nat., Trésor des Chartes, JJ. 246, n° 280, fol. 84. 1 page.

6048. Confirmation des privilèges, franchises et exemptions des habitants d'Iseaux en Dauphiné. Lyon, juin 1533. Juin.

Enreg. à la Chancellerie de France. Arch. nat., Trésor des Chartes, JJ. 246, n° 277, fol. 83 v°. 1 page.

Enreg. au Parl. de Grenoble, le 29 avril 1534. Arch. de l'Isère, Chambre des Comptes de Grenoble, B. 2980, fol. 73 v°. 3 pages.

6049. Confirmation des privilèges, exemptions, libertés et coutumes des habitants de la châtellenie de Moirans en Dauphiné. Lyon, juin 1533. Juin.

Enreg. à la Chancellerie de France. Arch. nat., Trésor des Chartes, JJ. 246, n° 460, fol. 139 v°. 1 page.

6050. Établissement de trois foires chaque année à Montpont (Bourgogne), en faveur de Charles de Saillant, baron du lieu. Lyon, juin 1533. Juin.

Enreg. à la Chancellerie de France. Arch. nat., Trésor des Chartes, JJ. 246, n° 273, fol. 82 v°. 1 page.

6051. Confirmation de l'institution faite par le chapitre de Saint-Aignan d'Orléans de deux vicaires perpétuels. Lyon, juin 1533. Juin.

Enreg. à la Chancellerie de France. Arch. nat., Trésor des Chartes, JJ. 246, n° 296, fol. 89. 1 page.

6052. Confirmation des privilèges, franchises et libertés des habitants de Saint-Galmier. Lyon, juin 1533. Juin.

Enreg. à la Chancellerie de France. Arch. nat., Trésor des Chartes, JJ. 246, n° 275, fol. 83. 1 page.

6053. Confirmation des privilèges, franchises et libertés des habitants de Saint-Rambert. Lyon, juin 1533. Juin.

Enreg. à la Chancellerie de France. Arch. nat., Trésor des Chartes, JJ. 246, n° 286, fol. 85 v°. 1 page.

IMPRIMERIE NATIONALE.

6054. Lettres en faveur de l'abbaye de Saint-Sauveur-le-Vicomte, lui permettant de réunir plusieurs seigneuries de son patrimoine sous une seule juridiction. Lyon, juin 1533. 1533. Juin.

Enreg. à la Chancellerie de France. Arch. nat., Trésor des Chartes, JJ. 246, n° 287, fol. 85 v°. 1 page 1/2.

6055. Confirmation des privilèges, franchises et libertés des habitants de Sury-le-Comtal. Lyon, juin 1533. Juin.

Enreg. à la Chancellerie de France. Arch. nat., Trésor des Chartes, JJ. 246, n° 281, fol. 84 v°. 1 page.

6056. Relief de surannation pour Antoine Du Bourg, maître d'hôtel du roi, qui n'avait pu faire confirmer, après la mort de Louise de Savoie, les lettres de celle-ci, en date du 3 février 1531, le pourvoyant de l'office de président du Conseil de Dombes. Lyon, juin 1533. Juin.

Copie du XVIe siècle. Bibl. nat., ms. fr. 5124, fol. 66 v°.

6057. Permission à Pierre de Saint-Priest d'élever un pilier de plus dans ses justices patibulaires de Saint-Priest et de Saint-Étienne de Suran. Lyon, juin 1533. Juin.

Enreg. à la Chancellerie de France. Arch. nat., Trésor des Chartes, JJ. 246, n° 271, fol. 82. 1 page.

6058. Lettres évoquant par-devant le juge de Loudun l'appel d'Antoine de Beauvau, seigneur de Saint-Cassien, et relevant ce dernier de la sentence dont ledit juge l'a frappé en faveur de Jacques de Prunelle, soi-disant prieur de « Benez » (Benais, près Bourgueuil). Paris (*sic*), 2 juillet 1533. 2 juillet.

Original. Bibl. nat., Pièces orig., vol. 253, Beauveau, 38.

6059. Provisions en faveur de Jean de Daillon, seigneur d'Illiers, de l'office de sénéchal d'Anjou, vacant par le décès de Jacques de Daillon, sei- 3 juillet.

gneur du Lude, son père. Chamousset, 3 juillet 1533. — 1533.

Enreg. et réception dudit s^r de Daillon au Parl. de Paris, le 27 janvier 1534 n. s. Arch. nat., X[1a] 4895, reg. de plaidoiries, fol. 286 v°. (*Mention.*)

6060. Mandement au trésorier de l'épargne de payer à Zacharie de Saint-Symphorien, s^r de Chamousset, gentilhomme de l'hôtel du roi, 200 livres tournois « en faveur de ce que le roy a logé en sa maison et faict sejour durant le temps de sa derreniere maladye, pendant lequel luy a esté degasté, à cause du passage du train suivant le dit seigneur, grant quantité de bledz, foings et fruictz ». Chamousset, 5 juillet 1533. — 5 juillet.

Bibl. nat., ms. fr. 15629, n° 772. (*Mention.*)
Arch. nat., Acquits sur l'épargne, J. 960^c, fol. 112. (*Mention.*)

6061. Mandement au trésorier de l'épargne de payer à Louis Rouillart et à Bonaventure de Saint-Barthélemy, conseiller au Parlement de Paris, 300 livres tournois, à chacun d'eux 150 livres, pour se transporter à Alençon et y informer sur certains points concernant la foi, selon les instructions que le roi leur a envoyées. Feurs en Forez, 6 juillet 1533 (1). — 6 juillet.

Bibl. nat., ms. fr. 15629, fol. 171. (*Mention.*)
Arch. nat., Acquits sur l'épargne, J. 960^c, fol. 130. (*Mention.*)

6062. Lettres portant règlement pour le quart du sel en Poitou. 7 juillet 1533. — 7 juillet.

Enreg. à la Cour des Aides, le 28 janvier 1534 n. s. Arch. nat., recueil Cromo, U. 665, fol. 260. (*Mention.*)

6063. Mandement au trésorier et receveur ordinaire de Nîmes de délivrer à Françoise de Saint-Gelais, veuve du s^r de Pérault, tutrice de leurs enfants mineurs, le revenu du péage de Ser- — 9 juillet.

(1) Le rôle d'expéditions des *Acquits sur l'épargne* où figure ce mandement est daté de Nîmes, le 28 août 1533.

rières sur le Rhône pour une année commencée le 28 août 1532. Lyon, 9 juillet 1533. 1533.

Arch. nat., *Acquits sur l'épargne*, J. 960°, fol. 107. (*Mention.*)

6064. Mandement au général de Dauphiné de faire payer, suivant d'autres lettres du roi, vérifiées et entérinées, au chapitre de l'église Notre-Dame d'Embrun, tant pour le passé, depuis l'interruption, que pour l'avenir, la somme de 300 livres tournois par an, qui lui a été ordonnée par plusieurs rois et dauphins pour la célébration d'une messe solennelle en l'honneur de Notre-Dame, chaque jour à perpétuité. Lyon, 9 juillet 1533. 9 juillet.

Arch. nat., *Acquits sur l'épargne*, J. 960°, fol. 107. (*Mention.*)

6065. Nouvelle expédition des don et remise faits à Charles de Gaillon, s[r] du Puyset, d'une somme de 400 livres parisis, montant d'une amende prononcée contre lui par arrêt du Parlement de Paris, nonobstant toute ordonnance contraire. Lyon, 9 juillet 1533. 9 juillet.

Arch. nat., *Acquits sur l'épargne*, J. 960°, fol. 107 v°. (*Mention.*)

6066. Don à Antoine Rohart, valet de garde-robe du roi, de l'office de notaire royal à Tours, vacant par le décès de N. Portais, pour en disposer à son profit. Lyon, 9 juillet 1533. 9 juillet.

Arch. nat., *Acquits sur l'épargne*, J. 960°, fol. 108. (*Mention.*)

6067. Don et remise à Guyon de Ferrières de la somme de 400 livres tournois, montant des lods et ventes et autres droits seigneuriaux dus au roi, à cause de l'acquisition faite par ledit de Ferrières de certains héritages sis dans la châtellenie de Laye et le comté de Beaujolais. Lyon, 9 juillet 1533. 9 juillet.

Arch. nat., *Acquits sur l'épargne*, J. 960°, fol. 108. (*Mention.*)

6068. Don à Louis Du Retour, valet de chambre de M. le Grand Maître, de 100 écus soleil dé- 9 juillet.

posés entre les mains d'un nommé Molart, habitant de Pézenas, par un étranger mort depuis peu sans avoir obtenu ses lettres de naturalité. Lyon, 9 juillet 1533. 1533.

Arch. nat., Acquits sur l'épargne, J. 960°, fol. 108 v°. (*Mention.*)

6069. Mandement aux commissaires sur le fait des finances de faire payer à Olivier Gouheau, dit La Tour, 200 livres tournois qui lui restent dues pour la présente année sur le revenu des greffes et des greniers à sel du Grésivaudan, suivant le don qui lui en a été fait. Lyon, 9 juillet 1533. 9 juillet.

Arch. nat., Acquits sur l'épargne, J. 960°, fol. 108 v°. (*Mention.*)

6070. Provisions en faveur de Charles Turpin, fils de feu Antoine Turpin, de l'office de trésorier et receveur général de Milan. Lyon, 9 juillet 1533. 9 juillet.

Bibl. nat., ms. Clairambault 782, fol. 289 v°. (*Mention.*)

6071. Lettres autorisant Guillaume Prudhomme, trésorier de l'épargne, à recevoir de Guillaume de Moraynes, commis à l'exercice de la recette générale de Languedoil, 5,000 livres tournois des deniers de la taille du terme échu le 1er avril précédent, pour employer au fait de son office, sans avoir besoin de faire figurer cette somme aux comptes du trésor du Louvre. Clermont en Auvergne, 9 juillet 1533. 9 juillet.

Bibl. nat., ms. fr. 15629, n° 713. (*Mention.*)

6072. Mandement au trésorier de l'épargne de bailler à Bénigne Serre 1,243 livres tournois pour le payement de plusieurs courriers qui suivent la cour. Clermont en Auvergne, 10 juillet 1533. 10 juillet.

Bibl. nat., ms. fr. 15629, n° 763. (*Mention.*)
Arch. nat., Acquits sur l'épargne, J. 960°, fol. 116. (*Mention.*)

6073. Renouvellement pour six ans du don fait à Renzo de Cère, chevalier de l'ordre, des revenus de la terre et seigneurie de Pontoise, y compris 10 juillet.

ceux du grenier à sel et le quatrième du vin, comme il en jouissait avant l'édit de réunion des domaines aliénés. Riom, 10 juillet 1533[1]. 1533.

Enreg. à la Chambre des Comptes de Paris, le 6 août 1533. Arch. nat., P. 2306, p. 55. 5 pages. *Arch. nat., Acquits sur l'épargne*, J. 960^c, fol. 107 v°. (*Mention.*)

6074. Mandement au trésorier Jean Laguette de payer 18 livres tournois à Jean de Laperque, chevaucheur, qui va porter aux sénéchaux de Carcassonne et de Montpellier des lettres du roi leur ordonnant de se saisir des terres du douaire de la feue reine Marie d'Angleterre. Issoire, 12 juillet 1533. 12 juillet.

Original. Bibl. nat., ms. fr. 25721, n° 406.

6075. Mandement au trésorier de l'épargne de payer à Vincent Hérault, chevaucheur de l'écurie, 76 livres 10 sous tournois pour porter des lettres du roi au s^r de Fleuranges, maréchal de France, à Château-Thierry. Dussay[2] en Auvergne, 12 juillet 1533. 12 juillet.

Bibl. nat., ms. fr. 15629, n° 681. (*Mention.*) *Arch. nat., Acquits sur l'épargne*, J. 960^c, fol. 116 v°. (*Mention.*)

6076. Mandement au trésorier de l'épargne de payer à Louis Prévost, s^r de Sansac, écuyer de l'écurie du dauphin, 675 livres tournois en récompense de services rendus à son maître. Vic en Auvergne, 12 juillet 1533. 12 juillet.

Bibl. nat., ms. fr. 15629, n° 771. (*Mention.*) *Arch. nat., Acquits sur l'épargne*, J. 960^c, fol. 116 v°. (*Mention.*)

6077. Commission donnée à Jean de Pierrefitte, élu en l'élection de la Basse-Auvergne, pour la levée des deux décimes récemment accordées par le pape. Issoire, 14 juillet 1533. 14 juillet.

Copies de deux vidimus. Bibl. nat., ms. fr. 25721, n°^s 407 et 410.

[1] Le rôle des *Acquits sur l'épargne* où figure l'ordre d'expédier ces lettres est daté de Lyon, le 9 juillet.

[2] *Sic.* C'est sans doute une faute de lecture pour *d'Issoire*.

6078. Lettres accordant à Jean d'Albon, s[r] de Saint-André, chevalier de l'ordre, sursis et délai d'un an pour la prestation au Parlement de Paris de son serment pour l'office de bailli et gouverneur de Beaujolais, dont il vient d'être pourvu. Vic en Auvergne, 14 juillet 1533. — 1533. 14 juillet.

Présentées et entérinées au Parlement, le 28 avril 1534. Arch. nat., X[1a] 1537, reg. du Conseil, fol. 242. (*Mention.*)

6079. Provisions en faveur de Pierre de Chauvigny, écuyer, des offices de bailli et capitaine et de maître des Eaux et forêts de Montaigut-en-Combrailles, vacants à cause de la résignation qu'en a faite Gilbert de Chauvigny, baron de Blot, son père. Vic en Auvergne, 14 juillet 1533. — 14 juillet.

Réception au Parl. de Paris, le 1er mars 1537 n. s. Arch. nat., X[1a] 4902, Plaidoiries, fol. 514 v°. (*Mention.*)

6080. Don au s[r] de Thais (Taix) de la confiscation adjugée au roi de huit pièces de velours de Gênes appartenant à un nommé Claude Savin qui les avait fait venir de Gênes à Lyon, malgré les ordonnances prohibitives. Vic, 14 juillet 1533. — 14 juillet.

Arch. nat., Acquits sur l'épargne, J. 960[c], fol. 114. (*Mention.*)

6081. Lettres portant remise en faveur de la duchesse douairière de Vendôme des lods et ventes et autres droits seigneuriaux, montant à environ 400 livres, qu'elle devait au roi à cause de l'acquisition faite par elle de divers héritages à Crépy-en-Laonnais, dont elle a fait don à certaines communautés religieuses. Vic, 14 juillet 1533. — 14 juillet.

Arch. nat., Acquits sur l'épargne, J. 960[c], fol. 114 v°. (*Mention.*)

6082. Mandement à la Chambre des Comptes de Paris de rétablir au compte du receveur général de Picardie de l'année 1527 une somme de 960 livres, moitié de celle de 1,920 livres dont — 14 juillet.

le roi avait ci-devant fait don à la duchesse douairière de Vendôme sur les droits seigneuriaux à lui échus en la recette ordinaire de Vermandois, et que la Chambre n'avait voulu enregistrer que pour moitié, suivant l'ordonnance. Vic, 14 juillet 1533. 1533.

Arch. nat., Acquits sur l'épargne, J. 960[c], fol. 114 v°. (*Mention.*)

6083. Don à Jules de Pise, valet de chambre ordinaire du roi, du tiers de la résignation à survivance que fait Pierre Raymond de son office d'élu de Châteaudun et Bonneval au profit de Thomas Lebossu. Vic, 14 juillet 1533. 14 juillet.

Arch. nat., Acquits sur l'épargne, J. 960[c], fol. 115. (*Mention.*)

6084. Don à Antoine Aymer, s[r] d'Apremont, de la somme de 100 livres tournois, montant des lods et ventes d'une maison et lieu appelé Launay, sis en la paroisse de Limeray, dépendant de la baronnie d'Amboise, qu'il a rachetés de Louise Aymer, sa sœur. Vic, 14 juillet 1533. 14 juillet.

Arch. nat., Acquits sur l'épargne, J. 960[c], fol. 115. (*Mention.*)

6085. Mandement au receveur ordinaire d'Orléans de délivrer pendant trois ans à Emilio Ferlano de la Cavriane le revenu des terres et seigneuries de Neuville et de Vitry, au bailliage d'Orléans, comme il en jouissait avant la réunion des domaines aliénés, à dater de la saisie opérée par les commissaires du domaine. Vic, 14 juillet 1533. 14 juillet.

Arch. nat., Acquits sur l'épargne, J. 960[c], fol. 115 v°. (*Mention.*)

6086. Mandement au receveur des exploits et amendes du Parlement de Bordeaux de payer à Françoise de Pontcharrault, veuve de Jean de La Halle, la somme de 1,000 livres tournois, complément des 2,000 livres dont le roi avait fait don à Jacquette de La Halle, fille de ladite 14 juillet.

Françoise, à l'occasion de son mariage avec Guy d'Angliers, laquelle Jacquette est décédée sans hoirs. Vic, 14 juillet 1533. 1533.

Arch. nat., Acquits sur l'épargne, J. 960[c], fol. 115 v°. (*Mention.*)

6087. Mandement au trésorier de l'épargne de payer à Antoine de La Rochefoucauld, s[r] de Barbezieux, chevalier de l'ordre, 3,600 livres tournois pour sa pension des années 1530 et 1531, qui est de 2,000 livres par an, retenue et déduction lui ayant été faites de 400 livres qu'il redevait au roi sur le don et octroi de la noblesse d'Auvergne pour contribuer à la rançon des enfants de France. Vic en Auvergne, 14 juillet 1533. 14 juillet.

Arch. nat., Acquits sur l'épargne, J. 960[c], fol. 115. (*Mention.*)
Bibl. nat., ms. fr. 15629, n° 241. (*Mention.*)

6088. Don à Guillaume Du Bellay, s[r] de Langey, gentilhomme ordinaire de la chambre du roi, de 14,000 livres tournois. 14 juillet 1533. 14 juillet.

Bibl. nat., ms. Clairambault 732, fol. 289 v°. (*Mention.*)

6089. Don et remise à Jean et Pierre Mauriac, père et fils, laboureurs de Chambezon, de la somme de 30 livres, montant d'une amende prononcée contre eux par le châtelain de Léotoing. Allègre, 18 juillet 1533. 18 juillet.

Arch. nat., Acquits sur l'épargne, J. 960[c], fol. 116 v°. (*Mention.*)

6090. Mandement au trésorier de l'épargne de payer à Edme de Courtenay, s[r] de Bléneau, 67 livres 10 sous tournois pour porter à la reine à Montpellier des lettres du roi. Le Puy-en-Velay, 18 juillet 1533. 18 juillet.

Bibl. nat., ms. fr. 15629, n° 680. (*Mention.*)
Arch. nat., Acquits sur l'épargne, J. 960[c], fol. 117. (*Mention.*)

6091. Mandement au trésorier de l'épargne de payer à Philippe Myette, chevaucheur d'écurie du roi, 87 livres 15 sous tournois pour porter des 19 juillet.

IMPRIMERIE NATIONALE.

lettres à Paris aux commissaires de la Tour carrée, et de là aux baillis de Touraine et de Loudun. Le Puy-en-Velay, 19 juillet 1533. 1533.

Bibl. nat., ms. fr. 15629, n° 679. (*Mention.*)
Arch. nat., *Acquits sur l'épargne*, J. 960°, fol. 117. (*Mention.*)

6092. Mandement au trésorier de l'épargne de payer au duc d'Albany 4,000 livres tournois pour les dépenses qu'il sera obligé de faire en conduisant les galères du roi au-devant du pape, pour le ramener à Nice ou autre lieu. Le Puy-en-Velay, 19 juillet 1533. 19 juillet.

Arch. nat., *Acquits sur l'épargne*, J. 960°, fol. 117 v°. (*Mention.*)
Bibl. nat., ms. fr. 15629, n° 770. (*Mention.*)

6093. Mandement au trésorier de l'épargne de bailler à Guy de La Maladière, trésorier des guerres, 7,530 livres tournois pour la solde du troisième quartier de l'année 1532 de 80 lances fournies qui doivent faire ledit voyage, commandées par le duc d'Albany. Le Puy-en-Velay, 19 juillet 1533. 19 juillet.

Arch. nat., *Acquits sur l'épargne*, J. 960°, fol. 117 v°. (*Mention.*)
Bibl. nat., ms. fr. 15629, n° 757. (*Mention.*)

6094. Mandement au trésorier de l'épargne de payer à Jean de Ritelin, serviteur de Nicolas de Rustici, dit le Bossu, capitaine de lansquenets, 562 livres 10 sous tournois pour porter cette somme en Allemagne, où il est retenu par les affaires du roi. Montgieux[1], 20 juillet 1533. 20 juillet.

Bibl. nat., ms. fr. 15629, n° 677. (*Mention.*)
Arch. nat., *Acquits sur l'épargne*, J. 960°, fol. 117 v°. (*Mention.*)

6095. Mandement au trésorier de l'épargne de payer à Antoine de Broussac[2], s^r de Saint-Bonnet, 200 livres tournois pour porter des lettres du 20 juillet.

[1] Montzieulx dans le ms. 15629; Manzieux ou Mauzieux dans les *Acquits sur l'épargne*. Doit être Montgieux, aujourd'hui village sur la commune de Mercœur (Haute-Loire).
[2] Proussa (ms. fr. 15629).

roi à Marseille aux capitaines des galères, leur ordonnant de se tenir prêts à aller au-devant du pape. Montgieux, 20 juillet 1533. 1533.

Arch. nat., Acquits sur l'épargne, J. 960[c], fol. 117. (*Mention.*)
Bibl. nat., ms. fr. 15629, n° 678. (*Mention.*)

6096. Mandement au trésorier de l'épargne de payer à Olivier d'Aiguebelle, habitant de Marseille, 1,125 livres tournois, soit 450 livres dont le roi lui a fait don et 675 livres tournois pour remettre à Céripbe Rays, gentilhomme de la maison du capitaine Barberousse, qui était venu trouver le roi au Puy. Langeac, 20 juillet 1533. 20 juillet.

Bibl. nat., ms. fr. 15629, n° 769. (*Mention.*)
Arch. nat., Acquits sur l'épargne, J. 960[c], fol. 117. (*Mention.*)

6097. Provisions en faveur de François de Saint-André, conseiller au Parlement de Paris, de l'office de président clerc de la nouvelle chambre des enquêtes, vacant par suite du décès de Pierre Clutin. La Grange de Langeac, 24 juillet 1533. 24 juillet.

Reçu le 30 août 1533 au Parlement. Arch. nat., X[1a] 1536, reg. du Conseil, fol. 413 r°. (*Mention.*)

6098. Mandement au trésorier de l'épargne de payer à André de Marçay 31 livres 10 sous tournois pour avoir porté de Gaillac, le 25 de ce mois, des lettres de M. le Grand Maître au roi à Montréal, et en avoir reporté la réponse à Toulouse. Montréal, 28 juillet 1533. 28 juillet.

Bibl. nat., ms. fr. 15629, n° 676. (*Mention.*)
Arch. nat., Acquits sur l'épargne, J. 960[c], fol. 117 v°. (*Mention.*)

6099. Lettres donnant commission au maréchal de Montmorency, gouverneur de Languedoc, de pourvoir à la réparation des places fortes et ports de cette province. Balma, près Toulouse, 31 juillet 1533. 31 juillet.

Enreg. à la Chambre des Comptes de Montpellier. Arch. départ. de l'Hérault, B. 342, fol. 70. 2 pages.

6100. Mandement à la Chambre des Comptes et au général des finances de Bretagne de remettre en vigueur le don fait à Robert d'Acigné, seigneur de la Grésillonnière, du revenu du greffe de la barre de Rennes et de l'en laisser jouir au moins trois ans. Toulouse, 21 (corr. 31) juillet 1533. — 1533. 31 juillet.

Enreg. à la Chambre des Comptes de Bretagne. Arch. de la Loire-Inférieure, Mandements royaux, B. II, fol. 65.

6101. Création de deux nouvelles foires annuelles et d'un marché chaque semaine à Noirétable, en Forez. Clermont, juillet 1533. — Juillet.

Enreg. à la Chancellerie de France. Arch. nat., Trésor des Chartes, JJ. 246, n° 298, fol. 89 v°. 1 page.

6102. Confirmation des lettres de privilèges octroyées par Louis XI aux habitants de Saint-Symphorien-le-Châtel, en Lyonnais. Le Puy, juillet 1533. — Juillet.

Enreg. à la Chancellerie de France. Arch. nat., Trésor des Chartes, JJ. 246, n° 295, fol. 88 v°. 1 page.

6103. Lettres portant permission à Jacques de Malestroit de porter à quatre, au lieu de trois, le nombre des piliers de sa justice patibulaire d'Ussel, en Bretagne, et création d'un marché audit lieu. Espalion, juillet 1533. — Juillet.

Enreg. à la Chancellerie de France. Arch. nat., Trésor des Chartes, JJ. 246, n° 366, fol. 111 v°. 1 page 1/2.

6104. Mandement au trésorier de l'épargne de payer à Pierre Le Messier, serviteur de Pierre Mangot, orfèvre du roi, 660 livres 2 sous 6 deniers tournois pour un grand collier de l'ordre, pesant 3 marcs 4 onces 1 gros d'or, que le roi a donné au grand écuyer, Jacques de Genouilhac, au lieu d'un autre que ce dernier avait remis au duc de Suffolk, le roi — 1er août.

étant à Boulogne-sur-Mer. Toulouse, 1er août 1533. 1533.

Bibl. nat., ms. fr. 15629, n° 609. (*Mention.*)
Arch. nat., Acquits sur l'épargne, J. 960e, fol. 118 v°. (*Mention.*)

6105. Provisions d'un office de conseiller clerc au Parlement de Paris en faveur d'Étienne Tournebulle, avocat en ladite cour, en remplacement de feu Pierre Clutin, avec dispense pour l'exercer, ledit Tournebulle étant marié. Toulouse, 2 août 1533. 2 août.

Présentées au Conseil du Parl., le 14 novembre 1533. Arch. nat., X[1a] 1537, fol. 2 v°. (*Mention.*)
Reçu le 20 décembre suivant, idem, fol. 36.

6106. Lettres autorisant Guillaume Prudhomme, trésorier de l'épargne, à recevoir de Martin de Troyes, commis à la recette générale de Languedoc, 84,400 livres tournois pour employer au fait de son office, sans avoir besoin de faire figurer cette somme aux comptes du trésor du Louvre. Toulouse, 2 août 1533. 2 août.

Bibl. nat., ms. fr. 15629, n° 712. (*Mention.*)
Arch. nat., Acquits sur l'épargne, J. 960e, fol. 122. (*Mention.*)

6107. Don à Étienne de Laval, dit le Chevalier, sommelier de paneterie du roi, de 240 livres parisis sur les amendes prononcées, tant par arrêt du Parlement de Paris que par sentence des requêtes du Palais, contre Guillaume Le Doyen, Jean Foussart, Antoine Jacquin, Suzanne de Barville et Marin Du Val. Toulouse, 3 août 1533. 3 août.

Arch. nat., Acquits sur l'épargne, J. 960e, fol. 119 v°. (*Mention.*)

6108. Don à Jean-Joachim de Passano, s[r] de Vaux, de la somme de 2,500 écus soleil, «que par sa diligence, dextérité et moyen, il a faict revenir bonne» au roi sur le remboursement par lui fait au roi d'Angleterre de 49,285 écus restant des 249,285 écus soleil payés par ce prince 3 août.

à l'empereur, pour et au nom du roi de France. Toulouse, 3 août 1533. — 1533.

Arch. nat., Acquits sur l'épargne, J. 960[c], fol. 119 v°. (*Mention.*)

6109. Commission à Augustin Gal pour faire, avec Guillaume de Coulongne, commis à cet effet par le contrôleur général des guerres, les montres et payements de la compagnie du marquis de Saluces des deux premiers quartiers de l'année 1532. Toulouse, 3 août 1533. — 3 août.

Arch. nat., Acquits sur l'épargne, J. 960[c], fol. 120. (*Mention.*)

6110. Permission de mener, franc et quitte de tous droits et péages, de Dauphiné au port de Marseille, un radeau contenant 1,000 rames, 12 arbres et 24 antennes pour servir aux galères neuves que le roi a chargé le baron de Saint-Blancard de faire construire. Toulouse, 3 août 1533. — 3 août.

Arch. nat., Acquits sur l'épargne, J. 960[c], fol. 120. (*Mention.*)

6111. Don et remise à Henri de Foix, fils du feu s[r] de Lautrec, de tous les droits seigneuriaux, reliefs, rachats, etc., qu'il pouvait devoir au roi par suite de la mort de Gaston de Foix, son frère, auquel il a succédé. Toulouse, 3 août 1533. — 3 août.

Arch. nat., Acquits sur l'épargne, J. 960[c], fol. 120 v°. (*Mention.*)

6112. Lettres portant rabais en faveur de Jacques Romand, fermier des moulins du roi à Lent, au pays de Dombes, de trente ânées de blé, froment et seigle, sur ce qu'il doit du prix de sa ferme. Toulouse, 3 août 1533. — 3 août.

Arch. nat., Acquits sur l'épargne, J. 960[c], fol. 120 v°. (*Mention.*)

6113. Rabais accordé à François Bailly, fermier des grands greffes des bailliage, judicature ordinaire et d'appeaux de Beaujolais, de la somme de 367 livres 10 sous tournois sur ce qu'il peut devoir du prix de cette ferme qui lui — 3 août.

a été transférée par Antoine Charreton. Toulouse, 3 août 1533. 1533.

Arch. nat., Acquits sur l'épargne, J. 960e, fol. 120 v°. (*Mention.*)

6114. Mandement au receveur ordinaire de Rennes de délivrer durant trois mois à Robert d'Acigné, s^r^ de la Grésillonnière, le revenu des greffes, clergie, papiers et sceaux ordinaires de la cour de Rennes, et mainlevée de la saisie qui en a été faite par les commissaires de la réunion des domaines aliénés. Toulouse, 3 août 1533. 3 août.

Arch. nat., Acquits sur l'épargne, J. 960e, fol. 121. (*Mention.*)

6115. Don au baron de Curton de 500 écus d'or soleil sur les lods et ventes échus au roi, depuis trente ans, sur le village d'Escoire en Périgord, qui a été vendu à plusieurs reprises pendant ce laps de temps. Toulouse, 3 août 1533. 3 août.

Arch. nat., Acquits sur l'épargne, J. 960e, fol. 121. (*Mention.*)

6116. Mandement au trésorier de l'épargne de faire payer, sur les plus clairs deniers des offices et autres parties casuelles, au s^r^ de Pommereul, premier écuyer du roi et maître particulier des Eaux et forêts de Normandie et Picardie, 244 livres tournois pour 61 journées qu'il a vaqué en 1531 et 1532 aux ventes dans les forêts de sa maîtrise. Toulouse, 3 août 1533. 3 août.

Arch. nat., Acquits sur l'épargne, J. 960e, fol. 121 v°. (*Mention.*)

6117. Don au s^r^ de Brosses de tous les biens meubles et immeubles confisqués sur Perrette Lalemant, femme d'Albert Scropard, et Jacques d'Aigrefont, condamnés à mort par sentence du prévôt de Paris, confirmée par arrêt du Parlement. Toulouse, 3 août 1533. 3 août.

Arch. nat., Acquits sur l'épargne, J. 960e, fol. 121 v°. (*Mention.*)

6118. Don à Jean Falaise, dit Dieppe, de 50 écus soleil sur la vente de l'office de clerc des salines 3 août.

du Vau-d'Etran et de Bouteilles, au bailliage de Caux, vacant par le décès d'Antoine Soullas. Toulouse, 3 août 1533. 1533.

Arch. nat., Acquits sur l'épargne, J. 960°, fol. 122. (*Mention.*)

6119. Mandement au trésorier de l'épargne de payer à plusieurs jeunes Suisses, étudiants à l'Université de Paris, 450 livres tournois pour continuer leurs études pendant le troisième quartier de la présente année. Toulouse, 3 août 1533. 3 août.

Bibl. nat., ms. fr. 15629, n° 165. (*Mention.*)
Arch. nat., Acquits sur l'épargne, J. 960°, fol. 119. (*Mention.*)

6120. Mandement au trésorier de l'épargne de payer à Jeanne Cauchon, lingère, demeurant à Blois, 25,871 livres 6 sous 6 deniers tournois à elle dus pour linge et autres choses fournis aux maisons de la feue reine et des enfants de France en 1523, 1524 et 1525. Toulouse, 3 août 1533. 3 août.

Bibl. nat., ms. fr. 15629, n° 297. (*Mention.*)
Arch. nat., Acquits sur l'épargne, J. 960°, fol. 118. (*Mention.*)

6121. Mandement au trésorier de l'épargne de bailler à Guillaume Aude, naguère chargé de la trésorerie de Messieurs et de Mesdames, 1,484 livres 1 sou 6 deniers tournois pour payer à Jeanne Cauchon, lingère suivant la cour, le linge qu'elle a fourni à Messieurs et à Mesdames en 1519 et 1520, et soldant les 17,344 livres 10 sous 6 deniers tournois qui lui étaient dus. Toulouse, 3 août 1533. 3 août.

Bibl. nat., ms. fr. 15629, n° 518. (*Mention.*)
Arch. nat., Acquits sur l'épargne, J. 960°, fol. 118. (*Mention.*)

6122. Mandement au trésorier de l'épargne de payer à Jean de Renty et à Claude Gayant, archers du prévôt de l'hôtel, 40 livres tournois pour porter des lettres aux officiers des villes situées sur le chemin de Lyon au Puy-en-Velay et 3 août.

jusqu'à Rodez, leur enjoignant de préparer des vivres à l'occasion de la venue du roi et de tenir les chemins en état. Toulouse, 3 août 1533. 1533.

Bibl. nat., ms. fr. 15629, n° 674. (*Mention.*)
Arch. nat., *Acquits sur l'épargne*, J. 960[c], fol. 119. (*Mention.*)

6123. Mandement au trésorier de l'épargne de payer à Antoine de Raincon 954 livres 15 sous tournois, parfaisant les 9,329 livres 15 sous tournois qui lui étaient dus, tant pour ses voyages au service du roi (22 janvier 1532-21 janvier 1533) et son séjour à Venise, que pour les distributions d'argent qu'il a faites au nom du roi. Toulouse, 3 août 1533. 3 août.

Bibl. nat., ms. fr. 15629, n° 675. (*Mention.*)
Arch. nat., *Acquits sur l'épargne*, J. 960[c], fol. 118 v°. (*Mention.*)

6124. Mandement au trésorier de l'épargne de bailler à Jean Crosnier, trésorier de la marine de Provence, 21,546 livres tournois pour la solde et les vivres de 1,200 hommes que le roi a fait embarquer sur 18 de ses galères pour aller avec le duc d'Albany à la rencontre du pape le plus près de Rome qu'il se pourra. Toulouse, 3 août 1533. 3 août.

Bibl. nat., ms. fr. 15629, n° 749. (*Mention.*)
Arch. nat., *Acquits sur l'épargne*, J. 960[c], fol. 118 v°. (*Mention.*)

6125. Mandement au trésorier de l'épargne de payer à Pierre Plantavit, receveur des aides au diocèse de Béziers, 10,000 livres complétant les 20,000 livres tournois que le roi a ordonnées pour l'achat des métaux nécessaires à la fonte de l'artillerie qui doit se faire en Languedoc, suivant l'avis de M. le Grand Maître. Toulouse, 3 août 1533[1]. 3 août.

Bibl. nat., ms. fr. 15629, n° 809. (*Mention.*)

6126. Mandement au trésorier de l'épargne de payer à 3 août.

[1] Le manuscrit porte par erreur «*le 3 octobre*».

IMPRIMERIE NATIONALE.

Pierre Duval 6,750 livres tournois pour les menus plaisirs du roi pendant le troisième quartier de la présente année. Toulouse, 3 août 1533. 1533.

Bibl. nat., ms. fr. 15629, n° 814. (*Mention.*)
Arch. nat., *Acquits sur l'épargne*, J. 960[c], fol. 119. (*Mention.*)

6127. Mandement au trésorier de l'épargne de payer à M. d'Humières, chevalier de l'ordre, 3,000 livres tournois pour sa pension de l'année 1532. Toulouse, 3 août 1533. 3 août.

Bibl. nat., ms. fr. 15629, n° 858. (*Mention.*)
Arch. nat., *Acquits sur l'épargne*, J. 960[c], fol. 119. (*Mention.*)

6128. Commission à Guy de Breslay, conseiller au Grand Conseil, de faire une enquête sur les avantages et les inconvénients de l'impôt de 2 deniers par livre mis dernièrement sur les marchandises entrant à Lyon. Toulouse, 4 août 1533. 4 août.

Copie du XVI[e] siècle. Bibl. nat., ms. fr. 5124, fol. 65.

6129. Mandement au trésorier Jean Laguette de payer 179 livres tournois à divers chevaucheurs qui vont porter des lettres du roi aux commissaires chargés des recettes générales en Bretagne, Bourgogne, Provence et Dauphiné. Toulouse, 4 août 1533. 4 août.

Original. Bibl. nat., ms. fr. 25721, n° 408.

6130. Mandement pour le payement des gages de Raymond Armengaud, conseiller au Parlement de Toulouse, nonobstant que ses lettres de nomination (7 novembre 1531[1]) soient surannées. Toulouse, 4 août 1533. 4 août.

Original. Bibl. nat., *pièces orig.*, vol. 96, *Armengaud*, pièce 5. (*Vidimus du sénéchal de Toulouse, 12 janvier 1534 n. s.*)

6131. Mandement au trésorier de l'épargne de payer à Pierre Le Messier, serviteur de Pierre Man- 4 août.

[1] Ces lettres ne figurent pas au Catalogue.

got, orfèvre du roi, 653 livres 7 sous 6 deniers tournois pour un grand collier de l'ordre pesant 3 marcs 4 onces 1 gros 1 denier d'or, que le roi a donné au roi de Navarre, au lieu de celui que ce prince avait cédé au roi pour remettre à [Jérôme Laszki], vaïvode de Transylvanie, à Caen. Toulouse, 4 août 1533. 1533.

Bibl. nat., ms. fr. 15629, n° 608. (*Mention.*)
Arch. nat., *Acquits sur l'épargne*, J. 960[c], fol. 123. (*Mention.*)

6132. Mandement au trésorier de l'épargne de payer à Charles de Haraucourt, écuyer, 450 livres tournois pour l'aider à supporter les dépenses auxquelles il est obligé pour le service du roi. Toulouse, 4 août 1533. 4 août.

Bibl. nat., ms. fr. 15629, n° 768. (*Mention.*)
Arch. nat., *Acquits sur l'épargne*, J. 960[c], fol. 122 v°. (*Mention.*)

6133. Lettres qui autorisent les capitouls à lever sur tous les possesseurs de biens ruraux, habitants de Toulouse, la somme de 36,851 livres 6 sous 8 deniers, dépensée par la ville à l'occasion de l'entrée du roi. Toulouse, 5 août 1533. 5 août.

Copies. Arch. municip. de Toulouse, ms. 220, fol. 677, et ms. 439, fol. 197.

6134. Mandement au trésorier de l'épargne de payer au duc de Vendôme, pair de France, 6,000 livres tournois pour le premier quartier de l'année courante de sa pension annuelle, montant à 24,000 livres. Toulouse, 5 août 1533[1]. 5 août.

Bibl. nat., ms. fr. 15629, n° 86. (*Mention.*)
Arch. nat., *Acquits sur l'épargne*, J. 960[c], fol. 123 v°. (*Mention.*)

6135. Mandement au trésorier de l'épargne de payer à Dominique Rubine, serviteur du comte de Pontresina, 67 livres 10 sous tournois pour 5 août.

[1] Le rôle où figure ce mandement dans les *Acquits sur l'épargne* est daté de Carcassonne, le 9 août.

porter des lettres du roi à son maître à Gênes. Toulouse, 5 août 1533. 1533.

Bibl. nat., ms. fr. 15629, n° 673. (*Mention.*)
Arch. nat., *Acquits sur l'épargne*, J. 960[c], fol. 123. (*Mention.*)

6136. Mandement au trésorier de l'épargne de payer à Jean Crosnier, trésorier de la marine de Provence, 30,000 livres tournois pour les préparatifs de la réception du pape que M. le Grand Maître lui a commandés. Toulouse, 5 août 1533. 5 août.

Bibl. nat., ms. fr. 15629, n° 748. (*Mention.*)
Arch. nat., *Acquits sur l'épargne*, J. 960[c], fol. 122 v°. (*Mention.*)

6137. Mandement au trésorier de l'épargne de payer à Antoine de Rostin, valet de chambre du roi, 1,125 livres tournois pour le récompenser d'une statue de la Vierge donnée en présent au roi par les habitants du Puy-en-Velay, lors de son entrée dans cette ville, et que Sa Majesté avait reprise à son valet de chambre, après lui en avoir fait cadeau. Toulouse, 5 août 1533. 5 août.

Bibl. nat., ms. fr. 15629, n° 767. (*Mention.*)
Arch. nat., *Acquits sur l'épargne*, J. 960[c], fol. 123. (*Mention.*)

6138. Mandement au trésorier de l'épargne de bailler à Pierre Potier, receveur et payeur des gages des officiers du Parlement de Toulouse, 4,938 livres 8 sous 4 deniers tournois pour le deuxième quartier de la présente année. Toulouse, 5 août 1533. 5 août.

Bibl. nat., ms. fr. 15629, n° 810. (*Mention.*)

6139. Mandement au trésorier de l'épargne de payer à François Malvault, receveur de l'écurie, 490 livres tournois pour l'achat de 9 robes, 9 paires de chausses, 9 bonnets et 18 chemises destinés aux joueurs de trompette de l'écurie du roi. Toulouse, 5 août 1533. 5 août.

Bibl. nat., ms. fr. 15629, n° 824. (*Mention.*)
Arch. nat., *Acquits sur l'épargne*, J. 960[c], fol. 122 v°. (*Mention.*)

6140. Lettres de décharge de la somme de 4,500 livres tournois remise comptant au roi par le trésorier de l'épargne. Toulouse, 5 août 1533. — 1533. 5 août.

Bibl. nat., ms. fr. 15629, n° 844. (*Mention.*)

6141. Mandement au trésorier de l'épargne de payer aux capitaines, lieutenants et porte-enseignes des 400 archers de la garde du roi 10,300 livres tournois pour leurs pensions de l'année 1532; soit 4,000 livres tournois à M. d'Aubigny, capitaine de la garde écossaise; 1,200 livres chacun à Joachim de La Châtre, Poton Raffin, sénéchal d'Agenais, et Louis Le Roy, s^r de Chavigny, capitaines des gardes françaises; 600 livres à Jean Stuart, lieutenant de la garde écossaise; 300 livres à Jean Bourdich, porte-enseigne de cette compagnie; 300 livres à Jean Stuart, le jeune, homme d'armes de la même bande; 300 livres à Jacques de Craon, lieutenant du s^r de La Châtre; 200 livres à Thomas de Saint-Amador, porte-enseigne; 300 livres à Louis de Chamazel, lieutenant de Poton Raffin; 200 livres à Raymond de Lisle, porte-enseigne; 300 livres à Louis de Théville, lieutenant du s^r de Chavigny, et 200 livres à René du Rivau, porte-enseigne. Toulouse, 5 août 1533. — 5 août.

Bibl. nat., ms. fr. 15629, n° 857. (*Mention.*)
Arch. nat., *Acquits sur l'épargne*, J. 960^3, fol. 122 v°. (*Mention.*)

6142. Ordonnance portant défenses à tous roturiers de chasser aucune espèce de gibier, bêtes rousses ou noires, malgré les privilèges précédemment accordés sur ce fait. Toulouse, 6 août 1533. — 6 août.

Enreg. au Parl. de Toulouse, le 23 novembre 1534. Arch. de la Haute-Garonne, Édits, reg. 4, fol. 21.
Enreg. à la Chambre des Eaux et forêts (siège de la Table de marbre), le 7 décembre 1536. Arch. nat., Z^1e 324 (anc. Z. 4581), fol. 89. 3 pages.
Imp. Fontanon, *Les édits et ordonnances*, in-fol., 1611, t. II, p. 278.

6143. Lettres de confirmation des privilèges, franchises et libertés octroyés par les rois aux habitants — 6 août.

de Baziège en Lauraguais. Toulouse, 6 août 1533. 1533.

Enreg. à la Chancellerie de France. Arch. nat., Trésor des Chartes, JJ. 246, n° 359, fol. 110. 1 page.

6144. Confirmation des privilèges, franchises et libertés des habitants de Villenouvelle-en-Lauraguais. Toulouse, 6 août 1533. 6 août.

Enreg. à la Chancellerie de France. Arch. nat., Trésor des Chartes, JJ. 246, n° 341, fol. 107. 1 page.

6145. Mandement au trésorier de l'épargne de payer à Jean de Pétra, premier huissier du Parlement de Toulouse, 90 livres tournois en faveur de la première entrée du roi en cette ville. Toulouse, 6 août 1533. 6 août.

Bibl. nat., ms. fr. 15629, n° 651. (*Mention.*)
Arch. nat., Acquits sur l'épargne, J. 960e, fol. 125 v°. (*Mention.*)

6146. Mandement au trésorier de l'épargne de donner à Guillaume de Dinteville, s[r] des Chenêts, écuyer d'écurie du dauphin, 450 livres tournois en récompense de ses services et pour l'aider à payer les frais d'une maladie. Toulouse, 6 août 1533. 6 août.

Bibl. nat., ms. fr. 15629, n° 650. (*Mention.*)
Arch. nat., Acquits sur l'épargne, J. 960e, fol. 123. (*Mention.*)

6147. Mandement au trésorier de l'épargne de payer à Bonacorsi d'Agrin, gentilhomme de la maison du duc de Bavière, 675 livres tournois pour le dédommager des frais du voyage qu'il a fait en apportant au roi des lettres de son maître. Toulouse, 7 août 1533. 7 août.

Bibl. nat., ms. fr. 15629, n° 649. (*Mention.*)
Arch. nat., Acquits sur l'épargne, J. 960e, fol. 125 v°. (*Mention.*)

6148. Mandement au trésorier de l'épargne de payer à Étienne Delaplancque, chevaucheur d'écurie, 495 livres tournois pour porter à Rome des 7 août.

lettres du roi au cardinal de Tournon. Toulouse, 7 août 1533. 1533.

Bibl. nat., ms. fr. 15629, n° 672, et ms. Clairambault 1215, fol. 71 v°. (*Mentions.*)
Arch. nat., *Acquits sur l'épargne*, J. 960°, fol. 125 v°. (*Mention.*)

6149. Don à Henri de Foix, s^r de Lautrec, du revenu des greniers à sel de Beaufort, Saint-Florentin, Arcis-sur-Aube, Villemaur et des chambres qui en dépendent, y compris les amendes, forfaitures et confiscations qui y écherront durant l'année présente, comme il en a joui les années précédentes. Carcassonne, 9 août 1533. 9 août.

Arch. nat., *Acquits sur l'épargne*, J. 960°, fol. 123 v°. (*Mention.*)

6150. Don à Henri de Foix, s^r de Lautrec, de la composition du Rethelais pour la présente année, ainsi qu'il en a joui les années précédentes. Carcassonne, 9 août 1533. 9 août.

Arch. nat., *Acquits sur l'épargne*, J. 960°, fol. 123 v°. (*Mention.*)

6151. Don à Marie Hervé, femme de chambre de Mme de Châteaubriant, et à Jean Saugny, son fils, de 500 livres tournois sur les droits seigneuriaux échus au roi dans le ressort de Morlaix, par suite des décès de Jean de Plusquelec et de Marie de Turmelin. Narbonne, 13 août 1533. 13 août.

Arch. nat., *Acquits sur l'épargne*, J. 960°, fol. 124. (*Mention.*)

6152. Remise à Jean Corvée, barbier et valet de chambre du comte de Saint-Pol, de 15 livres 8 sous 8 deniers tournois qu'il devait au roi pour les lods et ventes de l'acquisition par lui faite de ses cohéritiers d'une portion de maison, cour et jardin sis en la baronnie d'Amboise. Narbonne, 13 août 1533. 13 août.

Arch. nat., *Acquits sur l'épargne*, J. 960°, fol. 124. (*Mention.*)

6153. Don à Jean de La Fontaine, archer de la garde 13 août.

du roi, de 100 écus soleil sur les biens confisqués de Jean d'Estoyet, condamné à mort et exécuté comme parricide. Narbonne, 13 août 1533. 1533.

Arch. nat., Acquits sur l'épargne, J. 960e, fol. 124 v°. (*Mention.*)

6154. Don à François de Volvire, baron de Ruffec, de 750 livres tournois pour compléter la somme de 1,500 livres dont le roi l'avait précédemment gratifié sur les droits seigneuriaux advenus à Sa Majesté dans la juridiction de Ploërmel, par suite de la mort de Catherine de Montauban, dame du Bois-de-la-Roche, libéralité que la Chambre des Comptes avait réduite de moitié, suivant l'ordonnance. Narbonne, 13 août 1533. 13 août.

Arch. nat., Acquits sur l'épargne, J. 960e, fol. 124 v°.

6155. Mandement au trésorier de l'épargne de payer à François Malvault 281 livres 13 sous 6 deniers tournois pour l'achat des draps de soie et de laine nécessaires à la confection de sept robes destinées aux joueurs de hautbois du roi, à l'occasion de la réception du pape. Narbonne, 13 août 1533. 13 août.

Bibl. nat., ms. fr. 15629, n° 823. (*Mention.*)
Arch. nat., Acquits sur l'épargne, J. 960e, fol. 125 v°. (*Mention.*)

6156. Prorogation pour cinq années, en faveur des habitants de Narbonne, de l'affranchissement des tailles précédemment accordé à la ville pour les réparations de la rivière et de la grande chaussée d'Aude. Béziers, 14 août 1533. 14 août.

Copie. *Arch. de la ville de Narbonne*, AA. 105, (5e *thalamus*), fol. 112.

6157. Lettres ordonnant de payer à Louis d'Agorette, homme d'armes, et à Gervais de Brisset, archer de la compagnie du roi de Navarre, leur solde des trois derniers quartiers de 1530, bien qu'ils n'aient pas assisté à la montre qui 14 août.

eut lieu le 12 septembre 1531 à Valence-d'Agen, ayant été alors mandés à la cour de France par ledit roi de Navarre, leur capitaine. Béziers, 14 août 1533. 1533.

Arch. nat., Acquits sur l'épargne, J. 960[c], fol. 123 v°. (*Mention.*)

6158. Mandement au trésorier de l'épargne de payer à Jean Bourdelin, chevaucheur d'écurie, 191 livres 5 sous tournois pour porter en toute hâte à Londres des lettres du roi à [Jean de Dinteville], s[r] de Polisy, bailli de Troyes, ambassadeur en Angleterre. Loupian, 16 août 1533. 16 août.

Bibl. nat., ms. fr. 15629, n° 671, et ms. Clairambault 1215, fol. 71 v°. (*Mentions.*)
Arch. nat., Acquits sur l'épargne, J. 960[c], fol. 127 v°. (*Mention.*)

6159. Lettres par lesquelles le roi commet le sénéchal d'Auvergne pour connaître des différends entre l'abbaye de Saint-Alyre, l'évêque et les habitants de Clermont, Paris (*sic*), 16 août 1533. 16 août.

Original. Arch. départ. du Puy-de-Dôme, fonds de Saint-Alyre, layette 1, A. 274.

6160. Provisions de l'office de conseiller lai au Parlement de Bordeaux en faveur de Jean Bagis, docteur ès droits. Montpellier, 18 août 1533. 18 août.

Enreg. au Parl. de Bordeaux, le 5 septembre 1533. Arch. de la Gironde, B. 30 *bis*, fol. 185 v°. 3 pages.

6161. Mandement au trésorier de l'épargne de faire payer au comte de Brienne la somme de 4,000 livres tournois pour sa pension de l'année 1532, sur les deniers des offices et autres parties casuelles. Montpellier, 19 août 1533. 19 août.

Arch. nat., Acquits sur l'épargne, J. 960[c], fol. 125. (*Mention.*)

6162. Don au s[r] de Brissac des amendes ou confiscations prononcées ou à prononcer contre Pierre Le Tellier, avocat à Caudebec, prévenu d'homicide sur la personne de Pierre Houël, son 19 août.

beau-père, procureur du roi à Caudebec. Montpellier, 19 août 1533. 1533.

Arch. nat., Acquits sur l'épargne, J. 960[6], fol. 125. (*Mention.*)

6163. Mandement pour faire délivrer durant dix ans, par le receveur ordinaire d'Agenais, à Jean de Mandolse (de Mendoza) la somme annuelle de 200 livres, dont le roi lui a fait don, sa vie durant, sur le salin que ledit seigneur prend chaque année dans sa ville d'Agen. Montpellier, 19 août 1533. 19 août.

Arch. nat., Acquits sur l'épargne, J. 960[6], fol. 125. (*Mention.*)

6164. Lettres portant que Jean d'Eygua, premier avocat, Jean Dohin, second avocat, et Raymond Sabatier, procureur général du roi au Parlement de Toulouse, continueront comme par le passé à jouir chacun d'une pension annuelle de 400 livres tournois, outre leurs gages, sur le receveur des exploits et amendes de ladite cour, nonobstant l'ordonnance touchant le trésor du Louvre, etc. Montpellier, 20 août 1533. 19 août.

Arch. nat., Acquits sur l'épargne, J. 960[6], fol. 126. (*Mention.*)

6165. Mandement à la Chambre des Comptes de passer au compte du grènetier du grenier à sel de Nevers de l'an 1531, sous le nom de la comtesse de Nevers, le revenu dudit grenier dont le roi a fait don à ladite dame. Montpellier, 20 août 1533. 20 août.

Arch. nat., Acquits sur l'épargne, J. 960[6], fol. 126 v°. (*Mention.*)

6166. Don à Charles de Reims, écuyer de cuisine, et à Jean de Nevers, clerc d'office de la maison du roi, de 400 livres tournois sur l'amende prononcée par sentence du sénéchal de Bourbonnais contre Madeleine de Baraton, veuve du s[r] de Champroux, et N. de Lévis, s[r] de Montregard. Montpellier, 20 août 1533. 20 août.

Arch. nat., Acquits sur l'épargne, J. 960[6], fol. 126 v°. (*Mention.*)

6167. Don à Yvon Coullyon, lutteur du duc de Vendôme, de 400 livres tournois sur les droits seigneuriaux échus au roi dans le ressort de Morlaix, par suite des décès de Jean de Plusquelec et de Marie de Turmelin. Montpellier, 20 août 1533. — 1533. 20 août.

Arch. nat., Acquits sur l'épargne, J. 960e, fol. 126 v°. (*Mention.*)

6168. Lettres portant rabais en faveur de Philibert Bourlon, naguère fermier des sceaux aux contrats de la judicature de Beaujolais, pour trois années finies le 23 juin précédent, de 100 livres tournois sur le prix de sa ferme. Montpellier, 20 août 1533. — 20 août.

Arch. nat., Acquits sur l'épargne, J. 960e, fol. 126 v°. (*Mention.*)

6169. Mandement à la Chambre des Comptes d'allouer sur les comptes de François Malvault, receveur de l'écurie, pour l'année 1532, la somme de 64,547 livres 12 sous 2 deniers tournois qu'il a déboursée du commandement du grand écuyer. Montpellier, 20 août 1533. — 20 août.

Arch. nat., Comptes de l'écurie, KK. 95, fol. 8. (*Mention.*)

6170. Mandement à la Chambre des Comptes d'allouer au compte de François Malvault, receveur de l'écurie, la somme de 3,872 livres 15 sous 7 deniers tournois employée pour les haras du roi. Montpellier, 20 août 1533. — 20 août.

Arch. nat., Comptes de l'écurie, KK. 95, fol. 547. (*Mention.*)

6171. Mandement au trésorier de l'épargne de payer à Louis Berland, dit la Gastière, lapidaire, 4,500 livres tournois pour plusieurs bagues et pierreries qu'il a vendues au roi. Montpellier, 20 août 1533. — 20 août.

Bibl. nat., ms. fr. 15629, n° 447. (*Mention.*)
Arch. nat., Acquits sur l'épargne, J. 960e, fol. 127 v°. (*Mention.*)

6172. Déclaration du roi touchant la tenue des Grands jours dans la ville de Tours. Composition de — 21 août.

la cour : un président du Parlement, un maître des requêtes de l'hôtel, douze conseillers du Parlement de Paris, un avocat du roi, un substitut du procureur général, un greffier, deux huissiers et deux notaires. Ressort: Touraine, Poitou, Berry, Blois et Amboise, la Marche, Anjou, Maine, Loudunais, Angoumois, ville et gouvernement de la Rochelle. Date d'ouverture : 10 septembre 1533. Montpellier, 21 août 1533. 1533.

Enreg. au Parl. de Paris, le 27 août 1533. Arch. nat., X[1a] 8612, fol. 307. 2 pages.
Idem, X[1a] 9226, *reg. des Grands jours tenus à Tours, du 18 septembre au 8 novembre 1533*, fol. 1 v°. 2 pages.

6173. Déclaration explicative des lettres du 24 octobre 1532 (n° 4981) pourvoyant Raphaël Lobia de l'office de consul en Égypte. Montpellier, 22 août 1533. 22 août.

Copie du XVIe siècle. Bibl. nat., ms. fr. 5124, fol. 129.

6174. Lettres par lesquelles la Chambre des Comptes de Montpellier est informée du serment d'hommage prêté ce jour par Pierre Du Mas, coseigneur de Pignan, dans le gouvernement de Montpellier. Montpellier, 22 août 1533. 22 août.

Enreg. à la Chambre des Comptes de Montpellier. Arch. départ. de l'Hérault, B. 342, fol. 47. 1 page 1/2.

6175. Mandement pour le payement aux conseillers du Parlement de Paris, commissaires délégués aux Grands jours qui doivent se tenir à Tours le mois prochain, d'une somme de 9,036 livres tournois pour leurs gages. Montpellier, 22 août 1533. 22 août.

Présenté au Parl. de Paris, le 1er septembre suivant. Arch. nat., X[1a] 1536, reg. du Conseil, fol. 417. (*Mention.*)

6176. Mandement au trésorier de l'épargne de bailler à Jean Duval, receveur et payeur des gages des officiers du Parlement de Paris, 4,518 livres 22 août.

tournois pour le payement des présidents, maîtres des requêtes, etc., de ladite cour qui siégeront aux Grands jours de Tours, à prendre sur le terme de juillet. Montpellier, 22 août 1533. — 1533.

Mandement de semblable somme à prendre sur le terme d'octobre (même date).

Bibl. nat., ms. fr. 15629, n°s 210 et 355. (*Mentions.*)
Arch. nat., *Acquits sur l'épargne*, J. 960e, fol. 127. (*Mention.*)

6177. Lettres portant don pendant dix ans aux quatre docteurs régents de la faculté de médecine de l'Université de Montpellier, d'une somme annuelle de 400 livres tournois (à chacun 100 livres), et de 100 autres livres à employer aux besoins de ladite Université, soit en tout 500 livres, à prendre sur le revenu du grenier à sel de Sommières. Montpellier, 23 août 1533 [1]. — 23 août.

Enreg. à la Chambre des Comptes de Montpellier. Arch. départ. de l'Hérault, B. 341, fol. 174 v°. 5 pages.
Arch. nat., *Acquits sur l'épargne*, J. 960e, fol. 127. (*Mention.*)
Imp. Courtaud, *Monspeliensis medicorum universitas. Oratio pronunciata à Curtaudo.* Montpellier, 1645, in-4°, p. 88.

6178. Provisions de l'office de conseiller du roi et président de ses comptes en Languedoc pour Jehan de Cézelly. Montpellier, 24 août 1533. — 24 août.

Enreg. à la Chambre des Comptes de Montpellier. Arch. départ. de l'Hérault, B. 341, fol. 30. 4 pages 1/2.

6179. Mandement aux élus du Lyonnais de faire crier et donner à ferme, selon l'usage, au plus offrant et dernier enchérisseur, pour une année à partir du 1er octobre, les aides et gabelles qui se lèvent dans la ville de Lyon. Nîmes, 26 août 1533. — 26 août.

Copie. Bibl. nat., ms. fr. 2702, fol. 167 v°.

[1] Le 24 août, d'après Courtaud.

6180. Lettres de continuation pour six ans, en faveur des habitants de Pradelles et de Castans en Cabardès, sénéchaussée de Carcassonne, de l'affranchissement de moitié des 80 livres tournois qu'ils doivent chaque année à la recette ordinaire de Carcassonne, à cause des herbages, pâturages et bois de deux montagnes appelées de Noza (Nore?) et de Ferelheron. Nîmes, 26 août 1533. — 1533. 26 août.

Arch. nat., Acquits sur l'épargne, J. 960°, fol. 128. (*Mention.*)

6181. Don à Périgord, valet de chambre ordinaire du roi, de 450 livres tournois, montant d'une amende prononcée par arrêt du Parlement de Rouen contre Henri Clutin, abbé commendataire de Troarn. Nîmes, 26 août 1533. — 26 août.

Arch. nat., Acquits sur l'épargne, J. 960°, fol. 128. (*Mention.*)

6182. Deux mandements au trésorier de l'épargne de payer à Jean Macyot, trésorier des salpêtres en la généralité d'Outre-Seine et Yonne, 4,000 livres tournois pour l'achat des salpêtres durant la présente année, savoir : 2,000 sur le quartier de juillet et 2,000 sur celui d'octobre. Nîmes, 28 août 1533. — 28 août.

Arch. nat., Acquits sur l'épargne, J. 960°, fol. 129. (*Mention.*)
Bibl. nat., ms. fr. 15629, n°s 200 et 410. (*Mentions.*)

6183. Deux mandements au trésorier de l'épargne de payer à François Odin, trésorier des salpêtres en la généralité de Languedoil, 4,000 livres tournois pour l'achat desdits salpêtres durant la présente année, savoir : 2,000 sur le terme de juillet et 2,000 sur celui d'octobre. Nîmes, 28 août 1533. — 28 août.

Arch. nat., Acquits sur l'épargne, J. 960°, fol. 129. (*Mention.*)
Bibl. nat., ms. fr. 15629, n°s 218 et 411. (*Mentions.*)

6184. Deux mandements au trésorier de l'épargne de payer à Jean de Saillans, trésorier des salpêtres en la généralité de Languedoc, 4,000 livres pour l'achat des salpêtres pendant la présente année, savoir : 2,000 livres sur le terme de juillet et 2,000 sur celui d'octobre. Nîmes, 28 août 1533. — 1533. 28 août.

Arch. nat., Acquits sur l'épargne, J. 960[c], fol. 129 v°. (*Mention.*)
Bibl. nat., ms. fr. 15629, n°s 280 et 503. (*Mentions.*)

6185. Mandement au trésorier de l'épargne de payer à Étienne Martineau, commis à tenir le compte et faire le payement des dépenses extraordinaires de l'artillerie, 12,500 livres tournois pour l'achat de 100 milliers de cuivre destinés à la fonte de grosses pièces de canon que le roi a ordonnée à Paris. Nîmes, 28 août 1533. — 28 août.

Arch. nat., Acquits sur l'épargne, J. 960[c], fol. 129. (*Mention.*)
Bibl. nat., ms. fr. 15629, n° 230. (*Mention.*)

6186. Mandement au trésorier de l'épargne de payer à Nicolas Picart, notaire et secrétaire du roi, commis à tenir le compte et faire le payement des constructions que le roi fait faire au château de Fontainebleau, 6,000 livres tournois pour le payement des peintres qui travaillent dans la grande galerie, et des clôtures de plusieurs arpents de terre que Sa Majesté a fait planter de vignes de différents pays. Nîmes, 28 août 1533. — 28 août.

Arch. nat., Acquits sur l'épargne, J. 960[c], fol. 129 v°. (*Mention.*)
Bibl. nat., ms. fr. 15629, n° 234. (*Mention.*)

6187. Mandement au trésorier de l'épargne de bailler à Claude Aligre, valet de chambre du roi, ancien trésorier des menus plaisirs, 20,500 livres tournois pour remettre à Jean Langrand, lapidaire d'Anvers, en payement de deux grands diamants, l'un en table et l'autre à fusées, — 28 août.

taillé à pointes et à faces, que le roi lui a achetés. Nîmes, 28 août 1533. 1533.

Original. Bibl. nat., ms. fr. 25721, n° 409.
Arch. nat., Acquits sur l'épargne, J. 960[c], fol. 129 v°. (*Mention.*)
Bibl. nat., ms. fr. 15629, n° 303. (*Mention.*)

6188. Mandement au trésorier de l'épargne de payer à Jean Langrand, marchand lapidaire d'Anvers, 5,850 livres tournois ou 2,600 écus, pour des bagues, des pierreries, une grande croix d'or avec cinq diamants enchâssés, garnis de cinq perles, une bague ornée d'un rubis cabochon, une émeraude garnie d'une perle, et six anneaux d'or, montés chacun avec une table de diamant. Nîmes, 28 août 1533. 28 août.

Arch. nat., Acquits sur l'épargne, J. 960[c], fol. 129 v°. (*Mention.*)
Bibl. nat., ms. fr. 15629, n° 282. (*Mention.*)

6189. Mandement au trésorier de l'épargne de payer à Christophe Daresse, huissier de salle et du Conseil privé, 400 livres tournois pour la construction d'un pont en bois que le roi a ordonné de jeter sur la Durance, près d'Avignon, «pour plus aisément passer le roy, la royne, messieurs et dames, enffans dudit seigneur, et leur train, allant dudit Avignon à Marseille». Nîmes, 28 août 1533. 28 août.

Arch. nat., Acquits sur l'épargne, J. 960[c], fol. 128 v°. (*Mention.*)
Bibl. nat., ms. fr. 15629, n° 584. (*Mention.*)

6190. Mandement au trésorier de l'épargne de payer à Jean Crosnier, trésorier de la marine de Provence, 9,000 livres tournois pour les capitaines qui ont entrepris de construire à Marseille un certain nombre de galères pour le roi. Nîmes, 28 août 1533. 28 août.

Arch. nat., Acquits sur l'épargne, J. 960[c], fol. 128 v°. (*Mention.*)
Bibl. nat., ms. fr. 15629, n° 747. (*Mention.*)

6191. Lettres portant exemption, pour les villes et communautés des domaines et seigneuries mouvant de la couronne, possédées par le roi de 29 août.

Navarre, du payement au Trésor de moitié des revenus communaux qu'une ordonnance récente du roi de France avait imposé pour cette année, en vue de l'employer aux affaires publiques, à toutes les villes et communautés du royaume. Nîmes, 29 août 1533. 1533.

Orig. Arch. dép. des Basses-Pyrénées, E. 571.

6192. Mandement de contraindre par saisie Honorat de Cueurs, dont les biens avaient été confisqués et dévolus à Jacques de Genouilhac, grand écuyer de France, et à Humbert de Chantemerle, s[r] de la Clayette, à payer aux dessusdits la somme à laquelle il s'était engagé à la suite d'une transaction. Lyon (*sic*), 29 août 1533. 29 août.

Copie du XVIe s. Bibl. nat., ms. fr. 5124, fol. 5 v°.

6193. Provisions de l'office de président des enquêtes au Parlement de Bordeaux, en faveur de Sauvat de Pommiers, conseiller lai. Avignon, 29 août 1533. 29 août.

Enreg. au Parl. de Bordeaux, le 22 novembre 1533. Arch. de la Gironde, B. 30 bis, fol. 187. 3 pages.

6194. Bulle de Clément VII, invitant François Ier à travailler à l'extirpation de l'hérésie de Luther, et rétablissant le tribunal de l'Inquisition en France pour la poursuivre. Rome, le 3 des calendes de septembre 1533. 30 août.

Envoyée au Parlement de Paris avec d'autres bulles datées de Marseille, le 4 des ides de novembre 1533, et des lettres du roi prescrivant diverses mesures contre les hérétiques. Lyon, 10 décembre 1533.

Enreg. au Parl. de Paris, le 19 décembre suivant. Arch. nat., X[1a] 1537, reg. du Conseil, fol. 28 v°, 33.
Enreg. au Parl. de Bordeaux, s. d. Arch. de la Gironde, B. 30 *bis*, fol. 401. 8 pages.
Enreg. au Parl. de Provence, Arch. de la Cour à Aix, Lettres royaux; reg. 2, fol. 46.
IMP. J. Le Grand, *Histoire du divorce d'Henri VIII, roi d'Angleterre*. Paris, 1688, *Preuves*, p. 597.
Rousset, *Supplément au Corps dipl.* de Dumont, in-fol., 1739, t. III, part. 1, p. 117, col. 2.
Bulletin hist. et philologique du Comité des travaux historiques, ann. 1885, in-8°, fasc. n°s 3-4, p. 218.

6195. Confirmation et vidimus des privilèges et franchises accordés aux habitants de Beaumont-du-Périgord par les rois Louis VIII et Louis XI (Bordeaux, avril 1461). Toulouse, août 1533. — 1533. Août.

Enreg. à la Chancellerie de France. Arch. nat., Trésor des Chartes, JJ. 246, n° 334, fol. 100 v°. 7 pages, dont 6 pour les lettres vidimées.

6196. Confirmation générale des privilèges, franchises et libertés des habitants de Beaumont-de-Périgord. Toulouse, août 1533. — Août.

Enreg. à la Chancellerie de France. Arch. nat., Trésor des Chartes, JJ. 246, n° 350, fol. 108 v°. 1 page.

6197. Création de trois foires annuelles et d'un marché hebdomadaire à la Bessière-Candeil, en Albigeois. Toulouse, août 1533. — Août.

Enreg. à la Chancellerie de France. Arch. nat., Trésor des Chartes, JJ. 246, n° 314, fol. 94 v°. 1 page.

6198. Confirmation des privilèges, libertés et coutumes des habitants de la Bessière-Bécède-Lauraguais. Toulouse, août 1533. — Août.

Enreg. à la Chancellerie de France. Arch. nat., Trésor des Chartes, JJ. 246, n° 357, fol. 110. 1/2 page.

6199. Établissement de deux foires par an et d'un marché chaque semaine à Cardaillac en Quercy. Toulouse, août 1533. — Août.

Enreg. à la Chancellerie de France. Arch. nat., Trésor des Chartes, JJ. 246, n° 343, fol. 107 v°. 1 page.

6200. Confirmation des privilèges, libertés et coutumes des habitants de Gaillac en Languedoc. Toulouse, août 1533. — Août.

Enreg. à la Chancellerie de France. Arch. nat., Trésor des Chartes, JJ. 246, n° 360, fol. 110 v°. 1/2 page.

6201. Confirmation des privilèges, franchises et cou- — Août.

tumes des habitants de l'Isle-en-Albigeois. Toulouse, août 1533. 1533.

Enreg. à la Chancellerie de France. Arch. nat., *Trésor des Chartes*, JJ. 246, n° 351, fol. 109. 1 page.

6202. Rétablissement des trois foires annuelles autrefois créées à Montgiscard en Languedoc. Toulouse, août 1533. Août.

Enreg. à la Chancellerie de France. Arch. nat., *Trésor des Chartes*, JJ. 246, n° 305, fol. 91 v°. 1 page.

6203. Confirmation des privilèges, franchises et coutumes des habitants de Penne d'Albigeois. Toulouse, août 1533. Août.

Enreg. à la Chancellerie de France. Arch. nat., *Trésor des Chartes*, JJ. 246, n° 363, fol. 111. 1 page.

6204. Confirmation des privilèges, exemptions, franchises et coutumes des habitants de Rabasteins en Albigeois. Toulouse, août 1533. Août.

Enreg. à la Chancellerie de France. Arch. nat., *Trésor des Chartes*, JJ. 246, n° 356, fol. 109 v°. 1 page.

6205. Confirmation des privilèges, franchises et coutumes des habitants de Saint-Antonin-de-Rouergue. Toulouse, août 1533. Août.

Enreg. à la Chancellerie de France. Arch. nat., *Trésor des Chartes*, JJ. 246, n° 354, fol. 109 v°. 1 page.

6206. Confirmation des privilèges, franchises et libertés des habitants de Saint-Thomas en Languedoc. Toulouse, août 1533. Août

Enreg. à la Chancellerie de France. Arch. nat., *Trésor des Chartes*, JJ. 246, n° 362, fol. 110 v°. 1 page.

6207. Confirmation des privilèges de l'Université de Toulouse et de ses vingt docteurs régents en théologie, droit canon et civil, médecine et arts, avec autorisation à elle donnée de «promouvoir à l'ordre de chevalerie» ceux qui auront Août.

accompli leur temps d'étude en ladite Université ou qui auront été reçus docteurs. Toulouse, août 1533. 1533.

Copie collat. du XVIIe siècle. Arch. du Loiret, série D, Université (liasse des Messageries).
Bibl. nat., armoires de Baluze, t. XVIII, fol. 238. (*Mention.*)
IMP. La Faille, *Annales de Toulouse.* Toulouse, 1687 et 1701, t. II, *preuves*, p. 13.

6208. Confirmation des privilèges et exemptions accordés par les rois aux prévot et ouvriers de la monnaie de Toulouse. Toulouse, août 1533. Août.

Enreg. à la Chancellerie de France. Arch. nat., Trésor des Chartes, JJ. 246, n° 347, fol. 108. 1 page.

6209. Lettres permettant la jouissance d'une pêcherie et d'un moulin dépendant du domaine aux Minimes du couvent de Saint-Roch de Toulouse. Toulouse, août 1533. Août.

Copie collationnée du XVIIIe siècle. Arch. nat., K. 171, n° 11.

6210. Confirmation des privilèges, franchises et libertés des habitants de Verdalle en Albigeois. Toulouse, août 1533. Août.

Enreg. à la Chancellerie de France. Arch. nat., Trésor des Chartes, JJ. 246, n° 349, fol. 108 v°. 1 page.

6211. Confirmation des privilèges, franchises et coutumes des habitants de Massaguel en Albigeois. Bize, août 1533. Août.

Enreg. à la Chancellerie de France. Arch. nat., Trésor des Chartes, JJ. 246, n° 355, fol. 109 v°. 1 page.

6212. Confirmation des privilèges, franchises et libertés des habitants de Gallargues. Montpellier, août 1533. Août.

Enreg. à la Chancellerie de France. Arch. nat., Trésor des Chartes, JJ. 246, n° 346, fol. 108. 1 page.

6213. Confirmation des privilèges et statuts des chi- Août.

rurgiens et barbiers de Béziers. Montpellier, août 1533. 1533.

Enreg. à la Chancellerie de France. Arch. nat., Trésor des Chartes, JJ. 246, n° 352, fol. 109. 1 page.

6214. Confirmation des privilèges, franchises et libertés des habitants de Ginestas et de Mirepeisset. Montpellier, août 1533. Août.

Enreg. à la Chancellerie de France. Arch. nat., Trésor des Chartes, JJ. 246, n° 345, fol. 107 v°. 1 page.

6215. Confirmation des privilèges, statuts et ordonnances de la cour du petit sceau royal de Montpellier. Montpellier, août 1533. Août.

Enreg. à la Chancellerie de France. Arch. nat., Trésor des Chartes, JJ. 246, n° 348, fol. 108. 1 page.

6216. Érection en baronnie de la châtellenie de Saint-Auban (Saint-Alban, Lozère) et de cinquante villages et seigneuries groupés alentour, en faveur de Jean de Calvisson. Montpellier, août 1533. Août.

Enreg. à la Chancellerie de France. Arch. nat., Trésor des Chartes, JJ. 246, n° 306, fol. 92. 1 page 1/2.

6217. Anoblissement octroyé à Michel Roux, s[r] de Saint-André, demeurant à Montgiscard en Languedoc. Montpellier, août 1533. Août.

Enreg. à la Chancellerie de France. Arch. nat., Trésor des Chartes, JJ. 246, n° 308, fol. 92 v°. 1 page 1/2.

Arch. nat., Acquits sur l'épargne, J. 960e, fol. 127. (*Mention.*)

6218. Permission à Antoine de Bar, seigneur de Villemade, de faire construire un moulin à blé sur le Tarn, près de Villemade, sur un terrain du domaine. Montpellier, août 1533. Août.

Enreg. à la Chancellerie de France. Arch. nat., Trésor des Chartes, JJ. 246, n° 325, fol. 97 v°. 1 page 1/2.

6219. Création d'une foire annuelle à Bessan, à la re- Août.

quête de Charles de Crussol, sénéchal de Beaucaire, grand panetier de France. Avignon, août 1533. 1533.

Enreg. à la Chancellerie de France. Arch. nat., Trésor des Chartes, JJ. 246, n° 367, fol. 111 v°. 1 page.

6220. Mandement au trésorier de l'épargne de délivrer à Nicolas Vanderlaen, trésorier de la reine, 1,200 livres tournois pour dédommager François Mahiet, Léonard Habert, Jean d'Espagne, Pierre Michault, Denis Coquille et Olivier Bourday, bouchers de la maison de la reine, des pertes qu'ils ont éprouvées en la fournissant pendant trois années finies à la fête de Pâques dernière. Avignon, 1er septembre 1533. 1er septembre.

Bibl. nat., ms. fr. 15629, n° 820. (*Mention.*)
Arch. nat., Acquits sur l'épargne, J. 960°, fol. 128 v°. (*Mention.*)

6221. Lettres d'abolition en faveur de Jean de L'Hôpital, partisan du connétable de Bourbon, le réintégrant dans tous ses biens et droits, conformément aux clauses des traités de Madrid et de Cambrai. Avignon, 2 septembre 1533. 2 septembre.

Enreg. au Parl. de Paris, le 18 décembre 1533. Arch. nat., X1a 8612, fol. 316. 1 page 1/2.
Délibération touchant l'enregistrement. Idem, X1a 4895, fol. 135.
IMP. E. Dupré Lasale, *Michel de L'Hôpital avant son élévation au poste de chancelier*. Paris, 1875, in-8°, p. 288.

6222. Commission à Antoine Le Viste, président au Parlement de Paris, pour présider les Grands jours qui doivent siéger à Tours, du 10 septembre au 8 novembre. Avignon, 3 septembre 1533. 3 septembre.

Enreg. au reg. desdits Grands jours. Arch. nat., X1a 9226, fol. 2.

6223. Commissions individuelles et nominatives pour les conseillers, notaires, greffiers, huissiers, etc., 3 septembre.

qui doivent composer la cour des Grands jours de Tours. Avignon, 3 septembre 1533. 1533.

Registre desdits Grands jours. Arch. nat., X[1a] 9226, fol. 2 v°. (*Mentions.*)

6224. Déclaration touchant la levée de deux décimes ordonnées par le pape et mandement aux cours de justice de faire prêter main-forte à Jean de Pierrefitte, chargé du recouvrement. Avignon, 4 septembre 1533. 4 septembre.

Enreg. au Parl. de Bordeaux, s. d. *Arch. de la Gironde*, B. 30 *bis*, fol. 193. 4 pages.

6225. Mandement aux élus du Lyonnais, leur faisant savoir qu'ils ont à lever la somme de 32,375 livres 1 sou 5 deniers pour la part de l'élection dans la taille mise sur tout le royaume. Avignon, 4 septembre 1533. 4 septembre.

Copie. Bibl. nat., ms. fr. 2702, fol. 173.

6226. Lettres accordant aux archevêques, évêques et autres prélats de Provence d'être déchargés pendant deux ans, malgré les arrêts contraires, de toutes réparations à faire aux églises de leurs bénéfices. Avignon, 6 septembre 1533. 6 septembre.

Enreg. au Parl. de Provence. Archives de ladite cour à Aix, reg. in-fol. papier de 1,026 feuillets, p. 72 v°.

6227. Don à Tanneguy Du Bouchet, s[r] de Puy-Griffier, gentilhomme de la maison de M. le Grand Maître, de 400 écus soleil sur une amende de 1,000 livres parisis à laquelle a été condamné un nommé Pierre Dessols par arrêt du Parlement de Paris. Avignon, 8 septembre 1533. 8 septembre.

Arch. nat., Acquits sur l'épargne, J. 960[c], fol. 134 v°. (*Mention.*)

6228. Don et remise à Jeanne de Saveuse, veuve du s[r] de Pontrémy, de 728 livres sur les reliefs, rachats, quints, requints et autres droits seigneuriaux dus au roi sur les terres de Beauvoir et de Wavans, mouvant du château de Doullens, et de tous les fruits et revenus qu'elle a ci-devant perçus desdites terres, en qualité 8 septembre.

de tutrice de son neveu Charles de Cléry. Avignon, 8 septembre 1533. 1533.

Arch. nat., Acquits sur l'épargne, J. 960⁹, fol. 134 v°. (*Mention.*)

6229. Lettres portant que Louis Alamanni jouira du revenu de la terre et seigneurie de Tullins en Dauphiné, depuis la Saint-Jean-Baptiste 1531 jusqu'à présent et à l'avenir, pendant le temps porté dans les lettres de don et suivant la mainlevée qui lui en ont été expédiées. Avignon, 8 septembre 1533. 8 septembre.

Arch. nat., Acquits sur l'épargne, J. 960⁹, fol. 135. (*Mention.*)

6230. Don à Charles de Reims et à Jean Savary, écuyers de cuisine du roi, de 200 écus soleil sur les deniers provenant de la vente de l'office de contrôleur du grenier à sel de Grandvilliers, vacant par la mort de Pierre Demolle. Avignon, 8 septembre 1533. 8 septembre.

Arch. nat., Acquits sur l'épargne, J. 960⁹, fol. 135. (*Mention.*)

6231. Don à Jacques de Guengat, fils du feu maître d'hôtel du roi, de 1,200 livres tournois, montant des droits et devoirs seigneuriaux dus au roi par suite du décès de Jeanne de Languinoët, belle-mère dudit Jacques. Avignon, 8 septembre 1533. 8 septembre.

Arch. nat., Acquits sur l'épargne, J. 960⁹, fol. 135 v°. (*Mention.*)

6232. Lettres relevant Jean de Meuilles, naguère homme d'armes de la compagnie du s^r^ de Saint-André, pour le premier semestre de l'année 1532, des mesures prises contre lui pour n'avoir point comparu à la montre; il en avait été empêché parce qu'il avait dû se constituer prisonnier pour requérir l'entérinement de certaines lettres de rémission par lui obtenues. Avignon, 8 septembre 1533. 8 septembre.

Arch. nat., Acquits sur l'épargne, J. 960⁹, fol. 135 v°. (*Mention.*)

6233. Permission de tester octroyée à Jean de Laval de Mez, natif du diocèse de Plaisance (Italie), homme d'armes de la compagnie du s[r] de Clermont, avec dispense de payer aucune finance. Avignon, 8 septembre 1533. — 1533. 8 septembre.

Arch. nat., Acquits sur l'épargne, J. 960[c], fol. 135 v°. (*Mention.*)

6234. Lettres autorisant Guillaume Prudhomme, trésorier de l'épargne, à recevoir de Martin de Troyes, commis à la recette générale de Languedoc, 30,505 livres tournois pour employer au fait de son office, sans avoir besoin de faire figurer cette somme aux comptes du trésor du Louvre. Avignon, 8 septembre 1533. — 8 septembre.

Bibl. nat., ms. fr. 15629, n° 711. (*Mention.*) *Arch. nat., Acquits sur l'épargne*, J. 960[c], fol. 131. (*Mention.*)

6235. Autorisation accordée au cardinal Du Prat, légat du Saint-Siège et chancelier de France, de vendre dans un an, à qui il lui plaira, les blés et grains «de son crue», provenant de ses archevêché de Sens, évêché d'Alby, abbayes de Saint-Benoît-sur-Loire et autres, et des seigneuries de Nantouillet, Marchemoret, Rosoy, Maucreux, Puiseux, etc. Avignon, 9 septembre 1533. — 9 septembre.

Original. Bibl. nat., ms. fr. 4658, n°s 18 et 20. (*Double exemplaire.*)

6236. Provisions de l'office de conseiller lai au Parlement de Bordeaux pour Michel de Plas, dit de Valon, conseiller clerc, marié. Avignon, 9 septembre 1533. — 9 septembre.

Enreg. au Parl. de Bordeaux, le 31 décembre 1533. Arch. de la Gironde, B. 30 *bis*, fol. 190. 3 pages.

6237. Lettres octroyées à Antoine Le Viste, président au Parlement de Paris, permettant qu'André Verjus, président des enquêtes de ladite cour, commis à faire les enquêtes ordonnées dans le procès pendant entre ledit Antoine Le Viste et Marie de Melun, procède à cette besogne — 9 septembre.

IMPRIMERIE NATIONALE.

pendant que la cour siégera, avec déclaration que les enquêtes ainsi faites seront valables et de même effet que si elles avaient été faites durant le temps des vacations. Avignon, 9 septembre 1533. 1533.

Présentées au Conseil du Parl. de Paris, le 13 novembre suivant. Arch. nat., X^{1a} 1537, fol. 1 v°. (*Mention.*)

6238. Mandement au trésorier de l'épargne de payer à Louis du Perreau, s^r de Castillon, gentilhomme de la chambre du roi, 2,400 livres tournois pour séjourner pendant cent vingt jours, à partir du présent, auprès du roi d'Angleterre comme ambassadeur de François Ier. Avignon, 9 septembre 1533. 9 septembre.

Bibl. nat., ms. fr. 15629, n° 213, et ms. Clairambault 1215, fol. 71 v°. (*Mentions.*)

Arch. nat., Acquits sur l'épargne, J. 960^c, fol. 131 v°. (*Mention.*)

6239. Mandement au trésorier de l'épargne de payer à Louis du Perreau, s^r de Castillon, gentilhomme de la chambre du roi, 1,125 livres tournois en récompense de ses services, pour l'aider à se monter et habiller. Avignon, 9 septembre 1533. 9 septembre.

Bibl. nat., ms. fr. 15629, n° 648, et ms. Clairambault 1215, fol. 72. (*Mentions.*)

Arch. nat., Acquits sur l'épargne, J. 960^c, fol. 132. (*Mention.*)

6240. Mandement au trésorier de l'épargne de payer à Jean de Dinteville, bailli de Troyes, ambassadeur en Angleterre, 1,200 livres pour ses gages pendant soixante jours (17 août-15 octobre 1533). Avignon, 9 septembre 1533. 9 septembre.

Bibl. nat., ms. fr. 15629, n° 255, et ms. Clairambault 1215, fol. 71 v°. (*Mentions.*)

Arch. nat., Acquits sur l'épargne, J. 960^c, fol. 131 v°. (*Mention.*)

6241. Mandement au trésorier de l'épargne de payer à Jean de La Barre, prévôt de Paris, 600 livres tournois pour la nourriture et monture de Jacques Coulombeau et Jean Manuel, retenus 9 septembre.

naguère comme chantres de la chambre du roi et omis sur l'état des officiers de sa maison, pour leurs gages de la présente année. Avignon, 9 septembre 1533. 1533.

Bibl. nat., ms. fr. 15629, n° 607. (*Mention.*)
Arch. nat., *Acquits sur l'épargne*, J. 960[6], fol. 132 v°. (*Mention.*)

6242. Mandement au trésorier de l'épargne de payer à Jean Migean, maître des mulets portant les coffres de la maison du roi, 450 livres pour le récompenser des peines et embarras qu'il a eus et en dédommagement des mulets qu'il a perdus, depuis quatre ans, au transport desdits coffres. Avignon, 9 septembre 1533. 9 septembre.

Bibl. nat., ms. fr. 15629, n° 647. (*Mention.*)
Arch. nat., *Acquits sur l'épargne*, J. 960[6], fol. 132. (*Mention.*)

6243. Mandement au trésorier de l'épargne de payer à René Le Pelletier 225 livres tournois en déduction des frais du voyage qu'il a fait de Londres à Avignon, apportant au roi des lettres du bailli de Troyes, son ambassadeur en Angleterre. Avignon, 9 septembre 1533. 9 septembre.

Bibl. nat., ms. fr. 15629, n° 670, et ms. Clairambault 1215, fol. 71. (*Mentions.*)
Arch. nat., *Acquits sur l'épargne*, J. 960[6], fol. 136. *Mention.*)

6244. Mandement au trésorier de l'épargne de payer à Jean d'Albon, s[r] de Saint-André, chevalier de l'ordre, 1,300 livres tournois complétant les 4,000 livres tournois qui lui étaient dues pour sa pension des années 1531 et 1532. Avignon, 9 septembre 1533. 9 septembre.

Bibl. nat., ms. fr. 15629, n° 856. (*Mention.*)
Arch. nat., *Acquits sur l'épargne*, J. 960[6], fol. 131 v°. (*Mention.*)

6245. Lettres de décharge de la somme de 4,100 livres tournois pour la solde des Cent-Suisses de la garde du roi, pendant le troisième quartier de la présente année. Avignon, 10 septembre 1533. 10 septembre.

Bibl. nat., ms. fr. 15629, n° 843. (*Mention.*)

6246. Mandement au trésorier de l'épargne de bailler à Jean Crosnier, trésorier de la marine de Provence, 33,585 livres tournois pour la solde et l'entretien de 18 galères pendant le dernier quartier de la présente année, soit 9,225 livres tournois à M. le Grand Maître, maréchal de France, pour cinq galères qui lui appartiennent; 11,070 livres au baron de Saint-Blancard, pour six galères, dont deux lui appartenant et quatre au roi; 5,535 livres au capitaine Madelon d'Ornezan, pour trois galères, dont une lui appartient et deux au roi; 3,690 livres au capitaine Jonas, pour deux galères, dont l'une est au roi et l'autre à lui; 1,845 livres à Christophe de Lubiano, pour une galère lui appartenant; enfin 1,845 livres à Bernard d'Ornezan, pour une galère lui appartenant. Avignon, 11 septembre 1533. — 1533. 11 septembre.

Bibl. nat., ms. fr. 15629, n° 212. (*Mention.*)
Arch. nat., *Acquits sur l'épargne*, J. 960°, fol. 136. (*Mention.*)

6247. Mandement au trésorier de l'épargne de payer à Jacques Rivière, receveur et payeur des gages des officiers du Grand Conseil, 6,950 livres tournois pour le troisième quartier de la présente année. Avignon, 11 septembre 1533. — 11 septembre.

Bibl. nat., ms. fr. 15629, n° 267. (*Mention.*)
Arch. nat., *Acquits sur l'épargne*, J. 960°, fol. 136 v°. (*Mention.*)

6248. Mandement au trésorier de l'épargne de payer à Bénigne Serre 200 livres tournois pour les bateliers et *tirotz* qui doivent descendre le roi, la reine et leurs enfants le long du Rhône, d'Avignon à Arles. Avignon, 11 septembre 1533. — 11 septembre.

Bibl. nat., ms. fr. 15629, n° 762. (*Mention.*)
Arch. nat., *Acquits sur l'épargne*, J. 960°, fol. 136. (*Mention.*)

6249. Mandement au trésorier de l'épargne de payer à Victor Barguin, trésorier de Mesdames, 1,000 livres tournois pour l'argenterie de la duchesse — 11 septembre.

d'Orléans et des demoiselles de sa maison. Avignon, 11 septembre 1533. 1533.

Bibl. nat., ms. fr. 15629, n° 815. (*Mention.*)

6250. Mandement au trésorier de l'épargne de bailler à Nicolas de Troyes, argentier du roi, 8,347 livres 2 sous 6 deniers tournois pour le payement des satin cramoisi, damas violet et jaune, fil d'or, drap de soie, etc., dont on a tendu les galères royales qui ont été chercher le pape. Avignon, 11 septembre 1533. 11 septembre.

Bibl. nat., ms. fr. 15629, n° 830. (*Mention.*)
Arch. nat., Acquits sur l'épargne, J. 960^c, fol. 137 v°. (*Mention.*)

6251. Déclaration relative à la saisie du temporel et de la justice de l'archevêché de Lyon, dont l'exercice avait été confié au sénéchal du lieu; les appels de cette juridiction seront portés directement au Parlement de Paris. Arles, 15 septembre 1533. 15 septembre.

Enreg. au Parl. de Paris, à titre provisoire, le 17 février 1534 n. s. Arch. nat., X^{1a} 8612, fol. 317. 2 pages 1/2.

6252. Mandement au trésorier de l'épargne de payer au capitaine allemand Waley 450 livres tournois pour être venu apporter au roi des lettres de certains princes d'Allemagne. Arles, 16 septembre 1533. 16 septembre.

Bibl. nat., ms. fr. 15629, n° 646. (*Mention.*)
Arch. nat., Acquits sur l'épargne, J. 960^c, fol. 138. (*Mention.*)

6253. Mandement au trésorier de l'épargne de payer à Bénigne Serre 51 livres 5 sous 6 deniers tournois pour plusieurs mariniers et *tirotz* qui ont descendu le roi et la reine d'Avignon à Arles, outre les 200 livres qu'il a déjà reçues à cet effet. Arles, 16 septembre 1533. 16 septembre.

Bibl. nat., ms. fr. 15629, n° 761. (*Mention.*)
Arch. nat., Acquits sur l'épargne, J. 960^c, fol. 137 v°. (*Mention.*)

6254. Mandement au trésorier de l'épargne de délivrer à Bénigne Serre 223 livres tournois pour le 17 septembre.

payement des gages de plusieurs courriers et chevaucheurs d'écurie servant auprès du roi. Arles, 17 septembre 1533. 1533.

Bibl. nat., ms. fr. 15629, n° 760. (*Mention.*)
Arch. nat., *Acquits sur l'épargne*, J. 960[c], fol. 138. (*Mention.*)

6255. Mandement au trésorier de l'épargne de payer à François Malvault, receveur et payeur de l'écurie du roi, 112 livres 17 sous 9 deniers tournois pour l'achat de deux robes, deux paires de chausses, deux bonnets et quatre chemises que le roi a donnés à deux de ses sonneurs de trompette. Arles, 17 septembre 1533. 17 septembre.

Bibl. nat., ms. fr. 15629, n° 822. (*Mention.*)
Arch. nat., *Acquits sur l'épargne*, J. 960[c], fol. 138. (*Mention.*)

6256. Mandement au trésorier de l'épargne de payer à François Malvault 108 livres 17 sous 9 deniers tournois pour l'achat de deux robes, deux paires de chausses, deux bonnets et quatre chemises que le roi a donnés à deux joueurs de fifre à son service. Arles, 18 septembre 1533. 18 septembre.

Bibl. nat., ms. fr. 15629, n° 821. (*Mention.*)
Arch. nat., *Acquits sur l'épargne*, J. 960[c], fol. 138 v°. (*Mention.*)

6257. Mandement au trésorier de l'épargne de payer à Christophe Daresse 400 livres tournois pour l'achat des bois et cordages, la location des bateaux et le salaire des ouvriers qui ont dressé le pont de bateaux que le roi a ordonné de jeter sur la Durance. Arles, 18 septembre 1533. 18 septembre.

Bibl. nat., ms. fr. 15629, n° 606. (*Mention.*)
Arch. nat., *Acquits sur l'épargne*, J. 960[c], fol. 138. (*Mention.*)

6258. Lettres de naturalité, permission de tester et de tenir des bénéfices dans le royaume, octroyées à Octavien, Bayard, Élise et Claude de Monestay, enfants de feu Eustache de Monestay, 19 septembre.

s[r] de Forges, et de Marguerite d'Arson, nés à Gênes, alors que ledit s[r] de Forges gardait le château de ladite ville pour le roi de France. Arles, 19 septembre 1533. — 1533.

Arch. nat., Acquits sur l'épargne, J. 960[c], fol. 137. (*Mention.*)

6259. Don à Jacques Baugé, secrétaire du feu capitaine Merveille (Alberto Maraviglia), de 50 écus soleil sur les finances extraordinaires et parties casuelles, pour avoir sauvé, après la mort de son maître, les mémoires, instructions, lettres et papiers qu'il avait entre les mains touchant les affaires du roi de France, auquel ledit secrétaire les a apportés de Milan à Toulouse. Arles, 19 septembre 1533. — 19 septembre.

Arch. nat., Acquits sur l'épargne, J. 960[c], fol. 137. (*Mention.*)

6260. Don à Jeanne Doulcet, lavandière du corps de M. le Dauphin, de 200 livres tournois sur l'amende à laquelle a été ci-devant condamné un nommé Hébert Orry. Arles, 19 septembre 1533. — 19 septembre.

Arch. nat., Acquits sur l'épargne, J. 960[c], fol. 137 v°. (*Mention.*)

6261. Commission de la charge de garde et surintendant des forêts d'Évreux, Conches, Breteuil et Beaumont, pour le s[r] d'Annebaut, avec permission d'y prendre le bois nécessaire à son chauffage, tant qu'il résidera au château d'Évreux. Arles, 19 septembre 1533. — 19 septembre.

Arch. nat., Acquits sur l'épargne, J. 960[c], fol. 137 v°. (*Mention.*)

6262. Lettres relatives à la réunion au domaine royal des terres et biens de Provence aliénés depuis l'union du comté de Provence à la couronne de France. Martigues, 21 septembre 1533. — 21 septembre.

Enreg. à la Chambre des Comptes d'Aix. Arch. des Bouches-du-Rhône, B. 31 (*Salamandra*), fol. 8. 3 pages.

6263. Mandement au trésorier de l'épargne de payer à — 22 septembre.

Pierre Geart[1], maître marinier de Martigues, 45 livres tournois pour avoir pendant trois jours entiers conduit en barque le roi et la reine de Saint-Chamas à l'île de Martigues, à la Tour de Bouc et à Marignane. Marignane, 22 septembre 1533. 1533.

Bibl. nat., ms. fr. 15629, n° 645. (*Mention.*) *Arch. nat., Acquits sur l'épargne*, J. 960[a], fol. 138 v°. (*Mention.*)

6264. Mandement au Parlement d'Aix, au sénéchal de Lyon et autres juges de remettre entre les mains de Christophe de Lubiane, chargé par le roi de la défense des côtes de Provence, 200 prisonniers pour l'équipage et l'armement de deux galères. Marignane, 26 septembre 1533. 26 septembre.

Enreg. au Parl. de Provence. Arch. de ladite Cour à Aix, reg. in-fol. papier de 1,026 feuillets, p. 21.

6265. Provisions de l'office de châtelain et receveur ordinaire de Beaune, Pommard et Volnay, pour Hugues Brunet, en remplacement et sur la résignation de Gillot Brunet, son père. Marignane, 28 septembre 1533. 28 septembre.

Enreg. par analyse à la Chambre des Comptes de Dijon, le 22 avril 1534. Arch. de la Côte-d'Or, B. 19, fol. 1 v°.

6266. Établissement de deux foires annuelles et d'un marché hebdomadaire à Alaigne, en faveur du cardinal de Lorraine, évêque de Narbonne. Avignon, septembre 1533. Septembre.

Enreg. à la Chancellerie de France. Arch. nat., Trésor des Chartes, JJ. 246, n° 375, fol. 113 v°. 1 page.

6267. Institution de deux foires annuelles et d'un marché hebdomadaire à Aniane, en faveur d'Antoine de Narbonne, évêque de Sisteron. Avignon, septembre 1533. Septembre.

Enreg. à la Chancellerie de France. Arch. nat., Trésor des Chartes, JJ. 246, n° 380, fol. 114 v°. 1 page.

(1) *Var.* «Ycart» (ms. fr. 15629).

6268. Établissement de trois foires par an et d'un marché le jeudi de chaque semaine à Artonne en Auvergne. Avignon, septembre 1533. | 1533. Septembre.

Enreg. à la Chancellerie de France. Arch. nat., Trésor des Chartes, JJ. 246, n° 436, fol. 133. 1 page 1/2.

6269. Confirmation des privilèges, franchises et libertés des habitants de Cap-Breton, dans les Landes. Avignon, septembre 1533. | Septembre.

Enreg. à la Chancellerie de France. Arch. nat., Trésor des Chartes, JJ. 246, n° 371, fol. 112 v°. 1 page.

6270. Permission aux consuls de Castanet, en Languedoc, de porter des chaperons de drap mi-partis rouge et noir. Avignon, septembre 1533. | Septembre.

Enreg. à la Chancellerie de France. Arch. nat., Trésor des Chartes, JJ. 246, n° 423, fol. 129 v°. 1 page.

6271. Établissement de trois foires par an et d'un marché chaque semaine à Montjoux, au comté de Rodez, à la requête du roi de Navarre. Avignon, septembre 1533. | Septembre.

Enreg. à la Chancellerie de France. Arch. nat., Trésor des Chartes, JJ. 246, n° 373, fol. 113. 1 page 1/2.

6272. Établissement de trois foires par an et d'un marché chaque semaine à Prades (Rouergue), dépendant de l'hôpital d'Aubrac. Avignon, septembre 1533. | Septembre.

Enreg. à la Chancellerie de France. Arch. nat., Trésor des Chartes, JJ. 246, n° 382, fol. 115 v°. 1 page.

6273. Établissement de deux foires par an et d'un marché chaque semaine à Saint-Gervais (Languedoc), en faveur de Pierre de Castelnau de Clermont, seigneur du lieu. Avignon, septembre 1533. | Septembre.

Enreg. à la Chancellerie de France. Arch. nat., Trésor des Chartes, JJ. 246, n° 378, fol. 114. 1 page.

6274. Création d'une foire de trois jours chaque année et d'un marché hebdomadaire à Valensolle (Provence), en faveur de l'abbé de Cluny, cardinal de Lorraine. Avignon, septembre 1533. — 1533. Septembre.

Enreg. à la Chancellerie de France. Arch. nat., Trésor des Chartes, JJ. 246, n° 385, fol. 116. 1 page.

6275. Lettres d'érection de la terre et seigneurie de Véretz en baronnie et châtellenie, en faveur de Jean de La Barre, prévôt de Paris, pour lui et ses héritiers et ses successeurs. [Avignon, septembre 1533.] — Septembre.

Arch. nat., Acquits sur l'épargne, J. 960[a], fol. 136 v°. (*Mention.*)

6276. Lettres de naturalisation pour Jean Perdrix, maître chirurgien et barbier, originaire d'Héricourt, au comté de Ferrette, habitant de Montpellier. Avignon, septembre 1533. — Septembre.

Enreg. à la Chambre des Comptes de Montpellier. Arch. départ. de l'Hérault, B. 342, fol. 53, 2 pages 1/2.

6277. Établissement de deux foires par an et d'un marché chaque semaine à Aramon. Arles, septembre 1533. — Septembre.

Enreg. à la Chancellerie de France. Arch. nat., Trésor des Chartes, JJ. 246, n° 376, fol. 113 v°. 1 page.

6278. Confirmation des privilèges et statuts des barbiers de Carcassonne. Arles, septembre 1533. — Septembre.

Enreg. à la Chancellerie de France. Arch. nat., Trésor des Chartes, JJ. 246, n° 458, fol. 139 v°. 1 page.

6279. Établissement de trois foires annuelles et d'un marché hebdomadaire à Poix (Champagne), en faveur de Jean-François de La Rocque, seigneur du lieu. Arles, septembre 1533. — Septembre.

Enreg. à la Chancellerie de France. Arch. nat., Trésor des Chartes, JJ. 246, n° 389, fol. 117 v°. 1 page.

6280. Mandement au trésorier de l'épargne de payer — 2 octobre.

à Louis Stoket[1], chargé de la conduite des Cent-Suisses de la garde du roi en l'absence du lieutenant de cette bande, 45 livres tournois pour se fournir d'habillements plus convenables lorsqu'il fera la garde du pape. Gardanne, 2 octobre 1533. — 1533.

Bibl. nat., ms. fr. 15629. (*Mention.*)
Arch. nat., *Acquits sur l'épargne*, J. 960[c], fol. 143. (*Mention.*)

6281. Déclaration fixant l'interprétation à donner aux mots *bois mort* et *mort bois* dans les ordonnances forestières. Marseille, 4 octobre 1533. — 4 octobre.

Enreg. aux Eaux et forêts (*siège de la Table de marbre*), *le 4 novembre 1533. Arch. nat.*, Z^{1e} 322 (anc. Z. 4579), fol. 104 v°, 2 pages.
IMP. Rebuffi, *Édits et ordonnances des rois de France.* Lyon, 1573, in-fol., p. 440.
Fontanon, *Les édits et ordonnances.* Paris, in-fol., 1611, t. II, p. 276.
Cl. Rousseau, *Édits et ordonnances.... des Eaux et forêts.* Paris, 1649, in-4°, p. 146.

6282. Mandement au trésorier de l'épargne de payer à Adrien Tiercelin, s[r] de Brosses et capitaine du château de Loches, 1,200 livres tournois pour ses gages de capitaine durant l'année 1533. Saint-Maximin, 5 octobre 1533. — 5 octobre.

Bibl. nat., ms. fr. 15629, n° 479. (*Mention.*)
Arch. nat., *Acquits sur l'épargne*, J. 960[c], fol. 136 v°. (*Mention.*)

6283. Mandement au trésorier de l'épargne de payer à Antoine Pelletier, muletier, 450 livres tournois pour deux grands mulets de bât que le roi lui a achetés. Saint-Maximin, 5 octobre 1533. — 5 octobre.

Bibl. nat., ms. fr. 15629, n° 605. (*Mention.*)
Arch. nat., *Acquits sur l'épargne*, J. 960[c], fol. 143. (*Mention.*)

6284. Mandement au trésorier de l'épargne de payer au cardinal de Gramont 4,500 livres tournois — 5 octobre.

[1] *Var.* «Stolier» (J. 960).

pour le défrayer de la dépense qu'il dut faire quand le roi l'envoya à Rome. Saint-Maximin, 5 octobre 1533. 1533.

Bibl. nat., ms. fr. 15629, n° 643, et ms. Clairambault 1215, fol. 72. (*Mentions.*)
Arch. nat., *Acquits sur l'épargne*, J. 960[c], fol. 143. (*Mention.*)

6285. Mandement au trésorier de l'épargne de bailler à Jean Crosnier, trésorier de la marine de Provence, 6,450 livres tournois, soit 6,000 livres pour la solde des gens d'armes et des galères conduits par le duc d'Albany à la rencontre du pape, et 450 livres tournois pour Francisque de Noces, comte de Pontresina, chargé de porter cette somme au duc d'Albany. Saint-Maximin, 5 octobre 1533. 5 octobre.

Bibl. nat., ms. fr. 15629, n° 745. (*Mention.*)
Arch. nat., *Acquits sur l'épargne*, J. 960[c], fol. 142 v°. (*Mention.*)

6286. Mandement au trésorier de l'épargne de payer à l'amiral [Chabot] 4,500 livres tournois, soit 3,000 livres pour sa pension et 1,500 livres pour son état de gouverneur de Bourgogne, pendant le troisième quartier de la présente année. Saint-Maximin, 6 octobre 1533. 6 octobre.

Mandement semblable, de même date, pour le dernier quartier.

Bibl. nat., ms. fr. 15629, n°s 854 et 855. (*Mentions.*)
Arch. nat., *Acquits sur l'épargne*, J. 960[c], fol. 139 v°. (*Mention.*)

6287. Mandement au trésorier de l'épargne de payer à l'amiral [Chabot], chevalier de l'ordre, lieutenant général du roi et gouverneur de Bourgogne, 1,050 livres tournois, soit 750 livres tournois pour son état d'amiral de Guyenne et 300 livres pour celui de Bretagne, pendant le troisième quartier de la présente année. Saint-Maximin, 6 octobre 1533. 6 octobre.

Mandement semblable, de même date, pour le dernier quartier. 1533.

Bibl. nat., ms. fr. 15629, nos 721 et 722. (*Mentions.*)

Arch. nat., Acquits sur l'épargne, J. 960c, fol. 139 vo. (*Mention.*)

6288. Mandement au trésorier de l'épargne de payer à l'amiral [Chabot] 250 livres tournois pour son état de capitaine de la ville de Brest, pendant le troisième quartier de la présente année. Saint-Maximin, 6 octobre 1533. 6 octobre.

Mandement semblable, de même date, pour le dernier quartier.

Bibl. nat., ms. fr. 15629, nos 725 et 726. (*Mentions.*)

Arch. nat., Acquits sur l'épargne, J. 960c, fol. 139 vo. (*Mention.*)

6289. Mandement au trésorier de l'épargne de bailler à Jean de Vimont, trésorier de la marine, 3,750 livres tournois pour les gages des officiers de la marine pendant le premier quartier de la présente année. Marseille, 8 octobre 1533. 8 octobre.

Trois mandements semblables et de même date pour les trois autres quartiers de l'année.

Bibl. nat., ms. fr. 15629, nos 103, 185, 264 et 405. (*Mentions.*)

Arch. nat., Acquits sur l'épargne, J. 960c, fol. 143 vo. (*Mention.*)

6290. Mandement au trésorier de l'épargne de délivrer à Pierre Lizet, premier président du Parlement de Paris, à Jean Billon, maître des comptes, et à Nicole Thibault, procureur général du roi au Parlement de Paris, 54,808 écus d'or valant 123,318 livres 12 sous tournois, plus 2,740 livres 8 sous ou 54,808 patards à 12 deniers pièce, montant du change des 54,808 écus, pour remettre à [Antoine Dubois], évêque de Béziers, et destinés au rachat de terres situées sur le territoire impérial et engagées à l'empereur, en déduction de deux 8 octobre.

millions d'écus promis pour la rançon du roi. Marseille, 8 octobre 1533. 1533.

Bibl. nat., ms. fr. 15629, n° 276. (*Mention.*)
Arch. nat., *Acquits sur l'épargne*, J. 960e, fol. 141 v°. (*Mention.*)

6291. Mandement au trésorier de l'épargne de remettre à l'empereur ou à son procureur 10,423 écus d'or et 15 sous tournois, soit 23,452 livres 10 sous tournois, faisant le tiers des 31,270 écus que le roi doit compter à l'empereur à la Saint-Martin, en déduction de deux millions d'écus d'or dus pour sa rançon. Marseille, 8 octobre 1533. 8 octobre.

Bibl. nat., ms. fr. 15629, n° 277. (*Mention.*)
Arch. nat., *Acquits sur l'épargne*, J. 960e, fol. 142. (*Mention.*)

6292. Mandement au trésorier de l'épargne de payer, à la prochaine fête de saint Martin, à Jacques Duchemin, procureur de l'évêque de Béziers, la somme nécessaire pour les vests, dévests et frais de loi que devra compter ledit évêque, à l'occasion du rachat des terres engagées à l'empereur pour la rançon du roi. Marseille, 8 octobre 1533. 8 octobre.

Bibl. nat., ms. fr. 15629, n° 310. (*Mention.*)
Arch. nat., *Acquits sur l'épargne*, J. 960e, fol. 142 v°. (*Mention.*)

6293. Lettres autorisant Guillaume Prudhomme, trésorier de l'épargne, à recevoir de Martin de Troyes, commis à la recette générale de Languedoc, 71,731 livres 11 sous 6 deniers tournois pour employer au fait de son office, sans avoir besoin de faire figurer cette somme au compte du trésor du Louvre. Marseille, 8 octobre 1533. 8 octobre.

Bibl. nat., ms. fr. 15629, n° 710. (*Mention.*)
Arch. nat., *Acquits sur l'épargne*, J. 960e, fol. 144. (*Mention.*)

6294. Mandement au trésorier de l'épargne de bailler à Héluin Du Lin, naguère chargé de mener 8 octobre.

en Suisse les deniers des pensions que le roi y devait, 2,250 livres tournois pour la dépense des diètes qui se tiennent actuellement audit pays. Marseille, 8 octobre 1533. 1533.

Bibl. nat., ms. fr. 15629, n° 753. (*Mention.*)
Arch. nat., *Acquits sur l'épargne*, J. 960[c], fol. 143. (*Mention.*)

6295. Mandement au trésorier de l'épargne de payer à Jean de Pierrefitte, commis à tenir le compte et faire le payement des deux décimes que le pape a ordonnées sur l'Église gallicane pour la guerre contre les Turcs, 1,600 livres tournois à employer aux frais de sa commission, ladite somme versée sur l'ordre du roi, le 28 août précédent, par Mathieu Gaultier, abbé de Marmoutiers. Marseille, 8 octobre 1533. 8 octobre.

Bibl. nat., ms. fr. 15629, n° 806. (*Mention.*)
Arch. nat., *Acquits sur l'épargne*, J. 960[c], fol. 144. (*Mention.*)

6296. Mandement au trésorier de l'épargne de bailler à Pierre Duval, trésorier des menus plaisirs du roi, 6,750 livres tournois pour le dernier quartier de la présente année. Marseille, 8 octobre 1533. 8 octobre.

Bibl. nat., ms. fr. 15629, n° 813. (*Mention.*)
Arch. nat., *Acquits sur l'épargne*, J. 960[c], fol. 143. (*Mention.*)

6297. Mandement au trésorier de l'épargne de remettre à Nicolas de Troyes, argentier du roi, 1,752 livres 2 deniers tournois pour des étoffes destinées à faire des robes à Mesdames, filles du roi, et à cinq enfants, chantres de la chapelle du roi. Marseille, 8 octobre 1533. 8 octobre.

Bibl. nat., ms. fr. 15629, n° 835. (*Mention.*)
Arch. nat., *Acquits sur l'épargne*, J. 960[c], fol. 143 v°. (*Mention.*)

6298. Mandement au trésorier de l'épargne de payer de suite à Pierre-Francisque de Viterbe, chevalier, 1,000 livres tournois pour sa pension 8 octobre.

de la présente année, bien qu'elle ne soit encore échue. Marseille, 8 octobre 1533. 1533.

Bibl. nat., ms. fr. 15629, n° 853. (*Mention.*)
Arch. nat., *Acquits sur l'épargne*, J. 960[6], fol. 143 v°. (*Mention.*)

6299. Lettres de naturalité accordées à Jacques Vitalis, d'Avignon, avec faculté de parvenir à toutes les dignités ecclésiastiques, régulières ou séculières. Aubagne, 11 octobre 1533. — 11 octobre.

Enreg. au Parl. de Provence. Arch. de ladite Cour, à Aix, reg. in-fol. papier de 1,026 feuillets, p. 69 v°.

6300. Lettres d'amortissement et remise de toute finance pour deux maisons à Paris, l'une rue Saint-Honoré, à l'enseigne du *Cerf-d'Or*, l'autre rue des Gravilliers, qui fut jadis à Denis Boutemotte, que Jean de La Barre, s[r] de Véretz, prévôt et gouverneur de Paris, a d'abord achetées moyennant 1,200 écus de la fabrique de Saint-Eustache, puis échangées contre un jardin avec ladite fabrique. Aubagne, 11 octobre 1533. — 11 octobre.

Arch. nat., *Acquits sur l'épargne*, J. 960[6], fol. 140. (*Mention.*)

6301. Mandement à la Chambre des Comptes de permettre au receveur général de Dauphiné d'employer en la dépense de ses prochains comptes, au nom du s[r] du Bouchage, la somme de 523 livres 6 sous 8 deniers qui avait été d'abord rayée par ladite Chambre sur les 1,166 livres 13 sous 4 deniers dont le roi a ci-devant fait don à feu Imbert de Batarnay, père dudit s[r] du Bouchage, sur les finances de Dauphiné, et qu'il donne de nouveau, en tant que besoin, à son fils. Aubagne, 11 octobre 1533. — 11 octobre.

Arch. nat., *Acquits sur l'épargne*, J. 960[6], fol. 140. (*Mention.*)

6302. Don à Antoine du Rousset, gentilhomme de la maison de l'amiral [Chabot], de 670 livres tournois à prendre sur les lods et ventes et autres droits seigneuriaux dus au roi sur la — 11 octobre.

terre et seigneurie de Rac, mouvant du comté de Valentinois. Aubagne, 11 octobre 1533. 1533.

Arch. nat., Acquits sur l'épargne, J. 960°, fol. 140 v°. (*Mention.*)

6303. Mandement au trésorier de l'épargne de faire payer, sur les deniers provenant de la condamnation prononcée contre Jean Carré par les commissaires de la Tour carrée, 24,000 livres à Renzo de Cère pour sa pension des années 1532 et 1533. Aubagne, 11 octobre 1533. 11 octobre.

Arch. nat., Acquits sur l'épargne, J. 960°, fol. 140 v°. (*Mention.*)

6304. Don aux s[rs] d'Assigny et du Plessis-Bordage de 2,000 livres tournois sur les amendes qui pourront être prononcées contre Pierre Mathet, conseiller au Parlement d'Aix, et son frère, poursuivis « à l'occasion de certaine detencion, recellement et occuppation par eulx faictz » en la ville et bailliage de Forcalquier. Aubagne, 11 octobre 1533. 11 octobre.

Arch. nat., Acquits sur l'épargne, J. 960°, fol. 141. (*Mention.*)

6305. Don à Jean Papillon, aumônier du roi, en récompense de ses services, de 300 écus soleil sur les parties casuelles et finances extraordinaires. Aubagne, 11 octobre 1533. 11 octobre.

Arch. nat., Acquits sur l'épargne, J. 960°, fol. 141. (*Mention.*)

6306. Lettres de naturalité et permission de tester données en faveur de Vespasien de Carvoisin, écuyer d'écurie du roi, natif de Milan, avec dispense de toute finance. Aubagne, 11 octobre 1533. 11 octobre.

Arch. nat., Acquits sur l'épargne, J. 960°, fol. 141. (*Mention.*)

6307. Mandement au trésorier de l'épargne de payer à M. le Grand Maître, lieutenant général du roi et gouverneur de Languedoc, 4,000 livres tournois au lieu des 4,000 ducats de la compo- 14 octobre.

IMPRIMERIE NATIONALE.

sition du Briançonnais, que le roi a donnés au comte de Saint-Pol, en le pourvoyant de l'état de gouverneur de Dauphiné. Marseille, 14 octobre 1533. 1533.

Bibl. nat., ms. fr. 15629, n° 642. (*Mention.*)
Arch. nat., *Acquits sur l'épargne*, J. 960e, fol. 141 v°. (*Mention.*)

6308. Mandement au trésorier de l'épargne de payer à M. le Grand Maître, gouverneur de Languedoc et capitaine des villes, châteaux et places fortes de la Bastille de Paris, le Bois de Vincennes, Nantes et Saint-Malo, 2,150 livres tournois pour son état de capitaine desdites villes et châteaux, pendant le dernier semestre de la présente année. Marseille, 14 octobre 1533. 14 octobre.

Bibl. nat., ms. fr. 15629, n° 724. (*Mention.*)
Arch. nat., *Acquits sur l'épargne*, J. 960e, fol. 141 v°. (*Mention.*)

6309. Mandement au trésorier de l'épargne de payer à M. le Grand Maître, lieutenant général du roi et gouverneur de Languedoc, 9,000 livres tournois pour sondit état de gouverneur pendant le second semestre de la présente année. Marseille, 14 octobre 1533. 14 octobre.

Bibl. nat., ms. fr. 15629, n° 852. (*Mention.*)
Arch. nat., *Acquits sur l'épargne*, J. 960e, fol. 141. (*Mention.*)

6310. Mandement au trésorier de l'épargne de payer à Noël Ramare, médecin ordinaire du roi, 800 livres tournois pour ses gages de l'année courante. Marseille, 14 octobre 1533. 14 octobre.

Bibl. nat., ms. fr. 15629, n° 719. (*Mention.*)
Arch. nat., *Acquits sur l'épargne*, J. 960e, fol. 127. (*Mention.*)

6311. Mandement au trésorier de l'épargne de payer à Nicolas de Troyes 1,263 livres 17 sous 6 deniers tournois, pour du velours noir et de la toile de Hollande destinés à habiller plus convenablement les officiers de la chapelle de mu- 14 octobre.

sique du roi, en l'honneur du pape. Marseille, 14 octobre 1533. | 1533.

Bibl. nat., ms. fr. 15629, n° 833. (*Mention.*)
Arch. nat., *Acquits sur l'épargne*, J. 960[c], fol. 145. (*Mention.*)

6312. Mandement au trésorier de l'épargne de payer à Nicolas de Troyes 2,185 livres 4 sous 2 deniers tournois pour l'achat des draps de soie de diverses couleurs qui ont été employés à compléter l'aménagement de la galère sur laquelle le pape est venu de la Spezzia à Marseille. Marseille, 14 octobre 1533. | 14 octobre.

Bibl. nat., ms. fr. 15629, n° 831. (*Mention.*)
Arch. nat., *Acquits sur l'épargne*, J. 960[c], fol. 144 v°.

6313. Mandement au trésorier de l'épargne de payer à Nicolas de Troyes 1,082 livres 4 sous tournois, pour les draps de soie et d'or qui ont servi à faire deux dais, l'un qu'on a porté le 12 octobre à Marseille devant le pape, au-dessus du Saint Sacrement, l'autre destiné à être placé sur la tête de Sa Sainteté. Marseille, 14 octobre 1533. | 14 octobre.

Bibl. nat., ms. fr. 15629, n° 832. (*Mention.*)
Arch. nat., *Acquits sur l'épargne*, J. 960[c], fol. 145. (*Mention.*)

6314. Mandement au trésorier de l'épargne de payer à Nicolas de Troyes 1,344 livres 5 sous 9 deniers tournois, pour le payement de draps de soie, de laine, de fourrures, etc., destinés à faire une robe au roi et des habillements à un fauconnier et à un page de la chambre, à l'occasion de la visite du pape. Marseille, 14 octobre 1533. | 14 octobre.

Bibl. nat., ms. fr. 15629, n° 834. (*Mention.*)
Arch. nat., *Acquits sur l'épargne*, J. 960[c], fol. 145. (*Mention.*)

6315. Lettres enjoignant aux gouverneurs, sénéchaux et gens des Parlements de Provence et de Dauphiné de ne pas s'opposer à ce que les commissaires royaux pour la réforme des | 15 octobre.

monnaies fassent leurs enquêtes dans ces provinces sur les fraudes et abus, et procèdent contre les coupables. Marseille, 15 octobre 1533. 1533.

Enreg. au Parl. de Provence. Arch. de ladite Cour, à Aix, reg. in-fol. papier de 1,026 feuillets, p. 28.

6316. Mandement au trésorier de l'épargne de bailler à Adrien Auger, receveur et payeur des gages des officiers du Parlement de Bretagne, 8,155 livres 10 sous tournois pour l'année courante. Marseille, 15 octobre 1533. 15 octobre.

Bibl. nat., ms. fr. 15629, n° 245. (*Mention.*) *Arch. nat.*, *Acquits sur l'épargne*, J. 960[6], fol. 145. (*Mention.*)

6317. Mandement au receveur des amendes du Parlement de Toulouse pour le remboursement à Raymond de Marlanes, conseiller en ladite Cour, d'une somme de 4,000 livres tournois qu'il avait prêtée au roi. Marseille, 16 octobre 1533. 16 octobre.

Arch. nat., *Acquits sur l'épargne*, J. 960[6], fol. 157. (*Mention.*)

6318. Mandement au même pour rembourser à Simon Reignier, conseiller au Parlement de Toulouse, 6,000 livres tournois qu'il avait prêtées au roi. Marseille, 16 octobre 1533. 16 octobre.

Arch. nat., *Acquits sur l'épargne*, J. 960[6], fol. 157 v°. (*Mention.*)

6319. Mandement au même de payer 4,000 livres à Claude de La Tennerie, aussi conseiller au Parlement de Toulouse, pour semblable remboursement. Marseille, 16 octobre 1533. 16 octobre.

Arch. nat., *Acquits sur l'épargne*, J. 960[6], fol. 157 v°. (*Mention.*)

6320. Mandement au même de payer à Pantaléon Jobert, troisième président au Parlement de Toulouse, 4,000 livres pour semblable remboursement. Marseille, 16 octobre 1533. 16 octobre.

Arch. nat., *Acquits sur l'épargne*, J. 960[6], fol. 157 v°. (*Mention.*)

6321. Mandement au trésorier de l'épargne de payer à Léonard Spina, marchand florentin, 2,025 livres tournois pour deux grosses perles pucelles en forme de poire, pesant chacune de 23 à 24 carats, que le roi lui a achetées pour en faire présent à Catherine de Médicis, duchesse d'Urbin. Marseille, 16 octobre 1533. — 1533. 16 octobre.

Bibl. nat., ms. fr. 15629, n° 604. (*Mention.*)
Arch. nat., *Acquits sur l'épargne*, J. 960[c], fol. 145. (*Mention.*)

6322. Commission adressée à Pierre Lizet, premier président au Parlement de Paris, à Nicole Thibault, procureur du roi audit Parlement, et à Jean Billon, maître des comptes, pour le rachat des terres d'Antoine Du Bois, évêque de Béziers, situées en Flandre et engagées à l'empereur pour la rançon de François Ier. Marseille, 17 octobre 1533. — 17 octobre.

Original scellé et copie du temps: Arch. nat., *Trésor des Chartes*, J. 670, n°s 12[A] et 12[B].

6323. Mandement au trésorier de l'épargne de payer à plusieurs jeunes Suisses, étudiants à l'Université de Paris, 450 livres tournois pour continuer leurs études, pendant le dernier quartier de la présente année. Marseille, 17 octobre 1533. — 17 octobre.

Bibl. nat., ms. fr. 15629, n° 238. (*Mention.*)
Arch. nat., *Acquits sur l'épargne*, J. 960[c], fol. 145 v°. (*Mention.*)

6324. Lettres de décharge du roi de 2,250 livres tournois qu'il a reçues comptant du trésorier de l'épargne. Marseille, 17 octobre 1533. — 17 octobre.

Bibl. nat., ms. fr. 15629, n° 842. (*Mention.*)

6325. Déclaration autorisant les fermiers de la ferme des draps d'or, d'argent et de soie à opérer le prélèvement des droits dans toute l'étendue du royaume, et non pas seulement à Lyon, comme précédemment. Marseille, 18 octobre 1533. — 18 octobre.

Enreg. au Châtelet de Paris, le 4 juillet 1534.
Arch. nat., *Bannières*, Y. 9, fol. 34 v°. 3 pages.

6326. Déclaration portant règlement pour la police militaire, l'ordre que les commissaires, contrôleurs et payeurs des compagnies doivent suivre aux montres et payements de la gendarmerie (22 articles). Marseille, 18 octobre 1533. — 1533. 18 octobre.

Original. Bibl. nat., ms. fr. 3044, fol. 1.
Publié à la Table de marbre du Palais de Paris (Connétablie), le 26 décembre suivant.
IMP. Pièce. *Bibl. nat.*, *Inv. Réserve*, F. 1537.
Rebuffi, *Édits et ordonnances*. Lyon, 1573, in-fol., p. 874.
Corbin, *Nouveau recueil d'édits des Cours des Aides*, Paris, 3216, in-4°, p. 348.

6327. Provisions de l'office de conseiller clerc au Parlement de Bordeaux en faveur de Guy de Goulard, dit de Brassac. Marseille, 18 octobre 1533. — 18 octobre.

Enreg. au Parl. de Bordeaux, le 7 janvier 1534. Arch. de la Gironde, B. 30 *bis*, fol. 191 v°. 3 pages.

6328. Lettres autorisant la mise à exécution de l'indult du pape Clément VII, accordant au cardinal de Lorraine la collation de tous les bénéfices dépendant de ses archevêché, évêché et abbayes par lui possédés dans le royaume. Marseille, 19 octobre 1533. — 19 octobre.

Enreg. au Grand Conseil, le 23 octobre 1533. Arch. nat., V⁵ 1049. 1 page.
Présentées au Parl. de Paris, les 24 avril et 4 juillet, enreg. le 8 juillet 1534. Arch. nat., X¹ᵃ 1537, reg. du Conseil, fol. 238, 343 et 350 v°. (*Mentions.*)

6329. Mandement au trésorier de l'épargne de payer au roi de Navarre, lieutenant général du roi et gouverneur de Guyenne, 12,000 livres tournois pour sa pension du second semestre de l'année courante. Marseille, 21 octobre 1533. — 21 octobre.

Bibl. nat., ms. fr. 15629, n° 236. (*Mention.*)
Arch. nat., *Acquits sur l'épargne*, J. 960°, fol. 145 v°. (*Mention.*)

6330. Mandement au trésorier de l'épargne de rembourser à Nicolas Raince, protonotaire aposto- — 21 octobre.

lique, solliciteur du roi en cour de Rome, 63 livres tournois qu'il a payées à Rome pour les officiers de Sa Majesté. Marseille, 21 octobre 1533. 1533.

Bibl. nat., ms. fr. 15629, n° 641, et ms. Clairambault 1215, fol. 72. (*Mentions.*)
Arch. nat., *Acquits sur l'épargne*, J. 960e, fol. 146. (*Mention.*)

6331. Mandement au trésorier de l'épargne de payer à Nicolas Raince, solliciteur du roi en cour de Rome, 2,485 livres 10 sous tournois, restant dus de 3,200 livres pour sa pension de deux ans et huit mois commençant le 1er mai 1531, à raison de 1,200 livres par an. Marseille, 21 octobre 1533. 21 octobre.

Bibl. nat., ms. fr. 15629, n° 851. (*Mention.*)
Arch. nat., *Acquits sur l'épargne*, J. 960e, fol. 146. (*Mention.*)

6332. Mandement au trésorier de l'épargne de payer à Jacques Bernard, maître de la chambre aux deniers du roi, 1,500 livres tournois pour l'achat et les frais de transport de cent pièces de vin d'Arbois. Marseille, 21 octobre 1533. 21 octobre.

Bibl. nat., ms. fr. 15629, n° 737. (*Mention.*)
Arch. nat., *Acquits sur l'épargne*, J. 960e, fol. 145 v°. (*Mention.*)

6333. Mandement au trésorier de l'épargne de payer à Jean Crosnier, trésorier de la marine de Provence, 3,690 livres tournois pour la solde de deux galères royales récemment achevées, l'une sous le commandement de Christophe de Lubiano, l'autre sous Madelon d'Ornezan, pendant le dernier trimestre de la présente année. Marseille, 21 octobre 1533. 21 octobre.

Bibl. nat., ms. fr. 15629, n° 744. (*Mention.*)
Arch. nat., *Acquits sur l'épargne*, J. 960e, fol. 145 v°. (*Mention.*)

6334. Mandement au trésorier de l'épargne de payer à Guy de La Maladière, trésorier des guerres, 7,530 livres tournois pour la solde de 80 lances fournies des ordonnances comman- 21 octobre.

dées par le duc d'Albany, pendant le dernier quartier de l'année 1532. Marseille, 21 octobre 1533. 1533.

Bibl. nat., ms. fr. 15629, n° 756. (*Mention.*)
Arch. nat., *Acquits sur l'épargne*, J. 960°, fol. 151. (*Mention.*)

6335. Mandement au trésorier de l'épargne de bailler à Bénigne Serre 836 livres 13 sous tournois pour le payement de dix-huit chevaucheurs qui pendant deux mois, à commencer du 13 septembre, ont desservi la poste royale entre Lyon et Marseille. Marseille, 21 octobre 1533. 21 octobre.

Bibl. nat., ms. fr. 15629, n° 759. (*Mention.*)
Arch. nat., *Acquits sur l'épargne*, J. 960°, fol. 146. (*Mention.*)

6336. Mandement à Florimond Le Charron, commis au payement des gages des officiers de l'hôtel, de payer à Geoffroy de Pompadour, panetier ordinaire du roi au lieu du feu s[r] de Chavigny, ses gages dudit office pendant le second semestre de la présente année, sur les deniers revenant bons des états des officiers domestiques de la maison du roi, bien qu'il ne soit pas encore porté sur les états. Marseille, 22 octobre 1533. 22 octobre.

Original. Bibl. nat., ms. fr. 25721, n° 411.
Arch. nat., *Acquits sur l'épargne*, J. 960°, fol. 146 v°. (*Mention.*)

6337. Lettres portant que Simon Gadoux, clerc du greffier Bochetel, sera préféré à tous pour l'achat de l'office de greffier du bailliage du palais à Paris, et qu'il lui sera rabattu sur le prix dudit office la somme de 100 écus soleil, dont le roi lui fait don en récompense de ses services. Marseille, 22 octobre 1533. 22 octobre.

Arch. nat., *Acquits sur l'épargne*, J. 960°, fol. 146 v°. (*Mention.*)

6338. Lettre de naturalité avec remise de finance en faveur du baron de Lech (Lecco), maître 22 octobre.

d'hôtel de M. le Légat. Marseille, 22 octobre 1533. | 1533.

Arch. nat., Acquits sur l'épargne, J. 960^c, fol. 147. (*Mention.*)

6339. Mandement au trésorier de l'épargne de faire payer à Louis de Loras, maréchal des logis du roi, les gages et droits dudit office portés sur les états au nom de feu Louis de Mirambel, son prédécesseur, depuis le jour de la mort de ce dernier jusqu'au 31 décembre prochain. Marseille, 22 octobre 1533. | 22 octobre.

Arch. nat., Acquits sur l'épargne, J. 960^c, fol. 147. (*Mention.*)

6340. Nouvelle expédition du don fait antérieurement à Aymon-Pierre de Corçon, maître d'hôtel de M. le Grand Maître, d'une somme de 800 livres tournois sur les droits seigneuriaux échus au roi par suite du décès du s^r de La Saunerie, sur les terres et seigneuries que celui-ci possédait au comté du Maine, avec les dérogations aux ordonnances contraires, omises dans la première expédition. Marseille, 22 octobre 1533. | 22 octobre.

Arch. nat., Acquits sur l'épargne, J. 960^c, fol. 147. (*Mention.*)

6341. Mandement au receveur ordinaire d'Agenais de faire délivrer à Camille Ursin (Orsini), comte de Monopoli, les revenus de la terre et seigneurie de Marmande pour une année finissant à la Saint-Jean-Baptiste 1534. Marseille, 22 octobre 1533. | 22 octobre.

Arch. nat., Acquits sur l'épargne, J. 960^c, fol. 147 v°. (*Mention.*)

6342. Don à Mme de Montreuil de 333 écus 13 sous 4 deniers revenant au roi comme tiers du prix de l'office de procureur du roi à Poitiers, à cause de la résignation à survivance faite dudit office par Joachim Arembert au profit de Philippe Arembert, son fils. Marseille, 22 octobre 1533. | 22 octobre.

Arch. nat., Acquits sur l'épargne, J. 960^c, fol. 147 v°. (*Mention.*)

IMPRIMERIE NATIONALE.

6343. Don à Jacques de Chasteigners de 500 livres tournois sur l'amende prononcée par arrêt des Grands jours récemment tenus à Tours contre le s[r] du Bois-Potreau (Bois-Pouvreau). Marseille, 22 octobre 1533. — 1533. 22 octobre.

Arch. nat., Acquits sur l'épargne, J. 960[c], fol. 147 v°. (*Mention.*)

6344. Mandement au trésorier de l'épargne de payer à Jean Crosnier, trésorier de la marine de Provence, 2,672 livres tournois pour la solde d'un mois des 568 hommes de pied qui ont été embarqués avec leurs capitaines et porte-enseignes sur les galères royales qui ont conduit le pape de la Spezzia en France. Marseille, 22 octobre 1533. — 22 octobre.

Bibl. nat., ms. fr. 15629, n° 746. (*Mention.*)
Arch. nat., Acquits sur l'épargne, J. 960[c], fol. 148 v°. (*Mention.*)

6345. Lettres de sauvegarde octroyées au prieuré de Notre-Dame-en-l'Isle de Troyes. Paris (*sic*), 23 octobre 1533. — 23 octobre.

Pièce très mutilée. Arch. départ. de l'Aube, liasse G. 1022.

6346. Mandement au trésorier des guerres, Guy de La Maladière, de payer 160 livres tournois à Augustin Gal et à Guillaume Cologne, pour avoir aidé Jean Breton, contrôleur des guerres, à la montre et au payement de la compagnie du marquis de Saluces des premier et deuxième quartiers de l'année 1532. Marseille, 24 octobre 1533. — 24 octobre.

Original. Bibl. nat., ms. fr. 25721, n° 412.

6347. Mandement au trésorier de l'épargne de payer à Jean Hotman, orfèvre à Paris, 5,491 livres 1 sou 6 deniers obole tournois pour une coupe d'or avec son couvercle, semée de fleurs de lis, le tout pesant 17 marcs 3 onces, deux grands pots à vin, trois bassins, deux flacons, deux coupes, huit tasses et trois aiguières en vermeil, objets qui ont été remis au s[r] de Castillon, — 24 octobre.

ambassadeur en Angleterre, pour les donner au duc de Norfolk, aux s[rs] de Rochford et Bron (Browne), gentilshommes du roi Henri VIII, qui sont venus dernièrement trouver le roi à Riom et l'ont accompagné à Issoire et à Montpellier. Marseille, 24 octobre 1533. — 1533.

Bibl. nat., ms. fr. 15629, n° 244. (*Mention.*)
Arch. nat., *Acquits sur l'épargne*, J. 960[c], fol. 148. (*Mention.*)

6348. Mandement au trésorier de l'épargne de payer au duc de Vendôme, lieutenant général du roi et gouverneur de Picardie, 12,000 livres tournois pour sa pension des deuxième et troisième quartiers de la présente année. Marseille, 24 octobre 1533. — 24 octobre.

Bibl. nat., ms. fr. 15629, n° 253. (*Mention.*)
Arch. nat., *Acquits sur l'épargne*, J. 960[c], fol. 148. (*Mention.*)

6349. Mandement au trésorier de l'épargne de bailler à Christophe Daresse, huissier du Conseil privé, 600 livres tournois pour l'achat des bois et cordages, la location des bateaux et le payement des hommes qui ont dressé le pont de bateaux que le roi a fait jeter sur la Durance, près d'Avignon. Marseille, 24 octobre 1533. — 24 octobre.

Bibl. nat., ms. fr. 15629, n° 602. (*Mention.*)
Arch. nat., *Acquits sur l'épargne*, J. 960[c], fol. 149. (*Mention.*)

6350. Mandement au trésorier de l'épargne de payer au cardinal de Tournon 78 livres 15 sous tournois pour le rembourser de pareille somme qu'il a donnée à Rome à deux courriers du roi. Marseille, 24 octobre 1533. — 24 octobre.

Bibl. nat., ms. fr. 15629, n° 603. (*Mention.*)
Arch. nat., *Acquits sur l'épargne*, J. 960[c], fol. 149. (*Mention.*)

6351. Mandement au trésorier de l'épargne de payer à Barthélemy Génois, Ange de Bologne, Anne de Viterbe et Antoine Napolitain, joueurs de trompette du pape, 112 livres 10 sous tournois pour les récompenser d'être venus sou- — 24 octobre.

vent sonner de leurs instruments auprès du roi. Marseille, 24 octobre 1533. 1533.

Bibl. nat., ms. fr. 15629, n° 639. (*Mention.*)
Arch. nat., *Acquits sur l'épargne*, J. 960², fol. 149 v°. (*Mention.*)

6352. Mandement au trésorier de l'épargne de payer à Matteo de Corte, médecin ordinaire du pape, 1,125 livres tournois pour les visites qu'il a faites au dauphin pendant sa maladie. Marseille, 24 octobre 1533. 24 octobre.

Bibl. nat., ms. fr. 15629, n° 640. (*Mention.*)
Arch. nat., *Acquits sur l'épargne*, J. 960², fol. 149. (*Mention.*)

6353. Mandement au trésorier de l'épargne de payer à Claude Dodieu 225 livres tournois, pour se rendre à Saragosse ou toute autre ville d'Espagne où se trouvera l'empereur, et remettre des lettres du roi à M. de Vély, ambassadeur du roi de France. Marseille, 24 octobre 1533. 24 octobre.

Bibl. nat., ms. fr. 15629, n° 669. (*Mention.*)
Arch. nat., *Acquits sur l'épargne*, J. 960², fol. 149. (*Mention.*)

6354. Mandement au trésorier de l'épargne de payer à Sancho de Yessa, trésorier de Navarre, 1,600 livres tournois pour sa pension des années 1532 et 1533. Marseille, 24 octobre 1533. 24 octobre.

Bibl. nat., ms. fr. 15629, n° 848. (*Mention.*)
Arch. nat., *Acquits sur l'épargne*, J. 960², fol. 149. (*Mention.*)

6355. Mandement au trésorier de l'épargne de payer à Menault d'Estel, chevalier, 1,800 livres tournois pour sa pension d'un an et demi commençant le 1er janvier 1532 n. s. Marseille, 24 octobre 1533. 24 octobre.

Bibl. nat., ms. fr. 15629, n° 849. (*Mention.*)
Arch. nat., *Acquits sur l'épargne*, J. 960², fol. 149. (*Mention.*)

6356. Mandement au trésorier de l'épargne de payer à Gabriel d'Alègre, chevalier, 3,000 livres tournois pour sa pension d'un an et demi com- 24 octobre.

mençant le 1er janvier 1532 n. s. Marseille, 24 octobre 1533. 1533.

Bibl. nat., ms. fr. 15629, n° 850. (*Mention.*)
Arch. nat., *Acquits sur l'épargne*, J. 960e, fol. 149. (*Mention.*)

6357. Provision en faveur de l'amiral Chabot, gouverneur de Bourgogne, pour être mis en possession de tous les revenus des terres et seigneuries de Montréal, Châtel-Gérard, Châteauvieux et Casery (Carisey), ainsi que des greniers à sel de Saulieu et d'Avallon, pour une année entière commencée le 1er octobre 1531, suivant le don qui lui en a été fait le 6 novembre 1531, nonobstant toutes oppositions. Marseille, 26 octobre 1533. 26 octobre.

Arch. nat., *Acquits sur l'épargne*, J. 960e, fol. 151 v°. (*Mention.*)

6358. Déclaration ampliative du don de la terre et seigneurie de Rouvre ci-devant fait à l'amiral Chabot, portant qu'il jouira aussi du tabellionage et de la prévôté de ladite seigneurie, avec pouvoir de les bailler à ferme, ainsi que l'ont fait le sr de La Roche et les autres qui ont eu par don royal le revenu de cette terre. Marseille, 26 octobre 1533. 26 octobre.

Arch. nat., *Acquits sur l'épargne*, J. 960e, fol. 151 v°. (*Mention.*)

6359. Mandement au receveur et payeur des officiers domestiques de la maison du dauphin et des ducs d'Orléans et d'Angoulême de payer à Henri Flô, dit Paris, auparavant potager, retenu à l'état de maître queux de la cuisine desdits seigneurs, le 14 mars 1533 n. s., au lieu de Mathurin Loys, décédé ce jour-là, ses gages dudit office du 14 mars au 31 décembre 1533. Marseille, 26 octobre 1533. 26 octobre.

Arch. nat., *Acquits sur l'épargne*, J. 960e, fol. 151 v°. (*Mention.*)

6360. Mandement de payer leurs gages, du 14 mars au 31 décembre 1533, à Nicolas Bouzillon, ci-devant enfant de cuisine, retenu potager, 26 octobre.

et à Pierre Ameline, retenu enfant de cuisine des dauphin, ducs d'Orléans et d'Angoulême, au lieu dudit Bouzillon. Marseille, 26 octobre 1533. 1533.

Arch. nat., Acquits sur l'épargne, J. 960[c], fol. 152. (*Mention.*)

6361. Don à Benoît Tagliacarne, dit Théocrène, de l'office de secrétaire du roi vacant par le décès de Jean Bourdel, pour en disposer à son profit. Marseille, 26 octobre 1533. 26 octobre.

Arch. nat., Acquits sur l'épargne, J. 960[c], fol. 152. (*Mention.*)

6362. Lettres portant qu'[Aymar d'Ancézune], s[r] de Caderousse, visiteur général des gabelles de Languedoc, sera payé dorénavant de ses gages sur le revenu du grenier à sel du Pont-Saint-Esprit et par les mains du grènetier du lieu, et qu'en ce qui touche les cinq années d'arrérages qui lui sont dues, il en sera appointé sur les finances ordinaires ou extraordinaires, suivant l'avis de M. le Légat. Marseille, 26 octobre 1533. 26 octobre.

Arch. nat., Acquits sur l'épargne, J. 960[c], fol. 152. (*Mention.*)

6363. Mandement au trésorier de l'épargne de payer à Jacques de Genouilhac, dit Galyot, chevalier de l'ordre et grand écuyer de France, 10,000 livres tournois pour sa pension de l'année courante. Marseille, 26 octobre 1533. 26 octobre.

Bibl. nat., ms. fr. 15629, n° 423. (*Mention.*)
Arch. nat., Acquits sur l'épargne, J. 960[c], fol. 150 v°. (*Mention.*)

6364. Mandement au trésorier de l'épargne de payer à Jacques Tardif, marchand de Paris, 2,000 livres tournois pour une chasuble de diacre et sous-diacre, et trois chapes dont les orfrois représentent, deux la Passion, et une la vie de la Vierge, le tout en or fin. Marseille, 26 octobre 1533. 26 octobre.

Bibl. nat., ms. fr. 15629, n° 597. (*Mention.*)
Arch. nat., Acquits sur l'épargne, J. 960[c], fol. 150 v°. (*Mention.*)

6365. Mandement au trésorier de l'épargne de payer à Jean Crespin, marchand joaillier à Paris, 900 livres tournois pour divers joyaux et objets d'orfèvrerie qu'il a vendus au roi dans le courant d'octobre. Marseille, 26 octobre 1533. — 1533. 26 octobre.

Bibl. nat., ms. fr. 15629, n° 598. (*Mention.*)
Arch. nat., *Acquits sur l'épargne*, J. 960[5], fol. 150 v°. (*Mention.*)

6366. Mandement au trésorier de l'épargne de payer à Guillaume Hottenier, lapidaire à Paris, 2,250 livres tournois pour plusieurs joyaux et pierreries qu'il a vendus au roi au mois d'octobre. Marseille, 26 octobre 1533. — 26 octobre.

Bibl. nat., ms. fr. 15629, n° 599. (*Mention.*)
Arch. nat., *Acquits sur l'épargne*, J. 960[5], fol. 150. (*Mention.*)

6367. Mandement au trésorier de l'épargne de payer à Pierre Coing, lapidaire à Lyon, 3,037 livres 10 sous tournois pour plusieurs perles, bagues et joyaux qu'il la vendus au roi. Marseille, 26 octobre 1533. — 26 octobre.

Bibl. nat., ms. fr. 15629, n° 600. (*Mention.*)
Arch. nat., *Acquits sur l'épargne*, J. 960[5], fol. 150. (*Mention.*)

6368. Mandement au trésorier de l'épargne de payer à Jean Grain, lapidaire à Paris, 4,657 livres 10 sous tournois pour plusieurs bagues et joyaux qu'il a vendus au roi en ce présent mois d'octobre. Marseille, 26 octobre 1533. — 26 octobre.

Bibl. nat., ms. fr. 15629, n° 601. (*Mention.*)
Arch. nat., *Acquits sur l'épargne*, J. 960[5], fol. 150. (*Mention.*)

6369. Lettres de décharge de 450 livres tournois que le roi a reçues comptant du trésorier de l'épargne. Marseille, 26 octobre 1533. — 26 octobre.

Bibl. nat., ms. fr. 15629, n° 841. (*Mention.*)
Arch. nat., *Acquits sur l'épargne*, J. 960[5], fol. 150 v°. (*Mention.*)

6370. Contrat de mariage de Henri de France, duc — 27 octobre.

d'Orléans, avec Catherine de Médicis. Marseille, 27 octobre 1533. 1533.

Enreg. au Parl. de Paris, le 13 juillet 1601, sur mandement de Henri IV, donné à Fontainebleau, le 27 mai 1601. Arch. nat., X[1a] 8644, fol. 239. 7 pages.

Copie collationnée du XVIIIe siècle. Arch. nat., K. 171, n° 8.

IMP. Dumont, *Corps diplomatique*, in-fol., 1726, t. IV, part. II, p. 101, col. 2.

E. Baluze, *Hist. généal. de la maison d'Auvergne*, t. II, p. 693.

6371. Mandement au trésorier de l'épargne de payer à Nicolas de Noble, tant en son nom que comme procureur de Pierre Spinola, 31,840 livres tournois, complétant les 94,000 livres que feu Maximilien Sforza leur avait assignées sur les arrérages de sa pension de 72,000 livres tournois que le roi lui devait jusqu'au 31 juillet 1528, en remboursement de pareille somme qu'ils lui avaient prêtée. Marseille, 27 octobre 1533. 27 octobre.

Bibl. nat., ms. fr. 15629, n° 493. (*Mention.*)

6372. Mandement au trésorier de l'épargne de payer au duc d'Albany 18,000 livres tournois, soit 6,000 livres pour son état de gouverneur et lieutenant général du roi en Bourbonnais et en Auvergne, et 12,000 livres pour sa pension de l'année courante. Marseille, 28 octobre 1533. 28 octobre.

Bibl. nat., ms. fr. 15629, n° 490. (*Mention.*)

Arch. nat., Acquits sur l'épargne, J. 960[c], fol. 151. (*Mention.*)

6373. Mandement au trésorier de l'épargne de payer à Pierre Le Messier, serviteur de Pierre Mangot, orfèvre du roi, 274 livres 5 sous tournois pour une couronne ducale en or qu'il a fournie pour les noces du duc d'Orléans avec la duchesse d'Urbin. Marseille, 28 octobre 1533. 28 octobre.

Bibl. nat., ms. fr. 15629, n° 596. (*Mention.*)

Arch. nat., Acquits sur l'épargne, J. 960[c], fol. 151. (*Mention.*)

6374. Mandement au trésorier de l'épargne de payer à Jean Crosnier, trésorier de la marine de Provence, 1,120 livres tournois pour la solde pendant un mois (25 octobre-25 novembre 1533) de 200 hommes de pied commandés par le capitaine Fournillon et embarqués sur les galères royales qui ont amené le pape et sa suite de la Spezzia et de Livourne. Marseille, 28 octobre 1533. — 1533. 28 octobre.

Bibl. nat., ms. fr. 15629, n° 743. (*Mention.*)
Arch. nat., *Acquits sur l'épargne*, J. 960°, fol. 151. (*Mention.*)

6375. Mandement au trésorier de l'épargne de payer à Charles de Mouy, s[r] de la Meilleraye, vice-amiral de France, 1,200 livres tournois pour sa pension de l'année 1531. Marseille, 30 octobre 1533. — 30 octobre.

Mandement semblable et de même date pour sa pension de l'année 1532.

Bibl. nat., ms. fr. 15629, n°s 381 et 382. (*Mentions.*)
Arch. nat., *Acquits sur l'épargne*, J. 960°, fol. 153 v°. (*Mentions.*)

6376. Mandement au trésorier de l'épargne de payer à Jean Ruccellaï, marchand florentin, 13,500 livres tournois pour plusieurs diamants, rubis, et autres pierreries qu'il a vendus au roi. Marseille, 30 octobre 1533. — 30 octobre.

Bibl. nat., ms. fr. 15629, n° 593. (*Mention.*)
Arch. nat., *Acquits sur l'épargne*, J. 960°, fol. 153. (*Mention.*)

6377. Mandement au trésorier de l'épargne de payer à Baptiste de Lantua, lapidaire, 6,750 livres tournois pour une bague enchâssée d'un gros rubis en forme de cœur, d'un diamant et d'une émeraude que le roi lui a achetée. Marseille, 30 octobre 1533. — 30 octobre.

Bibl. nat., ms. fr. 15629, n° 594. (*Mention.*)
Arch. nat., *Acquits sur l'épargne*, J. 960°, fol. 153. (*Mention.*)

6378. Mandement au trésorier de l'épargne de payer à — 30 octobre.

IMPRIMERIE NATIONALE.

Guillaume Hottenier, lapidaire italien, 819 livres tournois pour 91 perles que le roi lui a achetées. Marseille, 30 octobre 1533. — 1533.

Bibl. nat., ms. fr. 15629, n° 595. (*Mention.*)
Arch. nat., *Acquits sur l'épargne*, J. 960e, fol. 153. (*Mention.*)

6379. Mandement au trésorier de l'épargne de payer à Pallavicino Visconti, évêque d'Alexandrie, 2,250 livres tournois en récompense des services qu'il a rendus au roi pendant les guerres d'Italie. Marseille, 30 octobre 1533. — 30 octobre.

Bibl. nat., ms. fr. 15629, n° 638. (*Mention.*)
Arch. nat., *Acquits sur l'épargne*, J. 960e, fol. 153. (*Mention.*)

6380. Lettres autorisant Guillaume Prudhomme, trésorier de l'épargne, à recevoir de la recette de la sénéchaussée des Lannes, y compris le pays de Labour, 373 livres 17 sous 6 deniers tournois, et de Martin de Troyes, commis à l'exercice de la recette générale de Languedoc, 15,000 livres tournois pour employer au fait de son office, sans avoir besoin de faire porter cette somme au trésor du Louvre. Marseille, 30 octobre 1533. — 30 octobre.

Bibl. nat., ms. fr. 15629, n° 709. (*Mention.*)
Arch. nat., *Acquits sur l'épargne*, J. 960e, fol. 153. (*Mention.*)

6381. Mandement au trésorier de l'épargne de remettre à François Cardon, commis à tenir le compte et faire le payement des Cent-Suisses de la garde du roi, 1,366 livres 13 sous 4 deniers tournois pour le mois courant. Marseille, 30 octobre 1533. — 30 octobre.

Bibl. nat., ms. fr. 15629, n° 811. (*Mention.*)
Arch. nat., *Acquits sur l'épargne*, J. 960e, fol. 153. (*Mention.*)

6382. Don au duc de Guise des revenus et droits de gabelle des greniers à sel de Joinville, Guise, la Ferté-Bernard et Maine-la-Juhée (Mayenne), pour la présente année, ainsi que des amendes et confiscations qui y écherront, comme il en — 31 octobre.

a joui les années précédentes. Marseille, 31 octobre 1533. | 1533.

Arch. nat., Acquits sur l'épargne, J. 960°, fol. 154. (*Mention.*)

6383. Don à Douville, capitaine du charroi, de 100 écus sur les deniers de l'aubaine de feu Jean Charles, fils de feu Pasquier Charles, décédé sans hoirs. Marseille, 31 octobre 1533. | 31 octobre.

Arch. nat., Acquits sur l'épargne, J. 960°, fol. 154. (*Mention.*)

6384. Don et remise à Christophe de La Baudinière, archer de la garde du roi sous le commandement du sr de Nançay, d'une amende de 75 livres tournois à laquelle il avait été condamné par arrêt du Parlement de Paris. Marseille, 31 octobre 1533. | 31 octobre.

Arch. nat., Acquits sur l'épargne, J. 960°, fol. 154. (*Mention.*)

6385. Lettres de prorogation, en faveur des religieux, prieur et couvent de l'église de Bolbonne, de l'octroi de 150 livres qu'ils prennent chaque année sur le grenier à sel de Séjan. Marseille, 31 octobre 1533. | 31 octobre.

Arch. nat., Acquits sur l'épargne, J. 960°, fol. 154. (*Mention.*)

6386. Lettres de traite de 10,000 charges de blé du pays d'Auvergne, avec transport en toute franchise, données en faveur des habitants de Marseille, tant pour l'approvisionnement des galères que pour celui de la ville, qui en est dépourvue depuis et à cause de la venue du pape. Marseille, 31 octobre 1533. | 31 octobre.

Arch. nat., Acquits sur l'épargne, J. 960°, fol. 154. (*Mention.*)

6387. Lettres de naturalité et permission de tester données en faveur de Paolo-Antonio de Gadaine (Gadagne), marchand florentin, demeurant à Lyon, avec dispense de payer aucune finance. Marseille, 31 octobre 1533. | 31 octobre.

Arch. nat., Acquits sur l'épargne, J. 960°, fol. 154. (*Mention.*)

6388. Don et remise à François de La Béraudière, sr de Rouet, de 500 livres tournois, montant d'une amende prononcée contre lui par le sénéchal de Poitou. Marseille, 31 octobre 1533. — 1533. 31 octobre.

Arch. nat., Acquits sur l'épargne, J. 960c, fol. 154 v°. (*Mention.*)

6389. Lettres de mainlevée, en faveur de Jean de Vesc, seigneur de Grimaud, et de Fleurie de Montlaur, sa femme, des terres des Eparres et de Serpaize en Dauphiné, par eux engagées ci-devant à Henri Bohier pour la somme de 20,000 livres tournois que le roi avait prise dudit de Vesc, en déduction de la somme de 200,000 livres à laquelle ledit Bohier a été condamné envers Sa Majesté. Marseille, 31 octobre 1533. — 31 octobre.

Arch. nat., Acquits sur l'épargne, J. 960c, fol. 154 v°. (*Mention.*)

6390. Mandement au trésorier de l'épargne de payer à frère Girard Fouesse, religieux de l'ordre de Saint-Augustin, confesseur des officiers de la maison du roi, 63 livres tournois qu'il a remises aux officiers du pape pour l'expédition d'une bulle que Sa Sainteté lui a octroyée, lui donnant pouvoir d'absoudre lesdits officiers du roi, réservés aux évêques, archevêques et au Saint-Siège les quatre vœux ordinaires. Marseille, 31 octobre 1533. — 31 octobre.

Bibl. nat., ms. fr. 15629, n° 637. (*Mention.*)
Arch. nat., Acquits sur l'épargne, J. 960c, fol. 153 v°. (*Mention.*)

6391. Lettres de décharge de 2,250 livres tournois que le trésorier de l'épargne a remises directement au roi. Marseille, 31 octobre 1533. — 31 octobre.

Bibl. nat., ms. fr. 15629, n° 840. (*Mention.*)

6392. Édit de suppression du comté de Civray, et réintégration des châtellenies de Civray, Usson, Melle, Chizé et Saint-Maixent dans le ressort — Octobre.

de la sénéchaussée de Poitou. Marseille, octobre 1533. 1533.

Original scellé. Arch. municip. de Poitiers, C. 28. *Enreg. au Parl. de Paris, le 16 décembre 1533. Arch. nat.*, X^{1a} 8612, fol. 313 v°. 3 pages.

Arrêt d'enregistrement. Idem, X^{1a} 4895, Plaidoiries, fol. 120.

IMP. Thibaudeau, *Abrégé de l'hist. du Poitou*, t. III, p. 493.

6393. Confirmation des privilèges et libertés des habitants d'Ancelle et de Saint-Léger (Dauphiné). Marseille, octobre 1533. Octobre.

Enreg. à la Chancellerie de France. Arch. nat., Trésor des Chartes, JJ. 246, n° 411, fol. 126. 1 page.

6394. Création de deux foires par an et d'un marché chaque semaine à Anneron, au bailliage de Viennois. Marseille, octobre 1533. Octobre.

Enreg. à la Chancellerie de France. Arch. nat., Trésor des Chartes, JJ. 246, n° 422, fol. 129. 1 page.

6395. Confirmation des privilèges, franchises et libertés des habitants de la Bastide-Saint-Jean de Molières en Périgord. Marseille, octobre 1533. Octobre.

Enreg. à la Chancellerie de France. Arch. nat., Trésor des Chartes, JJ. 246, n° 427, fol. 130 v°. 1 page.

6396. Établissement de deux foires par an et d'un marché chaque semaine à la Bastide-Saint-Michel de Lomagne. Marseille, octobre 1533. Octobre.

Enreg. à la Chancellerie de France. Arch. nat., Trésor des Chartes, JJ. 246, n° 429, fol. 131. 1 page.

6397. Confirmation des privilèges, franchises et libertés des habitants de Belleville en Beaujolais. Marseille, octobre 1533. Octobre.

Enreg. à la Chancellerie de France. Arch. nat., Trésor des Chartes, JJ. 246, n° 374, fol. 113. 1 page.

6398. Confirmation des privilèges et statuts des maîtres Octobre.

barbiers et chirurgiens de Blois. Marseille, octobre 1533. — 1533.

Enreg. à la Chancellerie de France. Arch. nat., Trésor des Chartes, JJ. 246, n° 401, fol. 122 v°. 1 page.

6399. Confirmation des privilèges, franchises et libertés accordés par les rois et les comtes de Provence aux religieux Augustins du couvent de Castellane. Marseille, octobre 1533. — Octobre.

Enreg. à la Chancellerie de France. Arch. nat., Trésor des Chartes, JJ. 246, n° 410, fol. 126. 1 page.

Enreg. à la Chambre des Comptes d'Aix, le 6 novembre 1533. Arch. des Bouches-du-Rhône, B. 31 (*Salamandra*), fol. 11. 1 page.

6400. Établissement d'une foire annuelle et d'un marché hebdomadaire à Caux en Languedoc. Marseille, octobre 1533. — Octobre.

Enreg. à la Chancellerie de France. Arch. nat., Trésor des Chartes, JJ. 246, n° 418, fol. 128. 1 page.

6401. Confirmation des privilèges, franchises et libertés des habitants de Cussac, près Narbonne. Marseille, octobre 1533. — Octobre.

Enreg. à la Chancellerie de France. Arch. nat., Trésor des Chartes, JJ. 246, n° 435, fol. 133. 1 page.

6402. Création de deux foires annuelles à Draguignan. Marseille, octobre 1533. — Octobre.

Enreg. à la Chancellerie de France. Arch. nat., Trésor des Chartes, JJ. 246, n° 450, fol. 136. 1 page.

6403. Confirmation des privilèges, franchises et immunités de l'abbaye de Saint-Sauveur d'Évreux. Marseille, octobre 1533. — Octobre.

Enreg. à la Chancellerie de France. Arch. nat., Trésor des Chartes, JJ. 246, n° 420, fol. 128 v°. 1 page.

6404. Confirmation des privilèges, franchises et libertés accordés par les rois aux habitants de — Octobre.

Forcalquier en Provence. Marseille, octobre 1533. — 1533.

Enreg. à la Chancellerie de France. Arch. nat., Trésor des Chartes, JJ. 246, n° 437, fol. 133 v°. 1 page.

6405. Confirmation des privilèges accordés à l'église collégiale de Saint-Mary, à Forcalquier. Marseille, octobre 1533. — Octobre.

Enreg. à la Chambre des Comptes d'Aix, le 20 octobre 1533. Arch. des Bouches-du-Rhône, B. 31 (*Salamandra*), fol. 4. 2 pages.

6406. Établissement de quatre foires par an et d'un marché chaque samedi à Franois, en faveur de Jean de Choiseul, seigneur du lieu. Marseille, octobre 1533. — Octobre.

Enreg. à la Chancellerie de France. Arch. nat., Trésor des Chartes, JJ. 246, n° 400, fol. 122 v°. 1 page.

6407. Confirmation des privilèges, franchises et libertés octroyés par les rois de France aux évêques et au clergé de Limoges. Marseille, octobre 1533. — Octobre.

Enreg. à la Chancellerie de France. Arch. nat., Trésor des Chartes, JJ. 246, n° 412, fol. 126 v°. 1 page.

6408. Établissement de trois foires annuelles à Manosque, en Provence. Marseille, octobre 1533. — Octobre.

Enreg. à la Chancellerie de France. Arch. nat., Trésor des Chartes, JJ. 246, n° 430, fol. 131 v°. 1 page.

6409. Confirmation des privilèges, franchises et libertés des habitants de l'île de Martigues et des bourgs de Saint-Geniez et de Jonquières. Marseille, octobre 1533. — Octobre.

Enreg. à la Chancellerie de France. Arch. nat., Trésor des Chartes, JJ. 246, n° 409, fol. 126. 1 page.

Enreg. à la Chambre des Comptes d'Aix. Arch. des Bouches-du-Rhône, B. 31 (*Salamandra*), fol. 25. 1 page 1/2.

6410. Confirmation des privilèges accordés aux habi- — Octobre.

tants de Mison en Provence. Marseille, octobre 1533. | 1533.

Enreg. à la Chambre des Comptes d'Aix. Arch. des Bouches-du-Rhône, B. 31 (*Salamandra*), fol. 18 v°. 1 page.

6411. Confirmation des privilèges, franchises et statuts des habitants de Nyons en Dauphiné. Marseille, octobre 1533. | Octobre.

Enreg. à la Chancellerie de France. Arch. nat., Trésor des Chartes, JJ. 242, n° 413, fol 126 v°. 1 page.

6412. Confirmation des privilèges, droits, exemptions et coutumes accordés par les rois de France et les comtes de Provence aux habitants d'Ollioules en Provence. Marseille, octobre 1533. | Octobre.

Enreg. à la Chancellerie de France. Arch. nat., Trésor des Chartes, JJ. 246, n° 414, fol. 127. 1 page.

Enreg. à la Chambre des Comptes d'Aix. Arch. des Bouches-du-Rhône, B. 31 (*Salamandra*), fol. 60 v°. 1 page.

6413. Établissement d'une foire annuelle et d'un marché hebdomadaire à Ouchamps, en faveur de Charles du Plessis, maître d'hôtel du roi, seigneur du lieu. Marseille, octobre 1533. | Octobre.

Enreg. à la Chancellerie de France. Arch. nat., Trésor des Chartes, JJ. 246, n° 440, fol. 134 v°. 1 page.

6414. Établissement de quatre foires annuelles et d'un marché hebdomadaire à Pargues. Marseille, octobre 1533. | Octobre.

Enreg. à la Chancellerie de France. Arch. nat., Trésor des Chartes, JJ. 246, n° 419, fol. 128. 1 page.

6415. Établissement de deux foires l'an et d'un marché chaque semaine à Salvagnac en Albigeois. Marseille, octobre 1533. | Octobre.

Enreg. à la Chancellerie de France. Arch. nat., Trésor des Chartes, JJ. 246, n° 457, fol. 139. 1 page 1/2.

6416. Confirmation des privilèges, franchises et immu- | Octobre.

nités de l'église de Sisteron. Marseille, octobre 1533. 1533.

Enreg. à la Chancellerie de France. Arch. nat., Trésor des Chartes, JJ. 246, n° 428, fol. 131. 1 page.

6417. Établissement de trois foires annuelles et d'un marché hebdomadaire à Thin-le-Moutier (Champagne), en faveur de Claude de Villiers, abbé de Mouzon. Marseille, octobre 1533. Octobre.

Enreg. à la Chancellerie de France. Arch. nat., Trésor des Chartes, JJ. 246, n° 425, fol. 130. 1 page.

6418. Lettres de chevalerie octroyées au comte Augustin Herculan (Agostino Ercolano), de Bologne. Marseille, octobre 1533. Octobre.

Enreg. à la Chancellerie de France. Arch. nat., Trésor des Chartes, JJ. 246, n° 415, fol. 127. 1 page.

6419. Lettres d'union des terres et seigneuries de Janson, la Roche-Gontard, etc., à celle de Villelaure, en faveur de la veuve et des enfants de Jean de Forbin-Janson. Marseille, octobre 1533. Octobre.

Enreg. à la Chancellerie de France. Arch. nat., Trésor des Chartes, JJ. 246, n° 451, fol. 136. 1 page 1/2.

6420. Permission à Guillaume Prudhomme, seigneur de Fontenay-en-Brie, de faire réédifier sa justice patibulaire et d'y ajouter un pilier. Marseille, octobre 1533. Octobre.

Enreg. à la Chancellerie de France. Arch. nat., Trésor des Chartes, JJ. 246, n° 431, fol. 131 v°. 1 page.

6421. Mandement à la Chambre des Comptes de Paris d'allouer aux comptes de Guillaume Prudhomme, trésorier de l'épargne, 225,000 livres tournois qu'il a versées, le 10 octobre, en 100,000 écus d'or à Antoine Juge, muni de lettres missives du roi et chargé de transporter cette somme à Lyon et de la distribuer 1er novembre.

suivant les instructions de Sa Majesté. Marseille, 1er novembre 1533. — 1533.

Bibl. nat., ms. fr. 15629, n° 278. (*Mention.*)

6422. Mandement au trésorier de l'épargne de payer à Antoine Juge 675 livres tournois, pour transporter de Paris à Lyon, et où le roi lui commandera, la somme de 100,000 écus d'or que ledit trésorier de l'épargne a versée entre ses mains le 10 octobre précédent. Marseille, 1er novembre 1533. — 1er novembre.

Bibl. nat., ms. fr. 15629, n° 296. (*Mention.*)

6423. Mandement au trésorier de l'épargne de payer à Claude Yon, marchand à Paris, 7,000 livres tournois pour un ciel de lit de camp, avec ses rideaux de velours cramoisi, qu'il a vendu au roi. Marseille, 1er novembre 1533. — 1er novembre.

Bibl. nat., ms. fr. 15629, n° 591. (*Mention.*)
Arch. nat., *Acquits sur l'épargne*, J. 960e, fol. 155. (*Mention.*)

6424. Mandement au trésorier de l'épargne de payer à Pierre Le Messier, serviteur de Pierre Mangot, orfèvre du roi, 667 livres 10 sous 6 deniers tournois pour une chaîne d'or plate que le roi a donnée à Raoul.....[1], bouffon du cardinal de Médicis. Marseille, 1er novembre 1533. — 1er novembre.

Bibl. nat., ms. fr. 15629, n° 592. (*Mention.*)
Arch. nat., *Acquits sur l'épargne*, J. 960e, fol. 153. (*Mention.*)

6425. Mandement au trésorier de l'épargne de payer à Jean d'Estouteville, sr de Villebon et bailli de Rouen, 450 livres tournois pour porter de Marseille à Paris en toute hâte des lettres du roi à la reine de Navarre. Marseille, 1er novembre 1533. — 1er novembre.

Bibl. nat., ms. fr. 15629, n° 668. (*Mention.*)
Arch. nat., *Acquits sur l'épargne*, J. 960e, fol. 153. (*Mention.*)

[1] Le nom est resté en blanc.

6426. Mandement au trésorier de l'épargne de remettre à Jean-Joachim de Passano, s[r] de Vaux, commis à tenir le compte et faire le payement des dettes et pensions d'Angleterre, 138,850 livres 5 sous 6 deniers tournois, soit 47,468 écus d'or au roi d'Angleterre, pour le terme échu en ce présent mois, et 5,000 écus pour le sceau; 4,475 écus d'or au duc de Suffolk, pour les arrérages du douaire de sa défunte femme, la reine Marie; 3,956 écus pour différents personnages de la cour d'Angleterre; et 2,276 livres 4 sous 6 deniers tournois pour le change, à raison de 4 deniers par livre. Marseille, 2 novembre 1533. — 1533. 2 novembre.

Bibl. nat., ms. fr. 15629, n° 352. (*Mention.*)

6427. Déclaration portant que les consuls de Lyon pourront faire lever eux-mêmes ou donner à ferme les gabelles, dont le produit doit être affecté aux fortifications de la ville. Marseille, 4 novembre 1533. — 4 novembre.

Original. Arch. de la ville de Lyon, série CC.
Copie. Bibl. nat., ms. fr. 2702, fol. 177.

6428. Don au baron de Bueil de 1,000 écus d'or soleil sur les amendes adjugées au roi, ou qui le seront, par la cour des Grands jours tenus à Tours en la présente année. Marseille, 4 novembre 1533. — 4 novembre.

Arch. nat., *Acquits sur l'épargne*, J. 960[c], fol. 155. (*Mention.*)

6429. Lettres portant remise à Bellote de Andrea de la somme de 300 livres tournois, que la Chambre des Comptes de Montpellier l'avait condamnée à payer au roi pour reste du compte dû par feu Jean Amaubry, son mari, grènetier de Mireval. Marseille, 4 novembre 1533. — 4 novembre.

Arch. nat., *Acquits sur l'épargne*, J. 960[c], fol. 155. (*Mention.*)

6430. Don à François de La Béraudière de l'amende de 500 livres en laquelle Jacques Bonnet de — 6 novembre.

Rouillac a été condamné par sentence du sénéchal de Poitou. Marseille, 6 novembre 1533. 1533.

Enreg. à la Chambre des Comptes de Paris, le 4 février 1534 n. s., pour moitié seulement. Arch. nat., invent. PP. 136, p. 404. (*Mention.*)

Arch. nat., Acquits sur l'épargne, J. 960^{c}, fol. 155. (*Mention.*)

6431. Provision pour faire allouer aux comptes du receveur et payeur des prévôt, lieutenant, greffier et archers du prévôt de l'hôtel les gages de Jean Guiffrey, lieutenant dudit prévôt, échus depuis le 1er avril 1522, jusqu'à l'institution du s^{r} des Ruaux, prévôt de l'hôtel. [Marseille, 6 novembre 1533]. 6 novembre.

Arch. nat., Acquits sur l'épargne, J. 960^{c}, fol. 155. (*Mention.*)

6432. Lettres accordant permission à Jean-Baptiste Sighirelli, Jacques Ragusio de Carpi et Bernardin Boccarino d'accepter et de tenir dans le duché de Bretagne tous bénéfices séculiers ou réguliers, pourvu qu'ils en soient pourvus canoniquement. Marseille, 7 novembre 1533. 7 novembre.

Arrêt d'entérinement prononcé au Parl. de Paris, le 21 avril 1534. Arch. nat., X^{1a} 1537, reg. du Conseil, fol. 232 v°.

6433. Provisions pour dix ans, à partir du 4 du présent mois, en faveur du capitaine Claude de Manville, de la charge et garde des château et place de Marignane en Provence, avec la surveillance des chasses aux environs, moyennant 200 livres de gages chaque année et son habitation audit château. Marseille, 7 novembre 1533. 7 novembre.

Arch. nat., Acquits sur l'épargne, J. 960^{c}, fol. 155. (*Mention.*)

6434. Don et remise à Jacques Du Fay, l'un des cent gentilshommes de l'hôtel du roi, de la somme de 400 livres tournois, montant d'une amende prononcée contre lui et Blanche de La Barre, 7 novembre.

sa cousine, par sentence du prévôt d'Angers. Marseille, 7 novembre 1533. — 1533.

Arch. nat., Acquits sur l'épargne, J. 960[c], fol. 155 v°. (*Mention.*)

6435. Don et remise à Honorat Laugier, avocat du roi en Provence, de la somme de 290 livres tournois, montant des droits seigneuriaux qu'il doit à Sa Majesté à cause de l'acquisition par lui faite d'Anne de Villeneuve des châteaux nommés Châteaudouble et Esperel, mouvant du comté de Provence, en récompense des soins qu'il a donnés à l'affaire des droits revendiqués par le roi sur Nice et autres terres occupées par le duc de Savoie. Marseille, 7 novembre 1533. — 7 novembre.

Arch. nat., Acquits sur l'épargne, J. 960[c], fol. 155 v°. (*Mention.*)

6436. Don à Méry de Sepoix (Chépoy), vice-amiral de Bretagne, de 1,007 livres 18 sous 6 deniers tournois, moitié du montant des droits seigneuriaux dus au roi à cause de la vente de la terre et seigneurie du Perrey, au bailliage d'Évreux, dont le roi lui avait fait don entier et que la Chambre des Comptes n'avait enregistré que par moitié, conformément à l'ordonnance. Marseille, 7 novembre 1533. — 7 novembre.

Enreg. à la Chambre des Comptes de Paris, le 30 mars 1534 n. s., anc. mém. 2 G, fol. 258. *Arch. nat.*, invent. PP. 136, p. 404. (*Mention.*)
Arch. nat., Acquits sur l'épargne, J. 960[c], fol. 155 v°. (*Mention.*)

6437. Confirmation du don ci-devant fait à [Poton Raffin], sénéchal d'Agenais, capitaine des gardes, des sommes que Gilles Berthelot a été condamné à payer au roi, savoir : 16,000 livres tournois d'une part, 13,399 livres 12 sous 6 deniers tournois, d'autre, plus 20,000 livres parisis, lesquelles sommes ont été de nouveau adjugées à Sa Majesté par arrêt récent du Grand Conseil, sur les deniers provenant de la vente et exploitation de la terre et seigneurie — 7 novembre.

d'Azay et autres immeubles appartenant audit Berthelot. Marseille, 7 novembre 1533. 1533.

Arch. nat., Acquits sur l'épargne, J. 960[c], fol. 155 v°. (*Mention.*)

6438. Don à Julien de Ballon, s[r] de Neuillé, de 100 écus soleil, somme taxée pour l'office d'enquêteur de la Haute-Marche nouvellement créé. Marseille, 7 novembre 1533. 7 novembre.

Arch. nat., Acquits sur l'épargne, J. 960[c], fol. 156. (*Mention.*)

6439. Mandement à Jean de Vimont, trésorier de la marine, de payer à Jérôme Fer 30,000 livres, sur ordonnance de M. l'Amiral, pour le parachèvement et la conduite à Marseille ou à Toulon de la grande nef *Françoise*, qui se trouve de présent au Havre-de-Grâce. Marseille, 7 novembre 1533. 7 novembre.

Arch. nat., Acquits sur l'épargne, J. 960[c], fol. 156. (*Mention.*)

6440. Mandement au trésorier de l'épargne de bailler à Jean Crosnier, trésorier de la marine de Provence, 7,772 livres tournois pour le payement de 4 frégates, 2 brigantins et une fuste, les gages et vivres pendant deux mois de 200 hommes de pied, de 12 archers et 12 arbalétriers qui accompagneront le personnage qui sera désigné pour reconduire à Rome le pape et sa suite. Marseille, 8 novembre 1533. 8 novembre.

Bibl. nat., ms. fr. 15629, n° 742. (*Mention.*)

6441. Mandement pour le payement au capitaine Jonas de 800 livres tournois, montant de sa pension des deux années 1531 et 1532, sur les finances ordinaires ou extraordinaires, suivant l'avis de M. le Légat. Marseille, 9 novembre 1533. 9 novembre.

Arch. nat., Acquits sur l'épargne, J. 960[c], fol. 156. (*Mention.*)

6442. Mandement au trésorier de l'épargne de payer à Louis Prévôt, s[r] de Sansac, 1,000 livres tournois que le roi lui a ordonnées pour ses dépenses 9 novembre.

d'un voyage qu'il fait présentement en Flandre, auprès de la reine de Hongrie, et pour faire conduire à ladite dame des toiles pour la chasse fabriquées à Troyes, dont le roi lui fait présent. Marseille, 9 novembre 1533[1]. — 1533.

Arch. nat., Acquits sur l'épargne, J. 960°, fol. 156. (*Mention.*)

Bibl. nat., ms. fr. 15629, n° 667. (*Mention.*)

6443. Lettres accordant une pension annuelle de 700 écus d'or au s^r Francisque Salmone, gentilhomme sicilien, que le roi a retenu à son service à partir du 1er janvier prochain, avec la charge et conduite en temps de guerre de 1,500 hommes de pied. Marseille, 9 novembre 1533. — 9 novembre.

Arch. nat., Acquits sur l'épargne, J. 960°, fol. 156. (*Mention.*)

6444. Lettres permettant aux habitants de Marseille de faire venir, francs et quittes de tous droits, 700 muids de blé de Picardie, 700 muids de Normandie, 300 muids de Champagne et 400 muids d'Orléans, à la mesure de Paris, pour l'approvisionnement de la ville, des galères et des autres localités de Provence où le besoin s'en fait sentir. Marseille, 9 novembre 1533. — 9 novembre.

Arch. nat., Acquits sur l'épargne, J. 960°, fol. 156. (*Mention.*)

6445. Lettres d'anoblissement, avec remise de tous droits, en faveur de Claude Duboys, de la Motte-Chalançon en Dauphiné. Marseille, 9 novembre 1533. — 9 novembre.

Arch. nat., Acquits sur l'épargne, J. 960°, fol. 156 v°. (*Mention.*)

6446. Don et remise pour cinq ans aux habitants de Bayonne de la moitié de la coutume de ladite ville, pour l'employer aux réparations de leurs fortifications. Marseille, 9 novembre 1533. — 9 novembre.

Arch. nat., Acquits sur l'épargne, J. 960°, fol. 156 v°. (*Mention.*)

[1] Le 13 novembre, d'après le ms. fr. 15629.

6447. Mandement au trésorier de l'épargne de payer à Étienne Martineau, commis à tenir le compte des dépenses extraordinaires de l'artillerie, 12,500 livres tournois pour le payement de 100 milliers de cuivre destiné à la fonte des canons que le roi a commandés à Paris. Marseille, 9 novembre 1533. — 1533, 9 novembre.

Bibl. nat., ms. fr. 15629, n° 335. (*Mention.*)
Arch. nat., *Acquits sur l'épargne*, J. 960[c], fol. 157. (*Mention.*)

6448. Mandement au trésorier de l'épargne de payer à Jean Crosnier, trésorier de la marine de Provence, 13,500 livres tournois pour les capitaines des 12 galères que le roi fait faire à Marseille, en déduction de ce qui leur sera dû pour la construction. Marseille, 9 novembre 1533. — 9 novembre.

Bibl. nat., ms. fr. 15629, n° 741. (*Mention.*)

6449. Mandement au trésorier de l'épargne de payer à Antoine Juge 600 livres tournois pour transporter de Lyon en Allemagne 100,000 écus destinés aux alliés du roi. Marseille, 9 novembre 1533. — 9 novembre.

Bibl. nat., ms. fr. 15629, n° 805. (*Mention.*)
Arch. nat., *Acquits sur l'épargne*, J. 960[c], fol. 157. (*Mention.*)

6450. Bulle de Clément VII, relative à la dégradation des prêtres et clercs hérétiques et à leur remise au bras séculier. Marseille, 4 des ides de novembre 1533. — 10 novembre.

Envoyée au Parlement de Paris, avec la bulle du 30 août précédent (n° 6194) et des lettres du roi prescrivant diverses mesures contre les hérétiques. Lyon, 10 décembre 1533.

Enreg. au Parl. de Paris, le 19 décembre suivant. Arch. nat., X[1a] 1537, reg. du Conseil, fol. 28 v°, 33.
Enreg. au Parl. de Provence. Arch. de la Cour d'Aix, Lettres royaux, reg. 2, fol. 48.
IMP. J. Le Grand, *Histoire du divorce de Henri VIII.* Paris, 1688, Preuves, p. 597.

Rousset, *Supplément au Corps diplomatique* de Dumont, in-fol., 1739, t. III, part. 1, p. 117, col. 2. *Bulletin hist. et philolog. du Comité des travaux historiques*, ann. 1885, in-8°, n°s 3-4, p. 221. — 1533.

6451. Lettres de mainlevée des péages de Tournon, la Roche-de-Glun, Beauchastel, et autres appartenant à Just de Tournon. Marseille, 10 novembre 1533. — 10 novembre.

Cartulaire de Tournon du XVIe siècle. Arch. nat., KK. 1230, fol. 219.

6452. Mandement au trésorier de l'épargne de payer à Jean Hotman, demeurant à Paris, 2,388 livres 5 sous tournois pour une coupe d'or avec son couvercle, sur lequel il y a une fleur de lis, le tout pesant 13 marcs 7 onces, dont le roi a fait cadeau au cardinal Trivulce. Marseille, 10 novembre 1533. — 10 novembre.

Bibl. nat., ms. fr. 15629, n° 186. (*Mention.*)

6453. Mandement au trésorier de l'épargne de payer à Jean Hotman 1,870 livres 6 sous 3 deniers tournois pour une coupe d'or garnie de son couvercle et frisée à l'antique, avec un Hercule tenant des couleuvres sur le couvercle, le tout pesant 10 marcs 6 onces 7 gros et un quart, dont le roi a fait don à Lorenzo Cibo. Marseille, 10 novembre 1533. — 10 novembre.

Bibl. nat., ms. fr. 15629, n° 187. (*Mention.*)

6454. Mandement au trésorier de l'épargne de payer à Jean Hotman 1,845 livres 7 sous 6 deniers tournois pour une coupe d'or garnie de son couvercle, surmonté d'un homme tenant une enseigne et une targette, pesant 10 marcs 5 onces 6 gros, que le roi a donnée au cardinal de « Saincte-Quatre »[1]. Marseille, 10 novembre 1533. — 10 novembre.

Bibl. nat., ms. fr. 15629, n° 188. (*Mention.*)

[1] *Sic.* Peut-être s'agit-il d'Antonio Pucci, ancien légat en France, évêque de Pistoie, cardinal prêtre du titre des *Quatre Saints couronnés* (Ughelli).

IMPRIMERIE NATIONALE.

6455. Mandement au trésorier de l'épargne de payer à Jean Hotman 1,794 livres 6 sous 3 deniers tournois pour une coupe d'or garnie de son couvercle, taillé à l'antique et champfrisé, pesant 10 marcs 3 onces et 3 gros, dont le roi a fait don au cardinal «de Seyne» [Jean Piccolomini, archevêque de Sienne]. Marseille, 10 novembre 1533. — 1533. 10 novembre.

Bibl. nat., ms. fr. 15629, n° 189. (*Mention.*)

6456. Mandement au trésorier de l'épargne de payer à Jean Hotman 1,866 livres 17 sous 6 deniers tournois pour une coupe d'or garnie de son couvercle à simples gauderons et rinceaux de feuillages, surmonté d'une tête, le tout pesant 10 marcs 6 onces 6 gros, que le roi a donnée à François Guichardin, gouverneur de Bologne. Marseille, 10 novembre 1533. — 10 novembre.

Bibl. nat., ms. fr. 15629, n° 191. (*Mention.*)

6457. Mandement au trésorier de l'épargne de payer à Jean Hotman 1,966 livres 6 sous 4 deniers tournois pour une coupe d'or garnie de son couvercle, pesant 11 marcs 3 onces 3 gros, que le roi a donnée au cardinal de Sainte-Croix[1]. Marseille, 10 novembre 1533. — 10 novembre.

Bibl. nat., ms. fr. 15629, n° 192. (*Mention.*)

6458. Mandement au trésorier de l'épargne de payer à Jean Hotman 1,824 livres 10 sous 10 deniers pour une coupe d'or garnie de son couvercle, pesant 10 marcs 4 onces 6 gros et un quart, que le roi a donnée à David Beaton, envoyé du roi d'Écosse. Marseille, 10 novembre 1533. — 10 novembre.

Bibl. nat., ms. fr. 15629, n° 193. (*Mention.*)

6459. Mandement au trésorier de l'épargne de payer à Jean Hotman 1,837 livres 6 sous 3 deniers tournois pour une coupe d'or avec son couvercle, taillée à l'antique en champ plein et pesant 10 marcs 5 onces 3 gros, que le roi a — 11 novembre

[1] François Quignones, évêque de Coria, cardinal du titre de Sainte Croix de Jérusalem.

donnée au dataire de Sa Saintete. Marseille, 11 novembre 1533. | 1533.

Bibl. nat., ms. fr. 15629, n° 190. (*Mention.*)

6460. Mandement au trésorier de l'épargne de payer à Emond de Limaige, dit Billouart, valet de garde-robe du roi, 112 livres 10 sous tournois pour l'aider à se remonter de chevaux et d'habillements. Marseille, 11 novembre 1533. | 11 novembre.

Bibl. nat., ms. fr. 15629, n° 632. (*Mention.*)

6461. Mandement au trésorier de l'épargne de payer à «l'évêque Paulle Jovye» (Paul Jove, ou Giovio, évêque de Nocera), 1,125 livres tournois que le roi lui a données en récompense des services qu'il lui a rendus auprès du pape. Marseille, 11 novembre 1533. | 11 novembre.

Bibl. nat., ms. fr. 15629, n° 633. (*Mention.*)

6462. Mandement au trésorier de l'épargne de payer à l'évêque «de Saigne» [Laurenzo Grana, évêque de Segni] 1,125 livres tournois que le roi lui a données en récompense des services qu'il lui a rendus auprès du pape. Marseille, 11 novembre 1533. | 11 novembre.

Bibl. nat., ms. fr. 15629, n° 634. (*Mention.*)

6463. Mandement au trésorier de l'épargne de payer à Rodolfe Pie [de Carpi], évêque de Faenza, 4,500 livres tournois que le roi lui a données en récompense des services qu'il lui a rendus tant auprès du pape qu'ailleurs. Marseille, 11 novembre 1533. | 11 novembre.

Bibl. nat., ms. fr. 15629, n° 635. (*Mention.*)

6464. Mandement à la Chambre des Comptes de Paris d'allouer aux comptes de cette année de Guillaume Prudhomme, trésorier de l'épargne, 4,533 livres 15 sous tournois que le roi lui a ordonné de distribuer à plusieurs officiers et serviteurs du pape, dont l'évêque d'Auxerre a dressé et signé la liste. Marseille, 11 novembre 1553. | 11 novembre.

Bibl. nat., ms. fr. 15629, n° 636. (*Mention.*)

6465. Lettres de décharge du roi de 1,125 livres tournois que le trésorier de l'épargne lui a données comptant. Marseille, 11 novembre 1533. — 1533. 11 novembre.

Bibl. nat., ms. fr. 15629, n° 839. (*Mention.*)

6466. Lettres autorisant le comte de Saint-Pol, gouverneur de Dauphiné, à faire recouvrer par ses receveurs particuliers les 4,000 ducats dus annuellement au roi par les communautés du Briançonnais, et qui ont été attribués par Sa Majesté audit comte de Saint-Pol. Marseille, 12 novembre 1533. — 12 novembre.

Enreg. au Parlement de Grenoble, le 28 février 1534. Arch. de l'Isère, Chambre des Comptes de Grenoble, B. 2909, cah. 38, 10 pages.

6467. Lettres portant fixation des peines à encourir par les conseillers qui n'assistent pas aux réunions du Conseil et par ceux qui révèlent les délibérations. Marseille, 12 novembre 1533. — 12 novembre.

Original. Arch. municip. de Manosque, AA. 14.

6468. Mandement au trésorier de l'épargne de payer au comte de Saint-Pol, gouverneur et lieutenant général du roi en Dauphiné, 12,000 livres tournois complétant les 20,000 livres que le roi lui a ordonnées, soit 14,000 livres pour sa pension et 6,000 livres pour son état de gouverneur pendant la présente année. Marseille, 12 novembre 1533. — 12 novembre.

Bibl. nat., ms. fr. 15629, n° 431. (*Mention.*)
Arch. nat., *Acquits sur l'épargne*, J. 960e, fol. 156 v°. (*Mention.*)

6469. Mandement au trésorier de l'épargne de payer à la duchesse de Vendôme, 6,000 livres tournois pour sa pension de l'année courante. Marseille, 12 novembre 1533. — 12 novembre.

Bibl. nat., ms. fr. 15629, n° 456. (*Mention.*)
Arch. nat., *Acquits sur l'épargne*, J. 960e, fol. 156 v°. (*Mention.*)

6470. Mandement au trésorier de l'épargne de payer au comte de Tende, chevalier de l'ordre, 2,250 livres tournois pour les frais du voyage — 12 novembre.

qu'il va faire en reconduisant à Rome par mer le pape et les cardinaux. Marseille, 12 novembre 1533. 1533.

Bibl. nat., ms. fr. 15629, n° 631. (*Mention.*)

6471. Provision à Guy Fleury, receveur des tailles de Meaux, pour être payé des gages dudit office depuis la mort de Guillaume Pichon, son prédécesseur (avril 1533 n. s.), jusqu'au 17 juillet, jour de son institution et prestation de serment, bien que pendant ce temps il n'ait point exercé. Marseille, 13 novembre 1533. 13 novembre.

Arch. nat., *Acquits sur l'épargne*, J. 962, n° 79. (*Mention.*)

6472. Mandement à la Chambre des Comptes de vérifier et entériner le don de 100 écus fait à la comtesse de Nevers pour la composition de la garde-noble du comte d'Eu, son fils, pendant une année, don qui n'avait été vérifié que pour moitié, suivant l'ordonnance. Marseille, 13 novembre 1533. 13 novembre.

Arch. nat., *Acquits sur l'épargne*, J. 962, n° 79. (*Mention.*)

6473. Mandement à la Chambre des Comptes d'allouer aux comptes de Jean Duval, changeur du trésor, la somme de 200 livres tournois, complétant celle dont le roi avait fait don à la comtesse de Nevers pour la composition de la garde-noble de son fils, pendant les années 1529 et 1530, lequel don n'avait été vérifié que pour la moitié. Marseille, 13 novembre 1533. 13 novembre.

Arch. nat., *Acquits sur l'épargne*, J. 962, n° 79. (*Mention.*)

6474. Mandement à la Chambre des Comptes d'allouer aux comptes des grènetiers de Nevers, Decize, Saint-Saulge, Clamecy, Moulins-Engilbert, le Tréport, Mers-en-Vimeu et Saint-Valery ce qu'ils ont payé du revenu de leurs greniers, pour l'année 1532, à la comtesse de Nevers et au comte d'Eu, son fils, suivant les lettres de don du roi, avec relief d'adresse desdites lettres. 13 novembre.

à la Chambre des Comptes. Marseille, 13 novembre 1533. 1533.

Arch. nat., Acquits sur l'épargne, J. 962, n° 79. (*Mention.*)

6475. Don à la nourrice de la feue reine d'une pension annuelle de 200 livres durant quatre ans, à commencer au 1er janvier 1534 n. s., payable sur la recette ordinaire du comté de Blois. Marseille, 13 novembre 1533. 13 novembre.

Arch. nat., Acquits sur l'épargne, J. 962, n° 79. (*Mention.*)

6476. Don à Christophe Du Refuge, écuyer d'écurie du comte de Saint-Pol, d'une amende de 400 livres parisis et de la confiscation prononcées contre Simonnet Mallet, essayeur de la Monnaie de Grenoble, par sentence des juges et commissaires réformateurs des monnaies. Marseille, 13 novembre 1533. 13 novembre.

Arch. nat., Acquits sur l'épargne, J. 962, n° 79. (*Mention.*)

6477. Mandement à la Chambre des Comptes de passer aux comptes du grènetier de Marle les sommes provenant des revenus de son grenier à sel des années 1529 à 1532, payées à la duchesse douairière de Vendôme, malgré la perte des lettres de don accordées par le roi à ladite dame. Marseille, 13 novembre 1533. 13 novembre.

Arch. nat., Acquits sur l'épargne, J. 962, n° 79. (*Mention.*)

6478. Provision à Pierre Cordier, conseiller au Grand Conseil, pour être payé de ses gages des quartiers d'octobre-décembre 1531 et d'octobre-décembre 1532, durant lesquels il n'a pu servir pour cause de maladie. Marseille, 13 novembre 1533. 13 novembre.

Arch. nat., Acquits sur l'épargne, J. 962, n° 79. (*Mention.*)

6479. Don à Jean-Baptiste Taverne, l'un des cent gentilshommes de la maison du roi, des deniers, papiers, obligations, etc., que son oncle, feu 13 novembre.

l'écuyer Merveille (Alberto Maraviglia), possédait dans le royaume au moment de son décès, succession échue au roi par droit d'aubaine, ledit Merveille n'ayant pas eu de lettres de naturalité ni permission de tester. Marseille, 13 novembre 1533. — 1533.

Arch. nat., Acquits sur l'épargne, J. 962, n° 79. (*Mention.*)

6480. Mandement à Florimond Le Charron, commis au payement des officiers domestiques de la maison du roi, de payer à Étienne Delesbat, dit Chevalier, sommelier de paneterie du roi, 113 livres tournois pour ses gages depuis le 15 mai précédent, date de ses provisions et de la mort de Michel Lemaistre, son prédécesseur, jusqu'au 31 décembre prochain. Marseille, 13 novembre 1533. — 13 novembre.

Arch. nat., Acquits sur l'épargne, J. 962, n° 80. (*Mention.*)

6481. Mandement à Florimond Le Charron de payer à Gilles Samet, hâteur de cuisine du roi, 59 livres 11 sous 8 deniers tournois pour ses gages depuis le 15 juillet 1533, date de ses provisions et de la mort de Martin Stuart, son prédécesseur, jusqu'au 31 décembre prochain. Marseille, 13 novembre 1533. — 13 novembre.

Arch. nat., Acquits sur l'épargne, J. 962, n° 80. (*Mention.*)

6482. Mandement à Florimond Le Charron de payer à Pierre Guyon, sommelier de paneterie du roi, qui par erreur n'a pas été porté sur les états, la somme de 180 livres tournois pour ses gages de la présente année. Marseille, 13 novembre 1533. — 13 novembre.

Arch. nat., Acquits sur l'épargne, J. 962, n° 80. (*Mention.*)

6483. Mandement à Florimond Le Charron de payer à Geoffroy Gilbert, dit Cicero, retenu en l'état d'aide de fourrière, le 1er juillet précédent, à la place de Jean de Montjoye, 60 livres pour ses — 13 novembre.

gages du second semestre de la présente année. Marseille, 13 novembre 1533. 1533.

Arch. nat., *Acquits sur l'épargne*, J. 962, n° 80. (*Mention.*)

6484. Mandement à Florimond Le Charron de payer à Jean Ropperz, lutteur breton, 135 livres tournois pour ses gages de sommelier de chapelle, depuis le 1er avril précédent qu'il a été pourvu de cet office, au lieu de Guy Dormezan, jusqu'au 31 décembre prochain. Marseille, 13 novembre 1533. 13 novembre.

Arch. nat., *Acquits sur l'épargne*, J. 962, n° 80. (*Mention.*)

6485. Mandement à Florimond Le Charron de payer à Jean de Montjoie 70 livres tournois pour ses gages d'huissier de salle du roi, depuis le 1er juillet précédent qu'il a été pourvu au lieu de feu Giraud Azelbert, jusqu'au 31 décembre 1533. Marseille, 13 novembre 1533. 13 novembre.

Arch. nat., *Acquits sur l'épargne*, J. 962, n° 80. (*Mention.*)

6486. Mandement au trésorier de l'épargne de payer à Renzo de Cère, chevalier de l'ordre, 675 livres tournois pour distribuer à certaines personnes que le roi ne veut pas nommer dans l'acte. Marseille, 13 novembre 1533. 13 novembre.

Bibl. nat., ms. fr. 15629, n° 589. (*Mention.*)

6487. Mandement au trésorier de l'épargne de payer au duc d'Albany 450 livres tournois pour distribuer à certaines personnes que le roi lui a désignées. Marseille, 13 novembre 1533. 13 novembre.

Bibl. nat., ms. fr. 15629, n° 590. (*Mention.*)

6488. Mandement au trésorier de l'épargne de payer à René Pintret, valet de chambre ordinaire et barbier du roi, 67 livres 10 sous tournois pour l'aider à se monter d'un cheval et d'habillements. Marseille, 13 novembre 1533. 13 novembre.

Bibl. nat., ms. fr. 15629, n° 628. (*Mention.*)

6489. Mandement au trésorier de l'épargne de rem- 13 novembre.

bourser à Guillaume Du Bellay, s^r de Langey, gentilhomme de la chambre du roi, 67 livres 10 sous tournois remis par lui à Francisque Franchini, orateur italien, à qui le roi en avait fait don. Marseille, 13 novembre 1533. — 1533.

Bibl. nat., ms. fr. 15629, n° 629. (*Mention.*)

6490. Mandement au trésorier de l'épargne de payer à frère Jean-Baptiste Palvesin (Pallavecini), docteur en théologie, 225 livres tournois en récompense d'importants avis qu'il a communiqués au roi. Marseille, 13 novembre 1533. — 13 novembre.

Bibl. nat., ms. fr. 15629, n° 630. (*Mention.*)

6491. Lettres autorisant Léonard Spina, marchand florentin, et Pierre Spina, contrôleur de l'entrée des soies de Lyon, à percevoir les 4,000 ducats briançonnais et à en délivrer quittance. Marseille, 14 novembre 1533. — 14 novembre.

Enreg. à la Chambre des Comptes de Grenoble. Arch. de l'Isère, B. 2909, fol. 304 v°. 2 pages 1/2.

6492. Lettres conférant à Antoine Rolandi le premier office vacant de conseiller au Parlement de Provence. Avignon, 15 novembre 1533. — 15 novembre.

Enreg. au Parl. de Provence. Arch. de lad. Cour à Aix, reg. in-fol., papier de 1,026 feuillets, p. 120.

6493. Mandement pour faire payer à Claude d'Annebaut 6,000 livres tournois, montant de sa pension des années 1532 et 1533, sur les finances ordinaires ou extraordinaires, suivant l'avis de M. le Légat. Avignon, 16 novembre 1533. — 16 novembre.

Arch. nat., *Acquits sur l'épargne*, J. 960e, fol. 158. (*Mention.*)

(Voir ci-dessous, 23 novembre, n° 6509.)

6494. Déclaration portant que le s^r de Nançay, capitaine de Gien, jouira de la même crue de gages que le s^r des Barres, son prédécesseur, et qu'il en sera payé de la même façon. Avignon, 16 novembre 1533. — 16 novembre.

Arch. nat., *Acquits sur l'épargne*, J. 960e, fol. 158. (*Mention.*)

IMPRIMERIE NATIONALE.

6495. Mandement au trésorier de l'épargne de payer à Christophe Daresse, huissier du Conseil privé, 389 livres 10 sous tournois pour le louage des embarcations et les gages des hommes qui ont servi à entretenir le pont de bateaux que le roi a fait jeter sur la Durance. Avignon, 16 novembre 1533. — 1533. 16 novembre.

Bibl. nat., ms. fr. 15629, n° 588. (*Mention.*)

6496. Mandement au trésorier de l'épargne de payer à Marguerite Boutin, demoiselle, 450 livres tournois pour trouver un bon parti en mariage. Avignon, 16 novembre 1533. — 16 novembre.

Bibl. nat., ms. fr. 15629, n° 627. (*Mention.*)

6497. Mandement au trésorier de l'épargne de bailler à Guillaume Du Bellay, s^r de Langey, gentilhomme de la chambre du roi, 675 livres tournois à remettre à Gervais Waïn, pour accompagner ledit de Langey dans une mission dont le roi l'a chargé auprès de certains princes allemands, ses alliés. Avignon, 16 novembre 1533. — 16 novembre.

Bibl. nat., ms. fr. 15629, n° 665. (*Mention.*)

6498. Mandement au trésorier de l'épargne de payer 1,350 livres à Guillaume Du Bellay, seigneur de Langey, qui part le jour même d'Avignon pour se rendre auprès de divers princes d'Allemagne. Avignon, 16 novembre 1533. — 16 novembre.

Bibl. nat., ms. fr. 15629, n° 666, et ms. Clairambault 1215, fol. 71 v°. (*Mentions.*)

6499. Lettres autorisant Guillaume Prudhomme, trésorier de l'épargne, à recevoir d'Artus Prunier, commis à l'exercice de la recette générale de Dauphiné, 20,000 livres tournois pour employer au fait de son office, sans avoir besoin de faire figurer cette somme sur les comptes du trésor du Louvre. Avignon, 16 novembre 1533. — 16 novembre.

Bibl. nat., ms. fr. 15629, n° 708. (*Mention.*)

6500. Provisions pour Antoine de Curtil de l'office de — 17 novembre.

procureur du roi en l'élection de Lyonnais. 1533.
Caderousse, 17 novembre 1533.

Copie. Bibl. nat., ms. fr. 2702, fol. 170 v°.

6501. Provisions, en faveur de Palamèdes Gontier, de l'office de notaire et secrétaire du roi, maison et couronne de France, vacant par la résignation de Jean Bénard. Donzère, 18 novembre 1533. — 18 novembre.

Arch. nat., *Comptes dudit P. Gontier*, KK. 103, fol. 115. (*Mention.*)

6502. Mandement au trésorier de l'épargne de payer à Étienne Grospin, dit le capitaine Grospin, gentilhomme de la maison de l'empereur, 1,125 livres tournois en récompense de services rendus au roi. Romans, 21 novembre 1533. — 21 novembre.

Bibl. nat., ms. fr. 15629, n° 626. (*Mention.*)

6503. Mandement au trésorier de l'épargne de payer à Josse Delaplancque 500 livres tournois, tant pour la nourriture, du 22 octobre au 31 décembre prochain, de huit hommes et chevaux, d'une autruche, d'un lion, d'un ours, de lévriers, etc., que pour son voyage de Croy à Avignon. Romans, 21 novembre 1533. — 21 novembre.

Bibl. nat., ms. fr. 15629, n° 664. (*Mention.*)

6504. Don au s^r^ d'Humières, de 3,000 livres tournois sur les deniers provenant de la vente de l'office de receveur des aides et tailles de Périgord, vacant par la mort d'Étienne Bonnier. Romans, 22 novembre 1533. — 22 novembre.

Arch. nat., *Acquits sur l'épargne*, J. 960e, fol. 157 v°. (*Mention.*)

6505. Don à Pierre Breteau et à Jean Couvet, fourriers ordinaires du roi, de 100 écus d'or soleil sur les droits et devoirs seigneuriaux dus à Sa Majesté à cause de la terre et seigneurie de Foulletourte au Maine changeant de seigneur par suite du décès du s^r^ Le Maçon. Romans, 22 novembre 1533. — 22 novembre.

Arch. nat., *Acquits sur l'épargne*, J. 960e, fol. 157 v°. (*Mention.*)

6506. Lettres de validation d'une dépense de 2,606 livres 5 sous 3 deniers tournois faite par Pierre Rousseau, commis au payement de l'argenterie du dauphin, duc de Bretagne, et des ducs d'Orléans et d'Angoulême, à l'occasion du tournoi qui eut lieu à Paris, suivant un rôle signé des s^rs^ d'Humières, de Saint-André et de Châteaumorant. Romans, 22 novembre 1533. — 1533. 22 novembre.

Arch. nat., Acquits sur l'épargne, J. 960[c], fol. 157 v°. (*Mention.*)

6507. Lettres de validation d'une somme de 8,511 livres tournois employée par ledit Pierre Rousseau pour les dons, aumônes, voyages et autres affaires de la chambre et les menus plaisirs des ducs de Bretagne, d'Orléans et d'Angoulême. Romans, 22 novembre 1533. — 22 novembre.

Arch. nat., Acquits sur l'épargne, J. 960[6], fol. 158. (*Mention.*)

6508. Mandement au trésorier de l'épargne de payer à Antoine des Barres, dit le Barrois, écuyer, 69 livres 15 sous tournois pour porter en toute diligence à Marseille des lettres du roi à la reine. Saint-Antoine-de-Vienne, 22 novembre 1533. — 22 novembre.

Bibl. nat., ms. fr. 15629, n° 663. (*Mention.*)

6509. Mandement au trésorier de l'épargne de payer à Claude d'Annebaut, chevalier, s^r^ de Saint-Pierre, gentilhomme de la chambre du roi, 6,000 livres tournois pour sa pension des années 1532 et 1533. Saint-Antoine-de-Vienne, 23 novembre 1533. — 23 novembre.

Bibl. nat., ms. fr. 15629, n° 350. (*Mention.*)
(Voir ci-dessus, 16 novembre, n° 6493.)

6510. Mandement au trésorier de l'épargne de payer au s^r^ de Morette 3,600 livres tournois pour sa pension des années 1532 et 1533. Saint-Antoine-de-Vienne, 23 novembre 1533. — 23 novembre.

Bibl. nat., ms. fr. 15629, n° 369. (*Mention.*)

6511. Mandement au trésorier de l'épargne de payer à Charles Bernard, secrétaire du feu duc de Ne- — 23 novembre.

mours, 2,000 livres tournois pour les obsèques dudit défunt. Saint-Antoine-de-Vienne, 23 novembre 1533. 1533.

Bibl. nat., ms. fr. 15629, n° 587. (*Mention.*)

6512. Mandement au trésorier de l'épargne de payer à doña Marie de Porres, demoiselle de la chambre de la reine, 2,250 livres tournois en récompense de ses services. Saint-Antoine-de-Vienne, 23 novembre 1533. 23 novembre.

Bibl. nat., ms. fr. 15629, n° 625. (*Mention.*)

6513. Mandement au trésorier de l'épargne de payer à Mmes Madeleine et Marguerite de France 135 livres tournois, pour leurs menus plaisirs. La Côte-Saint-André, 5 (*corr.* 25) novembre 1533. 25 novembre.

Bibl. nat., ms. fr. 15629, n° 623. (*Mention.*)

6514. Mandement au trésorier de l'épargne de bailler à Claude de Bombelles, s^r^ de Lavau, 112 livres 10 sous tournois pour porter cette somme de la Côte-Saint-André à Marseille et la remettre à la demoiselle de Scepeaux, fille de chambre de Mesdames, qui y est restée malade. La Côte-Saint-André, 25 novembre 1533. 25 novembre.

Bibl. nat., ms. fr. 15629, n° 624. (*Mention.*)

6515. Mandement au trésorier de l'épargne de payer 56 livres 5 sous à Claude de Bombelles, s^r^ de Lavau, qui part le jour même pour Marseille afin de régler, d'après les ordres du roi, les funérailles du duc de Nemours et de faire conduire le corps jusqu'à Annecy. La Côte-Saint-André, 25 novembre 1533. 25 novembre.

Bibl. nat., ms. fr. 15629, n° 660, et ms. Clairambault 1215, fol. 71 v°. (*Mentions.*)

6516. Mandement au trésorier de l'épargne de payer à [Charles Hémart de Denonville], évêque de Mâcon, 3,600 livres tournois pour six mois de son traitement comme ambassadeur auprès du pape, à commencer de ce jour, date de son 25 novembre.

départ. La Côte-Saint-André, 25 novembre 1533. — 1533.

Bibl. nat., ms. fr. 15629, n° 661, et ms. Clairambault 1215, fol. 71 v°. (*Mentions.*)

6517. Mandement au trésorier de l'épargne de payer à Charles d'O, page de la chambre du roi, 67 livres 10 sous tournois pour porter en toute diligence à Marseille des lettres du roi à la reine. La Côte-Saint-André, 25 novembre 1533. — 25 novembre.

Bibl. nat., ms. fr. 15629, n° 662. (*Mention.*)

6518. Prorogation pour cinq nouvelles années, à dater de l'expiration du terme fixé par les lettres du 31 mai précédent (n° 5870), des don et octroi de 3,000 livres de diminution de leur quote-part des tailles, accordés aux habitants de Narbonne. La Côte-Saint-André, 26 novembre 1533. — 26 novembre.

Enreg. à la Chambre des Comptes de Montpellier.
Copie. Arch. de la ville de Narbonne, AA. 112. (*12e thalamus*), fol. 56 v°.
Arch. nat., Acquits sur l'épargne, J. 960e, fol. 158 v°. (*Mention.*)

6519. Mandement à la Chambre des Comptes de passer au compte de Guillaume Prudhomme, trésorier de l'épargne, la somme de 600 livres tournois qu'il a baillée au s[r] d'Aubigny, maréchal de France, depuis la mort de Guillaume Stuart, en son vivant lieutenant de la garde écossaise sous ledit s[r] d'Aubigny, auquel le roi l'avait ordonnée pour sa pension de l'année 1530, bien que ledit Prudhomme ne fasse amplement apparoir de la déclaration judiciaire de l'aubaine dudit Guillaume Stuart. La Côte-Saint-André, 26 novembre 1533. — 26 novembre.

Arch. nat., Acquits sur l'épargne, J. 960e, fol. 158 v°. (*Mention.*)

6520. Seconde expédition, avec adresse au nouveau commis à la recette des finances extraordinaires et parties casuelles, du don de 1,500 livres tournois ci-devant fait à Louis Alamanni, — 26 novembre.

gentilhomme florentin, pour subvenir aux frais d'impression de ses œuvres et compositions toscanes. La Côte-Saint-André, 26 novembre 1533. — 1533.

Arch. nat., Acquits sur l'épargne, J. 960[2], fol. 158 v°. (*Mention.*)

6521. Mandement au trésorier de l'épargne de payer à Jean d'Albon, s[r] de Saint-André, chevalier de l'ordre et sénéchal de Lyon, 611 livres 2 sous tournois pour lui parfaire les gages de cet office dans les mêmes conditions que ses prédécesseurs, depuis le 18 avril 1530, date de sa nomination, jusqu'au 31 décembre prochain. La Côte-Saint-André, 28 novembre 1533. — 28 novembre.

Bibl. nat., ms. fr. 15629, n° 400. (*Mention.*)

6522. Mandement au trésorier de l'épargne de payer à Jean d'Escoubleau, dit de Sourdis, maître de la garde-robe du roi et chargé de ses oiseaux, 675 livres tournois pour la nourriture desdits oiseaux. La Côte-Saint-André, 28 novembre 1533. — 28 novembre.

Bibl. nat., ms. fr. 15629, n° 622. (*Mention.*)

6523. Mandement au trésorier de l'épargne de remettre à Charles Mesnagier, argentier de la reine, 7,896 livres 7 sous 4 deniers tournois pour le payement des toiles d'or, d'argent, de soie et de laine qu'il a fallu acheter pour l'entrée de Sa Majesté à Marseille. La Côte-Saint-André, 28 novembre 1533. — 28 novembre.

Bibl. nat., ms. fr. 15629, n° 818. (*Mention.*)

6524. Mandement au trésorier de l'épargne de bailler à Nicolas de Troyes, argentier du roi, 3,795 livres 1 sou 8 deniers tournois pour le payement des draps d'or, d'argent et de soie destinés aux habillements masqués du roi et des personnages de sa suite, achetés à Marseille. La Côte-Saint-André, 28 novembre 1533. — 28 novembre.

Bibl. nat., ms. fr. 15629, n° 825. (*Mention.*)

6525. Mandement au trésorier de l'épargne de bailler à — 28 novembre.

Nicolas de Troyes 1,897 livres 2 sous 6 deniers tournois pour l'achat de draps de soie, d'or et d'argent nécessaires à l'enrichissement d'une tapisserie où est représentée la Cène. La Côte-Saint-André, 28 novembre 1533. 1533.

Bibl. nat., ms. fr. 15629, n° 826. (*Mention.*)

6526. Mandement au trésorier de l'épargne de bailler à Nicolas de Troyes 821 livres 18 sous 5 deniers tournois pour le payement de draps de soie et autres choses nécessaires à la confection de robes destinées au duc d'Orléans et à Mesdames. La Côte-Saint-André, 28 novembre 1533. 28 novembre.

Bibl. nat., ms. fr. 15629, n° 828. (*Mention.*)

6527. Mandement au trésorier de l'épargne de payer à Nicolas de Troyes 229 livres 8 sous 11 deniers tournois pour les draps de soie et les tapis de Turquie qui ont servi à aménager les galères royales qui ont amené le pape à Marseille. La Côte-Saint-André, 28 novembre 1533. 28 novembre.

Bibl. nat., ms. fr. 15629, n° 829. (*Mention.*)

6528. Don à Adrien Tiercelin, chevalier, s[r] de Brosses, gentilhomme de la chambre, de 2,500 livres tournois sur une amende prononcée contre Louis d'Athyes, s[r] de Moimont, par arrêt de la chambre des vacations du Parlement. La Côte-Saint-André, 29 novembre 1533. 29 novembre.

Arch. nat., *Acquits sur l'épargne*, J. 962, n° 82. (*Mention.*)

6529. Don au s[r] de Véretz, gentilhomme de la chambre, de 7,500 livres tournois, somme due au roi par Étienne Nachon, maître particulier de la Monnaie de Grenoble, condamné à être bouilli vif par sentence des juges et commissaires réformateurs des monnaies. La Côte-Saint-André, 29 novembre 1533. 29 novembre.

Arch. nat., *Acquits sur l'épargne*, J. 962, n° 82. (*Mention.*)

6530. Provision à René, comte de Chalant, gentilhomme de la chambre, pour être payé de ses 29 novembre.

gages de la présente année, soit 1,200 livres tournois, sur les deniers revenant bons des états vacants des officiers domestiques de la maison du roi. La Côte-Saint-André, 29 novembre 1533. — 1533.

Arch. nat., *Acquits sur l'épargne*, J. 962, n° 82. (*Mention.*)

6531. Don à Jean de La Roche, garde de la garenne de Gironde au duché de Châtellerault, d'une somme annuelle de 6 livres tournois, outre les 4 livres de gages ordinaires, sans tirer à conséquence pour ses successeurs, sur la recette ordinaire de Châtellerault. La Côte-Saint-André, 29 novembre 1533. — 29 novembre.

Arch. nat., *Acquits sur l'épargne*, J. 962, n° 82. (*Mention.*)

6532. Don à Charles de Brissac, premier panetier du roi, d'une somme de 900 livres tournois sur les droits de lods et ventes échus au roi à cause de la vente récente de la terre et seigneurie de Courcelles, mouvant de la vicomté de Caen, pourvu qu'ils ne soient dus par aucun des gentilshommes ou des officiers domestiques de la maison de Sa Majesté. La Côte-Saint-André, 29 novembre 1533. — 29 novembre.

Arch. nat., *Acquits sur l'épargne*, J. 962, n° 82. (*Mention.*)

6533. Mandement au trésorier de l'épargne de payer à Gervais de Monestay, s^r de Forges, 675 livres tournois pour se rendre à Rome, où il porte au pape des lettres de créance du roi. La Côte-Saint-André, 29 novembre 1533 [1]. — 29 novembre.

Bibl. nat., ms. fr. 15629, n° 658, et ms. Clairambault 1215, fol. 71 v° [2]. (*Mentions.*)

6534. Mandement au trésorier de l'épargne de payer à Nicolas de Rustici, dit le Bossu, capitaine de lansquenets, 112 livres 10 sous tournois en — 29 novembre.

(1) Le texte, pour cet acte et le suivant, porte par erreur «*le penultime jour de décembre*». Le lieu de la date justifie la correction «*novembre*».

(2) Sur le ms. Clairambault, ce mandement porte la date du 1er décembre.

IMPRIMERIE NATIONALE.

déduction de ce qui lui est dû pour le voyage dont le roi l'a chargé auprès de certains princes allemands. Bourgoin, 29 novembre 1533. 1533.

Bibl. nat., ms. fr. 15629, n° 659. (*Mention.*)

6535. Lettres portant incorporation des terres et seigneuries de Brion et de Seuillé à la baronnie de Buzançais, et érection de ladite baronnie en comté, en faveur de Philippe Chabot, comte de Charny, amiral de France. Marseille, novembre 1533. Novembre.

Enreg. au Parl. de Paris, sauf modifications, le 2 mars 1534 n. s. Arch. nat., X[1a] 8613, fol. 468. 3 pages 1/2.

Alias, le 26 février 1534 n. s. Arch. nat., X[1a] 4895, Plaidoiries, fol. 435. (*Arrêt d'enregistrement.*)

Enreg. à la Chambre des Comptes de Paris, le 21 mars 1534 n. s. Arch. nat., P. 2306, p. 83. 6 pages. *Idem*, P. 2537, fol. 168.

6536. Lettres portant confirmation des privilèges du pays de Provence. Marseille, novembre 1533. Novembre.

Enreg. à la Chambre des Comptes de Provence. Arch. des Bouches-du-Rhône, B. 33 (*Arietis*), fol. 164 v°. 1 page.

6537. Confirmation des privilèges de certains fabricants de verreries en Provence. Marseille, novembre 1533. Novembre.

Enreg. à la Chambre des Comptes d'Aix, le 10 novembre 1533. Arch. des Bouches-du-Rhône, B. 31 (*Salamandra*), fol. 11 v°. 2 pages.

6538. Confirmation des privilèges, franchises et immunités du chapitre et de l'église d'Aix en Provence. Marseille, novembre 1533. Novembre.

Enreg. à la Chancellerie de France. Arch. nat., Trésor des Chartes, JJ. 246, n° 472, fol. 144. 1 page.

Enreg. à la Chambre des Comptes d'Aix. Arch. des Bouches-du-Rhône, B. 31 (*Salamandra*), fol. 120 v°. 2 pages.

6539. Confirmation des privilèges, immunités, pariages et libertés octroyés par les rois de France Novembre.

aux évêques de Cahors. Marseille, novembre 1533. — 1533.

Enreg. à la Chancellerie de France. Arch. nat., Trésor des Chartes, JJ. 246, n° 456 *ter*, fol. 138 v°. 1 page.

6540. Établissement de deux foires par an et d'un marché chaque semaine à Castanet en Languedoc. Marseille, novembre 1533. — Novembre.

Enreg. à la Chancellerie de France. Arch. nat., Trésor des Chartes, JJ. 246, n° 461, fol. 140. 1 page 1/2.

6541. Création de trois foires annuelles et d'un marché hebdomadaire à Ercé en Bretagne. Marseille, novembre 1533. — Novembre.

Enreg. à la Chancellerie de France. Arch. nat., Trésor des Chartes, JJ. 246, n° 463, fol. 140 v°. 1 page.

6542. Confirmation des privilèges, libertés, exemptions et coutumes des habitants de Gap. Marseille, novembre 1533. — Novembre.

Enreg. à la Chancellerie de France. Arch. nat., Trésor des Chartes, JJ. 246, n° 456 *bis*, fol. 138 v°. 1 page.

6543. Confirmation des privilèges, franchises et coutumes des habitants de Manosque (Provence). Marseille, novembre 1533. — Novembre.

Enreg. à la Chancellerie de France. Arch. nat., Trésor des Chartes, JJ. 246, n° 477, fol. 145 v°. 1 page.

6544. Confirmation des privilèges accordés par les rois aux prévôt, chanoines et chapitre de l'église cathédrale de la Major, à Marseille. Marseille, novembre 1533. — Novembre.

Enreg. à la Chancellerie de France. Arch. nat., Trésor des Chartes, JJ. 246, n° 475, fol. 145. 1 page.

Enreg. à la Chambre des Comptes d'Aix. Arch. des Bouches-du-Rhône, B. 31 (*Salamandra*), fol. 19. 1 page.

6545. Confirmation des privilèges, franchises et im- — Novembre.

munités des habitants de Moustiers en Provence. Marseille, novembre 1533. 1533.

Enreg. à la Chancellerie de France. Arch. nat., Trésor des Chartes, JJ. 246, n° 462, fol. 140 v°. 1 page.

6546. Établissement de trois foires par an et d'un marché chaque semaine à Reyniès (sénéchaussée de Toulouse), en faveur de Jean de La Tour, seigneur du lieu, l'un des cent gentilshommes de l'hôtel. Marseille, novembre 1533. Novembre.

Enreg. à la Chancellerie de France. Arch. nat., Trésor des Chartes, JJ. 246, n° 473, fol. 144. 1 page.

6547. Création d'une nouvelle foire, outre les deux y existant déjà, à Sainte-Colombe dans le Lyonnais. Marseille, novembre 1533. Novembre.

Enreg. à la Chancellerie de France. Arch. nat., Trésor des Chartes, JJ. 246, n° 468, fol. 142 v°. 1 page.

6548. Établissement de deux nouvelles foires annuelles et d'un marché hebdomadaire à Signes en Provence. Marseille, novembre 1533. Novembre.

Enreg. à la Chancellerie de France. Arch. nat., Trésor des Chartes, JJ. 246, n° 471, fol. 143 v°. 1 page 1/2.

6549. Lettres d'anoblissement données en faveur de Mathieu de Bargeton, demeurant à Uzès en Languedoc. Marseille, novembre 1533. Novembre.

Imp. D'Hozier, *Armorial général de la France*. Paris, Prault, 1741, in-fol., reg. II, 1re partie, *Généal. de Bargeton*, p. 1.

6550. Confirmation, en faveur d'Hippolyte de Médicis, cardinal, archevêque d'Avignon, des privilèges et immunités accordés à ses prédécesseurs. Avignon, novembre 1533. Novembre.

Enreg. à la Chancellerie de France. Arch. nat., Trésor des Chartes, JJ. 246, n° 465, ol. 141 v°. 1 page.

6551. Mandement au trésorier de l'épargne de payer à Antoine Juge 600 livres tournois pour con- 1er décembre.

duire en Allemagne 100,000 écus qui doivent être employés suivant les instructions du s[r] de Langey. Bourgoin, 1er décembre 1533. — 1533.

Bibl. nat., ms. fr. 15629, n° 804. (*Mention.*)

6552. Provisions, en faveur d'Antoine Du Lyon, de l'office de clerc auditeur en la Chambre des Comptes de Paris, en remplacement de Jean Leclerc. 4 décembre 1533. — 4 décembre.

Réception et enreg. à la Chambre des Comptes, le 24 janvier 1534 n. s. Arch. nat., invent. PP. 136, p. 405. (*Mention.*)

6553. Lettres confirmatives d'un bref de Clément VII (Marseille, 10 novembre 1533), accordant à Francisque de Vimerat, prévôt de Saint-Just de Lyon, médecin ordinaire de la reine, le premier bénéfice vacant en l'archevêché d'Aix. Crémieu, 5 décembre 1533. — 5 décembre.

Enreg. au Parl. de Provence. Arch. de ladite Cour, à Aix, Lettres royaux, reg. in-fol., papier de 1,026 feuillets, p. 40 et 42.

6554. Nomination de Jean Dallier, dit Paradix, à la charge de sergent des aides et des tailles dans l'élection de Lyonnais. Lyon (*sic*), 5 décembre 1533. — 5 décembre.

Copie. Bibl. nat., ms. fr. 2702, fol. 178.

6555. Mandement au trésorier de l'épargne de payer à Georges Hérouet et à Guy de La Maladière, trésoriers des guerres, 345,812 livres 10 sous tournois au lieu des 389,670 livres 10 sous tournois que le roi leur avait assignés précédemment pour le payement de la gendarmerie et des prévôts des maréchaux pendant le deuxième semestre de 1532. Pont-de-Chéruy, 6 décembre 1533. — 6 décembre.

Bibl. nat., ms. fr. 15628, n° 584. (*Mention.*)

6556. Bulle de Clément VII accordant un délai de deux mois aux hérétiques pour abjurer leurs doctrines, avant d'être livrés au bras séculier (Marseille, le 4 des ides de novembre 1533), et lettres de François Ier enjoignant à l'arche- — 8 décembre.

vêque d'Aix d'en faire afficher plusieurs doubles dans son diocèse, afin de mettre un terme aux subterfuges des hérétiques. Lyon, 8 décembre 1533. — 1533.

Enreg. au Parl. de Provence. Arch. de ladite Cour, à Aix, Lettres royaux, reg. in-fol., papier de 1,026 feuillets, p. 48.

Imp. *Bulletin hist. et philolog. du Comité des travaux historiques*, ann. 1885, in-8°, n° 3-4, p. 222.

6557. Mandement de faire recouvrer sans délai les droits de lods et ventes dus au Trésor et de vendre les biens de ceux qui refuseraient de s'acquitter. Lyon, 8 décembre 1533. — 8 décembre.

Enreg. au Parl. de Grenoble, le 22 décembre 1533. Arch. de l'Isère, Chambre des Comptes de Grenoble, B. 2909, cah. 24, fol. 250. 3 pages 1/2.

6558. Mandement à Florimond Le Charron, commis au payement des gages des officiers domestique du roi, de payer à l'échanson François du Fou 400 livres tournois pour ses gages de la présente année, bien que cette somme ne figure pas sur l'état de gages récemment dressé. Lyon, 8 décembre 1533. — 8 décembre.

Original. Bibl. nat., ms. fr. 25721, n° 413.

6559. Mandement à Florimond Le Charron de payer à Guy de Laval, gentilhomme de la chambre, 1,200 livres tournois pour sa pension de l'année présente, bien que cette somme ne figure pas sur l'état de gages récemment dressé. Lyon, 8 décembre 1533. — 8 décembre.

Original. Bibl. nat., ms. fr. 25721, n° 414.

6560. Mandement au trésorier de l'épargne de payer à Thierry Dorne 729 livres 7 sous 6 deniers tournois pour ses gages et droits de manteaux comme secrétaire du roi, pendant la présente année. Lyon, 8 décembre 1533. — 8 décembre.

Bibl. nat., ms. fr. 15629, n° 364. (*Mention.*)

6561. Mandement au trésorier de l'épargne de payer à Nicolas de Neufville, secrétaire des finances, 1,623 livres 2 sous 6 deniers tournois, soit — 8 décembre.

423 livres 2 sous 6 deniers pour ses gages et droits de manteaux, et 1,200 livres pour sa pension de l'année courante. Lyon, 8 décembre 1533. 1533.

Bibl. nat., ms. fr. 15629, n° 366. (*Mention.*)

6562. Mandement au trésorier de l'épargne de payer à Jean Breton, secrétaire des finances, et à Marc de La Rue, héritiers par leurs femmes de Robert Gédoyn, en son vivant secrétaire des finances, 822 livres 13 sous 6 deniers tournois pour la pension et les droits de manteaux dudit Gédoyn, du 1er janvier au 4 juillet 1533, date de sa mort. Lyon, 8 décembre 1533. 8 décembre.

Bibl. nat., ms. fr. 15629, n° 441. (*Mention.*)

6563. Mandement au trésorier de l'épargne de payer à Pomponio Trivulce, ci-devant lieutenant de feu Théodore Trivulce au gouvernement de Lyon, et à présent gouverneur et lieutenant général du roi à Lyon, 4,000 livres tournois pour le désintéresser de toutes les réclamations qu'il pouvait élever à propos de ses services jusqu'au 31 décembre 1531. Lyon, 8 décembre 1533. 8 décembre.

Bibl. nat., ms. fr. 15629, n° 500. (*Mention.*)

6564. Mandement au trésorier de l'épargne de payer à Pomponio Trivulce, lieutenant général du roi et gouverneur de Lyon, 2,000 livres tournois pour sa pension de la présente année, pension accrue de 1,000 livres tournois depuis la mort de son oncle, le maréchal Trivulce. Lyon, 8 décembre 1533. 8 décembre.

Bibl. nat., ms. fr. 15629, n° 847. (*Mention.*)

6565. Mandement au trésorier de l'épargne de payer à [Anne de Montmorency], grand maître, maréchal de France et gouverneur de Languedoc, 20,000 livres tournois, tant «en faveur de ses bons, grans, vertueulx et recommandables services» que pour le dédommager des dépenses qu'il a faites aux entrevues de Calais et de Marseille, où il a dû tenir maison 8 décembre.

pour les ambassadeurs étrangers. Lyon, 8 décembre 1533. 1533.

Bibl. nat., ms. fr. 15629, n° 652. (*Mention.*)

6566. Lettres autorisant Guillaume Prudhomme, trésorier de l'épargne, à recevoir de Pierre Le Vassor, commis à l'exercice de la recette générale de Normandie, 20,000 livres tournois sans avoir besoin de faire figurer cette somme sur les comptes du trésor du Louvre. Lyon, 8 décembre 1533. 8 décembre.

Bibl. nat., ms. fr. 15629, n° 705. (*Mention.*)

6567. Lettres autorisant Guillaume Prudhomme, trésorier de l'épargne, à recevoir de Martin de Troyes, commis à l'exercice de la recette générale de Languedoc, Lyonnais, Forez et Beaujolais, 60,500 livres tournois pour employer au fait de son office, sans avoir besoin de faire figurer cette somme sur les comptes du trésor du Louvre. Lyon, 8 décembre 1533. 8 décembre.

Bibl. nat., ms. fr. 15629, n° 706. (*Mention.*)

6568. Lettres autorisant Guillaume Prudhomme, trésorier de l'épargne, à recevoir de Guillaume de Moraynes, commis à portion de l'exercice de la recette générale de Languedoil, 100,000 livres tournois pour employer au fait de son office, sans avoir besoin de les faire figurer aux comptes du trésor du Louvre. Lyon, 8 décembre 1533. 8 décembre.

Bibl. nat., ms. fr. 15629, n° 707. (*Mention.*)

6569. Mandement au trésorier de l'épargne de payer à Jean Bourdineau, clerc des offices du roi, 1,000 livres tournois pour les frais de transport à Marseille et retour des meubles de Sa Majesté, nécessaires à la réception du pape. Lyon, 8 décembre 1533. 8 décembre.

Bibl. nat., ms. fr. 15629, n° 807. (*Mention.*)

6570. Mandement au trésorier de l'épargne de bailler à Jacques de Fontenay, commis à la trésorerie des aumônes du roi, 3,000 livres tour- 8 décembre.

nois pour le troisième quartier de la présente année. Lyon, 8 décembre 1533. — 1533.

Bibl. nat., ms. fr. 15629, n° 812. (*Mention.*)

6571. Mandement au trésorier de l'épargne de payer à Victor Barguin 1,000 livres tournois de crue pour les bouchers de la maison de Mesdames. Lyon, 8 décembre 1533. — 8 décembre.

Bibl. nat., ms. fr. 15629, n° 816. (*Mention.*)

6572. Mandement au trésorier de l'épargne de payer à Philibert Babou, secrétaire des finances, 1,000 livres tournois pour sa pension de l'année courante. Lyon, 9 décembre 1533. — 9 décembre.

Bibl. nat., ms. fr. 15629, n° 356. (*Mention.*)

6573. Mandement au trésorier de l'épargne de payer à Gilbert Bayard, secrétaire des finances, 1,000 livres tournois pour sa pension de la présente année. Lyon, 9 décembre 1533. — 9 décembre.

Bibl. nat., ms. fr. 15629, n° 361. (*Mention.*)

6574. Mandement au trésorier de l'épargne de payer à Gilbert Bayard, secrétaire du roi, 149 livres 7 sous 6 deniers tournois pour ses gages et droits de manteaux durant la présente année. Lyon, 9 décembre 1533. — 9 décembre.

Bibl. nat., ms. fr. 15629, n° 362. (*Mention.*)

6575. Mandement au trésorier de l'épargne de payer à Thierry Dorne, secrétaire des finances, 1,000 livres tournois pour sa pension de l'année 1533. Lyon, 9 décembre 1533. — 9 décembre.

Bibl. nat., ms. fr. 15629, n° 363. (*Mention.*)

6576. Mandement au trésorier de l'épargne de payer à Guillaume Bochetel, secrétaire des finances, 1,623 livres 2 sous 6 deniers tournois, soit 423 livres 2 sous 6 deniers pour ses gages et droits de manteaux, et 1,200 livres pour sa pension de l'année courante. Lyon, 9 décembre 1533. — 9 décembre.

Bibl. nat., ms. fr. 15629, n° 365. (*Mention.*)

6577. Mandement au trésorier de l'épargne de payer — 9 décembre.

IMPRIMERIE NATIONALE.

à Jean Duval, notaire et secrétaire du roi, 149 livres 7 sous 6 deniers tournois pour ses gages et droits de manteaux durant la présente année. Lyon, 9 décembre 1533. — 1533.

Bibl. nat., ms. fr. 15629, n° 398. (*Mention.*)

6578. Mandement au trésorier de l'épargne de payer à Jean Breton, secrétaire des finances, 806 livres 9 sous tournois pour sa pension, depuis le 5 juillet dernier, date de sa nomination à la place de Robert Gédoyn, mort la veille, jusqu'au 31 décembre courant. Lyon, 9 décembre 1533. — 9 décembre.

Bibl. nat., ms. fr. 15629, n° 435. (*Mention.*)

6579. Mandement au trésorier de l'épargne de payer à Jean Breton, secrétaire des finances, 507 livres tournois pour ses gages, du 1er janvier au 4 juillet 1533, date de la mort de Robert Gédoyn, qu'il suppléait. Lyon, 9 décembre 1533. — 9 décembre.

Bibl. nat., ms. fr. 15629, n° 444. (*Mention.*)

6580. Mandement au trésorier de l'épargne de payer à Jules de Pise 225 livres tournois pour l'aider à se monter de chevaux et d'habillements. Lyon, 9 décembre 1533. — 9 décembre.

Bibl. nat., ms. fr. 15629, n° 619. (*Mention.*)

6581. Mandement au trésorier de l'épargne de payer à Philippe Visconti, dit Viscontin, 229 livres tournois en récompense de ses services. Lyon, 9 décembre 1533. — 9 décembre.

Bibl. nat., ms. fr. 15629, n° 620. (*Mention.*)

6582. Mandement au trésorier de l'épargne de payer à Frédéric de Canyn (Canino), gentilhomme de la maison du duc de Ferrare, 900 livres tournois pour avoir apporté au roi la nouvelle de l'accouchement de la duchesse de Ferrare. Lyon, 9 décembre 1533. — 9 décembre.

Bibl. nat., ms. fr. 15629, n° 621. (*Mention.*)

6583. Mandement au trésorier de l'épargne de payer — 9 décembre.

900 livres à Guigue Guiffrey, seigneur de Boutières, maître d'hôtel du roi, partant de Lyon le jour même pour aller à Ferrare tenir sur les fonts, au nom du roi, le nouveau-né de la duchesse de Ferrare. Lyon, 9 décembre 1533. — 1533.

Bibl. nat., ms. fr. 15629, n° 657, et ms. Clairambault 1215, fol. 71 v°. (*Mentions.*)

6584. Lettres adressées au Parlement de Paris avec les bulles de Clément VII du 3 des calendes de septembre et du 4 des ides de novembre 1533 (n°s 6194 et 6450) relatives à l'extirpation de l'hérésie luthérienne. Lyon, 10 décembre 1533. — 10 décembre.

Enreg. au Parlement de Paris, le 19 décembre suivant. *Arch. nat.*, X[1a] 1537, reg. du Conseil, fol. 28 v°, 33.

IMP. J. Le Grand, *Histoire du divorce de Henri VIII*, Paris, 1688, *Preuves*, p. 597.

Rousset, *Supplément au Corps diplomatique* de Dumont, in-fol. 1739, t. III, part. 1, p. 117, col. 2.

6585. Lettres portant qu'à partir du 1er janvier précédent et désormais, les payements du linge, des meubles et autres choses nécessaires à l'hôtel du roi seront faits, non plus par l'argentier, mais par Jacques Bénard (*alias* Bernard), maître de la chambre aux deniers, et ses successeurs, d'après un tarif dressé par les maîtres d'hôtel. Lyon, 10 décembre 1533. — 10 décembre.

Copie collationnée du XVI*e siècle. Registre des comptes de l'hôtel du roi. Arch. nat.*, KK. 93, fol. 2 v°. 4 pages.

6586. Mandement au trésorier de l'épargne de payer à Charles de Pierrevive, trésorier de France, 3,150 livres tournois, soit 950 livres pour ses gages ordinaires, 1,200 livres pour sa pension et 1,000 livres pour ses chevauchées de l'année courante. Lyon, 10 décembre 1533. — 10 décembre.

Bibl. nat., ms. fr. 15629, n° 343. (*Mention.*)

6587. Mandement au trésorier de l'épargne de payer à François, marquis de Saluces, 6,000 livres tournois pour sa pension de l'année 1530. Lyon, 10 décembre 1533. — 10 décembre.

Autre mandement semblable, de même date, pour sa pension de l'année 1532. — 1533.

Bibl. nat., ms. fr. 15629, n° 401, et ms. fr. 15632, n° 196. (*Mentions.*)

6588. Mandement au trésorier de l'épargne de payer au prince de Melphe 4,000 livres tournois, complétant les 10,000 livres tournois de sa pension de l'année courante. Lyon, 10 décembre 1533. — 10 décembre.

Bibl. nat., ms. fr. 15629, n° 457. (*Mention.*)

6589. Mandement au trésorier de l'épargne de payer à Alfonse de Saint-Séverin, duc de Somma, 2,550 livres tournois en déduction de ce qui lui restait dû des 14,750 livres, montant de quatre années et onze mois de sa pension, commençant le 1er février 1529 n. s., date de son entrée au service du roi, à raison de 3,000 livres tournois par an. Lyon, 10 décembre 1533. — 10 décembre.

Bibl. nat., ms. fr. 15629, n° 478. (*Mention.*)

6590. Autre mandement au trésorier de l'épargne de payer à Alfonse de Saint-Séverin, duc de Somma, 1,200 livres tournois en déduction de ce qui lui revenait encore pour sa pension de quatre années et onze mois, commençant le 1er février 1529 n. s., date de sa venue en France et de son entrée au service du roi. Lyon, 10 décembre 1533. — 10 décembre.

Bibl. nat., ms. fr. 15629, n° 846. (*Mention.*)

6591. Mandement au trésorier de l'épargne de payer à Jean de Bellac, Maciot de Milan, Francisque de Crémone, Francisque de Virago et Simon de Plaisance, joueurs de hautbois figurant sur l'état de l'écurie du roi, 225 livres tournois en récompense de leurs services. Lyon, 10 décembre 1533. — 10 décembre.

Bibl. nat., ms. fr. 15629, n° 618. (*Mention.*)

6592. Commission de François Ier pour le renouvel- — 11 décembre.

lement du terrier de sa châtellenie de Murat. Lyon, 11 décembre 1533. 1533.

Original. Arch. nat., suppl. du Trésor des Chartes, J. 832, n° 25.

6593. Lettres en faveur du chapitre de l'église Saint-Jean de Lyon, ordonnant que les bulles octroyées à la requête du roi par le pape Clément VII (Rome, 4 des nones d'août 1532), touchant la noblesse des chanoines et l'observance des statuts et ordonnances dudit chapitre, soient exécutées et gardées à toujours. Lyon, 11 décembre 1533. 11 décembre.

Présentées au Parl., la Cour après délibération conclut « nichil ad curiam » *le 31 août 1534. Arch. nat.*, X^{1a} 1537, reg. du Conseil, fol. 448 v°. (*Mention.*)

6594. Don pendant dix ans au chapitre de Bourges de 2 deniers obole tournois sur chaque minot de sel vendu aux greniers et chambres à sel de la généralité de Bourges, pour les deniers en provenant être employés à la réédification et décoration de l'église Saint-Étienne du lieu. 11 décembre 1533. 11 décembre.

Enreg. à la Chambre des Comptes de Paris, le 11 décembre 1536. Arch. nat., invent. PP. 136, p. 405. (*Mention.*)

6595. Prorogation, en faveur du chapitre de Bourges, de l'octroi de 2 deniers sur chaque minot de sel vendu dans les chambres à sel des généralités de Languedoc et de Normandie, pour les deniers en provenant être employés aux réparations et à la réédification de l'église Saint-Étienne de Bourges. Lyon, 11 décembre 1533. 11 décembre.

Enreg. à la Chambre des Comptes de Paris, le 11 décembre 1536, anc. mém. 2 G, fol. 348. *Arch. nat.*, invent. PP. 136, p. 405. (*Mention.*)

Arch. nat., Acquits sur l'épargne, J. 962, n° 33. (*Mention.*)

6596. Lettres de naturalité et permission de tester, avec dispense des droits de chancellerie, don- 11 décembre.

nées en faveur de Catherine de Médicis, duchesse d'Orléans et d'Urbin. Lyon, 11 décembre 1533. — 1533.

Arch. nat., Acquits sur l'épargne, J. 962, n° 33. (*Mention.*)

6597. Don aux pauvres indigents de Paris de la somme de 12,000 livres tournois, à prendre sur ce qui reste à payer de l'imposition mise sur les maisons de ladite ville. Lyon, 11 décembre 1533. — 11 décembre.

Arch. nat., Acquits sur l'épargne, J. 962, n° 33. (*Mention.*)

6598. Mandement à Jacques Bernard, maître de la chambre aux deniers, commis à la recette générale des parties casuelles, de payer à Jacques Desorties, dit le Picard, secrétaire du cardinal Du Prat, légat et chancelier de France, la somme de 24 livres tournois pour un voyage à la Côte-Saint-André, où il alla porter des lettres de son maître au roi. Lyon, 11 décembre 1533. — 11 décembre.

Arch. nat., Acquits sur l'épargne, J. 962, n° 33. (*Mention.*)

6599. Lettres de ratification accordées à la veuve de Florimond de Champeverne, commis aux bâtiments de Fontainebleau, Livry et Boulogne, des sommes déboursées par son mari pour les jardins de Fontainebleau, pour l'achat d'une horloge et d'une cloche installées au château et pour payements faits aux maçons, charpentiers, serruriers, couvreurs, menuisiers, plombiers, vitriers et jardiniers. Lyon, 11 décembre 1533. — 11 décembre.

Arch. nat., Acquits sur l'épargne, J. 962, n° 33. (*Mention.*)

6600. Lettres de validation de la somme de 9,200 livres tournois payée par ledit Florimond de Champeverne à Jérôme della Robbia et à Pierre Gadier. Lyon, 11 décembre 1533. — 11 décembre.

Arch. nat., Acquits sur l'épargne, J. 962, n° 33. (*Mention.*)

6601. Autre validation de la somme de 95 livres payée par ledit Florimond de Champeverne à Toussaint Thierry, pour le fait des bâtiments de Fontainebleau. Lyon, 11 décembre 1533. — 1533. 11 décembre.

Arch. nat., *Acquits sur l'épargne*, J. 962, n° 33. (*Mention.*)

6602. Autre validation de la somme de 1,505 livres tournois payée par ledit de Champeverne à Michel Valance, fontainier, pour la fontaine de Saint-Germain-en-Laye. Lyon, 11 décembre 1533. — 11 décembre.

Arch. nat., *Acquits sur l'épargne*, J. 962, n° 33. (*Mention.*)

6603. Mandement à la Chambre des Comptes de Paris de taxer à Florimond de Champeverne ses frais et recouvrements de deniers durant l'exercice de sa charge de commis aux bâtiments. Lyon, 11 décembre 1533. — 11 décembre.

Arch. nat., *Acquits sur l'épargne*, J. 962, n° 33. (*Mention.*)

6604. Lettres de mainlevée de la saisie faite, au nom du roi, des revenus assignés en France pour le douaire de la reine Marie d'Angleterre et de tout ce qu'elle possédait lors de son décès, arrivé le 25 juin dernier, données au profit du duc de Suffolk, son héritier en partie et exécuteur testamentaire, en double expédition, l'une adressée au sénéchal de Carcassonne et au gouverneur de Montpellier, l'autre au sénéchal de Saintonge, au bailli de Touraine et au gouverneur de la Rochelle. Lyon, 11 décembre 1533. — 11 décembre.

Arch. nat., *Acquits sur l'épargne*, J. 962, n° 33. (*Mention.*)

6605. Don à Pierre Dumoulin, sommelier d'échansonnerie, et à Claude Gauldry, sommelier du commun, d'une somme de 180 livres pour la nourriture, durant les six derniers mois de l'année, de deux haquenées entretenues à — 11 décembre.

leur service près du roi. Lyon, 11 décembre 1533. — 1533.

Arch. nat., Acquits sur l'épargne, J. 962, n° 33. (*Mention.*)

6606. Assignation aux conseillers et bourgeois de Lyon de la somme de 2,020 livres tournois en dédommagement des bâtiments et granges de la Trinité dudit lieu, cédés au roi et affectés à la fonte de son artillerie durant dix-sept années. Lyon, 11 décembre 1533. — 11 décembre.

Arch. nat., Acquits sur l'épargne, J. 962, n° 33. (*Mention.*)

6607. Don à Bernard Du Conte de la somme de 1,000 livres tournois, parce qu'il n'a pu jouir du don à lui fait, pour l'année 1530 des château, terre et revenu de Vizille pour 500 livres, ni de la terre et seigneurie de Bardonnèche pour semblable somme en 1531, à cause de la saisie qui en avait été faite par les commissaires du domaine en Dauphiné. Lyon, 11 décembre 1533. — 11 décembre.

Arch. nat., Acquits sur l'épargne, J. 962, n° 33. (*Mention.*)

6608. Don à Bernard Du Conte du revenu de la terre de Bardonnèche en Dauphiné pour trois ans. Lyon, 11 décembre 1533. — 11 décembre.

Arch. nat., Acquits sur l'épargne, J. 962, n° 33. (*Mention.*)

6609. Don à Jacques Colin, abbé de Saint-Ambroise, pour son voyage de Gueldres, où il est resté six mois et quatre jours, de la somme de 1,840 livres tournois, à 10 livres par jour, défalcation faite de 600 livres qu'il a déjà reçues. Lyon, 11 décembre 1533. — 11 décembre.

Arch. nat., Acquits sur l'épargne, J. 962, n° 33. (*Mention.*)
Bibl. nat., ms. fr. 15629, n° 347. (*Mention.*)

6610. Don au jeune de Saint-Bonnet de la somme de 400 livres sur le rachat dû au roi par suite du — 11 décembre.

décès du feu s[r] de Marmande. Lyon, 11 décembre 1533. 1533.

Arch. nat., Acquits sur l'épargne, J. 962, n° 33. (*Mention.*)

6611. Don aux s[rs] de Saint-André et d'Ouarty (de Warty) de la somme de 4,000 écus sur l'office de vicomte de Rouen. Lyon, 11 décembre 1533. 11 décembre.

Arch. nat., Acquits sur l'épargne, J. 962, n° 33. (*Mention.*)

6612. Continuation pour six ans, en faveur des habitants de Villefranche en Beaujolais, de l'octroi de la moitié des lods et ventes qui écherront au roi en Beaujolais, pour la construction de leur église paroissiale et autres travaux. Lyon, 11 décembre 1533. 11 décembre.

Arch. nat., Acquits sur l'épargne, J. 962, n° 33. (*Mention.*)

6613. Don à l'écuyer Savary de la somme de 100 écus soleil, assignée sur les parties casuelles. Lyon, 11 décembre 1533. 11 décembre.

Arch. nat., Acquits sur l'épargne, J. 962, n° 33. (*Mention.*)

6614. Déclaration portant que le don de 7,500 livres tournois expédié au profit de [Jean de La Barre], s[r] de Véretz, sera exécuté nonobstant les ordonnances prescrivant de déposer tous les deniers royaux aux coffres du trésor au Louvre, et portant que les dons excédant 1,000 écus ne seront pas payés jusqu'à la fin de l'année. Lyon, 11 décembre 1533. 11 décembre.

Arch. nat., Acquits sur l'épargne, J. 962, n° 33. (*Mention.*)

6615. Mandement au trésorier de l'épargne de payer à Jean de Falaise, dit Dieppe, valet de la garderobe du roi, 56 livres 5 sous tournois pour l'aider à se monter de chevaux et d'habillements. Lyon, 11 décembre 1533. 11 décembre.

Bibl. nat., ms. fr. 15629, n° 617. (*Mention.*)

6616. Mandement au trésorier de l'épargne de payer à Antoine Desbarres, écuyer, 45 livres tour- 11 décembre.

nois pour avoir porté des lettres du roi à la reine revenant de Marseille et qu'il rencontra à Auberive. Lyon, 11 décembre 1533. 1533.

Bibl. nat., ms. fr. 15629, n° 656. (*Mention.*)

6617. Mandement au trésorier de l'épargne de bailler à François Cordon, commis à tenir le compte et faire le payement de la solde des Cent-Suisses de la garde du roi, 2,733 livres 6 sous 8 deniers tournois pour le mois de novembre passé et le présent mois de décembre. Lyon, 12 décembre 1533. 12 décembre.

Bibl. nat., ms. fr. 15629, n° 338. (*Mention.*)

6618. Mandement au trésorier de l'épargne de payer au duc de Suffolk, chevalier de l'ordre, comme héritier de la feue reine Marie d'Angleterre, 3,500 livres tournois pour partie des 7,000 livres tournois que de son vivant ladite reine prélevait sur la double imposition foraine de Languedoc. Lyon, 12 décembre 1533. 12 décembre.

Bibl. nat., ms. fr. 15629, n° 374. (*Mention.*)

6619. Mandement au trésorier de l'épargne de payer à Trajan et à Antoine Caraffa[1], fils du prince de Melphe, 1,200 livres tournois, soit 600 livres à chacun, pour leur pension de l'année courante. Lyon, 12 décembre 1533. 12 décembre.

Bibl. nat., ms. fr. 15629, n° 474. (*Mention.*)

6620. Mandement au trésorier de l'épargne de payer à Jean Staron, marchand de Lyon, 877 livres 10 sous tournois pour 30 onces de musc que le roi lui a acheté. Lyon, 12 décembre 1533. 12 décembre.

Bibl. nat., ms. fr. 15629, n° 585. (*Mention.*)

6621. Mandement au trésorier de l'épargne de payer à Pierre Coing, joaillier à Lyon, 1,350 livres tournois pour une grande table de diamant enchâssée dans un anneau d'or, que le roi a en- 12 décembre.

[1] *Sic.* Le prince de Melphe était alors Jean Caraccioli. Son fils aîné Trajan Caraccioli fut tué à la bataille de Cérisoles.

voyée à la duchesse de Ferrare. Lyon, 12 décembre 1533.

Bibl. nat., ms. fr. 15629, n° 586. (*Mention.*)

6622. Mandement au trésorier de l'épargne de payer à Jean de Dianne, chevalier, s[r] dudit lieu, 225 livres tournois en récompense de deux grands ânes qu'il a donnés au roi. Lyon, 12 décembre 1533. — 12 décembre.

Bibl. nat., ms. fr. 15629, n° 616. (*Mention.*)

6623. Mandement au trésorier de l'épargne de payer à Héluin Du Lin 150 livres tournois pour transporter de Lyon à Paris la somme de 50,000 écus d'or soleil provenant du premier payement fait à Marseille par le pape de la dot de sa nièce la duchesse d'Urbin, mariée avec le duc d'Orléans. Lyon, 12 décembre 1533. — 12 décembre.

Bibl. nat., ms. fr. 15629, n° 654. (*Mention.*)

6624. Mandement au trésorier de l'épargne de payer 2,300 livres à Georges de Selve, évêque de Lavaur, qui part le jour même pour aller à Venise comme ambassadeur du roi. Lyon, 12 décembre 1533. — 12 décembre.

Bibl. nat., ms. fr. 15629, n° 655, et ms. Clairambault, 1215, fol. 71 v°. (*Mentions.*)

6625. Lettres autorisant Guillaume Prudhomme, trésorier de l'épargne, à toucher de Martin de Troyes, commis à la trésorerie des finances de Languedoc, 15,000 livres tournois pour employer au fait de son office, sans avoir besoin de faire figurer cette somme sur les comptes du trésor du Louvre. Lyon, 12 décembre 1533. — 12 décembre.

Bibl. nat., ms. fr. 15629, n° 704. (*Mention.*)

6626. Mandement au trésorier de l'épargne de payer à Étienne Godemier, huissier de salle du roi, 225 livres tournois pour l'aider à se monter de chevaux et d'habillements. Lyon, 12 décembre 1533. — 12 décembre.

Bibl. nat., ms. fr. 15629, n° 871. (*Mention.*)

6627. Mandement au trésorier de l'épargne de payer au s[r] Gaguin de Baugy, chevalier de l'ordre, 4,000 livres tournois pour les années 1531 et 1532 de sa pension. Lyon, 13 décembre 1533. — 1533. 13 décembre.

Bibl. nat., ms. fr. 15629, n° 482. (*Mention.*)

6628. Lettres de don de l'office de conseiller lai au Parlement de Paris pour René Gentilz, en remplacement de Bonaventure de Saint-Barthélemy, nommé président au Parlement de Dauphiné. Mâcon, 15 décembre 1533. — 15 décembre.

Réception dudit Gentilz au Parl. de Paris, le 13 novembre 1534. Arch. nat., X[1a] 1538, reg. du Conseil, fol. 1 v°. (*Mention.*)

6629. Provisions de l'office de conseiller clerc au Parlement de Paris, vacant par la promotion de René Gentilz à un office de conseiller lai, en faveur de Claude Tudert, licencié en lois. Mâcon, 15 décembre 1533. — 15 décembre.

Réception dud. Tudert au Parl. de Paris, le 4 décembre 1534. Arch. nat., X[1a] 1538, reg. du Conseil, fol. 19. (*Mention.*)

6630. Confirmation de l'exemption du logement des gens de guerre accordée le 22 mars 1531 n. s. (n° 3896) aux habitants de Demont et Roquesparvière (Demonte et Rocca-Sparvera, province de Coni). Chalon, 18 décembre 1533. — 18 décembre.

Enreg. au Parl. de Provence. Arch. de la Cour, à Aix, Lettres royaux, in-fol., papier de 1,026 feuillets, p. 63 v° et 161, 2e reg. (*Double.*)

6631. Mandement à François Mulvault, receveur de l'écurie, de payer à Jacques Raveau, valet de pied du roi, 60 livres tournois pour ses gages des deux derniers quartiers de la présente année. Pagny, 21 décembre 1533. — 21 décembre.

Arch. nat., Acquits sur l'épargne, J. 962, n° 257. (*Mention.*)

6632. Mandement au trésorier de l'épargne de payer à Mademoiselle de Maumont 6,000 livres tournois dont le roi lui a fait don pour l'aider à se — 21 décembre.

marier, sur les deniers du trésor du Louvre, en quatre portions égales, aux quatre termes de l'année prochaine. Pagny, 21 décembre 1533. 1533.

Arch. nat., Acquits sur l'épargne, J. 962, n° 257. (*Mention.*)

6633. Mandement au trésorier des parties casuelles de rembourser à Jean Faure 20 écus soleil par lui payés pour le quart de la résignation faite en sa faveur de l'office de capitaine de Villeneuve en Dombes, résignation qui n'a pu sortir son effet, un autre ayant été pourvu en temps utile de cet office. Pagny, 21 décembre 1533. 21 décembre.

Arch. nat., Acquits sur l'épargne, J. 962, n° 257. (*Mention.*)

6634. Mandement au trésorier des parties casuelles de payer à Marc-Antoine de Cusan la somme de 5,200 livres tournois, savoir 2,500 livres pour sa pension de l'année présente, et 2,700 livres restant du don de 3,000 écus d'or soleil dont le roi l'a gratifié pour le payement de sa rançon. Pagny, 21 décembre 1533. 21 décembre.

Arch. nat., Acquits sur l'épargne, J. 962, n° 257. (*Mention.*)

6635. Don à Jean Bohier, dit Cougnat, à Mathurin Albert et à Antoine Chabannes, enfants de cuisine de la bouche du roi, de 40 écus d'or soleil sur la vente de l'office de sergent royal au bailliage d'Amboise, vacant par la mort de Vincent Gautier. Pagny, 21 décembre 1533. 21 décembre.

Arch. nat., Acquits sur l'épargne, J. 962, n° 257. (*Mention.*)

6636. Don à Pierre de Saint-Germain, archer de la garde sous les ordres du sénéchal d'Agenais, de 100 écus d'or soleil sur les lods et ventes et autres droits seigneuriaux échus au roi à cause de la seigneurie de Crennes et de la baronnie de Vassy, mouvant de la vicomté de Vire. Pagny, 21 décembre 1533. 21 décembre.

Arch. nat., Acquits sur l'épargne, J. 962, n° 257. (*Mention.*)

6637. Don à Pierre Le Maire, valet de fourrière du dauphin, des biens meubles et immeubles de feu Jean Dujardin, bâtard non légitimé, décédé sans hoirs, adjugés au roi par sentence du bailli d'Amboise du 16 octobre précédent, en vertu du droit d'aubaine. Pagny, 21 décembre 1533. — 1533. 21 décembre.

Arch. nat., Acquits sur l'épargne, J. 962, n° 257. (*Mention.*)

6638. Don au s^r de Boisy de la garde-noble des enfants mineurs de feu [Louis de Vendôme], vidame de Chartres, ses neveux, pour leurs terres et seigneuries de Normandie. Pagny, 21 décembre 1533. — 21 décembre.

Arch. nat., Acquits sur l'épargne, J. 962, n° 257. (*Mention.*)

6639. Don à Jean de Dinteville, bailli de Troyes, de 500 écus d'or soleil sur la vente et composition de l'office de receveur des tailles du Périgord, vacant par le décès d'Étienne Bonnier, en dédommagement des dépenses extraordinaires qu'il a faites, étant ambassadeur du roi en Angleterre pour le couronnement de la reine, femme de Henri VIII. Pagny, 21 décembre 1533. — 21 décembre.

Arch. nat., Acquits sur l'épargne, J. 962, n° 257. (*Mention.*)

6640. Lettres de mainlevée, en faveur de Louis Alamanni, du jardin du roi près les murs d'Aix en Provence, et des édifices, moulins, prés, vignes compris dans la clôture dudit jardin, [saisis sur lui par les commissaires du domaine]. Pagny, 21 décembre 1533. — 21 décembre.

Arch. nat., Acquits sur l'épargne, J. 962, n° 257. (*Mention.*)

6641. Mandement portant décharge au trésorier et receveur général de Provence du montant des revenus dudit jardin du roi qu'il devra payer à Louis Alamanni, depuis la saisie jusqu'au — 21 décembre.

jour de la mainlevée, et pendant trois ans à courir de ce jour. Pagny, 21 décembre 1533. 1533.

Arch. nat., Acquits sur l'épargne, J. 962, n° 257. (*Mention.*)

6642. Mandement au trésorier de l'épargne de payer à Guillaume Poyet, conseiller et avocat du roi au Parlement de Paris, 1,200 livres tournois pour sa pension de l'année courante. Pagny, 21 décembre 1533. 21 décembre.

Arch. nat., Acquits sur l'épargne, J. 962, n° 257. (*Mention.*)

Bibl. nat., ms. fr. 15629, n° 371. (*Mention.*)

6643. Mandement au trésorier de l'épargne de payer au comte Claude Rangone 16,000 livres tournois pour sa pension, du 1er mai 1531 au 31 décembre 1533. Pagny, 21 décembre 1533. 21 décembre.

Bibl. nat., ms. fr. 15632, n° 64. (*Mention.*)

6644. Mandement au trésorier de l'épargne de payer à Charlotte de La Rochandry, Renée de Mormoisin, Madeleine de Chaunes et Arthuse de Cossé, demoiselles de la maison de Mesdames, 1,350 livres tournois ou 600 écus d'or à 45 sous pièce, soit 150 écus à chacune, pour s'acheter des habillements. Pagny, 23 décembre 1533. 23 décembre.

Bibl. nat., ms. fr. 15629, n° 615. (*Mention.*)

6645. Mandement au trésorier de l'épargne de payer au couvent des Célestins de Lyon 100 livres tournois pour avoir célébré tous les jours de cette année une messe basse à l'intention du roi et de ses prédécesseurs. Pagny, 23 décembre 1533. 23 décembre.

Bibl. nat., ms. fr. 15629, n° 718. (*Mention.*)

6646. Mandement au trésorier de l'épargne de délivrer à Bénigne Serre 1,180 livres 6 sous tournois pour le payement d'un grand bateau acheté à Lyon, sur lequel le roi a remonté la Saône de Lyon à Chalon. Pagny, 25 décembre 1533. 25 décembre.

Bibl. nat., ms. fr. 15629, n° 758. (*Mention.*)

6647. Contrat d'aliénation d'une rente de 8,333 livres 6 sous 8 deniers au capital de 100,000 livres, sur les fermes de l'imposition du poisson vendu à Paris et du huitième du vin vendu en détail, faite par le roi à la ville de Paris. 26 décembre 1533. — 1533. 26 décembre.

Confirmé par lettres du roi du 30 décembre 1536.

Enreg. au Parl. de Paris, le 25 janvier 1537 n. s., et à la Cour des Aides, le 17 février 1537 n. s.

Arch. nat., Cour des Aides, recueil Cromo, U. 665, fol. 270. (*Mention.*)

(Voir au 30 décembre 1536.)

6648. Don à Louise de Montmorency, veuve du maréchal de Châtillon, dame d'honneur de la reine, de la coupe de 15 arpents de bois de haute futaie en la forêt de Montargis. Pagny, 26 décembre 1533. — 26 décembre.

Arch. nat., Acquits sur l'épargne, J. 962, n° 83. (*Mention.*)

6649. Don au s[r] de Thays (Taix) de la somme de 2,500 livres tournois sur la confiscation de François de Beaumont, s[r] du Bois-de-Sanzay, condamné à avoir la tête tranchée pour rapts, vols à main armée, etc., par arrêt des Grands jours tenus à Tours le 31 octobre précédent. Pagny, 26 décembre 1533. — 26 décembre.

Arch. nat., Acquits sur l'épargne, J. 962, n° 83. (*Mention.*)

6650. Don à Pierre Lalouete et à Étienne Godemier, huissiers de salle du roi, de 100 écus d'or sur un profit de fief dû au roi par Georges de Gerchin, s[r] de Vaux. Pagny, 26 décembre 1533. — 26 décembre.

Arch. nat., Acquits sur l'épargne, J. 962, n° 83. (*Mention.*)

6651. Lettres de rescision et cassation d'un bail à cens fait en 1499 par le chapitre d'Amiens à maître Jean de La Forge, receveur général de Pi- — 29 décembre.

cardie, d'une maison sise à Amiens, rue des Trois-Cailloux. Paris (*sic*), 29 décembre 1533. 1533.

Arch. départ. de la Somme. Chapitre de Notre-Dame d'Amiens, armoire 2, liasse 51, n° 3.

6652. Mandement au trésorier de l'épargne de payer à Jean de Poncher, chevalier et général des finances en Languedoc, Lyonnais, Forez, Beaujolais, Provence et Dauphiné, 5,340 livres tournois, soit 2,940 livres pour ses gages ordinaires et chevauchées comme général de Languedoc, 1,200 livres comme général de Provence, et 1,200 livres comme général de Dauphiné, pendant l'année courante. Vergy, 30 décembre 1533. 30 décembre.

Bibl. nat., ms. fr. 15629, n° 433. (*Mention.*)

6653. Provisions en faveur de Claude Dufort de l'office de chapelain du château royal d'Argilly. Vergy, 31 décembre 1533. 31 décembre.

Enreg. par analyse à la Chambre des Comptes de Dijon, le 31 août 1534. Arch. de la Côte-d'Or, B. 19, fol. 2.

6654. Déclaration autorisant l'apport de la marée fraîche en la ville de Lyon, sans payement d'aucun droit de péage, et interdisant la perception de toute taxe aux fermiers des péages. Pagny, décembre 1533. Décembre.

Enreg. au Grand Conseil, le 24 novembre 1536. Arch. nat., V[5] 1051. 1 page.
Copies. Arch. de la ville de Lyon, série CC. et AA. 151, fol. 125.

6655. Lettres par lesquelles François Ier ordonne la vente des grains qu'il avait à Coucy, au profit du peuple qui souffrait de la famine. 1533. 1533.

IMP. *Catalogue des archives du baron de Joursanvault*. Paris, in-8°, 1838, t. I, p. 211. (*Mention.*)

6656. Déclaration portant que les habitants de la Guillotière devront payer le droit de passage sur le pont du Rhône les dimanches et fêtes. 1533. 1533.

Arch. de la ville de Lyon, invent. Chappe, t. XIII, p. 166. (*Mention.*)

IMPRIMERIE NATIONALE.

1534. — Pâques, 5 avril. 1534.

6657. Provisions de l'office de maître auditeur à la Chambre des Comptes de Bretagne, en faveur de Jean Hux. Dijon, 1er janvier 1533. 1er janvier.

Enreg. à la Chambre des Comptes de Bretagne. Archives de la Loire-Inférieure, B. *Mandements royaux*, II, fol. 63.

6658. Mandement au trésorier de l'épargne de payer à Christophe Hérault, joaillier à Paris, 4,725 livres tournois pour un carcan auquel sont enchâssés sept grands diamants taillés en table et six rubis cabochons qu'il a livrés au roi. Dijon, 1er janvier 1533. 1er janvier.

Bibl. nat., ms. fr. 15629, n° 450. (*Mention.*)

6659. Mandement au trésorier de l'épargne de payer à Pierre Coing, joaillier à Lyon, 675 livres tournois pour 560 perles orientales que le roi lui a achetées. Dijon, 1er janvier 1533. 1er janvier.

Bibl. nat., ms. fr. 15629, n° 451. (*Mention.*)

6660. Mandement au trésorier de l'épargne de payer à Hans Joncker, joaillier à Paris, 4,950 livres tournois pour plusieurs bagues et joyaux qu'il a vendus au roi. Dijon, 1er janvier 1533. 1er janvier.

Bibl. nat., ms. fr. 15629, n° 454. (*Mention.*)

6661. Mandement au trésorier de l'épargne de payer à Alard Plommier, joaillier à Paris, 4,050 livres tournois pour plusieurs bagues et bijoux qu'il a vendus au roi. Dijon, 1er janvier 1533. 1er janvier.

Bibl. nat., ms. fr. 15629, n° 471. (*Mention.*)

6662. Mandement au trésorier de l'épargne de payer à Jean Crespin, joaillier, 810 livres tournois pour six paires de manchons garnis d'or de Chypre et de perles, et un grand miroir en cristal que le roi lui a achetés. Dijon, 1er janvier 1533. 1er janvier.

Bibl. nat., ms. fr. 15629, n° 485. (*Mention.*)

6663. Mandement au trésorier de l'épargne de payer à Guillaume Auctenier (*aliàs* Hottenier et Authonnier), dit la Trimoille, joaillier à Paris, 1,350 livres tournois pour plusieurs bagues qu'il a vendues au roi. Dijon, 1er janvier 1533. — 1534. 1er janvier.

Bibl. nat., ms. fr. 15629, n° 571. (*Mention.*)

6664. Lettres de décharge du roi à Guillaume Prud'homme d'une somme de 1,350 livres tournois qu'il lui a remise pour donner au dauphin, aux ducs d'Orléans et d'Angoulême, à Mesdames Madeleine et Marguerite de France et à la duchesse d'Urbin. Dijon, 1er janvier 1533. — 1er janvier.

Bibl. nat., ms. fr. 15629, n° 838. (*Mention.*)

6665. Lettres en faveur de Suzanne de Bourbon, veuve de Claude de Rieux, comte d'Harcourt. Dijon, 2 janvier 1533. — 2 janvier.

Bibl. nat., ms. Clairambault 782, fol. 289 v°. (*Mention.*)

6666. Mandement au trésorier de l'épargne de payer à Jehannin Varesque, marchand flamand, 135 livres tournois pour une agate garnie d'or sur laquelle sont représentés Mars, Vénus et Cupidon. Dijon, 2 janvier 1533. — 2 janvier.

Bibl. nat., ms. fr. 15629, n° 569. (*Mention.*)

6667. Mandement au trésorier de l'épargne de payer à Simon Gaudin, joaillier, 2,250 livres tournois pour plusieurs joyaux qu'il a vendus au roi. Dijon, 2 janvier 1533. — 2 janvier.

Bibl. nat., ms. fr. 15629, n° 570. (*Mention.*)

6668. Lettres portant prolongation pendant huit ans des octrois accordés aux habitants de la ville de Dijon. Dijon, 4 janvier 1533. — 4 janvier.

Original. Arch. municipales de Dijon, série K.

Original, Arch. municipales, série L. (Avec un titre un peu différent.)

Enreg. à la Chambre des Comptes de Dijon, le 19 avril suivant. Arch. de la Côte-d'Or, reg. B. 20, fol. 12 v°.

6669. Mandement au trésorier de l'épargne de payer à Louis de Nevers, chevalier de l'ordre et capitaine d'une des bandes des cent gentilshommes de l'hôtel, 8,000 livres tournois pour sa pension de l'année 1533. Dijon, 4 janvier 1533. — 1534. 4 janvier.

Bibl. nat., ms. fr. 15629, n° 426. (*Mention.*)

6670. Mandement au trésorier de l'épargne de payer à Regnault Danet, joaillier à Paris, 9,209 livres 5 sous tournois pour plusieurs bagues et joyaux qu'il a vendus au roi. Dijon, 4 janvier 1533. — 4 janvier.

Bibl. nat., ms. fr. 15629, n° 462. (*Mention.*)

6671. Mandement au trésorier de l'épargne de payer à Louise Grenaisie, veuve de Jean Blandin, qui avait la garde des hérons de la héronnière de Romorantin, 100 livres tournois pour la désintéresser de plusieurs années de gages, à 120 livres par an, qu'elle prétendait dues à son mari. Dijon, 4 janvier 1533. — 4 janvier.

Bibl. nat., ms. fr. 15629, n° 565. (*Mention.*)

6672. Mandement au trésorier de l'épargne de payer à Pierre Dumoulin, sommelier de l'échansonnerie du roi, et à Claude Gauldry, 180 livres tournois pour avoir mené et nourri en Languedoc, Provence et Dauphiné, pendant une demi-année finie le 31 décembre 1533, Dumoulin la haquenée portant les bouteilles et les verres du service du gobelet, et Gauldry celle qui porte les autres bouteilles. Dijon, 4 janvier 1533. — 4 janvier.

Bibl. nat., ms. fr. 15629, n° 567. (*Mention.*)

6673. Mandement au trésorier de l'épargne de payer à Nicolas de Corsanégo et à Augustin Branaria, génois, 2,250 livres tournois pour distribuer à certaines personnes employées secrètement au service du roi. Dijon, 4 janvier 1533. — 4 janvier.

Bibl. nat., ms. fr. 15629, n° 568. (*Mention.*)

6674. Mandement au trésorier de l'épargne de payer — 4 janvier.

à Jean de Stainville, s[r] de Pouilly, écuyer de l'écurie du roi, 300 livres tournois pour sa pension de l'année 1533. Dijon, 4 janvier 1533. — 1534.

Bibl. nat., ms. fr. 15629, n° 580. (*Mention.*)

6675. Mandement au trésorier de l'épargne de payer à Jean de Stainville, s[r] de Pouilly, écuyer de l'écurie du roi, 800 livres tournois en récompense de sept chevaux courtauds qu'il a donnés au roi. Dijon, 4 janvier 1533. — 4 janvier.

Bibl. nat., ms. fr. 15629, n° 566. (*Mention.*)

6676. Mandement au trésorier de l'épargne de payer à Héluin Du Lin, autrefois commis à tenir le compte et faire le payement des pensions des Ligues suisses, 2,250 livres tournois valant 1,000 écus d'or soleil, pour distribuer aux pensionnés du canton de Soleure, en déduction des 1,500 écus qui leur sont dus pour la présente année finissant à la Chandeleur. Dijon, 4 janvier 1533. — 4 janvier.

Bibl. nat., ms. fr. 15629, n° 583. (*Mention.*)

6677. Ordonnance touchant les juridictions de l'Auvergne. Les élus de la basse Auvergne auront leur siège et le receveur son bureau à Clermont; le temporel des églises de fondation royale sera du ressort du bailli de Montferrand; la monnaie sera fabriquée à Saint-Pourçain. Dijon, 5 janvier 1533. — 5 janvier.

Enreg. au Parl. de Paris, à titre de provision et sans préjuger un procès pendant, le 25 février 1535 n. s. Arch. nat., X[1a] 8612, fol. 343. 2 pages 1/3.
Arrêt d'enregistrement, X[1a] 4897, fol. 451.
Enreg. à la Cour des Aides, le 10 mars 1535 n. s. Arch. nat., recueil Cromo, U. 665, fol. 264. (*Mention.*)

6678. Lettres portant continuation pendant six ans du don de la prestation des marcs et d'un octroi sur le sel, en faveur des habitants de Dijon. Dijon, 5 janvier 1533. — 5 janvier.

Enreg. à la Chambre des Comptes de Dijon, le 19 avril suivant. Arch. de la Côte-d'Or, reg. B. 20, fol. 14.

6679. Lettres portant continuation de l'octroi sur le vin, le rouage et le charroi des bêtes vives, accordé aux habitants de la ville de Dijon. Dijon, 5 janvier 1533. 1534. 5 janvier.

Original. Arch. municip. de Dijon, K. 157.

6680. Mandement au trésorier de l'épargne de rembourser aux héritiers de feu Jean de Saint-Romain, dit Panchon, la somme de 5,000 livres tournois que ledit défunt avait prêtée au roi en 1523. Dijon, 5 janvier 1533. 5 janvier.

Arch. nat., Acquits sur l'épargne, J. 962, n° 84. *(Mention.)*

6681. Mandement au trésorier de l'épargne de payer à Guillaume Poyet, avocat du roi au Parlement de Paris, la somme de 1,000 livres tournois pour sa pension des années 1532 et 1533. Dijon, 5 janvier 1533. 5 janvier.

Arch. nat., Acquits sur l'épargne, J. 962, n° 84. *(Mention.)*
Bibl. nat., ms. fr. 15629, n° 372. *(Mention.)*

6682. Mandement au trésorier de l'épargne de payer à François de Montholon 500 livres tournois pour la pension de son office d'avocat du roi au Parlement de Paris durant l'année 1533. Dijon, 5 janvier 1533. 5 janvier.

Arch. nat., Acquits sur l'épargne, J. 962, n° 84. *(Mention.)*
Bibl. nat., ms. fr. 15629, n° 412. *(Mention.)*

6683. Provisions de l'office de juge « prévostaire » de la prévôté de Montréal en Auxois, pour Jean Arbaleste, en remplacement et sur la résignation de Pierre Moireau. Dijon, 6 janvier 1533. 6 janvier.

Enreg. par analyse à la Chambre des Comptes de Dijon, le 1er décembre 1534. Arch. de la Côte-d'Or, B. 19, fol. 2 v°.

6684. Mandement au trésorier de l'épargne de payer à Pierre d'Apestigny, général des finances en Bourgogne, 2,400 livres tournois pour ses 7 janvier.

gages des années 1532 et 1533. Dijon, 7 janvier 1533. 1534.

Bibl. nat., ms. fr. 15628, n° 586. (*Mention.*)

6685. Mandement au trésorier de l'épargne de bailler à Pierre Rousseau, commis à tenir le compte et faire le payement de la chambre aux deniers du dauphin, des ducs d'Orléans et d'Angoulême, 2,000 livres tournois pour dédommager François Regnard et ses compagnons qui ont fourni de boucherie la maison de Messeigneurs de juillet 1530 au 31 décembre 1533. Dijon, 7 janvier 1533. 7 janvier.

Bibl. nat., ms. fr. 15629, n° 339. (*Mention.*)

6686. Mandement au trésorier de l'épargne de bailler à Nicolas de Troyes, argentier du roi, 4,000 livres tournois pour le payement de draps de soie, de laine, fourrures, etc., fournis en vue de l'aménagement de la duchesse d'Orléans et de sa maison. Dijon, 7 janvier 1533. 7 janvier.

Bibl. nat., ms. fr. 15629, n° 378. (*Mention.*)

6687. Mandement au trésorier de l'épargne de bailler à Nicolas de Troyes, argentier du roi, 8,145 livres 11 sous 8 deniers tournois pour payer plusieurs pièces de draps d'or, d'argent, de soie et de laine, ainsi que les lits et meubles destinés à la maison de la duchesse d'Orléans et de ses dames et demoiselles. Dijon, 7 janvier 1533. 7 janvier.

Bibl. nat., ms. fr. 15629, n° 581. (*Mention.*)

6688. Mandement au trésorier de l'épargne de payer à frère Jean-Baptiste Palvesin (Pallavicini), docteur en théologie, de l'ordre des Carmes, 225 livres tournois pour continuer les prédications qu'il a commencées à la cour. Dijon, 7 janvier 1533. 7 janvier.

Bibl. nat., ms. fr. 15629, n° 564. (*Mention.*)

6689. Mandement au trésorier de l'épargne de payer à Nicolas de Rustici, dit le Bossu, capitaine de lansquenets, 100 livres tournois en déduction de ce qui pourra lui être dû pour les frais 7 janvier.

de son dernier voyage en Danemark. Dijon, 7 janvier 1533. 1534.

Bibl. nat., ms. fr. 15629, n° 574. (*Mention.*)

6690. Mandement au trésorier de l'épargne de payer à Jean Ravier, conseiller au Parlement de Paris, 200 livres tournois en déduction de ce qui pourra lui être dû de frais de déplacements et voyages en Suisse, pour se rendre avec le s^r de Lamet aux diètes qui se sont tenues dans ce pays, lorsqu'ils y ont résidé comme ambassadeurs du roi. Dijon, 7 janvier 1533. 7 janvier.

Bibl. nat., ms. fr. 15629, n° 575. (*Mention.*)

6691. Mandement au trésorier de l'épargne de remettre à James de Saint-Julien, écuyer de l'écurie du roi, 2,835 livres tournois qu'il devra porter à Saluces, au marquis de Saluces, chargé d'employer cette somme en affaires secrètes. Dijon, 7 janvier 1533. 7 janvier.

Bibl. nat., ms. fr. 15629, n° 576. (*Mention.*)

6692. Mandement au trésorier de l'épargne de payer à Albrecht Foltzer Kueringen, capitaine de lansquenets, 500 livres tournois pour sa pension du premier quartier de 1534. Dijon, 7 janvier 1533. 7 janvier.

Bibl. nat., ms. fr. 15629, n° 579. (*Mention.*)

6693. Mandement au trésorier de l'épargne de bailler à Pierre Duval, trésorier des menus plaisirs du roi, 2,250 livres tournois pour les dépenses de son office du mois courant. Dijon, 7 janvier 1533. 7 janvier.

Bibl. nat., ms. fr. 15629, n° 582. (*Mention.*)

6694. Déclaration portant ampliation de l'édit du mois de mars 1520 n. s. (n° 1165), concernant le rachat des rentes qui sont dues sur les maisons de la ville de la Rochelle. Dijon, 8 janvier 1533. 8 janvier.

Enreg. au Parl. de Paris, le 7 septembre 1534. *Arch. nat.*, X^1a 8612, fol. 329 v°.

Arrêt d'enregistrement. Idem; reg. du Conseil, X^1a 1537, fol. 458 v°.

6695. Mandement au trésorier de l'épargne de payer à Laurent Bozot, chevaucheur de l'écurie, 225 livres tournois pour un voyage qu'il va faire en toute diligence à Rome, où le roi l'envoie porter des lettres missives au pape. Fontaine-Française, 10 janvier 1533. — 1534. 10 janvier.

Bibl. nat., ms. fr. 15629, n° 573. (*Mention.*)

6696. Mandement au trésorier de l'épargne de payer à Jean Du Bellay 2,250 livres pour le voyage et le séjour qu'il a faits en Angleterre, du 29 novembre 1533 au 10 janvier 1534 n. s., et pour un voyage qu'il va faire à Rome, où il est envoyé par le roi auprès du pape. Langres, 12 janvier 1533. — 12 janvier.

Bibl. nat., ms. fr. 15629, n° 572, et ms. Clairambault 1215, fol. 72. (*Mention.*)

6697. Provisions de l'office de bailli et maître des foires de Chalon pour Aimé de Lugny, fils de Jean de Lugny, chevalier, seigneur de Ruffey, conseiller et chambellan du roi, en survivance de son père. Joinville, 16 janvier 1533. — 16 janvier.

Reçu le 2 mars suivant.

Enreg. au Parl. de Dijon. Arch. de la Côte-d'Or, Parl., reg. II, fol. 122.

Enreg. par analyse à la Chambre des Comptes de Dijon, le 2 mars suivant. Arch. de la Côte-d'Or, B. 19, fol. 1.

6698. Lettres de don à Antoine Sanguin, évêque d'Orléans, des fruits et revenus dudit évêché échus et à échoir au roi en régale, depuis la mort de son prédécesseur jusqu'au jour où il prêtera le serment de fidélité au roi. Joinville, 16 (*aliàs* 17) janvier 1533. — 16 janvier.

Enreg. à la Chambre des Comptes de Paris, le 24 mars suivant. Arch. nat., P. 2537, fol. 172 v°. (*Arrêt d'enregistrement.*)

Arch. nat., Acquits sur l'épargne, J. 962, n° 85. (*Mention.*)

6699. Mandement au trésorier de l'épargne de payer 360 livres tournois au capitaine et aux gardes — 16 janvier.

IMPRIMERIE NATIONALE.

de la forêt de Chinon pour leurs gages de l'année 1532. Joinville, 16 janvier 1533. | 1534.

Bibl. nat., ms. fr. 15628, n° 617. (*Mention.*)

6700. Mandement au trésorier de l'épargne de payer à Adam Fumée, Pierre Dauvet, Jean Hurault, Guillaume Budé, Girard Le Coq, René Ragueneau, Pierre Fabri, Claude Dodieu, Amaury Bouchard, Antoine Du Bourg, Thibaut de Longuejoue et André Guillard, maîtres des requêtes ordinaires de l'hôtel du roi, 3,000 livres tournois, soit à chacun 250 livres, pour leurs voyages et chevauchées de l'année 1533. Joinville, 16 janvier 1533. | 16 janvier.

Bibl. nat., ms. fr. 15629, n° 558. (*Mention.*)

6701. Don à Jacques de Pas, porte-enseigne de la compagnie du dauphin, de 400 livres tournois sur les lods et ventes et autres droits seigneuriaux dus au roi à cause de la vente faite par ledit de Pas de la terre de Jumencourt mouvant de la seigneurie de Coucy. Joinville, 17 janvier 1533. | 17 janvier.

Arch. nat., *Acquits sur l'épargne*, J. 962, n° 85. (*Mention.*)

6702. Don à Françoise de Saint-Gelais, veuve du s[r] de Pérault, tutrice de leurs enfants mineurs, du revenu du péage de Serrières-sur-Rhône, payable par le trésorier de Nîmes pendant une année, à dater du 28 août précédent qu'elle en a eu mainlevée du roi. Joinville, 17 janvier 1533. | 17 janvier.

Arch. nat., *Acquits sur l'épargne*, J. 962, n° 85. (*Mention.*)

6703. Don au s[r] de Montejean de la somme de 300 livres tournois, montant des droits et devoirs seigneuriaux dus au roi à cause de la seigneurie du Bois-Borasse mouvante du château du Mans, et par suite du décès de Renée de Montespedon, dame de la Jumellière. Joinville, 17 janvier 1533. | 17 janvier.

Arch. nat., *Acquits sur l'épargne*, J. 962, n° 85. (*Mention.*)

6704. Don au s^r^ d'Aubigny, de Bourgogne, de l'amende et confiscation encourues par Philibert Boleur, procureur d'Arnay-le-Duc, pour subornation de témoins et autres faux. Joinville, 17 janvier 1533. — 1534. 17 janvier.

Arch. nat., *Acquits sur l'épargne*, J. 962, n° 85. (*Mention.*)

6705. Don à Jean-Joachim de Passano, maître d'hôtel du roi, de 1,000 écus d'une part, 1,500 écus d'autre et 400 livres tournois d'amende prononcée contre Jean Honesti, marchand lucquois demeurant à Lyon, pour avoir trafiqué avec des Génois, à la foire d'août 1531, contrairement aux ordonnances. Joinville, 17 janvier 1533. — 17 janvier.

Arch. nat., *Acquits sur l'épargne*, J. 962, n° 85. (*Mention.*)

6706. Mandement au trésorier de l'épargne de payer à M. de Boisy, chevalier de l'ordre et capitaine du château d'Amboise, 600 livres tournois pour les gages de cette capitainerie pendant l'année 1533. Joinville, 17 janvier 1533. — 17 janvier.

Bibl. nat., ms. fr. 15629, n° 577. (*Mention.*)

6707. Mandement au trésorier de l'épargne de payer à M. de Boisy 1,200 livres tournois pour sa pension de l'année 1533. Joinville, 17 janvier 1533. — 17 janvier.

Bibl. nat., ms. fr. 15629, n° 578. (*Mention.*)

6708. Mandement aux sénéchaux et baillis du royaume de convoquer le ban et l'arrière-ban de la noblesse pour le 15 mai prochain. Joinville, 18 janvier 1533. — 18 janvier.

Copie du XVIe *siècle. Bibl. nat.*, ms. fr. 5124, fol. 72.

6709. Commission spéciale adressée au sénéchal de Limousin pour la convocation du ban et de l'arrière-ban dans son ressort. Joinville, 18 janvier 1533. — 18 janvier.

IMP. *Registres consulaires de Limoges*, tome Ier, p. 235.

6710. Mandement au trésorier de l'épargne de payer à Jean de Tardes, gentilhomme de l'hôtel du roi, 225 livres tournois pour un voyage que Sa Majesté l'envoie faire en Allemagne auprès de certains personnages de ce pays. Joinville, 19 janvier 1533. — 1534. 19 janvier.

Bibl. nat., ms. fr. 15629, n° 563. (*Mention.*)

6711. Commission de maître des requêtes du palais octroyée à Pierre Viole, conseiller au Parlement de Paris, au lieu de feu Jean Viole, son frère. Bar-le-Duc, 22 janvier 1533. — 22 janvier.

Présentée au Parl. de Paris, le 4 février suivant. Arch. nat., X^{1a} 1537, reg. du Conseil, fol. 117 v°. (*Mention.*)

Reçu le 20 février suivant, *id.*, fol. 133.

6712. Mandement au trésorier de Beaujolais lui prescrivant d'employer une somme de 200 livres tournois à lui ordonnée, provenant des amendes adjugées au roi par le Conseil de Dombes établi à Lyon, à l'aménagement d'un auditoire et chambre dudit Conseil pour l'expédition de la justice. Bar-le-Duc, 22 janvier [1533]. — 22 janvier.

Arch. nat., *Acquits sur l'épargne*, J. 962, n° 244. (*Mention.*)

6713. Mandement au trésorier de Beaujolais d'employer 100 livres tournois, de même provenance, aux payements des frais de justice du Conseil de Dombes établi à Lyon. Bar-le-Duc, 22 janvier [1533]. — 22 janvier.

Arch. nat., *Acquits sur l'épargne*, J. 962, n° 244. (*Mention.*)

6714. Don à Thomas Le Vicomte, archer de la garde, de 50 écus d'or soleil sur les deniers qui proviendront de la vente de l'office de sergent royal en l'élection de Montfort-l'Amaury, vacant par le décès de Guyon Hervé. Bar-le-Duc, 22 janvier [1533]. — 22 janvier.

Arch. nat., *Acquits sur l'épargne*, J. 962, n° 244. (*Mention.*)

6715. Déclaration portant règlement de juridiction pour le bailliage de Chaumont-en-Bassigny. Bar-le-Duc, 23 janvier 1533. 1534. 23 janvier.

Enreg. au Parl. de Paris, le 28 avril 1534.
Arch. nat., X[1a] 8612, fol. 320 v°, 2 pages 1/4.
Arrêt d'enregistrement, id., X[1a] 4896, fol. 116.

6716. Mandement au trésorier de l'épargne de payer à Claude de Lorraine, duc de Guise, lieutenant général du roi et gouverneur de Brie et de Champagne, 18,000 livres tournois, soit 6,000 pour son état de gouverneur et 12,000 pour sa pension de l'année 1533. Bar-le-Duc, 24 janvier 1533. 24 janvier.

Bibl. nat., ms. fr. 15629, n° 426. (*Mention.*)

6717. Mandement au trésorier de l'épargne de payer à Jean de Lénoncourt, chevalier, s[r] de Loches, bailli de Bar-sur-Seine, 600 livres tournois pour sa pension de l'année 1533. Bar-le-Duc, 24 janvier 1533. 24 janvier.

Bibl. nat., ms. fr. 15629, n° 467. (*Mention.*)

6718. Mandement au trésorier de l'épargne de payer à Pierre de Haraucourt, chevalier, s[r] de Perroy, 1,000 livres tournois pour sa pension de l'année 1533. Bar-le-Duc, 24 janvier 1533. 24 janvier.

Bibl. nat., ms. fr. 15629, n° 468. (*Mention.*)

6719. Mandement au trésorier de l'épargne de payer à Pierre Le Messier, commis de Pierre Mangot, orfèvre du roi, 657 livres 17 sous 6 deniers tournois pour un grand collier de l'ordre pesant 3 marcs 4 onces 3 gros et 8 grains d'or, que le roi a donné à M. de Canaples. Bar-le-Duc, 24 janvier 1533. 24 janvier.

Bibl. nat., ms. fr. 15629, n° 653. (*Mention.*)

6720. Mandement au trésorier de l'épargne de payer à Baptiste Auxillyan, maître de la galéasse *le Saint-Pierre*, 225 livres tournois en récompense de ses services et pour avoir conduit au royaume de Fez le feu capitaine Piton. Bar-le-Duc, 27 janvier 1533. 27 janvier.

Bibl. nat., ms. fr. 15629, n° 562. (*Mention.*)

6721. Édit touchant le ban et l'arrière-ban des nobles et autres tenant fiefs au duché de Bourgogne. Joinville, 28 janvier 1533. 1534. 28 janvier.

Enregt. au Parl. de Dijon. Arch. de la Côte-d'Or, Parl., reg. II, fol. 122 v°.

6722. Provisions en faveur de Jean de Daillon, chevalier, s^r d'Illiers, de l'office de sénéchal d'Anjou, vacant par la mort de Jacques de Daillon, son père. 31 janvier 1533. 31 janvier.

Bibl. nat., ms. Clairambault 782, fol. 289 v°. (*Mention.*)

6723. Édit portant que tous les privilégiés, gentilshommes de la ville de Dijon, seront astreints aux impôts pour la fortification. Dijon, janvier 1533. Janvier.

Lettres de surannation et mandement d'enregistrer. 22 novembre 1541.

Original. Arch. municip. de Dijon, Trésor des Chartes, L.

6724. Lettres de légitimation obtenues par Odine et Gabrielle Esmonin, filles naturelles de feu Jean Esmonin, prêtre, et de Jeanne Faucon-nier, alors veuve, et par Jean Collet, fils naturel de ladite veuve et de feu Pierre Collet, prêtre. Dijon, janvier 1533. Janvier.

Enreg. à la Chambre des Comptes de Dijon, le 10 février 1535 n. s. Arch. de la Côte-d'Or, B. 72, fol. 136 v°.

6725. Lettres de légitimation accordées à Claude, Catherine et Thibaut Colin, enfants naturels de Claude Colin, religieux de l'ordre de Saint-Jean-de-Jérusalem, et de Perrenette Protay. Joinville, janvier 1533. Janvier.

Enreg. à la Chambre des Comptes de Dijon, le 21 avril 1534. Arch. de la Côte-d'Or, B. 72, fol. 134 v°.

6726. Lettres octroyant à René de Beauvau, seigneur de Rorthais, l'autorisation de faire dresser et Janvier.

édifier des fourches patibulaires en sa seigneurie. Janvier 1533. | 1534.

Copie. *Archives du château de Bourlémont.*
Impr. Documents rares ou inédits de l'histoire des Vosges, t. VII, p. 221.

6727. Mandement au trésorier de l'épargne de payer à plusieurs jeunes Suisses, étudiants à l'Université de Paris, 450 livres tournois pour continuer leurs études pendant le premier quartier de l'année 1534. Troyes, 1er février 1533. | 1er février.

Bibl. nat., ms. fr. 15629, n° 336. (*Mention.*)

6728. Mandement au trésorier de l'épargne de payer à Jean Hotman, orfèvre à Paris, 1,000 livres 9 sous 4 deniers tournois pour 52 marcs 5 onces 2 gros de vaisselle d'argent doré dont le roi a fait présent au sr [Francis] Bryan, gentilhomme de la chambre du roi d'Angleterre, qui l'avait accompagné, l'année précédente, en Auvergne, en Languedoc et en Provence, en qualité d'ambassadeur de Henri VIII. Troyes, 1er février 1533. | 1er février.

Bibl. nat., ms. fr. 15629, n° 337, et ms. Clairambault 1215, fol. 73. (*Mentions.*)

6729. Mandement au trésorier de l'épargne de payer à Jean, bâtard du Fay, 1,000 livres tournois pour sa pension de l'année 1533. Troyes, 1er février 1533. | 1er février.

Bibl. nat., ms. fr. 15629, n° 484. (*Mention.*)

6730. Mandement au trésorier de l'épargne de payer à Jehannot Bouteillier, chargé de faire planter et cultiver les clos de vignes que le roi a ordonnés à Champagne-lès-Fontainebleau, 1,000 livres tournois pour acheter 160 milliers de ceps d'Espagne et d'Arbois destinés à ces plantations. Troyes, 2 février 1533. | 2 février.

Bibl. nat., ms. fr. 15629, n° 732. (*Mention.*)

6731. Provisions de l'office de conseiller clerc au Parlement de Bordeaux pour Hugues de Cazaulx. Paris (*sic*), 4 février 1533. | 4 février.

Enreg. au Parl. de Bordeaux, le 9 avril 1534.
Arch. de la Gironde, B. 30 *bis*, fol. 197 v°. 3 pages.

6732. Provisions de l'office de conseiller clerc au Parlement de Toulouse en faveur de Pierre de Saint-Martin, au lieu de Léon Bellon, dernier possesseur de cet office. Bray-sur-Seine, 5 février 1533. — 1534. 5 février.

Il est reçu et prête serment au Parlement de Toulouse le 12 novembre 1535.

Enreg. au Parl. de Toulouse. Arch. de la Haute-Garonne, Édits, reg. 4, fol. 38. 2 pages.

6733. Lettres accordant surséance de deux ans à François de Bourbon, comte de Saint-Pol, pour rendre les foi et hommage dudit comté. Paris, 9 février 1533. — 9 février.

Enreg. à la Chambre des Comptes de Paris, le 1er février 1535 n. s. Arch. nat., P. 2537, fol. 197 v°. (Arrêt d'enregistrement.)

6734. Ordonnance portant règlement pour la police des gens de guerre. Paris, 12 février 1533. — 12 février.

Enreg. à la Table de marbre (Siège de la Connétablie), le 18 février suivant.

Enreg. à la Chambre des Comptes de Grenoble. Arch. de l'Isère, B. 2909, cah. 40, 15 pages.

IMP. *Pièce in-4°, Bibl. nat., Inv. Réserve, F. 1537.*

Rebuffi, *Édits et ordonnances des rois de France. Lyon*, 1573, in-fol., p. 949.

Fontanon, *Les édits et ordonnances, etc.* Paris, 1611, in-fol., t. III, p. 90.

Isambert, *Recueil général des anc. lois françaises.* Paris, 1827, in-8°, t. XII, p. 384.

6735. Ordonnance prohibant les réserves et expectatives exercées par des étrangers sur les bénéfices et prébendes des églises de Provence. Paris, 13 février 1533. — 13 février.

Enreg. au Parl. de Provence. Arch. de la Cour, à Aix, Lettres royaux, 2e reg., in-fol. papier de 1,026 feuillets, fol. 14.

6736. Confirmation des lettres du 15 mars 1530 n. s. (n° 3644) en faveur de Boniface Séguiran. Paris, 13 février 1533. — 13 février.

Enreg. à la Chambre des Comptes d'Aix, le 26 juin 1535. Arch. des Bouches-du-Rhône, B. 31 (*Salamandra*), fol. 273. 1 page.

6737. Mandement au trésorier de l'épargne de payer à Jean de La Barre, prévôt de Paris, 1,048 livres 6 sous 5 deniers tournois sur le revenu du grenier à sel d'Étampes. Paris, 13 février 1533. — 1534. 13 février.

Bibl. nat., ms. fr. 15629, n° 731. (*Mention.*)

6738. Mandement au trésorier de l'épargne de payer à Charles Guillard, Antoine Le Viste et Denis Poillot, présidents au Parlement de Paris, 1,500 livres tournois, soit 500 livres à chacun, pour leurs pensions de l'année 1533. Paris, 13 février 1533. — 13 février.

Bibl. nat., ms. fr. 15629, n° 873. (*Mention.*)

6739. Mandement au trésorier de l'épargne de bailler à Nicolas de Troyes, argentier du roi, 3,633 livres 12 sous 6 deniers tournois pour le payement de draps de soie, de bordures, de panaches, de harnais de chevaux, etc., achetés par le roi en vue du tournoi qui doit avoir lieu à Paris au carnaval. Paris, 14 février 1533. — 14 février.

Bibl. nat., ms. fr. 15629, n° 340. (*Mention.*)

6740. Mandement au trésorier de l'épargne de payer à [Jean de La Barre], prévôt de Paris, 1,125 livres tournois que le roi lui donne en récompense de ses services. Paris, 14 février 1533. — 14 février.

Bibl. nat., ms. fr. 15629, n° 735. (*Mention.*)

6741. Mandement au trésorier de l'épargne de délivrer à Pierre Duval, trésorier des menus plaisirs du roi, 4,500 livres tournois pour employer au fait de son office pendant le mois courant. Paris, 14 février 1533. — 14 février.

Bibl. nat., ms. fr. 15629, n° 736. (*Mention.*)

6742. Lettres ordonnant aux vicomtes de Pont-Audemer, Falaise, Caudebec et Beaumont-le-Roger de payer à Suzanne de Bourbon, veuve de Jacques de Rieux, comte d'Harcourt, en vertu du don à elle ci-devant fait de l'émolument de la garde-noble des biens de Claude de Rieux, son fils mineur, la somme de 25 livres — 17 février.

IMPRIMERIE NATIONALE.

sur les 50 livres que la Chambre des Comptes avait réduites de moitié. Paris, 17 février 1533. 1534.

Enreg. à la Chambre des Comptes de Paris, le 28 février suivant. Arch. nat., invent. PP. 136, p. 407. (*Mention.*)

6743. Don à Mme de Rieux de 25 livres tournois, moitié de la somme due pour une année de la garde-noble de son fils Jacques de Rieux, comte d'Harcourt, en Normandie, dont le roi lui avait fait remise intégrale et que la Chambre des Comptes ne lui avait entérinée que pour moitié, suivant l'ordonnance. Paris, 17 février 1533. 17 février.

Arch. nat., Acquits sur l'épargne, J. 962, n° 86. (*Mention.*)

6744. Lettres accordant à Mme de Rieux et à son fils une traite de 100 pipes de vin, franche de tous droits et péages, pour l'approvisionnement de leur maison de Bretagne. Paris, 17 février 1533. 17 février.

Arch. nat., Acquits sur l'épargne, J. 962, n° 86. (*Mention.*)

6745. Mandement au receveur et payeur du Parlement de Paris de payer, sur les deniers de son office de l'année 1533, à Emilio Ferretto, conseiller lui en ladite cour, ses gages depuis le 13 mai précédent, date de ses provisions [1], jusqu'au 5 janvier suivant, jour de sa réception, quoiqu'il n'ait point servi durant ce temps. Paris, 17 février 1533. 17 février.

Arch. nat., Acquits sur l'épargne, J. 962, n° 86. (*Mention.*)

6746. Don à Mme de Villars de la somme de 800 livres tournois sur les droits et devoirs seigneuriaux dus au roi à cause de la terre et seigneurie de la Bruyère en la vicomté de Montivilliers et bailliage de Caux, acquise récem- 17 février.

[1] Les provisions d'Émilio Ferretto sont en réalité du 16 juin 1533. (Ci-dessus, n° 5936.)

ment par le s^r de Savennières. Paris, 17 février 1533. — 1534.

Arch. nat., *Acquits sur l'épargne*, J. 962, n° 86. (*Mention*.)

6747. Don au s^r de Nagu, huissier de la chambre du roi, de 250 livres tournois, moitié de la somme de 500 livres, que Sa Majesté lui avait précédemment octroyée sur une amende prononcée par arrêt du Conseil de Dombes contre Pierre de Saint-Trivier, s^r de Chazelles, la Chambre des Comptes ayant réduit de moitié cette libéralité. Paris, 17 février 1533. — 17 février.

Arch. nat., *Acquits sur l'épargne*, J. 962, n° 86. (*Mention*.)

6748. Lettres explicatives du don précédemment fait à Françoise de Saint-Gelais d'une année des revenus du péage de Serrières-sur-Rhône (17 janvier, n° 6702), portant dérogation aux ordonnances contraires. Paris, 17 février 1533. — 17 février.

Arch. nat., *Acquits sur l'épargne*, J. 962, n° 86. (*Mention*.)

6749. Don à Gilles de La Pommeraye de 410 livres tournois, en dédommagement des dépenses extraordinaires par lui supportées pendant son ambassade en Angleterre. Paris, 17 février 1533. — 17 février.

Arch. nat., *Acquits sur l'épargne*, J. 962, n° 86. (*Mention*.)

6750. Provision pour faire conduire en franchise du Dauphiné à Marseille un radeau de bois destiné aux galères de M. le Grand Maître. Paris, 17 février 1533. — 17 février.

Arch. nat., *Acquits sur l'épargne*, J. 962, n° 86. (*Mention*.)

6751. Don à Pierre de Brymbal, tailleur et imagier, d'une somme de 50 écus d'or soleil pour le récompenser en partie d'une «histoire faicte de marbre, en laquelle y a plusieurs personnages taillez», que le roi lui a commandée et — 17 février.

à laquelle il travaille depuis un an. Paris, 17 février 1533. 1534.

Arch. nat., Acquits sur l'épargne, J. 962, n° 86. (*Mention.*)

6752. Mandement au trésorier de l'épargne de payer à Simon Iualbon, du pays de Suisse, 56 livres 5 sous tournois pour avoir apporté au roi des nouvelles importantes de son pays, et à Thomas David, chevaucheur d'écurie, 27 livres tournois pour être allé, en janvier dernier, de Paris à Montargis, porter des lettres du roi aux s^rs^ Béda et Picard, leur ordonnant de venir conférer à Paris avec Sa Majesté. Paris, 18 février 1533. 18 février.

Bibl. nat., ms. fr. 15629, n° 868. (*Mention.*)

6753. Don fait sur la requête de M. de Montmorency, grand maître de France, à Milet Rougnard, dit Delavigne, à Jean Dutheil et à Pierre Dumoulin, sommeliers d'échansonnerie et de paneterie du roi, de 150 écus d'or soleil sur les deniers qui proviendront de la vente de l'office d'avocat du roi à Bayeux, vacant par la promotion de Pierre Richard à un autre office. Paris, 19 février 1533. 19 février.

Arch. nat., Acquits sur l'épargne, J. 962, n° 87. (*Mention.*)

6754. Don à Guillaume Allart et à Lancelot Gosselin, tapissiers du roi, et à deux autres, l'un vitrier et l'autre menuisier dudit seigneur, de l'office de maître des œuvres de maçonnerie en la sénéchaussée de Beaucaire et Nîmes, vacant par le décès du s^r^ Paussy, en récompense de leur dévouement pendant un incendie qui eut lieu dernièrement au logis du roi près de Marseille, où ils sauvèrent des meubles et autres objets précieux. Paris, 19 janvier 1533. 19 février.

Arch. nat., Acquits sur l'épargne, J. 962, n° 87. (*Mention.*)

6755. Don aux s^rs^ Du Poutreau, François Imperat et Louis Du Retour, sur la requête de M. le 19 février.

Grand Maître, des biens confisqués d'Arnaud Demal. Paris, 19 février 1533. 1534.

Arch. nat., Acquits sur l'épargne, J. 962, n° 87. (*Mention.*)

6756. Don et remise à Nicolas de Barnay, archer de la garde sous le commandement du sénéchal d'Agenais, d'une amende de 60 livres parisis à laquelle il a été condamné par arrêt du Parlement de Paris. Paris, 19 février 1533. 19 février.

Arch. nat., Acquits sur l'épargne, J. 962, n° 87. (*Mention.*)

6757. Mandement au trésorier de l'épargne de payer à Nicolas Cauchon, écuyer, s^r de Maupas, et à Charlotte Du Moulin, dite Bry, sa femme, 2,250 livres tournois en faveur de leur mariage célébré dernièrement à Paris, avec l'agrément du roi. Paris, 19 février 1533. 19 février.

Bibl. nat., ms. fr. 15629, n° 376. (*Mention.*)

6758. Mandement au trésorier de l'épargne de payer à Louis Berlant, dit La Gastière, joaillier, 837 livres tournois pour plusieurs bagues et joyaux qu'il a vendus au roi. Paris, 19 février 1533. 19 février.

Bibl. nat., ms. fr. 15629, n° 733. (*Mention.*)

6759. Mandement au trésorier de l'épargne de payer à Philippe Odin, brodeur à Paris, 517 livres 10 sous tournois pour un devant de cotte de satin cramoisi et une paire de manchons cannetillés d'or et semés de perles, enrichis de broderies. Paris, 19 février 1533. 19 février.

Bibl. nat., ms. fr. 15629, n° 734. (*Mention.*)

6760. Provisions de l'office de juge mage de Rouergue en faveur d'Antoine Ferrandier, office exercé auparavant par Amaury Cayssials. Paris, 20 février 1533. 20 février.

Il est reçu et prête serment au Parlement de Toulouse le 1er avril 1534 n. s.

Enreg. au Parl. de Toulouse. Arch. de la Haute-Garonne, Édits, reg. 4, fol. 11, 2 pages.

6761. Mandement à la Chambre des Comptes de faire 20 février.

payer par le receveur de Poitiers à François de La Béraudière la somme de 250 livres, faisant moitié d'une amende de 500 livres prononcée contre Jacques Bonnet par sentence du sénéchal de Poitou, et donnée audit de La Béraudière. Paris, 20 février 1533. 1534.

Enreg. à la Chambre des Comptes de Paris, le 2 mars suivant. Arch. nat., invent. PP, 136, p. 407. (*Mention.*)

6762. Mandement au trésorier de l'épargne de payer à Françoise Girard, gouvernante de Cathelot, folle de la reine, 100 livres tournois pour les soins et la nourriture de ladite Cathelot. Paris, 21 février 1533. 21 février.

Bibl. nat., ms. fr. 15629, n° 869. (*Mention.*)

6763. Provisions faites à la nomination de Jean de Créquy, seigneur de Canaples, comte de Mantes et de Meulan, en faveur d'Adrien de Melun, baron de Landes, échanson du roi, de l'office de bailli de Mantes, résigné à son profit par Jean d'Assigny. Paris, 22 février 1533. 22 février.

Réception dudit de Melun au Parl. de Paris, le 12 mars suivant. Arch. nat., X[1a] 4895, Plaidoiries, fol. 512. (*Mention.*)

6764. Don pour neuf ans à la veuve de Claude de Villars, s[r] de Suse, lieutenant au gouvernement de l'Île-de-France, d'une somme annuelle de 200 livres tournois sur le revenu de la terre et seigneurie de Pont-Sainte-Maxence. Paris, 22 février 1533. 22 février.

Arch. nat., Acquits sur l'épargne, J. 962, n° 88. (*Mention.*)

6765. Mandement au commis à la recette générale d'Outre-Seine, Yonne et Picardie de payer chaque année, à l'avenir, Étienne de Mercatel, prévôt des maréchaux en Picardie, Île-de-France, prévôté et vicomté de Paris, Soissonnais et bailliages de Melun et de Senlis, ses lieutenants et archers, de leurs gages et solde, 22 février.

depuis et y compris l'année commencée au 1er janvier 1533 n. s. Paris, 22 février 1533. 1534.

Arch. nat., Acquits sur l'épargne, J. 962, n° 88. (*Mention.*)

6766. Permission au baron de Saint-Blancard de faire conduire en franchise, du Dauphiné à Marseille, par l'Isère et le Rhône, 1,500 rames, douze paires d'antennes et douze arbres pour servir aux galères neuves qu'il fait construire sur l'ordre du roi. Paris, 22 février 1533. 22 février.

Arch. nat., Acquits sur l'épargne, J. 962, n° 88. (*Mention.*)

6767. Permission au baron de Saint-Blancard de faire conduire en franchise, des villes de Lyon et de Tain à Marseille, 500 quintaux de chanvre et cordages pour lesdites galères. Paris, 22 février 1533. 22 février.

Arch. nat., Acquits sur l'épargne, J. 962, n° 88. (*Mention.*)

6768. Permission au capitaine Madelon d'Ornezan de faire conduire en franchise, du Dauphiné à Marseille, 500 rames, huit paires d'antennes et six arbres pour servir aux galères dont il a la charge. Paris, 22 février 1533. 22 février.

Arch. nat., Acquits sur l'épargne, J. 962, n° 88. (*Mention.*)

6769. Lettres de naturalité et permission de tester, avec remise des droits de chancellerie, accordées à Jean et à François Taillecarne (Tagliacarne), fils de Louis Taillecarne, frère de Benoît Théocrène, accordant en outre audit François spécialement permission de tenir et posséder des bénéfices dans le royaume. Paris, 22 février 1533. 22 février.

Arch. nat., Acquits sur l'épargne, J. 962, n° 88. (*Mention.*)

6770. Lettres portant que Nicolas Picard, commis aux comptes des châteaux de Fontainebleau et de Boulogne et de la fontaine de Saint-Germain-en-Laye, rapportera les ordonnances, rôles et 22 février.

papiers de feu Florimond de Champeverne, en son vivant contrôleur desdits bâtiments, et les autres pièces justificatives de ses comptes, et qu'il lui en sera donné décharge et validation. Paris, 22 février 1533. 1534.

Arch. nat., Acquits sur l'épargne, J. 962, n° 88. (*Mention.*)

6771. Don à Philippe et à Huguet Grivel, fils de Claude Grivel, s^r de Grossove, du droit de retenue appartenant au roi, comme duc d'Auvergne, sur la rente de 1,500 livres tournois en tout droit de directe seigneurie, que feu Jean de Chauvigny, s^r de Blot, vendit l'an 1442 à Guillaume Éverard, s^r de Montespedon, et qu'il assigna sur sa terre et seigneurie de Blot, mouvant en fief du duché d'Auvergne. Paris, 22 février 1533. 22 février.

Arch. nat., Acquits sur l'épargne, J. 962, n° 88. (*Mention.*)

6772. Mandement au vicomte et receveur d'Évreux de payer au s^r d'Annebaut, capitaine de la ville et du château d'Évreux, ses gages et droits échus depuis la mort du s^r de Genlis, son prédécesseur, jusqu'au jour de son institution. Paris, 22 février 1533. 22 février.

Arch. nat., Acquits sur l'épargne, J. 962, n° 88. (*Mention.*)

6773. Don au capitaine Bonneval des deux tiers de la seigneurie de Chastain et autres biens, meubles et immeubles des frères Jean et Antoine de Bonneval, confisqués et adjugés au roi par sentence du sénéchal d'Auvergne. Paris, 22 février 1533. 22 février.

Arch. nat., Acquits sur l'épargne, J. 962, n° 88. (*Mention.*)

6774. Lettres confirmatives et rectificatives du don fait à la veuve et aux enfants mineurs du feu s^r Barnabo Visconti de la somme de 227 livres 15 sous, restant de la rente annuelle de 1,000 livres que le roi avait octroyée audit 22 février.

sieur sur la terre, seigneurie et péage de Saint-Symphorien-d'Ozon, somme restant due au jour de la mort dudit Visconti, le 17 septembre 1532. Paris, 22 février 1533. 1534.

Arch. nat., Acquits sur l'épargne, J. 962, n° 88. (*Mention.*)

6775. Don au sr du Bois-d'Illiers de 4,000 livres tournois sur les deniers dus par Charles Jouhan, receveur des impôts et fouages de l'évêché de Léon. Paris, 22 février 1533. 22 février.

Arch. nat., Acquits sur l'épargne, J. 962, n° 88. (*Mention.*)

6776. Mandement au trésorier de l'épargne de payer à Josse de La Plancque 40 livres tournois, en déduction de ce qui pourra lui être dû pour la nourriture et l'entretien d'une louve, un lion, trois autruches et quatre levriers qui ont été amenés au roi du royaume de Fez et sont gardés à l'hôtel des Tournelles à Paris. Paris, 22 février 1533. 22 février.

Bibl. nat., ms. fr. 15629, n° 367. (*Mention.*)

6777. Mandement au trésorier de l'épargne de payer à Pierre Lizet, premier président du Parlement de Paris, 500 livres tournois pour sa pension de l'année 1533. Paris, 22 février 1533. 22 février.

Bibl. nat., ms. fr. 15629, n° 870. (*Mention.*)

6778. Mandement au trésorier de l'épargne de payer à Claude Robertet, trésorier de France, 3,150 livres tournois pour ses gages, voyages, chevauchées, droits de robe et de bûche pendant l'année 1533. Paris, 22 février 1533. 22 février.

Bibl. nat., ms. fr. 15632, n° 158. (*Mention.*)

6779. Provisions de l'office de second président en la Chambre des Comptes de Paris, en faveur de Robert Dauvet, conseiller au Parlement, sur la résignation de Jean Briçonnet, son beau-père, avec réserve de survivance. Paris, 23 février 1533. 23 février.

Enreg. au Parl. de Paris, le 3 mars suivant. Arch. nat., X1a 8612, fol. 318 v°. 2 pages 1/2.

IMPRIMERIE NATIONALE.

Idem, *arrêt d'enregistrement*, X.[1a] 1537, reg. du Conseil, fol. 144 v°. 1534.

Enreg. à la Chambre des Comptes, le 16 mars suivant, anc. mém. 2 G, fol. 93. *Arch. nat.*, invent. PP. 136, p. 407. (*Mention.*)

Imp. *Le Cabinet historique.* Paris, 1874, in-8°, 2e partie, p. 236. (*Mention.*)

6780. Lettres évoquant au Conseil du roi le procès commencé par la Chambre des Comptes de Montpellier contre Jean André, Blaise Barral, Antoine Morel, André de Teula et Fulcrand de Montfaucon, habitants du Vigan, prétendus comptables de deniers publics. Paris, 25 février 1533. 25 février.

Enreg. à la Chambre des Comptes de Montpellier. Arch. départ. de l'Hérault, B. 342, fol. 56. 2 pages 1/2.

6781. Mandement au trésorier de l'épargne de payer à la duchesse d'Orléans 675 livres tournois pour ses menus plaisirs. Paris, 26 février 1533. 26 février.

Bibl. nat., ms. fr. 15629, n° 384. (*Mention.*)

6782. Confirmation de l'engagement fait au comte de Tende, gouverneur de Provence, de la seigneurie de Valognes, en payement d'une somme de 44,000 livres qui lui était due pour la construction d'une grande nef, bien que ladite seigneurie ait été réunie au domaine. Paris, 28 février 1533. 28 février.

Suivent différentes pièces justificatives de la construction et des dépenses faites pour la grande nef nommée *la Sainte-Marie* ou *la Grande Maîtresse*, du 27 septembre 1524 au 9 octobre 1527.

Enreg. au Parl. de Paris, le 7 juillet 1557, sur mandement de Henri II. Arch. nat., X[1a] 8621, fol. 197 à 207. 21 pages, dont 18 de pièces jointes.

6783. Lettres de surannation pour l'enregistrement de l'édit de janvier 1521 n. s. (n° 1313), concernant les privilèges des trésoriers, chantres 28 février.

et chanoines de la Sainte-Chapelle du Palais, à Paris. Paris, 28 février 1533. 1534.

Enreg. au Parl. de Paris, le 4 août 1534. Arch. nat., X[1a] 8612, fol. 361 v°.

6784. Provisions de l'office de conseiller laï au Parlement de Bordeaux pour Étienne Aymar, avocat en la sénéchaussée de Guyenne. Paris, 28 février 1533. 28 février.

Enreg. au Parl. de Bordeaux, sans date. Arch. de la Gironde, B. 30 *bis*, fol. 195. 3 pages.

6785. Lettres accordant à Catherine de Médicis, duchesse d'Urbin, femme de Henri, duc d'Orléans, la faculté d'acquérir et de posséder toutes sortes de biens dans le royaume. Paris, 1er mars 1533. 1er mars.

Enreg. à la Chambre des Comptes de Paris, le 7 mars 1534 n. s. Arch. nat., P. 2306, p. 75. 2 pages.

Idem, P. 2537, fol. 167; AD. IX 123, n° 30.

6786. Provisions en faveur de Jean d'Estouteville, s[r] de Villebon, de l'office de garde de la prévôté de Paris et de conservateur des privilèges royaux de l'Université, en remplacement de feu Jean de La Barre, s[r] de Véretz, son beau-père. Paris, 1er mars 1533. 1er mars.

Arrêt d'enregistrement au Parl. de Paris, du 5 mars suivant. Arch. nat., X[1a] 4895, Plaidoiries, fol. 633.

6787. Don à Antoine Le Viste, président au Parlement de Paris, en dédommagement des frais de certains voyages par lui faits pour le service du roi, d'une somme de 2,500 livres tournois sur les amendes prononcées au Parlement et aux Grands jours dernièrement tenus à Poitiers et à Tours. Paris, 1er mars 1533. 1er mars.

Arch. nat., Acquits sur l'épargne, J. 962, n° 89. (*Mention.*)

6788. Don à Matteo [dal Nassaro, de Vérone], graveur du roi, de 400 livres tournois sur une amende prononcée par sentence des généraux des monnaies contre Jean de Raigny, maître 1er mars.

de la monnaie de Tours, pour l'aider à acheter 4,000 livres d'émeri dont il a besoin pour graver des pierres. Paris, 1er mars 1533. 1534.

Arch. nat., Acquits sur l'épargne, J. 962, n° 89. (*Mention*.)

6789. Lettres portant que les 2,500 livres tournois données précédemment au sr de Thaïs (Jean de Taix), gentilhomme de la chambre du roi, seront prises non sur la confiscation, mais sur l'amende prononcée contre François de Beaumont, sr du Bois-de-Sanzay, nonobstant toutes ordonnances contraires. Paris, 1er mars 1533. 1er mars.

Arch. nat., Acquits sur l'épargne, J. 962, n° 89. (*Mention*.)

6790. Don accordé, sur la requête du sr de Boisy, à Jean et à autre Jean Dumaine, et à Geoffroy de Lupian, trompette du roi, de 100 écus d'or sur les biens confisqués de Guillaume Camplong, de Moussan-lès-Narbonne, naguère condamné à mort et exécuté. Paris, 1er mars 1533. 1er mars.

Arch. nat., Acquits sur l'épargne, J. 962, n° 89. (*Mention*.)

6791. Don à François Peffier, archer de la garde, et à Bertrand Peffier, fifre du roi, de 100 livres sur les reliefs et autres droits de mutation dus au roi sur une maison à Blois, rue de la Foullerie, et autres biens légués ou vendus. Paris, 1er mars 1533. 1er mars.

Arch. nat., Acquits sur l'épargne, J. 962, n° 89. (*Mention*.)

6792. Mandement au trésorier de la vénerie et fauconnerie de payer à Jean de Montbeton, dit Champagne, l'un des gentilshommes de la fauconnerie, la somme de 60 livres tournois sur celle de 120 livres portée sur les états au nom de son prédécesseur, Florentin de Gallot, qui a été destitué. Paris, 1er mars 1533. 1er mars.

Arch. nat., Acquits sur l'épargne, J. 962, n° 89. (*Mention*.)

6793. Mandement au trésorier de la vénerie de payer à Jean de Tardes, l'un des gentilshommes de la vénerie, 34 livres tournois, partie des 120 livres portées pour les gages de feu Arnaud de Tardes sur l'état de l'année 1533, et laissées sans emploi par suite de la mort de ce dernier. Paris, 1er mars 1533. — 1534. 1er mars.

Arch. nat., *Acquits sur l'épargne*, J. 962, n° 89. (*Mention.*)

6794. Don à Francisque, écuyer d'écurie du duc de Guise, de 300 écus soleil sur les biens meubles et immeubles de feu Laurent Berton, marchand de Lyon, tombés en déshérence et adjugés au roi par droit d'aubaine. Paris, 1er mars 1533. — 1er mars.

Arch. nat., *Acquits sur l'épargne*, J. 962, n° 89. (*Mention.*)

6795. Mandement au trésorier de l'épargne de payer à Charles Du Solier, sr de Morette, gentilhomme de la chambre du roi, 4,015 livres 19 sous tournois en remboursement des dépenses qu'il a faites l'an 1528, étant lieutenant général du roi en son armée de mer. Paris, 1er mars 1533. — 1er mars.

Bibl. nat., ms. fr. 15629, n° 368. (*Mention.*)

6796. Mandement au trésorier de l'épargne de payer au sr de Morette 3,600 livres tournois pour le dédommager de ses dépenses pendant cent quatre-vingts jours (1er mars-27 août 1534) qu'il restera comme ambassadeur de François Ier auprès du roi d'Angleterre. Paris, 1er mars 1533. — 1er mars.

Bibl. nat., ms. fr. 15629, n° 370, et ms. Clairambault 1215, fol. 72. (*Mentions.*)

6797. Lettres portant qu'un acquit sera expédié pour Charles Du Solier, sr de Morette, gentilhomme ordinaire de la chambre du roi, d'une somme de 475 écus soleil, montant de certaines cédules de lui trouvées dans les papiers du feu général Morelet [du Museau], qu'il prétend avoir payée et dont le roi lui fait don, en tant — 1er mars.

que besoin, pour le récompenser de ses services. Paris, 1er mars 1533. 1534.

Arch. nat., Acquits sur l'épargne, J. 962, n° 89. (*Mention.*)

6798. Lettres renouvelant la confirmation dernièrement faite à Marseille du don octroyé par feu la duchesse d'Angoulême à Pierre Roy, son palefrenier, de la moitié des droits seigneuriaux à elle dus sur la terre et seigneurie de Fonbêches, parce que les dérogations aux ordonnances contraires avaient été omises dans le texte des premières. Paris, 1er mars 1533. 1er mars.

Arch. nat., Acquits sur l'épargne, J. 962, n° 89. (*Mention.*)

6799. Don à la petite naine de feu la duchesse d'Angoulême de 100 écus d'or soleil pour l'aider à se marier, ladite somme à prendre sur les finances ordinaires, ainsi qu'il sera avisé par M. le Légat. Paris, 1er mars 1533. 1er mars.

Arch. nat., Acquits sur l'épargne, J. 962, n° 89. (*Mention.*)

6800. Mandement au trésorier de l'épargne de délivrer à Nicolas de Troyes, argentier du roi, 4,790 livres 2 deniers pour le payement de plusieurs pièces de draps de soie, de laine, d'or et d'argent, de broderies, etc., destinées aux habillements que le roi a commandés en vue du prochain tournoi, pour lui, la duchesse d'Orléans et autres personnages. Paris, 1er mars 1533. 1er mars.

Bibl. nat., ms. fr. 15629, n° 407. (*Mention.*)

6801. Mandement au trésorier de l'épargne de bailler à Victor Barguin, commis à tenir le compte et faire le payement de la chambre aux deniers, écurie, argenterie, gages d'officiers, etc., de Mesdames la duchesse d'Orléans, Madeleine et Marguerite de France, 8,593 livres 2 sous 50 deniers tournois pour les passes de l'année 1533. Paris, 1er mars 1533. 1er mars.

Bibl. nat., ms. fr. 15629, n° 408. (*Mention.*)

6802. Mandement au trésorier de l'épargne de payer à Gaspard Sormano, gentilhomme milanais, 2,400 livres tournois pour sa pension des années 1532 et 1533. Paris, 1er mars 1533. — 1534. 1er mars.

Bibl. nat., ms. fr. 15629, n° 469. (*Mention.*)

6803. Mandement au trésorier de l'épargne de payer à Georges de Colme, concierge du château du Louvre, 912 livres 10 sous tournois pour avoir gardé le trésor qui y est déposé durant deux ans (1er janvier 1532-31 décembre 1533). Paris, 1er mars 1533. — 1er mars.

Bibl. nat., ms. fr. 15629, n° 502. (*Mention.*)

6804. Mandement à la Chambre des Comptes de Paris d'allouer aux comptes de Guillaume Prudhomme, de l'année 1533, 665 livres 4 deniers tournois qu'il a payés le 30 juillet à Pierre Le Messier, serviteur de Pierre Mangot, orfèvre, pour un collier de l'ordre pesant 3 marcs 4 onces 5 gros 2 deniers 18 grains d'or, que le roi a donné à Charles Chabot, sr de Jarnac. Paris, 2 mars 1533. — 2 mars.

Bibl. nat., ms. fr. 15629, n° 874. (*Mention.*)

6805. Lettres ordonnant des ventes de bois dans plusieurs forêts du royaume, avec la désignation des sommes et des forêts. Paris, 3 mars 1533. — 3 mars.

Arch. nat., *Acquits sur l'épargne*, J. 962, n° 90. (*Mention.*)

6806. Mandement au trésorier de l'épargne de payer à la duchesse d'Orléans et à Mesdames Madeleine et Marguerite de France 675 livres tournois pour l'achat de plusieurs menus objets à la salle des merciers du palais à Paris. Paris, 3 mars 1533. — 3 mars.

Bibl. nat., ms. fr. 15629, n° 383. (*Mention.*)

6807. Mandement au trésorier de l'épargne de payer à H. Hartmann, docteur, et à Hubert Thomas, secrétaire du comte palatin Frédéric, 900 livres tournois pour les dédommager des frais — 3 mars.

d'un voyage qu'ils viennent de faire à Paris. Paris, 3 mars 1533. 1534.

Bibl. nat., ms. fr. 15629, n° 385. (*Mention.*)

6808. Mandement au trésorier de l'épargne de payer à Louis Du Perreau, s[r] de Castillon, gentilhomme de la chambre du roi, 1,460 livres tournois pour soixante-treize jours (7 janvier-20 mars 1534 n. s.) qu'il a séjourné en Angleterre comme ambassadeur du roi de France. Paris, 3 mars 1533. 3 mars.

Bibl. nat., ms. fr. 15629, n° 386, et ms. Clairambault 1215, fol. 72. (*Mentions.*)

6809. Mandement au trésorier de l'épargne de délivrer à Héluin Du Lin, naguère commis à tenir le compte et faire le payement des pensions générales et particulières de Suisse, 742 livres 10 sous tournois pour les remettre à Sébastien de La Pierre, chevalier du canton de Berne, et à Henri Falqueur (Falcker), son secrétaire, du canton de Fribourg, pour leurs pensions des années 1529 et 1530 finies à la Chandeleur. Paris, 3 mars 1533. 3 mars.

Bibl. nat., ms. fr. 15629, n° 387. (*Mention.*)

6810. Mandement au trésorier de l'épargne de payer à Claude Dodieu, s[r] de Vély, maître des requêtes ordinaire de l'hôtel du roi, ambassadeur en Espagne auprès de l'empereur, 2,400 livres tournois pour son traitement de quatre mois (25 décembre 1533-24 avril 1534). Paris, 3 mars 1533. 3 mars.

Bibl. nat., ms. fr. 15629, n° 388, et ms. Clairambault 1215, fol. 72. (*Mentions.*)

6811. Mandement au trésorier de l'épargne de bailler à Guy de La Maladière, trésorier des guerres, 960 livres tournois pour distribuer à Charles de Magny, maréchal des logis, à Antoine d'Ancienville, s[r] de Villiers, à Martin de La Villeneuve, s[r] de la Hébergerie, à Bertrand de Pléguen, s[r] du Plessis-au-Chat, à François de La Pervillière et à François d'Aricault, char- 3 mars.

gés du payement des gens de guerre du roi pendant le deuxième semestre de l'année 1532. Paris, 3 mars 1533. 1534.

Bibl. nat., ms. fr. 15629, n° 389. (*Mention.*)

6812. Mandement au trésorier de l'épargne de bailler à Guy Fleury, receveur des tailles à Meaux, 1,878 livres tournois pour le payement de 45 aunes de drap d'or frisé, deux pièces d'écarlate et quatre pièces de fine toile de Hollande que le roi a ordonné de porter à un personnage demeurant hors du royaume et à qui il en a fait don. Paris, 3 mars 1533. 3 mars.

Bibl. nat., ms. fr. 15629, n° 391. (*Mention.*)

6813. Mandement au trésorier de l'épargne de payer à Guy Fleury 900 livres tournois pour se rendre à Venise et en «autres lointains lieux», porteur de lettres de créance de la part du roi auprès de certaines personnes que Sa Majesté ne veut pas nommer. Paris, 3 mars 1533. 3 mars.

Bibl. nat., ms. fr. 15629, n° 392. (*Mention.*)

6814. Mandement au trésorier de l'épargne de remettre à Bénigne Serre 420 livres 15 sous tournois pour le payement du louage de plusieurs chevaux et bateliers qui, au mois de février dernier, ont conduit le grand bateau du roi et celui de ses cuisines à Paris. Paris, 3 mars 1533. 3 mars.

Bibl. nat., ms. fr. 15629, n° 394. (*Mention.*)

6815. Mandement au trésorier de l'épargne de remettre à Antoine Juge 1,200 livres tournois pour récompenser les personnes qui ont escorté à Lyon, à Langres et en Allemagne la somme de 100,000 écus que le roi y envoya l'an dernier. Paris, 3 mars 1533. 3 mars.

Bibl. nat., ms. fr. 15629, n° 417. (*Mention.*)

6816. Mandement au trésorier de l'épargne de payer à Jean de Dinteville, chevalier, bailli de Troyes, ancien ambassadeur en Angleterre, 942 livres 17 sous tournois pour plusieurs courriers qu'il 3 mars.

a envoyés, durant le temps de sa mission, jusqu'à la poste de Boulogne. Paris, 3 mars 1533. 1534.

Bibl. nat., ms. fr. 15629, n° 425, et ms. Clairambault 1215, fol. 72. (*Mentions.*)

6817. Mandement au trésorier de l'épargne de payer à Jean de Dinteville, bailli de Troyes, ancien ambassadeur du roi en Angleterre, 1,740 livres tournois tant pour quatre-vingts jours de résidence auprès de Henri VIII (15 septembre-10 décembre 1533) que pour son retour à Lyon vers Sa Majesté. Paris, 3 mars 1533. 3 mars.

Bibl. nat., ms. fr. 15629, n° 473, et ms. Clairambault 1215, fol. 72. (*Mentions.*)

6818. Mandement au trésorier de l'épargne de payer à Alof de L'Hôpital, capitaine du château de Fontainebleau, 1,200 livres tournois pour sa pension de capitaine dudit château pendant l'année 1533. Paris, 3 mars 1533. 3 mars.

Bibl. nat., ms. fr. 15629, n° 488. (*Mention.*)

6819. Mandement au trésorier de l'épargne de payer à Nicolas Loridan, Jean Louvet, Guillaume de Courtenay, Jean Dubois, Jean Saulnier et Jean de Courtenay, gardes de la forêt de Coucy, 360 livres tournois, soit 60 livres à chacun pour leurs gages de l'année précédente. Paris, 3 mars 1533. 3 mars.

Bibl. nat., ms. fr. 15629, n° 533. (*Mention.*)

6820. Mandement au trésorier de l'épargne de payer à Louis de Laseigne (*aliàs* de Lenseigne), capitaine des forêts de Chizé et d'Aulnay, 120 livres tournois, et à Jean et Benoît Chauveau, Léonnet de Lavau et Antoine de Longuechau, gardes desdites forêts, 60 livres tournois à chacun, soit en tout 360 livres, pour leurs gages de l'année précédente. Paris, 3 mars 1533. 3 mars.

Bibl. nat., ms. fr. 15629, n° 534. (*Mention.*)

6821. Mandement au trésorier de l'épargne de payer à Louis de Lasseigne, capitaine de la forêt de 3 mars.

Sénart, 120 livres tournois; à François de Lavau, Jean Gousset, Jean de Dastz, François de Boisbryon, gardes de ladite forêt, à chacun 60 livres; à Charles Guigart, 30 livres; à Julien Lambellan et à Barbe Chenevart, autres gardes, 35 livres à chacun, soit en tout 465 livres tournois, pour leurs gages de l'année précédente. Paris, 3 mars 1533. — 1534.

Bibl. nat., ms. fr. 15629, n° 535. (*Mention.*)

6822. Mandement au trésorier de l'épargne de payer à Bastien Loth, Odouart Marchant, Étienne Maréchal, Jean Verneuil et Jean Anjou, gardes de la forêt de Moulière en Poitou, 200 livres tournois, soit 40 livres à chacun pour leurs gages de l'année 1532. Paris, 3 mars 1533. — 3 mars.

Mandement semblable, de même date, pour leurs gages de l'année 1533.

Bibl. nat., ms. fr. 15629, n°s 536 et 549. (*Mentions.*)

6823. Mandement au trésorier de l'épargne de payer à Charles de La Bretonnière, capitaine de la forêt de Rets, 120 livres tournois, et à Antoine Drouyn, Philippe Du Tisseau, Gabriel Du Sable, Antoine de Chavigny, Robert Pelu et Gilles d'Aragon, gardes de ladite forêt, 60 livres à chacun, en tout 480 livres tournois, pour leurs gages de l'année 1532. Paris, 3 mars 1533. — 3 mars.

Mandement semblable, de même date, pour l'année 1533.

Bibl. nat., ms. fr. 15629, n°s 539 et 545. (*Mentions.*)

6824. Mandement au trésorier de l'épargne de payer à Pierre de Ruthie, capitaine de la forêt de Livry et de Bondy, 100 livres tournois, et à Jean de La Flocellière, Philippe Chartier, Arnaud de La Mothe et Guillaume Rebricart, gardes de ladite forêt, à chacun 60 livres tournois, soit en tout 360 livres, pour leurs gages de l'année précédente. Paris, 3 mars 1533. — 3 mars.

Bibl. nat., ms. fr. 15629, n° 543. (*Mention.*)

6825. Mandement au trésorier de l'épargne de payer à Perrot de Ruthie, capitaine de la forêt de Saint-Germain-en-Laye, 120 livres tournois, et à Pierre d'Aymar, Jean d'Arsuquin, Michelet Legrand, Jacques Du Moustier, Jean de Cailly et Pierre Lescot, gardes de ladite forêt, 60 livres tournois à chacun, pour leurs gages de l'année 1533. Paris, 3 mars 1533. — 1534. 3 mars.

Bibl. nat., ms. fr. 15629, n° 548. (*Mention.*)

6826. Mandement au trésorier de l'épargne de payer à Guillaume Vallain, lieutenant de la forêt de Bière, 120 livres tournois, et à Guillaume Rogier, Jean Tronchard, Jean Travers, Macé Guyot, dit Cochepin, Denis Pasquier, Jean Ménard, Antoine Guigaud, Philippe de La Garenne, Jean Cagier, Étienne Drouyn, Gauvain Des Acres, Jean de La Noue, Dominique de Vienne, Philippe Gochet, Geoffroy Guisier, Claude Pavie et Claude d'Apremont, gardes de ladite forêt, 60 livres tournois à chacun, soit en tout 1,140 livres tournois, pour leurs gages de l'année 1533. Paris, 3 mars 1533. — 3 mars.

Bibl. nat., ms. fr. 15629, n° 547. (*Mention.*)

6827. Mandement au trésorier de l'épargne de payer au duc de Longueville 8,000 livres tournois pour le rembourser de pareille somme que feu le cardinal d'Orléans[-Longueville], archevêque de Toulouse, prêta au roi en trois fois, savoir : 2,000 livres le 2 septembre 1521, et 6,000 livres en juillet et en août 1524. Paris, 3 mars 1533. — 3 mars.

Bibl. nat., ms. fr. 15632, n° 197. (*Mention.*)

6828. Provisions de l'office de clerc et auditeur extraordinaire en la Chambre des Comptes de Dijon pour Jean de Loisié, en remplacement et sur la résignation de Thomas Le Pessu. Paris, 4 mars 1533. — 4 mars.

Enreg. à la Chambre des Comptes de Dijon, le 17 mars suivant. Arch. de la Côte-d'Or, reg. B. 18, fol. 317 v°.

6829. Mandement au trésorier de l'épargne de payer à frère Gosselin Sert, religieux de l'ordre de Saint-Augustin, 30 livres tournois pour sa pension de l'année 1533. Paris, 4 mars 1533. — 1534. 4 mars.

Bibl. nat., ms. fr. 15629, n° 390. (*Mention.*)

6830. Mandement au receveur général de Dauphiné de payer chaque année à Antoine de Gueumyn, s[r] de Romanèche, commis à la garde des forêts de Bourbene, Gerlande, Serpaize, Bruiset, le Marc, Lelyer, Bièvre, Bavons, Montarandon, les Brosses d'Arandon, Paierne, Range et autres bois en Dauphiné, la somme de 200 livres tournois pour ses gages, et à chacun de ses quatre gardes 60 livres tournois. Bois de Vincennes, 4 mars 1533. — 4 mars.

Arch. nat., *Acquits sur l'épargne*, J. 962, n° 91. (*Mention.*)

6831. Mandement au receveur général de Dauphiné de payer chaque année à Antoine de Disimieu, commis à la garde des forêts de Serverin, les bois de Loras, les Molars, Plancize, les Franchises et autres de Dauphiné, 200 livres tournois pour ses gages, et à chacun de ses quatre gardes 60 livres tournois. Bois de Vincennes, 4 mars 1533. — 4 mars.

Arch. nat., *Acquits sur l'épargne*, J. 962, n° 91. (*Mention.*)

6832. Mandement au receveur général de Dauphiné de payer chaque année à Pierre de Clavaison, commis à la garde des forêts des Claix, Chamberan, Roybon, Moras, Beaurepaire, du comté d'Albon et autres de Dauphiné, 200 livres tournois pour ses gages, et à chacun de ses quatre gardes 60 livres tournois. Bois de Vincennes, 4 mars 1533. — 4 mars.

Arch. nat., *Acquits sur l'épargne*, J. 962, n° 91. (*Mention.*)

6833. Mandement au trésorier de l'épargne de payer à Antoine Du Hu, chevaucheur d'écurie du roi, 148 livres 10 sous tournois pour porter des — 5 mars.

lettres en Angleterre à Louis Du Perreau, s[r] de Castillon, ambassadeur du roi de France. Panfou-lès-Brie-Comte-Robert, 5 mars 1533. 1534.

Bibl. nat., ms. fr. 15629, n° 393, et ms. Clairambault 1215, fol. 72 v°. (*Mentions.*)

6834. Mandement pour faire payer à Marguerite d'Ailly, dame de Thiembronne, 150 livres tournois restant pour une année de la pension de 600 livres dont le roi lui a fait don pendant trois ans. 5 mars 1533. 5 mars.

Arch. nat., *Acquits sur l'épargne*, J. 962, n° 92. (*Mention.*)

6835. Don à Jean Leprestre et à René Painteret (*aliàs* Pintret), barbiers et valets de chambre du roi, de 100 écus d'or soleil sur les deniers provenant du quart de la résignation de l'office de contrôleur du grenier à sel de la Ferté-Milon et chambre à sel de Crépy-en-Valois, que doit faire Jérôme Spifame en faveur de Jacques Lepère, au lieu du don de semblable somme qu'ils avaient eu précédemment sur l'office d'élu à Langres. 5 mars 1533. 5 mars.

Arch. nat., *Acquits sur l'épargne*, J. 962, n° 92. (*Mention.*)

6836. Don à Pierre Pontijon et à Étienne Deschamps, sommeliers de paneterie, de 100 livres tournois qui sont entre les mains de Jacques Du Vignon, orfèvre de Paris, provenant de feu Jacques Du Vignon, son fils naturel, échues et adjugées au roi parce que ledit bâtard n'avait obtenu ni légitimation ni permission de tester. 5 mars 1533. 5 mars.

Arch. nat., *Acquits sur l'épargne*, J. 962, n° 92. (*Mention.*)

6837. Provision pour faire rembourser Nicolas Boucher, procureur du roi au bailliage de Troyes, d'une somme de 1,000 livres tournois qu'il avait prêtée à Sa Majesté le 2 novembre 1521. 5 mars 1533. 5 mars.

Arch. nat., *Acquits sur l'épargne*, J. 962, n° 92. (*Mention.*)

6838. Mandement à la Chambre des Comptes de passer au compte de Gilbert Filhol (*aliàs* Filleul) la somme de 50,000 livres tournois par lui reçue, dès l'année 1517, de la composition faite avec les États de Languedoc pour les francs-fiefs et nouveaux acquêts, et baillée au bâtard de Savoie, au s[r] de Boisy et au s[r] de Bonivet, auxquels le roi en avait fait don par lettres depuis perdues, avec confirmation dudit don à leurs héritiers. 5 mars 1533. — 1534. 5 mars.

Arch. nat., Acquits sur l'épargne, J. 962, n° 92. (*Mention.*)

6839. Don à Ogier Du Faultray, fourrier ordinaire du roi, de 800 livres tournois sur les exploits et amendes du Parlement de Paris, au lieu de semblable somme que Sa Majesté lui avait assignée précédemment sur une amende prononcée contre Francisque et Dominique de Razes. 5 mars 1533. — 5 mars.

Arch. nat., Acquits sur l'épargne, J. 962, n° 92. (*Mention.*)

6840. Don à Jean Blosset, s[r] de Torcy, de tous les droits et devoirs seigneuriaux échus au roi à cause de la baronnie de Deauville (Doudeauville), mouvante du comté de Boulonnais, vendue naguère à Jean d'Estrées par ledit s[r] de Torcy. 5 mars 1533. — 5 mars.

Arch. nat., Acquits sur l'épargne, J. 962, n° 92. (*Mention.*)

6841. Don au s[r] de Boisy de l'office d'élu à Mortain, vacant par le décès de Jean Guillochy, pour en disposer à son gré. 5 mars 1533. — 5 mars.

Arch. nat., Acquits sur l'épargne, J. 962, n° 92. (*Mention.*)

6842. Don et remise aux conseillers clercs du Parlement de Paris de leur quote-part des deux décimes récemment octroyées au roi par le clergé de France, que lesdits conseillers de- — 5 mars.

vaient payer en raison des bénéfices qu'ils possèdent dans le royaume. 5 mars 1533. 1534.

Arch. nat., Acquits sur l'épargne, J. 962, n° 92. (*Mention.*)

6843. Mandement à la Chambre des Comptes pour l'enregistrement de la continuation d'affranchissement et exemption de tailles, aides et subsides octroyée pour quatre ans aux habitants de Corbie par lettres datées de la Fère, le 20 mars 1533 n. s. (n° 5558). 5 mars 1533. 5 mars.

Arch. nat., Acquits sur l'épargne, J. 962, n° 92. (*Mention.*)

6844. Mandement au trésorier des finances extraordinaires et parties casuelles de payer à Jean de La Forêt et à Jean Barrillon, clercs du cardinal Du Prat, légat et chancelier de France, 341 livres tournois pour les frais d'expéditions des décimes levées en 1522, en 1529 et tout dernièrement, ainsi que de la bulle du pape pour l'extirpation de l'hérésie luthérienne, plus 400 livres tournois pour leurs salaires et vacations desdites expéditions et d'autres dépêches faites par M. le Légat. 5 mars 1533. 5 mars.

Arch. nat., Acquits sur l'épargne, J. 962, n° 92. (*Mention.*)

6845. Provisions de l'office de châtelain d'Argilly pour Barthélemy Lemaire, en remplacement et sur la résignation de Jean de Loisié. Vanves, 6 mars 1533. 6 mars.

Enreg. par analyse à la Chambre des Comptes de Dijon, le 9 juin suivant. Arch. de la Côte-d'Or, B. 19, fol. 2.

6846. Provisions pour Jean Courtin, correcteur des comptes, de l'office de conseiller maître en la Chambre des Comptes, au lieu de Jean Sallat. Fontainebleau, 7 mars 1533. 7 mars.

Reçu à la Chambre des Comptes de Paris, le 14 mars suivant, anc. mém. 2 G, fol. 98. *Arch. nat.*, invent. PP. 136, p. 408. (*Mention.*)

Bibl. nat., ms. Clairambault 782, fol. 282 *bis*. (*Mention.*)

6847. Provisions de l'office de conseiller correcteur en la Chambre des Comptes de Paris pour Michel Champrond, au lieu de Jean Courtin. 7 mars 1533. — 1534. 7 mars.

Reçu à la Chambre des Comptes, le 14 avril 1534, anc. mém. 2 G., fol. 108. *Arch. nat.*, invent. PP. 136, p. 408. (*Mention.*)

6848. Lettres réglant les gages des baillis et sénéchaux de Dauphiné et ordonnant qu'ils seront payés à l'avenir par le receveur général de Dauphiné, ainsi que les gages des autres officiers, les fiefs, aumônes, etc. Corbeil, 11 mars 1533. — 11 mars.

Enreg. à la Chambre des Comptes de Grenoble, Arch. de l'Isère, B. 2909, cah. 45. 6 pages 1/2.

6849. Provisions de l'office de forestier en la gruerie de Chalon pour Guillemin Greuze, Flamand, en remplacement de François Patre, décédé. Vanves, 11 mars 1533. — 11 mars.

Enreg. par analyse à la Chambre des Comptes de Dijon, Arch. de la Côte-d'Or, B. 19, fol. 1 v°.

6850. Mandement au trésorier de l'épargne de payer à Guillaume Du Bellay, s^r^ de Langey, gentilhomme de la chambre du roi, 900 livres tournois pour son traitement de deux mois (15 février-15 avril 1534) qu'il doit résider en Allemagne comme ambassadeur du roi. Paris, 11 mars 1533[1]. — 11 mars.

Bibl. nat., ms. fr. 15629, n° 395, et ms. Clairambault 1215, fol. 72. (*Mentions.*)

6851. Lettres portant réunion de la ville de Paris au gouvernement de l'Île-de-France, et provisions en faveur d'Antoine de La Rochefoucauld, baron de Barbezieux, déjà lieutenant général et gouverneur de l'Île-de-France, pour jouir à Paris des mêmes droits et prérogatives que ses prédécesseurs avant la séparation. Paris, 12 mars 1533. — 12 mars.

Enreg. au Parl. de Paris, sauf réserve, le 15 mai 1534. Arch. nat., X^1a^ 8612, fol. 322. 2 pages.

[1] Le 3 mars, suivant le ms. Clairambault 1215.

Arrêt d'enregistrement, X[1a] 4896, fol. 193 v°. 1534.

Enreg. au Bureau de la Ville de Paris. Arch. nat., H. 1779, fol. 137.

IMP. *Registres des délibérations du Bureau de la Ville de Paris.* Paris, in-4°, t. II, 1886, p. 182.

6852. Lettres prescrivant au gouverneur du Dauphiné de visiter les places fortes de la province et de dresser l'état de celles qui devront être réparées au moyen de la somme de 200,000 livres tournois attribuée cette année pour la réparation des forteresses. Paris, 12 mars 1533. 12 mars.

Enreg. à la Chambre des Comptes de Grenoble. Arch. de l'Isère, B. 2909, cah. 37. 6 pages 1/2.

6853. Lettres de renvoi à la Cour des Aides pour le recouvrement des sommes dues au trésor par Hugues de Maleras, receveur général des finances en Guyenne, et François Lefèvre, son commis. Paris, 12 mars 1533. 12 mars.

Enreg. à la Cour des Aides, le 12 mars 1534 n. s. Arch. nat., recueil *Cromo*, U. 665, fol. 261. (*Mention.*)

6854. Mandement au trésorier de l'épargne de payer à Jean de Vimont, trésorier de la marine, 6,000 livres tournois pour l'équipement de quelques navires de Bretagne qui doivent accompagner Jacques Cartier dans un voyage qu'il va entreprendre vers «les terres neufves, pour descouvrir certaines ysles et pays où l'on dit qu'il se doibt trouver grant quantité d'or». Paris, 12 mars 1533. 12 mars.

Bibl. nat., ms. fr. 15628, n° 618. (*Mention.*)

6855. Lettres conférant à Marguerite de Normanville, veuve de Jacques Du Mesnil, s[r] de la Rivière, et à Guillaume Des Chesnes, la garde-noble des enfants mineurs dudit feu Jacques Du Mesnil et de ladite Marguerite. Paris, 12 mars 1533. 12 mars.

Arch. nat., Acquits sur l'épargne, J. 962, n° 93. (*Mention.*)

6856. Lettres d'exemption du ban et de l'arrière-ban en faveur des officiers ordinaires et commensaux 13 mars.

du roi, de la reine et des enfants de France, et de ceux des cours souveraines et Chambres des Comptes. Paris, 13 mars 1533. 1534.

Enreg. au Parl. de Dijon. Arch. de la Côte-d'Or, Parl., reg. II, fol. 122 v°.
Enreg. à la Chambre des Comptes de Montpellier. Arch. départ. de l'Hérault, B. 341, fol. 73, 1 page.
Imp. Blanchard[1], *Compilation chronologique, etc.*, in-fol., t. I, col. 494. (*Mention.*)

6857. Continuation de l'octroi de 20 deniers tournois sur chaque minot de sel vendu au grenier à sel de Montargis, en faveur des habitants de ladite ville. Paris, 13 mars 1533. 13 mars.

Original. Archives municipales de Montargis, CC. 11.

6858. Don au comte de Brienne des arrérages par lui dus au feu général Morelet [Du Museau] d'une rente de 300 livres tournois constituée pour la somme de 1,800 écus par le père dudit comte et Charlotte d'Estouteville, sa femme, audit s^r^ Morelet. Paris, 13 mars 1533. 13 mars.

Arch. nat., Acquits sur l'épargne, J. 962, n° 94. (*Mention.*)

6859. Mandement à Guy de La Maladière, ancien trésorier des guerres, de payer à Claude Du Vergier et à Guillaume Aubery, hommes d'armes, à Jean de Berne et à Alain de Mercerie, archers de la compagnie du s^r^ d'Annebaut, gentilhomme ordinaire de la chambre, leurs gages et solde des deux premiers quartiers de l'année 1532, bien qu'ils n'aient pas assisté aux montres, étant malades. Paris, 13 mars 1533. 13 mars.

Original. Bibl. nat., Nouvelles acquisitions françaises, ms. 1483, n° 58.
Arch. nat., Acquits sur l'épargne, J. 962, n° 94. (*Mention.*)

6860. Mandement à la Chambre des Comptes d'entériner, bien qu'elles ne leur aient pas été présen- 13 mars.

[1] Blanchard mentionne ce privilège comme spécial à la Chambre des Comptes de Paris.

tées dans le temps voulu, les lettres de remise d'une amende de 300 livres parisis à laquelle le seigneur de Menou avait été condamné par sentence du bailli de Blois, confirmée par arrêt du Parlement. Paris, 13 mars 1533. 1534.

Copie. Bibl. nat., ms. fr. 25721, n° 415.

6861. Assignation de la somme de 4,000 livres tournois précédemment donnée au s[r] du Bois-d'Illiers sur ce que doit Charles Jouban, receveur des impôts et fouages de l'évêché de Léon, non plus seulement sur ses comptes antérieurs à 1530, mais sur ceux de ladite année et de 1531. Paris, 13 mars 1533. 13 mars.

Arch. nat., Acquits sur l'épargne, J. 962, n° 94. (*Mention.*)

6862. Renouvellement du don fait à Antoine Le Viste, président au Parlement de Paris, d'une somme de 2,500 livres tournois sur les amendes prononcées par ladite cour et par les Grands jours dernièrement tenus à Poitiers et à Tours. Paris, 13 mars 1533. 13 mars.

Arch. nat., Acquits sur l'épargne, J. 962, n° 94. (*Mention.*)

(Cf. ci-dessus, 1er mars, n° 6787.)

6863. Mandement au trésorier de l'épargne de remettre à Jacques Rivière, receveur et payeur des gages des conseillers et officiers du Grand Conseil, 6,900 livres tournois pour une demi-année commencée le 1er octobre 1533 et finissant le 31 mars 1534. Paris, 13 mars 1533. 13 mars.

Bibl. nat., ms. fr. 15629, n° 404. (*Mention.*)

6864. Mandement au trésorier de l'épargne de délivrer à Charles Mesnagier, argentier de la reine, 4,000 livres tournois pour l'argenterie de ladite dame, pendant le dernier quartier de la présente année. Paris, 13 mars 1533. 13 mars.

Bibl. nat., ms. fr. 15632, n° 39. (*Mention.*)

6865. Commission donnée à Antoine Le Viste et à 14 mars.

François de Montholon pour la rédaction des coutumes de Berry. Paris, 14 mars 1533. 1534.

Imp. La Thaumassière, *Commentaires sur les coutumes de Berry*, Bourges, 1701, in-fol., p. 664.

6866. Provisions pour Gauvain Martin de la charge d'élu en l'élection d'Avranches. Paris, 14 mars 1533. 14 mars.

Copie vidimée. Bibl. nat., ms. fr. 25721, n° 416.

6867. Lettres de renvoi à la Cour des Aides des contestations relatives aux créances de feu Lambert Meigret, contrôleur général des guerres, que Wast de Marle, seigneur de Vaugien, est chargé de recouvrer. Paris, 14 mars 1533. 14 mars.

Enreg. à la Cour des Aides de Paris. Arch. nat., recueil Cromo, U. 665, fol. 262. (*Mention.*)

6868. Mandement au trésorier de l'épargne de payer à Christophe Daresse, huissier du Conseil privé du roi, 120 livres tournois pour sa pension de l'année 1532. Paris, 14 mars 1533. 14 mars.

Bibl. nat., ms. fr. 15629, n° 397. (*Mention.*)

6869. Don et remise à Michelle Gaillard, veuve du s[r] d'Alluye, trésorier de France, d'une amende de 75 livres tournois prononcée contre elle par arrêt du Parlement de Paris. Paris, 15 mars 1533. 15 mars.

Arch. nat., Acquits sur l'épargne, J. 962, n° 95. (*Mention.*)

6870. Mandement pour faire payer le s[r] Dyomèdes, Grec, ci-devant homme d'armes de la compagnie du comte de Tende, de sa solde des quatre quartiers de l'année 1532, dont le roi lui fait don, en tant que besoin, nonobstant que lors de la montre « il ayt esté cassé d'icelle compaignye ». Paris, 15 mars 1533. 15 mars.

Arch. nat., Acquits sur l'épargne, J. 962, n° 95. (*Mention.*)

6871. Mandement au receveur ordinaire d'Angoulême de payer aux Frères prêcheurs dudit lieu deux années d'arrérages d'une rente de 40 livres 15 mars.

tournois et de deux pipes de froment, échues à la Saint-Jean-Baptiste dernière, rente dont la duchesse d'Angoulême leur avait fait don pour quatre années. Paris, 15 mars 1533. 1534.

Arch. nat., Acquits sur l'épargne, J. 962, n° 95. (*Mention.*)

6872. Lettres permettant à Michel Collas, notaire au Châtelet de Paris, de résigner ledit office à qui bon lui semblera, sans rien payer au roi pour le quart de ladite résignation. Paris, 15 mars 1533. 15 mars.

Arch. nat., Acquits sur l'épargne, J. 962, n° 95. (*Mention.*)

6873. Don à Pierre de Chépoix, gentilhomme de la maison du duc de Vendôme, de 250 livres tournois, montant de la réduction faite par la Chambre des Comptes sur les 500 livres que le roi lui avait précédemment octroyées sur les droits et devoirs seigneuraux qu'il lui devait à cause de son acquisition du fief de Lesser (*sic*), mouvant de la prévôté de Montdidier et Roye. Paris, 15 mars 1533. 15 mars.

Arch. nat., Acquits sur l'épargne, J. 962, n° 95. (*Mention.*)

6874. Mandement pour payer à François Templier la somme de 228 livres 3 sous 9 deniers tournois pour le satin blanc et la toile d'argent de Florence nécessaires à la doublure de deux manteaux de l'ordre avec chaperons, destinés au roi d'Angleterre. Paris, 15 mars 1533. 15 mars.

Arch. nat., Acquits sur l'épargne, J. 962, n° 95. (*Mention.*)

6875. Mandement au receveur général de Dauphiné de payer, sur sa recette de l'année présente et de la prochaine, la somme de 1,000 livres tournois à Bernard Du Conte, auquel le roi en a fait don précédemment, avec assignation de la moitié sur le revenu de la terre de Vizille de l'année 1530, et de l'autre moitié sur le revenu de la seigneurie de Bardonnèche en Briançon- 15 mars.

nais de l'année 1531, laquelle assignation n'a pu sortir son effet. Paris, 15 mars 1533. 1534.

Arch. nat., Acquits sur l'épargne, J. 962, n° 95. (*Mention.*)

6876. Provisions de l'office de contrôleur des fortifications en Bourgogne pour Damien Castellan. Paris, 16 mars 1533. 16 mars.

Enreg. par analyse à la Chambre des Comptes de Dijon, le 21 avril suivant. Arch. de la Côte-d'Or, B. 19, fol. 1 v°.

6877. Provisions en faveur de Claude Gouffier de l'office de grand maître des arbalétriers. Paris, 16 mars 1533. 16 mars.

Bibl. nat., ms. Clairambault 782, fol. 289 *bis*. (*Mention.*)

6878. Mandement au trésorier de l'épargne de payer à Julien Vinet, serviteur du s^r de Langey, gentilhomme de la chambre du roi et son ambassadeur en Allemagne, 135 livres tournois pour un voyage qu'il va faire auprès de son maître. Paris, 16 mars 1533. 16 mars.

Bibl. nat., ms. fr. 15629, n° 399. (*Mention.*)

6879. Mandement au trésorier de l'épargne de payer à Oronce Fine, lecteur ordinaire ès sciences mathématiques en l'Université de Paris, 450 livres tournois pour sa pension, « en attendant plus ample fondation du colleige que le roy a deliberé fonder ». Paris, 16 mars 1533. 16 mars.

Bibl. nat., ms. fr. 15629, n° 409. (*Mention.*)

6880. Mandement au trésorier de l'épargne de payer aux abbé, prieur et couvent de Saint-Hubert des Ardennes 100 livres tournois en augmentation de la rente que le roi leur fait chaque année. Paris, 16 mars 1533. 16 mars.

Bibl. nat., ms. fr. 15629, n° 415. (*Mention.*)

6881. Mandement au trésorier de l'épargne de payer à Pierre Hardy, chevaucheur d'écurie, 180 livres tournois pour accompagner pendant six mois en Angleterre Charles Du Solier, s^r de Morette, 16 mars.

gentilhomme de la chambre, que le roi y envoie comme ambassadeur. Paris, 16 mars 1533. 1534.

Bibl. nat., ms. fr. 15629, n° 443, et ms. Clairambault 1215, fol. 72 v°. (*Mentions.*)

6882. Mandement au trésorier de l'épargne de payer à Jean Langrant, marchand de Flandre, 720 livres tournois ou 320 écus d'or soleil pour 80 perles orientales qu'il a vendues au roi au prix de 4 écus d'or chacune. Paris, 16 mars 1533. 16 mars.

Bibl. nat., ms. fr. 15629, n° 470. (*Mention.*)

6883. Mandement au trésorier de l'épargne de payer à Henri Godefroy, pelletier à Paris, 3,600 livres tournois pour dix timbres de martre zibeline, une peau d'ours de Sibérie et une peau de chèvre de Barbarie qu'il a vendus au roi. Paris, 16 mars 1533. 16 mars.

Bibl. nat., ms. fr. 15629, n° 475. (*Mention.*)

6884. Mandement au trésorier de l'épargne de payer à Pierre de Ruthie, capitaine de la forêt de Crécy en Brie, 120 livres tournois, et à Jean Drouyn, Étienne Huguet, Antoine Hérault et Jacques Huguet, gardes de ladite forêt, 60 livres chacun pour leurs gages de l'année 1533. Paris, 16 mars 1533. 16 mars.

Bibl. nat., ms. fr. 15629, n° 546. (*Mention.*)

6885. Mandement au trésorier de l'épargne de payer à Josse de La Planecque 373 livres tournois pour l'entretien de sept hommes chargés, du 1er janvier 1533 au 28 février dernier, de la garde et du soin des bêtes que le roi a fait venir du royaume de Fez. Paris, 17 mars 1533. 17 mars.

Bibl. nat., ms. fr. 15629, n° 508. (*Mention.*)

6886. Mandement au trésorier de l'épargne de payer à Louis Le Roy, sr de Chavigny, capitaine de la forêt de Chinon, 120 livres tournois, et à Robert de Gaudebert, Jeannot de Gaudebert, Jean Gaultier et Bertrand de Moas, gardes de 17 mars.

ladite forêt, à chacun 60 livres tournois, soit en tout 360 livres tournois, pour leurs gages de l'année dernière. Paris, 17 mars 1533. 1534.

Bibl. nat., ms. fr. 15629, n° 544. (*Mention.*)

6887. Mandement au trésorier de l'épargne de délivrer à Guillaume de Villemontée, trésorier de la vénerie et fauconnerie du roi, 12,563 livres 15 sous tournois pour le dernier quartier de la présente année. Paris, 17 mars 1533. 17 mars.

Bibl. nat., ms. fr. 15632, n° 40. (*Mention.*)

6888. Déclaration du roi portant qu'il a autorisé le cardinal Du Prat, archevêque de Sens, le maréchal de Montmorency et l'amiral Chabot, négociateurs d'un traité avec Henri VIII, à accepter des dons en argent du roi d'Angleterre. Paris, 18 mars 1533. 18 mars.

Original. Arch. nat., *Trésor des Chartes*, J. 651[b], n° 22.
Copies. Bibl. nat., coll. Dupuy, mss 34 et 646.

6889. Lettres confiant à François de Montmorency, sieur de La Rochepot, bailli et concierge du Palais, la garde des clefs du trésor de la Sainte-Chapelle et lui ordonnant de procéder à l'inventaire de son contenu. Paris, 18 mars 1533. 18 mars.

Enreg. à la Chambre des Comptes de Paris. Arch. nat., P. 2306, p. 104. 1 page.
Idem, P. 2537, fol. 174.
Imp. Félibien, *Hist. de la ville de Paris.* Paris, 1725, in-fol., t. III, p. 149, col. 1.
S.-J. Morand, *Hist. de la Sainte-Chapelle.* Paris, Prault, 1790, in-4°, *Preuves*, p. 105.

6890. Provisions de l'office de conseiller lai au Parlement de Bordeaux pour Jean Dalesme. Paris, 18 mars 1533. 18 mars.

Enreg. au Parl. de Bordeaux, le 28 mai 1534. Arch. de la Gironde, B. 30 *bis*, fol. 199. 3 pages.

6891. Mandement à Jean Crosnier, trésorier de la marine de Provence, de payer la somme de 78,750 livres tournois à divers capitaines dont les noms sont donnés, pour la construc- 18 mars.

IMPRIMERIE NATIONALE.

tion de galères dans le port de Marseille. Paris, 18 mars 1533. — 1534.

Original. Bibl. nat., ms. fr. 25721, n° 417.

6892. Don au s^r de Lautrec du revenu des greniers à sel de Beaufort, Saint-Florentin, Villemaur et Arcis-sur-Aube pour la présente année, y compris les amendes, forfaitures et confiscations qui y écherront, en la forme et manière qu'il en a joui les années précédentes. Paris, 18 mars 1533. — 18 mars.

Arch. nat., Acquits sur l'épargne, J. 962, n° 96. (*Mention.*)

6893. Don au s^r de Lautrec du revenu de la composition du Rethélois, montant à 5,000 livres tournois, pour une année commencée le 1er octobre 1533, ainsi qu'il l'a eu les années précédentes. Paris, 18 mars 1533. — 18 mars.

Arch. nat., Acquits sur l'épargne, J. 962, n° 96. (*Mention.*)

6894. Don à Jean Lemoyne, valet de chambre de M. le Grand Maître, de 100 livres tournois sur les deniers provenant de la vente de l'office de greffier des élus à Senlis, vacant par mort. Paris, 18 mars 1533. — 18 mars.

Arch. nat., Acquits sur l'épargne, J. 962, n° 96. (*Mention.*)

6895. Don et remise à Jean de Riveron, conseiller et auditeur en la Chambre des Comptes de Paris, de deux amendes montant ensemble à 120 livres parisis, prononcées contre lui par arrêts du Parlement. Paris, 18 mars 1533. — 18 mars.

Arch. nat., Acquits sur l'épargne, J. 962, n° 96. (*Mention.*)

6896. Mandement pour faire payer le contrôleur des postes et chevaucheurs de l'écurie du roi de ses gages de l'année finie le 31 décembre 1533, montant à 400 livres tournois, sur les finances ordinaires ou extraordinaires, ainsi qu'il sera avisé par M. le Légat. Paris, 18 mars 1833. — 18 mars.

Arch. nat., Acquits sur l'épargne, J. 962, n° 96. (*Mention.*)

6897. Mandement pour faire payer aux deux postes servant ordinairement à la cour 165 livres tournois pour quatre mois (novembre 1533-février 1534 n. s.), sur les finances ordinaires ou extraordinaires, ainsi qu'il sera avisé par M. le Légat. Paris, 18 mars 1533. — 1534. 18 mars.

Arch. nat., Acquits sur l'épargne, J. 962, n° 96. (*Mention.*)

6898. Lettres portant décharge en faveur du cardinal Du Prat, légat et chancelier de France, du maniement, administration et entremise qu'il a eus du pape pour la levée des deux décimes récemment octroyées au roi, les deniers en ayant été recueillis, au nom dudit cardinal, par Jean de Pierrefitte, élu de la basse Auvergne. Paris, 18 mars 1533. — 18 mars.

Arch. nat., Acquits sur l'épargne, J. 962, n° 96. (*Mention.*)

6899. Lettres portant rabais, en faveur de Bois-Hardelier et Yvon de Lespine, fermiers pour trois ans (1529-1531) du péage d'Amboise par eau, de 400 livres tournois sur le prix de leur ferme. Paris, 18 mars 1533. — 18 mars.

Arch. nat., Acquits sur l'épargne, J. 962, n° 96. (*Mention.*)

6900. Lettres portant rabais, en faveur de Jean Babour, fermier de l'imposition du bois et merrain entrant en la ville de Chartres, de 250 livres tournois sur le prix de sa ferme. Paris, 18 mars 1533. — 18 mars.

Arch. nat., Acquits sur l'épargne, J. 962, n° 96. (*Mention.*)

6901. Mandement à la Chambre des Comptes de rétablir aux comptes de Gilbert Fillol (*aliàs* Filleul), ci-devant commis au payement des gens du Grand conseil des années 1516 à 1520, la somme de 1,434 livres payée pour le charroi des tapisseries et ustensiles du Grand conseil, — 18 mars.

et qui lui a été rayée et tenue en souffrance. Paris, 18 mars 1533. 1534

Arch. nat., Acquits sur l'épargne, J. 962, n° 96. (*Mention.*)

6902. Don à M. de Longueville du revenu des greniers à sel de Montbard en Bourgogne et de Châteaudun, et des amendes et confiscations qui y écherront pendant la présente année, ainsi qu'il en a joui les années précédentes. Paris, 18 mars 1533. 18 mars.

Arch. nat., Acquits sur l'épargne, J. 962, n° 96. (*Mention.*)

6903. Mandement au trésorier de l'épargne de payer à Jules Camille, gentilhomme italien, 675 livres tournois en récompense de ses services. Paris, 18 mars 1533. 18 mars.

Bibl. nat., ms. fr. 15629, n° 438. (*Mention.*)

6904. Mandement au trésorier de l'épargne de payer à frère Jean-Baptiste Palvesin (Pallavicini), docteur en théologie, 450 livres tournois pour prêcher le présent carême devant la cour à Paris. Paris, 18 mars 1533. 18 mars.

Bibl. nat., ms. fr. 15629, n° 439. (*Mention.*)

6905. Mandement au trésorier de l'épargne de payer à Bénigne Serre 400 livres tournois pour les gages de Jean Pointet, contrôleur des chevaucheurs de l'écurie du roi, pendant l'année 1533. Paris, 18 mars 1533. 18 mars.

Bibl. nat., ms. fr. 15629, n° 460. (*Mention.*)

6906. Mandement au trésorier de l'épargne de payer à Laurent Giron, joaillier à Tours, 258 livres 15 sous tournois pour plusieurs bagues qu'il a vendues au roi en ce mois de mars. Paris, 18 mars 1533. 18 mars.

Bibl. nat., ms. fr. 15629, n° 506. (*Mention.*)

6907. Mandement au trésorier de l'épargne de payer à Louis Thibault, dit de Bresseau, capitaine des forêts d'Amboise, Montrichard, Chaumon- 18 mars.

tois et dépendances, 200 livres tournois, et à Roland de Boutenay, Nicolas Du Monceau, Jacques Du Monceau, Jean de Laulne, François Gibourt, François Bourgault, Hélie Du Monceau, Mathurin Fortier, gardes à cheval de ladite forêt, 60 livres à chacun, et à Hutin Bonnelle, aussi garde à cheval, 45 livres tournois, soit 625 livres tournois, pour leurs gages de l'année dernière. Paris, 18 mars 1533. 1534.

Bibl. nat., ms. fr. 15629, n° 540. (*Mention.*)

6908. Mandement à Antoine Du Prat de remettre entre les mains de Jean de Pierrefitte, ainsi que le pape l'y a autorisé, les deniers provenant de la levée de deux décimes ordonnées par le Saint-Siège pour la guerre contre le Turc, dont le produit doit être versé dans le trésor royal, et dont ledit Du Prat a été nommé collecteur en France. Paris, 19 mars 1533. 19 mars.

Original. Bibl. nat., ms. fr. 4658, n° 35.

6909. Assignation à François Crespin, conseiller au Parlement de Paris, d'une somme de 500 livres sur les amendes de ladite cour, pour faire le procès du s[r] de Coursan, prisonnier à la Conciergerie du Palais. Paris, 19 mars 1533. 19 mars.

Arch. nat., Acquits sur l'épargne, J. 962, n° 97. (*Mention.*)

6910. Don à Philippe de Poix, valet de chambre ordinaire du roi, de 200 écus soleil sur les deniers provenant de la vente de l'office d'enquêteur à Poitiers, vacant par le décès de Jean Prévost. Paris, 19 mars 1533. 19 mars.

Arch. nat., Acquits sur l'épargne, J. 962, n° 97. (*Mention.*)

6911. Lettres de validation, en faveur de Guillaume de Bossonval, s[r] de Chaussy, et en considération des services qu'il a rendus au roi dans sa charge de lieutenant lai du prévôt de l'hôtel, de la pension annuelle de 300 livres tournois qu'il a eue depuis l'an 1521 jusqu'en 1532, nonobstant qu'il ne justifie de ses provisions et 19 mars.

de son institution audit office. Paris, 19 mars 1533. 1534.

Arch. nat., *Acquits sur l'épargne*, J. 962, n° 97. (*Mention.*)

6912. Don au duc de Vendôme du revenu des greniers à sel de Vendôme, Château-Gonthier et la Flèche, et des amendes et confiscations qui y écherront pendant la présente année, ainsi qu'il en a joui les années précédentes. Paris, 19 mars 1533. 19 mars.

Arch. nat., *Acquits sur l'épargne*, J. 962, n° 97. (*Mention.*)

6913. Lettres portant rabais en faveur de la veuve de Jean Migon, en son vivant fermier du greffe de Châtellerault, pour trois années commencées en juillet 1529, de 300 livres sur le prix total de cette ferme. Paris, 19 mars 1533. 19 mars.

Arch. nat., *Acquits sur l'épargne*, J. 962, n° 97. (*Mention.*)

6914. Mandement pour faire payer à Dimittre, Grec (*aliàs* Dimitre Paillogues, Démétrius Paléologue), que le roi envoie présentement en mission avec Guy Fleury, pour lui servir d'interprète, la somme de 100 écus sur les finances ordinaires ou extraordinaires, ainsi qu'il sera avisé par M. le Légat. Paris, 19 mars 1533[1]. 19 mars.

Bibl. nat., ms. fr. 15629, n° 445. (*Mention.*)
Arch. nat., *Acquits sur l'épargne*, J. 962, n° 96. (*Mention.*)

6915. Lettres de décharge de la somme de 2,250 livres tournois que le trésorier de l'épargne a remises au roi. Paris, 19 mars 1533. 19 mars.

Bibl. nat., ms. fr. 15629, n° 440. (*Mention.*)

6916. Mandement au trésorier de l'épargne de payer à Laurent Bouzot, chevaucheur de l'écurie, 292 livres 10 sous tournois pour porter des lettres du roi à Rome à [Charles Hémard de 19 mars.

[1] Le 18 mars, suivant le rôle d'expéditions des *Acquits sur l'épargne*.

Denonville], évêque de Mâcon, ambassadeur de France. Paris, 19 mars 1533. 1534.

Bibl. nat., ms. fr. 15629, n° 505. (*Mention.*)

6917. Mandement au trésorier de l'épargne de payer à l'amiral [Chabot], chevalier de l'ordre, lieutenant général du roi et gouverneur de Bourgogne, sur la recette de Languedoïl, 25,000 livres tournois, partie des 50,000 livres dont le roi lui a fait présent en récompense de ses services. Paris, 19 mars 1533. 19 mars.

Mandement de même date pour le payement des autres 25,000 livres sur la recette de Bourgogne.

Bibl. nat., ms. fr. 15629, n°s 875 et 876. (*Mentions.*)

6918. Mandement au trésorier de l'épargne de remettre à Nicolas de Troyes, argentier du roi, 4,750 livres tournois pour le dernier quartier de la présente année. Paris, 19 mars 1533. 19 mars.

Bibl. nat., ms. fr. 15632, n° 46. (*Mention.*)

6919. Mandement au trésorier de l'épargne de remettre à Jean Chartier, commis à tenir le compte et faire le payement de la solde des archers français de la garde du roi commandés par le sénéchal d'Agenais, 8,838 livres 12 sous 6 deniers tournois pour le dernier quartier de la présente année. Paris, 19 mars 1533. 19 mars.

Bibl. nat., ms. fr. 15632, n° 25. (*Mention.*)

6920. Mandement au trésorier de l'épargne de remettre à Jean Thizart, receveur et payeur de la solde des archers écossais commandés par le s^r d'Aubigny, 9,305 livres 11 sous 3 deniers tournois pour le dernier quartier de la présente année. Paris, 19 mars 1533. 19 mars.

Bibl. nat., ms. fr. 15632, n° 23. (*Mention.*)

6921. Mandement au trésorier de l'épargne de délivrer à Jean de Vaulx, commis à tenir le compte et faire le payement des archers français commandés par le s^r de Chavigny, 8,793 livres 12 sous 6 deniers tournois pour le dernier 19 mars.

quartier de la présente année. Paris, 19 mars 1533. 1534.

Bibl. nat., ms. fr. 15632, n° 16. (*Mention.*)

6922. Mandement au trésorier de l'épargne de délivrer à Victor Barguin, trésorier de Mesdames, 4,400 livres tournois, soit 2,270 livres pour l'argenterie de Mesdames, 1,750 livres pour celle des dames et demoiselles de leur maison, et 400 livres pour l'apothicairerie, pendant le dernier quartier de la présente année. Paris, 19 mars 1533. 19 mars.

Bibl. nat., ms. fr. 15632, n° 35. (*Mention.*)

6923. Mandement au trésorier de l'épargne de délivrer à François Damon, receveur et payeur des gages des officiers de la Chambre des Comptes de Paris, 5,279 livres 5 sous tournois pour le dernier quartier de la présente année. Paris, 19 mars 1533. 19 mars.

Bibl. nat., ms. fr. 15632, n° 82. (*Mention.*)

6924. Mandement au trésorier de l'épargne de délivrer à François Cordon, commis à tenir le compte et faire le payement de la solde des Cent-Suisses de la garde du roi, 4,100 livres tournois pour le dernier quartier de la présente année. Paris, 19 mars 1533. 19 mars.

Bibl. nat., ms. fr. 15632, n° 32. (*Mention.*)

6925. Mandement au trésorier de l'épargne de délivrer à Jacques Richier, commis à tenir le compte et faire le payement des archers français commandés par le s[r] de Nançay, 8,504 livres 17 sous 6 deniers tournois pour le dernier quartier de l'année courante. Paris, 19 mars 1533. 19 mars.

Bibl. nat., ms. fr. 15632, n° 30. (*Mention.*)

6926. Édit portant création d'un office de prévôt des connétable et maréchaux de France en Bretagne. Paris, 20 mars 1533. 20 mars.

Imp. G. Blanchard, *Compilation chronologique*, etc., in-fol., t. I, col. 494. (*Mention.*)

6927. Mandement au trésorier de l'épargne de payer à Claire Legendre, veuve d'Olivier Aligret, avocat du roi au Parlement de Paris, tant en son nom que comme tutrice des enfants mineurs du défunt, 364 livres 5 sous tournois pour la pension de son mari jusqu'au jour de sa mort. Paris, 20 mars 1533. — 1534. 20 mars.

Bibl. nat., ms. fr. 15629, n° 406. (*Mention.*)

6928. Mandement au trésorier de l'épargne de payer à Mme Charlotte d'Orléans, veuve du duc de Nemours, 400 livres tournois, complétant les 12,235 livres 12 sous dus pour la pension de son mari du 1er janvier au 15 novembre 1533, jour de son décès. Paris, 20 mars 1533. — 20 mars.

Bibl. nat., ms. fr. 15629, n° 419. (*Mention.*)

6929. Mandement au trésorier de l'épargne de payer à Jean de Laval, s[r] de Châteaubriant, chevalier de l'ordre, lieutenant général du roi et gouverneur de Bretagne, 18,000 livres tournois, soit 6,000 livres pour son état de gouverneur et 12,000 livres pour sa pension, durant l'année 1533. Paris, 20 mars 1533. — 20 mars.

Bibl. nat., ms. fr. 15629, n° 427. (*Mention.*)

6930. Mandement au trésorier de l'épargne de payer à Jean de Bueil, s[r] de Fontaines, 180 livres tournois pour porter de la part du roi en toute hâte et sur des chevaux de poste des lettres au duc de Lorraine à Bar-le-Duc, ou partout où il se pourra trouver. Paris, 20 mars 1533. — 20 mars.

Bibl. nat., ms. fr. 15629, n° 436. (*Mention.*)

6931. Don à Wolfgang Steinfurt, comte de Haguenau, capitaine de Salzbourg, en récompense de ses services, d'une somme de 200 écus soleil valant 450 livres, sur les finances ordinaires ou extraordinaires, ainsi qu'il sera avisé par M. le Légat. Paris, 20 mars 1533[1]. — 20 mars.

Bibl. nat., ms. fr. 15629, n° 437. (*Mention.*)
Arch. nat., *Acquits sur l'épargne*, J. 962, n° 97. (*Mention.*)

[1] Le 19 mars, suivant le rôle d'expéditions des *Acquits sur l'épargne*.

IMPRIMERIE NATIONALE.

6932. Mandement au trésorier de l'épargne de payer à Bénigne Serre 165 livres tournois pour les deux postes suivant la cour, chargées de faire tenir et recevoir les paquets du roi allant en Angleterre, à Lyon et en Allemagne, et venant de ces pays, pendant le dernier quartier de 1533. Paris, 20 mars 1533. 1534. 20 mars.

Bibl. nat., ms. fr. 15629, n° 461. (*Mention.*)

6933. Mandement au trésorier de l'épargne de payer 24,500 livres tournois aux personnes de la maison de Sedan ci-après nommées, pour leurs pensions de l'année 1533 : à M. de Sedan, Robert de La Marck, 10,000 livres; à M. de Fleuranges, Robert de La Marck, 10,000 livres; à Jean de La Marck, s^r de Saulcy, 3,000 livres; à Jean le Gascon 400 livres; à Guillaume Vandrinpel 300 livres; à Jean Vanderhart 300 livres; à François de La Taste, dit Montferrant, 300 livres; à Tasquin Verron 100 livres, et à Gabriel Turc 100 livres. Paris, 20 mars 1533. 20 mars.

Bibl. nat., ms. fr. 15629, n° 494. (*Mention.*)

6934. Mandement au trésorier de l'épargne de payer 6,950 livres tournois aux personnes ci-après énumérées, pour leurs pensions de l'année 1532 : 140 livres tournois à M. de Ruffey, capitaine de Beaune; 50 livres à Jean Bellin, maire de Beaune; 240 livres à Guillaume de Pinen, capitaine du château de Dijon; 150 livres à Nicolas de Pluvot, capitaine du guet des portes de Dijon; 120 livres à Jean des Moulins, capitaine des arquebusiers de ladite ville; 100 livres à Pierre Tabouet, maire de Dijon; 300 livres à Antoine Godefroy, capitaine d'Auxonne; 200 livres à Charles de Clouesse, s^r du Bois-des-Moulins, capitaine du château d'Auxonne; 50 livres à Pierre Camus, maire de ladite ville; 300 livres à Simon de Saumaire, capitaine du château de Talant; 200 livres à François d'Orfeuille, capitaine de Saux-le-duc; 80 livres à Charles de La Tour, 20 mars.

capitaine de Nuits; 600 livres audit de La Tour, lieutenant de la compagnie de l'amiral [Chabot]; 400 livres à Jean de Plaisance, commissaire des mortes-payes de Bourgogne; 200 livres à Antoine de Civry, garde des forêts d'Argilly; 200 livres à Félix de Jonvelle, Allemand; 200 livres à Étienne Jacqueron, s^r de la Motte d'Argilly; 120 livres à Étienne Bastier, s^r de Magny; 100 livres à Bénigne Serre, s^r des Barres; 2,000 livres à Jacques de Brisay, lieutenant au gouvernement de Bourgogne en l'absence de l'amiral, gouverneur; 400 livres à Lancelot du Ravier, s^r de la Tour; 500 livres à Jean de Metz, s^r d'Aubigny, et 300 livres à Virgile de Panello, Italien. Paris, 20 mars 1533. — 1534.

Bibl. nat., ms. fr. 15629, n° 877. (*Mention.*)

6935. Mandement au trésorier de l'épargne de payer 11,350 livres tournois aux personnes énumérées dans le mandement précédent, pour leurs pensions de l'année 1533. Paris, 20 mars 1533. — 20 mars.

Bibl. nat., ms. fr. 15629, n° 878. (*Mention.*)

6936. Provisions en faveur de Jean Salart, écuyer, s^r de Bourron, des offices de capitaine et bailli de Chaumont-en-Bassigny, résignés à son profit par Charles de Roye, comte de Roucy. Saint-Germain-en-Laye, 20 mars 1533. — 20 mars.

Reçu au Parl., de mandato expresso regis, *le 21 mai 1534. Arch. nat.*, X^1a 1537, reg. du Conseil, fol. 270 v°; et X^1a 4896, Plaidoiries, fol. 233. (*Mentions.*)

Bibl. nat., ms. Clairambault 782, fol. 289 *bis.* (*Mention.*)

6937. Mandement au trésorier de l'épargne de payer à Gervais Waïn, abbé de Cuissy, 420 livres tournois pour soixante jours qu'il doit séjourner en Allemagne, à cause d'une mission dont le roi l'a chargé auprès de certains princes allemands. Saint-Germain-en-Laye, 21 mars 1533. — 21 mars.

Bibl. nat., ms. fr. 15629, n° 416. (*Mention.*)

6938. Lettres portant continuation pendant huit ans de l'apetissement du vin accordé à la ville de Poitiers, avec faculté d'employer 50 ou 60 livres à la solde de quatre sergents chargés de la garde et de la visite des quatre principales portes de la ville. Nantouillet, 21 mars 1533. — 1534. 21 mars.

Original. Arch. municip. de Poitiers, G. 47.

6939. Mandement au trésorier de l'épargne de payer à Antoine Macault, secrétaire et valet de chambre ordinaire du roi, 300 livres tournois pour un voyage de soixante jours dont le roi l'a chargé auprès de certains princes d'Allemagne. Paris, 21 mars 1533. — 21 mars.

Bibl. nat., ms. fr. 15629, n° 418. (*Mention.*)

6940. Mandement au trésorier de l'épargne de payer à Nicolas de Rustici, dit le Bossu, capitaine de lansquenets, 400 livres tournois pour sa pension de l'année 1533. Paris, 21 mars 1533. — 21 mars.

Bibl. nat., ms. fr. 15629, n° 434. (*Mention.*)

6941. Mandement au trésorier de l'épargne de payer à Nicolas de Rustici, dit le Bossu, capitaine de lansquenets, 450 livres tournois pour un voyage de quatre-vingts jours qu'il va faire près du roi de Danemark. Paris, 21 mars 1533. — 21 mars.

Bibl. nat., ms. fr. 15629, n° 442. (*Mention.*)

6942. Don à Jeanne de Casault, veuve d'Olivier Baraton, de 3,000 livres tournois sur les restes des comptes de Jean Picault, receveur de Ploërmel, d'Yvon Le Breton, receveur de Lannion, ou de tout autre comptable du pays de Bretagne, pour la dédommager de ce qu'elle n'a pu jouir encore du don que lui a fait le roi à Nantes du revenu des prés de Biesse (n° 4789). Saint-Germain-en-Laye, 26 mars 1533. — 26 mars.

Arch. nat., *Acquits sur l'épargne*, J. 962, n° 98. (*Mention.*)

6943. Provisions de l'office de châtelain de Brasey — 27 mars.

pour Nicolas Morelot, en remplacement et sur la résignation de Viénot Morelot, son père. Nantouillet, 27 mars 1533. 1534.

Enreg. par analyse à la Chambre des Comptes de Dijon. Arch. de la Côte-d'Or, B. 19, fol. 1.

6944. Lettres portant concession au comte de Saint-Pol, gouverneur du Dauphiné, pour l'année 1534, des 4,000 ducats dus au roi par les communautés du Briançonnais, de la même façon qu'il en a joui les années précédentes. Saint-Germain-en-Laye, 27 mars 1533[1]. 27 mars.

Enreg. au Parl. de Grenoble, le 20 mai 1534. Arch. de l'Isère, Chambre des Comptes de Grenoble, B. 2909, cah. 39.
Arch. nat., Acquits sur l'épargne, J. 962, n° 98. (*Mention.*)

6945. Mandement au trésorier de l'épargne de bailler à Étienne Martineau, commis à tenir le compte et faire le payement des dépenses extraordinaires de l'artillerie, 4,072 livres 10 sous tournois pour le payement de 32,500 livres de cuivre destiné à la fonte de cent grosses pièces de canon que le roi fait faire à Paris. Saint-Germain-en-Laye, 27 mars 1533. 27 mars.

Bibl. nat., ms. fr. 15629, n° 453. (*Mention.*)

6946. Mandement au trésorier de l'épargne de payer à Jacques Marin, gentilhomme aveugle, naguère archer de la garde sous le s^r de Nançay, 60 livres tournois en manière de provision pour l'année 1533. Saint-Germain-en-Laye, 27 mars 1533. 27 mars.

Bibl. nat., ms. fr. 15629, n° 465. (*Mention.*)

6947. Mandement au trésorier de l'épargne de payer à Jehannot Boutellier, sommelier ordinaire de l'échansonnerie du roi, 800 livres tournois pour faire planter et cultiver les vignes que le roi a ordonnées dans la paroisse de Champa- 27 mars.

[1] Le 26 mars, d'après le rôle d'expéditions des *Acquits sur l'épargne*.

gne-lès-Fontainebleau, pendant l'année 1533. Saint-Germain-en-Laye, 27 mars 1533. 1534.

Bibl. nat., ms. fr. 15629, n° 487. (*Mention.*)

6948. Mandement au trésorier de l'épargne de délivrer à Bénigne Serre 540 livres 5 sous tournois pour le payement des treize chevaucheurs de l'écurie du roi qui ont tenu la poste, en novembre et décembre 1529, entre Paris et Boulogne-sur-Mer. Saint-Germain-en-Laye, 27 mars 1533. 27 mars.

Bibl. nat., ms. fr. 15629, n° 492. (*Mention.*)

6949. Mandement au trésorier de l'épargne de payer à Adam Vaffart, capitaine de la forêt de Brioudan près Romorantin, 120 livres tournois, et à Charles de Barbançon, Bernard Le Blé, François de Fougère et Nicolas de Bonnaire, gardes de ladite forêt, à chacun 60 livres; et à Jacques Pénagier, Denis Godin, Jean Barbier et Guillaume Du Fresne, sergents de ladite forêt, à chacun 30 livres tournois, soit en tout 480 livres tournois, pour leurs gages de l'année 1533. Saint-Germain-en-Laye, 27 mars 1533. 27 mars.

Bibl. nat., ms. fr. 15629, n° 538. (*Mention.*)

6950. Mandement à Guy de La Maladière, trésorier des guerres, de payer 180 livres tournois à Jean de Maricourt, s[r] de Moussy-le-Châtel, pour un voyage qu'il a fait de Paris dans différentes garnisons de Nivernais et de Bourgogne, pour y porter la solde des gens de guerre des ordonnances du roi, pendant le troisième quartier de l'année 1532. Saint-Germain-en-Laye, 28 mars 1533. 28 mars.

Original mutilé. Bibl. nat., ms. fr. 25721, n° 418.
Bibl. nat., ms. fr. 15629, n° 489. (*Mention.*)

6951. Mandement au trésorier de l'épargne de payer à Guillaume Perrot, Simon Lahaye, Jean Bucquet, Jean Baudry, Hervé Le Moncar et Isaac Bucquet, gardes de la forêt de Cuise près Compiègne, 360 livres tournois, soit 60 livres 28 mars.

à chacun, pour leurs gages de l'année 1533. Saint-Germain-en-Laye, 28 mars 1533. 1534.

Bibl. nat., ms. fr. 15629, n° 532. (*Mention.*)

6952. Mandement au trésorier de l'épargne de payer à Toussaint Loyer et à Jean Canu 220 livres tournois pour la garde de la forêt de Carnelle pendant l'année 1533. Saint-Germain-en-Laye, 28 mars 1533. 28 mars.

Bibl. nat., ms. fr. 15629, n° 550. (*Mention.*)

6953. Mandement au trésorier de l'épargne de payer à Guillaume de La Fontaine, s[r] de Viernes, principal garde de la forêt de Halatte, 120 livres tournois; et à François Mingot, Simon de Bury, Robert Mariette et Martin de Seilly, tous gardes de ladite forêt, 60 livres tournois à chacun, soit en tout 360 livres tournois, pour leurs gages de l'année 1533. Saint-Germain-en-Laye, 28 mars 1533. 28 mars.

Bibl. nat., ms. fr. 15629, n° 551. (*Mention.*)

6954. Mandement au trésorier de l'épargne de délivrer à Pierre Rousseau, commis à tenir le compte et faire le payement de l'argenterie de messeigneurs, 3,663 livres 16 sous 6 deniers tournois pour le dernier quartier de la présente année. Saint-Germain-en-Laye, 28 mars 1533. 28 mars.

Bibl. nat., ms. fr. 15632, n° 34. (*Mention.*)

6955. Lettres portant prorogation pour six années de l'octroi de 4 livres tournois par muid de sel vendu au grenier à sel de Bellême, outre le droit de gabelle et celui du marchand, donné en faveur des habitants de ladite ville, pour en employer le produit à l'entretien de leurs fortifications. 30 mars 1533. 30 mars.

Enreg. à la Chambre des Comptes de Paris, le 11 avril 1534. Anc. mém. 2 G, fol. 107. *Arch. nat.*, invent. PP. 136, p. 408; AD. IX 123, n° 34. (*Mentions.*)

6956. Don au maréchal de La Marck du revenu et droit de gabelle du grenier à sel de Château-Thierry, ainsi que des amendes, forfaitures et 30 mars.

confiscations y échues durant l'année finie le 31 décembre 1533 et qui y écherront pendant la présente année, ainsi qu'il en jouissait les années précédentes. Saint-Germain-en-Laye, 30 mars 1533. 1534.

Arch. nat., Acquits sur l'épargne, J. 962, n° 99. (*Mention.*)

6957. Mandement à la Chambre des Comptes d'allouer au compte du grènetier de Château-Thierry de l'année 1532 le revenu du grenier à sel qu'il a baillé au maréchal de La Marck, bien que l'on ait omis d'adresser à ladite Chambre les lettres de don qui en ont été expédiées. Saint-Germain-en-Laye, 30 mars 1533. 30 mars.

Arch. nat., Acquits sur l'épargne, J. 962, n° 99. (*Mention.*)

6958. Mandement à la Chambre des Comptes de Paris et aux trésoriers de France de faire payer à [Pierre Dauvet], s[r] des Marets, maître des requêtes de l'hôtel, la somme de 1,500 livres tournois, montant des lods et ventes et autres droits seigneuriaux échus au roi à cause de l'acquisition faite par ledit s[r] des Marets, de Jacques et Jean de Saint-Saturnin, de leur part de la terre et seigneurie de Marcilly-en-Brie, nonobstant l'erreur contenue dans le mandement ordonnant de le tenir quitte de ladite somme, dont il n'était en aucune façon redevable, suivant la coutume du pays, et la surannation desdites lettres, dont le roi le relève. Saint-Germain-en-Laye, 30 mars 1533. 30 mars.

Arch. nat., Acquits sur l'épargne, J. 962, n° 99. (*Mention.*)

6959. Confirmation et renouvellement du don fait au s[r] du Puy-Saint-Martin, lieutenant au gouvernement de Provence, et au feu s[r] de La Fayette, lieutenant général du roi en son armée de mer qui attendait alors le passage de l'empereur en Italie, d'une somme de 2,000 écus d'or soleil, montant d'une amende prononcée 30 mars.

par les commissaires du roi contre Panthelin de Pavie, Génois, qui avait trafiqué à Gênes, malgré les prohibitions faites par ordonnance de 1529. Saint-Germain-en-Laye, 30 mars 1533. 1534.

Arch. nat., Acquits sur l'épargne, J. 962, n° 99. (*Mention.*)

6960. Don à [Nicolas Girard, dit] Salmet, barbier et valet de chambre du roi, de tous les droits seigneuriaux dus à Sa Majesté à cause de l'acquisition faite par ledit barbier de la terre et seigneurie du Chalonge, mouvants du château d'Angers. Saint-Germain-en-Laye, 30 mars 1533. 30 mars.

Arch. nat., Acquits sur l'épargne, J. 962, n° 99. (*Mention.*)

6961. Mandement au trésorier de l'épargne de payer à l'abbesse et aux religieuses de Maubuisson tout ce qui leur est dû à cause d'une rente annuelle de 601 livres 5 sous 11 deniers parisis sur le trésor, dont elles n'ont pu être payées jusqu'ici par suite de la suspension du changeur du trésor et de la mutation de l'ordre des finances. Saint-Germain-en-Laye, 30 mars 1533. 30 mars.

Arch. nat., Acquits sur l'épargne, J. 962, n° 99. (*Mention.*)
Bibl. nat., ms. fr. 15629, n° 452. (*Mention.*)

6962. Déclaration portant que, durant la saisie de la châtellenie, terre et seigneurie de Courtenay, mise sous la main du roi, les appellations interjetées des officiers de ladite seigneurie ressortiront par-devant le bailli de Sens, ou son lieutenant à Sens. Chantilly, 2 avril 1533. 2 avril.

Présentée au Parl. de Paris, le 25 juin 1534. Arch. nat., X[1a] 4896, Plaidoiries, fol. 343 v°. (*Mention.*)

6963. Lettres de surannation pour l'enregistrement du don fait, le 14 novembre 1531 (n° 4292), à 6 avril.

Robert de La Marck, seigneur de Fleuranges, maréchal de France. Senlis, 6 avril 1534. 1534.

Enreg. aux Eaux et forêts (siège de la Table de marbre), le 15 septembre 1536. Arch. nat., Z[1e] 324 (anc. Z. 4581), fol. 49 v°. 2 pages.

6964. Mandement à la Chambre des Comptes de procéder à l'entérinement des lettres de don et remise à Antoine Sanguin, évêque d'Orléans, des droits de régale dus sur son évêché. 6 avril 1534. 6 avril.

Copie d'un arrêt de la Chambre des Comptes de Paris. Arch. nat., AD. IX 123, n° 40. (*Mention.*)

6965. Lettres de jussion au Parlement de Paris pour enregistrer les édit et déclaration du mois de mars 1520 n. s. (n° 1165) et du 8 janvier 1534 n. s. (n° 6694), concernant le rachat des rentes dues sur les maisons de la ville de la Rochelle. Compiègne, 11 avril 1534. 11 avril.

Enreg. au Parl. de Paris, le 7 septembre suivant. Arch. nat., X[1a] 8612, fol. 330 v°.
Arrêt d'enregistrement. Idem, X[1a] 1537, reg. du Conseil, fol. 458 v°.

6966. Mandement et lettres de jussion à la Chambre des Comptes et au général des finances de Bretagne, leur enjoignant de mettre à exécution la donation des seigneuries d'Auray et de Quiberon en faveur d'Anne de Vernon, suivant les lettres qu'elle a obtenues. Compiègne, 12 avril 1534. 12 avril.

Enreg. à la Chambre des Comptes de Bretagne. Archives de la Loire-Inférieure, B. *Mandements royaux*, II, fol. 70.

6967. Don à Jean de Faverolles, gentilhomme de la vénerie, de 895 livres tournois, moitié de la somme de 1,790 livres qui lui avait été octroyée sur l'amende prononcée contre Blaisot Loubert par les commissaires ordonnés sur le fait des eaux et forêts en Normandie, et que la Chambre des Comptes lui avait réduite 12 avril.

conformément à l'ordonnance. Compiègne, 12 avril 1534. | 1534.

Arch. nat., Acquits sur l'épargne, J. 962, n° 100. (*Mention.*)

6968. Don à Thomas Bocachart de 175 livres tournois, moitié de l'amende à laquelle il avait été condamné par les commissaires réformateurs des eaux et forêts de Normandie, dont il avait obtenu remise intégrale et que la Chambre des Comptes lui avait maintenue pour moitié. Compiègne, 12 avril 1534. | 12 avril.

Arch. nat., Acquits sur l'épargne, J. 962, n° 100. (*Mention.*)

6969. Don à [Pierre Glé, s[r] de l'Éperonnière, dit la] Coutardaye, maréchal des logis du roi, de 250 écus soleil que la Chambre des Comptes lui avait retranchés de la somme de 500 écus qui lui avait été octroyée sur les lods et ventes et autres droits seigneuriaux échus et à échoir en Bretagne. Compiègne, 12 avril 1534. | 12 avril.

Arch. nat., Acquits sur l'épargne, J. 962, n° 100. (*Mention.*)

6970. Provision pour faire jouir Baptine de Larcha, veuve d'Ottoboni Spinola, des revenus de Castellane en Provence pendant trois ans, par les mains du trésorier dudit pays, nonobstant la réunion des domaines aliénés. Compiègne, 12 avril 1534. | 12 avril.

Arch. nat., Acquits sur l'épargne, J. 962, n° 100. (*Mention.*)

6971. Mandement pour faire payer à Pierre Cordier, conseiller au Grand conseil, ses gages du dernier quartier de 1531, des premier et dernier quartiers de 1532 et premier de 1533 qui lui avaient été retenus parce qu'il n'avait pas siégé durant ce temps, retenu qu'il était par la maladie. Compiègne, 12 avril 1534 [1]. | 12 avril.

Arch. nat., Acquits sur l'épargne, J. 962, n° 100. (*Mention.*)

[1] L'inventaire PP. 136 donne à ce mandement la date du 17 mai.

Enreg. à la Chambre des Comptes de Paris, le 20 mai suivant. Arch. nat., invent. PP. 136, p. 410. (*Mention.*) 1534.

6972. Mandement au receveur de la chambre aux deniers de Messeigneurs, fils du roi, de payer à MM. de Châtillon, enfants d'honneur desdits princes, la somme de 600 livres, soit 300 livres à chacun, pour leurs gages de l'année 1533 qui n'avaient pas été inscrits sur les états. Compiègne, 12 avril 1534. 12 avril.

Arch. nat., Acquits sur l'épargne, J. 962, n° 100. (*Mention.*)

6973. Déclaration modérant à 50 livres tournois par an les gages de l'office de contrôleur des deniers communs, aides et octrois d'Orléans. Compiègne, 13 avril 1534. 13 avril.

Enreg. au Grand conseil, le 12 juin 1534. Arch. nat., V[5] 1050. 2 pages.

6974. Mandement au receveur des offices et parties casuelles de payer à Blaise de Rabutin, s[r] d'Huban, que le roi a depuis peu retenu pour son maître d'hôtel, 600 livres tournois pour ses gages dudit office durant la présente année. Compiègne, 13 avril 1534. 13 avril.

Arch. nat., Acquits sur l'épargne, J. 962, n° 101. (*Mention.*)

6975. Lettres ordonnant que « Stephane Coulongne » (Colonna) sera entièrement payé de sa pension de l'année 1533, à raison de 4,000 livres tournois par an, sur les finances ordinaires ou extraordinaires, ainsi qu'il sera avisé par M. le Légat. Compiègne, 13 avril 1534. 13 avril.

Arch. nat., Acquits sur l'épargne, J. 962, n° 101. (*Mention.*)

6976. Mandement au trésorier de l'épargne de payer au s[r] du Vigean la somme de 10,000 livres tournois en récompense de tout ce qui lui est dû de sa pension et des autres états qu'il tient du roi, plusieurs années ne lui ayant pas été 13 avril.

payées par suite des charges que Sa Majesté avait à supporter. Compiègne, 13 avril 1534. 1534.

Arch. nat., Acquits sur l'épargne, J. 962, n° 101. (*Mention.*)

6977. Don au s^r de Liéramont de 200 écus sur les deniers du quart de la résignation que Gaillard Burdelot, l'un des quatre notaires du Parlement de Paris, entend faire de sondit office. Compiègne, 13 avril 1534. 13 avril.

Arch. nat., Acquits sur l'épargne, J. 962, n° 101. (*Mention.*)

6978. Don à Robert Du Galais, s^r du Tertre, gentilhomme de la vénerie, du quart de la résignation que Jean Hux entend faire de son office de receveur des impôts et fouages de l'évêché de Tréguier au profit de Noël Barbillon. Compiègne, 13 avril 1534. 13 avril.

Arch. nat., Acquits sur l'épargne, J. 962, n° 101. (*Mention.*)

6979. Don à Jean Barbarin, huissier de salle du roi, de 300 livres parisis, montant d'une amende à laquelle un nommé Mathurin Compen a été condamné par arrêt du Parlement. Compiègne, 13 avril 1534. 13 avril.

Arch. nat., Acquits sur l'épargne, J. 962, n° 101. (*Mention.*)

6980. Don à Jean Lebègue, valet de chambre du roi, de 325 livres parisis, somme réservée par la Chambre des Comptes, suivant l'ordonnance, sur les 650 livres parisis précédemment octroyées à Mellin de Saint-Gelais, montant d'une amende prononcée contre Jean Fourrier par sentence des commissaires réformateurs des monnaies. Compiègne, 13 avril 1534. 13 avril.

Arch. nat., Acquits sur l'épargne, J. 962, n° 101. (*Mention.*)

6981. Mandement pour faire payer Étienne de Morainville, Pierre de Choisel, René Aménard, Jean de Padie, Jean de Vivier, et Gaillard de Varanges, dit Belestat, hommes d'armes, Jean 13 avril.

Girard, le bâtard de Belestat et Jean de Montbeton, archers de la compagnie du duc de Guise, de leurs gages du second semestre de l'année 1532, bien qu'ils n'aient pas comparu à la montre. Compiègne, 13 avril 1534. — 1534.

Arch. nat., Acquits sur l'épargne, J. 962, n° 101. (*Mention.*)

6982. Permission aux Cordeliers de Nantes de faire venir en toute franchise des pays d'Anjou, Poitou, Orléans, la Marche ou autres lieux 40 pipes de vin provenant d'aumônes ou d'achat, pour l'approvisionnement de leur couvent pendant une année, à commencer du 1er mai 1534. Compiègne, 13 avril 1534. — 13 avril.

Arch. nat., Acquits sur l'épargne, J. 962, n° 101. (*Mention.*)

6983. Permission aux Cordeliers d'Ancenis de faire venir en franchise pendant trois ans, à dater du 1er octobre 1534, 60 pipes de vin, soit 20 pipes par an, des pays d'Anjou, Orléans, Beaune, la Marche, Poitou ou d'ailleurs, pour la consommation de leur couvent. Compiègne, 13 avril 1534. — 13 avril.

Arch. nat., Acquits sur l'épargne, J. 962, n° 101. (*Mention.*)

6984. Lettres ordonnant que Pierre Secondat, général de Guyenne, sera payé de ses gages dudit office pour dix-huit mois, à dater du 23 octobre 1532, jour de son institution, jusqu'au 23 du présent mois d'avril, à raison de 1,500 livres par an, sur les deniers des restes de la généralité de Guyenne de l'année 1533, qui seront versés aux coffres du Louvre. Compiègne, 13 avril 1534. — 13 avril.

Arch. nat., Acquits sur l'épargne, J. 962, n° 101. (*Mention.*)

6985. Mandement à la Chambre des Comptes de passer aux comptes du receveur de Vitry tout ce qu'il a payé au maréchal de La Marck des revenus des châtellenies, terres et seigneuries de — 13 avril.

Château-Thierry et Châtillon-sur-Marne depuis la date des lettres de cession desdits revenus à lui octroyées par feu Madame, alors régente, jusqu'au jour des lettres de confirmation qu'il en a obtenues du roi, soit dix-sept ou dix-huit mois. Compiègne, 13 avril 1534. 1534.

Arch. nat., Acquits sur l'épargne, J. 962, n° 101. (*Mention.*)

6986. Mandement à la Chambre des Comptes de vérifier et enregistrer les lettres de don des amendes, confiscations et dommages-intérêts adjugés et à adjuger au roi sur les forêts de Château-Thierry et de Châtillon-sur-Marne, ainsi que des profits féodaux et censuels recélés dans ces deux châtellenies, lettres octroyées au maréchal de La Marck. Compiègne, 13 avril 1534. 13 avril.

Arch. nat., Acquits sur l'épargne, J. 962, n° 101. (*Mention.*)

6987. Lettres portant rabais en faveur de Jean Bruneau, naguère fermier du greffe du bailliage de Dijon au siège de Nuits, pour trois années finies le 30 septembre 1533, de 250 livres sur le prix de sadite ferme. Compiègne, 13 avril 1534. 13 avril.

Arch. nat., Acquits sur l'épargne, J. 962, n° 101. (*Mention.*)

6988. Permission à Jean de Rubilly, huissier de paix à Cambrai, de faire venir audit lieu 6 muids de blé pour sa consommation, nonobstant l'interdiction des traites, et ordre de lui délivrer les 4 muids faisant partie de ces 6 muids de blé qui ont été arrêtés à Mézières, en payant toutefois les droits accoutumés. Compiègne, 13 avril 1534. 13 avril.

Arch. nat., Acquits sur l'épargne, J. 962, n° 101. (*Mention.*)

6989. Mandement à la Chambre des Comptes de Montpellier de passer aux comptes de Jean de Saillans, grènetier du Pont-Saint-Esprit, tout ce qu'il a payé à feu Odinet Geuffroy à cause de 13 avril.

ses gages de garde du sceau de la ville de Condrieu, pendant le temps qu'il a exercé ledit office, depuis la résignation qu'il en fit à feu Jean Geuffroy, son fils, alors au service du roi au royaume de Naples et qui mourut à son retour, jusqu'au jour de l'institution audit office de Fleury Geuffroy, son autre fils, bien que ledit Jean Geuffroy ne l'ait point exercé. Compiègne, 13 avril 1534. 1534.

Arch. nat., Acquits sur l'épargne, J. 962, n° 101. (*Mention.*)

6990. Don au s[r] de Maugiron, lieutenant au gouvernement de Dauphiné, de tous les biens confisqués et adjugés au roi par arrêt du Parlement de Grenoble sur Jean Barangeon, s[r] de Morges, pour cause d'homicide. Compiègne, 13 avril 1534. 13 avril.

Arch. nat., Acquits sur l'épargne, J. 962, n° 101. (*Mention.*)

6991. Don au capitaine Michel Chappuis de 16 acres de terre à Millemart en Caux (Mélamare), provenant de Jean Fournon, naguère exécuté par justice à Montivilliers. Compiègne, 13 avril 1534. 13 avril.

Arch. nat., Acquits sur l'épargne, J. 962, n° 101. (*Mention.*)

6992. Don à Jean Franchet, valet de chambre de l'amiral [Chabot], de 75 écus soleil, montant du quart de la résignation de l'office de premier huissier au Parlement de Dijon. Compiègne, 13 avril 1534. 13 avril.

Arch. nat., Acquits sur l'épargne, J. 962, n° 101. (*Mention.*)

6993. Prorogation, en faveur du chapitre de Beauvais, du don et octroi de 2 deniers obole tournois sur chaque minot ou quintal de sel vendu et distribué dans les greniers et chambres à sel des généralités de Normandie et de Languedoc, pour en jouir tant qu'il plaira au roi, à 13 avril.

partir de l'expiration de leurs précédentes lettres. Compiègne, 13 (*aliàs* 14) avril 1534. 1534.

Arch. nat., Acquits sur l'épargne, J. 962, n° 101. (*Mention.*)

Enreg. à la Chambre des Comptes de Paris, le 23 janvier 1537 n. s., à la suite de lettres de relief d'adresse à ladite Chambre, datées du 7 janvier 1537 n. s. Arch. nat., invent. PP. 136, p. 409. (*Mention.*)

6994. Mandement au trésorier de l'épargne de payer à Pierre Secondat, général de Guyenne, 2,250 livres tournois pour ses gages ordinaires pendant dix-huit mois (23 octobre 1532-23 avril 1534). Compiègne, 14 avril 1534. 14 avril.

Bibl. nat., ms. fr. 15632, n° 226. (*Mention.*)

6995. Mandement au trésorier de l'épargne de payer 270 livres à Gilles de La Pommeraye pour une mission qu'il a remplie en Angleterre, du 2 avril 1533 au 12 avril 1534. Compiègne, 14 avril 1534. 14 avril.

Bibl. nat., ms. Clairambault 1215, fol. 72 v°. (*Mention.*)

6996. Mandement au trésorier de l'épargne de payer 45 livres à Antoine Du Heu, chevaucheur, qui va à Boulogne-sur-Mer au-devant des s^rs de Rochford et de Fitz-William, ambassadeurs du roi d'Angleterre. Compiègne, 14 avril 1534. 14 avril.

Bibl. nat., ms. Clairambault 1215, fol. 72 v°. (*Mention.*)

6997. Lettres données à la requête des États de Languedoc, prescrivant des mesures contre la mendicité et des règles pour l'assistance des pauvres invalides. Compiègne, 15 avril 1534. 15 avril.

Enreg. au Parl. de Toulouse, le 28 juillet 1534. Arch. de la Haute-Garonne, Edits, reg. 4, fol. 14. 3 pages 1/2.

Copie. Arch. municip. de Toulouse, ms. 8508.

6998. Lettres ordonnant d'employer les pauvres valides à des travaux utiles dans la ville de Béziers, et de renvoyer les autres dont cette cité 15 avril.

ne peut rester chargée. Compiègne, 15 avril 1534. 1534.

Imp. Bulletin de la Société archéol. de Béziers, 2e série, tome XII, 1883, p. 77.

6999. Mandement au trésorier de l'épargne de payer au sr de Châteaumorant, gentilhomme de la chambre du roi, 1,200 livres tournois pour sa pension de l'année 1533. Compiègne, 15 avril 1534. 15 avril.

Bibl. nat., ms. fr. 15629, n° 476. (*Mention.*)

7000. Mandement au trésorier de l'épargne de payer à M. d'Humières, chambellan du roi, 3,000 livres tournois pour sa pension de l'année 1533. Compiègne, 15 avril 1534. 15 avril.

Bibl. nat., ms. fr. 15629, n° 477. (*Mention.*)

7001. Provisions accordées à Guy Lormier, notaire et secrétaire du roi, de l'un des quatre offices de notaires du Parlement de Paris, en remplacement et sur la résignation de Gaillard Burdelot. Compiègne, 16 avril 1534. 16 avril.

Reçu au Parl. le 27 avril suivant. Arch. nat., X1a 1537, reg. du Conseil, fol. 240. (*Mention.*)

7002. Don à Jean Blosset, chevalier, sr de Torcy, de 1,700 livres, moitié réduite et réservée au roi, suivant l'ordonnance, par la Chambre des Comptes sur la somme de 3,400 livres, montant des droits et devoirs seigneuriaux dus à Sa Majesté à cause de la vente naguère faite par ledit sr de Torcy et sa femme de la baronnie de Doudeauville, mouvante du comté de Boulonnais, dont ils avaient obtenu remise intégrale. Compiègne, 16 avril 1534. 16 avril.

Arch. nat., *Acquits sur l'épargne*, J. 962, n° 102. (*Mention.*)

7003. Don à Jean Lemoine, huissier de salle du roi, de 100 écus soleil sur la résignation de l'office d'élu à Tonnerre faite par David Chambellan au profit de Jean Jazu. Compiègne, 16 avril 1534. 16 avril.

Arch. nat., *Acquits sur l'épargne*, J. 962, n° 102. (*Mention.*)

7004. Suppression de l'office de trésorier des comtés de Montpensier et de Clermont, dauphiné d'Auvergne et vicomtés de Carlat et de Murat, et réunion de ces pays à la recette générale d'Auvergne. Compiègne, 17 avril 1534. — 1534. 17 avril.

Enreg. à la Chambre des Comptes de Paris, le 29 avril 1534. Arch. nat., P. 2306, p. 115. 3 pages 1/2.
Idem, P. 2537, fol. 177 v°.

7005. Lettres déclarant les bourgeois de Paris exempts du ban et de l'arrière-ban. Compiègne, 17 avril 1534. — 17 avril.

Original. Arch. nat., K. 954, n° 49.
Enreg. au Parl. de Paris, le 24 avril 1534. Arch. nat., X[1a] 8612, fol. 319 v°. 2 pages.
Enreg. au Châtelet de Paris, le 22 avril 1534. Arch. nat., Bannières, Y. 9, fol. 30. 3 pages.
Idem, Livre jaune grand, Y. 6[5], fol. 4 v°.

7006. Provisions de l'office de premier huissier au Parlement de Dijon pour Thibaut Regnault, en remplacement et sur la résignation de Jean Durand. Compiègne, 17 avril 1534. — 17 avril.

Reçu le 5 mai suivant.
Enreg. au Parl. de Dijon. Arch. de la Côte-d'Or, Parl., reg. 2, fol. 123.
Enreg. par analyse à la Chambre des Comptes de Dijon. Arch. de la Côte-d'Or, B. 19, fol. 1 v°.

7007. Mandement au trésorier de l'épargne de payer aux religieuses du couvent de Saint-François de Doullens la somme de 150 livres, dont une première expédition n'avait point sorti effet par suite de la réforme des finances. Compiègne, 17 avril 1534 (1). — 17 avril.

Arch. nat., Acquits sur l'épargne, J. 962, n° 102. (*Mention.*)
Bibl. nat., ms. fr. 15629, n° 448. (*Mention.*)

7008. Lettres portant remise aux habitants d'Aignay-le-Duc et d'Étalante en Bourgogne, pendant — 20 avril.

(1) Le 16 avril, suivant le rôle d'expéditions des *Acquits sur l'épargne.*

douze ans, des trois quarts de leurs tailles. Coucy, 20 avril 1534. 1534.

Enreg. à la Chambre des Comptes de Dijon, le 24 juillet suivant. Arch. de la Côte-d'Or, reg. B, 20, fol. 4.

7009. Mandement au trésorier de l'épargne de payer à Zacharie Chapelain, commis au payement des réparations des places fortes de Bourgogne, 14,000 livres tournois pour employer au fait de sa commission. Coucy, 20 avril 1534. 20 avril.

Bibl. nat., ms. fr. 15629, n° 464. (*Mention.*)

7010. Provision pour faire payer et délivrer à Louis de Pommereu, prévôt des maréchaux de France aux pays de Valois, Soissonnais, Île-de-France, prévôté et vicomté de Paris, bailliages de Melun, Senlis et Vermandois, à ses lieutenants et archers, leurs gages d'une demi-année échue au mois de mars dernier, et ceux qui écherront à l'avenir, d'année en année et de quartier en quartier, par le commis au recouvrement des deniers de la charge d'Outre-Seine, Yonne et Picardie, qui ont été ou seront imposés, outre la taille ordinaire, pour le payement des prévôts des maréchaux. Coucy, 21 avril 1534. 21 avril.

Arch. nat., Acquits sur l'épargne, J. 962, n° 103. (*Mention.*)

7011. Mandement à Jean de Pierrefitte, commis à la recette des deux dernières décimes et au recouvrement des restes dus des précédentes décimes, de payer au s^r de Sourdis, maître de la garde-robe du roi, la somme de 10,000 livres dont Sa Majesté lui a ci-devant fait don. Coucy, 21 avril 1534. 21 avril.

Arch. nat., Acquits sur l'épargne, J. 962, n° 103. (*Mention.*)

7012. Don à la reine de Navarre des revenus et profits de la terre et seigneurie de Creil et du château dudit lieu, avec leurs appartenances et dépendances, pour en jouir sa vie durant, 21 avril.

ainsi que du droit de pourvoir à l'office de receveur de la seigneurie, à charge de faire les réparations du château et de ne point toucher aux bois de haute futaie, etc. Coucy, 21 avril 1534. 1534.

Arch. nat., Acquits sur l'épargne, J. 962, n° 103. (*Mention.*)

7013. Lettres ordonnant de payer à Jean Crespin, marchand, sur les finances ordinaires ou extraordinaires, ainsi qu'il sera avisé par M. le Légat, la somme de 2,250 livres tournois ou 1,000 écus qui lui sont dus pour une cotte de velours blanc, garnie de perles, deux paires de manchons de velours blanc et cramoisi, garnis de perles, et 250 grosses perles qu'il a vendus et livrés au roi. Coucy, 21 avril 1534. 21 avril.

Arch. nat., Acquits sur l'épargne, J. 962, n° 103. (*Mention.*)

7014. Mandement au trésorier de l'épargne de payer à Antoine de Raincon, chevalier, 1,200 livres tournois pour sa pension de l'année 1532. Coucy, 21 avril 1534. 21 avril.

Bibl. nat., ms. fr. 15629, n° 466. (*Mention.*)

7015. Mandement au trésorier de l'épargne de payer aux écoliers de Suisse, étudiants à l'Université de Paris et inscrits sur un rôle de parchemin, 450 livres tournois pour continuer leurs études pendant le deuxième quartier de la présente année. Coucy, 21 avril 1534. 21 avril.

Bibl. nat., ms. fr. 15632, n° 168. (*Mention.*)

7016. Prorogation pour six ans, en faveur des habitants de Langres, de l'octroi de 12 deniers tournois pour livre sur toutes les denrées et marchandises qui se vendent, échangent et distribuent dans la ville et la banlieue, à charge de payer à la recette des aides et tailles de l'élection de Langres la somme annuelle de 300 livres tournois, et de bailler à ferme chaque année 22 avril.

ladite imposition au plus offrant et dernier enchérisseur. Coucy, 22 avril 1534. 1534.

Arch. nat., Acquits sur l'épargne, J. 962, n° 104. (*Mention.*)

7017. Lettres adressées au Parlement de Dijon, à fin de renvoi au chancelier de France de la cause pendante devant cette cour au sujet des faux commis par Guillaume Lagrange, notaire. Coucy, 23 avril 1534. 23 avril.

Original scellé. Arch. nat., suppl. du Trésor des Chartes, J. 963, n° 30.

7018. Provisions en faveur de Nicolas de Poncher, notaire et secrétaire du roi et son valet de chambre ordinaire, de l'office de bailli d'Étampes vacant par la résignation qu'en a faite Jean de Poncher, général de Languedoc, Dauphiné et Provence, son père. Coucy, 23 avril 1534. 23 avril.

Réception dudit Poncher au Parl. de Paris, le 4 mai 1534. Arch. nat., X[1a] 4896, Plaidoiries, fol. 138. (*Mention.*)

7019. Mandement au trésorier de l'épargne de payer 45 livres à Antoine Du Heu, chevaucheur, pour un voyage à Boulogne vers les seigneurs de Rochford et Fitz-William, ambassadeurs du roi d'Angleterre. Coucy, 24 avril 1534. 24 avril.

Bibl. nat., ms. Clairambault 1215, fol. 72 v°. (*Mention.*)

7020. Déclaration portant que les commissaires enquêteurs sur le fait des monnaies ne peuvent connaître que des abus commis avant le payement de la rançon du roi, les délits postérieurs étant de la juridiction du Parlement de Grenoble. Braine, 29 avril 1534. 29 avril.

Enreg. à la Chambre des Comptes de Grenoble. Arch. de l'Isère, B. 2832, fol. 344. 4 pages 1/2.

7021. Provisions de l'office de conseiller au Parlement de Dijon pour Étienne Berbisey, licencié ès lois, avocat postulant, en remplacement de 29 avril.

Lazare de Montholon, décédé. Braine, 29 avril 1534. 1534.

Reçu le 7 juillet suivant.
Enreg. au Parl. de Dijon. Arch. de la Côte-d'Or, Parl., reg. 2, fol. 130 v°.
Enreg. par analyse à la Chambre des Comptes de Dijon. Arch. de la Côte-d'Or, B. 19, fol. 2.

7022. Édit portant création en titre d'offices de deux gardes dans chacune des forêts d'Évreux, Breteuil, Conches et Beaumont, sous la charge de Claude d'Annebaut, bailli et capitaine d'Évreux. Compiègne, avril 1534. Avril.

Enreg. au Grand conseil, le 9 juin 1534. Arch. nat., V⁵ 1050, 1 page.

7023. Mandement à la Chambre des Comptes de vérifier les privilèges accordés aux chanoines de Saint-Martin de Tours en avril 1515 n. s. (n° 206). Avril 1534. Avril.

Bibl. de Tours, ms. 1295, Append., p. CXXXVII. *(Mention.)*

7024. Lettres par lesquelles Philippe Chabot, s^r de Brion, comte de Charny et de Buzançais, amiral de France et gouverneur de Bourgogne, est nommé lieutenant général au comté de Montbéliard, nouvellement acquis par le roi. Braine, 1er mai 1534. 1er mai.

Enreg. à la Chambre des Comptes de Dijon. Arch. de la Côte-d'Or, B. 18, fol. 322.

7025. Prorogation pour trois ans du don de 300 livres de rente accordé à Tristan de Carné, maître d'hôtel de la reine, sur les salines de Guérande, et mandement aux gens des comptes de lever toute opposition. Longpont, 1er mai 1534. 1er mai.

Enreg. à la Chambre des Comptes de Bretagne. Archives de la Loire-Inférieure, B. *Mandements royaux,* II, fol. 73.

7026. Mandement au Parlement pour l'entérinement et l'exécution d'un indult accordé par le pape Clément VII à Jean de Lorraine, cardinal, 4 mai.

archevêque de Narbonne, le 1er août 1530 (n° 3750), pour la collation des bénéfices dépendant de son archevêché et de ses abbayes. Abbaye de Longpont, 4 mai 1534. 1534.

Enreg. au Parl. de Paris, sauf restrictions, le 14 juillet suivant. Arch. nat., X[1a] 8612, fol. 354. 6 pages.

IMP. [Le Mère], *Recueil des actes, titres et mémoires concernant les affaires du clergé*. Paris, 1716-1740, 12 vol. in-fol., t. X, col. 963.

P. Dupuy, *Traité des droits et libertés de l'église gallicane*. Paris, 1731-1751, 3e édit., 3e partie, p. 137.

7027. Mandement au trésorier de l'épargne de payer 2,250 livres tournois à Claude Dodieu, sr de Vély, ambassadeur du roi en Espagne. 7 mai 1534. 7 mai.

Bibl. nat., ms. Clairambault 1215, fol. 72. (*Mention.*)

7028. Mandement au trésorier de l'épargne de bailler à Guy de La Maladière 96 livres tournois qu'il doit remettre à Philippe de Haraucourt pour un voyage à Soissons, Péronne, Corbie et autres villes de Picardie, où il est allé porter les fonds nécessaires au payement de la solde des gens de guerre des ordonnances y tenant garnison et commandés par le dauphin, le duc de Vendôme, MM. de La Rochepot et de La Meilleraye, pendant le deuxième semestre de l'année 1532. Nantouillet, 7 mai 1534. 7 mai.

Bibl. nat., ms. fr. 15629, n° 517. (*Mention.*)

7029. Confirmation des lettres du mois d'août 1533 (n° 6209), accordant aux Minimes du couvent de Saint-Roch de Toulouse la jouissance d'une pêcherie et d'un moulin dépendant du domaine. Paris, 11 mai 1534. 11 mai.

Copie collat. du XVIII*e siècle. Arch. nat.*, K. 171, n° 11.

7030. Mandement à la Chambre des Comptes de Paris d'allouer aux comptes de Guillaume Prudhomme de cette année 700 livres 17 sous 11 mai.

tournois qu'il a payés comme suit : à François Perdriel, maître de la Monnaie de Paris, 660 livres 17 sous tournois pour 2,500 jetons d'argent pesant 38 marcs 7 onces, et à Jeanne Pillot, brodeuse à Paris, 40 livres tournois pour 3 aunes et un quart de velours qui ont servi à faire vingt-cinq bourses contenant chacune 100 de ces jetons, que ledit Prudhomme a distribués aux membres du Conseil privé. Paris, 11 mai 1534. — 1534.

Bibl. nat., ms. fr. 15629, n° 889. (*Mention.*)

7031. Mandement au trésorier de l'épargne de remettre à Julien Bonacoursi, commis à tenir le compte et faire le payement des cent gentilshommes de l'hôtel du roi commandés par le s^r de Canaples, 10,675 livres tournois pour le dernier quartier de la présente année. Paris, 11 mai 1534. — 11 mai.

Bibl. nat., ms. fr. 15632, n° 50. (*Mention.*)

7032. Mandement au trésorier de l'épargne de délivrer à Bénigne Serre 535 livres tournois pour les gages des chantres, chapelains et officiers de la chapelle de plain-chant du roi, pendant le dernier quartier de la présente année. Paris, 11 mai 1534. — 11 mai.

Bibl. nat., ms. fr. 15632, n° 161. (*Mention.*)

7033. Mandement au trésorier de l'épargne de payer 120 livres tournois à Christophe Daresse, capitaine de la forêt de Loches, et à Jean Guenaut, Pierre Guenaut, Jean Gautier et Thomas Lecomte, gardes de ladite forêt, 60 livres à chacun, soit en tout 360 livres tournois, pour leurs gages de l'année 1533. Paris, 12 mai 1534. — 12 mai.

Bibl. nat., ms. fr. 15629, n° 542. (*Mention.*)

7034. Mandement au trésorier de l'épargne de payer à Pierre Mangot, orfèvre, 573 livres 12 sous 6 deniers tournois pour un grand collier de l'ordre pesant 3 marcs 6 onces 1 gros 1 denier — 13 mai.

d'or, y compris la façon et l'étui, que le roi a donné au duc d'Orléans. Paris, 13 mai 1534. — 1534.

Bibl. nat., ms. fr. 15629, n° 495. (*Mention.*)

7035. Ordonnance portant création en titre d'office d'un gruyer des bois de la châtellenie de Neauphle. Paris, 14 mai 1534. — 14 mai.

Enreg. aux Eaux et forêts (siège de la Table de marbre), le 15 juillet 1534. Arch. nat., Z[1e] 322 (anc. Z. 4579), fol. 210. 2 pages.

7036. Provisions d'un office de conseiller clerc au Parlement de Paris pour Antoine Chabanier, en remplacement de Jacques Mesnager, décédé. Paris, 15 mai 1534. — 15 mai.

Réception au Parl. le 21 avril 1535. Arch. nat., X[1a] 1538, reg. du Conseil, fol. 222 v°. (*Mention.*)

7037. Lettres de relief de surannation des provisions de l'office de bailli et capitaine de la ville et du château d'Évreux, données le 13 octobre 1532 (n° 4970), en faveur de Claude d'Annebaut, s[r] de Saint-Pierre. Paris, 15 mai 1534. — 15 mai.

Enreg. à la Chambre des Comptes de Paris, le 27 août 1534. Arch. nat., invent. PP. 136, p. 391. (*Mention.*)

7038. Lettres portant réunion de la vicomté de Saint-Sauveur-le-Vicomte et de la terre et seigneurie de Nehou au domaine de la couronne. Paris, 16 mai 1534. — 16 mai.

Enreg. à la Chambre des Comptes de Paris, anc. mém. 2 G, fol. 136. *Arch. nat.*, invent. PP. 136, p. 410. (*Mention.*)
IMP. Blanchard, *Compilation chronologique, etc.*, t. I, col. 495. (*Mention.*)

7039. Exemption du droit d'aides octroyée aux bourgeois de Saint-Malo pour six ans. Paris, 17 mai 1534. — 17 mai.

Enreg. à la Chambre des Comptes de Bretagne. Archives de la Loire-Inférieure, B. *Mandements royaux*, II, fol. 244.

7040. Lettres portant approbation de l'établissement du jeu d'arbalète et d'arquebuse dans la ville — 17 mai.

de Saint-Malo, et concession d'une franchise de billot pour 30 pipes de vin à vendre en détail à l'arquebusier qui abattra le papegaut. Paris, 17 mai 1534. 1534.

Mandement aux gens des comptes de Bretagne de procéder à l'entérinement desdites lettres. Lyon, 17 juillet 1536.

Originaux. Arch. communales de Saint-Malo, EE. 1, n° 4 et 5.

Enregistré au Parlement de Bretagne, le 3 octobre 1536.

Enreg. à la Chambre des Comptes de Bretagne, le 17 novembre 1536. Archives de la Loire-Inférieure, B. *Mandements royaux*, II, fol. 106.

IMP. *Pièce in-4°*. Saint-Malo, 1732. 3 pages. *Arch. comm. de Saint-Malo*, AA. 4.

7041. Lettres portant commission à Jean Brinon et Nicolas Viole, maîtres des comptes, et à Jean Luillier, auditeur des comptes, pour la remise entre les mains de Jacques Bernard, maître de la chambre aux deniers, et ensuite à Jean Basanier, bourgeois de Paris, des titres et papiers concernant les créances d'Étienne Besnier. 17 mai 1534. 17 mai.

Enreg. à la Cour des Aides de Paris. Arch. nat., recueil Cromo, U. 665, fol. 262. (*Mention.*)

7042. Mandement au trésorier de l'épargne de payer à Baptiste d'Alvergne, tireur d'or, 4,163 livres 15 sous tournois, soit 1,575 livres pour dix paires de manchons, un devant de cotte et une autre paire de grands manchons, le tout en cannetille; 800 livres pour 100 aunes de toile d'or et 100 aunes de toile d'argent faux, et 1,788 livres 15 sous tournois pour une pièce de cannetille d'argent sur fond de toile d'or tiré, mesurant 3 aunes de hauteur et 2 et demie de largeur. Paris, 17 mai 1534. 17 mai.

Bibl. nat., ms. fr. 15629, n° 501. (*Mention.*)

7043. Mandement au bailli de Touraine et au sénéchal de Guyenne de saisir à Bordeaux et chez Charles Bournigalle, avocat à Tours, les sal- 18 mai.

pêtres provenant de la succession de Michel Jacob, trésorier général des salpêtres en Languedoc, et de les donner en garde à François Odin, son successeur, jusqu'à ce que les comptes dudit Jacob soient entièrement réglés. Paris, 18 mai 1534. 1534.

Original, Bibl. nat., ms. fr. 25721, n° 419.

7044. Lettres assignant en don viager à Antoine de Raincon, chevalier, chambellan du roi, une rente de 450 livres sur le grenier à sel de Chalon-sur-Saône. Paris, 18 mai 1534. 18 mai.

Enreg. à la Chambre des Comptes de Dijon, le 13 juillet suivant. Arch. de la Côte-d'Or, reg. B. 20, fol. 1.

7045. Lettres ordonnant à la Chambre des Comptes de Paris d'entériner le don fait par le roi à Antoine Sanguin, évêque d'Orléans, des droits de régale dudit évêché, depuis la mort de son prédécesseur. Paris, 18 mai 1534. 18 mai.

Enreg. à la Chambre des Comptes de Paris, le 1er juin 1534. Arch. nat., P. 2553, fol. 185 v°. (*Arrêt d'enregistrement.*)

7046. Mandement au trésorier de l'épargne de payer à Pierre Danès et à Jacques Touzac, lecteurs en grec en l'Université de Paris, à François Vatable, Agathius Guidacerius et Paule de Paradis, Vénitien, lecteurs en hébreu, à chacun 200 écus d'or soleil, pour leur pension d'une année commencée le 1er novembre 1532. Paris, 18 mai 1534. 18 mai.

Arch. nat., Acquits sur l'épargne, J. 962, n° 107. (*Mention.*)

7047. Mandement au trésorier de l'épargne de remettre à Bénigne Serre 627 livres 4 deniers tournois pour le payement des journées de plusieurs hommes et chevaux qui ont remonté le grand bateau du roi et celui de ses cuisines de Paris à Melun, dans le voyage que le roi a fait au mois de mars précédent. Paris, 18 mai 1534. 18 mai.

Bibl. nat., ms. fr. 15629, n° 491. (*Mention.*)

7048. Mandement au trésorier de l'épargne de délivrer à Pierre Faure, receveur général de Picardie, 20,000 livres tournois pour les réparations à faire cette année aux places fortes de cette province, soit 10,000 livres à Doullens; 4,000 à Montreuil; 1,500 à Boulogne; 2,500 à Thérouanne; 500 à Saint-Quentin; 1,000 à Péronne, et 500 à Saint-Riquier. Paris, 18 mai 1534. — 1534. 18 mai.

Bibl. nat., ms. fr. 15629, n° 496. (*Mention.*)

7049. Mandement au trésorier de l'épargne de payer à Christophe Daresse, huissier du Conseil privé, 120 livres tournois pour ses gages de l'année 1533. Paris, 18 mai 1534. — 18 mai.

Bibl. nat., ms. fr. 15629, n° 504. (*Mention.*)

7050. Commission donnée à Antoine de Lamet pour distribuer certaines sommes aux Suisses, de concert avec l'ambassadeur d'Angerant, seigneur de Boisrigault, et payer ensuite avec ce qui lui restera certaines autres dépenses. Paris, 20 mai 1534. — 20 mai.

Copie collationnée. Bibl. nat., ms. fr. 25721, n° 420.

7051. Mandements au trésorier de l'épargne pour le payement de la gendarmerie du roi, des prévôts des maréchaux, commissaires, contrôleurs et payeurs des guerres pendant le dernier quartier de 1533 et le premier de l'année 1534, ledit payement s'élevant à la somme de 398,809 livres 10 sous tournois. Paris, 22 mai 1534[1]. — 22 mai.

Arch. nat., *Acquits sur l'épargne*, J. 962, n° 128. (*Mention.*)

7052. Provisions de l'office de second président en la Chambre des Comptes de Bretagne, en faveur de Guillaume Loisel le jeune. Paris, 23 mai 1534. — 23 mai.

Enreg. à la Chambre des Comptes de Bretagne. Archives de la Loire-Inférieure, B. *Mandements royaux*, II, fol. 72.

[1] Rôle d'expéditions détaillé, comprenant 15 pages.

7053. Provisions de l'office de capitaine du château de Montcenis pour Wate Ramsay, Écossais, homme d'armes des ordonnances, sous le commandement de M. d'Aubigny, maréchal de France. Paris, 23 mai 1534. — 1534. 23 mai.

Enreg. par analyse à la Chambre des Comptes de Dijon, le 12 novembre 1534. Arch. de la Côte-d'Or, B. 19, fol. 2 v°.

7054. Mandement au trésorier de l'épargne de payer à Charles Chabot, s[r] de Jarnac, chevalier de l'ordre et capitaine du château du Ha, 600 livres tournois pour son état de capitaine, pendant les années 1532 et 1533. Paris, 23 mai 1534. — 23 mai.

Bibl. nat., ms. fr. 15629, n° 498. (*Mention.*)

7055. Mandement au trésorier de l'épargne de payer à Charles Chabot, s[r] de Jarnac, 1,000 livres tournois pour sa pension de l'année 1533. Paris, 23 mai 1534. — 23 mai.

Bibl. nat., ms. fr. 15629, n° 499. (*Mention.*)

7056. Mandement au trésorier de l'épargne de payer au duc de Vendôme 6,000 livres tournois, complétant les 24,000 livres tournois de sa pension de l'année 1533. Paris, 23 mai 1534. — 23 mai.

Bibl. nat., ms. fr. 15629, n° 507. (*Mention.*)

7057. Mandement au trésorier de l'épargne de payer à Pierre Mangot, orfèvre, 669 livres 2 sous 6 deniers tournois pour un grand collier de l'ordre pesant 3 marcs 4 onces 7 gros et demi et 6 grains d'or, que le roi a donné à M. de Boisy. Paris, 23 mai 1534. — 23 mai.

Bibl. nat., ms. fr. 15629, n° 515. (*Mention.*)

7058. Mandement au trésorier de l'épargne de payer à Stefano Colonna 4,000 livres tournois pour sa pension de l'année 1533. Paris, 24 mai 1534. — 24 mai.

Bibl. nat., ms. fr. 15629, n° 524. (*Mention.*)

7059. Mandement au trésorier de l'épargne de payer 450 livres à Gabriel de La Guiche, qui part le — 25 mai.

jour même pour se rendre auprès du roi d'Angleterre. Paris, 25 mai 1534. | 1534.

Bibl. nat., ms. Clairambault 1215, fol. 72 v°. (*Mention.*)

7060. Mandement au trésorier de l'épargne de délivrer à Jean Duval 16,654 livres 6 sous 4 deniers tournois pour les gages des officiers du Parlement de Paris pendant le dernier quartier de la présente année. Paris, 25 mai 1534. | 25 mai.

Bibl. nat., ms. fr. 15632, n° 119. (*Mention.*)

7061. Mandement au trésorier de l'épargne de bailler à Guillaume Quinette, receveur et payeur de la Cour des Aides à Paris, 1,766 livres 17 sous 6 deniers tournois pour le dernier quartier de la présente année. Paris, 25 mai 1534. | 25 mai.

Bibl. nat., ms. fr. 15632, n° 127. (*Mention.*)

7062. Mandement au trésorier de l'épargne de bailler à Pierre Le Bossu, receveur et payeur des monnaies à Paris, 750 livres tournois pour le dernier quartier de la présente année. Paris, 25 mai 1534. | 25 mai.

Bibl. nat., ms. fr. 15632, n° 102. (*Mention.*)

7063. Mandement au trésorier de l'épargne de bailler à Jean Lombard, receveur et payeur des gages des officiers du Parlement de Bordeaux, 4,576 livres 11 sous 3 deniers tournois pour le dernier quartier de la présente année. Paris, 25 mai 1534. | 25 mai.

Bibl. nat., ms. fr. 15632, n° 100. (*Mention.*)

7064. Mandement au trésorier de l'épargne de bailler à Claude Ducamp, receveur et payeur des gages des officiers du Parlement de Dijon, 1,615 livres 5 sous tournois pour le dernier quartier de la présente année. Paris, 25 mai 1534. | 25 mai.

Bibl. nat., ms. fr. 15632, n° 99. (*Mention.*)

7065. Mandement au trésorier de l'épargne de bailler à Antoine Le Maçon, receveur général de Bourgogne, 1,112 livres 3 sous 1 denier tournois | 25 mai.

pour les gages des officiers de la Chambre des Comptes de Dijon pendant le dernier quartier de la présente année. Paris, 25 mai 1534. 1534.

Bibl. nat., ms. fr. 15632, n° 88. (*Mention.*)

7066. Mandement au trésorier de l'épargne de bailler à Guillaume de Penderia, receveur et payeur des gages des officiers de la Chambre des Comptes de Montpellier, 592 livres 10 sous tournois pour le troisième quartier de la présente année. Paris, 25 mai 1534. 25 mai.

Mandement semblable, de même date, pour le dernier quartier.

Bibl. nat., ms. fr. 15632, nos 19 et 103. (*Mentions.*)

7067. Mandement au trésorier de l'épargne de bailler à Antoine Périé, receveur et payeur des gages des officiers de la Cour des Aides de Montpellier, 561 livres 5 sous tournois pour le dernier quartier de la présente année. Paris, 25 mai 1534. 25 mai.

Bibl. nat., ms. fr. 15632, n° 177. (*Mention.*)

7068. Mandement au trésorier de l'épargne de bailler à Héluin Du Lin, receveur et payeur du Parlement de Rouen, 4,477 livres 3 sous 9 deniers tournois pour le dernier quartier de la présente année. Paris, 25 mai 1534. 25 mai.

Bibl. nat., ms. fr. 15632, n° 123 *bis*. (*Mention.*)

7069. Mandement au trésorier de l'épargne de bailler à Robert Baratte, receveur et payeur de la Cour des Aides de Rouen, 707 livres 6 sous 11 deniers tournois pour le dernier quartier de la présente année. Paris, 25 mai 1534. 25 mai.

Bibl. nat., ms. fr. 15632, n° 125. (*Mention.*)

7070. Mandement au trésorier de l'épargne de bailler à Pierre Potier, receveur et payeur du Parlement de Toulouse, 4,938 livres 8 sous 4 deniers tournois pour le dernier quartier de la présente année. Paris, 25 mai 1534. 25 mai.

Bibl. nat., ms. fr. 15632, n° 109. (*Mention.*)

7071. Mandement au trésorier de l'épargne de délivrer à Jean de Montdoucet, trésorier de l'artillerie, 9,000 livres tournois pour le dernier quartier de l'année présente. Paris, 25 mai 1534. 1534. 25 mai.

Bibl. nat., ms. fr. 15632, n° 38. (*Mention.*)

7072. Mandement au trésorier de l'épargne de bailler à François Saumaire, commis à tenir le compte et faire le payement des 344 mortes-payes de Bourgogne, 6,660 livres tournois pour le troisième quartier de la présente année. Paris, 25 mai 1534. 25 mai.

Mandement semblable, de même date, pour le dernier quartier.

Bibl. nat., ms. fr. 15632, n°s 138 et 139. (*Mentions.*)

7073. Mandement au trésorier de l'épargne de bailler à Robert Main, trésorier des 215 mortes-payes de Bretagne, 3,368 livres tournois pour le troisième quartier de la présente année. Paris, 25 mai 1534. 25 mai.

Mandement semblable, de même date, pour le dernier quartier.

Bibl. nat., ms. fr. 15632, n°s 96 et 97. (*Mentions.*)

7074. Mandement au trésorier de l'épargne de ballier à Jean Godet 975 livres tournois pour la solde des 65 mortes-payes de Champagne pendant le troisième quartier de la présente année. Paris, 25 mai 1534. 25 mai.

Mandement semblable, de même date, pour le dernier quartier.

Bibl. nat., ms. fr. 15632, n°s 80 et 81. (*Mentions.*)

7075. Mandement au trésorier de l'épargne de bailler à Claude Péronnier, commis à tenir le compte et faire le payement de la solde des 188 mortes-payes de Guyenne, 2,870 livres tournois pour le troisième quartier de la présente année. Paris, 25 mai 1534. 25 mai.

IMPRIMERIE NATIONALE.

Mandement semblable, de même date, pour le dernier quartier. 1534.

Bibl. nat., ms. fr. 15632, nos 75 et 76. (*Mentions.*)

7076. Mandement au trésorier de l'épargne de bailler à Jean Godet, commis à tenir le compte et faire le payement de l'extraordinaire des guerres, 600 livres tournois pour la solde des 40 mortes-payes gardant les places fortes de Languedoc, pendant le troisième quartier de la présente année. Paris, 25 mai 1534. 25 mai.

Mandement semblable, de même date, pour le dernier quartier.

Bibl. nat., ms. fr. 15632, nos 78 et 79. (*Mentions.*)

7077. Mandement au trésorier de l'épargne de bailler à François Mahieu, commis à tenir le compte et faire le payement des 339 mortes-payes de Normandie, 5,067 livres tournois pour le troisième quartier de la présente année. Paris, 25 mai 1534. 25 mai.

Mandement semblable, de même date, pour le dernier quartier.

Bibl. nat., ms. fr. 15632, nos 110 et 111. (*Mentions.*)

7078. Mandement au trésorier de l'épargne de bailler à Guillaume Durant, trésorier des 332 mortes-payes de Picardie, 5,520 livres tournois pour leur solde du troisième quartier de la présente année, y compris les gages du commissaire contrôleur et de son commis. Paris, 25 mai 1534. 25 mai.

Mandement semblable, de même date, pour le dernier quartier.

Bibl. nat., ms. fr. 15632, nos 86 et 87. (*Mentions.*)

7079. Mandement au trésorier de l'épargne de remettre à Julien Bonacoursi, receveur général de Provence, 255 livres tournois pour la solde du capitaine et des 12 mortes-payes qui gardent 25 mai.

la tour de Toulon, pendant le dernier quartier de la présente année. Paris, 25 mai 1534. 1534.

Bibl. nat., ms. fr. 15632, n° 47. (*Mention.*)

7080. Mandement aux élus du Lyonnais de lever sur les habitants de ce pays la somme de 5,000 livres tournois qu'ils étaient condamnés à payer à Du Périer, à la suite d'un procès soutenu contre lui au sujet de la ferme du sel. Paris, 29 mai 1534. 29 mai.

Copie. Bibl. nat., ms. fr. 2702, fol. 175 v°.

7081. Établissement de deux foires l'an et d'un marché chaque semaine à Bonnelles, en faveur de Martin Boschier, abbé de Saint-Jean-lès-Chartres. Paris, mai 1535. Mai.

Enreg. à la Chancellerie de France. Arch. nat., Trésor des Chartes, JJ. 247, n° 38, fol. 26. 1 page.

7082. Confirmation des privilèges et exemptions accordés aux nobles et possesseurs de fiefs faisant leur résidence à Dieppe et étant sujets au guet et service des portes. Paris, mai 1534. Mai.

Enreg. à la Chancellerie de France. Arch. nat., Trésor des Chartes, JJ. 247, n° 43, fol. 28. 2 pages.

7083. Mandement au Parlement de Grenoble pour informer sur le contenu de la requête présentée au roi par Antoine de Lévis, archevêque d'Embrun, au sujet des appellations judiciaires. Paris, 1er juin 1534. 1er juin.

Arch. nat., Portefeuilles Fontanieu, K. 1157, n° 7. (*Mention.*)

7084. Don à Blanche de Tournon, veuve du sieur de Châtillon, dame d'honneur de la reine de Navarre, d'une somme de 2,416 livres 13 sous 4 deniers tournois, moitié des droits dus au roi à cause de l'acquisition faite par ladite dame de la moitié du comté de Roussillon, droits dont Sa Majesté lui avait fait remise intégrale, mais que la Chambre des Comptes lui avait réduite, suivant l'ordonnance. Paris, 2 juin 1534. | 1534.

Enreg. à la Chambre des Comptes de Grenoble. Arch. de l'Isère, B. 2912, fol. 83. 2 pages 1/2.

Arch. nat., Acquits sur l'épargne, J. 962, n° 108. (*Mention.*)

7085. Lettres de naturalité avec permission de tester et de posséder des bénéfices dans le royaume, données en faveur de Philippe et Jean Cheminart, fils de feu N. Cheminart, d'Angers, nés à Rome et demeurant à présent en France. Paris, 2 juin 1534. | 2 juin.

Arch. nat., Acquits sur l'épargne, J. 962, n° 108. (*Mention.*)

7086. Don au s[r] de Puygriffier de 200 écus soleil que la Chambre des Comptes lui avait retranchés de la somme de 400 écus qu'il avait obtenue du roi précédemment (n° 6227) sur une amende de 1,000 livres parisis prononcée par arrêt du Parlement contre Pierre Dessols. Paris, 2 juin 1534. | 2 juin.

Arch. nat., Acquits sur l'épargne, J. 962, n° 108. (*Mention.*)

7087. Don à Julien Crochart, dit Courtigny, valet de garde-robe du dauphin, de 50 écus d'or soleil sur les deniers qui proviendront de la vente de l'office de sergent à cheval au bailliage de Chaumont, vacant par le décès de Jean Noël. Paris, 2 juin 1534. | 2 juin.

Arch. nat., Acquits sur l'épargne, J. 962, n° 108. (*Mention.*)

7088. Mandement au trésorier de l'épargne de payer à Charlotte de Brye, demoiselle de la maison de la reine, 4,000 livres tournois sur les 10,000 livres que le roi lui a données en récompense de ses services à la reine et à l'occasion de son prochain mariage avec le vicomte de Lauzun. Paris, 3 juin 1534. | 3 juin.

Bibl. nat., ms. fr. 15632, n° 179. (*Mention.*) (Voir ci-dessous, au 10 juin, n° 7126.)

7089. Mandement au trésorier de l'épargne de bailler à Jacques Bernard, maître de la chambre aux deniers du roi, 1,250 livres tournois pour payement de linge, habillements des galopins, réparation de vaisselle de l'hôtel, pendant le dernier quartier de la présente année. Paris, 4 juin 1534. — 1534. 4 juin.

Bibl. nat., ms. fr. 15632, n° 13. (*Mention.*)

7090. Don à M. de Châteaubriant, gouverneur et lieutenant général du roi en Bretagne, des offices de notaire et secrétaire du roi et de contrôleur de la « comptablerie » de Bordeaux, vacants par la mort de Jean de Pontac, pour en faire son profit, à condition que les deniers qui proviendront desdits offices lui seront comptés en déduction d'une somme de 18,000 livres tournois dont le roi lui a fait don lors de son dernier voyage en Bretagne. Paris, 5 juin 1534. — 5 juin.

Arch. nat., *Acquits sur l'épargne*, J. 962, n° 109. (*Mention.*)

7091. Don à [Poton Raffin], sénéchal d'Agénais, l'un des capitaines des gardes, de douze pieds d'arbres de haute futaie en la forêt de Chinon, destinés à faire des poutres pour son château d'Azay-le-Brûlé. Paris, 5 juin 1534. — 5 juin.

Arch. nat., *Acquits sur l'épargne*, J. 962, n° 109. (*Mention.*)

7092. Don aux s^rs Buisson et Samson, valets de garde-robe du roi, ayant la charge des oiseaux de sa chambre, de 100 écus soleil sur le quart de la résignation de l'office de receveur ordinaire du Maine faite par Richard de Bellengier au profit de Pierre Pélisson. Paris, 5 juin 1534. — 5 juin.

Arch. nat., *Acquits sur l'épargne*, J. 962, n° 109. (*Mention.*)

7093. Don et remise accordés à [Guillaume Petit], évêque de Senlis, des sommes de 200 livres tournois d'une part, montant de la part dudit évêché des quatre décimes octroyées au roi pour sa rançon par le clergé du royaume, — 5 juin.

et de 100 livres tournois d'autre part, dues par ledit évêché pour les deux décimes récemment accordées à Sa Majesté par le pape. Paris, 5 juin 1534. 1534.

Arch. nat., Acquits sur l'épargne, J. 962, n° 109. (*Mention.*)

7094. Mandement à la Chambre des Comptes d'examiner si Jean Testu, alors qu'il était argentier du roi, a fait le payement d'une somme de 340,971 livres 6 sous tournois outre l'ordinaire de sa charge, sans en avoir salaire, et dans ce cas, de lui taxer pour ses peines et vacations telle somme qu'elle estimera juste et méritée, laquelle lui sera déduite des 8,000 livres qu'il redoit sur son dernier compte de la trésorerie et recette générale de Languedoc. Paris, 5 juin 1534. 5 juin.

Arch. nat., Acquits sur l'épargne, J. 962, n° 109. (*Mention.*)

7095. Confirmation et nouvelle expédition du don ci-devant fait par le roi à l'écuyer Moret de la somme de 200 écus, montant du quart de la résignation faite par Guillaume Maucourtois de son office d'avocat du trésor à Paris, au profit de Claude Diguet. Paris, 5 juin 1534. 5 juin.

Arch. nat., Acquits sur l'épargne, J. 962, n° 109. (*Mention.*)

7096. Lettres portant remise, à la requête de Viscontin, valet de chambre du roi et capitaine des Montils près Blois, en faveur de Guyot, sergent des forêts de Blois, et de Jacques Robert, charretier, de l'amende de 10 livres en laquelle ils ont été condamnés, à savoir : ledit Robert pour avoir enlevé de la forêt de Russy, pour le chauffage dudit Viscontin, plus de bois qu'il ne lui était permis, et ledit Guyot pour l'avoir laissé faire. Paris, 5 juin 1534. 5 juin.

Arch. nat., Acquits sur l'épargne, J. 962, n° 109. (*Mention.*)

7097. Mandement au trésorier de l'épargne de payer à Du Peschin, s[r] de Bort, sur le point de prendre 5 juin.

sa retraite, la somme de 400 livres tournois dont le roi lui a fait don, en récompense des services qu'il lui a rendus en la charge de l'un des 200 gentilshommes de sa maison. Paris, 5 juin 1534. 1534.

Arch. nat., *Acquits sur l'épargne*, J. 962, n° 109. (*Mention.*)

7098. Mandement au trésorier de l'épargne de payer 67 livres 10 sous à Louis de Fontaines, serviteur du s[r] de Morette, ambassadeur en Angleterre, pour aller porter à son maître des lettres du roi. Paris, 5 juin 1534. 5 juin.

Bibl. nat., ms. Clairambault 1215, fol. 72 v°. (*Mention.*)

7099. Provisions de Jean Balue en qualité de fermier des moulins de la ville de Cognac. Paris, 6 juin 1534. 6 juin.

Bibl. nat., ms. Clairambault 782, fol. 289 *bis*. (*Mention.*)

7100. Mandement au trésorier de l'épargne de délivrer à Guy de La Maladière, naguère trésorier des guerres, 152 livres tournois pour payer à Thibaut Rouault, s[r] de Riou, les frais d'un voyage qu'il a fait en Picardie afin de porter les fonds nécessaires au payement de la solde des compagnies des gens de guerre qui étaient en garnison dans cette province sous le commandement de MM. le Grand maître, de Créquy, de Bernieulles, Du Biez et de Fresnoy, pendant le troisième et le dernier quartiers de l'année 1532. Paris, 7 juin 1534. 7 juin.

Bibl. nat., ms. fr. 15629, n° 516. (*Mention.*)

7101. Mandement au trésorier de l'épargne de payer à Charles de Coucye, chevalier, s[r] de Bury, 1,650 livres tournois en récompense de ses services. Paris, 7 juin 1534. 7 juin.

Bibl. nat., ms. fr. 15632, n° 205. (*Mention.*)

7102. Mandement à Guillaume Prudhomme, trésorier de l'épargne, de faire payer par le receveur ordinaire de Rouen, sur les deniers provenant 8 juin.

des coupes extraordinaires de la forêt de Rouvray près Rouen, à Nicolas Picart, notaire et secrétaire du roi, commis au payement des travaux du château de Fontainebleau, 18,550 livres, partie des 50,410 livres tournois qui lui ont été ordonnées précédemment pour employer au fait de sadite commission. Paris, 8 juin 1534. 1534.

Original, Bibl. nat., ms. fr. 21443, fol. 9.
Arch. nat., *Acquits sur l'épargne*, J. 962, n° 110. (*Mention.*)

7103. Mandement au vicomte et receveur ordinaire de Gisors de bailler pour les bâtiments de Fontainebleau 14,150 livres tournois sur les ventes extraordinaires de la forêt de Lyons. Paris, 8 juin 1534. 8 juin.

Arch. nat., *Acquits sur l'épargne*, J. 962, n° 110. (*Mention.*)

7104. Mandement au vicomte et receveur ordinaire d'Arques de bailler pour les bâtiments de Fontainebleau 12,480 livres tournois sur les ventes extraordinaires de la forêt d'Éawy-sous-Baudemont. Paris, 8 juin 1534. 8 juin.

Arch. nat., *Acquits sur l'épargne*, J. 962, n° 110. (*Mention.*)

7105. Mandement au vicomte et receveur ordinaire du Pont-de-l'Arche de bailler 1,280 livres tournois sur les ventes extraordinaires de la forêt de Bort, pour les bâtiments de Fontainebleau. Paris, 8 juin 1534. 8 juin.

Arch. nat., *Acquits sur l'épargne*, J. 962, n° 110. (*Mention.*)

7106. Mandement au vicomte et receveur ordinaire d'Évreux de bailler 4,350 livres tournois sur les ventes extraordinaires des forêts d'Évreux, pour les bâtiments de Fontainebleau. Paris, 8 juin 1534. 8 juin.

Arch. nat., *Acquits sur l'épargne*, J. 962, n° 110. (*Mention.*)

7107. Mandement au vicomte et receveur ordinaire de 8 juin.

Pont-Audemer de bailler la somme de 7,700 livres tournois sur les ventes extraordinaires de la forêt de Brotonne, pour la construction du château de Boulogne. Paris, 8 juin 1534. 1534.

Arch. nat., Acquits sur l'épargne, J. 962, n° 110. (*Mention.*)

7108. Mandement au vicomte et receveur ordinaire de Conches et Breteuil de bailler 14,000 livres sur les ventes extraordinaires des forêts de son ressort, pour les bâtiments de Boulogne. Paris, 8 juin 1534. 8 juin.

Arch. nat., Acquits sur l'épargne, J. 962, n° 110. (*Mention.*)

7109. Mandement au receveur ordinaire d'Orléans de bailler 21,100 livres tournois sur les ventes extraordinaires de la forêt d'Orléans, pour les bâtiments de Boulogne. Paris, 8 juin 1534. 8 juin.

Arch. nat., Acquits sur l'épargne, J. 962, n° 110. (*Mention.*)

7110. Mandement au receveur ordinaire de Senlis de bailler 4,160 livres tournois sur les ventes extraordinaires de la forêt de Halatte, pour les bâtiments de Boulogne. Paris, 8 juin 1534. 8 juin.

Arch. nat., Acquits sur l'épargne, J. 962, n° 110. (*Mention.*)

7111. Mandement au receveur ordinaire de Creil de bailler 3,200 livres tournois sur les ventes extraordinaires de la forêt de la Pommeraye, pour les bâtiments de Boulogne. Paris, 8 juin 1534. 8 juin.

Arch. nat., Acquits sur l'épargne, J. 962, n° 110. (*Mention.*)

7112. Mandement au receveur ordinaire de Paris de bailler 9,400 livres tournois sur les ventes extraordinaires de la forêt de Crouy, pour les constructions du château de Villers-Cotterets. Paris, 8 juin 1534. 8 juin.

Arch. nat., Acquits sur l'épargne, J. 962, n° 110. (*Mention.*)

7113. Mandement au receveur ordinaire de Montfort- 8 juin.

l'Amaury de bailler 15,000 livres tournois sur les ventes extraordinaires des forêts de Montfort et de Neauphle-le-Château, pour les constructions du château de Villers-Cotterets. Paris, 8 juin 1534. 1534.

Arch. nat., Acquits sur l'épargne, J. 962, n° 110. (*Mention.*)

7114. Mandement au trésorier de l'épargne de payer à Jean Balavoine, receveur ordinaire de Chaumont-en-Bassigny, 10,000 livres tournois pour les réparations des places fortes de Champagne pendant la présente année. Paris, 9 juin 1534. 9 juin.

Bibl. nat., ms. fr. 15629, n° 512. (*Mention.*)

7115. Mandement au trésorier de l'épargne de payer à Jean Colas, capitaine des forêts de Rouvray, Roumare, Brotonne, la Londe et Mauny en Normandie, 120 livres tournois, et à Guillaume de Longuemare, Jean de Longuemare, Antoine de La Londe, Noël Delamare, Pierre Duquesne et Bernardin Loyal, gardes desdites forêts, 60 livres tournois à chacun, soit en tout 480 livres tournois, pour leurs gages de l'année 1533. Paris, 9 juin 1534. 9 juin.

Bibl. nat., ms. fr. 15629, n° 537. (*Mention.*)

7116. Mandement au trésorier de l'épargne de payer à Louis de Lenseigne et à Guillaume Despretz, gentilshommes de la vénerie du roi, chargés de son vautrait, 1,397 livres 5 sous tournois pour la nourriture et l'entretien de 40 mâtins et dogues qui le composent et de leurs sept valets, pendant le deuxième semestre de 1533 et le premier trimestre de 1534. Paris, 9 juin 1534. 9 juin.

Bibl. nat., ms. fr. 15629. (*Mention.*)

7117. Mandement au trésorier de l'épargne de payer au marquis du Pont la somme de 12,000 livres tournois pour sa pension des années 1532 et 1533, sur les restes des finances ordinaires de l'année dernière. Paris, 10 juin 1534. 10 juin.

Arch. nat., Acquits sur l'épargne, J. 962, n° 111. (*Mention.*)

7118. Don à Pierre Le Lieur, conseiller au Parlement de Rouen, de 207 livres 6 sous 2 deniers tournois, somme réduite par la Chambre des Comptes sur le montant des droits seigneuriaux dus au roi à cause de l'acquisition faite par ledit Le Lieur du fief du Bosgouet en Normandie, dont Sa Majesté lui avait fait remise intégrale. Paris, 10 juin 1534. — 1534. 10 juin.

Arch. nat., Acquits sur l'épargne, J. 962, n° 111. (*Mention*.)

7119. Remise provisoire à Antoine Du Tillet, à cause de sa pauvreté, d'une amende de 60 livres parisis prononcée contre lui par arrêt du Parlement, à condition qu'il s'engage à la payer plus tard, quand sa situation le permettra. Paris, 10 juin 1534. — 10 juin.

Arch. nat., Acquits sur l'épargne, J. 962, n° 111. (*Mention*.)

7120. Mandement au commis à la recette générale des finances extraordinaires et parties casuelles de faire payer au capitaine Bonneval 1,500 livres tournois pour sa pension de l'année 1531, sur les deniers redus par feu Étienne Besnier, naguère receveur général d'Outre-Seine et Yonne. Paris, 10 juin 1534. — 10 juin.

Arch. nat., Acquits sur l'épargne, J. 962, n° 111. (*Mention*.)

7121. Mandement pour le remboursement à Nicole Le Berruyer, conseiller au Parlement de Paris, sur les amendes de ladite cour, d'une somme de 3,000 écus d'or soleil qu'il avait prêtée au roi. Paris, 10 juin 1534. — 10 juin.

Arch. nat., Acquits sur l'épargne, J. 962, n° 111. (*Mention*.)

7122. Restitution à Jean de Pommereul, s^r du Moulin-Chapelle, des hommages et rentes consistant chaque année en 28 sous 4 deniers tournois, 3 gelines, 6 boisseaux de blé et 3 d'avoine sur 500 acres de terre qui avaient été saisis sur lui l'an 1523, en même temps qu'il était privé — 10 juin.

des droits et franchises qu'il possédait en la forêt de Conches. Paris, 10 juin 1534. 1534.

Arch. nat., Acquits sur l'épargne, J. 962, n° 111. (*Mention.*)

7123. Nouvelle expédition des lettres de don et remise faite au s^r de La Foucaudière de 2,000 livres parisis, montant d'une amende prononcée contre lui par les juges de la Tour carrée, les dérogations aux ordonnances n'ayant pas été mentionnées dans la première. Paris, 10 juin 1534. 10 juin.

Arch. nat., Acquits sur l'épargne, J. 962, n° 111. (*Mention.*)

7124. Mandement à Jean de Pierrefitte, commis à la recette des décimes, de ne lever sur l'archevêque et le clergé de Bourges que 10,000 francs par décime, taxe qu'ils ont payée autrefois, et non la cotisation excessive fixée par le feu président Pascal. Paris, 10 juin 1534. 10 juin.

Arch. nat., Acquits sur l'épargne, J. 962, n° 111. (*Mention.*)

7125. Lettres ordonnant de payer promptement sur les finances ordinaires à Mlle de Brye la somme de 6,000 livres tournois dont le roi lui a fait don à l'occasion de son mariage avec le vicomte de Lauzun. Paris, 10 juin 1534. 10 juin.

Arch. nat., Acquits sur l'épargne, J. 962, n° 111. (*Mention.*)

(Voir ci-dessus, au 3 juin, n° 7089.)

7126. Mandement au trésorier de l'épargne de payer à M. de Barbézieux, gouverneur de la ville de Paris, 4,000 livres tournois pour sa pension de l'année dernière. Paris, 10 juin 1534. 10 juin.

Bibl. nat., ms. fr. 15632, n° 203. (*Mention.*)

7127. Ampliation des lettres du 11 mars précédent (n° 6848), portant que les frais de justice, omis dans lesdites lettres, devront être également payés par le receveur général du Dauphiné. Paris, 12 juin 1534. 12 juin.

Enreg. à la Chambre des Comptes de Grenoble. Arch. de l'Isère, B. 2909, fol. 387 v°. 8 pages.

7128. Permission donnée à Jean Prévôt, conseiller au Parlement de Paris et président des Requêtes du Palais, de résigner en personne ou par procureur, entre les mains du roi ou du chancelier de France, son office de conseiller, en faveur de Nicole Prévôt, licencié ès droits, son fils, sans que cette résignation lui puisse préjudicier en ce qui touche sondit office de président. Paris, 12 juin 1534. — 1534. 12 juin.

Copie du XVIIe siècle. Bibl. nat., coll. Dupuy, vol. 562, fol. 31.

Arrêt d'entérinement prononcé au Parl. le 10 juillet 1534. Arch. nat., X^1a 1537, reg. du Conseil, fol. 354 v°. (*Mention.*)

7129. Provisions pour Nicole Prévôt de l'office de conseiller lai au Parlement de Paris qu'exerçait son père, Jean Prévôt, résignant. Paris, 12 juin 1534. — 12 juin.

Présentées au Parl. de Paris le 8 août 1534. Arch. nat., X^1a 1537, reg. du Conseil, fol. 397 v°. (*Mention.*)

7130. Mandement au trésorier de l'épargne de payer 3,600 livres à Charles de Hémart [de Denonville], évêque de Mâcon et ambassadeur du roi auprès du pape. Paris, 12 juin 1534. — 12 juin.

Bibl. nat., ms. Clairambault 1215, fol. 72 v°. (*Mention.*)

7131. Déclaration portant que la cotisation imposée à l'occasion de l'entrée du roi à Toulouse doit être payée par tous les possesseurs de biens ruraux, sans distinction de privilégiés, notamment par les officiers du Parlement et de l'Université. Paris, 13 juin 1534. — 13 juin.

Expédition originale, signée Bochetel. Arch. municip. de Toulouse, carton 71.

Copies. Idem, ms. 220, fol. 63; ms. 439, fol. 250, ms. 4116.

7132. Ordonnance portant que les quatre hôpitaux de Troyes seront régis et administrés par quatre notables bourgeois de la ville, le roi se réser- — 13 juin.

vant d'en conférer les maîtrises. Paris, 13 juin 1534. 1534.

Présentée au Parl. de Paris le 11 août suivant. Arch. nat., X[1a] 4896, Plaidoiries, fol. 576. (*Mention.*)

Copie collationnée du XVIe siècle. Arch. nat., *Trésor des Chartes*, J. 206 (Troyes), n° 5.

IMP. *Pièce in-4°. Arch. nat.*, AD.I 18. 5 pages.

7133. Provisions accordées à Gaston Grieu, licencié en lois, d'un office de conseiller lai au Parlement de Paris, vacant par la résignation de Jacques Allegrain, dernier possesseur. Paris, 13 juin 1534. 13 juin.

Examiné et reçu au Parl. les 7 et 8 août suivants. Arch. nat., X[1a] 1537, reg. du Conseil, fol. 395 v° et 397 v°. (*Mentions.*)

7134. Don au s[r] de Canaples de l'office de receveur des aides et tailles en l'élection de Mantes, pour en faire son profit et sans payer aucune finance, lequel office il a fait mettre au nom de Claude de Seurre[1]. Paris, 13 juin 1534. 13 juin.

Arch. nat., *Acquits sur l'épargne*, J. 962, n° 112. (*Mention.*)

7135. Don à Étienne Delesbat, sommelier de paneterie, de 100 écus soleil sur la vente et composition de l'office d'élu en la ville et doyenné de Crépy-en-Valois, vacant par le décès de Guillaume Vigneron. Paris, 13 juin 1534. 13 juin.

Arch. nat., *Acquits sur l'épargne*, J. 962, n° 112. (*Mention.*)

7136. Lettres ordonnant que René du Rivau, porte-enseigne du s[r] de Chavigny, sera payé sur les finances ordinaires ou extraordinaires, suivant l'avis de M. le Légat, de sa pension de l'année 1531, montant à 200 livres, qui lui avaient été assignées sur l'amende prononcée contre 13 juin.

[1] En marge : «Ledit s[r] de Canaples, depuis que ce roolle a esté signé de la main du roy, a fait expédier ledit office de receveur au nom de Raoul Galliot, au lieu de Claude de Seurre.»

Henri Bohier, sénéchal de Lyon, et dont il n'a rien reçu. Paris, 13 juin 1534. 1534.

Arch. nat., Acquits sur l'épargne, J. 962, n° 112. (*Mention.*)

7137. Don à Jules de Pise, valet de chambre du roi, de l'office de capitaine de Saint-James-de-Beuvron, vacant par le décès de Jean de La Chesnaye, s[r] de Bouilly. Paris, 13 juin 1534. 13 juin.

Arch. nat., Acquits sur l'épargne, J. 962, n° 112. (*Mention.*)

7138. Don et remise à Antoine Macault de 75 livres tournois, montant d'une amende à laquelle il avait été condamné par arrêt du Parlement de Paris. Paris, 13 juin 1534. 13 juin.

Arch. nat., Acquits sur l'épargne, J. 962, n° 112. (*Mention.*)

7139. Lettres portant qu'Alix de Geys, gouvernante des filles de la reine, sera payée sur les deniers provenant des offices de la somme de 200 écus soleil, restant des 400 écus dont le roi lui a ci-devant fait don. Paris, 13 juin 1534. 13 juin.

Arch. nat., Acquits sur l'épargne, J. 962, n° 112. (*Mention.*)

7140. Lettres portant qu'Alard Plommier, marchand joaillier, sera payé, sur les deniers des offices et autres finances extraordinaires, de 4,000 livres tournois, et sur l'épargne de 956 livres 10 sous tournois, restant de la somme de 8,956 livres 10 sous tournois qui lui avait été assignée précédemment sur le trésorier Laguette, pour des bagues et joyaux par lui vendus au roi et dont il n'a reçu que 4,000 livres. Paris, 13 juin 1534. 13 juin.

Arch. nat., Acquits sur l'épargne, J. 962, n° 112. (*Mention.*)

7141. Lettres portant bail perpétuel à Louis Braillon, médecin ordinaire du roi, d'un petit bras de la Marne commençant au gourt des Portes et finissant au Moulin-Rouge, à la charge de 4 sous parisis de cens, avec lods et ventes, 13 juin.

saisines et amendes, quand le cas se présentera, et de 8 sous parisis de rente annuelle à la recette ordinaire de Paris, la justice réservée au roi, et à condition que ledit Braillon laissera ce cours d'eau en l'état où il est et qu'il n'y fera rien de préjudiciable aux moulins qui y sont établis. Paris, 13 juin 1534. 1534.

Arch. nat., Acquits sur l'épargne, J. 962, n° 112. (*Mention.*)

7142. Mandement à la Chambre des Comptes de rétablir sur les comptes du receveur des exploits et amendes du Parlement de Bordeaux les pensions ordinaires et accoutumées qu'il a payées, savoir au premier président de ladite cour 250 livres parisis par an, au président des enquêtes 60 livres parisis, au premier huissier 60 livres parisis, et à lui receveur 60 livres parisis, sommes qui ont été rayées et tenues en souffrance pour les années 1528 à 1532, conformément à l'ordonnance portant qu'à l'avenir toutes les pensions se payeraient par le trésorier de l'épargne. Il lui est notifié en outre que ledit receveur est autorisé à continuer ces payements pendant dix années. Paris, 13 juin 1534. 13 juin.

Arch. nat., Acquits sur l'épargne, J. 962, n° 112. (*Mention.*)

7143. Don à l'église Notre-Dame de Paris de 1,500 livres tournois à prendre sur les deniers restant dus par Jean Joudeau, Nicole Périer, Étienne Legier et Claude Lesueur, commis à la recette des décimes et des finances affectées à la tenue des conciles provinciaux, des années 1523, 1526, 1528 et 1529, pour employer ladite somme à terminer la clôture de la cathédrale « qui a esté autresfoys rompue en une solempnité faicte par ledict seigneur avec les ambassadeurs d'Angleterre, à cause de l'appoinctement faict entre les deux roys ». Paris, 13 juin 1534. 13 juin.

Arch. nat., Acquits sur l'épargne, J. 962, n° 112. (*Mention.*)

7144. Continuation pour six ans, en faveur des habitants de Dreux, d'un octroi de 40 sous par muid et de 10 deniers tournois par minot de sel vendu au grenier dudit lieu, à condition d'en appliquer le produit aux réparations et fortifications de leur ville. Paris, 13 juin 1534 [1]. — 1534. 13 juin.

Arch. nat., Acquits sur l'épargne, J. 962, n° 112. (*Mention.*)

7145. Mandement pour faire payer à ceux qui ont la garde des bêtes venues du royaume de Fez 100 livres pour leur nourriture sur tels deniers que M. le Légat avisera. Paris, 13 juin 1534. — 13 juin.

Arch. nat., Acquits sur l'épargne, J. 962, n° 112. (*Mention.*)

7146. Lettres confirmatives de l'exemption du ban et de l'arrière-ban en faveur des maires, échevins, bourgeois et habitants de Poitiers. Paris, 14 juin 1534. — 14 juin.

Original scellé. Arch. municip. de Poitiers, A. 37.

7147. Règlement en neuf articles au sujet des droits levés sur le vin vendu en gros dans les villages de l'élection de Paris, et du droit de douze deniers pour livre sur les bois, bourrées et cotrets amenés à Paris. Paris, 15 juin 1534. — 15 juin.

Enreg. à la Cour des Aides, le 3 juillet 1534. Copie collationnée faite par ordre de ladite Cour. Arch. nat., Z[1a] 526.

Imp. *Pièce in-8°.* Paris, Thomas Charpentier, à l'entrée du quai de Gesvres, près du pont au Change. *Arch. nat.*, AD. I 18. 15 pages.

Autre pièce in-4°. Paris, P. Prault, 1739. *Bibl. nat.*, 4° F. Paquets.

Autre pièce in-4°, s. l. n. d., Bibl. nat., 4° F. Paquets.

Fontanon, *Les édits et ordonnances, etc.* Paris, 1611, in-fol., t. IV, p. 1146.

J. Corbin, *Nouveau recueil des édits, ordonnances et arrêts... de la juridiction des Cours des Aides de Paris, Rouen, etc.* Paris, 1623, in-4°, p. 857 et 1421. (*Double.*)

[1] Ces lettres sont une seconde expédition, la clause «nonobstant l'ordonnance des coffres du Louvre» ayant été omise dans la première.

7148. Commission à Claude Genton et à Jean des Forêts, lieutenants des maréchaux de France, pour amener à Paris divers prisonniers complices du capitaine Jehannas (Jonas). Paris, 15 juin 1534. 1534. 15 juin.

Enreg. au Parl. de Provence. Arch. de cette cour, à Aix, Lettres royaux, 2e reg., in-fol., papier de 1,026 feuillets, p. 97.

7149. Lettres ordonnant que, pour l'achèvement des réparations du château de Melun, la moitié des deniers communs que lèvent chaque année les villes de Melun et de Moret sera versée entre les mains du comte de Saint-Pol, pendant une nouvelle période de cinq ans, ainsi que les octrois sur le vin et le hareng perçus à Moret et à Saint-Mammès, lesdites réparations devant être continuées par Jacques Glenart, à ce commis antérieurement, à charge d'en rendre compte. Paris, 15 juin 1534. 15 juin.

Arch. nat., Acquits sur l'épargne, J. 962, n° 113. (*Mention.*)

7150. Lettres ordonnant qu'Antoine de Mailly, sr d'Auchy, sera payé sur l'amende de 9,000 livres à laquelle Jean Sapin a été condamné envers le roi par les juges de la Tour carrée, d'une somme de 4,000 livres tournois, savoir : 2,000 livres restant d'un don de 3,000 livres que le roi lui a fait ci-devant, et 2,000 livres pour son état et pension de 600 livres tournois par an, dont il n'a rien reçu depuis l'année 1530. Paris, 15 juin 1534. 15 juin.

Arch. nat., Acquits sur l'épargne, J. 962, n° 113. (*Mention.*)

7151. Mandement au receveur des finances extraordinaires et parties casuelles de payer à la veuve de Jean de Montdoucet la somme de 300 écus soleil dont le roi lui a fait don en récompense des services rendus par son mari en qualité de valet de chambre ordinaire de Sa Majesté, tant en Espagne qu'en France, laquelle somme lui avait été assignée d'abord sur les deniers 15 juin.

provenant de la vente des offices de contrôleur au grenier à sel de Selles[-sur-Cher] ou de greffier criminel du Parlement de Toulouse, vacants par suite de décès. Paris, 15 juin 1534. 1534.

Arch. nat., Acquits sur l'épargne, J. 962, n° 113. (*Mention.*)

7152. Don à Antoine de La Rochandry, échanson ordinaire du roi, en récompense de ses services, de l'amende à laquelle ont été condamnés Antoine, Jean et Jeannot de Beaumont, père et fils, montant à 3,000 livres tournois. Paris, 15 juin 1534. 15 juin.

Arch. nat., Acquits sur l'épargne, J. 962, n° 113. (*Mention.*)

7153. Don à Yvon Pierre, dit Torcou, de 120 livres tournois, montant de la moitié des droits seigneuriaux échus au roi par suite du décès du feu s^r de La Saunerie, lesquels lui avaient été octroyés intégralement, mais dont la Chambre des Comptes lui avait retranché la moitié, conformément à l'ordonnance. Paris, 15 juin 1534. 15 juin.

Arch. nat., Acquits sur l'épargne, J. 962, n° 113. (*Mention.*)

7154. Don à Louise de Saint-Maur, veuve de Gabriel de Chamborant, chevalier, de 200 livres tournois sur les amendes du Parlement de Paris. Paris, 15 juin 1534. 15 juin.

Arch. nat., Acquits sur l'épargne, J. 962, n° 113. (*Mention.*)

7155. Continuation pour six ans, en faveur des Filles pénitentes de Paris, du don qui leur a été fait ci-devant de six amendes du Parlement de Paris montant à 60 livres parisis chacune. Paris, 15 juin 1534. 15 juin.

Arch. nat., Acquits sur l'épargne, J. 962, n° 113. (*Mention.*)

7156. Lettres prescrivant de faire payer les droits dus 17 juin.

au domaine et dont le recouvrement aurait été jusqu'alors négligé. Paris, 17 juin 1534. 1534.

Original. Chambre des Comptes de Grenoble. Arch. de l'Isère, B. 3188.

7157. Mandement au trésorier de l'épargne de payer à Jacqueline Sigalle, veuve de Lucien Spinola, et à Jean-Baptiste, Florette et Isabelle Spinola, leurs enfants, 393 livres 18 sous 6 deniers tournois complétant la somme de 1,593 livres 18 sous 6 deniers que le roi devait audit L. Spinola. Paris, 17 juin 1534. 17 juin.

Bibl. nat., ms. fr. 15632, n° 380. (*Mention.*)

7158. Lettres portant réduction, pendant dix ans, en faveur des habitants de Fleurey-sur-Ouche, au bailliage de Dijon, de la somme de 106 livres 13 sous 4 deniers tournois qu'ils devaient au roi pour leur garde, à la charge de payer la somme de 20 livres par an. Paris, 18 juin 1534. 18 juin.

Enregi à la Chambre des Comptes de Dijon, le 18 juillet suivant. Arch. de la Côte-d'Or, reg. B. 20, fol. 2 v°.

Arch. nat., Acquits sur l'épargne, J. 962, n° 114. (*Mention.*)

7159. Lettres qui défendent aux habitants du faubourg Saint-Subran (Saint-Cyprien) de Toulouse de rien innover avant la décision du Grand conseil, et de se pourvoir devant d'autres juges. Paris, 18 juin 1534. 18 juin.

Expédition en parchemin, signée Rivière. Arch. municip. de Toulouse, carton 71.

7160. Mandement à Étienne Trotereau, receveur de Touraine, commis à la recette des revenus des terres de feu Jacques de Beaune et de Henri Bohier, sénéchal de Lyon, de bailler comptant à Jean Grenasie, maître des comptes à Blois, 380 livres 5 sous tournois, et à Guillaume Halloppe 55 livres 2 sous 6 deniers tournois, pour avoir vaqué, sur l'ordre du roi, à l'audition des comptes et au bail des fermes desdites terres. Paris, 18 juin 1534. 18 juin.

Arch. nat., Acquits sur l'épargne, J. 962, n° 114. (*Mention.*)

7161. Mandement pour faire payer aux deux postes servant ordinairement à la cour la somme de 165 livres tournois pour quatre mois à échoir le 30 juin, sur les finances ordinaires ou extraordinaires, ainsi qu'il sera avisé par M. le Légat. Paris, 18 juin 1534. 1534. 18 juin.

Arch. nat., Acquits sur l'épargne, J. 962, n° 114. (*Mention.*)

7162. Mandement au trésorier de l'épargne de payer 900 livres à Louis de Rabodanges pour un voyage qu'il va faire, sur l'ordre du roi, auprès du duc de Bavière, du landgrave de Hesse et d'autres alliés de la France. Paris, 18 juin 1534. 18 juin.

Bibl. nat., ms. Clairambault 1215, fol. 72 v°. (*Mention.*)

7163. Mandement au trésorier de l'épargne de payer 3,184 livres 17 sous 11 deniers tournois à Lazare de Baïf pour les dépenses qu'il a faites dans son ambassade à Venise, du 1er juillet 1533 au 7 mars 1534. Paris, 18 juin 1534. 18 juin.

Bibl. nat., ms. Clairambault 1215, fol. 72 v°. (*Mention.*)

7164. Mandement au trésorier de l'épargne de payer à Jean Henri (*alias* Esmery), plumassier du roi, 2,400 livres tournois pour plusieurs plumes, plumeaux et panaches qu'il a fournis au roi à son entrée à Cognac et à l'occasion du tournoi qui eut lieu dans cette ville en février 1520 n. s. Paris, 18 juin 1534. 18 juin.

Bibl. nat., ms. fr. 15629, n° 519. (*Mention.*)

7165. Mandement au trésorier de l'épargne de payer à Edmond Berthe, ancien receveur de l'écurie du roi, 11,483 livres 2 sous 7 deniers tournois pour le rembourser des avances qu'il a faites à plusieurs fournisseurs de ladite écurie, et régler définitivement le compte desdits fournisseurs pour les années 1520 et 1521. Paris, 18 juin 1534. 18 juin.

Bibl. nat., ms. fr. 15629, n° 522. (*Mention.*)

7166. Mandement au trésorier de l'épargne de payer aux capitaine, lieutenant, concierge et officiers du Plessis-du-Parc près Tours 930 livres tournois pour leurs gages de l'année dernière, soit : 490 livres tournois à Jean d'Escoubleau, s[r] de Sourdis, capitaine; 100 livres à François de Boynes, lieutenant; 30 livres à Labbé Haultain, concierge; 40 livres à Jean Lebrun, portier; 40 livres à Armand Delafons, garde des tourterelles blanches; 70 livres à Jacques Dupont, garde des hérons; 30 livres à Bonnin Lenain, pêcheur; 35 livres à Michel Valance, fontenier; 35 livres à Colas Aucas, jardinier; 30 livres à Jean Le Mailleté, gardien des poules et des paons, et 30 livres à Jean Brosseau, balayeur. Paris, 18 juin 1534. — 1534. 18 juin.

Bibl. nat., ms. fr. 15629, n° 527. (*Mention.*)

7167. Mandement au trésorier de l'épargne de bailler à Jean Testu, ancien argentier du roi, 1,639 livres 12 sous 1 denier tournois qu'il doit remettre à Jean Sichepain, ayant droit par transport de François Crouyn, pour plusieurs fournitures faites à l'argenterie du roi durant le voyage d'Ardres, lors de l'entrevue de François Ier avec le roi d'Angleterre. Paris, 18 juin 1534. — 18 juin.

Bibl. nat., ms. fr. 15629, n° 529. (*Mention.*)

7168. Mandement au trésorier de l'épargne de payer à Louis Duluc, orfèvre, et à Marie de Trony, veuve de Jean Étienne, tailleur, 1,796 livres 6 sous tournois pour 210 hoquetons qu'ils ont fournis, en 1523, pour les archers de la garde du roi commandés par feu M. de Crussol et par M. de Chavigny, y compris les deux capitaines, leurs lieutenants et porte-enseignes. Paris, 18 juin 1534. — 18 juin.

Bibl. nat., ms. fr. 15629, n° 554. (*Mention.*)

7169. Mandement au trésorier de l'épargne de bailler à Jean Testu, ancien argentier du roi, 2,446 livres 10 sous tournois, à Marc de La Rue, aussi ancien argentier du roi, 248 livres, et à — 18 juin.

Guillaume Saffray, ancien trésorier de l'écurie, 230 livres tournois, pour remettre ces sommes à Jean Esmery (*aliàs* Henri), plumassier du roi, en payement de ce qui lui reste dû sur les comptes de l'argenterie des années 1520, 1521, 1522, 1523 et 1524, y compris le voyage d'Ardres, et les mois de janvier et février 1525, avant la défaite de Pavie, et sur les comptes de l'écurie des années 1522 et 1524. Paris, 18 juin 1534. 1534.

Bibl. nat., ms. fr. 15629, n° 557. (*Mention.*)

7170. Mandement au trésorier de l'épargne de rembourser aux religieux, couvent et chapitre de la cathédrale de Condom 800 livres tournois qu'ils prêtèrent au roi le 8 janvier 1522 n. s. Paris, 18 juin 1534. 18 juin.

Bibl. nat., ms. fr. 15632, n° 218. (*Mention.*)

7171. Mandement au trésorier de l'épargne de payer à la veuve et aux héritiers de Dreux Budé, notaire et secrétaire du roi et « trésorier de ses chartes », 159 livres tournois en remboursement de 12 marcs de vaisselle d'argent que le défunt avait prêtée au roi pour l'aider à subvenir aux frais des guerres. Paris, 18 juin 1534. 18 juin.

Bibl. nat., ms. fr. 15632, n° 169. (*Mention.*)

7172. Mandement au trésorier de l'épargne de payer à Étienne de Montmiral, conseiller au Parlement, 186 livres 17 sous 6 deniers tournois en remboursement de 14 marcs 6 gros de vaisselle d'argent qu'il prêta au roi le 25 janvier 1522 n. s. Paris, 18 juin 1534. 18 juin.

Bibl. nat., ms. fr. 15632, n° 159. (*Mention.*)

7173. Mandement au trésorier de l'épargne de payer à Guillaume de Vaudétar, s[r] de Condé, conseiller au Parlement, 132 livres 10 sous tournois en remboursement de 10 marcs de vaisselle d'argent qu'il prêta au roi le 20 octobre 1521. Paris, 18 juin 1534. 18 juin.

Bibl. nat., ms. fr. 15632, n° 154. (*Mention.*)

7174. Mandement au trésorier de l'épargne de payer à Alard Plommier, joaillier à Paris, 1,912 livres 10 sous tournois pour un carcan d'or enrichi de diamants et de rubis et quatre grands miroirs d'acier que le roi lui a achetés ce mois-ci. Paris, 18 juin 1534. — 1534. 18 juin.

Bibl. nat., ms. fr. 15632, n° 141. (*Mention.*)

7175. Mandement au trésorier de l'épargne de payer à Philippe Oudin, brodeur à Paris, 3,150 livres tournois pour un dais de broderie d'or de Chypre en forme de branche divisée en feuilles de lierre et rempli de boutons de perles, et deux «histoires romaines» de pareille étoffe servant au fond dudit dais que le roi a acheté en mai dernier. Paris, 18 juin 1534. — 18 juin.

Bibl. nat., ms. fr. 15632, n° 140. (*Mention.*)

7176. Mandement au trésorier de l'épargne de payer à Jean de Grain, joaillier à Paris, 1,732 livres 10 sous tournois pour deux ceintures, deux bracelets et trois carcans d'or enrichis de perles, deux dizains d'or, un dizain de vermeil, deux dizains de gros grenats enrichis d'or, une paire de patenôtres de cristal bleu garnis d'or, une aiguière de cristal garnie de rubis et de turquoises, et deux ceintures d'or enrichies de perles, qu'il a vendus au roi. Paris, 18 juin 1534. — 18 juin.

Bibl. nat., ms. fr. 15632, n° 133. (*Mention.*)

7177. Mandement au trésorier de l'épargne de payer à Robert Dauvet, conseiller au Parlement de Paris, 165 livres 12 sous 6 deniers tournois en remboursement de 12 marcs et demi de vaisselle d'argent qu'il a prêtée au roi le 4 janvier 1522 n. s. Paris, 18 juin 1534. — 18 juin.

Bibl. nat., ms. fr. 15632, n° 112. (*Mention.*)

7178. Mandement au trésorier de l'épargne de rembourser à Charles Boucher, abbé de Saint-Magloire de Paris, 400 livres tournois qu'il — 18 juin.

avait prêtées au roi le 26 août 1521. Paris, 18 juin 1534. — 1534.

Bibl. nat., ms. fr. 15632, n° 101. (*Mention.*)

7179. Mandement au trésorier de l'épargne de payer à Baptiste d'Alvergne, tireur d'or, 1,687 livres 10 sous tournois complétant les 3,375 livres qui lui étaient dues pour huit devants de cotte, sept paires de mancherons et trois hauts de manches à l'espagnole, de velours et de satin cramoisi, garnis de fil d'or fin et cannetillé. Paris, 18 juin 1534. — 18 juin.

Bibl. nat., ms. fr. 15632, n° 83. (*Mention.*)

7180. Pouvoirs des commissaires députés par le roi pour la réformation des baux du domaine de la couronne. 20 juin 1534. — 20 juin.

Bibl. nat., mss Moreau, t. 1419, fol. 126. (*Mention.*)

7181. Mandement au bailli d'Orléans de s'informer «dûment et secrètement» des causes de l'incendie qui a récemment dévoré la ville de Montargis. Vanves, 20 juin 1534. — 20 juin.

Copie. Archives municipales de Montargis, DD. 6.

7182. Lettres touchant la réunion au domaine royal de la Bastide de Marseille. Paris, 22 juin 1534. — 22 juin.

Enreg. à la Chambre des Comptes d'Aix. Arch. des Bouches-du-Rhône, B. 31 (*Salamandra*), fol. 129, 4 pages.

7183. Lettres donnant au comte de Tende, gouverneur de Provence, la charge et conduite, jusqu'à nouvel ordre, des trois galères du capitaine Jonas, arrêté prisonnier, aux mêmes gages que les autres capitaines de galères et payables par le trésorier de la marine de Provence. Chantilly, 22 juin 1534. — 22 juin.

Arch. nat., *Acquits sur l'épargne*, J. 962, n° 115. (*Mention.*)

7184. Pouvoirs à Jean Grenasie, maître des comptes à Blois, commissaire pour la réunion des do- — 22 juin.

maines aliénés des comtés de Blois et Soissons, seigneuries de Coucy, Romorantin, Millançay et autres terres du patrimoine de la feue reine qui ne sont de l'apanage de la couronne, pour taxer les frais requis et nécessaires au fait et exécution de sa commission. Chantilly, 22 juin 1534. 1534.

Arch. nat., Acquits sur l'épargne, J. 962, n° 115. (*Mention*.)

7185. Don à Christophe Daresse, huissier du Conseil, de 240 livres tournois sur les lods et ventes et autres droits seigneuriaux échus au roi à cause de l'acquisition faite par Claude Lesueur, marchand de Paris, de deux maisons attenantes, sises rue Saint-Honoré et place aux Chats à Paris. Chantilly, 22 juin 1534. 22 juin.

Arch. nat., Acquits sur l'épargne, J. 962, n° 115. (*Mention*.)

7186. Don à MM. les enfants du roi de 600 écus soleil, soit à chacun 100 écus, que Sa Majesté ordonne leur être baillés comptant par le trésorier de l'épargne ou autre que M. le Légat avisera. Chantilly, 22 juin 1534. 22 juin.

Arch. nat., Acquits sur l'épargne, J. 962, n° 115. (*Mention*.)

7187. Mandement au trésorier de l'épargne de payer à Sigismond Darimigny (de Rimini) 1,000 livres tournois pour sa pension de l'année 1533. Chantilly, 22 juin 1534. 22 juin.

Autre mandement de même somme et de même date pour sa pension de l'année 1534.

Bibl. nat., ms. fr. 15632, n°s 143 et 144. (*Mentions*.)

7188. Ordonnance pour la tenue des Grands jours qui doivent siéger à Moulins du 1er septembre au 31 octobre 1534. Étendue de leur ressort: Bourbonnais, Auvergne, Berry, Nivernais, Forez, Beaujolais, bailliages de Saint-Pierre-le-Moustier et de Montferrand, Lyonnais, Com- 22 juin.

braille, la Marche et Mâconnais. Chantilly, 23 juin 1534. 1534.

Enreg. au Parl. de Paris, le 6 août 1534. Arch. nat., X[1a] 8612, fol. 326. 2 pages.

7189. Don à Jean de Brosse, comte de Penthièvre, et à Anne de Pisseleu, sa femme, et au survivant des deux, des comté, terre et seigneurie d'Étampes. Chantilly, 23 juin 1534. 23 juin.

Enreg. à la Chambre des Comptes de Paris. Arch. nat., P. 2306, p. 121. 5 pages.

Imp. Fleureau, *Les antiquités d'Étampes*. Paris, 1683, in-4°, p. 224.

Le P. Anselme, *Hist. généal. de la maison de France, etc.* Paris, 1728, in-fol., t. III, p. 131.

M. de Montrond, *Essai hist. sur la ville d'Étampes*, t. II, p. 69. (*Mention.*)

7190. Lettres portant assignation sur les amendes du Parlement de Paris, en faveur de Pierre Brulart, conseiller de ladite cour et l'un des juges de la Tour carrée, pour son remboursement d'une somme de 6,000 livres tournois qu'il prêta au roi quand il fut pourvu dudit office de conseiller au Parlement. Chantilly, 23 juin 1534[1]. 23 juin.

Arch. nat., Acquits sur l'épargne, J. 962, n° 115. (*Mention.*)

Enreg. à la Chambre des Comptes de Paris, le 1er décembre 1534. Arch. nat., P. 2537, fol. 194 v°. (*Arrêt d'enregistrement.*)

7191. Provisions de l'office de procureur en la grurie du bailliage de Chalon pour Pierre de Lille, en remplacement et sur la résignation d'Antoine Menessier. Paris, 27 juin 1534. 27 juin.

Enreg. par analyse à la Chambre des Comptes de Dijon, le 19 avril 1535. Arch. de la Côte-d'Or, B. 19, fol. 3.

7192. Prolongation, pour un nouveau laps de six ans, de l'octroi sur le vin vendu au détail accordé aux habitants de la Ferté-sous-Jouarre (anc. 28 juin.

[1] Le 22 juin, suivant le rôle d'expéditions des *Acquits sur l'épargne*.

la Ferté-Aucoul), en vue de l'entretien de leurs remparts. Paris, 28 juin 1534. 1534.

Enreg. au Châtelet de Paris, le 29 juillet 1534.
Arch. nat., *Bannières*, Y. 9, fol. 37. 2 pages.

7193. Provisions de l'office de gruyer de la forêt de Montfort-l'Amaury pour Toussaint Mancel, gentilhomme de la vénerie. Saint-Germain-en-Laye, 28 juin 1534. 28 juin.

Enreg. aux Eaux et forêts, le 27 juillet 1534.
Arch. nat., Z^{1e} 322, fol. 213 v°. 2 pages.

7194. Déclaration portant que les marchands étrangers naturalisés Français seront tenus de bailler caution pour trafiquer « en nostre traicte et grande coustume de Bordeaux ». Saint-Germain-en-Laye, 29 juin 1534. 29 juin.

Enreg. au Parl. de Bordeaux, le 24 novembre 1534. Arch. de la Gironde, B. 30 *bis*, fol. 202 v°. 4 pages.

7195. Provisions pour Thibaut de Gand de la charge de gentilhomme ordinaire de la chambre du roi. 29 juin 1534. 29 juin.

Bibl. nat., ms. Clairambault 782, fol. 289 *bis*. (*Mention.*)

7196. Édit portant création d'un office de maître général réformateur des eaux et forêts dans le duché de Bretagne, d'un office de lieutenant, d'un de procureur du roi, etc. Paris, juin 1534. Juin.

Enreg. au Parl. de Bretagne, le 13 septembre 1535.
Bibl. nat., mss Moreau, t. 1401, fol. 213. (*Mention.*)
Imp. *Bibl. nat., pièce, Inv. Réserve*, F. 868.
Fontanon, *Les édits et ordonnances, etc.* Paris, 1611, in-fol., t. II, p. 277.
Cl. Rousseau, *Édits et ordonnances des Eaux et forêts.* Paris, 1649, in-4°, p. 149.
Dom Morice, *Hist. de Bretagne.* Paris, 1746, in-fol., *Preuves*, t. III, col. 1015.

7197. Édit de suppression de l'office de juge des ressorts de la ville de Lyon, vacant par le décès Juin.

de Jean Faye, et union de cette juridiction à celle du sénéchal. Paris, juin 1534. 1534.

Enreg. à la Chancellerie de France. Arch. nat., Trésor des Chartes, JJ. 247, n° 93, fol. 59 v°. 1 page 1/2.

Enreg. au Parl. de Paris, le 30 juin suivant. Arch. nat., X[1a] 8612, fol. 325. 1 page 1/2.

Arrêt d'enregistrement, X[1a] 4896, fol. 364.

7198. Rétablissement de trois foires annuelles et d'un marché hebdomadaire à Hodeng-en-Bray, en faveur de Jean de Monceaux, seigneur du lieu. Paris, juin 1534. Juin.

Enreg. à la Chancellerie de France. Arch. nat., Trésor des Chartes, JJ. 247, n° 89, fol. 58. 1 page 1/2.

7199. Création de deux nouvelles foires à la Clayette (Bourgogne), en faveur de Hubert de La Clayette, maître d'hôtel du Roi. Paris, juin 1534. Juin.

Enreg. à la Chancellerie de France. Arch. nat., Trésor des Chartes, JJ. 247, n° 82, fol. 56. 1 page.

7200. Création de trois foires par an et d'un marché chaque semaine à Port-Dieu en Limousin, à la requête du prieur commendataire dudit lieu. Paris, juin 1534. Juin.

Enreg. à la Chancellerie de France. Arch. nat., Trésor des Chartes, JJ. 247, n° 90, fol. 58. 1 page.

7201. Établissement d'une foire annuelle à Saint-Amarant en Quercy, en faveur de Pierre de Peyronet, seigneur du lieu. Paris, juin 1534. Juin.

Enreg. à la Chancellerie de France. Arch. nat., Trésor des Chartes, JJ. 247, n° 83, fol. 56. 1 page.

7202. Lettres de naturalité accordées à George Humes, écuyer, natif du royaume d'Écosse, homme d'armes des ordonnances du maréchal d'Aubigny, marié à Cisery, près Montréal-en-Auxois. Paris, juin 1534. Juin.

Enreg. à la Chambre des Comptes de Dijon, le 13 novembre 1534. Arch. de la Côte-d'Or, B. 72, fol. 135 v°.

7203. Confirmation des statuts et ordonnances des orfèvres de la ville de Paris. Vanves, juin 1534. 1534. Juin.

Enreg. à la Chancellerie de France. Arch. nat., Trésor des Chartes, JJ. 247, n° 72, fol. 50 v°. 4 pages.

Enreg. au Châtelet de Paris, le 1er juillet 1534. Arch. nat., Bannières, Y. 9, fol. 31. 7 pages.

Arch. de la Préfecture de police, collection Lamoignon, t. VI, fol. 299. (*Mention.*)

7204. Confirmation des lettres de Charles VII, Louis XI et Charles VIII, accordant exemption de toutes tailles et impôts aux officiers et suppôts de l'église Saint-Martin de Tours. Juin 1534. Juin.

Enreg. à la Cour des Aides, le 2 juillet 1534. Arch. nat., recueil Cromo, U. 665, fol. 262. (*Mention.*)

Bibl. de Tours, ms. 1295, *Appendix*, p. CXXXVII. (*Mention.*)

7205. Mandement au trésorier de l'épargne de rembourser à [Érard de Grossolles de Flamarens], évêque de Condom, 1,000 livres tournois que feu Jean de La Mare, son prédécesseur à l'évêché de Condom, prêta au roi le 8 janvier 1522 n. s. Saint-Germain-en-Laye, 2 juillet 1534. 2 juillet.

Bibl. nat., ms. fr. 15632, n° 213. (*Mention.*)

7206. Lettres portant assignation au commandeur de Bourbon de 900 livres tournois pour trois années, échues le 1er janvier dernier, de la pension qu'il avait accoutumé d'avoir de feu Madame et que le roi lui a continuée, sur les deniers provenant de la vente de l'office de receveur ordinaire du Maine, vacant par la mort de Richard Bellanger. Saint-Germain-en-Laye, 3 juillet 1534. 3 juillet.

Arch. nat., Acquits sur l'épargne, J. 962, n° 116. (*Mention.*)

7207. Mandement au receveur des finances extraordinaires et parties casuelles de payer à Tiercelin, maître d'hôtel du dauphin, 200 livres tournois pour compléter ses gages de l'année courante, 3 juillet.

qui n'ont été par erreur portés sur les états que pour 200 livres au lieu de 400. Saint-Germain-en-Laye, 3 juillet 1534. 1534.

Arch. nat., Acquits sur l'épargne, J. 962, n° 116. (*Mention.*)

7208. Lettres de légitimation avec permission de tester et remise de finance, octroyées à Gracianotte de Marrum, fille bâtarde de Louis de Marrum, en son vivant chanoine de Bayonne, ladite Gracianotte née et mariée audit lieu, où elle a un petit-fils établi. Saint-Germain-en-Laye, 3 juillet 1534. 3 juillet.

Arch. nat., Acquits sur l'épargne, J. 962, n° 116. (*Mention.*)

7209. Don à Jean Du Mans, hâteur de cuisine, de 36 livres tournois sur les lods et ventes dus au roi par Claudine Barbe, à cause de l'acquisition par elle faite d'une maison aux faubourgs de Romorantin, devant la place du marché, entre les maisons de la *Harpe* et du *Chapeau rouge*. Saint-Germain-en-Laye, 3 juillet 1534. 3 juillet.

Arch. nat., Acquits sur l'épargne, J. 962, n° 116. (*Mention.*)

7210. Don à Florentin de Gallot et à Jacques de Pelletot, piqueurs de la fauconnerie, de l'office de notaire au Châtelet de Paris nouvellement créé et auquel il n'a pas encore été pourvu. Saint-Germain-en-Laye, 3 juillet 1534. 3 juillet.

Arch. nat., Acquits sur l'épargne, J. 962, n° 116. (*Mention.*)

7211. Mandement pour le payement à Pierre Dumoulin et à Claude Gauldry, chargés des deux haquenées qui mènent les bouteilles de la bouche et celles des chambellans, de 90 livres à chacun pour le premier semestre de la présente année, sur les finances ordinaires ou extraordinaires, ainsi qu'il sera avisé par M. le Légat. Saint-Germain-en-Laye, 3 juillet 1534. 3 juillet.

Arch. nat., Acquits sur l'épargne, J. 962, n° 116. (*Mention.*)

7212. Mandement à Guillaume Prudhomme, trésorier de l'épargne, lui notifiant l'autorisation donnée à Robert Baratte, receveur des amendes et exploits de la Cour des Aides de Rouen, de prendre sur ses recettes 4,951 livres pour le payement des officiers de ladite cour. Saint-Germain-en-Laye, 4 juillet 1534. — 1534. 4 juillet.

Original. Bibl. nat., ms. fr. 25721, n° 421.

7213. Provisions en faveur d'Adrien de Melun de l'office de bailli de Mantes. Saint-Germain-en-Laye, 4 juillet 1534. — 4 juillet.

Bibl. nat., ms. Clairambault 782, fol. 289 *bis*. (*Mention*.)

7214. Mandement au trésorier de l'épargne de payer à Rousse de Rousse (Rosso del Rosso), l'un des peintres du roi, 200 livres tournois en récompense de ses services. Saint-Germain-en-Laye, 5 juillet 1534. — 5 juillet.

Bibl. nat., ms. fr. 15629, n° 523. (*Mention*.)

7215. Mandement au trésorier de l'épargne de payer à Lancelot du Lac, chevalier, gouverneur d'Orléans et de Mouzon, 2,000 livres tournois pour sa pension de l'année 1532. Saint-Germain-en-Laye, 9 juillet 1534. — 9 juillet.

Bibl. nat., ms. fr. 15629, n° 525. (*Mention*.)

7216. Mandement au trésorier de l'épargne de payer à M. d'Aubigny, chevalier de l'ordre et maréchal de France, 3,000 livres tournois complétant les 10,000 livres tournois de sa pension de l'année 1533. Saint-Germain-en-Laye, 9 juillet 1534. — 9 juillet.

Bibl. nat., ms. fr. 15632, n° 151. (*Mention*.)

7217. Bail à cens, fait au nom du roi, à Guyot Robert, d'un terrain inculte sis à Brieulles-sur-Meuse, seigneurie appartenant par indivis au roi de France et au duc de Lorraine. 11 juillet 1534. — 11 juillet.

Enreg. au Parl. de Paris, le 26 avril 1566. Arch. nat., X[1a] 8626, fol. 144. 5 pages 1/2.

7218. Provisions de l'office de garde des livres et papiers de la Chambre des Comptes en faveur de Jean Mestereau, huissier de ladite chambre, en remplacement de Jean Lecomte, nommé clerc et auditeur ordinaire de la Chambre. Saint-Germain-en-Laye, 14 juillet 1534. — 1534. 14 juillet.

Copie du XVIIe siècle. Bibl. nat., ms. fr. 6760, fol. 27 v°.
Enreg. à la Chambre des Comptes, le 9 septembre suivant, anc. mém. 2 G, fol. 150. *Arch. nat.*, invent. PP. 136, p. 412. (*Mention.*)

7219. Provisions pour Jean Lecomte, secrétaire du roi, d'un office de clerc auditeur en la Chambre des Comptes de Paris, au lieu de Jean Presteseille. 14 juillet 1534. — 14 juillet.

Enreg. à la Chambre des Comptes, le 1er septembre suivant, anc. mém. 2 G, fol. 149. *Arch. nat.*, invent. PP. 136, p. 412. (*Mention.*)

7220. Mandement au trésorier de l'épargne de payer à François de Lorraine, marquis du Pont, 12,000 livres tournois pour sa pension des années 1532 et 1533. Saint-Germain-en-Laye, 14 juillet 1534. — 14 juillet.

Bibl. nat., ms. fr. 15629, n° 521. (*Mention.*)

7221. Don au président [Du] Bourg de 6,000 livres tournois sur les sommes dues au roi par la veuve et les héritiers de Guillaume de Beaune, s[r] de la Charmaye, qui a eu le maniement des deniers ordonnés pour l'acquisition de la baronnie d'Aulnay, et la recette des traite et imposition foraine d'Anjou pendant les années 1515 à 1519, dont il n'a rendu aucun compte. Saint-Germain-en-Laye, 14 juillet 1534. — 14 juillet.

Arch. nat., Acquits sur l'épargne, J. 962, n° 117. (*Mention.*)

7222. Don à Albert de Rippe, joueur de luth du roi, du quart des deniers dus à Sa Majesté à cause de la résignation de l'office de receveur des aides, tailles et équivalents de Montfort-l'Amaury, dernièrement faite par Louis Cor- — 14 juillet.

bineau au profit de Noël Collet. Saint-Germain-en-Laye, 14 juillet 1534. 1534.

Arch. nat., Acquits sur l'épargne, J. 962, n° 117. (*Mention.*)

7223. Don à Saturnin Pelletier, apothicaire de la reine, d'une maison à Paris derrière le Pilori, laquelle portait autrefois pour enseigne *la Couronne* et appartint à feu Durant Chavin, mort il y a vingt-sept ans sans hoirs habiles à lui succéder, ladite maison échue au roi par droit d'aubaine. Saint-Germain-en-Laye, 14 juillet 1534. 14 juillet.

Arch. nat., Acquits sur l'épargne, J. 962, n° 117. (*Mention.*)

7224. Mandement au trésorier de l'épargne de payer au maître de la chambre aux deniers, pour la passe du premier quartier de l'année courante, la somme de 3,437 livres 3 sous 8 deniers tournois, et pour la passe du second quartier 889 livres 14 sous 4 deniers tournois. Saint-Germain-en-Laye, 14 juillet 1534. 14 juillet.

Arch. nat., Acquits sur l'épargne, J. 962, n° 117. (*Mention.*)

7225. Don à Alexandre et Jean Rohier et à Jean Boucher, marchands bouchers de la maison du roi, de 1,500 livres tournois pour les dédommager des pertes qu'ils ont subies dans leurs fournitures pendant le voyage de la cour en Auvergne, Languedoc et Provence, ladite somme à prendre sur les finances ordinaires ou extraordinaires, suivant l'avis de M. le Légat. Saint-Germain-en-Laye, 14 juillet 1534. 14 juillet.

Arch. nat., Acquits sur l'épargne, J. 962, n° 117. (*Mention.*)

7226. Mandement au commis à la recette générale d'Outre-Seine, Yonne et Picardie de payer à Antoine Roy, s[r] de Houville, prévôt des maréchaux en Picardie, Ponthieu et Boulonnais, ses lieutenants et six archers, leurs gages et solde accoutumés pour le premier semestre de la présente année, et désormais de quartier en 14 juillet.

quartier, pourvu qu'ils fassent leurs montres deux fois l'an. Saint-Germain-en-Laye, 14 juillet 1534. 1534.

Arch. nat., Acquits sur l'épargne, J. 962, n° 117. (*Mention.*)

7227. Don et remise aux prévôt des marchands et échevins de Paris des lods et ventes et autres droits seigneuriaux qu'ils doivent à cause de l'acquisition des maisons prises pour l'élargissement du nouvel hôtel-de-ville. Saint-Germain-en-Laye, 14 juillet 1534. 14 juillet.

Arch. nat., Acquits sur l'épargne, J. 962, n° 117. (*Mention.*)

7228. Mandement pour faire restituer à Christophe de Forêtz (*aliàs* de la Forêt), médecin ordinaire du roi, la somme de 1,263 livres 17 sous tournois par lui payée pour les lods et ventes de la terre et seigneurie de Trets en Provence par lui acquise, de laquelle somme Sa Majesté lui fait don. Saint-Germain-en-Laye, 14 juillet 1534. 14 juillet.

Arch. nat., Acquits sur l'épargne, J. 962, n° 117. (*Mention.*)

7229. Don et remise à Nicolas Lempereur, s[r] de Quincy, des quints, requints et autres droits seigneuriaux dus au roi sur les fiefs de Cavron, de la Forêt, de Reilly, de Chavignon et de Nanteuil-la-Fosse. Saint-Germain-en-Laye, 14 juillet 1534. 14 juillet.

Arch. nat., Acquits sur l'épargne, J. 962, n° 117. (*Mention.*)

7230. Don à François de Marconnay et à Claude de Thouyn, gentilshommes de la vénerie, de 500 livres parisis, montant d'une amende à laquelle ont été condamnés Jean Guibert, Guillaume de La Châtaigneraye et Jean de La Maille. Saint-Germain-en-Laye, 14 juillet 1534. 14 juillet.

Arch. nat., Acquits sur l'épargne, J. 962, n° 117. (*Mention.*)

7231. Confirmation pour Jacques Piteboult de l'office de vicomte et receveur ordinaire de Saint-Sau- 14 juillet.

veur-le-Vicomte et Nehou, et pour Guillaume Du Hocquet de l'office de bailli desdits lieux, qu'ils exerçaient quand le s[r] de Villequier jouissait desdites terres, à présent réunies au domaine. Saint-Germain-en-Laye, 14 juillet 1534. — 1534.

Arch. nat., Acquits sur l'épargne, J. 962, n° 117. (*Mention.*)

7232. Lettres d'affranchissement de tailles pour dix ans, moyennant une somme annuelle de 10 livres, données en faveur des habitants de Champcourt en l'élection de Langres. Saint-Germain-en-Laye, 14 juillet 1534. — 14 juillet.

Arch. nat., Acquits sur l'épargne, J. 962, n° 117. (*Mention.*)

7233. Mandement au trésorier de l'épargne de payer à Allard Plomier, joaillier à Paris, 2,931 livres 15 sous tournois complétant les 6,863 livres 10 sous qui lui étaient dus pour plusieurs bijoux que le roi lui a achetés. Saint-Germain-en-Laye, 14 juillet 1534. — 14 juillet.

Bibl. nat., ms. fr. 15632, n° 134. (*Mention.*)

7234. Mandement à Jean de Pierrefitte, commis à lever les deux décimes octroyées au roi par le clergé du royaume, de tenir quittes et déchargées les religieuses du couvent de Saint-Louis de Poissy de 90 livres tournois auxquelles elles ont été imposées pour leur part des deux décimes du diocèse de Chartres. Saint-Germain-en-Laye, 16 juillet 1534. — 16 juillet.

Original. Bibl. nat., Nouvelles acquisitions françaises, ms. 1483, n° 59.

7235. Don au s[r] de Warty de la somme de 4,602 livres 2 sous tournois qui lui avait été réduite par la Chambre des Comptes sur les 9,204 livres 4 sous, montant de la valeur des biens meubles et immeubles de feu Philibert et Ponthus de Saint-Romain, dit de Lurcy, situés en Beaujolais, confisqués pour crime de lèse-majesté, somme que le roi lui avait octroyée intégra- — 18 juillet.

lement. Saint-Germain-en-Laye, 18 juillet 1534. 1534.

Arch. nat., Acquits sur l'épargne, J. 962, n° 118. (*Mention.*)

7236. Autre don audit s[r] de Warty de la somme de 7,575 livres 9 sous 3 deniers tournois, moitié réduite par la Chambre des Comptes des 15,150 livres 18 sous 6 deniers tournois, valeur de la terre et seigneurie de Lurcy et de tous les autres biens, terres et seigneuries de Dombes ayant appartenu à Philibert et à Ponthus de Saint-Romain, aussi confisqués au roi et que Sa Majesté avait octroyés intégralement audit de Warty. Saint-Germain-en-Laye, 18 juillet 1534. 18 juillet.

Arch. nat., Acquits sur l'épargne, J. 962, n° 118. (*Mention.*)

7237. Don à Nicolas de Modène, valet de garde-robe du roi, et aussi sculpteur et «faiseur de masques», de 223 livres tournois sur les lods et ventes échus au roi à cause de la vente, après le décès de Jean Prévost, d'une maison à Paris près Saint-Gervais, attenante au *Plat d'étain*, en récompense de deux années qui lui étaient dues de ses gages. Saint-Germain-en-Laye, 18 juillet 1534. 18 juillet.

Arch. nat., Acquits sur l'épargne, J. 962, n° 118. (*Mention.*)

7238. Don à la demoiselle de Monta (*aliàs* du Mont), étant naguère avec la feue dame de Traves et à présent avec la comtesse de Nevers, du quart de la résignation faite ou à faire par Jean Presteseille de son office de clerc et auditeur des comptes à Paris, au profit de Jean Lecomte, garde des livres et papiers de la Chambre des Comptes, pour aider à marier ladite demoiselle. Saint-Germain-en-Laye, 18 juillet 1534. 18 juillet.

Arch. nat., Acquits sur l'épargne, J. 962, n° 118. (*Mention.*)

7239. Mandement aux trésoriers de France et aux offi- 18 juillet.

ciers des Eaux et forêts de faire jouir et user le maître et les gardes de la forêt de Cuise du droit de chauffage et des autres profits, revenus et émoluments appartenant audit office, ainsi que le firent leurs prédécesseurs, ledit mandement expédié à nouveau pour cause d'omission dans la première expédition des dérogatoires d'usage. Saint-Germain-en-Laye, 18 juillet 1534. 1534.

Arch. nat., Acquits sur l'épargne, J. 962, n° 118. (*Mention.*)

7240. Don à M. de Villelune, s^r^ de Villeperdue, gentilhomme de la vénerie de la bande de M. le Dauphin, de l'office de sergent à cornette des bois et forêts du Gard, vacant par la mort de Jean de La Rue. Saint-Germain-en-Laye, 18 juillet 1534. 18 juillet.

Arch. nat., Acquits sur l'épargne, J. 962, n° 118. (*Mention.*)

7241. Don au s^r^ de Marieu, maréchal des logis du dauphin, de 350 livres, moitié réduite par la Chambre des Comptes sur les 700 livres tournois qui lui ont été ci-devant octroyées par le roi, à recevoir des mains de Jean Gaucher, alors commis à la recette générale de Dauphiné, sur l'amende à laquelle les s^rs^ de Marcenas, de Mezieu, de Passins et de Marsas ont été condamnés. Lesdites lettres refaites parce que les «nonobstances et l'adresse n'estoient insérées» dans la première expédition. Saint-Germain-en-Laye, 18 juillet 1534. 18 juillet.

Arch. nat., Acquits sur l'épargne, J. 962, n° 118. (*Mention.*)

7242. Don au s^r^ du Vigean des lods et ventes et autres droits seigneuriaux échus au roi sur la terre de la Motte au comté du Maine, récemment adjugée par décret audit s^r^ du Vigean par le juge ordinaire du Maine. Saint-Germain-en-Laye, 18 juillet 1534. 18 juillet.

Arch. nat., Acquits sur l'épargne, J. 962, n° 118. (*Mention.*)

7243. Don à Jean de Nîmes de l'office de notaire au Châtelet de Paris vacant par le décès de Nicolas Thamenay, et ce sans payer aucune finance. Saint-Germain-en-Laye, 18 juillet 1534. — 1534. 18 juillet.

Arch. nat., Acquits sur l'épargne, J. 962, n° 118. (*Mention.*)

7244. Mandement à la Chambre des Comptes de Paris d'allouer aux comptes de cette année du trésorier de l'épargne, Guillaume Prudhomme, 1,931 livres 7 sous 6 deniers tournois qu'il a payés à Jean Hotman, orfèvre à Paris, pour une coupe d'or pesant avec son couvercle 11 marcs 1 once 6 gros, que le roi a donnée au vicomte de Rochford, envoyé du roi d'Angleterre. Saint-Germain-en-Laye, 18 juillet 1534. — 18 juillet.

Bibl. nat., ms. fr. 15629, n° 199, et ms. Clairambault 1215, fol. 73. (*Mention.*)

7245. Mandement à Guillaume Prudhomme, trésorier de l'épargne, de payer à Artus de Moreuil, capitaine de Térouanne, la somme de 1,072 livres 10 sous tournois pour ses dépenses à la garde de ladite ville. Saint-Germain-en-Laye, 22 juillet 1534. — 22 juillet.

Original. Bibl. nat., ms. fr. 25721, n° 422.

7246. Mandement aux gens des comptes de rétablir sur les comptes du receveur des tailles en l'élection de Blois, des années 1528 et 1529, la somme de 150 livres tournois, employée sous le nom des habitants de la paroisse d'Onzain, pour la réduction qu'ils ont obtenue du roi de leur part des tailles pendant six ans, nonobstant que les lettres de ce don n'aient été adressées à la Chambre des Comptes. Saint-Germain-en-Laye, 23 juillet [1534]. — 23 juillet.

Arch. nat., Acquits sur l'épargne, J. 962, n° 211. (*Mention.*)

7247. Lettres déchargeant les religieuses du monastère de Saint-Louis à Poissy d'une somme 90 livres — 23 juillet.

tournois à laquelle elles avaient été imposées pour leur part des deux décimes du diocèse de Chartres, contrairement à leurs privilèges. Saint-Germain-en-Laye, 23 juillet [1534]. 1534.

Arch. nat., Acquits sur l'épargne, J. 962, n° 211. (*Mention.*)

7248. Don à Antoine de Gramont, baron du lieu, de l'office de maire de Bayonne, vacant par la mort de son père, le vicomte d'Aster, avec dispense d'âge. Saint-Germain-en-Laye, 23 juillet [1534]. 23 juillet.

Arch. nat., Acquits sur l'épargne, J. 962, n° 211. (*Mention.*)

7249. Don à Colas Pierre, ci-devant homme d'armes de la compagnie de M. le Grand maître, de l'office de sergent à cheval au Châtelet de Paris, vacant par la mort de Mathurin Fournier, pour en faire son profit, en récompense de sa conduite devant Pavie, où il eut les deux bras emportés d'un coup de canon. Saint-Germain-en-Laye, 23 juillet [1534]. 23 juillet.

Arch. nat., Acquits sur l'épargne, J. 962, n° 211. (*Mention.*)

7250. Permission à Jean Bourdineau, clerc d'office de la maison du roi, de résigner son office de concierge de la maison appelée la Cour-le-Roi à Orléans, au profit de Jacques Bourdineau, son frère, sans payer le quart prescrit par l'ordonnance. Saint-Germain-en-Laye, 23 juillet [1534]. 23 juillet.

Arch. nat., Acquits sur l'épargne, J. 962, n° 211. (*Mention.*)

7251. Lettres accordant aux religieuses du couvent de l'Annonciade de Rodez la remise d'une somme de 200 livres tournois qu'elles devaient payer au roi, suivant ordonnance de la Chambre des Comptes, pour l'amortissement du terrain où est bâti leur monastère. Saint-Germain-en-Laye, 23 juillet [1534]. 23 juillet.

Arch. nat., Acquits sur l'épargne, J. 962, n° 211. (*Mention.*)

7252. Édit portant institution de sept légions d'infanterie, arquebusiers et hallebardiers, de 6,000 hommes chacune, réglant leurs privilèges, gages, équipages et droits, contenant 56 articles. Saint-Germain-en-Laye, 24 juillet 1534. 1534. 24 juillet.

Copie du XVIe *siècle. Bibl. nat.*, ms. lat. 10010, fol. 33 v°.

Imp. *Pièce in-4°*, Paris, Galliot du Pré, 1534. *Bibl. nat., Inv. Réserve*, F. 2037.

Autres, s. d. d'impression. Bibl. nat., Inv. Réserve, F. 618 et F. 850.

Rebuffi, *Édits et ordonnances des rois de France.* Lyon, 1573, in-fol., p. 971.

Fontanon, *Les édits et ordonnances, etc.* Paris, 1611, in-fol., t. III, p. 146.

Isambert, *Recueil général des anciennes lois françaises.* Paris, 1827, in-8°, t. XII, p. 390.

7253. Mandement au trésorier de l'épargne de payer à Pierre de Bimont (*aliàs* Vimont), capitaine de Tombelaine, 1,080 livres tournois pour son état de capitaine pendant les années 1531, 1532 et 1533. Saint-Germain-en-Laye, 24 juillet 1534. 24 juillet.

Bibl. nat., ms. fr. 15632, n° 156. (*Mention.*)

7254. Mandement à la Chambre des Comptes de vérifier et entériner les lettres de don fait aux enfants du feu s[r] de Lautrec de tous les droits de rachat, quints, requints et autres profits de fiefs dus au roi à cause de l'acquisition faite par le feu s[r] de Chièvres de feu Germaine de Foix, douairière d'Aragon, du comté de Beaufort et autres terres, ainsi que des fruits et revenus perçus depuis la saisie qui en fut faite après la mort dudit s[r] de Chièvres, par faute d'hommage, jusqu'au jour de l'acquisition et retrait lignager dudit comté faits par les tuteurs desdits enfants. Saint-Germain-en-Laye, 25 juillet 1534. 25 juillet.

Arch. nat., Acquits sur l'épargne, J. 962, n° 119. (*Mention.*)

7255. Deux mandements pour faire payer à Odinet Turquet 4,000 écus soleil sur les 6,000, prix 25 juillet.

de l'achat fait par le roi d'un carcan (collier) garni de onze grandes tables de diamants[1], savoir : 2,000 écus ainsi qu'il sera avisé par M. le Légat, et 2,000 en quatre payements sur les finances ordinaires du Louvre des deux derniers quartiers de la présente année et des deux premiers de l'année 1535. Saint-Germain-en-Laye, 25 juillet 1534. — 1534.

Arch. nat., Acquits sur l'épargne, J. 962, n° 119. (*Mention.*)

7256. Don au comte et à la comtesse de Penthièvre des revenus du grenier à sel d'Étampes, depuis la mort de Jean de La Barre, comte d'Étampes, prévôt de Paris (28 février 1534), jusqu'au 23 juin dernier, date des lettres de don du comté d'Étampes, octroyées auxdits comte et comtesse, qui jouiront désormais de ces revenus leur vie durant. Saint-Germain-en-Laye, 26 juillet 1534. — 26 juillet.

Arch. nat., Acquits sur l'épargne, J. 962, n° 120. (*Mention.*)

7257. Don à Michelle Gastel, veuve de Hugues de Cambo, s^r du Bosc-Roger, de la garde-noble de ses trois enfants mineurs, deux fils et une fille, pour en jouir tant qu'il plaira au roi, à la charge d'en rendre compte. Saint-Germain-en-Laye, 26 juillet 1534. — 26 juillet.

Arch. nat., Acquits sur l'épargne, J. 962, n° 120. (*Mention.*)

7258. Provision pour faire bailler et délivrer pendant six ans à Claude de Montcepoy, dit Tallebart, les revenus des terres et seigneuries de Quirieu et la Balme en Dauphiné, depuis la saisie qui en a été faite par les commissaires du domaine, dont il a eu depuis mainlevée. Saint-Germain-en-Laye, 26 juillet 1534. — 26 juillet.

Arch. nat., Acquits sur l'épargne, J. 962, n° 120. (*Mention.*)

(1) Diamant dont la surface est plate, par opposition au diamant taillé à *facettes* ou en *cabochon*.

7259. Mandement au trésorier de l'épargne de faire payer au sire de Montmorency, grand maître et maréchal de France, tuteur et curateur du comte de Laval, 1,732 livres 10 sous tournois sur 3,452 livres, partie échue de la pension du feu comte de Laval, depuis le 1er janvier 1530, jusqu'au 20 mai suivant, date de sa mort. Saint-Germain-en-Laye, 27 juillet 1534. — 1534. 27 juillet.

Original. Bibl. nat., Pièces orig., Montmorency, vol. 2031, p. 71.

7260. Don à Marc-Antoine de Cusan de tous les biens meubles et immeubles de Jean de Courcelles, condamné à mort et à la confiscation par sentence du prévôt de Paris. Saint-Germain-en-Laye, 28 juillet 1534. — 28 juillet.

Arch. nat., Acquits sur l'épargne, J. 962, n° 120 *bis*. (*Mention.*)

7261. Don à Jean Mingault, archer de la garde, de 60 livres tournois sur les lods et ventes d'une terre non dénommée, sise en la châtellenie de Bellac dans la basse Marche. Saint-Germain-en-Laye, 28 juillet 1534. — 28 juillet.

Arch. nat., Acquits sur l'épargne, J. 962, n° 120 *bis*. (*Mention.*)

7262. Don à Louis d'Assigny, archer de la garde en la compagnie du s[r] de Nançay, de 75 livres tournois, montant d'une amende prononcée par arrêt du Parlement contre Jacques d'Assigny, son frère, étudiant à Paris. Saint-Germain-en-Laye, 28 juillet 1534. — 28 juillet.

Arch. nat., Acquits sur l'épargne, J. 962, n° 120 *bis*. (*Mention.*)

7263. Don et remise à Jean Odeau, contrôleur de la maison de Mesdames, de 60 livres tournois sur la finance par lui due à cause de la résignation qu'il entend faire de son office de receveur ordinaire de la basse Marche au profit — 28 juillet.

d'Étienne Barbon. Saint-Germain-en-Laye, 28 juillet 1534. 1534.

Arch. nat., Acquits sur l'épargne, J. 962, n° 120 *bis*. (*Mention*.)

7264. Délai accordé au chapitre de Saint-Martin de Tours pour produire les privilèges des bâtonniers. Juillet 1534. Juillet.

Bibl. de Tours, ms. 1295, *Appendix*, p. CXXXVII. (*Mention*.)

7265. Mandement à Guillaume Prudhomme, trésorier de l'épargne, de délivrer à Jacques Bernard, maître de la chambre aux deniers, 641 livres 8 sous tournois pour les dépenses de son office. Paris, 1er août 1534. 1er août.

Original. Bibl. nat., ms. fr. 25721, n° 424.

7266. Mandement à la Chambre des Comptes, lui enjoignant de tenir quitte Antoine Juge des sommes qu'il a été chargé de payer pour l'achat au duc de Wurtemberg de Montbéliard et autres terres. . . .(1) 1er août 1534. 1er août.

Original mutilé. Bibl. nat., ms. fr. 25721, n° 423.

7267. Mandement au trésorier de l'épargne de payer 67 livres 10 sous à Pierre Hardy, chevaucheur, qui part le jour même pour aller en Angleterre porter des lettres du roi au sr de Morette, ambassadeur de France. Paris, 2 août 1534. 2 août.

Bibl. nat., ms. Clairambault 1215, fol. 72 v°. (*Mention*.)

7268. Édit de suppression des Grands jours de Berry, institués en faveur de la reine de Navarre, duchesse d'Alençon et de Berry, sœur du roi. Les appels du bailli de Berry qui étaient relevés à cette juridiction seront désormais portés directement au Parlement de Paris. Paris, 4 août 1534. 4 août.

Enreg. au Parl. de Paris, le 13 août 1534. Arch. nat., X1a 8612, fol. 327 v°. 1 page 2/3.
Arrêt d'enregistrement, X1a 4896, fol. 595.

(1) La date de lieu manque.

7269. Mandement à la Chambre des Comptes de Blois, lui enjoignant de faire une remise d'un tiers aux fermiers du grand port et tonlieu de Blois, à raison des pertes qu'ils ont subies. Paris, 5 août 1534. — 1534. 5 août.

Original. Bibl. de Blois, pièces provenant de la collection Joursanvault, n° 1673.

7270. Don au cardinal de Bourbon de cent pieds d'arbres de haute futaie en la forêt de Coucy, que lui fera délivrer le s^r de Haraucourt, pour employer au château qu'il fait construire à Anisy. Paris, 5 août 1534. — 5 août.

Arch. nat., Acquits sur l'épargne, J. 962, n° 121. (*Mention.*)

7271. Don et remise à Jacques Drouart, argentier du comte de Saint-Pol, du quart des deniers de la résignation qu'il fait de son office d'élu en l'élection de Sens au profit de Potencien Odoart. Paris, 5 août 1534. — 5 août.

Arch. nat., Acquits sur l'épargne, J. 962, n° 121. (*Mention.*)

7272. Mandement pour faire délivrer à [Jacques de Genouilhac], grand écuyer de France, pendant trois ans tout le revenu de la chambre à sel d'Amboise, qu'il avait par don de la feue duchesse d'Angoulême, depuis la mort de cette dame jusqu'à la fin de l'année présente. Paris, 5 août 1534. — 5 août.

Arch. nat., Acquits sur l'épargne, J. 962, n° 121. (*Mention.*)

7273. Mandement à la Chambre des Comptes de rétablir au compte du grènetier de Montrichard, pour l'année 1531, la somme de 318 livres 17 sous 6 deniers tournois qu'il a payée à M. le Grand écuyer pour le revenu de la chambre à sel d'Amboise dont ledit sieur avait le don, somme qui lui avait été rayée parce qu'il n'avait pas joint à son compte les lettres de décharge de feu Madame [Louise de Savoie], — 5 août.

comme il y était tenu, obligation dont le roi le relève. Paris, 5 août 1534. 1534.

Arch. nat., Acquits sur l'épargne, J. 962, n° 121. (*Mention.*)

7274. Mandement pour faire payer à Antoine Le Viste, premier président du Parlement de Bretagne, la somme de 4,000 livres tournois sur les amendes de ladite cour, pour sa pension dudit office de l'année 1533, bien qu'il n'ait point siégé audit Parlement tenu cette année-là à Rennes, retenu qu'il était par l'ordre exprès du roi aux Grands jours de Tours, somme dont Sa Majesté lui fait don. Paris, 5 août 1534. 5 août.

Arch. nat., Acquits sur l'épargne, J. 962, n° 121. (*Mention.*)

7275. Mandement pour faire payer à Louis Caqueton, huissier du Parlement de Bretagne, sur les amendes de ladite cour, 130 livres tournois, montant de ses gages de l'année 1533. Il avait aussi assisté aux Grands jours de Tours et par suite n'avait pu siéger à Rennes. Paris, 5 août 1534. 5 août.

Arch. nat., Acquits sur l'épargne, J. 962, n° 121. (*Mention.*)

7276. Don à Pierre Lalouette, huissier de salle du roi, et à Pierre Delacroix, valet de chambre du comte de Saint-Pol, de 445 livres 16 sous 8 deniers, montant des droits de lods et ventes échus au roi à cause de la vente de deux maisons sises à Paris devant l'orme du Monceau Saint-Gervais, l'une achetée par Charles Volant d'Eustache de Rueil et sa femme, l'autre adjugée par décret du prévôt de Paris à Guillaume Delaruelle. Paris, 5 août 1534. 5 août.

Arch. nat., Acquits sur l'épargne, J. 962, n° 121. (*Mention.*)

7277. Don et remise à Jean Grevrot, médecin ordinaire du roi, de tous les droits seigneuriaux qu'il devait à Sa Majesté à cause de l'acquisition par lui faite des terres et seigneuries de 5 août.

Saint-Denis de Sablé et de Gourboulain (*sic*). Paris, 5 août 1534. 1534.

Arch. nat., Acquits sur l'épargne, J. 962, n° 121. (*Mention.*)

7278. Don et remise à Prégente et Anne de Coligny, sœurs, à Catherine de Coussigny et à Catherine de Souplainville, héritières du feu s[r] de Saint-Liébaut, de tous les droits et devoirs seigneuriaux échus au roi sur la terre et seigneurie d'Aillefou (auj. Géraudot, Aube), sise en la recette ordinaire de Sens, par suite des décès de Catherine de Courcelles et d'Émond de Courcelles, s[r] dudit Saint-Liébaut. Paris, 5 août 1534. 5 août.

Arch. nat., Acquits sur l'épargne, J. 962, n° 121. (*Mention.*)

7279. Lettres ordonnant qu'il sera baillé et délivré à l'évêque et au chapitre de Senlis une somme de 6,000 livres tournois, autrefois prêtée au roi en deux versements faits, les années 1518 et 1521, à Lambert Meigret, alors trésorier de l'extraordinaire des guerres, par feu Jean Calvau, ancien évêque de Senlis, qui a légué ladite somme par son testament à son successeur [alors Guillaume Petit] et audit chapitre, pour être employée aux réparations de la cathédrale de Senlis. Paris, 5 août 1534. 5 août.

Arch. nat., Acquits sur l'épargne, J. 962, n° 121. (*Mention.*)

7280. Lettres accordant rabais à Michel Pauvert et aux héritiers (veuve et enfants mineurs) de Jean Labbé, fermiers du grand port de Blois pour trois années, du tiers du prix de leur ferme. Paris, 5 août 1534. 5 août.

Arch. nat., Acquits sur l'épargne, J. 962, n° 121. (*Mention.*)

7281. Lettres de jussion au Parlement de Paris pour l'enregistrement des édit et déclaration des mois de mars 1520 n. s. (n° 1165) et 8 janvier 1534 n. s. (n° 6694), concernant le ra- 6 août.

chat des rentes dues sur les maisons de la ville de la Rochelle. Paris, 6 août 1534. 1534.

Enreg. au Parl. de Paris, le 7 septembre suivant. Arch. nat., X[1a] 8612, fol. 331 v°.
Arrêt d'enregistrement. Idem, X[1a] 1537, reg. du Conseil, fol. 458 v°.

7282. Permission aux prévôt des marchands et échevins de Paris d'affecter la moitié des deniers communs de la ville à la construction et à l'entretien des fontaines et des quais. Paris, 6 août 1534. 6 août.

Original. Arch. nat., K. 954, n° 41.

7283. Ordonnance portant que les fausses portes de Paris seront démolies et mises à l'alignement des rues. Paris, 6 août 1534. 6 août.

Original. Arch. nat., K. 954, n° 43.

7284. Mandement au trésorier de l'épargne de payer, sur le dernier quartier de la présente année des finances ordinaires du Louvre, 1,301 livres tournois à Henri Allez, sommelier d'armes du roi, pour un nombre égal de lances, à 20 sous pièce, qu'il a fournies en février dernier pour le tournoi qui eut lieu alors à Paris. Paris, 6 août 1534 [1]. 6 août.

Bibl. nat., ms. fr. 15632, n° 137. (*Mention.*)
Arch. nat., Acquits sur l'épargne, J. 962, n° 121. (*Mention.*)

7285. Institution d'une commission ayant à sa tête Bonaventure de Saint-Barthélemy, président au Parlement de Grenoble, pour aller instruire, à Alençon, le procès de plusieurs sectateurs des doctrines nouvelles. Paris, 7 août 1534. 7 août.

Registre criminel du Parl. de Paris. Arch. nat., X[2a] 83, fol. 1. 2 pages.
Imp. *Bulletin de la Société de l'histoire du protestantisme français*, année 1884, in-8°, Paris, p. 114.

7286. Lettres de jussion pour l'enregistrement de 7 août.

[1] Cet acte est porté sur le rôle d'expéditions du 5 août dans les *Acquits sur l'épargne*.

celles du 23 juin précédent (n° 7190) portant don de 6,000 livres à Pierre Brulart, conseiller au Parlement de Paris. Paris, 7 août 1534. 1534.

Enreg. à la Chambre des Comptes de Paris, le 1er décembre 1534. Arch. nat., P. 2537, fol. 194 v°. (*Arrêt d'enregistrement.*)

7287. Mandement au trésorier de l'épargne de payer à Guillaume Du Bellay, sr de Langey, 7,383 livres 7 sous 6 deniers pour les frais de son ambassade en Angleterre, qui a duré du 9 septembre 1533 au 16 avril suivant. Paris, 7 août 1534. 7 août.

Bibl. nat., ms. Clairambault 1215, fol. 72 v°. (*Mention.*)

7288. Mandement au trésorier de l'épargne de payer à Louis de Perreau, sr de Castillon, 789 livres 15 sous qui lui étaient encore dus pour un voyage qu'il a fait en Angleterre comme ambassadeur du roi. Paris, 7 août 1534. 7 août.

Bibl. nat., ms. Clairambault 1215, fol. 72 v°. (*Mention.*)

7289. Lettres de don pour Philippe Moisson d'un office de conseiller lai au Parlement de Dijon, au lieu de celui de conseiller clerc qu'il tenait. Paris, 8 août 1534. 8 août.

Enreg. au Parl. de Dijon, le 14 novembre 1534. Arch. de la Côte-d'Or, Parl., reg. II, fol. 178 v°.

7290. Lettres portant ajournement des Grands jours de Moulins au 9 septembre 1534 et commission à Antoine Du Bourg, maître des requêtes, pour les présider, au lieu de l'un des quatre présidents du Parlement, empêché. Fontainebleau, 9 août 1534. 9 août.

Enreg. au Parl. de Paris, le 11 août 1534. Arch. nat., X1a 8612, fol. 327. 1 page 1/4.
Arrêt d'enregistrement, X1a 4896, fol. 576 v°.

7291. Mandement au trésorier de l'épargne de payer 2,300 livres à Georges de Selve, évêque de Lavaur, pour les dépenses qu'il va faire comme 11 août.

ambassadeur du roi à Venise. Paris, 11 août 1534. 1534.

Bibl. nat., ms. Clairambault 1215, fol. 72 v°. (*Mention.*)

7292. Don à Roland Burgensis, sommelier de bouche du roi, de 40 écus soleil sur les deniers qui proviendront de la résignation de l'office de contrôleur des mortes-payes de Guyenne. Fontainebleau, 11 août 1534. 11 août.

Arch. nat., *Acquits sur l'épargne*, J. 962, n° 178. (*Mention.*)

7293. Lettres de naturalité et permission de tester, avec remise de toute finance, accordées à Baptiste d'Alvergne, natif de Florence, tireur d'or du roi, marié et établi à Tours. Fontainebleau, 11 août 1534. 11 août.

Arch. nat., *Acquits sur l'épargne*, J. 962, n° 178. (*Mention.*)

7294. Confirmation du don fait par le roi étant à Jarnac, à la requête de M. le Grand maître, en faveur de Jean de Lestain, s^r des Ruelles, de dix pièces de drap d'Angleterre, ou leur valeur, confisquées sur Jeannot Arnault par arrêt du Parlement de Bordeaux. Fontainebleau, 11 août 1534. 11 août.

Arch. nat., *Acquits sur l'épargne*, J. 962, n° 178. (*Mention.*)

7295. Don de 300 écus à partager entre Nicolas Pirouet, Francisque de Birague, Jean Henry, Jean Boulay, Claude Pirouet, Orphée Hestié, Dominique de Lucques, Barthélemy Broulle, Pierre du Campguillebert, Francisque de Malle, Jean Fourcade, Melchior de Milan, Paul de Milan, Nicole de Lucques et Jean de Bellac, tous hautbois et violons du roi. Fontainebleau, 11 août 1534. 11 août.

Arch. nat., *Acquits sur l'épargne*, J. 962, n° 178. (*Mention.*)

7296. Don au comte et à la comtesse de Penthièvre de la crue sur chaque muid de sel vendu au gre- 11 août.

nier d'Étampes, dont jouissait feu [Jean de La Barre], prévôt et gouverneur de Paris, pour en jouir leur vie durant, ensemble et au survivant des deux, laquelle crue avait été réservée par la Chambre des Comptes en entérinant les lettres de don des revenus dudit grenier, fait en faveur dudit comte et de sa femme. Fontainebleau, 11 août 1534. 1534.

Arch. nat., Acquits sur l'épargne, J. 962, n° 178. (*Mention.*)

7297. Lettres de relief d'adresse à la Chambre des Comptes et mandement de vérifier et entériner les dons faits à Antoine Raffin, dit Pothon, sénéchal d'Agénais et capitaine des gardes, de la somme de 16,000 livres tournois, d'une part, de 13,399 livres 12 sous 6 deniers, et de 20,000 livres parisis, d'autre part, à prendre sur les deniers provenant de la vente des héritages de Gilles Berthelot, selon la teneur de l'arrêt rendu par le Grand conseil. Fontainebleau, 11 août 1534. 11 août.

Arch. nat., Acquits sur l'épargne, J. 962, n° 178. (*Mention.*)

7298. Assignation à Guillaume Allard, conseiller au Parlement de Paris, sur les amendes adjugées par ladite cour, d'une somme de 6,000 livres pour son remboursement du prêt par lui fait au roi lorsqu'il fut pourvu dudit office. Fontainebleau, 12 août 1534[1]. 12 août.

Enreg. à la Chambre des Comptes de Paris, le 19 décembre 1534. Arch. nat., P. 2537, fol. 193 v°. (*Arrêt d'enregistrement.*)

Arch. nat., Acquits sur l'épargne, J. 962, n° 178. (*Mention.*)

Idem, invent. PP. 136, p. 413. (*Mention.*)

7299. Don à Louise de Montmorency, dame de Châtillon-sur-Loing, de tous les droits et devoirs seigneuriaux qui peuvent appartenir au roi à cause des cessions, transports et échanges faits entre ladite dame et deux des héritières 13 août.

[1] Le 11, suivant le rôle des *Acquits sur l'épargne*.

d'Émond de Courcelles, s[r] de Saint-Liébaut, Prégente de Coligny et Catherine de Doussigny. Fontainebleau, 13 août 1534. 1534.

Arch. nat., Acquits sur l'épargne, J. 962, n° 122. (*Mention.*)

7300. Don à Jean de Tardes de l'office de grènetier du grenier à sel de Chinon, vacant par le décès d'Étienne Drouyn, pour en faire son profit et en pourvoir qui bon lui semblera. Fontainebleau, 13 août 1534. 13 août.

Arch. nat., Acquits sur l'épargne, J. 962, n° 122. (*Mention.*)

7301. Mandement à la Chambre des Comptes de rétablir sur les comptes du grènetier de Provins, des années 1532 et 1533, les sommes qu'il a payées aux habitants de Provins en vertu des lettres d'octroi les autorisant à prendre 20 deniers tournois sur chaque minot de sel vendu audit lieu, lesquelles sommes avaient été rayées parce que ces lettres d'octroi n'étaient pas adressées à ladite chambre, irrégularité dont Sa Majesté relève le grènetier et les habitants de Provins. Fontainebleau, 13 août 1534. 13 août.

Arch. nat., Acquits sur l'épargne, J. 962, n° 122. (*Mention.*)

7302. Lettres ordonnant que, pendant cinq nouvelles années, la moitié des deniers communs des villes de Melun et de Moret sera remise au comte de Saint-Pol, et permettant aux habitants de Moret de prendre, pendant le même temps, la moitié des aides qu'ils ont par octroi du roi sur le vin et le hareng, et d'en remettre aussi le produit au comte de Saint-Pol, pour le tout être employé aux réparations desdites villes, pourvu que la plus grande et saine partie desdits habitants y consente[1]. Fontainebleau, 13 août 1534. 13 août.

Arch. nat., Acquits sur l'épargne, J. 962, n° 122. *Mention.*)

[1] Ce sont les lettres du 15 juin précédent (n° 7149), réexpédiées à cause de l'addition de cette dernière clause.

7303. Don et remise à Robert Roullin, s[r] de Lompan, conseiller au Parlement de Rouen, de la somme de 800 livres tournois, montant des quints, requints et autres droits seigneuriaux qu'il devait au roi à cause de l'acquisition par lui faite du s[r] du Parc-d'Esneval de 200 livres tournois de rente sur les 400 que ce dernier prenait sur la ville d'Amiens. Fontainebleau, 14 août 1534. — 1534. 14 août.

Arch. nat., Acquits sur l'épargne, J. 962, n° 123. (*Mention.*)

7304. Don à Martin Habert, valet de garde-robe du roi, de l'office de sergent à verge au Châtelet de Paris, vacant par la mort de Laurent Basseraeu, pour en faire son profit. Fontainebleau, 14 août 1534. — 14 août.

Arch. nat., Acquits sur l'épargne, J. 962, n° 123. (*Mention.*)

7305. Lettres de provisions de l'office de concierge de la maison dite *la Cour le Roi*, à Orléans, en faveur de Jacques Bourdineau, au lieu de Jean Bourdineau, son frère, décédé. Fontainebleau, 14 août 1534. — 14 août.

Arch. nat., Acquits sur l'épargne, J. 962, n° 123. (*Mention.*)

7306. Lettres ordonnant de payer à Jean Chiennet et à Jean Lamy, habitants de Neuilly-Saint-Front, la somme de 686 livres 18 sous 6 deniers tournois, à eux taxée pour leurs frais dans la recherche et poursuite des abus commis par Jean de Harlus, s[r] de Cramailles, sur l'amende prononcée contre ce dernier. Fontainebleau, 14 août 1534. — 14 août.

Arch. nat., Acquits sur l'épargne, J. 962, n° 123. (*Mention.*)

7307. Mandement au trésorier de l'épargne de payer à Jean Raf, peintre, 40 écus soleil en récompense d'un «pourtraict de la ville de Londres» — 14 août.

dont il a fait présent au roi. Fontainebleau, 14 août 1534. — 1534.

Arch. nat., Acquits sur l'épargne, J. 962, n° 123. (*Mention.*)

7308. Provisions de l'office de greffier en la Chambre des Comptes de Montpellier pour Jehan Leignadier. Fontainebleau, 16 août 1534. — 16 août.

Enreg. à la Chambre des Comptes de Montpellier. Arch. départ. de l'Hérault, B. 341, fol. 33 v°. 1 page.

7309. Provisions en faveur de Giraud Turmel de l'office de contrôleur du domaine de la ville et vicomté de Falaise, nouvellement créé aux gages de 67 livres 12 sous. 17 août 1534. — 17 août.

Réception à la Chambre des Comptes de Paris le 27 février 1535 n. s., anc. mém. GG. fol. 207. *Arch. nat.*, papiers de Fontanieu, K. 1377, et invent. PP. 136, p. 413. (*Mentions.*)

7310. Commission donnée à Nicolas Picart pour faire le payement des achats de meubles, lits, et autres ustensiles nécessaires à l'aménagement des châteaux de Fontainebleau, Boulogne-sur-Seine et Villers-Cotterets. Fontainebleau, 18 août 1534. — 18 août.

Original. Bibl. nat., ms. fr. 25721, n° 426.

7311. Mandement au trésorier de l'épargne de bailler à Claude Péronnier, commis à tenir le compte et faire le payement des réparations des places fortes de Guyenne, 9,400 livres tournois pour employer suivant les instructions du roi de Navarre, gouverneur de Guyenne. Fontainebleau, 18 août 1534. — 18 août.

Bibl. nat., ms. fr. 15629, n° 541. (*Mention.*)

7312. Mandement au trésorier de l'épargne de payer à Antoine Bulioud, général des finances de Bretagne, 2,400 livres tournois pour ses gages de général durant les années 1532 et 1533. Fontainebleau, 18 août 1534. — 18 août.

Bibl. nat., ms. fr. 15629, n° 555. (*Mention.*)

7313. Mandement au trésorier de l'épargne de payer à — 18 août.

la duchesse douairière de Vendôme 5,000 livres tournois, soit 3,400 livres tournois pour sa pension des années 1532 et 1533, et 1,600 livres en récompense du revenu de la vicomté de Meaux durant ces deux années. Fontainebleau, 18 août 1534. — 1534.

Bibl. nat., ms. fr. 15632, n° 171. (Mention.)

7314. Mandement au Parlement de Paris de nommer et d'adjoindre un conseiller lai aux huit qui ont été désignés pour tenir les Grands jours de Moulins, afin qu'ils soient en nombre pour juger les affaires criminelles. Fontainebleau, 19 août 1534. — 19 août.

Enreg. au Parl. de Paris, le 22 août suivant. Arch. nat., X[1a] 1537, fol. 437 v°. (Mention.)

7315. Don à Mathé d'Alnassar (Matteo dal Nassaro), graveur du roi, de l'office de contrôleur du grenier à sel du Pont-Saint-Esprit, vacant par le décès d'Odon Sellier, pour en disposer à son profit[1]. Fontainebleau, 19 août 1534. — 19 août.

Arch. nat., Acquits sur l'épargne, J. 962, n° 124. (Mention.)

7316. Don à Pierre Normandin, dit la Grille, huissier de salle de la Reine, de 100 écus pour l'aider à marier sa fille, ladite somme à prendre sur les finances ordinaires ou extraordinaires, suivant que l'avisera M. le Légat. Fontainebleau, 19 août 1534. — 19 août.

Arch. nat., Acquits sur l'épargne, J. 962, n° 124. (Mention.)

7317. Don à la demoiselle du Mont de 800 écus soleil ou toute autre somme, montant du quart de la résignation faite par Jean Presteseille, au profit de Jean Lecomte, de son office de clerc et auditeur des comptes, ledit don déjà fait le 18 juillet précédent (n° 7238) et réexpédié — 19 août.

(1) En marge : « Nota que le roy n'entend luy donner que trois cens escuz là dessuz. »

parce que la somme n'était pas mentionnée. Fontainebleau, 19 août 1534. 1534.

Arch. nat., Acquits sur l'épargne, J. 962, n° 124. (*Mention.*)

7318. Mandement au trésorier de l'épargne de payer à Baptiste d'Alvergne, tireur d'or à Paris, 4,680 livres tournois pour des habits que le roi a achetés de lui le 21 juillet, soit : deux devants de cotte et mancherons de velours jaune paille, ouvrés de cannetille et fil d'argent fin, un devant de cotte et une paire de mancherons de velours bleu, d'ouvrage analogue, un devant et un mancheron sur fond d'argent, un devant et un mancheron de toile d'or, deux pièces de velours jaune paille et une de velours bleu, un devant de cotte et une paire de mancherons sur fond de toile d'argent, et quatre autres devants de cotte avec mancherons de velours jaune et cramoisi. Fontainebleau, 19 août 1534. 19 août.

Bibl. nat., ms. fr. 15632, n° 199. (*Mention.*)

7319. Mandement au trésorier de l'épargne de payer à [Pothon Raffin], sénéchal d'Agénais, capitaine d'une des bandes des cent archers français de la garde du roi, 4,000 livres tournois complétant les 10,000 livres tournois que le roi lui a données en récompense de ses services. Fontainebleau, 19 août 1534. 19 août.

Bibl. nat., ms. fr. 15632, n° 147. (*Mention.*)

7320. Lettres accordant aux quatre chanoines de l'autel de Notre-Dame de Sens l'autorisation de procéder à la confection de leur papier terrier. Fontainebleau, 20 août 1534. 20 août.

Arch. départ. de l'Yonne, G. 1474.

7321. Don au prince de Melphe du château de Châteauneuf, près Orléans, pour y demeurer et jouir des revenus de la seigneurie sa vie durant, nonobstant la réunion au domaine et 20 août.

l'ordonnance sur les finances du Louvre. Fontainebleau, 20 août 1534. 1534.

Arch. nat., Acquits sur l'épargne, J. 962, n° 125. (*Mention.*)

7322. Don à Jean de Loche, gentilhomme de la vénerie, de l'office de sergent de la Haye des Parques en la forêt du Trait, vacant par le décès de Christophe Leroy, pour en disposer à son profit. Fontainebleau, 20 août 1534. 20 août.

Arch. nat., Acquits sur l'épargne, J. 962, n° 125. (*Mention.*)

7323. Don au duc d'Albany de 2,162 livres 10 sous tournois, montant de la moitié de la confiscation de feu Jean de Villebeuf, qui lui avait été octroyée intégralement, mais que la Chambre des Comptes avait réduite, conformément à l'ordonnance. Fontainebleau, 20 août 1534. 20 août.

Arch. nat., Acquits sur l'épargne, J. 962, n° 125. (*Mention.*)

7324. Don à Antoine Carles, conseiller au Parlement de Grenoble, de la somme de 500 livres tournois pour compléter les 1,000 livres qui lui avaient été octroyées ci-devant sur les lods et ventes, amendes, confiscations, forfaitures, profits de fiefs et autres droits seigneuriaux échus en Dauphiné, et que la Chambre des Comptes avait réduites de moitié. Fontainebleau, 20 août 1534. 20 août.

Arch. nat., Acquits sur l'épargne, J. 962, n° 125. (*Mention.*)

7325. Don à Colas Pierre, autrefois homme d'armes de la compagnie de M. le Grand maître, de 100 écus soleil sur les parties casuelles, au lieu de l'office de sergent à cheval au Châtelet de Paris, vacant par la mort de Mathurin Fournier, dont le roi lui avait ci-devant fait don, mais dont il n'a pu profiter, et ce en récompense de ses services et particulièrement de sa conduite devant Pavie, où il eut les deux bras 20 août.

emportés d'un coup de canon. Fontainebleau, 20 août 1534. 1534.

Arch. nat., Acquits sur l'épargne, J. 962, n° 125. (*Mention.*)

7326. Mandement au trésorier de l'épargne de payer à Gervais Waïn, abbé de Cuissy, 515 livres qui lui étaient encore dues pour le voyage qu'il a fait, à partir du 11 mars précédent, auprès de divers princes d'Allemagne. Fontainebleau, 21 août 1534. 21 août.

Bibl. nat., ms. Clairambault 1215, fol. 72 v°. (*Mention.*)

7327. Provisions pour Jean Boylesve de l'office de receveur ordinaire de la sénéchaussée de Beaucaire et Nîmes, en survivance d'Antoine Boylesve, son père. 21 août 1534. 21 août.

Enreg. à la Chambre des Comptes, le 26 août suivant, anc. mém. 2 G. fol. 145. *Arch. nat.*, invent. PP. 136, p. 413. (*Mention.*)

7328. Mandement au trésorier de l'épargne de payer 920 livres à Étienne de Laigue, seigneur de Beauvais, qui part le jour même avec Gervais Waïn pour un voyage en Allemagne. Fontainebleau, 22 août 1534. 22 août.

Bibl. nat., ms. Clairambault 1215, fol. 72 v°. (*Mention.*)

7329. Mandement aux élus du Lyonnais de faire annoncer la mise à prix de la ferme des aides et gabelles qui ont cours dans la ville de Lyon, et de la bailler au plus offrant et dernier enchérisseur. Fontainebleau, 24 août 1534. 24 août.

Copie du XVI*e siècle. Bibl. nat.*, ms. fr. 2702, fol. 176 v°.

7330. Permission à François Dupuy de résigner ses offices de greffier criminel d'Agénais et de greffier civil et criminel de Condomois, au profit de Jérôme Gentilz, fils du président Gentilz, sans payer le quart desdits offices, comme c'est l'usage, pourvu que ledit quart 24 août.

ne dépasse pas 4,000 francs. Fontainebleau, 24 août 1534. — 1534.

Arch. nat., Acquits sur l'épargne, J. 962, n° 126. (*Mention.*)

7331. Don au s[r] Forges, sommelier d'échansonnerie de bouche, d'une amende de 60 livres parisis prononcée par arrêt du Parlement de Paris contre Jean d'Assigny. Fontainebleau, 24 août 1534. — 24 août.

Arch. nat., Acquits sur l'épargne, J. 962, n° 126. (*Mention.*)

7332. Don à Geoffroy de Lupan, trompette du roi, de 50 écus soleil sur le quart de la résignation de l'office de greffier de la Chambre des Comptes de Montpellier qu'Alexandre Faulcon doit faire au profit de Gabriel Petit de Montagnac, et ce pour l'aider à se faire remettre une jambe qu'il s'est rompue dernièrement. Fontainebleau, 24 août 1534. — 24 août.

Arch. nat., Acquits sur l'épargne, J. 962, n° 126. (*Mention.*)

7333. Prorogation pour dix ans du don ci-devant fait au s[r] de Montmartin de tout le revenu des bois et forêt de Velain en la châtellenie et mandement de Saint-Symphorien-d'Ozon en Dauphiné. Fontainebleau, 24 août 1534. — 24 août.

Arch. nat., Acquits sur l'épargne, J. 962, n° 126. (*Mention.*)

7334. Don aux sieurs Bellonnières et Roussille, sommeliers d'échansonnerie de bouche, et à Claude Gauldry, sommelier d'échansonnerie du commun, de 200 écus soleil sur les deniers du quart de la résignation de l'office d'élu de Falaise faite par Jacques Regnault au profit de Pierre Regnault. Fontainebleau, 24 août 1534. — 24 août.

Arch. nat., Acquits sur l'épargne, J. 962, n° 126. (*Mention.*)

7335. Don à Jacques d'Arson, gentilhomme de la vénerie du roi, de la somme de 1,500 livres à — 25 août.

prendre sur la recette des exploits et amendes du Parlement de Toulouse. 25 août 1534. 1534.

Enreg. pour la moitié de la somme seulement, à la Chambre des Comptes, le 2 septembre suivant. Arch. nat., invent. PP. 136, p. 413. (*Mention.*)

7336. Mandement au trésorier de l'épargne de bailler à Étienne Martineau 1,015 livres 8 sous tournois pour 30 barils de poudre à canon pesant ensemble 5,077 livres que Jean Du Boys et Michel de Prussano, marchands d'Asti, remirent le 25 avril 1529, par ordre du comte de Saint-Pol, lieutenant général du roi en Italie, aux commissaires ordinaires de l'artillerie. Fontainebleau, 26 août 1534. 26 août.

Bibl. nat., ms. fr. 15632, n° 335. (*Mention.*)

7337. Commission à Hugues de Malras, receveur général de Guyenne, pour la reddition des comptes des sieurs Faure et Combes, chargés de la recette générale de Guyenne, et le recouvrement de leurs débets. 27 août 1534. 27 août.

Enreg. à la Cour des Aides de Paris. Arch. nat., recueil Cromo, U. 665, fol. 263. (*Mention.*)

7338. Mandement au trésorier de l'épargne de bailler à Jean Duval, receveur et payeur des gages des officiers du Parlement de Paris, 4,244 livres 7 sous 6 deniers tournois complétant les 8,488 livres 15 sous tournois que le roi a ordonnés pour les gages des officiers dudit Parlement qui doivent assister aux Grands jours de Moulins, pendant le dernier quartier de la présente année. Fontainebleau, 29 août 1534. 29 août.

Bibl. nat., ms. fr. 15632, n° 118. (*Mention.*)

7339. Nouveau mandement au Parlement d'Aix de faire jouir Boniface Séguiran, partisan du connétable de Bourbon, de la grâce contenue dans les lettres du 15 mars 1530 n. s. (n° 3644). Fontainebleau, 30 août 1534. 30 août.

Enreg. au Parl. de Provence. Arch. de cette cour

à Aix, Lettres royaux, 2ᵉ vol., reg. in-fol., papier de 1,026 feuillets, fol. 83 vᵒ. 1534.

Enreg. à la Chambre des Comptes d'Aix, le 26 juin 1535. Arch. des Bouches-du-Rhône, B. 31 (*Salamandra*), fol. 274. 1 page.

7340. Commission à Antoine Le Viste, président au Parlement de Paris, à Antoine Du Bourg, maître des requêtes de l'hôtel, à Guillaume Bourgoing, conseiller au Parlement, et à Guillaume Poyet, avocat du roi en ladite cour, pour procéder à la nouvelle rédaction et à la publication des coutumes du Nivernais. Fontainebleau, 30 août 1534. 30 août.

Imp. Bourdot de Richebourg, *Nouveau coutumier général*. Paris, in-folio, 1724, t. III, p. 1164.

7341. Déclaration portant que le don à survivance fait le 8 août 1518 (nᵒ 874), d'un office de maître des requêtes de l'hôtel à Adam Fumée, sʳ des Roches, et à Martin Fumée, conseiller au Parlement, n'a pas été révoqué et que le roi entend qu'il sortisse son effet. Fontainebleau, 30 août 1534. 30 août.

Arrêt d'entérinement au Parl. de Paris, le 2 septembre 1534. Arch. nat., X[1a] 1537, fol. 454 vᵒ. (*Mention.*)

7342. Mandement au trésorier de l'épargne de payer à Alfonse de Saint-Séverin, duc de Somma, 2,000 livres tournois complétant les 5,750 livres lui restant dues des 14,750 livres que le roi lui a ordonnées pour sa pension de quatre années et onze mois, du 1ᵉʳ février 1529 n. s., qu'il entra au service de François Iᵉʳ, jusqu'au 31 décembre 1533. Fontainebleau, 30 août 1534. 30 août.

Bibl. nat., ms. fr. 15632, nᵒ 131. (*Mention.*)

7343. Lettres invitant la comtesse de Nevers à assembler les États du Nivernais avant l'arrivée des commissaires royaux pour la réformation des coutumes de son comté, afin qu'ils aient le temps de dresser le cahier des coutumes an- 31 août.

ciennes en vigueur, et d'aviser sur l'assiette et la répartition des dépenses qu'entraînera le travail des réformateurs. Fontainebleau, 31 août 1534. 1534.

IMP. Bourdot de Richebourg, *Nouveau coutumier général*. Paris, in-fol., 1724, t. III, p. 1166.

7344. Établissement d'une foire à Digne, le premier lundi de carême et les cinq jours suivants, pour fournir aux habitants de cette ville les victuailles quadragésimales. Paris, août 1534. Août.

Expédition originale en parchemin. Archives municipales de Digne.

Enreg. au Parl. de Provence. Arch. de la cour, à Aix, Lettres royaux, vol. 2°, reg. in-fol., papier de 1,026 feuillets, fol. 86.

7345. Ordonnance relative à la forêt de Bière (Fontainebleau); elle est soustraite à la juridiction de la maîtrise particulière des Eaux et forêts de Brie et de Champagne, et placée sous l'administration spéciale de son grand forestier, dont les attributions sont étendues. Fontainebleau, août 1534. Août.

Enreg. au Parl. de Paris, le 6 mars 1535 n. s. Arch. nat., X[1a] 8612, fol. 369. 4 pages.

Idem, X[1a] 1538, reg. du Conseil, fol. 114. (*Mention*[1].)

Enreg. aux Eaux et forêts, le 5 juin 1535. Arch. nat., Z. 4580 (*nunc* Z[1e] 323), fol. 104. 5 pages.

7346. Ordonnance faisant passer entre les mains du roi certain péage connu sous le nom de *droit de clouaison*, se percevant sur toutes marchandises passant, par eau et par terre, à Angers et aux Ponts-de-Cé, pour être ledit péage désormais levé par l'échevinage d'Angers et appli- Août.

(1) A la date du 26 février 1535 n. s., le maître particulier des eaux et forêts de Champagne et de Brie demande un double de cette ordonnance, avant de déclarer s'il s'oppose ou non à son enregistrement. La cour le lui accorde.

qué à la garde et à l'entretien de cette ville. Fontainebleau, août 1534. 1534.

Enreg. au Grand conseil, le 10 septembre 1534. Arch. nat., V[5] 1050. 3 pages.

Copie. Archives municipales d'Angers, BB. 20, fol. 43.

7347. Lettres d'érection en duché des terres de Valmont, Varengeville, Berneval et autres lieux réunis en un seul fief sous le nom d'Estouteville, en faveur d'Adrienne d'Estouteville et de François de Bourbon, comte de Saint-Pol, son futur mari. Fontainebleau, août 1534. Août.

Minute. Arch. nat., suppl. du Trésor des Chartes, J. 964.

Enreg. au Parl. de Rouen, le 2 septembre 1534.

Enreg. à la Chambre des Comptes de Paris, le 19 octobre 1534. Arch. nat., P. 2306, p. 139. 10 pages.

Idem, P. 2537, fol. 181 v°; AD. IX 123, n° 42.

Imp. Pièce in-4°. Arch. nat., AD. I 18. 3 pages.

La Rocque, *Hist. généal. de la maison d'Harcourt.* Paris, 1662, in-fol., t. IV *in fine, add.*, p. 32.

Le P. Anselme, *Hist. généal. de la maison de France.* Paris, in-fol., 1730, t. V, p. 550.

7348. Mandement au trésorier de l'épargne de payer à M. d'Avaugour 2,000 livres tournois pour sa pension de l'année courante. Montpipeau, 4 septembre 1534. 4 septembre.

Bibl. nat., ms. fr. 15632, n° 123. (*Mention.*)

7349. Mandement au seigneur de Jarnac, gouverneur de la Rochelle, d'employer d'abord à la réparation des fortifications le produit des octrois qui lui ont déjà été concédés. Chambord, 13 septembre 1534. 13 septembre.

Original. Bibl. nat., ms. fr. 25721, n° 427.

7350. Mandement au trésorier de l'épargne de payer à Jean Rivière, greffier du Grand conseil et commis au payement des gages des conseillers, 6,950 livres tournois pour le premier semestre de l'année courante. Chambord, 15 septembre 1534. 15 septembre.

Bibl. nat., ms. fr. 15632, n° 17. (*Mention.*)

7351. Lettres de don à Renzo de Cère, chevalier de l'ordre du roi, du droit de gabelle du grenier à sel de Chambly, nouvellement créé. 19 septembre 1534. — 1534. 19 septembre.

Enreg. à la Cour des Aides de Paris. Arch. nat., recueil Cromo, U. 665, fol. 263. (*Mention.*)

7352. Lettres portant commission de capitaine de 1,000 hommes dans la légion de Guyenne, avec la charge de les recruter dans l'étendue de ce gouvernement, le pays basque excepté, données en faveur du s[r] de Oradea, par suite de la création (24 juillet 1534, n° 7252) de sept légions de gens de pied de 6,000 hommes chacune pour tout le royaume. Blois, 21 septembre 1534. — 21 septembre.

Copie collat. sur l'original, le 18 décembre 1534. Arch. départ. des Basses-Pyrénées.

7353. Mandement au trésorier de l'épargne de payer à Hippolyte de Gonzague 1,500 livres tournois pour sa pension des années 1531, 1532 et 1533. Blois, 21 septembre 1534. — 21 septembre.

Bibl. nat., ms. fr. 15632, n° 43. (*Mention.*)

7354. Mandement au trésorier de l'épargne de payer à Gonzague de Gonzague 2,100 livres tournois pour sa pension des années 1531, 1532 et 1533. Blois, 21 septembre 1534. — 21 septembre.

Bibl. nat., ms. fr. 15632, n° 44. (*Mention.*)

7355. Mandement au trésorier de l'épargne de payer à Gaguin de Baugy, chevalier de l'ordre, 4,000 livres tournois pour sa pension de l'année précédente. Blois, 21 septembre 1534. — 21 septembre.

Bibl. nat., ms. fr. 15632, n° 45. (*Mention.*)

7356. Mandement au trésorier de l'épargne de payer 90 livres à Amable Amy, venu d'Angleterre pour porter au roi des lettres de son ambassadeur et repartant le jour même. Bury, 22 septembre 1534. — 22 septembre.

Bibl. nat., ms. Clairambault 1215, fol. 73. (*Mention.*)

7357. Lettres de relief de surannation pour l'entérinement des lettres de naturalité octroyées, le 13 septembre 1527, à Donat de Neri Acciaioli. 25 septembre 1534. — 1534. 25 septembre.

Entérinées au Parl. de Paris, le 3 décembre 1534. *Arch. nat.*, X[1a] 1538, reg. du Conseil, fol. 17 v°. (*Mention.*)

7358. Provisions en faveur d'Antoine Du Bourg de l'office de Président au Parlement de Paris vacant par le décès d'Antoine Le Viste. Bury, 26 septembre 1534. — 26 septembre.

Reçu au Parl. le 9 décembre suivant. Arch. nat. X[1a] 1538, reg. du Conseil, fol. 22. (*Mention.*)

7359. Provisions en faveur de Julien (*corr.* Imbert) de Saveuse de l'office de maître ordinaire des requêtes de l'hôtel qu'exerçait Antoine Du Bourg, nommé président au Parlement de Paris. Bury, 26 septembre 1534. — 26 septembre.

Reçu au Parl. de Paris, le 11 décembre suivant. *Arch. nat.*, X[1a] 1538, reg. du Conseil, fol. 25 v°. (*Mention.*)

IMP. Blanchard, *Les généalogies des maistres des requestes*, in-fol., p. 271. (*Mention.*)

7360. Provisions en faveur de Guillaume Du Bellay, s[r] de Langey et du Pont-de-Remy, de l'office de bailli d'Amiens vacant par la promotion d'Imbert de Saveuse à l'office de maître des requêtes de l'hôtel. Bury, 26 septembre 1534. — 26 septembre.

Reçu au Parl. de Paris, le 1er février 1535 n. s. *Arch. nat.*, X[1a] 1538, reg. du Conseil, fol. 65. (*Mention.*)

7361. Mandement à la Chambre des Comptes de Blois pour faire payer à Roland Burgensis, sommelier de paneterie de bouche, la somme de 112 livres 10 sous tournois, valant 50 écus d'or soleil, dont le roi lui fait don. Bury, 26 septembre 1534. — 26 septembre.

Original. Bibl. de Blois. Pièces provenant de la collection Joursanvault, n° 1675.

7362. Provisions en faveur de Nicole Brachet, conseiller clerc au Parlement de Paris, de l'office de — 29 septembre.

président en la grand'chambre des enquêtes, vacant par le décès de Nicole Dorigny. Blois, 29 septembre 1534. | 1534.

Reçu au Parl. le 9 décembre 1534. Arch. nat., X[1a] 1538, reg. du Conseil, fol. 22. (*Mention.*)

7363. Mandement au trésorier de l'épargne de payer à Guillaume Authonnier, joaillier à Paris, 607 livres 10 sous tournois pour un dizain de cristal, une paire de patenôtres en grenat et une autre paire de patenôtres en gros corail, garnis d'or et de perles, que le roi lui a achetés ce mois-ci. Blois, 29 septembre 1534. | 29 septembre.

Bibl. nat., ms. fr. 15632, n° 116. (*Mention.*)

7364. Mandement au trésorier de l'épargne de payer à Jean-André Pagano, marchand milanais, 3,723 livres 15 sous tournois pour un vase couleur d'émeraude, deux salières, un dizain et deux vases de lapis-lazuli, un chapelet de grenats, une tête d'Hercule en pierre, un cristal vert et autres bagues et joyaux qu'il a vendus au roi. Blois, 30 septembre 1534. | 30 septembre.

Bibl. nat., ms. fr. 15632, n° 115. (*Mention.*)

7365. Lettres pour l'entérinement de l'indult accordé par le pape Clément VII à Jean, cardinal Du Bellay, évêque de Paris, pour la collation des bénéfices dépendant de son évêché et de ses abbayes (Rome, la veille des ides de mars 1533). Pontlevoy, 1er octobre 1534. | 1er octobre.

Enreg. au Parl. de Paris, sauf restrictions, le 2 mars 1535 n. s. Arch. nat., X[1a] 8612, fol. 367. 4 pages 1/3.

7366. Lettres pour l'entérinement de l'indult accordé par le pape Clément VII au cardinal de Châtillon, évêque-comte de Beauvais, pour la collation des bénéfices dépendant de ses évêché et abbayes (Rome, le 17 des calendes de juin 1534). Pontlevoy, 1er octobre 1534. | 1er octobre.

Enreg. au Parl. de Paris, sauf restrictions, le 2 mars 1535 n. s. Arch. nat., X[1a] 8612, fol. 364. 5 pages 1/3.

7367. Ordonnance en forme de règlement contenant diverses prescriptions pour l'administration des forêts de Montfort-l'Amaury. Amboise, 3 octobre 1534. — 1534. 3 octobre.

Enreg. à la Chambre des Comptes de Bretagne. Archives de la Loire-Inférieure, B. Mandements royaux, II, fol. 88.

7368. Mandement au trésorier de l'épargne de payer à Antoine de Raincon, chambellan du roi, 1,200 livres tournois pour sa pension de l'année 1533. Amboise, 3 octobre 1534. — 3 octobre.

Bibl. nat., ms. fr. 15632, n° 135. (Mention.)

7369. Mandement au trésorier de l'épargne de bailler à Jean Duval, changeur du trésor, 6,178 livres 1 sou 6 deniers tournois pour le payement des fiefs, aumônes, rentes amorties, processions faites par les ordres mendiants et autres fondations des prédécesseurs du roi à Paris, pour deux années, de la saint Jean-Baptiste 1532 à la saint Jean-Baptiste 1533. Amboise, 4 octobre 1534. — 4 octobre.

Bibl. nat., ms. fr. 15632, n° 120. (Mention.)

7370. Provisions en faveur de Jean Thénard de l'office de vicomte et receveur de Saint-Sauveur-Landelin. 4 octobre 1534. — 4 octobre.

Enreg. à la Chambre des Comptes de Paris, le 9 novembre suivant, anc. mém. 2 G, fol. 161. Arch. nat., invent. PP. 136, p. 416. (Mention.)

7371. Déclaration en faveur des quatre correcteurs des comptes à l'effet de leur assurer le payement des droits de robe, de bûche et de Toussaint, à raison de 165 livres chacun par an. Amboise, 7 octobre 1534. — 7 octobre.

Enreg. à la Chambre des Comptes de Paris, le 15 janvier 1535 n. s. Arch. nat., P. 2304, p. 139. 6 pages 1/2. P. 2306, p. 171. 6 pages.
Imp. Pièce in-4°. Arch. nat., AD. I 18 et AD. IX 123, n° 44. 5 pages.

7372. Mandement au trésorier de l'épargne de payer à Antoine de Lamet, maître d'hôtel du roi, — 7 octobre.

970 livres qui lui étaient encore dues pour le voyage qu'il a fait en Suisse, du 2 mai au 30 septembre 1534. 7 octobre 1534. 1534.

Bibl. nat., ms. Clairambault 1215, fol. 73. (*Mention.*)

7373. Pouvoirs donnés par le roi au sire de Brion, amiral de France et gouverneur de Bourgogne, pour traiter, au nom du duc et de la duchesse d'Orléans, avec Jean, duc d'Albany, de la succession du comte d'Auvergne et de Lauraguais. Amboise, 10 octobre 1534. 10 octobre.

Enreg. à la Chambre des Comptes de Paris. Arch. nat., P. 2306, p. 162. 2 pages 1/2.
Idem, P. 2537, fol. 187, et P. 2553, fol. 197.
Imp. E. Baluze, *Hist. généal. de la maison d'Auvergne*. Paris, 1708, in-fol., p. 691.
(Voir ci-dessous, 17 octobre 1534, n° 7384.)

7374. Lettres déclarant que l'hommage et la souveraineté du diocèse et du comté de Gap appartiennent au roi comme comte de Provence et de Forcalquier, et non pas comme dauphin de Viennois, et que les habitants de ce comté doivent ressortir au Parlement d'Aix, et non pas à celui de Grenoble. 10 octobre 1534. 10 octobre.

Imp. L'abbé Papon, *Histoire générale de Provence*. Paris, 1786, t. IV, p. 60. (*Mention.*)

7375. Lettres portant nomination d'Antoine de Rochechouart, s^r de Saint-Amand, sénéchal de Toulouse, en qualité de colonel de la légion de Languedoc, avec charge de recruter 1,000 hommes dans les parties de sa sénéchaussée comprises dans la ville et viguerie de Toulouse, la capitainerie de Buzet et autres terres qui confinent à la Guyenne, le tout en vertu de l'ordonnance du 24 juillet 1534 (n° 7252), créant dans le royaume sept légions de gens de pied de 6,000 hommes chacune. Amboise, 13 octobre 1534. 13 octobre.

Copie collat. sur l'original, le 19 décembre 1534. Arch. départ. des Basses-Pyrénées, B. 2076.

7376. Lettres ordonnant que Jacques d'Arson, gentil- 13 octobre.

homme de la vénerie, jouira de la somme de 1,500 livres intégralement, suivant le don qui lui en a été fait le 25 août précédent (n° 7335), nonobstant la réduction de moitié ordonnée par la Chambre des Comptes. 13 octobre 1534. 1534.

Enreg. à la Chambre des Comptes, le 4 janvier 1535 n. s., anc. mém. 2 G, fol. 207. *Arch. nat.*, invent. PP. 136, p. 413. (*Mention.*)

7377. Traité conclu entre François Ier par l'intermédiaire de Jacques Colin, abbé de Saint-Ambroise, aumônier du roi et son plénipotentiaire, et Charles, duc de Gueldres et de Juliers, comte de Zutphen, seigneur de Groningue. Erunsfort, 14 octobre 1534. 14 octobre.

Minute signée et scellée. Bibl. nat., coll. Dupuy, vol. 468, fol. 43.

Copie du XVIe siècle. Bibl. nat., ms. fr. 2979, fol. 123.

7378. Lettres portant règlement pour le payement des gages du maître des eaux et forêts de Dauphiné. Amboise, 16 octobre 1534. 16 octobre.

Enreg. à la Chambre des Comptes de Grenoble. Arch. de l'Isère, B. 2909, cah. 44. 6 pages.

7379. Mandement à Guillaume Prudhomme, trésorier de l'épargne, de faire payer à Jean Lesueur, conseiller au Parlement de Rouen, la somme de 663 livres tournois qui lui était encore due pour ses dépenses des voyages qu'il a faits à Lyons, Vernon, les Andelys, Gisors et autres lieux pour la réformation du domaine et des forêts. Amboise, 16 octobre 1534. 16 octobre.

Original. Bibl. nat., ms. fr. 25721, n° 428.

7380. Mandement au trésorier de l'épargne de payer au sr de Montejean, chevalier de l'ordre, 6,000 livres tournois pour sa pension des années 1532 et 1533. Amboise, 16 octobre 1534. 16 octobre.

Bibl. nat., ms. fr. 15632, n° 160. (*Mention.*)

7381. Mandement au trésorier de l'épargne de bailler 16 octobre.

à François Odin, trésorier des salpêtres de la généralité de Languedoil, 4,000 livres tournois pour employer au fait de son office pendant l'année courante. Amboise, 16 octobre 1534. 1534.

Bibl. nat., ms. fr. 15632, n° 104. (*Mention.*)

7382. Mandement au trésorier de l'épargne de bailler à Jean de Saillans, trésorier des salpêtres en la charge de Languedoc, 4,000 livres tournois pour employer au fait de son office pendant l'année courante. Amboise, 16 octobre 1534. 16 octobre.

Bibl. nat., ms. fr. 15632, n° 105. (*Mention.*)

7383. Mandement au trésorier de l'épargne de bailler à Jean Maciot, trésorier des salpêtres en la généralité d'Outre-Seine et Yonne, 4,000 livres tournois pour employer au fait de son office pendant l'année courante. Amboise, 16 octobre 1534. 16 octobre.

Bibl. nat., ms. fr. 15632, n° 113. (*Mention.*)

7384. Confirmation d'une transaction passée au nom du roi, comme administrateur des biens de son fils Henri, duc d'Orléans, et de sa belle-fille, Catherine de Médicis, d'une part, et Jean Stuart, duc d'Albany, d'autre, touchant la succession de Jean, comte d'Auvergne et de Lauraguais, le 12 octobre 1534. Amboise, 17 octobre 1534. 17 octobre.

Mandement au Parlement pour l'enregistrement de ladite transaction et confirmation. Saint-Germain-en-Laye, 20 décembre 1534.

Enreg. au Parl. de Paris, le 31 décembre 1534. *Arch. nat.*, X^{1a} 8612, fol. 337 v°, 341. 8 pages 1/2.
Arrêt d'enregistrement, X^{1a} 1538, Conseil, fol. 41 v°, et X^{1a} 4897, Plaidoiries, fol. 189 v°.
Enreg. au Parl. de Toulouse. Arch. de la Haute-Garonne, Édits, reg. 4, fol. 23. 9 pages.
Enreg. à la Chambre des Comptes de Paris. Arch. nat., P. 2306, p. 151. 16 pages.
Idem, P. 2537, fol. 187, et P. 2553, fol. 192.
Imp. E. Baluze, *Hist. généal. de la maison d'Auvergne.* Paris, 1708, in-fol., t. II, p. 689.

7385. Mandement aux élus du Lyonnais, leur faisant 17 octobre.

savoir que la part de l'élection est de 29,237 livres 18 sous 9 deniers dans l'imposition de 2,061,000 livres mise sur le royaume. Amboise, 17 octobre 1534. 1534.

Copie du XVIe siècle. Bibl. nat., ms. fr. 2702, fol. 179 v°.

7386. Lettres portant décharge, en faveur d'Étienne Miffaut, conseiller au Parlement de Rouen, d'une amende de 800 livres prononcée contre lui par arrêt de ladite cour. 18 octobre 1534. 18 octobre.

Enreg. à la Chambre des Comptes de Paris, le 9 décembre 1534, anc. mém. 2 G, fol. 170. *Arch. nat.*, invent. PP. 136, p. 415. (*Mention.*)

7387. Mandement au trésorier de l'épargne de payer à René de Cossé, chevalier, s[r] de Brissac, capitaine du château d'Angers et gouverneur d'Anjou, 2,600 livres tournois pour son état de capitaine et de gouverneur pendant deux ans et deux mois (1er novembre 1531-31 décembre 1533). Amboise, 18 octobre 1534. 18 octobre.

Bibl. nat., ms. fr. 15632, n° 157. (*Mention.*)

7388. Mandement au trésorier de l'épargne de payer à François de Volvire, baron de Ruffec, mari d'Anne du Châtelier, veuve de Philippe de Montauban, chancelier de Bretagne, tant en son nom que comme tuteur et chargé de la garde-noble de René de Volvire et de feu Catherine de Montauban, 31,800 livres tournois, complétant le payement de 46,800 livres tournois en remboursement des prêts que Philippe de Montauban avait faits à la reine Anne de Bretagne et au duc son père, prêts hypothéqués sur les terres de Saint-Aubin, Bazouges, la Pérouse et Marcillé, qui ont été depuis incorporées au duché de Bretagne. Amboise, 18 octobre 1534. 18 octobre.

Bibl. nat., ms. fr. 15632, n° 339. (*Mention.*)

7389. Mandement au trésorier de l'épargne de payer à Marc-Antoine de Cusan 2,500 livres tournois 18 octobre.

pour sa pension de l'année précédente. Amboise, 18 octobre 1534. 1534.

Bibl. nat., ms. fr. 15632, n° 95. (*Mention.*)

7390. Mandement au trésorier de l'épargne de payer 720 livres à Guillaume Poyet, avocat du roi au Parlement de Paris, qui part le jour même pour l'Angleterre avec le comte de Busançais, amiral de France. Saint-Aignan en Berry, 20 octobre 1534. 20 octobre.

Bibl. nat., ms. Clairambault 1215, fol. 73. (*Mention.*)

7391. Mandement au trésorier de l'épargne de payer 600 livres à Amaury Bouchart, maître des requêtes, qui part le jour même pour l'Angleterre avec le comte de Busançais, amiral de France. Saint-Aignan en Berry, 20 octobre 1534. 20 octobre.

Bibl. nat., ms. Clairambault 1215, fol. 73. (*Mention.*)

7392. Mandement au trésorier de l'épargne de payer 150 livres à Palamèdes Gontier, secrétaire du roi, qui part le jour même pour l'Angleterre avec le comte de Busançais, amiral de France. Saint-Aignan en Berry, 20 octobre 1534. 20 octobre.

Bibl. nat., ms. Clairambault 1215, fol. 73. (*Mention.*)

7393. Mandement au trésorier de l'épargne de payer 90 livres à Nicolas Lecomte, chevaucheur, qui part le jour même pour l'Angleterre et va annoncer à l'ambassadeur du roi l'arrivée du comte de Busançais, amiral de France. Saint-Aignan, 20 octobre 1534. 20 octobre.

Bibl. nat., ms. Clairambault 1215, fol. 73. (*Mention.*)

7394. Mandement au trésorier de l'épargne de payer 60 livres à François Delamare, chevaucheur, qui va en Angleterre avec le comte de Busançais. Saint-Aignan en Berry, 20 octobre 1534. 20 octobre.

Bibl. nat., ms. Clairambault 1215, fol. 73. (*Mention.*)

7395. Mandement au trésorier de l'épargne de payer 300 livres à Jean Bourdich, porte-enseigne des archers écossais, pour le voyage qu'il va faire en Angleterre avec le comte de Busançais. Saint-Aignan, 20 octobre 1534. — 1534. 20 octobre.

Bibl. nat., ms. Clairambault 1215, fol. 73. (*Mention.*)

7396. Mandement au trésorier de l'épargne de payer 100 livres à Jean Bellanger, capitaine des navires du roi, pour le voyage qu'il va faire en Angleterre avec le comte de Busançais. Saint-Aignan, 20 octobre 1534. — 20 octobre.

Bibl. nat., ms. Clairambault 1215, fol. 73. (*Mention.*)

7397. Mandement au trésorier de l'épargne de payer 100 livres à Antoine Rousset, gentilhomme de l'hôtel du roi, pour le voyage qu'il va faire en Angleterre avec le comte de Busançais. Saint-Aignan, 20 octobre 1534. — 20 octobre.

Bibl. nat., ms. Clairambault 1215, fol. 73. (*Mention.*)

7398. Mandement au trésorier de l'épargne de payer 100 livres à André de Montalembert, panetier ordinaire du roi, pour le voyage qu'il va faire en Angleterre avec le comte de Busançais. Saint-Aignan, 20 octobre 1534. — 20 octobre.

Bibl. nat., ms. Clairambault 1215, fol. 73 v°. (*Mention.*)

7399. Mandement au trésorier de l'épargne de payer 100 livres à Jean de Beaujeu, gentilhomme de l'hôtel du roi, pour le voyage qu'il va faire en Angleterre avec le comte de Busançais. Saint-Aignan, 20 octobre 1534. — 20 octobre.

Bibl. nat., ms. Clairambault 1215, fol. 73 v°. (*Mention.*)

7400. Lettres nommant commissaires pour la rédaction nouvelle des coutumes du Nivernais, Louis Rouillard, Nicolas Sanguin et Pierre Delaporte, conseillers au Parlement de Paris, en remplacement d'Antoine Le Viste, décédé, — 21 octobre.

IMPRIMERIE NATIONALE.

d'Antoine Du Bourg et de Guillaume Poyet, retenus ailleurs pour le service du roi, qui avaient été commis à cet effet le 30 août précédent (nº 7340). Saint-Aignan, 21 octobre 1534. 1534.

Imp. Bourdot de Richebourg, *Nouveau coutumier général.* Paris, in-fol., 1724, t. III, p. 1165.

7401. Mandement pour le remboursement aux habitants de la Guillotière-lès-Lyon d'une somme de 38 livres 10 sous parisis. Moulins, 23 octobre 1534. 23 octobre.

Original. Arch. de la ville de Lyon, CC. 862.

7402. Lettres portant nomination du duc d'Albany au gouvernement des terres et seigneuries de la maison de Boulogne sises en Auvergne, appartenant à Henri de France, duc d'Orléans, à cause de sa femme, la duchesse d'Urbin. Montrésor, 28 octobre 1534. 28 octobre.

Vidimus du 20 avril 1535. Arch. nat., suppl. du Trésor des Chartes, J. 833, nº 4.

7403. Lettres de don à Aymon de Limage, valet de garde-robe du roi, et à Jean Josselin d'une somme de 400 livres à prendre sur les droits seigneuriaux de la vente de la seigneurie de Chavoy, dans la vicomté d'Avranches. 29 octobre 1534. 29 octobre.

Enreg. à la Chambre des Comptes de Paris, invent. PP. 136, p. 415. (*Mention.*)

7404. Mandement au trésorier de l'épargne de payer à Adrien Tiercelin, chevalier, s[r] de Brosses, capitaine de Loches, 1,200 livres tournois pour son état de capitaine pendant l'année 1532. Loches, 31 octobre 1534. 31 octobre.

Autre mandement, de même date, pour les gages du capitaine de Loches de l'année courante.

Bibl. nat., ms. fr. 15632, nºˢ 114 et 309. (*Mentions.*)

7405. Lettres portant confirmation des privilèges et franchises octroyés aux religieux de l'abbaye Octobre.

de Savigny par les ducs de Bretagne. Amboise, octobre 1534. — 1534.

Enreg. à la Chambre des Comptes de Bretagne. Archives de la Loire-Inférieure, B. Mandements royaux, II, fol. 83.

7406. Lettres de don à Jean de Montfaucon, de Roquetaillade, homme d'armes de la compagnie de Clermont-Lodève, de tous les biens meubles et immeubles qui appartinrent à Jean de Fontaine, de Limoux, et furent sur lui confisqués pour cause d'hérésie, suivant les sentences annexées auxdites lettres. Amboise, octobre 1534. — Octobre.

Original. Arch. nat., supplément du Trésor des Chartes, J. 1044, n° 37.

7407. Mandement au trésorier de l'épargne de payer à Annibal de Gonzague, comte de Novellare, 4,800 livres tournois complétant les 6,000 livres tournois de sa pension de l'année 1533. Loches, 2 novembre 1534. — 2 novembre.

Bibl. nat., ms. fr. 15632, n° 166. (*Mention.*)

7408. Mandement aux gens des comptes et au général des finances de Bretagne de continuer pendant six ans à faire payer à Gillette de Gigny, veuve du s^r de Brignen, écuyer d'écurie du roi, la rente de 400 livres qu'il lui a assignée sur la terre d'Auray. Loches, 4 novembre 1534. — 4 novembre.

Enreg. à la Chambre des Comptes de Bretagne. Archives de la Loire-Inférieure, B. Mandements royaux, II, fol. 76.

7409. Provisions de l'office de maître particulier des forêts de la seigneurie de Baugé, en faveur de Louis Barruel, s^r de la Mimerolle, sur la résignation de Jean Binet, contrôleur général de Guyenne. Châtellerault, 7 novembre 1534. — 7 novembre.

Enreg. aux Eaux et forêts, le 6 mars 1535 n. s. Arch. nat., Z^1e 323, fol. 54 v°. 2 pages.

7410. Lettres portant que le procureur général du Parlement de Grenoble produira ses titres dans trois mois, touchant la ville de Gap et la vi- — 9 novembre.

comté de Tallard, qui avaient été déclarées par arrêt du Grand conseil faire partie du ressort du Parlement de Provence. 9 novembre 1534. 1534.

Arch. nat., Portefeuilles de Fontanieu, K. 1157, n° 7. (*Mention*.)

(Voir ci-dessous, 23 décembre 1534, n° 7438.)

7411. Mandement au trésorier de l'épargne de payer au roi de Navarre, lieutenant général du roi en Guyenne, 6,000 livres tournois pour sa pension pendant le troisième quartier de l'année courante. Châtellerault, 11 novembre 1534. 11 novembre.

Mandement semblable, de même date, pour le dernier quartier.

Bibl. nat., ms. fr. 15632, n°s 107 et 220. (*Mentions.*)

7412. Mandement au trésorier de l'épargne de payer à Pomponio Trivulce, lieutenant général du roi et gouverneur de Lyon, 1,500 livres tournois pour sa pension de l'année 1532. Châtellerault, 11 novembre 1534. 11 novembre.

Bibl. nat., ms. fr. 15632, n° 130. (*Mention.*)

7413. Mandement au trésorier de l'épargne de payer à Pomponio Trivulce, lieutenant général du roi à Lyon, 500 livres tournois complétant les 2,500 livres que le roi lui a ordonnées pour sa pension de l'année 1533, y compris les 1,000 livres de crue que le roi lui a accordées depuis le trépas du maréchal Trivulce, son oncle, qui eut lieu à Lyon en septembre 1532. Châtellerault, 11 novembre 1534. 11 novembre.

Bibl. nat., ms. fr. 15632, n° 126. (*Mention.*)

7414. Mandement au trésorier de l'épargne de payer au comte Jean Trivulce, fils de feu Paul-Camille Trivulce, 400 livres tournois pour sa pension de la présente année. Châtellerault, 11 novembre 1534. 11 novembre.

Bibl. nat., ms. fr. 15632, n° 124. (*Mention.*)

7415. Mandement au trésorier de l'épargne de bailler à 11 novembre.

Jean Barbedor, commis à tenir le compte et faire le payement de la solde des cent gentilshommes de l'hôtel du roi commandés par Louis de Nevers, 10,425 livres tournois pour le dernier quartier de la présente année. Châtellerault, 11 novembre 1534. 1534.

Bibl. nat., ms. fr. 15632, n° 48. (*Mention.*)

7416. Mandement au Parlement de Bordeaux pour l'enregistrement et la publication des lettres du 24 juillet 1530 (n° 3735), portant création d'un nouveau maître de chaque métier dans toutes les villes du royaume à l'occasion de la naissance du prince Jean de Navarre. Châtellerault, 13 novembre 1534. 13 novembre.

Enreg. au Parl. de Bordeaux. Arch. de la Gironde, B. 30 *bis*, fol. 215 v°.

7417. Commission donnée à Adam Fumée, maître des requêtes, pour faire exécuter la sentence prononcée contre François de Saint-Mesmin, prévôt d'Orléans, dans le procès qu'il poursuit contre treize Cordeliers d'Orléans. Châtellerault, 13 novembre 1534. 13 novembre.

IMP. L. Bouchel, *Bibliothèque canonique*, etc. Paris, 1689, 2 vol. in-fol., t. II, p. 24.

7418. Commission à Adrien Tiercelin, seigneur de Brosses, capitaine de Loches, et à Pierre de Warty, grand maître, enquêteur et général réformateur des eaux et forêts, de contrôler les dépenses de l'argenterie et de la maison des enfants de France : le dauphin et les ducs d'Orléans et d'Angoulême. Châtellerault, 15 novembre 1534. 15 novembre.

Original. Bibl. nat., pièces origin., Tiercelin, vol. 2842, p. 15.

7419. Mandement au trésorier de l'épargne de payer à la comtesse de Nevers 6,000 livres tournois pour sa pension de la présente année. Châtellerault, 16 novembre 1534. 16 novembre.

Bibl. nat., ms. fr. 15632, n° 377. (*Mention.*)

7420. Mandement au trésorier de l'épargne de payer 16 novembre.

à Annibal de Gonzague, comte de Novellare, 3,500 livres tournois en déduction de 5,500 livres tournois qu'il prétend lui être dues à cause de l'entretien, qui lui incomba en Italie, des chevau-légers dont le comte de Saint-Pol avait le commandement. Châtellerault, 16 novembre 1534. — 1534.

Bibl. nat., ms. fr. 15632, n° 167. (*Mention.*)

7421. Lettres ordonnant une enquête sur un autel donné à l'église des Carmes de Nantes par les reines Anne de Bretagne et Claude de France. Châtellerault, 21 novembre 1534. — 21 novembre.

IMP. *Archives de l'art français*, t. I, documents, 1851-1852, p. 426.

7422. Mandement au trésorier de l'épargne de payer à Pierre de Ruthie, capitaine et garde du château neuf de Bayonne, 800 livres tournois pour son état des années 1533 et 1534. Châtellerault, 21 novembre 1534. — 21 novembre.

Bibl. nat., ms. fr. 15632, n° 221. (*Mention.*)

7423. Mandement au trésorier de l'épargne de payer 562 livres 10 sous à Gérard Vyon, gentilhomme de la maison du duc d'Albany, qui part le jour même, porteur de lettres pour les rois d'Angleterre et d'Écosse. Châtellerault, 22 novembre 1534. — 22 novembre.

Bibl. nat., ms. Clairambault 1215, fol. 73. (*Mention.*)

7424. Commission à Charles Du Plessis, conseiller et maître d'hôtel ordinaire du roi, de veiller à l'exécution de la transaction passée en octobre dernier (n° 7384) par l'amiral de Brion et Jean, duc d'Albany, au sujet de la succession de Jean, comte d'Auvergne et de Lauraguais, dont les biens, en vertu de cette transaction, ont été dévolus au duc et à la duchesse d'Orléans. Amboise, 28 novembre 1534. — 28 novembre.

Original. Bibl. nat., ms. Clairambault 226, pièce 9.

7425. Mandement adressé au Parlement de Bordeaux, — 28 novembre.

à la requête des habitants d'Agen, lui enjoignant d'enregistrer l'édit d'avril 1528 (n° 2952) qui maintient la sénéchaussée d'Agénais dans son intégrité, nonobstant la surannation de cet édit. Bordeaux (*sic*), 28 novembre 1534. 1534.

Original scellé. Arch. municipales d'Agen, FF. 199.

7426. Établissement de deux foires par an et d'un marché chaque semaine en la ville de Lœuilly à 5 lieues d'Amiens, en faveur de Jean d'Humières, chambellan du roi. Amiens (*sic*), novembre 1534. Novembre.

Enreg. à la Chancellerie de France. Arch. nat., Trésor des Chartes, JJ. 247, n° 299, fol. 169 v°. 1 page.

7427. Mandement au trésorier de l'épargne de payer à Charles Tiercelin, s^r de la Roche-du-Maine, 1,000 livres tournois pour sa pension de la présente année. Vendôme, 1er décembre 1534. 1er décembre.

Bibl. nat., ms. fr. 15632, n° 170. (*Mention.*)

7428. Mandement au trésorier de l'épargne de payer au comte de Tende, chevalier de l'ordre et lieutenant général du roi en Provence, 4,000 livres tournois en récompense de ses services et pour l'aider à supporter les frais du voyage qu'il a fait de Marseille à Rome, où il a mené sur ses galères les cardinaux français qui ont été prendre part à l'élection du pape. Vendôme, 1er décembre 1534. 1er décembre.

Bibl. nat., ms. fr. 15632, n° 68. (*Mention.*)

7429. Don à Pierre Brulart, conseiller au Parlement, juge ordonné par le roi sur le fait des finances en la Tour carrée, de la somme de 6,000 livres tournois. 1er décembre 1534. 1er décembre.

Bibl. nat., ms. Clairambault 782, fol. 293. (*Mention.*)

7430. Lettres chargeant le Parlement d'Aix et le procureur général de cette cour de mettre sous la main du roi le temporel de l'abbaye de Val-Sainte et de la prévôté de la Major de Mar- 3 décembre.

seille, actuellement sans titulaires. Vendôme, 3 décembre 1534. 1534.

Enreg. au Parl. de Provence. Arch. de la cour à Aix, Lettres royaux, vol. 2e, reg. in-fol., papier de 1,026 feuillets, fol. 137.

7431. Mandement au trésorier de l'épargne de payer à Gilbert Bayard et Thierry Dorne, secrétaires des finances, 2,000 livres tournois pour leur état pendant la présente année. Châteaudun, 8 décembre 1534. 8 décembre.

Bibl. nat., ms. fr. 15632, n° 175. (*Mention.*)

7432. Mandement au trésorier de l'épargne de payer à Gilbert Bayard, Thierry Dorne et Jean Duval, notaires et secrétaires du roi, 448 livres 2 sous 6 deniers tournois pour leurs gages et droits de manteaux pendant la présente année. Châteaudun, 8 décembre 1534. 8 décembre.

Bibl. nat., ms. fr. 15632, n° 176. (*Mention.*)

7433. Mandement au trésorier de l'épargne de payer à Nicolas de Neufville, Jean Breton et Guillaume Bochetel, secrétaires des finances, 4,869 livres 7 sous 6 deniers tournois pour leurs gages et droits de manteaux pendant l'année courante. Châteaudun, 8 décembre 1534. 8 décembre.

Bibl. nat., ms. fr. 15632, n° 77 *bis*. (*Mention.*)

7434. Mandement au trésorier de l'épargne de payer à Claude d'Annebaut, chevalier, 3,000 livres tournois pour sa pension de l'année courante. Bonneval, 10 décembre 1534. 10 décembre.

Bibl. nat., ms. fr. 15632, n° 21. (*Mention.*)

7435. Ordonnance interdisant les ports d'armes et enjoignant aux vagabonds et gens sans aveu de quitter Paris dans le délai de trois jours, sous peine des galères à perpétuité. Dreux, 13 décembre 1534. 13 décembre.

Enreg. au Châtelet de Paris, le 15 décembre 1534. Arch. nat., Bannières, Y. 9, fol. 41 v°. 2 pages.

7436. Mandement au sénéchal et aux officiers du domaine de Bourbonnais de faire la recherche 20 décembre.

des tailles et autres droits dus au roi dans le duché de Bourbonnais. Saint-Germain-en-Laye, 20 décembre 1534. 1534.

Copie collationnée du XVIIe siècle. Arch. nat., K. 84, n° 30[2].

7437. Mandement au Parlement pour l'enregistrement des lettres du 17 octobre précédent (n° 7384) relatives à la succession de Jean de La Tour, comte d'Auvergne. Saint-Germain-en-Laye, 20 décembre 1534. 20 décembre.

Enreg. au Parl. de Paris, le 31 décembre suivant. Arch. nat., X[1a] 8612, fol. 341. 1 page.

Enreg. au Parl. de Toulouse. Arch. de la Haute-Garonne, Edits, reg. 4, fol. 23.

Bibl. nat., ms. fr. 4402, fol. 61 v°, n° 20. (*Mention.*)

Enreg. à la Chambre des Comptes de Paris (avec la date erronée du 20 décembre 1524). *Arch. nat.*, P. 2306, n° 167. 2 pages 1/2.

7438. Lettres déclarant que les habitants du Gapençais seront reçus opposants à un arrêt du Grand conseil qui attribuait la juridiction de leur pays au Parlement de Provence. 23 décembre 1534. 23 décembre.

Arch. nat., Portefeuilles de Fontanieu, K. 1157, n° 7. (*Mention.*)

7439. Commission à Antoine Juge, élu de Coutances, de recevoir au trésor du Louvre une somme de 112,825 livres tournois, de la porter au pays de Gueldre et de la distribuer, suivant les instructions de Jacques Colin, abbé de Saint-Ambroise, tant au duc de Gueldre, pour sa pension et le payement de cent lances fournies, dont Sa Majesté lui a donné la charge, qu'aux serviteurs dudit duc, à titre de pensions ou de dons. Saint-Germain-en-Laye, 28 décembre 1534. 28 décembre.

Copie du XVIe siècle. Arch. nat., KK. 331, Compte des deniers distribués au duc de Gueldre, fol. 2 v°. 2 pages.

7440. Lettres ordonnant qu'une somme de 1,800 li- 29 décembre.

vres sera payée à Jacques Colin, abbé de Saint-Ambroise, aumônier du roi, pour ses dépenses à raison de 10 livres par jour, pendant le voyage qu'il va faire au pays de Gueldre pour les affaires urgentes du roi. Saint-Germain-en-Laye, 29 décembre 1534. 1534.

Arch. nat., KK. 331, Compte des deniers distribués au duc de Gueldre, fol. 13 r°. (*Mention.*)

7441. Édit portant que les châtellenies de Bellac, Rancon et Champagnac seront distraites du duché-pairie de Châtellerault et réintégrées dans leur ancien ressort de la sénéchaussée de Limousin et du Parlement de Bordeaux. Saint-Germain-en-Laye, 30 décembre 1534. 30 décembre.

Lettres de relief d'adresse au Parlement de Bordeaux pour l'enregistrement des précédentes. Paris, 6 février 1534.

Enreg. au Parl. de Bordeaux, le 8 février 1535 n. s. Arch. de la Gironde, B. 30 *bis*, fol. 211. 6 pages.

7442. Lettres de dispense à Jean Marin, notaire au Châtelet de Paris, pour l'exercice simultané des offices de notaire et de procureur postulant au Châtelet. Saint-Germain-en-Laye, 30 décembre 1534. 30 décembre.

Enreg. au Châtelet de Paris, Bannières. Arch. nat., Y. 9, fol. 43. 1 page.

7443. Ordonnance portant diminution des gages des receveurs généraux et trésoriers de France, règlement pour leurs chevauchées, et révocation du pouvoir qu'ils avaient de faire la taxe et distribution des deniers royaux. Saint-Germain-en-Laye, 31 décembre 1534. 31 décembre.

Enreg. au Parl. de Paris, sauf réserve, le 7 janvier 1535 n. s. Arch. nat., X[1a] 8612, fol. 342. 2 pages 1/3.

7444. Lettres portant réduction de moitié des taxes et vacations de tous les comptables qui seront assignés au Louvre, à l'exception des trésoriers 31 décembre.

de la marine de Levant et de Ponant. Saint-Germain-en-Laye, 31 décembre 1534. — 1534.

Enreg. à la Chambre des Comptes de Paris, le 20 janvier 1535 n. s. Arch. nat., P. 2306, p. 179. 4 pages.

Copie du XVIᵉ siècle. Bibl. nat., ms. fr. 15632, fol. 1. 1 page 1/2.

IMP. *Pièce in-4°. Arch. nat.*, AD. I 18; AD. IX 123, n° 47. 3 pages.

7445. Provisions de l'office de président au Parlement de Paris vacant par suite de la mort de Denis Poillot, en faveur de Guillaume Poyet, conseiller au Conseil privé et premier président au Parlement de Bretagne. Saint-Germain-en-Laye, 31 décembre 1534. — 31 décembre.

Original scellé. Arch. nat., suppl. du Trésor des Chartes, J. 963, n° 31.

Reçu au Parl. le 4 janvier suivant. Arch. nat., X¹ᵃ 1538, reg. du Conseil, fol. 45. (*Mention.*)

7446. Permission octroyée à François Bohier de prendre possession de l'évêché de Saint-Malo, bien qu'il ne soit que le coadjuteur de Denis Briçonnet, son oncle. Saint-Germain-en-Laye, 31 décembre 1534. — 31 décembre.

Enreg. à la Chambre des Comptes de Bretagne. Arch. départ. de la Loire-Inférieure, B. *Mandements royaux*, II, fol. 94.

7447. Lettres de légitimation données en faveur de Mathieu, Armand, Pierre et Jean d'Hébrard, fils d'Antoine d'Hébrard, écuyer, et d'Annette Martin. Amboise, [décembre] 1534. — Décembre.

Enreg. à la Chancellerie de France. Arch. nat., Trésor des Chartes, JJ. 247, n° 237, fol. 188. 1 page 1/2.

7448. Ordonnance portant établissement du Parlement de Bretagne à Vannes et affectation des bâtiments de la Chambre des Comptes à son installation. Vendôme, décembre 1534. — Décembre.

Enreg. à la Chancellerie de France. Arch. nat., Trésor des Chartes, JJ. 247, n° 341, fol. 190. 2 pages.

Enreg. à la Chambre des Comptes de Bretagne. Arch. départ. de la Loire-Inférieure, B. *Mandements royaux*, II, fol. 586.

7449. Don à Martin Habert, valet de garde-robe du roi, en récompense de ses «labourieux services», des biens de feu Pierre Cacqueran, demeurant à Tours, adjugés au roi par droit d'aubaine, le défunt étant étranger non naturalisé et n'ayant pas obtenu permission de tester. Châteaudun, décembre 1534. — 1534. Décembre.

Enreg. à la Chancellerie de France. Arch. nat., Trésor des Chartes, JJ. 247, n° 340, fol. 189 v°. 2 pages.

7450. Don à Thomas Delacroix, écuyer, gentilhomme de la maison du comte de Saint-Pol, des biens de feu Suzanne Perdriel, femme de Pierre Rousseau, archer de la garde du roi, adjugés à Sa Majesté par droit d'aubaine, ladite défunte étant bâtarde et n'ayant obtenu ni lettres de légitimation ni permission de tester. Saint-Germain-en-Laye, décembre 1534. — Décembre.

Enreg. à la Chancellerie de France. Arch. nat., Trésor des Chartes, JJ. 247, n° 342, fol. 190 v°. 2 pages.

7451. Ordonnance concernant l'impôt levé pour l'équipement d'une flotte contre les Turcs et le payement des troupes de terre. 1534. — 1534.

IMP. *Catalogue des archives de M. le baron de Joursanvault*, Paris, Techener, 1838, 2 vol. in-8°, t. I, p. 29. (*Original mentionné.*)